Aprenda
Microsoft Visual Basic® 6.0
ya

CONSULTORES EDITORIALES
ÁREA DE INFORMÁTICA Y COMPUTACIÓN

Antonio Vaquero Sánchez
Catedrático de Lenguajes y Sistemas Informáticos
Escuela Superior de Informática
Universidad Complutense de Madrid
ESPAÑA

Gerardo Quiroz Vieyra
Ingeniero de Comunicaciones y Electrónica
por la ESIME del Instituto Politécnico Nacional
Profesor de la Universidad Autónoma Metropolitana
Unidad Xochimilco
MÉXICO

Aprenda
Microsoft Visual Basic® 6.0
ya

MICHAEL HALVORSON

Traducción

JORGE RODRÍGUEZ VEGA
Ingeniero Aeronáutico
I.N.T.A.

Revisión técnica

ANTONIO VAQUERO SÁNCHEZ
Catedrático de Lenguajes y Sistemas Informáticos
Escuela Superior de Informática
Universidad Complutense de Madrid

MADRID • BUENOS AIRES • CARACAS • GUATEMALA • LISBOA • MÉXICO
NUEVA YORK • PANAMÁ • SAN JUAN • SANTAFÉ DE BOGOTÁ • SANTIAGO • SÃO PAULO
AUCKLAND • HAMBURGO • LONDRES • MILÁN • MONTREAL • NUEVA DELHI • PARÍS
SAN FRANCISCO • SIDNEY • SINGAPUR • ST. LOUIS • TOKIO • TORONTO

Aprenda Microsoft Visual Basic® 6.0 ya

No está permitida la reproducción total o parcial de este libro, ni su tratamiento informático, ni la transmisión de ninguna forma o por cualquier medio, ya sea electrónico, mecánico, por fotocopia, por registro u otros métodos, sin el permiso previo y por escrito de los titulares del Copyright.

DERECHOS RESERVADOS © 1999, respecto a la primera edición en español, por
McGRAW-HILL/INTERAMERICANA DE ESPAÑA, S. A. U.
Edificio Valrealty, 1.ª planta
Basauri, 17
28023 Aravaca (Madrid)

Traducido de la primera edición en inglés de
Microsoft® Visual Basic® 6.0 Professional Step by Step
ISBN: 1-57231-809-0

Copyright © 1998, por Michael Halvorson
Copyright de la edición original en lengua inglesa © 1998 por Microsoft Corporation

Publicado por McGraw-Hill/Interamericana de España por acuerdo con el editor Original. Microsoft Corporation. Redmond. Washington. EE.UU.

ISBN: 84-481-2107-4
Depósito legal: M. 23.044-1999

Edición: Mercedes Franco Calvo
Compuesto en C + I, S. L.
Impreso en Impresos y Revistas, S. A. (Impresa)

IMPRESO EN ESPAÑA - PRINTED IN SPAIN

Agradecimientos

Este es mi octavo libro sobre programación en Basic y mi quinto dedicado a desarrollar aplicaciones en Visual Basic para Microsoft Windows. Con los años me he beneficiado enormemente de la sabiduría y experiencia de muchos diseñadores de software, profesores, profesionales de los medios editoriales y amigos, y este libro no es una excepción. Por su duro trabajo diario, preparación y dedicación a este proyecto me gustaría expresar mi agradecimiento a las siguientes personas: a los editores de adquisición Casey Doyle y Eric Stroo, al editor de proyecto Jenny Benson, a la editora técnica Emma Gibson, al director de proyecto Peter Whitmer, a la editora de copia Gina Russo, a la asistente editorial Asa Tomash, a los especialistas de maquetación Joanna Zito y Javier Amador-Peña, a los lectores de prueba Joanne Crerand y Bridget Leahy, al creador de índice Joan Green, al especialista de apoyo editorial Bill Teel, a la directora de marketing Kathy Boullin, a la diseñadora Barbara Remmele, al buildmaster Anthony Willians, al director del programa Philip Borgnes, al director del proyecto Joan Lambert, al director del programa Visual Basic Chris Diaz, al director de documentación de Visual Basic Ann Morris. Como viene siendo habitual, mi familia también ha sido de mucha ayuda y me ha mostrado su compresión. ¡Gracias de nuevo, Kim y Henry!

Finalmente, me gustaría reconocer el apoyo formativo prestado por Dr. Larry Edison a mi carrera, ha sido un auténtico amigo además de mentor. Me gustaría saludarle ahora que se ha retirado este año de la Universidad Luterana del Pacífico en Tacoma, Washington. La dedicación de Dr. Edison a la enseñanza de la informática con sensibilidad y humor es una virtud bien conocida entre todos los estudiantes de esta universidad. Gracias Larry por enseñarme con solidez los fundamentos de la programación y por animarme a viajar por Europa después de la graduación. ¡Disfruta de tu propio viaje!

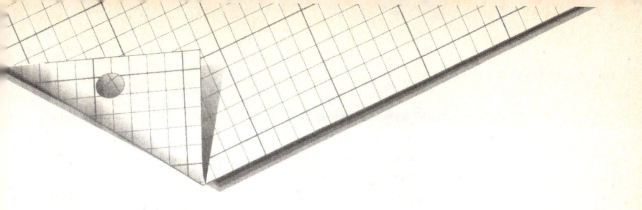

Los 10 mejores servidores Web de Michael

Deles una oportunidad a estos servidores Web para obtener más información sobre Microsoft Visual Basic.

1. http://www.apexsc.com/vb/   http://www.apexsc.com/vb/ — *Carl y Gary*

   La página inicial sobre Visual Basic de Carl y Gary es, quizás, la página Web «personal» sobre VB más fascinante y fácil de comprender que haya podido localizar. Una visita obligada, con una estupenda colección de vínculos y recursos.

2. http://msdn.microsoft.com/vba/ — *Microsoft Visual Basic*

   Es lo que es: la página inicial sobre Visual Basic de Microsoft Corporation. Aquí podrá encontrar nuevas líneas directrices y consejos, códigos fuente, informes técnicos y páginas personalizadas diseñadas para principiantes, diseñadores con experiencia y programadores Web.

3. http://mspress.microsoft.com — *Microsoft Press*

   Página inicial de la editorial Microsoft Press, donde podrá encontrar los libros más recientes sobre programación en Visual Basic escritos por los autores de Microsoft Press. También podrá importar pequeñas utilidades y enviar mensajes de correo a Microsoft Press.

4. http://www.microsoft.com/officedev/ — *Visual Basic for applications*

   El Foro de Diseñadores de Microsoft Office proporciona información, trucos y servicios a los programadores de VB que se dediquen a desarrollar macros para las aplicaciones del paquete integrado Microsoft Office.

5. *http://web2.airmail.net/gbeene*   *Gary Beene's World*

    El mundo de Visual Basic de Gary Beene es un servidor con mucho encanto que contiene cantidad de vínculos e información de gran utilidad orientados a los nuevos programadores.

6. *http://www.microsoft.com/workshop/author/dhtml/edit/*   *Dynamic HTML*

    Este servidor Web de Microsoft Site Builder Network está dedicado específicamente a la programación con Dynamic HTML.

7. *http://www.citilink.com/~jgarrick/vbasic/*   *Joe Garrick*

    La página inicial sobre Visual Basic de Joe Garrick es una lista personal de código fuente, trucos, vínculos Web e información general que ayudarán a los profesionales de VB.

8. *http://crescent.progress.com*   *Crescent Software*

    Crescent es una empresa diseñadora de herramientas para Visual Basic que forma parte del grupo Progress Software. Acceda a este servidor si desea encontrar programas complementarios comerciales de gran utilidad, incluyendo controles ActiveX y herramientas Web.

9. *http://home.sprynet.com/sprynet/rasanen/vbnet/default.htm*   *VBNet*

    VBNet es una página inicial pequeña y agradable, con gran cantidad de código bien diseñado orientado a los diseñadores experimentados de Visual Basic. Se incluyen cuadros de diálogo comunes, bitmap API, información sobre el Registro y otras utilidades de interés.

10. *http://www.devx.com/*   *Fawcette Publications*

    Fawcette Technical Publications Developer Exchange (DevX) es una fuente de información de gran utilidad para los profesionales de Visual Basic.

Esta lista fue revisada en el momento de su publicación. Debido a que la mayoría de los servidores Web cambian sus vínculos de forma periódica, alguna de estas direcciones puede haber cambiado o estar fuera de servicio.

Índice de contenidos

Guía rápida xv

Búsqueda del mejor punto de partida xxi

Instalación y empleo de los archivos de prácticas xxv

Convenios y características de este libro xxxiii

PARTE 1 Primer contacto con Visual Basic

Capítulo 1 Apertura y ejecución de un programa de Visual Basic 3

El entorno de Programación de Visual Basic 4
El formulario de la interfaz de usuario 9
El cuadro de herramientas 9
La ventana de Propiedades 10
La ventana de Proyecto 12
Obtención de ayuda 14
Un paso más allá: Cómo salir de Visual Basic 16
Resumen del capítulo 1 17

Capítulo 2   *Desarrollo del primer programa* 19

    Siete afortunado: su primer programa en Visual Basic 20
    Pasos de programación 20
    Creación de la interfaz de usuario 21
    Definición de las propiedades 27
    Desarrollo del código 34
    Cómo almacenar el programa 41
    Creación de un archivo ejecutable 43
    Un paso más allá: Adición a un programa 45
    Resumen del capítulo 2 47

Capítulo 3   *Empleo de controles* 49

    Empleo básico de los controles: Programa «Hola Mundo» 50
    Uso de los objetos del sistema de archivos 54
    Objetos para conseguir la entrada de datos 60
    Empleo de un objeto OLE para poner en marcha aplicaciones 70
    Empleo de un objeto de datos para consultar una base de datos de Microsoft Access 75
    Cómo se modifica una base de datos 80
    Un paso más allá: Instalación de controles ActiveX 81
    Resumen del capítulo 3 85

Capítulo 4   *Manejo de menús y cuadros de diálogo* 87

    Inserción de nuevos menús utilizando el editor de menús 88
    Procesamiento de las opciones de los menús 94
    Empleo de objetos de diálogo común 100
    Procedimientos de suceso que gestionan los cuadros de diálogo comunes 106
    Un paso más allá: Asignación de teclas de acceso rápido a los menús 114
    Resumen del capítulo 4 116

PARTE 2   *Fundamentos de programación*

Capítulo 5   *Variables y operadores de Visual Basic* 119

    Anatomía de una sentencia en Visual Basic 120
    Empleo de variables para almacenar información 120
    Empleo de una variable para almacenar entradas 124
    Empleo de una variable para salida de información 128
    Manejo de Tipos específicos de datos 130
    Manejo de los operadores de Visual Basic 136
    Un paso más allá: Empleo de paréntesis en las fórmulas 144
    Resumen del capítulo 5 145

Capítulo 6   Empleo de estructuras de decisión **147**

Programación orientada a suceso 148
Empleo de expresiones condicionales 150
La estructura de decisión If...Then 151
Estructuras de decisión Select Case 158
Búsqueda y corrección de errores 163
Un paso más allá: Uso de una instrucción Stop para entrar en el modo ruptura ... 170
Resumen del capítulo 6 171

Capítulo 7   Empleo de bucles y del control Timer **173**

Escritura de bucles For...Next 174
Escritura de bucles Do 186
Empleo de objetos temporizadores 190
Un paso más allá: Empleo de un objeto temporizador para definir un límite temporal 193
Resumen del capítulo 7 196

PARTE 3   Creación de la interfaz de usuario perfecta

Capítulo 8   Trabajo con formularios, impresoras y manejadores de error **201**

Inclusión de nuevos formularios en un programa 202
Instrucciones de formulario en el código del programa 203
Empleo de formularios múltiples: El programa Italiano 205
Cómo enviar la salida del programa a la impresora 211
Impresión de un formulario completo utilizando el método PrintForm 216
Procesar errores utilizando manejadores de error 218
Un paso más allá: Más técnicas de manejadores de error 223
Resumen del capítulo 8 224

Capítulo 9   Inclusión de efectos especiales y artísticos **227**

Inclusión de efectos artísticos utilizando los controles Line y Shape 228
Creación de botones de orden gráficos 233
Utilización en sus programas del efecto arrastrar y soltar 241
Cómo añadir animación a sus programas 248
Un paso más allá: Denominación de objetos en un programa 256
Resumen del capítulo 9 262

PARTE 4   Gestión de datos empresariales

Capítulo 10   Empleo de módulos y procedimientos 265

- Empleo de módulos estándar 266
- Manejo de variables públicas 269
- Creación de procesos de propósito general 274
- Escritura de funciones 275
- Escritura de procedimientos Sub 281
- Un paso más allá: Paso de argumentos como valor 289
- Resumen del capítulo 10 291

Capítulo 11   Empleo de colecciones y arrays 293

- Empleo de colecciones de objetos 293
- Empleo de arrays de variables 302
- Un paso más allá: Empleo de arrays multidimensionales 313
- Resumen del capítulo 11 317

Capítulo 12   Manejo de archivos de texto y Procesamiento de cadenas 319

- Visualización de archivos de texto utilizando un cuadro de texto 319
- Cómo crear un nuevo archivo de texto en el disco 325
- Procesamiento de cadenas de texto mediante código de programa 330
- Un paso más allá: Empleo del operador Xor 341
- Resumen del capítulo 12 345

Capítulo 13   Gestión de bases de datos Access 347

- Empleo de bases de datos en Visual Basic 347
- Empleo del objeto Recordset 352
- Inclusión de registros a la base de datos Students.mdb 355
- Eliminación de registros de la base de datos Students.mdb 358
- Un paso más allá: Cómo hacer una copia de seguridad de un archivo . 361
- Si desea revisar sus conocimientos de programación 363
- Resumen del capítulo 13 364

Capítulo 14   Conexión con Microsoft Office 367

- Cómo crear un sistema de información de empresa 368
- Programación de objetos de aplicación utilizando automatización 378
- Automatización de Word desde Visual Basic 383
- Automatización de Excel desde Visual Basic 388
- Automatización de Microsoft Outlook desde Visual Basic 390
- Un paso más allá: Automatización de PowerPoint desde Visual Basic . 394
- Resumen del capítulo 14 396

PARTE 5   Herramientas y técnicas de edición profesional

Capítulo 15   Edición de textos con el control Rich Textbox **401**

- Instalación de controles ActiveX de la Edición Profesional 402
- Introducción del Control Rich Textbox 405
- Procedimientos de suceso que manejan el formato RTF 410
- Edición de texto con el Portapapeles de Windows 412
- Manejo de las operaciones de archivo con el control Rich Textbox 414
- Un paso más allá: Visualización de los códigos RTF en un documento 418
- Resumen del capítulo 15 420

Capítulo 16   Cómo mostrar información de estado y de progreso **421**

- Cómo mostrar el progreso de una tarea con el Control Progress Bar 422
- El programa Progreso 424
- Gestión gráfica de la entrada con el control Slider 427
- Cómo mostrar información de una aplicación con el control Status Bar 431
- Un paso más allá: Cómo mostrar el estado de las teclas Bloq Mayús y Bloq Num. 437
- Resumen del capítulo 16 438

Capítulo 17   Integración de Música y Vídeo con el control MCI Multimedia **441**

- Reproducción de audio utilizando archivos .WAV 441
- Reproducción de vídeo utilizando archivos .AVI 446
- Un paso más allá: Reproducción de música desde discos compactos de audio.. 450
- Resumen del capítulo 17 454

Capítulo 18   Más allá de Visual Basic: Empleo de Windows API **455**

- Dentro de Windows API 456
- Empleo del visor API 459
- Supervisión del empleo de memoria en su computadora 464
- Un paso más allá: Termine sus programas con Unload 469
- Resumen del capítulo 18 470

PARTE 6   Fundamentos de programación en Internet

Capítulo 19   Transferencia de archivos con el control de transferencia de Internet **473**

- Importación de documentos HTML desde World Wide Web 474
- Transferencia de archivos con FTP 482
- Un paso más allá: Manejo de errores durante las transacciones Internet 487
- Resumen del capítulo 19 488

Capítulo 20 Visualización de documentos HTML con Internet Explorer **489**

Puesta en marcha del objeto Internet Explorer 490
Visualización de documentos HTML 494
Un paso más allá: Cómo dar respuesta a los sucesos de Internet Explorer 499
Resumen del capítulo 20 502

Capítulo 21 Diseño de páginas con HTML dinámico para Web **503**

Qué es el Dynamic HTML 504
Primeros pasos con el diseñador de página DHTML 506
Un paso más allá: Creación de documentos HTML en Microsoft Word 520
Resumen del capítulo 21 523

Capítulo 22 Inclusión de elementos del cuadro de herramientas y controles ActiveX en páginas DHTML **525**

Primeros pasos con los elementos del Cuadro de herramientas 526
Creación y personalización de elementos 531
Inclusión de controles ActiveX en una página DHTML 537
Creación de procedimientos de suceso para elementos DHTML 540
Un paso más allá: Compilación de una aplicación DHTML 546
Resumen del capítulo 22 547

PARTE 7 Programación Avanzada de Bases de datos

Capítulo 23 Gestión de datos con el control FlexGrid............................ **553**

Empleo de FlexGrid como una hoja de cálculo de propósito general 554
Empleo de FlexGrid para mostrar registros de una base de datos 562
Un paso más allá: Búsqueda de información en la base de datos Biblio.mdb.... 568
Resumen del capítulo 23 571

Capítulo 24 Exploración de Objetos de Datos Activos (ADO)................ **573**

El ADO por dentro 573
Empleo del control ActiveX ADO 575
Escritura del código del programa ADO 584
Construcción de objetos de datos ActiveX con el Diseñador del Entorno de Datos 589
Un paso más allá: Recursos adicionales para la programación en Visual Basic 594
Resumen del capítulo 24 596

Índice **599**

Guía rápida

Manejo de formularios
Consulte «Inclusión de nuevos formularios en un programa», Capítulo 8, página 202

Ejecución de un programa y creación de un archivo ejecutable para Windows. Consulte «Creación de un archivo ejecutable», Capítulo 2, página 43

Creación de objetos utilizando las herramientas de diseño de la interfaz, consulte «Creación de la interfaz de usuario», capítulo 2, página 21

Inclusión de formas artísticas, consulte «El control Shape», Capítulo 9, página 228

Selección de propiedades, consulte «La ventana de Propiedades», Capítulo 1, página 10

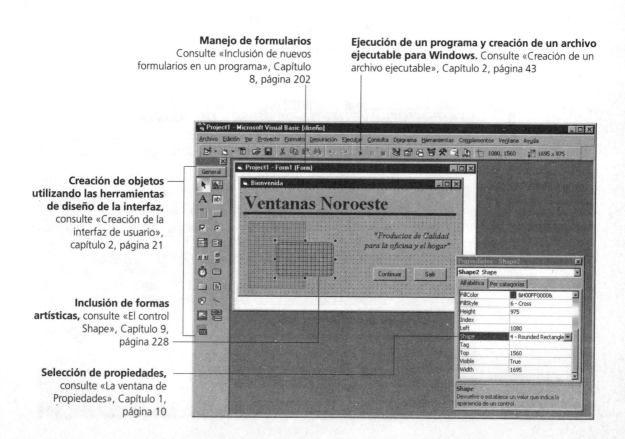

xvi APRENDA VISUAL BASIC 6.0 YA

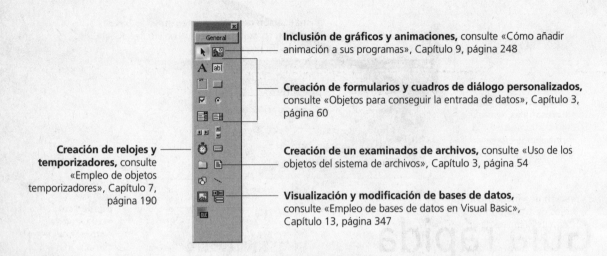

Inclusión de gráficos y animaciones, consulte «Cómo añadir animación a sus programas», Capítulo 9, página 248

Creación de formularios y cuadros de diálogo personalizados, consulte «Objetos para conseguir la entrada de datos», Capítulo 3, página 60

Creación de relojes y temporizadores, consulte «Empleo de objetos temporizadores», Capítulo 7, página 190

Creación de un examinados de archivos, consulte «Uso de los objetos del sistema de archivos», Capítulo 3, página 54

Visualización y modificación de bases de datos, consulte «Empleo de bases de datos en Visual Basic», Capítulo 13, página 347

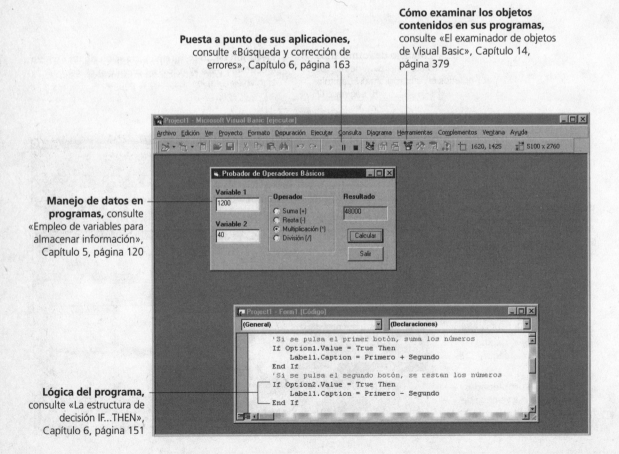

Puesta a punto de sus aplicaciones, consulte «Búsqueda y corrección de errores», Capítulo 6, página 163

Cómo examinar los objetos contenidos en sus programas, consulte «El examinador de objetos de Visual Basic», Capítulo 14, página 379

Manejo de datos en programas, consulte «Empleo de variables para almacenar información», Capítulo 5, página 120

Lógica del programa, consulte «La estructura de decisión IF...THEN», Capítulo 6, página 151

GUÍA RÁPIDA   **xvii**

Visualización de campos y registros de bases de datos, consulte «Empleo del objeto RecordSet», Capítulo 13, página 352

Integración de datos empresariales, consulte «Cómo crear un sistema de información de empresa», Capítulo 14, página 368

Creación de vínculos con hojas de trabajo Excel, consulte «Empleo de un Control OLE», Capítulo 14, página 369

Inserción de gráficos que puedan ser actualizados automáticamente, consulte «Inserción de objetos de aplicación», Capítulo 14, página 372

Importación de archivos FTP desde Internet a sus programas, consulte «Transferencia de archivos con FTP», Capítulo 19, página 482.

Gestión de errores durante la transferencia de información, consulte «Manejo de errores durante las transacciones Internet», Capítulo 19, página 487

Visualización de páginas Web con el objeto Internet Explorer, consulte «Visualización de documentos HTML», Capítulo 20, página 494

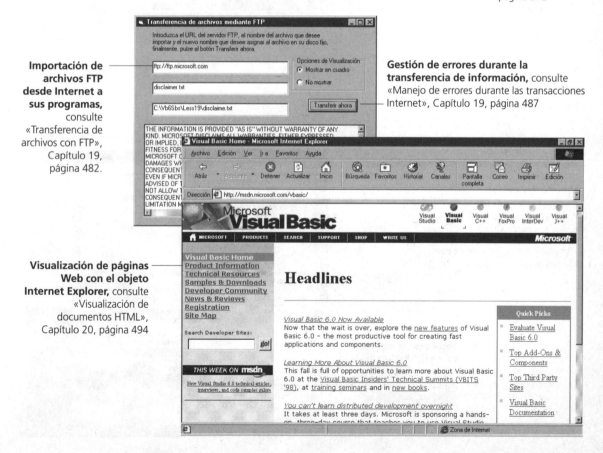

Exploración de elementos del cuadro de herramientas de Dynamic HTML, consulte «Información sobre el cuadro de herramientas DHTML», Capítulo 22, página 527

Manejo de elementos de texto en una página de Dynamic HTML, consulte «Primeros pasos con el Diseñador de página DHTML», Capítulo 21, página 506

Creación de aplicaciones de Dynamic HTML con el diseñador de página DHTML, consulte «Qué es Dynamic HTML», Capítulo 21, página 504

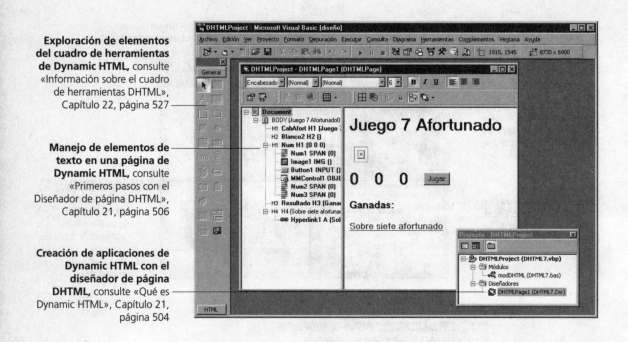

Inserción de declaraciones de tipo Windows API con el programa Visor API, consulte «Empleo del Visor API», Capítulo 18, página 459

Impulse sus aplicaciones con las funciones de Windows API, consulte «Dentro de Windows API», Capítulo 18, página 456

Visualización gráfica del empleo de la memoria con el control ActiveX ProgressBar, consulte «Cómo mostrar el progreso de una tarea con el Control Progress Bar», Capítulo 16, página 422

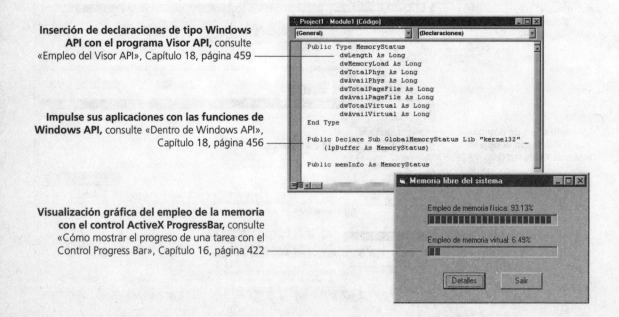

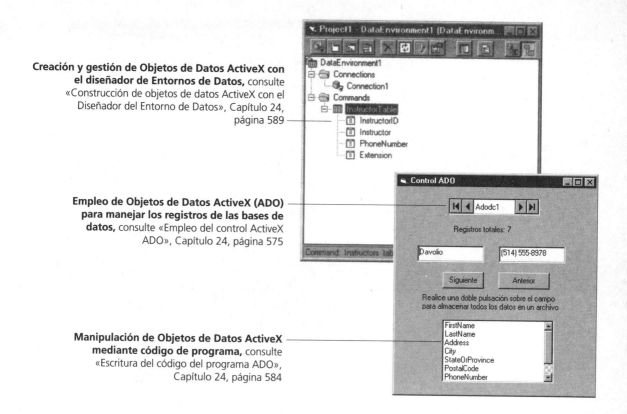

Creación y gestión de Objetos de Datos ActiveX con el diseñador de Entornos de Datos, consulte «Construcción de objetos de datos ActiveX con el Diseñador del Entorno de Datos», Capítulo 24, página 589

Empleo de Objetos de Datos ActiveX (ADO) para manejar los registros de las bases de datos, consulte «Empleo del control ActiveX ADO», Capítulo 24, página 575

Manipulación de Objetos de Datos ActiveX mediante código de programa, consulte «Escritura del código del programa ADO», Capítulo 24, página 584

Búsqueda del mejor punto de partida

Aprenda Microsoft Visual Basic 6.0 ¡Ya! es una introducción sencilla a la programación en Visual Basic utilizando Microsoft Visual Basic 6 0 tanto Edición Standard como la Edición Profesional He diseñado este curso teniendo en mi mente un amplio espectro de lectores, de tal forma que los programadores noveles puedan aprender los fundamentos del desarrollo del software en el contexto de las aplicaciones del mundo real. Del mismo modo, he intentado que los programadores con experiencia en Visual Basic puedan familiarizarse con rapidez con las herramientas esenciales y con las técnicas de programación ofrecidas en Visual Basic 6.0. La estructura de este libro complementa lo dicho anteriormente. Está dividido en siete partes temáticas con un total de 24 capítulos y más de 100 programas y ejercicios desarrollados paso a paso. Con este libro aprenderá con rapidez a crear programas en Visual Basic con calidad profesional para el entorno Microsoft Windows. También creo que llegará a divertirse con ello.

IMPORTANTE: *Por favor, observe que Microsoft Visual Basic 6.0 no está incluido en este libro, deberá adquirirlo de forma independiente e instalarlo antes de poder estudiar cada uno de los capítulos. Para saber qué versión está ejecutando, podrá consultar el paquete del producto o poner en marcha el programa, pulsar sobre el menú Ayuda situado en la parte superior de la pantalla y seleccionar la opción Acerca de Microsoft Visual Basic.*

BÚSQUEDA DEL MEJOR PUNTO DE PARTIDA EN ESTE LIBRO

Este libro ha sido concebido para ayudar en su formación en numerosas áreas de conocimiento. Podrá utilizar este libro si nunca antes ha programado, si es usuario de otros lenguajes de programación y desea pasarse a Visual Basic y si es un programador con experiencia en este producto que desea conocer las novedades presentes en la versión 6.0 del programa. Utilice la siguiente tabla para localizar su mejor punto de partida en este libro.

Si usted es	Ejecute los siguientes pasos
Nuevo... En programación.	1. Instale los archivos de prácticas tal y como se describe en «Instalación y empleo de los archivos de prácticas». 2. Aprenda los conceptos básicos de programación en Microsoft Visual Basic leyendo secuencialmente los capítulos 1 a 14. 3. Complete las partes 5, 6 y 7 según le dicte su nivel de interés o de necesidad.

Si usted es	Ejecute los siguientes pasos
usuario de ... Microsoft C o de cualquier otro lenguaje de programación basado en Windows.	1. Instale los archivos de prácticas tal y como se describe en «Instalación y empleo de los archivos de prácticas». 2. Trabaje con los capítulos 1 y 2, analice los capítulos 3 a 9 y, finalmente, analice los capítulos contenidos en las Partes 4 y 5 de forma secuencial. 3. Si desea obtener información específica sobre como crear programas de bases de datos y para Internet, consulte las partes 6 y 7.

Si usted es	Ejecute los siguientes pasos
usuario de... Microsoft Visual Basic 5.	1. Instale los archivos de prácticas tal y como se describe en «Instalación y empleo de los archivos de prácticas». 2. Revise los capítulos 1 a 13 para revisar los conceptos de la programación orientada a suceso y, finalmente, trabaje secuencialmente con los capítulos 13 a 24. 3. Si desea obtener información específica sobre cómo crear páginas Web con Dynamic HTML, consulte los capítulos 21 y 22. Si desea obtener información sobre Objetos de Datos ActiveX, consulte el capítulo 24.

Si usted está	Ejecute los siguientes pasos
Consultando.... Este libro después de haber trabajado con todos los capítulos.	1. Utilice el índice para localizar la información sobre el tema que desee, y utilice el índice de contenidos y la Guía rápida para localizar información relacionada sobre temas generales. 2. Lea el apartado «Resumen del capítulo» al final de cada capítulo para obtener un resumen de las principales tareas analizadas en el mismo. Los temas listados en el «Resumen del capítulo» se encuentran en el mismo orden en el que se analizan dentro del capítulo.

NOVEDADES PRESENTES EN VISUAL BASIC 6.0

La tabla siguiente lista las novedades más importantes presentes en Microsoft Visual Basic y que han sido analizadas en este libro. La tabla indica el capítulo que podrá consultar para aprender a utilizar cada función. También podrá utilizar el índice para encontrar información específica sobre una determinada función o tarea que desee llevar a cabo.

Para aprender a	Consulte
Utilizar la nueva Biblioteca de Ayuda en línea denominada Microsoft Developer Network (MSDN).	Capítulo 1
Comenzar sus proyectos con uno o más formularios predefinidos.	Capítulo 8
Utilizar Visual Basic para colecciones de Aplicaciones.	Capítulo 11
Explorar nuevas técnicas de ordenación y cifrado.	Capítulo 12
Utilizar Automatización para integrar las funciones de Microsoft Word, Microsoft Excel, Microsoft Power Point y Microsoft Outlook en sus aplicaciones de Visual Basic.	Capítulo 14
Reproducir nuevos tipos multimedia con el control MCI multimedia.	Capítulo 17
Utilizar nuevas funciones API de Windows.	Capítulo 18
Utilizar Microsoft Internet Explorer para mostrar documentos HTML.	Capítulo 20
Crear páginas en Dynamic HTML con el nuevo Diseñador de páginas DHTML.	Capítulo 21
Utilizar los Elementos del cuadro de herramientas DHTML y los controles ActiveX.	Capítulo 22
Distribuir aplicaciones DHTML	Capítulo 22
Utilizar el nuevo control de Objetos de Datos ActiveX (ADO).	Capítulo 24
Crear objetos de mandato ADO con el Diseñador de Entorno de Datos.	Capítulo 24

CORRECIONES, COMENTARIOS Y AYUDA

Se ha hecho todo lo posible para asegurar que este libro y los archivos de prácticas contenidos en el CD-ROM estén libre de errores. Microsoft Press proporciona correcciones y contenidos adicionales de todos sus libros en la siguiente dirección World Wide Web.

```
Http://mspress.microsoft.com/support/support.htm
```

Si tiene problemas o si desea realizar algún comentario, sugerencia, pregunta o exponer sus ideas sobre este libro o sobre los archivos de prácticas contenidos en el disco, por favor, envíelos a McGraw-Hill.

Puede utilizar su dirección de correo electrónico:

```
profesional@mcgraw-hill.es
```

O enviar una carta a

Attn: Editor de la serie Aprenda ya
McGraw-Hill/Interamericana de España, S.A.U.
c/Basauri, 17
28023 Madrid (España)

Por favor, observe que en la dirección anterior no se proporcionará ayuda técnica relacionada con el programa Visual Basic. Si desea obtener información adicional sobre cómo utilizar Visual Basic podrá ponerse en contacto con el servicio de asistencia técnica de Microsoft.

VISITE NUESTRO SERVIDOR WORLD WIDE WEB

Cuando lo desee podrá visitar el servidor Web de Microsoft Press y McGraw-Hill en las siguientes direcciones:

```
http://www.mcgraw-hill.es/
http://mspress.microsoft.com/
```

También podrá encontrar lo último en desarrollo de programas con Visual Basic y noticias sobre la compañía Microsoft Corporation visitando el siguiente servidor Web:

```
http://www.microsoft.com/vbasic/
```

¡Conéctese y compruébelo!

Instalación y empleo de los archivos de prácticas

El CD-ROM que acompaña a este libro almacena los archivos de prácticas que podrá utilizar para llevar a cabo los ejercicios mostrados en los distintos capítulos. Por ejemplo, cuando esté aprendiendo la forma de mostrar los registros contenidos en una base de datos utilizando el control Objetos de Datos ActiveX, tendrá que abrir uno de los archivos de prácticas (una base de datos denominada Students.mdb) y, posteriormente, utilizar dicho control para poder acceder a la base de datos mencionada. Al utilizar los archivos de prácticas no desperdiciará tiempo creando todos los ejemplos contenidos en los diferentes capítulos. De esta forma, podrá concentrase en el aprendizaje de las técnicas de programación de Visual Basic. Con los archivos y las instrucciones paso a paso incluidas en cada capítulo, podrá aprender haciendo, que es la forma más sencilla y eficaz de adquirir y recordar los nuevos conocimientos.

IMPORTANTE: Antes de romper la envoltura del CD-ROM de prácticas, asegúrese de que este libro es el indicado para la versión del programa que esté utilizando. Este libro ha sido concebido para ser utilizado con el programa Microsoft Visual Basic 6.0 para los sistemas operativos Microsoft Windows y Microsoft Windows NT. Para saber qué programa está ejecutando, podrá consultar la caja que contiene al producto o poner en marcha el programa, pulsar sobre el menú Ayuda situado en la parte superior de la pantalla y seleccionar la opción Acerca de Microsoft Visual Basic.

INSTALACIÓN DE LOS ARCHIVOS DE PRÁCTICA EN SU COMPUTADORA

Ejecute los siguientes pasos para instalar los archivos de prácticas en el disco duro de su computadora, con el fin de poder utilizarlos con los ejercicios mostrados en el presente libro.

1. Extraiga el CD-ROM del paquete situado en la contraportada de este libro.
2. Inserte el CD-ROM en la unidad lectora del CD-ROM.

IMPORTANTE: En muchos sistemas, Windows reconocerá automáticamente que ha insertado un CD y pondrá en marcha el programa de instalación. En este caso, salte al paso 5.

3. En la barra de tareas situada en la parte inferior de la pantalla, pulse el botón Inicio y, a continuación, seleccione Ejecutar. En su pantalla aparece el cuadro de diálogo Ejecutar.
4. En el cuadro Abrir, escriba **d:setup** y pulse Aceptar. No incluya espacios en blanco (si su unidad de CD-ROM está asociada con otra letra de unidad, tal como e, escriba dicha letra en lugar de la «d» indicada.
5. Siga las instrucciones que irán apareciendo en pantalla. En su pantalla aparecerá la ventana de configuración del programa con las opciones recomendadas preseleccionadas. Para obtener los mejores resultados cuando utilice los archivos de prácticas de este libro, acepte los valores preseleccionados (si modifica la carpeta de instalación, tendrá que ajustar manualmente las rutas en unos cuantos archivos de prácticas para poder localizar componentes esenciales, tales como los gráficos y los archivos de bases de datos).
6. Una vez que se hayan instalado todos los archivos, extraiga el disco de la unidad de CD-ROM y vuelva a introducirlo en el plástico pegado a la contraportada de este libro. En su disco duro se habrá creado una carpeta denominada \Vb6Sbs y los archivos de prácticas se encontrarán en dicha carpeta.

IMPORTANTE: Además de instalar los archivos de prácticas, el programa Setup creará un acceso directo en la carpeta Favoritos a los servidores Web de Microsoft Press y de McGraw-Hill. Si su computadora se encuentra configurada para poder conectarse a Internet, podrá realizar una doble pulsación sobre estos accesos directos para visitar los servidores Web de Microsoft Press y de McGraw-Hill. También podrá acceder directamente a estos servidores en las direcciones http://mspress.microsoft.com y http://www.mcgraw-hill.es.

EMPLEO DE LOS ARCHIVOS DE PRÁCTICAS

Cada uno de los capítulos contenidos en este libro explica cuándo y cómo utilizar los archivos de prácticas correspondientes. Cuando llegue el momento de utilizar un archivo de prácticas, el libro mostrará las instrucciones que le guiarán en la ejecución de esta operación. Los capítulos se desarrollan en torno a escenarios que simulan proyectos reales de programación, por lo que podrá aplicar con toda facilidad los conocimientos que vaya adquiriendo en su propio trabajo.

Si le gusta conocer todos los detalles, consulte la siguiente lista de los proyectos de Visual Basic (archivos .vbp) contenidos en el disco de prácticas.

Proyecto	Descripción
Capítulo 1	
Saludo	Programa de animación que le dará la bienvenida al curso de programación.
Capítulo 2	
Suerte	Su primer programa, una máquina tragaperras que simula las famosas máquinas de juego existentes en los casinos de Las Vegas.
Capítulo 3	
Hola	El programa «!Hola, Mundo!» que muestra el funcionamiento de los controles Label y TextBox.
Compra	Interfaz de usuario para un programa de compra electrónica, creado uniendo diferentes controles de entrada.
Navegador	Una herramienta de visualización de mapas de bits que busca los gráficos almacenados en el disco utilizando los controles del Sistema de archivos.
Datos	Un programa de acceso a bases de datos que muestra la eficacia del control Data.
OleProy	Una herramienta de estimación de apuestas que utiliza el control OLE para ejecutar aplicaciones en Microsoft Windows.
Capítulo 4	
Menú	Muestra la forma en que se añaden menús y mandatos a un formulario.
Diálogo	Utiliza el control CommonDialog para modificar el color del texto contenido en un formulario.
Capítulo 5	
ProbarVar	Declaración y empleo de variables del tipo Variant para almacenar información.
Salida	Cómo mostrar salidas con la función MsgBox.
CuadroEntrada	Recogida de entradas con la función InputBox.
Datos	Una demostración de los diferentes tipos de datos más importantes.
Constante	Empleo de una constante para almacenar una entidad matemática fija.
OpBásicos	Empleo básico de los operadores de suma, resta, multiplicación y división.
OpAvdos	Empleo avanzado de operadores para la división entera, resto de la división, exponenciación y unión de cadenas.

(Continúa)

Proyecto	Descripción
Capítulo 6	
Acceso	Empleo de If...Then...Else para gestionar un proceso de conexión.
Contraseña	Empleo del operador lógico And para verificar una contraseña de conexión.
Caso	Se utiliza la instrucción CASE en un programa para mostrar un mensaje de bienvenida en el idioma elegido.
Errores	Un ejercicio de corrección paso a paso (¿Puede encontrar el error lógico?).
Capítulo 7	
BucleFor	Impresión de varias líneas con el bucle For...Next
AumentoFuente	Modificación de la propiedad FontSize dentro de un bucle.
ArrayControl	Apertura de archivos con un bucle y un array de controles.
BucleStep	Empleo de la palabra clave Step para mostrar iconos.
Celsius	Conversión de temperaturas utilizando un bucle Do.
RelojDigital	Aplicación simple que muestra un reloj digital.
ContrTemp	Programa de conexión con función de limitación temporal para introducir la contraseña.
Capítulo 8	
Italiano	Programa con vocabulario italiano que utiliza la función MsgBox para las definiciones.
Italiano2	Un programa con vocabulario italiano que utiliza un segundo formulario para las definiciones.
FormImpresión	Código que envía texto con formato a una impresora.
ImprimirWMF	Código que imprime un metaarchivo de Windows (.wmf).
ErrUnidad	Un programa que se interrumpe cuando se utiliza incorrectamente una unidad de disquete (sólo con fines demostrativos).
ErrFinal	Un manejador de error que gestiona adecuadamente los errores producidos por una unidad de disquetes.
Capítulo 9	
FormInicial	Un formulario inicial que muestra el empleo de los controles Line y Shape.
Botones	Un programa que muestra cómo se deben utilizar y diseñar los botones de comando gráficos.
ArrastrarYSoltar	Un programa que utiliza una bidón ardiendo para demostrar las operaciones de arrastrar y soltar.
Humo	Un programa que emplea técnicas de animación para crear una nube de humo deslizante.
Zoom	Un programa que simula el acercamiento a un planeta a través del espacio.
ConvNom	Un programa que muestra los convenios de denominación de objetos.

(Continúa)

Proyecto	Descripción
Capítulo 10	
Ganadas	Empleo de una variable pública para contar el número de veces que se ha ganado en una máquina tragaperras.
Porcentaje	Empleo de una función para determinar el porcentaje de jugadas ganadas en la máquina tragaperras.
Equipos	Procedimiento Sub de propósito general que le permitirá añadir elementos a un cuadro de lista.
Capítulo 11	
Mover	Empleo de una colección para desplazar objetos contenidos en un formulario.
Etiqueta	Empleo de la propiedad Tag para proporcionar un tratamiento especial a un determinado objeto dentro de una colección.
ArrayFijo	Cálculo de la temperatura media semanal con un array de longitud fija.
ArrayDinámico	Cálculo de la temperatura media para cualquier número de días con un array dinámico.
Béisbol	Puntuación de un partido de béisbol con un array bidimensional
Capítulo 12	
VisorTexto	Visualización del contenido de un archivo de texto desde un programa de Visual Basic.
NotaR	Utilidad de anotación.
DemoOrde	Editor de archivos de texto que demuestra la ordenación Shell
Cifrar	Cifra archivos de texto modificando sus caracteres ASCII.
Cifrar2	Cifra archivos de texto utilizando el operador Xor.
Capítulo 13	
Cursos	Un sistema de acceso a bases de datos con el que podrá acceder a la base de datos Students.mdb (localizada en la carpeta Less03).
BuscarDatos	Código ejemplo que le permitirá buscar información contenido en un determinado campo de una base de datos.
AñadirRegistros	Código ejemplo que añade un registro a una base de datos.
BorrarRegistros	Código ejemplo que borra el registro activo de una base de datos.
CopiaSeguridad	Código ejemplo que crea una copia de seguridad de una base de datos antes de abrirla.
Capítulo 14	
Músicos	Un Sistema de Información Empresarial (EIS) ejemplo que utiliza una hoja de cálculo de Excel, un gráfico de Excel, una fotografía de un empleado y la base de datos Microsoft Access.
EmpleoWord	Utilidad de anotación que utiliza los verificadores ortográficos y gramaticales de Microsoft Word para verificar las entradas de texto.tac

(Continúa)

Proyecto	Descripción
Hipoteca	Herramienta que calcula los pagos de un crédito hipotecario utilizando la función Pmt de Excel.
EnviarCorreo	Un programa que envía correo a través de Microsoft OutLook.
Presentación	Abre y ejecuta una presentación de diapositivas de PowerPoint desde un programa desarrollado en Visual Basic.
Capítulo 15	
EditarRTF	Procesador de textos plenamente funcional que muestra el empleo del control Rich TextBox ActiveX.
Capítulo 16	
Progreso	Sigue un proceso de ordenación con el control ActiveX ProgressBar.
EditarRTF2	Muestra el empleo de los controles ActiveX denominados Slider y StatusBar.
Capítulo 17	
ReprodSon	Reproduce un archivo .wav mediante el control ActiveX MCI Multimedia.
EjecutarVideo	Reproduce un vídeo almacenado en un archivo .avi mediante el control ActiveX MCI Multimedia.
ReprodCD	Reproduce discos compactos de audio mediante el control ActiveX MCI Multimedia.
Capítulo 18	
LibMem	Utiliza un API de Windows para mostrar información relacionada con el empleo de la memoria de su computadora.
Capítulo 19	
ObtHTML	Importa un documento HTML desde Internet.
FTP	Importa archivos de Internet utilizando el protocolo FTP.
Capítulo 20	
MostrarHTML	Muestra un documento HTML utilizando un objeto InternetExplorer.
HistHtml	Crea una lista que contiene los servidores Web visitados recientemente.
Capítulo 21	
WebAfort	Una versión en Dynamic HTML de la máquina tragaperras del programa Siete Afortunado.
Capítulo 22	
DHTML7	Una aplicación construida en Dynamic HTML que utiliza elementos del cuadro de herramientas DHTML y un control ActiveX.

(Continúa)

Proyecto	Descripción
Capítulo 23	
RejVentas	Le mostrará la forma de mostrar información en una hoja de cálculo mediante el control ActiveX denominado FlexGrid.
RejDatos	Utiliza el control ActiveX denominado FlexGrid para mostrar los campos y registros almacenados en la base de datos Students.mdb y los procesa.
Capítulo 24	
CtrlAdo	Muestra el uso básico del control de Objetos de Datos ActiveX (ADO).
FormAdo	El esqueleto de un programa que podrá utilizar para practicar en la escritura de un programa ADO.
DatosAdo	Muestra cómo ordenar los registros almacenados en una base de datos utilizando un control ADO y escribiendo campos individuales en el disco.
Extras	
Navegador	Sesión práctica de programación para la Parte 1 del libro en la que construirá una utilidad de visualización de archivos de mapas de bits.
Alarma	Sesión práctica de programación para la Parte 2 del libro en la que construirá un reloj avisador personal.
Ampliar	Sesión práctica de programación para la Parte 3 del libro en la que construirá una utilidad mejorada para la visualización de archivos de mapas de bits que permita el empleo de la técnica «arrastrar y soltar» y la impresión de archivos.
InfoLibro	Sesión práctica de programación para la Parte 4 del libro en la que construirá un sistema de acceso para la base de datos Biblio.mdb.

DESINSTALACIÓN DE LOS ARCHIVOS DE PRÁCTICAS

Utilice los siguientes pasos para borrar los archivos de prácticas que han sido instalados en su disco duro por el programa de instalación del disco Aprenda Visual Basic 6.0 Ya.

1. Pulse el botón Inicio, seleccione Configuración y pulse sobre Panel de control.
2. Realice una doble pulsación sobre el icono Agregar o quitar programas.
3. Seleccione el nombre Microsoft Visual Basic Professional Step by Step de la lista, y pulse el botón Agregar o quitar.

En su pantalla aparecerá un mensaje de confirmación.

4. Pulse sobre la opción Sí. Se desinstalarán los archivos de prácticas.
5. Pulse Aceptar para cerrar el cuadro de diálogo Propiedades de agregar o quitar programas.
6. Cierre la ventana del Panel de Control.

¿NECESITA AYUDA CON LOS ARCHIVOS DE PRÁCTICAS?

Se han hecho todos los esfuerzos necesarios para asegurar la fiabilidad de este libro y de los archivos ejemplo contenidos en el disco de prácticas. No obstante, si encuentra algún problema con los archivos de prácticas, Microsoft Press proporciona correcciones de los mismos y de sus libros a través del World Wide Web, en la dirección:

http://mspress.microsoft.com/support

Convenios y características de este libro

Podrá ahorrar tiempo durante la lectura de este libro si, antes de empezar, comprende cómo se representan en él las instrucciones, las teclas a pulsar y otra serie de convenios tipográficos que pasamos a relatarle. Por favor, dedique un poco de su tiempo a leer la siguiente lista que también resalta ciertas características contenidas en el libro y que quizás le interese conocer.

Convenios

- Los ejercicios que debe seguir se detallarán en listas de pasos (1, 2, etc.). Una viñeta de forma redondeada (■) indicará que el ejercicio consta de un sólo paso.
- El texto que deberá introducir el lector se muestra en **negrita**.
- Un signo más (+) entre los nombres de dos teclas indicará que deberá pulsar dichas teclas de forma simultánea. Por ejemplo, «Pulse ALT+TAB» significará que deberá pulsar y mantener pulsada la tecla ALT a la vez que pulsa la tecla TAB.
- Las notas denominadas «NOTA» o «TRUCO» y el texto situado en el margen izquierdo le proporcionarán información adicional o métodos alternativos para ejecutar una determinada operación.
- La nota denominada «Importante» le suministrará información esencial que deberá comprobar antes de continuar con la lectura del capítulo.

OTRAS CARACTERÍSTICAS DE ESTE LIBRO

- Podrá aprender técnicas especiales de programación, obtener información adicional o conocer otras características relacionadas con el tema que se está comentando en cada capítulo sin más que leer las notas que aparecerán en él. Estas notas suelen analizar en profundidad terminología especialmente difícil o sugerirle futuras áreas de exploración.

- Podrá conocer técnicas u opciones adicionales en cada capítulo sin más que intentar resolver el ejercicio opcional denominado «Un paso más allá» que encontrará al final de cada capítulo.

- Si desea dar un breve repaso sobre cómo se han llevado a cabo las tareas que ha aprendido en un determinado capítulo, le bastará con leer el «Resumen del Capítulo» al final del mismo.

- Podrá poner en práctica los conocimientos adquiridos en los capítulos sin más que echar un vistazo a los apartados especiales denominados «Si desea revisar sus conocimientos de programación». Estos programas le permitirán experimentar con las nuevas herramientas que haya explorado anteriormente desarrollando aplicaciones más sofisticadas (consulte el contenido de la carpeta C:\Vb6Sbs\Extras para ver una lista completa de estas utilidades).

PRIMERA PARTE

Primer contacto con Visual Basic

Capítulo

1 Apertura y ejecución de un programa Visual Basic

2 Desarrollo del primer programa

3 Empleo de controles

4 Manejo de menús y cuadros de diálogo

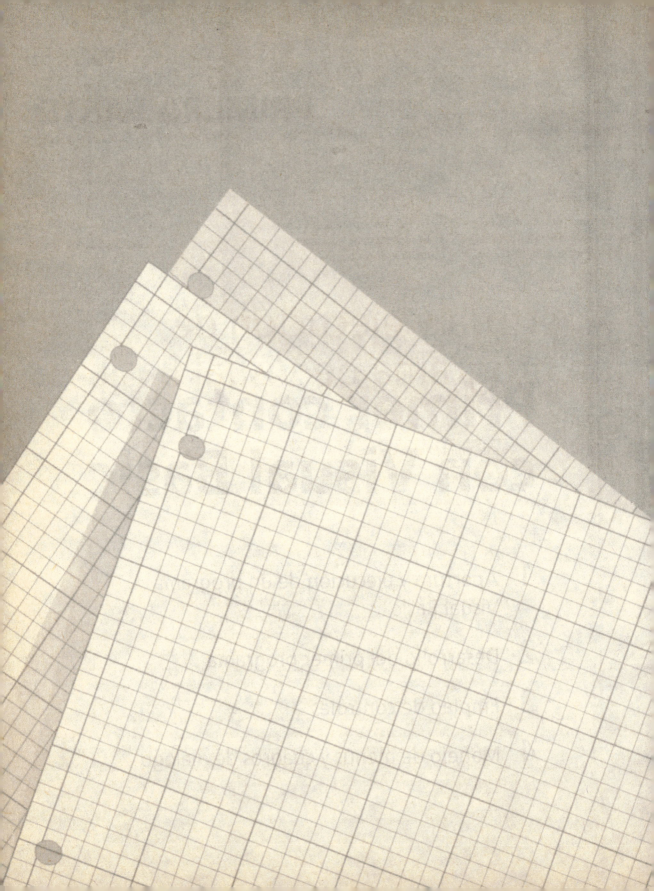

Capítulo 1

Apertura y ejecución de un programa de Visual Basic

En este capítulo aprenderá a:

- Poner en marcha Visual Basic.
- Utilizar el entorno de programación de Visual Basic.
- Abrir y ejecutar un programa Visual Basic.
- Utilizar la ayuda en línea y salir de Visual Basic.

Tiempo estimado:
30 minutos

La capacidad de Visual Basic de ejecutar ciertas tareas complejas descansa en ciertos aspectos claves que analizaremos detalladamente en la primera parte de este libro. Después de unos pocos capítulos, podrá comprobar que desarrollar potentes programas para Microsoft Windows utilizando Microsoft Visual Basic es una actividad muy sencilla. Incluso, aunque nunca antes haya desarrollado un programa, podrá darse cuenta de que la programación utiliza ciertas técnicas y razonamientos que usted pone en práctica día tras día. En este capítulo aprenderá a poner en marcha Visual Basic y a utilizar el Sistema de Programación de Visual Basic para abrir y ejecutar un programa sencillo. Se familiarizará con las opciones básicas de los menús contenidos en Visual Basic y con sus procedimientos de programación. Para ello, ejecutará un programa sencillo denominado Saludo; también podrá ponerse manos a la obra modificando un elemento del programa denominado propiedad. Por último, aprenderá a obtener más información sobre el empleo de la Ayuda en línea y sabrá la forma de salir de Visual Basic de una forma segura.

EL ENTORNO DE PROGRAMACIÓN DE VISUAL BASIC

El entorno de programación de Visual Basic contiene todas las herramientas que usted necesita para construir programas para Windows, de una manera rápida y eficiente. Siga los pasos comentados a continuación para poner en marcha Visual Basic.

> **IMPORTANTE:** *Si todavía no ha instalado los archivos de prácticas que vienen con este libro, consulte los apartados «Búsqueda del mejor punto de partida» e «Instalación y empleo de los archivos de prácticas» al principio del libro. Finalmente, vuelva al presente capítulo.*

Puesta en marcha de Visual Basic

1. En Microsoft Windows, pulse el botón Inicio, despliegue el menú Programas y seleccione la carpeta denominada Microsoft Visual Basic 6.0. Los iconos contenidos en esta carpeta aparecerán en una lista.

> **CONSEJO:** *Si su copia de Visual Basic forma parte del paquete integrado de herramientas de desarrollo denominado Microsoft Visual Studio deberá desplegar la carpeta Microsoft Visual Studio para mostrar el icono del programa Visual Basic 6.0. Las instrucciones contenidas en las Partes 1 a 4 de este libro se aplican por igual a las ediciones de Aprendizaje, Profesional y Empresarial de Visual Basic.*

2. Pulse el icono correspondiente al programa Visual Basic 6.0.

    El cuadro de diálogo Nuevo proyecto aparecerá en su pantalla. Este cuadro de diálogo le solicita que seleccione el tipo de proyecto de programación que desea crear (el contenido exacto de este cuadro de diálogo dependerá de la edición de Visual Basic que esté utilizando).

3. Pulse Abrir para aceptar el nuevo proyecto propuesto por defecto, una aplicación estándar de 32 bits para Visual Basic. En el entorno de programación de Visual Basic se abrirá un proyecto nuevo, junto con algunas de las ventanas y herramientas que se muestran en la figura de la página siguiente.

El entorno de programación de Visual Basic contiene herramientas de programación que le ayudarán a desarrollar sus propios programas. La *barra de menús* le permitirá acceder a la mayoría de las opciones que controlan el entorno de programación. Los menús y los mandatos trabajan según una serie de reglas estándar utilizadas en todos los programas basados en Windows; y podrá acceder a ellos utilizando el teclado o el ratón. Justo debajo de la *barra de menús* se encuentra la barra de herramientas, un conjunto de botones que funcionan como atajos para ejecutar opciones y controlar el

APERTURA Y EJECUCIÓN DE UN PROGRAMA DE VISUAL BASIC

entorno de programación de Visual Basic. Si anteriormente ha utilizado alguna vez Microsoft Excel o Microsoft Word, la barra de herramientas debe serle un elemento familiar. Para activar un botón de la barra de herramientas, deberá pulsar este icono utilizando el ratón. En la parte inferior de la pantalla se encuentra la *barra de tareas* de Windows. Podrá emplear esta barra para conmutar entre distintos componentes de Visual Basic y para activar otros programas de Windows. También podrá ver en la barra de tareas, iconos relacionados con Microsoft Internet Explorer o cualquier otro navegador para Internet.

Para ver la función asociada a un botón de la barra de herramientas, sitúe el puntero del ratón sobre él durante unos cuantos segundos.

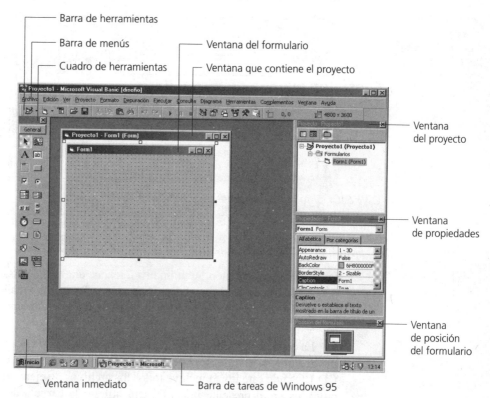

En esta pantalla inicial también se encuentran disponibles el cuadro de herramientas, la barra de menús, la ventana que contiene al proyecto, la ventana del formulario, la ventana del proyecto, la ventana inmediata, la ventana de propiedades y la ventana de posición del formulario. El tamaño exacto y la forma de estas ventanas dependerá de la configuración que tenga su sistema. En Visual Basic 5 y 6 podrá alinear y fijar ventanas para que todos los elementos del entorno de programación permanezcan visibles y sean fácilmente accesibles. Más adelante, en este mismo capítulo, le mostraré cómo puede adaptar a sus propias necesidades el entorno de programación.

En el siguiente ejercicio, practicaremos con la barra de menús y con la barra de herramientas para cargar y ejecutar un programa ejemplo desarrollado en Visual Basic denominado Saludo.

Empleo de la barra de menús para abrir un proyecto de programación previamente existente

1. Despliegue el menú Archivo y ejecute el mandato Abrir Proyecto.

    En su pantalla aparecerá el cuadro de diálogo denominado Abrir proyecto. Este cuadro de diálogo le permitirá abrir cualquier programa desarrollado en Visual Basic existente en su disco duro, unidad de red, CD-ROM, disquete o conexión con Internet:

Los archivos de proyecto de Visual Basic se distinguen por tener las extensiones .vbp, .mak o .vbg.

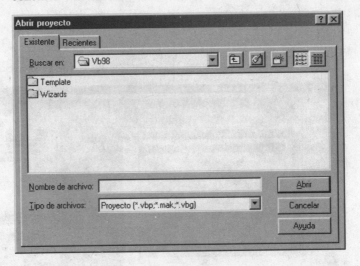

Botón Subir un nivel

2. Pulse tres veces el botón Subir un nivel, realice una doble pulsación sobre la carpeta Vb6Sbs contenida en el directorio raíz y, finalmente, realice una doble pulsación sobre la carpeta Less01 para abrir la carpeta denominada C:\Vb6SBs\Less01.

    La carpeta \Vb6Sbs (así se denominará por defecto la carpeta creada por el programa de instalación de los archivos de prácticas contenidos en el CD-ROM de este libro) incluye todos los archivos de ejemplo y prácticas mencionados en el presente libro. Deberá utilizar la carpeta denominada Lessxx cuando esté leyendo en el libro los conceptos contenidos en el capítulo mencionado, donde xx se refiere al número del capítulo con el que esté trabajando.

3. En la carpeta Less01, seleccione el proyecto Saludo y, posteriormente, pulse Abrir.

    El archivo de proyecto Saludo cargará el formulario de la interfaz de usuario, sus propiedades, el código asociado con el programa y el módulo estándar del programa Saludo.

4. Si en su pantalla no se muestra el formulario Saludo, deberá realizar una doble pulsación sobre la carpeta Formularios contenida en la ventana Proyecto; finalmente, deberá pulsar Form1 (Saludo.frm).

APERTURA Y EJECUCIÓN DE UN PROGRAMA DE VISUAL BASIC 7

Antes de que pueda trabajar con un componente de cualquier proyecto, deberá seleccionarlo en la ventana Proyecto.

Botón Ver objeto

5. Pulse el botón Ver objeto contenido en la ventana del Proyecto para contemplar el aspecto que tiene la interfaz del usuario del programa.

    En su pantalla, aparecerá el formulario del programa, tal y como se muestra en la figura siguiente:

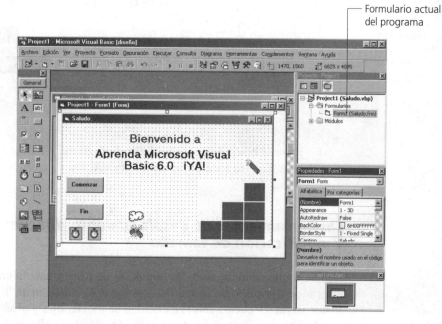

Formulario actual del programa

Si no ve la ventana contenedora del proyecto alrededor del formulario, el motivo será que dicha ventana se encuentra maximizada y tendrá que pulsar el botón Restaurar ventana situada en la barra de herramientas para ver el proyecto tal y como se muestra en la figura anterior.

Saludo es, simplemente, un programa ejemplo desarrollado en Visual Basic pensado para que se familiarice con este entorno de programación. Como Saludo contiene varios de los elementos básicos que podrá encontrar con frecuencia en cualquier programa desarrollado con Visual Basic, podrá utilizarlo para explorar superficialmente el entorno de programación. Cuando ejecute Saludo verá por pantalla un mensaje de bienvenida y algunos efectos de animación.

Botón Iniciar

6. Pulse el botón Iniciar contenido en la barra de herramientas de Visual Basic para poner en marcha el programa Saludo.

    A partir de ese instante, el cuadro de herramientas y la ventana Propiedades desaparecerán de la pantalla, a la vez que el programa Saludo comienza a ejecutarse.

7. Pulse el botón Comenzar para ver algún ejemplo de animación. Su pantalla tendrá el aspecto mostrado en la figura siguiente.

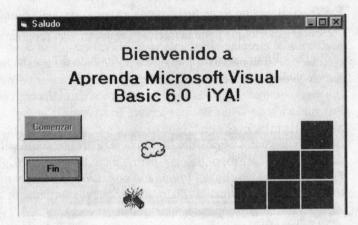

8. Pulse el botón Fin para finalizar el programa y volver al entorno de programación. Esto es todo por el momento. ¡Acaba de ejecutar su primer programa en Visual Basic!

Las herramientas de desplazamiento, fijación y modificación de tamaño

Debido a que contiene siete herramientas de programación en una única pantalla, el entorno de desarrollo de Visual Basic puede convertirse en un lugar demasiado poblado. Visual Basic 6.0 cuenta con la capacidad de mover, fijar y modificar el tamaño de cada una de estas herramientas de programación. Gracias a ello podrá tener un control completo sobre la forma y el tamaño de los elementos presentes en el entorno de desarrollo.

En el entorno de desarrollo de Visual Basic, podrá utilizar una nueva función denominada «fijar o acoplar» para organizar sus herramientas de programación.

Para mover una ventana, el cuadro de herramientas o la barra de herramientas, sólo tendrá que pulsar con el ratón sobre la barra de títulos y arrastrar el objeto hacia su nueva ubicación. Si alinea una ventana con el borde de otra ventana, ambas se *acoplarán* o fijarán. Las ventanas de este tipo suponen una ventaja porque siempre estarán visibles (no permanecerán ocultas detrás de otras ventanas).

Si desea ver una parte mayor de la ventana fijada, sólo tendrá que arrastrar uno de sus bordes para ver más contenido. Si está cansado de las ventanas acopladas y desea que sus herramientas se vuelvan a superponer entre sí como ocurría en las versiones anteriores de Visual Basic, seleccione el mandato Opciones contenido en el menú Herramientas, pulse la pestaña denominada Acople y elimine las marcas de verificación correspondientes a aquellas herramientas que desee visualizar de forma independiente.

A medida que avance en la lectura de los siguientes apartados irá practicando con el desplazamiento, acople y la modificación del tamaño de las diferentes herramientas contenidas en el entorno de programación de Visual Basic hasta que, finalmente, se sienta a gusto con ellas.

EL FORMULARIO DE LA INTERFAZ DE USUARIO

Cada formulario es una ventana en su interfaz de usuario.

En Visual Basic, un *formulario* es una ventana que podrá adaptar a sus gustos o necesidades personales para crear la interfaz de usuario de su programa. En el programa que acabamos de ejecutar, el formulario es la ventana que se mostró en pantalla durante la ejecución del programa. Un formulario puede contener menús, botones, cuadros de lista, barras de desplazamiento y cualquier otro elemento que se pueden contemplar en los típicos programas desarrollados para Windows. Cuando ponga en marcha el Entorno de Programación de Visual Basic aparecerá en su pantalla un formulario por defecto denominado Form1. Sobre este formulario se encuentra una rejilla estándar (una «rejilla» es un grupo de puntos espaciados de forma regular) que podrá utilizar para crear la interfaz de usuario de su programa y para alinear los elementos presentes en la interfaz. Podrá ajustar el tamaño del formulario utilizando el ratón; el formulario puede ocupar toda o parte de la pantalla. Podrá añadir nuevos formularios ejecutando el mandato Agregar formulario contenido en el menú Proyecto.

Si parte del formulario se encuentra cubierto por las herramientas de programación, podrá cerrar o modificar el tamaño de éstas para que ocupen menos espacio, o podrá pulsar sobre la barra de títulos del formulario y arrastrar el formulario hasta que pueda verlo por completo. Mover el formulario por la pantalla no afectará al lugar donde posteriormente se mostrará el formulario cuando ejecute el programa. Esta característica del programa se controlará desde la ventana denominada Posición del formulario. Si desea definir la posición inicial que ocupará el nuevo formulario, sólo tendrá que arrastrar con el ratón el pequeño formulario que se muestra en la ventana de Posición del formulario hasta que ocupe la posición que usted desee.

EL CUADRO DE HERRAMIENTAS

Botón Cuadro de herramientas

Podrá desplazar el cuadro de herramientas a cualquier lugar de la pantalla sin más que situar el puntero del ratón sobre su barra de títulos, pulsar el botón izquierdo de este dispositivo y arrastrar el cuadro de herramientas al lugar deseado.

Podrá añadir los elementos deseados a la interfaz de usuario de su programa utilizando las herramientas, o *controles*, contenidas en el cuadro de herramientas. Para abrir el cuadro de herramientas deberá pulsar el botón Cuadro de herramientas situado en la barra de herramientas. El cuadro de herramientas suele estar localizado junto al borde izquierdo de la pantalla. El cuadro de herramientas contiene controles con los que podrá añadir en la interfaz del usuario dibujos artísticos, etiquetas, botones, cuadros de lista, barras de desplazamiento, menús y formas geométricas. Una vez que los controles han sido introducidos en el formulario se convierten en *objetos*, o elementos programables de la interfaz de usuario, del programa. Estos elementos serán visibles para el usuario cuando éste ejecute su programa y funcionarán en la misma forma en que lo hacen los demás elementos que aparecen en las típicas aplicaciones desarrolladas para Windows.

El cuadro de herramientas contiene también controles que podrá utilizar para crear objetos que lleven a cabo operaciones especiales «detrás del telón». Estos potentes objetos realizarán las tareas que usted desee, pero no se mostrarán al usuario cuando éste ejecute el programa. Entre este tipo de objetos se incluyen aquellos que sirven para manipular información en las bases de datos, permiten trabajar con aplicaciones basadas en Windows o llevan un control del tiempo transcurrido durante la ejecución de sus programas.

Podrá mostrar el nombre asociado a cualquier control contenido en el cuadro de herramientas situando durante unos instantes el puntero del ratón sobre dicho elemento. Más adelante, en el Capítulo 2, le mostraré cómo utilizar estos controles.

LA VENTANA DE PROPIEDADES

La ventana de Propiedades le permitirá modificar las características, o *propiedades de configuración*, asociadas con cada uno de los elementos presentes en la interfaz de usuario. Una propiedad es una cualidad asociada con uno de los objetos de la interfaz de usuario. Por ejemplo, podrá modificar el mensaje de bienvenida mostrado por el programa Saludo para que aparezca en otro tipo o tamaño de letra o con una alineación diferente (con Visual Basic podrá mostrar el texto en cualquier tipo de letra que tenga instalada en su computadora, al igual que sucede con Excel o con Word). Podrá modificar las propiedades asociadas utilizando la ventana Propiedades durante la creación de la interfaz de usuario o introduciendo código de programación, a través de la ventana Código, para modificar el valor asociado a una o más propiedades durante la ejecución del programa.

La ventana de Propiedades contiene un cuadro de lista desplegable que muestra todos los objetos o elementos disponibles para las interfaces de usuario; la ventana de Propiedades también lista las propiedades que podrá modificar para cada objeto. Practicaremos ahora modificando la propiedad Caption (rótulo) asociada al botón Fin mostrado en el programa Saludo.

Modificación de una propiedad

1. Compruebe que el programa Saludo no se está ejecutando (verá la palabra *diseño* en la barra de títulos cuando el programa no se esté ejecutando) y pulse el objeto Fin contenido en el formulario.

    El objeto Fin (un botón de orden) estará ahora rodeado por pequeños cuadrados de color oscuro que indicarán que este objeto se encuentra seleccionado. Para poder trabajar con un objeto contenido en un formulario de Visual Basic deberá seleccionarlo primero.

2. Pulse el botón Ventana Propiedades contenido en la barra de herramientas.

    En el entorno de programación se resaltará la ventana Propiedades (si la ventana de propiedades no se encontraba abierta, al pulsar el botón anterior esta ventana aparecerá en su pantalla).

Botón Ventana Propiedades

3. Realice una doble pulsación sobre la barra de títulos de la ventana de Propiedades para mostrarla como una ventana flotante (no acoplada).

Verá una ventana similar a la que se muestra en la figura siguiente:

Propiedad Caption

La ventana de Propiedades lista todos los parámetros de configuración asociados con el segundo botón de orden contenido en el formulario (en total, los botones de órdenes disponen de 33 propiedades). Los nombres de las propiedades del botón de orden se listan en la columna izquierda de la ventana, mientras que el valor asignado a cada una de estas propiedades se muestra en la columna de la derecha. En la etiqueta Alfabética se listan las propiedades en orden alfabético.

4. Desplace la lista de propiedades hasta que se haga visible la propiedad Caption (rótulo).

   Podrá desplazar el contenido de la ventana de Propiedades en la misma forma que lo hace en cualquier otro cuadro de lista.

5. Realice una doble pulsación sobre la propiedad Caption (busque el nombre de la propiedad en la columna de la izquierda).

   El actual valor para Caption se encuentra resaltado en la columna de la derecha («Fin») y un cursor parpadea a su derecha.

6. Pulse la tecla SUPR, escriba **Terminar** y pulse INTRO.

   El valor de la propiedad Caption habrá variado de «Fin» a «Terminar». El rótulo que se muestre ahora en el formulario será distinto, y en la siguiente ocasión en que ejecute el programa, el botón de orden encerrará la palabra *Terminar* en su interior.

   Devuelva la ventana de Propiedades a su posición acoplada por debajo de la ventana de Proyecto.

> **Comentarios sobre propiedades**
>
> En Visual Basic, cada uno de los elementos de la interfaz de usuario de un programa (incluyendo el propio formulario) cuenta con un conjunto de propiedades redefinibles. Podrá definir las propiedades durante el proceso de diseño utilizando la ventana de Propiedades. Además, podrá modificar el valor asociado a dichas propiedades durante la ejecución del programa utilizando código de programación (los elementos de la interfaz de usuario que reciben datos por parte del usuario suelen utilizar propiedades para transmitir la información). Sin embargo, en un principio, las propiedades pueden ser un concepto difícil de digerir. Expresar esta idea en términos de algo familiar en nuestra vida diaria puede ayudar a comprenderlo mejor.
>
> Piense en la siguiente analogía con una bicicleta: Una bicicleta es un objeto que podrá utilizar para desplazarse con cierta rapidez de un lugar a otro. Como la bicicleta es un objeto físico, tiene varias características que le son propias. Tiene una marca, color, ruedas, frenos, volante, etc. y habrá sido construida siguiendo un estilo determinado (puede ser una bicicleta de paseo, de montaña o un tándem). Siguiendo la terminología de Visual Basic, estas características son las *propiedades* del objeto bicicleta. El molde con el que se creó el modelo de la bicicleta se puede denominar control «bicicleta . La mayor parte de las características de la bicicleta se definirán en el momento de la fabricación de ésta, pero algunas propiedades especiales (tales como neumáticos, velocidad, edad u otros elementos tales como reflectores y espejos) se irán modificando a medida que se utilice la bicicleta. Cuando trabaje con Visual Basic se encontrará con propiedades de los dos tipos.

Es un buen momento para que practique con la tarea de fijar o acoplar ventanas. Realizar una doble pulsación sobre la barra de títulos es el método más rápido. También podrá realizar esta operación arrastrando la ventana de Propiedades hasta situar su barra de títulos justo debajo del borde inferior de la ventana de Proyecto. Como existen tantas ventanas próximas, el «acoplamiento manual» exige cierta práctica y puede resultar bastante frustrante en un principio. Pero cuando utilice más adelante estas herramientas de programación, podrá beneficiarse si su espacio de trabajo se encuentra bien organizado.

LA VENTANA DE PROYECTO

Cualquier programa desarrollado en Visual Basic está formado por varios archivos enlazados entre sí o *compilados*. Para facilitarle la tarea de pasar de uno a otro componente cuando esté trabajando en un proyecto, los diseñadores de Visual Basic han incluido una *ventana de Proyecto* en el entorno de programación (esta herramienta recibe también el nombre de *Explorador del Proyecto* en ciertos círculos de programación). La ventana Proyecto lista todos los archivos utilizados en el proceso de programación y le permitirá acceder a su contenido utilizando dos botones especiales: Ver Código y Ver Objeto. Podrá añadir, eliminar o guardar archivos individuales de un proyecto utilizando las opciones contenidas en los menús Archivo y Proyecto. Si se efectúa algún cambio en un proyecto, éste se reflejará en la ventana Proyecto.

El archivo que almacena la información relativa a todos los demás elementos que forman parte de un proyecto se denomina *archivo de proyecto de Visual Basic* y llevará la extensión *.vbp*. En Visual Basic versiones 5 y 6 se podrá cargar simultáneamente en la ventana de Proyecto más de un archivo de proyecto, y podrá pasar de uno a otro sin más que pulsar sobre el nombre del proyecto. Debajo del nombre del proyecto, la ventana Proyecto muestra los componentes que existen en cada proyecto en una estructura en árbol, de forma similar a las vistas presentadas por el Explorador de Windows. Si pulsa con el ratón los signos más y menos situados a la izquierda de las carpetas, podrá expandir y contraer estas «ramas», incluyendo Formularios, Módulos y otras categorías.

En el siguiente ejercicio analizará la ventana Proyecto correspondiente al programa Saludo.

Cómo visualizar la ventana Proyecto

Botón Explorador de Proyecto

1. Pulse el botón Explorador de Proyecto situado en la barra de herramientas.

   En el entorno de programación se resaltará la ventana del Proyecto (si la ventana no estaba abierta, aparecerá ahora).

2. Realice una doble pulsación sobre la barra de títulos de la ventana del Proyecto para mostrarla como una ventana flotante (no fijada).

   Verá una ventana de Proyecto similar a la mostrada en la figura siguiente.

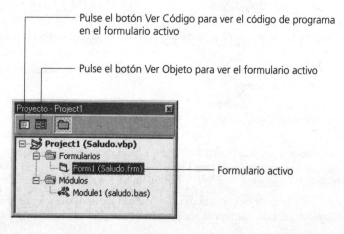

3. Pulse el signo más situado a la izquierda de las carpetas Formularios y Módulos (si no lo ha hecho anteriormente) para ver todos los componentes del proyecto.

El archivo de proyecto en este caso tiene el nombre de Saludo.vbp. En el proyecto Saludo se listan los archivos Saludo.frm y Saludo.bas. Saludo.frm contiene el formulario correspondiente a la interfaz de usuario y todo el código asociado con los objetos que forman parte de este formulario. Saludo.bas contiene el código compartido por todas las partes del programa. Cuando el programa se compila en un archivo ejecutable, o se prepara para poder ejecutarse bajo Windows, estos archivos se combinan para formar un único archivo .exe.

4. Realice una doble pulsación sobre la barra de títulos de la ventana Proyecto para volver a su posición de acoplamiento.

OBTENCIÓN DE AYUDA

Visual Basic incluye un sistema de referencia en línea que podrá utilizar cuando así lo desee para aprender más sobre el entorno de programación, las herramientas de desarrollo y el lenguaje de programación en el Sistema de Programación de Visual Basic. Dedique unos instantes a explorar los recursos de ayuda antes de pasar al siguiente capítulo, donde comenzará a construir su primer programa.

CONSEJO: *La ayuda en línea de Visual Basic está incluida en dos CD denominados Microsoft Developer Network (MSDN) Library. Si cuenta con 95 Mbytes de espacio libre en su disco duro, podrá copiar toda la documentación de Visual Basic en su sistema desde este CD. En caso contrario, podrá insertar el CD adecuado en su unidad de CD-ROM cada vez que desee utilizar el sistema de Ayuda en línea de Visual Basic.*

Podrá acceder de diversas formas al sistema de Ayuda.

Para obtener información	Haga lo siguiente
Por tema o actividad	En el menú de Ayuda de Visual Basic, pulse la opción Contenido para abrir la librería MSDN.
Cuando esté trabajando en la ventana Código	Pulse la palabra clave o la instrucción del programa sobre la que desee obtener información y pulse F1.
Cuando esté trabajando en un cuadro de diálogo	Pulse el botón Ayuda en el cuadro de diálogo.
Si desea buscar ayuda sobre una determinada palabra clave	En el menú Ayuda, seleccione la opción Búsqueda y escriba el término sobre el que esté buscando ayuda dentro de la pestaña Búsqueda de la Librería MSDN.
Conectándose con una página Web que contenga información sobre Visual Basic o programación	En el menú Ayuda, despliegue el submenú Microsoft en el Web y pulse sobre el tema o sobre la dirección con la que desee conectarse.
Para poder ponerse en contacto con Microsoft para obtener soporte técnico	En el menú Ayuda seleccione la opción Soporte Técnico.

Podrá utilizar los siguientes pasos para obtener ayuda sobre un tema específico en Visual Basic. Este ejercicio práctico le mostrará cómo buscar información relacionada con la ventana de Proyecto, pero podrá modificar el ejercicio a su gusto para buscar información sobre el tema que le interese.

Obtención de ayuda sobre un tema específico

El menú Ayuda es su puerta de entrada al sistema de Ayuda de Visual Basic.

1. Pulse el menú Ayuda contenido en la barra de menús. En su pantalla aparecerá el contenido del menú Ayuda.

2. En el menú Ayuda, seleccione la opción Contenido. Visual Basic pondrá en marcha la biblioteca MSDN (inserte el CD apropiado en caso de que el sistema operativo así se lo indique).

3. Maximice la ventana de la biblioteca de MSDN.

   Esta biblioteca muestra la información de ayuda en formato HTML. Cuando abra por primera vez la biblioteca MSDN, la ventana situada a la derecha mostrará algunos temas introductorios que pueden ser de interés para los diseñadores de software. La ventana situada a la izquierda le permitirá navegar hasta encontrar un tema particular que sea de su interés. Cuando seleccione un tema, la ventana situada a la derecha mostrará el archivo de Ayuda asociado.

4. Pulse sobre la pestaña Índice de la biblioteca MSDN.

5. Escriba la frase *explorador de proyectos* (o cualquier otro tema de búsqueda) en el cuadro de texto.

   A medida que vaya escribiendo las palabras *explorador de proyectos*, irán apareciendo en el cuadro de lista los temas de ayuda que empiecen por «e», luego por «ex», etc., hasta que se muestre el tema de ayuda relacionado con el Explorador de Proyectos.

6. Realice una doble pulsación sobre el tema Explorador de Proyecto contenido en la lista.

   La biblioteca MSDN buscará la aparición de las palabras Explorador de Proyectos en el sistema de ayuda y mostrará el resultado en un nuevo cuadro de diálogo denominado Temas encontrados.

7. Realice una doble pulsación sobre el elemento Explorador de Proyecto (Referencia Visual Basic)

   La librería MSDN mostrará en la ventana de la derecha información sobre el Explorador de Proyectos de Visual Basic. Las barras de desplazamiento le permitirán acceder a la información que no se muestre inicialmente en su pantalla. Dedique algunos minutos a la lectura del artículo para explorar otros temas contenidos en la librería MSDN.

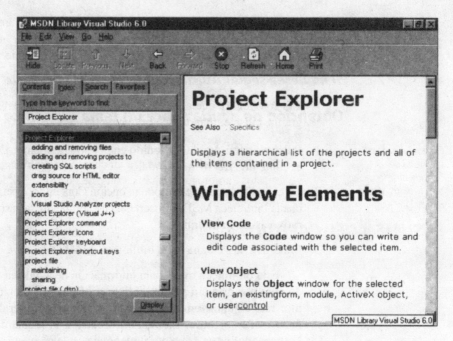

8. Ejecute el mandato Salir contenido en el menú Archivo de la Librería MSDN para abandonar el sistema de Ayuda.

La Librería MSDN es un recurso de gran utilidad para conocer en mayor profundidad el entorno de programación o cualquier tema relacionado con la programación en Visual Basic. No dude en utilizarlo en el momento en el que le surjan dudas.

UN PASO MÁS ALLÁ

Cómo salir de Visual Basic

Cuando termine de utilizar Visual Basic en su sesión de trabajo, deberá almacenar cualquier proyecto que haya podido abrir y cerrar el sistema de programación. Vamos a intentarlo.

Salida de Visual Basic

1. Almacene los cambios que haya podido realizar en su programa sin más que pulsar el botón Guardar proyecto contenido en la barra de herramientas (si el programa le pide que introduzca el nombre y ubicación de los componentes de su proyecto, acepte los nombres propuestos por defecto).

2. Despliegue el menú Archivo y seleccione la opción Salir.

   Terminará la ejecución de Visual Basic.

Si desea continuar en el siguiente capítulo

➤ No salga de Visual Basic y pase al capítulo 2.

Si no desea seguir utilizando por ahora Visual Basic

➤ Tan sólo tendrá que apagar su computadora. O, si todavía no ha salido del programa, pulse el mandato Salir contenido en el menú Archivo para cerrar Visual Basic.

Si en su pantalla se muestra un cuadro de diálogo que le pregunta si desea guardar los cambios realizados, conteste que Sí.

RESUMEN DEL CAPÍTULO 1

Para	Salir de Visual Basic	Haga esto
Iniciar Visual Basic	Pulse el botón Inicio de la barra de tareas. Seleccione Programas, pulse sobre la carpeta de Visual Basic 6.0 y, finalmente, pulse el icono correspondiente al programa Visual Basic 6.0.	Inicio
Mostrar la función asociada con un botón	Sitúe el puntero del ratón sobre el botón deseado.	
Abrir un proyecto existente	Ponga en marcha Visual Basic. En el menú Archivo seleccione la opción Abrir Proyecto.	
Comenzar un nuevo proyecto	Ponga en marcha Visual Basic. En el menú Archivo seleccione la opción Nuevo Proyecto.	
Ejecutar un programa	Pulse el botón Iniciar contenido en la barra de herramientas o Pulse F5	▶
Fijar una herramienta del programa	Pulse sobre la barra de títulos y arrastre la herramienta hasta el borde de otra ventana. Si desea aumentar el tamaño de la ventana acoplada realice una doble pulsación sobre la barra de títulos o modifique el tamaño con el ratón.	
Mover el cuadro de herramientas	Arrastre el cuadro de herramientas utilizando el ratón.	
Definir propiedades	Pulse el botón Ventana Propiedades contenido en la barra de herramientas para mostrar la ventana Propiedades (si es que no está ya abierta) y, finalmente, realice una doble pulsación sobre la barra de títulos de esta ventana. Despliegue el cuadro de lista Objeto para mostrar los elementos que componen	

(Continúa)

Para	Salir de Visual Basic	Haga esto
	la interfaz de usuario en su formulario y, finalmente, seleccione el valor que desee asignar en el cuadro de lista Propiedades.	
Mostrar la ventana Proyecto	Pulse el botón Explorador de proyecto de la barra de herramientas (si la ventana Proyecto no se encuentra abierta) y, a continuación, realice una doble pulsación sobre la barra de títulos de la ventana Proyecto.	
Salir de Visual Basic	En el menú Archivo, seleccione la opción Salir.	

Capítulo 2

Desarrollo del primer programa

En este capítulo aprenderá a:

- Crear la interfaz de usuario para un nuevo programa.
- Definir las propiedades para cada uno de los objetos contenidos en la interfaz de usuario.
- Escribir código de programación.
- Grabar y ejecutar el programa.
- Generar un archivo ejecutable.

Tiempo estimado:
35 minutos

Como aprendió en el Capítulo 1, el entorno de programación de Microsoft Visual Basic contiene varias herramientas de desarrollo de gran potencia que le ayudarán a ejecutar y administrar sus programas. Visual Basic también contiene todo lo necesario para construir sus propias aplicaciones para Windows empezando desde cero. En este capítulo aprenderá a crear una interfaz de usuario simple pero atractiva con los controles contenidos en el cuadro de herramientas de Visual Basic. A continuación, aprenderá a particularizar la operación de estos controles con características especiales denominadas propiedades. Además, aprenderá a identificar aquellas operaciones que su programa debe llevar a cabo mediante código basado en texto. Finalmente, conocerá la forma en que debe almacenar y ejecutar su nuevo programa (una máquina tragaperras al estilo Las Vegas) y cómo compilarlo para crear un archivo ejecutable.

SIETE AFORTUNADO: SU PRIMER PROGRAMA EN VISUAL BASIC

La aplicación para Windows que está a punto de desarrollar se denomina «Siete afortunado» y se trata de un juego que simula una máquina tragaperras. Este juego tiene una interfaz de usuario bastante simple y puede ser creado y compilado en sólo unos minutos utilizando Visual Basic. El aspecto del programa que va a crear será similar al mostrado en la figura siguiente (si desea ejecutar este programa antes de comenzar, podrá encontrarlo en la carpeta denominada \Vb6Sbs\Less02 contenida en su disco duro bajo el nombre de Suerte.vdp).

PASOS DE PROGRAMACIÓN

La interfaz de usuario de «Siete Afortunado» contiene dos botones de orden, tres ventanas de números, un gráfico que muestra una pila de monedas y el rótulo Siete Afortunado. Estos elementos han sido introducidos en el programa creando siete objetos dentro del formulario Siete Afortunado y, finalmente, modificando ciertas propiedades asociadas a cada uno de estos objetos. Una vez que la interfaz ha sido diseñada, se añadió el código asociado a los botones Jugar y Fin para hacer que cada vez que se pulsara el botón adecuado la computadora mostrara tres números aleatorios. Para generar el programa Siete Afortunado deberá seguir tres pasos de programación que son esenciales en cualquier proyecto: crear la interfaz de usuario, definir las propiedades y añadir el código del programa. El proceso seguido para crear el programa Siete Afortunado se muestra esquemáticamente en la tabla siguiente.

Pasos de programación	Número de elementos
1. Crear la interfaz de usuario	7 objetos
2. Definir las propiedades	10 propiedades
3. Escribir el código del programa	2 objetos

Otra forma de concebir este programa es utilizando el siguiente algoritmo o lista que contiene los pasos de programación. Crear un algoritmo puede ser un punto de partida útil, siempre que desee desarrollar un programa.

> Misión- El programa Siete Afortunado deberá llevar a cabo las siguientes acciones:
>
> - Proporcionar una interfaz de usuario que cuente con los botones Jugar y Fin, 3 ventanas giratorias, un rótulo descriptivo y una ventana que muestre un gráfico alusivo.
>
> - Generar tres números aleatorios y mostrarlos en sus respectivas ventanas cuando el usuario pulse el botón Jugar.
>
> - Mostrar una pila de monedas y pitar cada vez que el número 7 aparezca en una de las ventanas giratorias.
>
> - Terminar la ejecución del programa cada vez que el usuario pulse el botón Fin

CREACIÓN DE LA INTERFAZ DE USUARIO

Comenzaremos a construir el programa creando un nuevo proyecto y generando la interfaz de usuario utilizando los controles contenidos en el cuadro de herramientas.

Cómo crear la interfaz de usuario

Siempre que desee generar un nuevo proyecto deberá escoger la opción Nuevo proyecto contenida en el menú Archivo.

1. Despliegue el menú Archivo y seleccione la opción Nuevo Proyecto.

    Pulse el botón No en el caso de que Visual Basic le pregunte si desea almacenar los cambios realizados en el programa Saludo del Capítulo 1. Al hacerlo, el programa Saludo será eliminado de la memoria de la computadora.

2. Pulse el botón Aceptar para crear una aplicación estándar de 32 bits con Visual Basic.

   Visual Basic mostrará un formulario vacío en el centro de la pantalla que le servirá para construir su interfaz de usuario. En primer lugar, aumentaremos el tamaño del formulario y crearemos los dos botones de órdenes de esta interfaz.

3. Sitúe el puntero del ratón sobre la esquina inferior derecha de la ventana del Formulario (no de la ventana que contiene el Proyecto) hasta que el aspecto del puntero cambie y se convierta en una doble flecha. A partir de este momento, aumente el tamaño del formulario para tener más espacio para los objetos que desea introducir en el programa.

   Cuando modifique el tamaño del formulario aparecerán barras de desplazamiento en la ventana del Proyecto, tal y como se muestra en la siguiente figura:

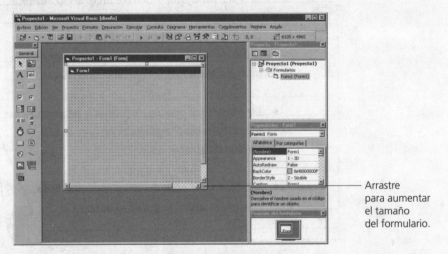

Arrastre para aumentar el tamaño del formulario.

Para ver el formulario completo sin interferencias, aumente el tamaño de la ventana que contiene el proyecto para eliminar las barras de desplazamiento y desplace o cierre las ventanas de Propiedades, de Proyecto y la de Posición del Formulario. En el siguiente paso creará un botón de orden y lo introducirá en el formulario.

CONSEJO: ¿Confundido por todas estas operaciones de cambio de tamaño? No se inquiete. Está manejando dos ventanas: la que Contiene al proyecto y la ventana del Formulario (que se encuentra dentro de la primera). La parte más delicada es que está modificando el tamaño de cada ventana utilizando el puntero del ratón situándolo en la esquina inferior derecha del marco, y las esquinas correspondientes a las dos ventanas tienden a solaparse. Si desea obtener más sitio para desarrollar sus proyectos pruebe a ejecutar Windows en el modo 800 × 600, operación que podrá llevar a cabo sin más que pulsar el botón derecho del ratón sobre el escritorio de Windows, seleccionar la opción Propiedades, pulsar la pestaña Configuración y mover el deslizador denominado Área de la pantalla hasta que muestre el valor 800 × 600.

Control CommandButton

4. Pulse el control CommandButton contenido en el cuadro de herramientas y, posteriormente, sitúe el puntero del ratón sobre el formulario.

   Se seleccionará el control CommandButton y el puntero del ratón se convertirá en una cruz cuando se encuentre situado sobre el formulario. La cruz tiene como objetivo ayudar al programador en la generación de la forma rectangular de los botones de órdenes. Si pulsa el botón izquierdo del ratón y lo mantiene pulsado mientras arrastra este dispositivo sobre la mesa, el objeto botón de orden tomará forma en la pantalla e irá adoptando un tamaño que se ajustará a los puntos contenidos en la rejilla que muestra el formulario. Intente crear ahora su primer botón de orden.

5. Desplace el puntero del ratón a una zona cercana a la esquina superior izquierda del formulario, pulse y mantenga pulsado el botón izquierdo del ratón mientras arrastra el puntero hacia la derecha y hacia abajo. Suelte el botón izquierdo del ratón cuando en su pantalla se muestre un botón de orden similar al contenido en la siguiente figura:

El nombre contenido en el botón de orden será Command1.

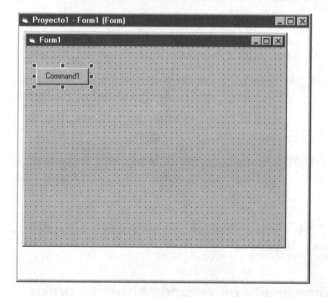

En el formulario aparecerá un botón de orden que se encontrará seleccionado. El nombre asignado a dicho botón será Command1, será el primer botón de orden del programa que está generando (puede que sea conveniente que recuerde el nombre asignado a este botón, lo necesitará más tarde cuando comience a escribir el código del programa).

Podrá mover los botones de orden arrastrándolos con el ratón y modificar su tamaño pinchando con el ratón los manejadores de selección, siempre y cuando Visual Basic se encuentre en *modo diseño* (se estará en este modo cuando el entorno de programación de Visual Basic esté activo). Sin embargo, cuando se esté ejecutando un programa el usuario no podrá mover los elementos de la interfaz a menos que se haya modificado una propiedad especial en el programa para permitir este tipo de acciones. A continuación, practicará moviendo y modificando el tamaño del botón de orden que acaba de crear.

Cómo mover y modificar el tamaño de un botón de orden

1. Arrastre el botón de orden hacia la derecha utilizando el ratón.

    El botón de orden se ajustará a la rejilla cuando suelte el botón del ratón. El objetivo de la rejilla del formulario es ayudarle a editar y alinear los diferentes elementos que aparezcan en la interfaz del usuario. Podrá modificar el tamaño de la rejilla utilizando el mandato Opciones contenido en el menú Herramientas y pulsando la pestaña General.

La rejilla le facilitará el diseño de la interfaz de usuario.

2. Sitúe el puntero del ratón sobre la esquina inferior derecha del botón de orden.

    El puntero del ratón adoptará la forma de una doble flecha cuando se encuentre situado sobre una esquina o sobre un lado del objeto seleccionado. Podrá utilizar este puntero para modificar el tamaño del objeto seleccionado.

3. Aumente el tamaño del objeto pulsando y manteniendo pulsado el botón izquierdo del ratón y arrastrando el puntero hacia la derecha y hacia abajo.

    Cuando suelte el botón izquierdo del ratón, el botón de orden cambiará de tamaño y se ajustará a la rejilla.

4. Utilice el puntero del ratón en forma de doble flecha para restaurar el tamaño original del botón de orden; finalmente, vuelva a situar a este botón en su posición original.

A continuación, añadiremos un segundo botón de orden en el formulario, justo debajo del primero.

Cómo añadir un segundo botón de orden

Control CommandButton

Podrá borrar un objeto seleccionándolo con el ratón y pulsando la tecla SUPR.

1. Pulse el control denominado CommandButton contenido en el cuadro de herramientas.

2. Introduzca un segundo botón de orden justo debajo del primero (para obtener un aspecto pulcro y cuidado, asigne al segundo botón el mismo tamaño que al primero).

3. Si fuera necesario, mueva o modifique el tamaño del nuevo botón hasta que consiga el efecto deseado. Si comete algún error, no dude en borrar el botón de orden y vuelva a comenzar esta operación.

Cómo añadir las etiquetas de número

Ahora añadiremos las etiquetas utilizadas para mostrar los números. Una etiqueta es un elemento especial de la interfaz de usuario diseñada para mostrar texto, números o símbolos cuando se ejecute un programa. Cuando el usuario pulse el botón Jugar del programa Siete Afortunado deberán aparecer tres números aleatorios en sendos cuadros de etiqueta. Si uno de esos números resulta ser un siete, el usuario obtendrá un premio.

Control Label

1. Pulse el control denominado Label contenido en el cuadro de herramientas y, posteriormente, sitúe el puntero del ratón sobre el formulario.

    El control Label permanecerá seleccionado y el puntero del ratón adoptará la forma de una cruz cuando se sitúe sobre el formulario.

2. Cree una pequeña caja rectangular a la derecha de los botones de orden, similar a la que se muestra en la figura siguiente.

    El objeto etiqueta que acaba de crear llevará por nombre Label1 y es la primera etiqueta del programa. A continuación, creará en el formulario dos etiquetas más, denominadas Label2 y Label3.

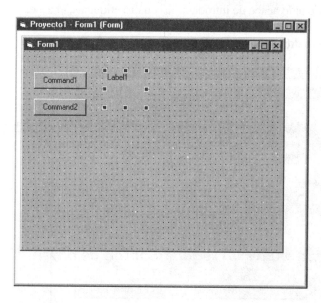

3. Pulse el control Label y dibuje un cuadro de etiqueta a la derecha del primero.

    Cree una etiqueta que tenga el mismo tamaño que la primera. El rótulo «Label2» aparecerá en la etiqueta.

4. Pulse de nuevo el control Label y añada una tercera etiqueta en el formulario, a la derecha de la que acaba de introducir.

    El rótulo «Label3» aparecerá dentro del cuadro.

NOTA: *Cuando añada etiquetas en el presente ejercicio observe los cuadros que aparecen cerca de las etiquetas cuando las dibuja. Estos cuadros, que contienen medidas verticales y horizontales, reciben el nombre de cuadros de tamaño. Los números proporcionan las dimensiones horizontal y vertical, respectivamente, del objeto que esté creando. Estos números están dados en una unidad de medida denominada «twips»; un twip es la vigésima parte de un punto (un punto equivale a 1/72 pulgadas por lo que un twip es igual a 1/1440 pulgadas; recuerde que una pulgada equivale, aproximadamente, a 2,5 centímetros). Podrá utilizar los cuadros de tamaño para situar con exactitud los objetos en el formulario. De esta forma, podrá comparar los tamaños relativos de los objetos que vaya creando. Después de crear el objeto, esta misma información se mostrará en la parte derecha de la barra de herramientas.*

A continuación, podrá utilizar el control Label para añadir un rótulo descriptivo en su formulario. Se tratará de la cuarta y última etiqueta que introducirá en el programa.

5. Pulse el control Label contenido en el cuadro de herramientas.

6. Cree un gran rectángulo justo debajo de los dos botones de orden.

Cuando acabe de introducir las cuatro etiquetas, el aspecto del formulario deberá ser similar al mostrado en la figura siguiente (modifique el tamaño de los rótulos si el aspecto difiere bastante al mostrado).

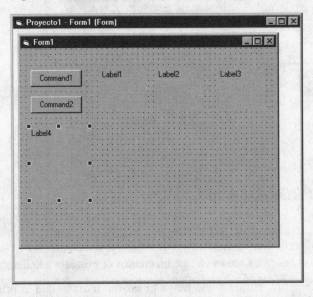

A continuación, añada un *cuadro de imagen* al formulario para mostrar la pila de monedas que el jugador ganará cada vez que consiga un siete. Los cuadros de imagen están diseñados para mostrar en sus programas mapas de bits, iconos y otros tipos de dibujos. Uno de los mejores empleos que le podrá dar a sus cuadros de imagen es la de mostrar un dibujo «clip art» de Visual Basic.

Cómo añadir un dibujo

Control Image

1. Pulse el control Image contenido en el cuadro de herramientas.

2. Mediante este control podrá crear un gran cuadro rectangular justo debajo de las tres etiquetas numéricas.

   Una vez que haya terminado todo el proceso, el cuadro de imagen deberá tener un aspecto similar al mostrado en la siguiente figura.

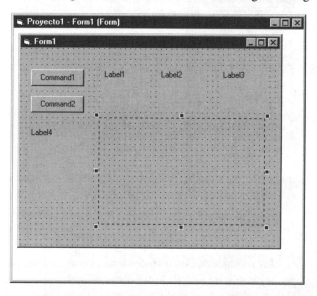

Este objeto recibirá el nombre de Image1 en su programa; más adelante, verá este nombre en el código del programa.

Ahora ya está preparado para personalizar la interfaz definiendo unas cuantas propiedades.

DEFINICIÓN DE LAS PROPIEDADES

Como ya vio en el Capítulo 1, podrá modificar las propiedades asociadas con un objeto, seleccionándolo del formulario y utilizando su ventana de Propiedades. Comenzaremos a definir las propiedades de los elementos contenidos en este programa modificando los rótulos asociados con los dos botones de opciones.

Definición de las propiedades del botón de orden

1. Pulse con el ratón sobre el primer botón de orden (Command1) contenido en el formulario.

El botón de orden quedará seleccionado presentándose una serie de marcas cuadradas a su alrededor (los famosos «manejadores de selección»).

2. Realice una doble pulsación sobre la barra de títulos de la ventana Propiedades.

En su pantalla, la ventana Propiedades adoptará su tamaño máximo, tal y como se muestra en la siguiente figura:

La ventana de Propiedades lista el conjunto de parámetros asociados con el primer botón de orden. Entre otros se incluyen valores para el color de fondo, rótulos, altura de la fuente y anchura del botón de orden.

3. Realice una doble pulsación sobre la propiedad Caption (rótulo) situada en la columna izquierda de la ventana de Propiedades. El valor actual de la propiedad Caption («Command1») se resaltará en la columna de la derecha de la ventana de Propiedades.

4. Escriba **Jugar** y pulse la tecla INTRO.

La propiedad asociada con Caption cambiará a «Jugar» dentro de la ventana de Propiedades y, automáticamente, en el formulario. A continuación, podrá cambiar por el mismo procedimiento la etiqueta asociada con el segundo botón de orden introduciendo «Fin» (en esta ocasión, le mostraré cómo puede seleccionar el segundo botón de orden de una forma diferente).

5. Abra el cuadro de lista desplegable que se encuentra en la parte superior de la ventana de Propiedades.

Aparecerá una lista que enumera los objetos de la interfaz contenidos en su programa, tal y como se muestra a continuación.

DESARROLLO DEL PRIMER PROGRAMA

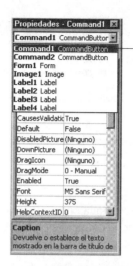

Podrá definir las propiedades asociadas con los objetos contenidos en su formulario, así como las del propio formulario, utilizando el cuadro de lista desplegable de objetos.

6. Seleccione Command2 (el segundo botón de orden) en el cuadro de lista.

   Los parámetros de propiedades asociados con el segundo botón de orden aparecerán en la ventana Propiedades.

7. Realice una doble pulsación sobre la propiedad Caption («Command2»), escriba **Fin** y pulse INTRO.

   El rótulo asociado con el segundo botón de orden cambiará para mostrar «Fin».

NOTA: *Emplear el cuadro de lista desplegable objeto es una forma muy útil de conmutar entre los distintos objetos presentes en un mismo programa. También podrá pasar de un objeto a otro pulsando con el ratón en el formulario sobre cada uno de ellos.*

A continuación, redefiniremos las propiedades asociadas con los rótulos contenidos en el programa. Las tres primeras etiquetas serán las encargadas de mostrar los números aleatorios en el programa y los valores de sus propiedades serán idénticos (la mayoría de ellos se establecerán en modo grupo). Las propiedades asignadas al rótulo descriptivo serán ligeramente distintas.

Para seleccionar simultáneamente más de un objeto de un formulario, pulse y mantenga pulsada la tecla MAYÚS a la vez que con el ratón va pulsando sobre los objetos que desea seleccionar.

Definición de las propiedades de las etiquetas numéricas

1. Pulse sobre la primera etiqueta numérica. A continuación, pulse y mantenga pulsada la tecla MAYÚS mientras que pulsa con el ratón sobre la segunda y tercera etiquetas numéricas (si la ventana de Propiedades le estorba, sitúela en una nueva posición).

   Sobre cada una de estas etiquetas aparecerá un rectángulo de selección. Una vez seleccionadas las tres etiquetas, suelte la tecla MAYÚS.

NOTA: Como se ha seleccionado más de un objeto sólo se mostrarán en la ventana de Propiedades aquellos parámetros que puedan ser modificados conjuntamente, es decir, como grupo. Podrá modificar las propiedades denominadas BorderStyle, Alignment y Font para que los números que aparezcan en estos cuadros estén centrados, recuadrados y utilice el mismo tipo y tamaño de letra.

2. Pulse sobre la propiedad Alignment (alineación) y, posteriormente, pulse sobre la flecha del cuadro de lista desplegable que aparece a la derecha.

   En el cuadro aparecerá una lista con las opciones de alineación existentes.

3. Pulse la opción 2-Center.

   La propiedad Alignment asociada con cada una de las etiquetas seleccionadas se modificará a 2-Center. A continuación, deberá modificar la propiedad BorderStyle (Estilo del borde).

4. Pulse con el ratón sobre la propiedad BorderStyle y, posteriormente, pulse sobre la flecha del cuadro de lista desplegable que aparece a su derecha.

   En este cuadro aparecerá una lista con todos los valores válidos que podrá asociar con esta propiedad (0-None y 1-Fixed Single).

5. Seleccione 1-Fixed Single en el cuadro de lista para añadir un borde fino alrededor de cada una de las etiquetas.

   A continuación, se trata de variar la fuente utilizada en las etiquetas. Para ello, deberá modificar el valor asignado a la propiedad Font.

6. Realice una doble pulsación sobre la propiedad Font contenida en la ventana de Propiedades.

   En su pantalla aparecerá el cuadro de diálogo Fuente, tal y como se muestra a continuación:

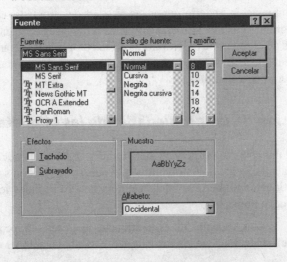

7. Active la fuente Times New Roman, como estilo utilice Negrita y como tamaño de punto 24. Finalmente, pulse Aceptar.

   Los rótulos de las etiquetas aparecerán en el tipo de letra, estilo y tamaño que acaba de especificar. A continuación, deberá borrar los tres rótulos de tal forma que las cajas se muestren vacías cuando se ejecute el programa (las selecciones que haya realizado seguirán siendo válidas para los rótulos que se mostrarán en dichos cuadros, ya que las propiedades se almacenan de forma independiente). Para completar esta operación, necesitará seleccionar individualmente cada una de las etiquetas.

8. Pulse sobre cualquier parte libre del formulario para eliminar los manejadores de selección de las tres etiquetas y, finalmente, pulse sobre la primera de ellas.

9. Realice una doble pulsación sobre la propiedad Caption. Finalmente, pulse la tecla SUPR.

   Se borrará el rótulo relacionado con el objeto Label1. Más adelante, en este mismo capítulo, le mostraré cómo añadir código para introducir un número en este cuadro.

10. Borre los rótulos contenidos en la segunda y tercera etiquetas del formulario.

Con esta última operación ha terminado con las primeras tres etiquetas. A continuación le mostraré cómo puede cambiar las propiedades Font, ForeColor y Caption de la última etiqueta.

Definición de las propiedades del título del programa

1. Pulse con el ratón sobre el cuarto objeto de etiqueta contenido en el formulario.

2. Modifique la propiedad Caption para introducir el rótulo «Siete Afortunado».

3. Realice una doble pulsación sobre la propiedad Font y utilice el cuadro de diálogo Fuente para cambiar la fuente a Arial, el estilo a Negrita y el tamaño de punto a 16. Pulse sobre Aceptar.

   La fuente utilizada en el cuadro de etiqueta habrá cambiado. Observe que el texto contenido en el cuadro se habrá dispuesto en dos líneas porque ya no cabe en una sola. Estamos ante un hecho importante: el contenido de un objeto deberá caber dentro de dicho objeto. En caso contrario, será dividido en varias líneas o se verá truncado. A continuación, le mostraré cómo cambiar el color de primer plano para el texto.

4. Realice una doble pulsación sobre la propiedad ForeColor contenida en la ventana Propiedades.

   Aparecerá un cuadro de lista conteniendo dos pestañas Paleta y Sistema, lo que le proporcionará dos formas distintas para modificar el color asociado con el objeto seleccionado. La pestaña Sistema muestra los colores que se están utilizando en ese momento para representar los elementos de la interfaz de su sistema (la lista refleja los parámetros definidos en la pestaña Apariencia de la hoja de propiedades del escritorio de Windows). La pestaña Paleta mostrará todos los colores disponibles en su sistema.

5. Pulse sobre la pestaña Paleta y seleccione el cuadro de color morado oscuro.

    El texto contenido en el cuadro de etiqueta se mostrará ahora en color morado. El color que acaba de seleccionar se mostrará como un número hexadecimal en la ventana de Propiedades. La mayoría de los programadores no tendrán necesidad de utilizar este formato, pero resulta interesante ver cómo Visual Basic guarda dicha información en el programa.

A estas alturas ya se encuentra preparado para establecer las propiedades del último objeto.

Propiedades del cuadro imagen

El objeto cuadro de imagen contendrá el gráfico que representa la pila de monedas. Este gráfico aparecerá en pantalla cuando el usuario obtenga un «jackpot» (es decir, cuando dentro de los cuadros de etiqueta aparezca, al menos, un siete). Necesitará definir la propiedad Stretch para dar un tamaño apropiado al gráfico; del mismo modo deberá definir la propiedad Picture que especifica el nombre del archivo gráfico que se cargará en el cuadro de imagen. También deberá asignar un valor a la propiedad Visible que especifica el estado del dibujo al ponerse en marcha el programa.

Definición de las propiedades del cuadro de imagen

1. Pulse el objeto cuadro de imagen contenido en el formulario.

2. Busque la propiedad Stretch contenida en la ventana de Propiedades, pulse sobre la flecha situada a la derecha del cuadro de lista desplegable y seleccione el valor True.

    Al definir como True el valor de Stretch (dilatar) antes de abrir un gráfico hará que Visual Basic adapte el tamaño del gráfico para que tenga las dimensiones exactas del cuadro de imagen (normalmente, tendrá que definir esta propiedad antes de configurar la propiedad Picture).

3. Realice una doble pulsación sobre la propiedad denominada Picture dentro de la ventana de Propiedades.

    En su pantalla aparecerá el cuadro de diálogo Cargar Imagen, tal y como se muestra en la figura de la página siguiente.

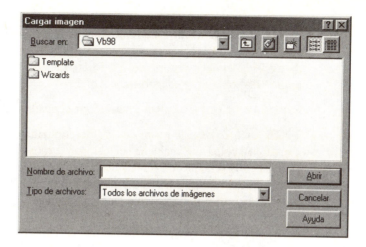

4. Active la carpeta \Vb6Sbs dentro del cuadro de diálogo Cargar Imagen. En su pantalla aparecerán las subcarpetas contenidas en \Vb6Sbs

5. Realice una doble pulsación sobre la carpeta denominada Less02

   En el cuadro de diálogo denominado Cargar Imagen aparecerá el nombre del archivo Coins.wmf (metaarchivo de Windows). Este tipo de archivos contienen gráficos que pueden ser visualizados en una amplia variedad de tamaños, por ello, tienen un excelente aspecto independientemente de que el cuadro utilizado para mostrarlos sea grande o pequeño.

6. Seleccione el archivo Coins.wmf contenido en el cuadro de diálogo y pulse el botón Abrir.

   En el cuadro de imagen del formulario se mostrará el contenido del metaarchivo Coins.

   El programa «Siete Afortunado» tendrá que ocultar inicialmente esta imagen. Para ello, deberá asignar el valor False a la propiedad Visible para que las monedas no se muestren cuando se ponga en marcha el programa (las hará aparecer más tarde mediante código de programa).

7. Pulse sobre la propiedad Visible y, posteriormente, pulse de nuevo sobre la flecha del cuadro de lista desplegable asociado.

   En el cuadro de lista aparecerán los valores válidos que podrá asignarle a la propiedad Visible.

8. Pulse sobre False para que la imagen no aparezca cuando comience el programa.

   De esta forma, la propiedad Visible tendrá ahora el valor False. Este valor afectará al cuadro de imagen cuando se ejecute el programa pero no durante el periodo de diseño del mismo. El formulario completo tendrá el siguiente aspecto (véase figura en la página siguiente).

9. Realice una doble pulsación sobre la barra de títulos de la ventana Propiedades para volver a la posición fijada.

DESARROLLO DEL CÓDIGO

A estas alturas, ya está preparado para escribir el código asociado con el programa Siete Afortunado. La mayor parte de los objetos que ya ha creado «conocen» cómo tendrán que trabajar cuando se ejecute el programa. Por ello, están preparados para recibir las instrucciones que desee comunicarle el usuario y procesarlas automáticamente. Uno de los puntos fuertes de Visual Basic es que todos los objetos cuentan con una serie de propiedades inherentes, esto significa que cuando introduzca un objeto en uno de sus programas aquél ya contará con una serie de propiedades definidas y plenamente funcionales sin que tenga que desarrollar una sola línea de código. Sin embargo, el «meollo» del juego Siete Afortunado (que no es otro que el código encargado de calcular los números aleatorios, mostrarlos en los cuadros de etiqueta y detectar si se ha producido o no un «jackpot») todavía no ha sido introducido en el programa.

El código asociado con el programa se deberá introducir en la ventana Código.

Esta lógica de cálculo sólo podrá ser incluida en la aplicación utilizando *sentencias* o *instrucciones de programa* (código que indique claramente qué pasos deberá dar el programa en cada una de las situaciones presentadas). Como el funcionamiento del programa vendrá dado por el estado de los botones Jugar y Fin, tendrá que asociar el código a dichos botones. La *ventana Código* es una ventana especial dentro del entorno de programación que deberá utilizar para introducir o editar cualquier sentencia de programa en Visual Basic.

En los siguientes pasos le mostraré cómo introducir el código asociado con el programa Siete Afortunado dentro de la ventana Código.

Lectura en tablas de las propiedades

En este capítulo, ha asignado de uno en uno el valor a las propiedades del programa Siete Afortunado. En próximos capítulos las instrucciones que deberá seguir para asignar nuevos valores a las propiedades del programa se le presentarán en forma de tabla, a menos que una de estas operaciones sea especialmente complicada. A continuación, le mostraré en la primera tabla el conjunto de propiedades que ya ha definido para el programa Siete Afortunado. A partir de ahora, todas las operaciones de definición de propiedades se mostrarán así:

Objeto	Propiedad	Valor
Command1	Caption	«Jugar»
Command2	Caption	«Fin»
Label1, Label2, Label3	BorderStyle	1- Fixed Single
	Alignment	2-Center
	Font	Times New Roman, Negrita, 24 puntos
	Caption	(Vacío)
Label4	Caption	«Siete Afortunado»
	Font	Arial, Negrita, 14 puntos
	ForeColor	Morado oscuro (&H008000808)
Image1	Picture	«\Vb6Sbs\Less2\coins.wmf
	Stretch	True
	Visible	False

Empleo de la ventana Código

1. Realice una doble pulsación sobre el botón de orden Fin contenido en el formulario.

    Al realizar la operación anterior aparecerá en su pantalla la ventana Código que tendrá el aspecto mostrado en la figura siguiente:

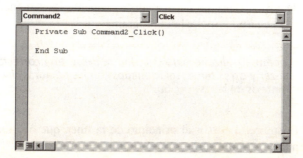

Si la ventana es más pequeña que la que se muestra en la figura anterior modifique su tamaño con el ratón (el tamaño exacto no es demasiado importante ya que la ventana Código contiene barras de desplazamiento que podrá utilizar para examinar las instrucciones de gran longitud que están contenidas en el programa).

La ventana Código contendrá dos sentencias de programa, aquellas que marcan el comienzo y el final de esta particular subrutina de Visual Basic, también denominada procedimiento de suceso (un bloque de código asociado con un determinado objeto de la interfaz de usuario):

```
Private Sub Command2_Click()
End Sub
```

El cuerpo principal de un procedimiento siempre deberá encontrarse situado entre las dos sentencias anteriores. Dichas instrucciones se ejecutarán en cuanto el usuario active el elemento de la interfaz asociado con dicho procedimiento. En este caso, el suceso desencadenante será la pulsación del botón con el ratón pero, como verá más adelante en este libro, también podrá ser una operación de cualquier otro tipo.

2. Escriba **End** y pulse la tecla FLECHA ABAJO.

   A medida que vaya escribiendo esta instrucción sus letras aparecerán en negro en la ventana Código. Cuando pulse la tecla FLECHA ABAJO (también podrá pulsar la tecla INTRO o, simplemente, situar el cursor con el ratón en cualquier otra línea de la ventana) la sentencia se mostrará en azul, indicando que Visual Basic la ha reconocido como una sentencia correcta, también denominada *palabra clave*.

La instrucción End detiene la ejecución del programa.

End es la instrucción que se utilizará para detener la ejecución del programa y eliminarlo de la pantalla.

El sistema de programación de Visual Basic dispone de varios cientos de palabras claves como la anterior, a las que habrá que sumar sus operadores y símbolos asociados. Un tema crítico cuando se está introduciendo código es utilizar siempre la sintaxis apropiada para cada una de estas palabras clave evitando, por ejemplo, cometer algún error ortográfico o introducir algún espacio en blanco en lugares inapropiados. De esta forma, permitirá que el compilador de Visual Basic reconozca adecuadamente las sentencias que usted introduzca en el cuerpo principal del programa.

> **NOTA:** *El nombre utilizado para describir la ortografía correcta, los operadores que se pueden utilizar y otros temas relacionados con las palabras clave contenidas en un programa es:* sintaxis de la instrucción.

3. Desplace el cursor al principio de la línea que contiene la instrucción End y pulse la BARRA ESPACIADORA un total de cuatro veces.

El editor moverá la palabra End cuatro espacios hacia la derecha. De esta forma, esta sentencia se podrá distinguir con claridad de las instrucciones Private Sub y End Sub. Este esquema de sangrías es uno de las normas de programación que se utilizan en el presente libro para mejorar la legibilidad de los programas desarrollados. El grupo de normas relacionadas con la forma en que se tiene que organizar el código introducido en un programa se suele conocer como *estilo de programación*.

Ahora que ya ha introducido las instrucciones relacionadas con el botón Fin le toca el turno al código asociado con el botón Jugar. Estas sentencias de programación serán más complicadas y le brindarán la oportunidad de conocer más detalles sobre la sintaxis y el estilo de programación. Más adelante, analizaremos en mayor profundidad cada una de las sentencias introducidas en este programa, por lo que no necesitará, por el momento, comprenderlas totalmente. Su objetivo ahora es fijarse en la estructura general del código del programa e introducir las sentencias tal y como se muestran en el presente libro (Visual Basic es muy estricto en lo referente a la corrección ortográfica de las sentencias y en el orden en que deben aparecer las palabras reservadas y los operadores).

Escritura de código para el botón Jugar

1. Despliegue el cuadro de lista denominado Objeto contenido dentro de la ventana Código.

    Los objetos pertenecientes a la interfaz de usuario del programa Siete Afortunado aparecerán en el cuadro de lista tal y como se muestra en la figura siguiente:

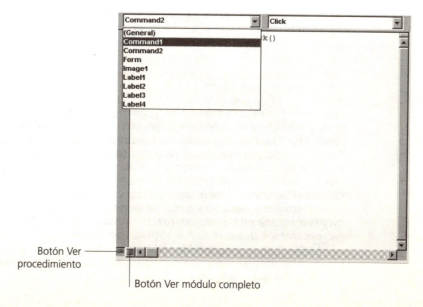

2. Pulse la opción Command1 dentro del cuadro de lista.

Debajo del primer procedimiento aparecerá otro asociado con el botón Command1. Por defecto, Visual Basic muestra todos los procedimientos de suceso relacionados con un formulario en una única ventana; de esta forma podrá pasar con facilidad de uno a otro (entre dos procedimientos consecutivos aparecerá una línea recta por lo que podrá diferenciar con facilidad el código asociado a cada uno de ellos). Por otro lado, podrá ver cada procedimiento en su propia ventana sin más que pulsar el pequeño botón denominado Ver Procedimiento situado en la esquina inferior izquierda de la ventana de Código. Para ver todos los procedimientos juntos otra vez en una única ventana, pulse el botón Ver módulo completo (situado a la derecha del botón Ver procedimiento).

Aunque usted haya cambiado el rótulo asociado con este botón y lo haya definido como «Jugar», su nombre en el programa sigue siendo Command1 (el nombre y el rótulo de un elemento de la interfaz pueden ser diferentes, para adaptarse a las necesidades del programador). Cada objeto puede contar con varios procedimientos asociados con él, uno para cada uno de los sucesos que pueda reconocer. El suceso «pulsar» (clic) es, en este momento, en el que estamos interesados ya que los usuarios podrán pulsar los botones Jugar y Fin cuando manejen el programa.

3. Introduzca las líneas del programa mostradas en la página siguiente entre las sentencias Private Sub y End Sub, pulse INTRO después de terminar cada línea y ponga el máximo cuidado para escribir las sentencias del programa tal y como aparecen a continuación. (La ventana de código se desplazará hacia la izquierda cuando introduzca las líneas de mayor longitud.) Si comete algún error (normalmente serán fáciles de identificar porque aparecen en rojo), elimine la sentencia incorrecta y pruebe de nuevo.

NOTA: *A medida que vaya introduciendo el código del programa, Visual Basic dará formato al texto y mostrará las diferentes partes del programa en distintos colores para ayudarle a identificar los diferentes elementos. Cuando comience a escribir una propiedad Visual Basic mostrará las propiedades disponibles para el objeto que esté utilizando en un cuadro de lista; por ello, podrá realizar una doble pulsación sobre la propiedad o seguir escribiendo su nombre. Cuando Visual Basic muestre un mensaje de error será porque usted habrá introducido erróneamente una sentencia. Verifique que la línea resaltada si está correctamente escrita (comparándola con la sentencia mostrada en este libro), realice las correcciones adecuadas y continúe escribiendo (también podrá borrar toda la sentencia y comenzar a escribir de nuevo). Los lectores de las ediciones anteriores de este libro han encontrado que este primer ejercicio de introducción de código es la parte más difícil de este capítulo —«¡Pero Mr. Halvorson, estoy seguro de que introduje lo que estaba escrito en el libro!»—, por favor, preste a este código su máxima atención. ¡Le prometo que funciona correctamente!*

```
Image1.Visible = False         ' ocultar monedas
    Label1.Caption = Int(Rnd * 10) ' generar números
    Label2.Caption = Int(Rnd * 10)
    Label3.Caption = Int(Rnd * 10)
    'si algún número es 7 mostrar una pila de monedas y pitar
    If (Label1.Caption = 7) Or (Label2.Caption = 7) _
        Or (Label3.Caption = 7) Then
            Image1.Visible = True
            Beep
    End If
```

Una vez introducido el código, la ventana Código tendrá el siguiente aspecto:

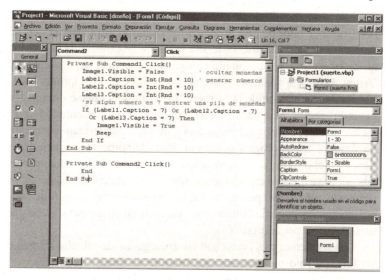

Estudio detallado del procedimiento Command1_Click

El procedimiento Command1_Click se ejecutará cuando el usuario pulse el botón Jugar contenido en el formulario. El procedimiento cuenta con algunas sentencias aparentemente complicadas y, como todavía no he hablado formalmente sobre ninguna de ellas, el aspecto global del programa puede resultar confuso, si no completamente ininteligible. Sin embargo, si se toma la molestia de analizar detenidamente el código, podrá detectar algunos detalles que quizás le resulten familiares.

La lectura detallada del contenido de los procedimientos nos proporcionará una idea del tipo de programas que creará más adelante si sigue las instrucciones contenidas en este libro (si de momento no le interesa este tema, podrá saltar al siguiente apartado denominado «Cómo almacenar el programa»).

El procedimiento Command1_Click realiza, en realidad, tres tareas: oculta la pila de monedas, crea tres números aleatorios que se mostrarán en las ventanas de rótulos y visualiza la pila de monedas cuando aparezca algún siete. Veremos con mayor detalle cada uno de estos pasos.

El procedimiento Command1_Click es el corazón del programa Siete Afortunado.

La primera tarea de este procedimiento viene descrita por la siguiente línea:

```
Image1.Visible = False          ' ocultar monedas
```

Esta línea está constituida por dos partes: una sentencia de programa y un comentario. La sentencia del programa (`Image1.Visible = False`) define como False (uno de los dos posibles) el valor de la propiedad Visible asignada al primer cuadro de imagen de la interfaz (el denominado Image1). Debe recordar que, anteriormente, ya definió como False el valor de esta propiedad utilizando la ventana Propiedades. Ahora, está volviendo a hacer lo mismo en el código del programa porque la primera tarea es ejecutar una nueva «jugada» y necesitará borrar cualquier moneda que se muestre en pantalla como resultado de una jugada anterior.

Como el valor de esta propiedad necesita modificarse en tiempo de ejecución y no durante el proceso de diseño, tendrá que asignar el valor de la propiedad utilizando código de programa. Como puede comprender, se trata de una característica muy útil en Visual Basic y la analizaremos con más detalle en el Capítulo 3.

Los comentarios describen lo que hacen las sentencias del programa.

La segunda parte de la primera línea (aquella que se muestra en color verde en su pantalla) recibe el nombre de *comentario*. Los comentarios son notas explicativas incluidas en el código del programa y que se caracterizan por comenzar por una comilla simple ('). Los programadores utilizan los comentarios para describir la función que tienen en el programa las sentencias importantes. Estos comentarios no serán procesados por Visual Basic cuando se ejecute el programa; sólo existen como información describiendo qué hace el programa. En los programas que desarrolle con Visual Basic podrá utilizar con frecuencia comentarios escritos en su propio idioma para facilitar la relectura posterior del código.

Las siguientes tres líneas son las encargadas de calcular los tres números aleatorios. La función Rnd incluida en cada una de las líneas proporciona un número aleatorio comprendido entre 0 y 1 (un número decimal). La función Int multiplica dicho número aleatorio por 10 y trunca los decimales para obtener únicamente el número entero. De esta forma se obtendrán números aleatorios comprendidos entre 0 y 9 (ambos inclusive). Finalmente, estos números se asignarán como valores a la propiedad Caption de las tres primeras etiquetas del programa.

Esta asignación, además, hará que los números se muestren en negrita y en la fuente Times New Roman con un tamaño de 24 puntos dentro de las ventanas de etiquetas.

El último grupo de sentencias del programa comprueba si alguno de los números calculados es un siete. Si uno o más de ellos resulta ser siete, en la ventana del programa aparecerá la pila de monedas y sonará un pitido anunciando que se ha obtenido premio. En definitiva, cada vez que el usuario pulse el botón Jugar se llamará al procedimiento Command1_Click y se ejecutarán las sentencias asociadas.

CÓMO ALMACENAR EL PROGRAMA

Ahora que ya ha terminado el programa Siete Afortunado podrá almacenarlo en el disco. Visual Basic guarda el código asociado con el formulario y los objetos manejados en un único archivo, mientras que la «lista de paquetes» será almacenada en otro archivo (en la ventana Proyecto se listarán los componentes del proyecto). Podrá utilizar de forma individual estos archivos de componentes en cualquier otro proyecto de programa utilizando el mandato Agregar Archivo contenida en el menú Proyecto. Para guardar un programa desarrollado en Visual Basic, deberá seleccionar la opción Guardar Proyecto Como contenida en el menú Archivo o pulsar con el ratón el botón Guardar Proyecto contenido en la barra de herramientas.

Grabación del programa Siete Afortunado

Podrá almacenar el programa en su disco duro en cualquier momento del proceso de generación del mismo.

1. Despliegue el menú Archivo y seleccione la opción Guardar Proyecto Como.

    En su pantalla aparecerá el cuadro de diálogo Guardar archivo como, solicitándole el nombre y el lugar de almacenamiento que desea asignar a su formulario.

2. Seleccione la carpeta Less02 en el cuadro de diálogo, si es que todavía no se encuentra seleccionada. De esta forma, grabará el proyecto en la carpeta de prácticas que el programa de instalación de Aprenda Microsoft Visual Basic 6 ya creó en su disco duro (podrá especificar una carpeta distinta si así lo desea).

3. Escriba **MiSuerte** en el cuadro de texto Nombre Archivo y pulse INTRO.

NOTA: En el presente libro le recomendaré que guarde siempre cada uno de los proyectos que desarrolle utilizando el prefijo Mi. De esta forma, podrá apreciar sus progresos y conservar los archivos de prácticas originales. Así, podrá analizar los archivos originales en el caso de que surja algún problema.

El formulario Siete Afortunado se almacenará con el nombre MiSuerte.frm. A continuación, aparecerá en su pantalla el cuadro de diálogo Guardar Proyecto Como:

4. Escriba **MiSuerte** y pulse INTRO.

El proyecto Siete Afortunado se almacenará con el nombre MiSuerte.vbp. Más adelante, si desea cargar de nuevo en memoria este proyecto, deberá seleccionar la opción Abrir Proyecto contenida en el menú Archivo y pulsar con el ratón sobre el nombre MiSuerte en el cuadro de diálogo Abrir Proyecto que aparecerá en su pantalla. También podrá cargar en memoria un proyecto utilizado de forma reciente pulsando sobre el nombre del proyecto que aparecerá en la parte inferior del menú Archivo de Visual Basic.

El programa Suerte completo se encuentra almacenado en la carpeta \Vb6Sbs\Less02.

¡Enhorabuena! Ya está en condiciones de ejecutar su primer programa real. Para ejecutar un programa de Visual Basic desde el entorno de programación deberá seleccionar la opción Iniciar contenida en el menú Ejecutar. También podrá hacerlo pulsando el botón Iniciar contenido en la barra de herramientas o pulsar, simplemente, la tecla F5. Intente poner en marcha el programa Siete Afortunado. Si Visual Basic muestra un mensaje de error, puede que haya cometido algún error ortográfico al escribir el código del programa. Intente detectarlo comparando la versión escrita del código que aparece en este libro con aquella que usted ha introducido en el programa, o cargue en memoria la versión del programa que viene en el CD de este libro.

Ejecución del programa

Botón Iniciar

1. Pulse el botón Iniciar contenido en la barra de herramientas.

   Se ejecutará el programa Siete Afortunado en el entorno de programación. En su pantalla aparecerá la interfaz del usuario tal y como lo había diseñado.

2. Pulse el botón Jugar.

   El programa calculará y mostrará en pantalla tres números aleatorios, tal y como puede ver en la figura siguiente.

DESARROLLO DEL PRIMER PROGRAMA 43

En este caso, como ha aparecido un siete en el primer cuadro de etiqueta, la pila de monedas se muestra en pantalla y la computadora habrá emitido un sonoro pitido (el tipo de sonido que oirá dependerá de la configuración del Panel de Control de Windows). ¡Ha ganado!

3. Pulse el botón Jugar 15 ó 16 veces más y observe los resultados de cada jugada que aparece en las ventanas de números.

La mitad de veces que juegue volverá a ganar. Felicidades (la media de aciertos estará, aproximadamente, en tres veces de cada 10 jugadas; por eso, podemos decir que en un principio usted es un hombre afortunado). Como ve, se trata de un juego con altas probabilidades de premio. Quizás, más adelante, se sienta con fuerzas para hacer que el juego sólo muestre las monedas cuando se consigan simultáneamente dos o tres sietes. Le enseñaré a realizar esta labor cuando le comente algunos conceptos avanzados sobre módulos y variables públicas en el Capítulo 10.

4. Cuando haya terminado de experimentar con su programa, pulse el botón Fin.

El programa se detendrá y el entorno de programación reaparecerá en su pantalla.

CREACIÓN DE UN ARCHIVO EJECUTABLE

Los archivos .exe podrán ejecutarse en cualquier versión reciente de Microsoft Windows.

Su última tarea en este capítulo será completar el proceso de desarrollo y crear una aplicación para Windows, es decir, un archivo *ejecutable*. Las aplicaciones para Windows creadas con Visual Basic tienen la extensión .exe y podrán ejecutarse en cualquier computadora que tenga instalado Windows 95, Windows 98 o Windows NT versión 3.51 o posterior, además de los archivos de soporte necesarios (Visual Basic instala de forma automática estos archivos de soporte, incluyendo las librerías de vínculos dinámicos y los controles personalizados. Si tiene pensado distribuir las aplicaciones que construya, consulte la *Guía del programador* de Microsoft Visual Basic 6.0 para obtener más información).

A continuación le mostraré cómo crear el programa MiSuerte.exe.

Cómo crear un archivo ejecutable

1. En el menú Archivo seleccione el mandato Generar MiSuerte.exe (Visual Basic añadirá automáticamente el nombre del programa al nombre del mandato).

En su pantalla aparecerá el cuadro de diálogo Generar Proyecto tal y como se muestra en la figura de la página siguiente.

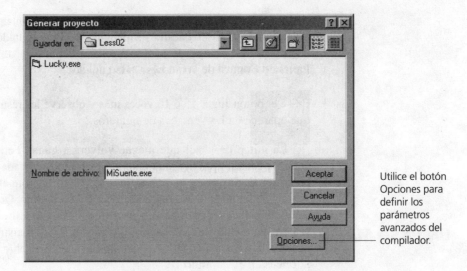

Utilice el botón Opciones para definir los parámetros avanzados del compilador.

TRUCO: *El cuadro de diálogo Propiedades del proyecto (al que se accede desde el menú Proyecto) contiene una pestaña denominada Compilar que podrá utilizar para controlar opciones avanzadas relacionadas con la compilación de su programa. Entre ellas se incluyen las necesarias para desarrollar código más rápido, eficiente, pequeño y compacto, además de corregir errores y de poder definir otras condiciones especiales de funcionamiento. Al añadir estas funciones sofisticadas al proceso de compilación, Visual Basic ha entrado en el mundo de las herramientas de desarrollo profesional, que tradicionalmente venían asociadas a otros compiladores más efectivos, tales como Microsoft Visual C++.*

El cuadro de diálogo contiene cuadros de texto y cuadros de lista que podrá utilizar para especificar el nombre y la localización en el disco del archivo ejecutable. También contiene un botón Opciones que podrá pulsar para abrir el cuadro de diálogo Propiedades del proyecto que podrá utilizar para controlar el icono asociado con el programa y otra información relacionada con el archivo. Por defecto, Visual Basic le sugerirá la carpeta Less02 como destino del archivo ejecutable.

2. Pulse el botón Aceptar para aceptar el nombre del archivo y su localización propuestas por defecto por el programa. Visual Basic creará un programa ejecutable en el disco y lo almacenará en la carpeta especificada.

Si desea ejecutar más adelante este programa desde Windows, utilice el mandato Ejecutar del menú Inicio o realice una doble pulsación sobre el nombre del archivo en la ventana del Explorador de Windows. También podrá crear un acceso directo para el programa Siete Afortunado en la ventana del escritorio sin más que pulsar el botón derecho del ratón sobre la ventana del escritorio, seleccionar Nuevo y, finalmente, escoger la opción Acceso directo. Cuando Windows le solicite la localización del programa, pulse el botón Examinar y seleccione el archivo ejecutable MiSuerte contenido en la carpeta \Vb6Sbs\Less02. Pulse los botones: Abrir, Siguiente y Finalizar, y Windows introducirá un icono en el escritorio sobre el que podrá realizar una doble pulsación para ejecutar el programa que acaba de crear. El aspecto del icono será el siguiente:

3. En el menú Archivo, pulse la opción Salir para cerrar Visual Basic y el proyecto Mi Suerte. El Entorno de programación de Visual Basic se cerrará.

UN PASO MÁS ALLA

Adición a un programa

Podrá volver a ejecutar Visual Basic en el momento que desee y trabajar en cualquier proyecto de programación que haya desarrollado anteriormente y que tenga almacenado en el disco. Como prácticas extraordinarias le mostraré cómo ejecutar otra vez Visual Basic y añadir en el programa Siete Afortunado una sentencia adicional denominada Randomize.

Cómo volver a cargar el programa Siete Afortunado

1. Pulse el botón Inicio contenido en la barra de tareas de Windows, despliegue el menú Programas, despliegue el submenú Visual Basic 6.0 y pulse el icono correspondiente al programa de Visual Basic 6.0.

2. Pulse sobre la pestaña Reciente contenida en el cuadro de diálogo Nuevo proyecto.

   En su pantalla aparecerán una lista con los proyectos en los que haya trabajado de forma más reciente. Como acaba de terminar de trabajar con Siete Afortunado, el archivo MiSuerte deberá encontrarse el primero de dicha lista.

3. Realice una doble pulsación sobre MiSuerte para cargar el programa Siete Afortunado que está almacenado en el disco.

   En memoria se cargará el programa mencionado y en el formulario MiSuerte aparecerá en una ventana (si no lo ve, pulse el formulario MiSuerte contenido en la ventana Proyecto y vuelva a pulsar sobre el botón Ver Objeto).

   Ahora deberá añadir la sentencia Randomize al procedimiento Form_Load, un procedimiento especial que se encuentra asociado con el formulario y que se ejecutará cada vez que se ponga en marcha el programa.

4. Realice una doble pulsación sobre el formulario (pero no sobre uno de sus objetos) para mostrar el procedimiento Form_Load.

   El procedimiento Form_Load aparecerá en la ventana Código, tal y como se muestra en la figura siguiente:

   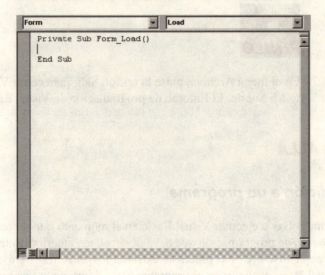

5. Pulse cuatro veces la tecla BARRA ESPACIADORA, escriba **Randomize** y pulse la tecla FLECHA ABAJO.

   La sentencia Randomize se encuentra ahora en el programa y se ejecutará cada vez que el programa se ponga en marcha. La instrucción Randomize utiliza el reloj de la computadora para crear un punto de inicio aleatorio que será utilizado posteriormente por la sentencia Rnd que utilizamos en el procedimiento Command1_Click.

   Quizás no se haya dado cuenta pero, sin la función Randomize, el programa Siete Afortunado produce siempre la misma cadena de combinaciones aleatorias cada vez que inicia el programa. Una vez introducida la sentencia Randomize, el programa generará números realmente aleatorios cada vez que se ponga en marcha. Los números mostrados no seguirán ningún patrón reconocible.

6. Ejecute la nueva versión de «Siete Afortunado» y, finalmente, grabe la nueva versión del proyecto en el disco. Si tiene pensado utilizar con frecuencia el programa que acaba de crear quizás desee generar también un nuevo archivo .exe. Visual Basic no actualiza automáticamente los archivos ejecutables cuando el programador cambia el código fuente.

Si desea continuar en el siguiente capítulo

➤ No salga de Visual Basic y pase al Capítulo 3.

Si desea salir ahora de Visual Basic

➤ En el menú Archivo seleccione Salir.

Si en su pantalla se muestra un cuadro de diálogo que le pregunta si desea guardar los cambios realizados, conteste que Sí.

RESUMEN DEL CAPÍTULO 2

Para	Haga esto	Botón
Crear una interfaz de usuario	Utilice los controles del cuadro de herramientas para introducir objetos en el formulario y, posteriormente, defina las propiedades que desee. Modifique el tamaño del formulario y de los objetos como guste.	
Mover un objeto	Arrastre el objeto por el formulario utilizando el ratón.	
Modificar el tamaño de un objeto	Seleccione el objeto y arrastre el manejador de selección del lateral que desee mover.	
Borrar un objeto	Seleccione el objeto y pulse SUPR.	
Abrir la ventana Código	Realice una doble pulsación sobre un objeto o sobre el propio formulario o pulse el botón Ver Código de la ventana Proyecto una vez resaltado el formulario o el nombre del módulo dentro de la ventana Proyecto.	
Escribir el código del programa	Escriba las sentencias del programa Visual Basic asociadas con el objeto que desee programar dentro de la ventana Código.	
Almacenar un programa	En el menú Archivo seleccione la opción Guardar Proyecto Como o pulse el botón Guardar Proyecto situado en la barra de herramientas.	
Crear un archivo .exe	En el menú Archivo, seleccione Generar *nombrefichero.exe*.	
Volver a cargar un proyecto	En el menú Archivo seleccione la opción Abrir Proyecto o realice una doble pulsación sobre el nombre del archivo mostrado en la pestaña Reciente del cuadro de diálogo Nuevo Proyecto.	

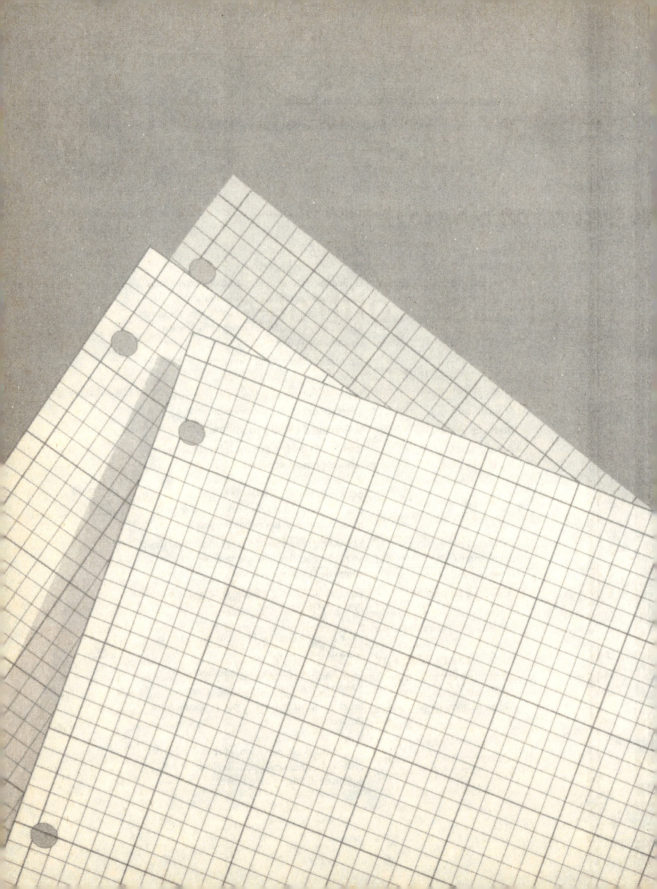

Capítulo 3

Empleo de controles

Tiempo estimado:
55 minutos

En este capítulo aprenderá a:
- Utilizar los objetos cuadro de texto y botón de orden para crear el programa «Hola mundo».
- Utilizar los objetos del sistema de archivos y un objeto gráfico para localizar los archivos gráficos contenidos en el disco.
- Utilizar objetos de botón de opción, casilla de verificación y cuadro de lista para procesar la entrada realizada por el usuario.
- Utilizar un objeto OLE para ejecutar en su sistema aplicaciones basadas en Microsoft Windows.
- Utilizar un objeto de datos para ver registros contenidos en una base de datos de Microsoft Access.
- Instalar controles ActiveX

Como vio en los Capítulos 1 y 2 los controles de Microsoft Visual Basic son las herramientas gráficas que utilizará para construir la interfaz de usuario de cualquier programa desarrollado con este entorno de programación. Los controles están localizados en el cuadro de herramientas dentro del entorno de programación y podrá utilizarlos para introducir objetos en un formulario utilizando una serie de pulsaciones de ratón y de movimientos de arrastre. En este capítulo, aprenderá a mostrar información en un cuadro de texto, analizar el contenido de unidades de disco y carpetas contenidos en su sistema, procesar los datos introducidos por el usuario, poner en marcha aplicaciones basadas en Windows y ver los registros de una base de datos. Los ejercicios contenidos en este capítulo le ayudarán a diseñar sus propias aplicaciones en Visual Basic y le proporcionarán más información sobre objetos, propiedades y código de programa. También aprenderá a añadir controles ActiveX en el cuadro de herramientas con el objetivo de extender las funciones asociadas a Visual Basic.

EMPLEO BÁSICO DE LOS CONTROLES: PROGRAMA «HOLA MUNDO»

Una tradición muy extendida en los libros de introducción a la programación es la presentación del programa «Hola mundo». Este es el nombre asignado a un breve programa que demuestra la facilidad con la que se puede crear y ejecutar un determinada utilidad en un lenguaje de programación dado. En la época en que dominaba la programación basada en carácter, la utilidad Hola Mundo solía ser un programa de dos o tres líneas de código, que se escribían haciendo uso de un editor de texto y se compilaban con un compilador autónomo.

Sin embargo, con la llegada de las herramientas de programación gráficas, el programa Hola mundo fue creciendo hasta convertirse en un programa complejo que contiene docenas de líneas de programación y necesita varias herramientas de programación para su construcción. Por fortuna, crear un programa del tipo Hola Mundo sigue siendo una labor sencilla si se utiliza Visual Basic. Podrá construir una interfaz de usuario completa creando dos objetos, definiendo dos propiedades y escribiendo, únicamente, una línea de código. Vamos a intentarlo.

Creación del programa Hola Mundo

1. Inicie Visual Basic y pulse el botón Abrir para crear una aplicación estándar de Visual Basic.

    En su pantalla aparecerá el entorno de programación de Visual Basic, tal y como se muestra en la siguiente figura. Los dos controles que utilizará en este ejercicio (TextBox y CommandButton) están marcados en la figura.

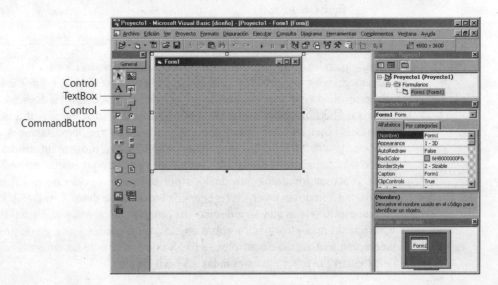

Control TextBox

2. Pulse con el ratón el control TextBox contenido en el cuadro de herramientas.

3. Sitúe el puntero del ratón en el centro del formulario (el puntero se convertirá en una cruz cuando se encuentre sobre algún lugar del formulario) y dibuje un cuadro de texto similar al mostrado en la siguiente figura:

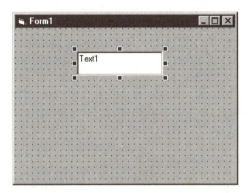

Se utilizan los *cuadros de texto* para mostrar un rótulo en el formulario o para solicitarle al usuario que introduzca información durante la ejecución del programa desarrollado en Visual Basic. La forma en que trabajará el cuadro de texto dependerá de las propiedades que le asocie y del modo en que haga referencia a este elemento dentro del código del programa. En esta sencilla aplicación se utilizará un cuadro de texto para mostrar el mensaje «¡Hola Mundo!» siempre que el usuario pulse sobre un determinado botón de orden contenido en el formulario.

A continuación le mostraré cómo añadir el botón de orden.

Control CommandButton

4. Pulse el control CommandButton contenido en el cuadro de herramientas.

5. Desplace el puntero del ratón hasta situarlo justo debajo del cuadro de texto y dibuje el botón de orden.

Su formulario deberá tener ahora un aspecto similar al siguiente:

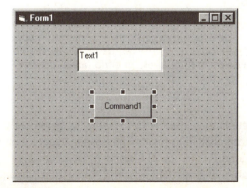

El *botón de orden* es el método más sencillo para interaccionar con el usuario. Cuando un usuario pulsa un botón de orden está solicitando que el programa lleve a cabo una acción determinada de forma inmediata. En términos de Visual Basic, el usuario utilizará el botón de orden para crear un *suceso* que deberá ser procesado por el programa. Los botones de orden típicos en un programa son el botón OK o Aceptar, que el usuario pulsará para aceptar una lista de opciones y para indicar que está listo para seguir adelante; el botón Cancelar, que el usuario pulsará para descartar una lista de opciones; y el botón Salir o Fin, que el usuario pulsará para abandonar el programa. En cada caso, el diseñador del programa necesita crear los botones con la idea de que trabajen correctamente cuando se pulsen. Las características asociadas a los botones de orden se podrán modificar (al igual que sucede con la de todos los tipos de objetos utilizables en Visual Basic) asignando nuevos valores a las propiedades de los mismos y mediante la creación de código de programa que haga referencia a dicho objeto.

Si desea obtener más información sobre la definición de propiedades de configuración consulte el apartado titulado «Definición de las propiedades en el Capítulo 1.

6. Asigne las siguientes propiedades a los objetos cuadro de texto y botón de orden, utilizando la ventana Propiedades. El valor Vacío significa que deberá borrar el valor actual y dejar vacío el espacio correspondiente a esa propiedad. Los valores que deberá introducir se muestran encerrados entre comillas dobles. En el programa no deberá introducir estas comillas.

Control	Propiedad	Valor
Text1	Text	(Vacío)
Command1	Caption	«Aceptar»

El programa completo Hola.vdp se encuentra localizado en el disco en la carpeta \Vb6Sbs\Less03.

7. Realice una doble pulsación sobre el botón Aceptar e introduzca la siguiente sentencia entre las instrucciones Private Sub y End Sub dentro de la ventana Código:

```
Text1.Text = "¡Hola, Mundo!"
```

TRUCO: *Cuando acabe de introducir el nombre de objeto Text1 y escriba el punto, Visual Basic mostrará un cuadro de lista conteniendo todas las propiedades válidas para los objetos cuadro de texto; de esta forma refrescará su memoria por si usted ha olvidado la lista completa. Podrá seleccionar la propiedad de dicha lista realizando una doble pulsación sobre su nombre o podrá continuar escribiendo hasta finalizar (normalmente yo sigo escribiendo salvo que esté explorando nuevas funciones).*

Durante la ejecución del programa, la sentencia anterior modificará el valor de la propiedad Text relacionada con el cuadro de texto y le asignará el valor «¡Hola, Mundo!» cuando el usuario pulse el botón de orden (el signo de igualdad asignará a la propiedad Text del objeto Text1 cualquier cosa que se encuentre encerrada entre las comillas). La instrucción anterior modificará el valor asignado a la propiedad durante la ejecución del programa (en tiempo de ejecución), se trata de uno de los usos más comunes del código en un programa desarrollado con Visual Basic. Como la sentencia se encuentra dentro de lo que denominaríamos *procedimiento de suceso* (una instrucción que se ejecutará siempre que el usuario pulse sobre el botón Command1) el valor asignado a la propiedad de texto (y, por lo tanto, el contenido del cuadro de texto) cambiará automáticamente en cuanto se pulse dicho botón de orden.

8. Use la ventana de Posición del formulario para definir la posición del formulario cuando se ejecute el programa (si la ventana Posición del formulario no se encuentra visible, ejecute el mandato Ventana Posición del formulario contenido en el menú Ver).

Por defecto, el formulario se situará en la esquina superior izquierda de la pantalla, pero podrá modificar este hecho arrastrando el pequeño icono mostrado dentro de la ventana Posición del formulario. Esta función es especialmente útil en programas que muestran más de una ventana.

En este momento, se encuentra preparado para ejecutar el programa Hola Mundo y para almacenarlo en el disco.

Ejecución del programa Hola Mundo

Botón Iniciar

1. Pulse el botón Iniciar contenido en la barra de herramientas.

    El programa Hola Mundo se ejecutará en el entorno de programación de Visual Basic.

2. Pulse el botón de orden Aceptar.

    El programa mostrará en pantalla el saludo «¡Hola, Mundo!» dentro del cuadro de texto, tal y como se muestra a continuación:

Cuando pulse el botón de orden Aceptar el código del programa modificará la propiedad Text perteneciente al cuadro de texto Text1 asignándole el valor «¡Hola, Mundo!», rótulo que será el que se muestre dentro del cuadro. Si no ha obtenido este resultado repita los pasos comentados en el apartado anterior y vuelva a construir el programa. Puede ser que haya definido de forma incorrecta una propiedad o que haya cometido un error ortográfico cuando tecleó la sentencia del código del programa (los errores ortográficos aparecen en rojo en la pantalla).

Botón Terminar

3. Pulse el botón Terminar contenido en la barra de herramientas para detener el programa.

   También podrá parar la ejecución del mismo pulsando sobre el botón Cerrar del formulario del programa.

4. En el menú Archivo, seleccione la opción Guardar Proyecto Como.

5. Active la carpeta denominada \Vb6Sbs\Less03, escriba **MiHola** y pulse el botón Guardar.

   Visual Basic almacenará el formulario en el disco con el nombre **MiHola**.frm. Visual Basic graba por separado los formularios de los archivos de proyecto, por lo que podrá reusar los formularios y procedimientos en otros proyectos de programación futuros, sin tener que comenzar todo partiendo desde cero.

   Una vez que haya almacenado el formulario, Visual Basic le pedirá que introduzca un nombre para el proyecto (es decir, un nombre para el archivo que utiliza Visual Basic para construir su programa). Este archivo recibe el nombre de «archivo de proyecto de Visual Basic» y cuenta con la extensión .vbp.

6. Vuelva a escribir el nombre **MiHola** y pulse Guardar.

   Visual Basic almacenará su proyecto en el disco bajo el nombre de MiHola.vbp. Cuando desee abrir más adelante este proyecto, deberá seleccionar este archivo utilizando el mandato Abrir Proyecto contenido en el menú Archivo. Visual Basic cargará entonces en memoria cada uno de los archivos mencionados en la lista del proyecto.

«Enhorabuena», ha entrado en el grupo de programadores que han escrito un programa del tipo Hola Mundo. A continuación, comenzaremos a utilizar algunos otros objetos.

USO DE LOS OBJETOS DEL SISTEMA DE ARCHIVOS

Visual Basic cuenta con tres tipos de objetos de gran utilidad para poder acceder al sistema de archivos. Estos son: *cuadro de lista de unidad*, que le permitirá examinar las unidades de disco instaladas en su computadora; *cuadros de lista de directorios*, que le permitirá navegar por las carpetas contenidas en una determinada unidad de disco; y *cuadro de lista de archivos*, que le permitirá seleccionar un determinado archivo contenido dentro de una carpeta y unidad de disco. En el siguiente ejercicio utilizará los tres objetos relacionados con el sistema de archivos para construir un programa denominado «Navegador» con el que podrá buscar y mostrar archivos de gráficos contenidos en su sistema.

NOTA: También utilizará un objeto de imagen en este programa. Los objetos de imagen pueden visualizar seis tipos de formatos gráficos: mapas de bits (archivos .bmp), meta-archivos de Windows (archivos .wmf, que contendrá imágenes gráficas cuyo tamaño podrá modificar), iconos (archivos .ico), cursores (archivos .cur), formato JPEG (archivos .jpg) y formato GIF (archivos .gif).

El programa de navegación

El programa Navegador utilizará los tres objetos relacionados con el sistema de archivos, un objeto imagen y varias líneas de código de programación. El objetivo final de toda esta serie de elementos es crear un programa de navegación para localizar con facilidad los archivos gráficos y artísticos que tenga almacenados en su sistema. Una vez terminado el Navegador, podrá utilizarlo en su trabajo diario para localizar este tipo de archivos en las unidades de disquete, discos duros, unidades de red o unidades CD-ROM. Los objetos del tipo sistema de archivos pueden trabajar con todos los tipos de unidades.

Construcción del programa Navegador

1. En el menú Archivo seleccione la opción Nuevo Proyecto y pulse el botón Aceptar para crear un nuevo archivo ejecutable estándar.

    El programa Hola Mundo desaparece y en su pantalla se mostrará un formulario vacío. En este momento tendrá la oportunidad de almacenar cualquier modificación que haya realizado en el programa Hola Mundo y que todavía no haya sido grabada en su disco duro.

2. En el menú Herramientas, seleccione Opciones y pulse sobre la etiqueta Editor. Si la casilla de verificación denominada Requerir declaración de variables se encuentra seleccionada, pulse sobre la misma para eliminar la marca de verificación (esta opción se analizará en profundidad en el capítulo 4). Pulse Aceptar.

3. Aumente el tamaño del formulario para que sea lo suficientemente grande como para almacenar todos los controles del sistema de archivos y una ventana con el tamaño adecuado para mostrar imágenes.

    Aparecerán barras de desplazamiento en torno al formulario para que pueda ver las partes ocultas a medida que vaya desarrollando el programa.

*Control
DriveListBox*

4. Pulse el control DriveListBox almacenado en el cuadro de herramientas.

5. Desplace el puntero del ratón a la esquina superior izquierda del formulario y dibuje un cuadro de lista de unidades, tal y como se muestra en la siguiente figura:

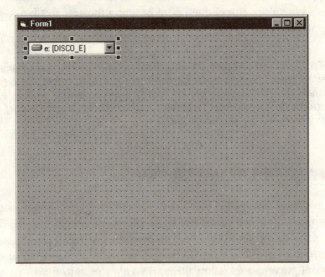

Visual Basic mostrará dentro de este objeto el nombre y la etiqueta de volumen de la unidad de disco activa en ese momento. Esta información se mostrará para que el usuario pueda identificar con facilidad la unidad de discos que se encuentra activa en el momento en que esté utilizando el programa. También será de utilidad para el programador que esté desarrollando el programa para que pueda asignar a este objeto un tamaño adecuado. Si en su pantalla no se muestra correctamente toda la información relacionada con la unidad de discos activa, aumente el tamaño del cuadro de lista de unidades hasta que estos datos se visualicen correctamente.

Control DirListBox

6. Pulse el control DirListBox contenido en el cuadro de herramientas para añadir un cuadro de lista de directorios al formulario que está desarrollando. Introduzca este nuevo cuadro justo debajo del anterior. Dé a este objeto el tamaño adecuado para mostrar, al menos, cuatro o cinco nombres de carpetas en su interior.

Los objetos de cuadro de lista de directorios le permitirán acceder a las carpetas contenidas en el sistema de archivos. Cuando introduzca un objeto de este tipo en un formulario de Visual Basic, dentro de este cuadro se mostrarán las carpetas en la misma forma en que lo harán cuando se ejecute el programa. Seguro que es tentador comenzar ahora a pulsar sobre las distintas carpetas mostradas, pero como el cuadro de lista de directorios no se encuentra activo, no ocurrirá nada. En este instante, los nombres de las carpetas aparecerán con el único objetivo de que usted pueda asignar un tamaño apropiado al objeto.

Control FileListBox

7. Pulse el control FileListBox contenido en el cuadro de herramientas y, a continuación, añada un cuadro de lista de archivos al formulario, justo debajo de donde se encuentra el cuadro de lista de directorios. Deje el suficiente espacio para que dentro de esta caja se puedan mostrar, al menos, cuatro o cinco nombres de archivos.

Los objetos del tipo cuadro de lista de archivos permitirán que el usuario del programa seleccione un archivo perteneciente al sistema de archivos. Cuando el usuario seleccione un archivo, Visual Basic asignará su nombre a la propiedad FileName del objeto cuadro de lista de archivos. De igual manera, la propiedad Drive perteneciente al objeto cuadro de lista de unidades y la propiedad Path del objeto cuadro de lista de directorios adoptarán el valor de la unidad de disco y la carpeta que el usuario seleccione en los correspondientes cuadros de lista. En el programa Navegador que estamos desarrollando, haremos uso posteriormente de estas tres propiedades para poder abrir el archivo de imagen deseado.

Este es un ejemplo típico del empleo de objetos y propiedades en un programa. El usuario modifica el valor asignado a un objeto durante la ejecución del programa, el cambio es asignado a la propiedad, y la propiedad se procesa en el código del programa.

NOTA: *Las propiedades Drive, Path y FileName sólo podrán ser asignadas en tiempo de ejecución (contienen valores que serán asignados cuando se utilicen los cuadros de lista del sistema de archivos). No podrá asignarles un valor cuando esté utilizando la ventana Propiedades.*

Control Image

8. Pulse el control Image contenido en el cuadro de herramientas y añada en el formulario un cuadro de imagen de gran tamaño. Deberá situar este cuadro de imagen a la derecha de los cuadros de lista de unidades, directorios y archivos.

Una vez que haya introducido el objeto imagen, su pantalla deberá tener un aspecto similar al mostrado en la siguiente figura:

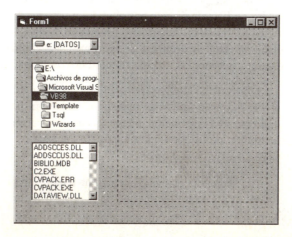

9. A continuación defina las siguientes propiedades utilizando la ventana Propiedades:

Objeto	Propiedad	Valor
File1	Pattern	*.bmp;*.wmf;*.ico
Image1	Stretch	True
Image1	BorderStyle	1-Fixed Single

La propiedad Pattern perteneciente al cuadro de lista de archivos es especialmente importante en este caso. Listará los formatos gráficos válidos que Visual Basic puede mostrar en un programa utilizando un cuadro de imagen. Si a esta propiedad no se le asigna ningún valor (se la deja en blanco) el cuadro de lista de archivos listaría todos los archivos contenidos en la carpeta, y si el usuario selecciona un formato gráfico con el cual Visual Basic no sea compatible (tal como TIFF) esta acción produciría un error en tiempo de ejecución. Si es posible, siempre es mejor eliminar este tipo de situaciones antes de que aparezcan.

A continuación, le mostraré cómo añadir unas cuantas líneas de programa a los procedimientos asociados con los objetos del sistema de archivos. Estos procedimientos reciben el nombre de procedimientos de suceso porque se ejecutan cuando se produce un suceso (tal como la pulsación del ratón) en el objeto.

Realice una doble pulsación sobre un objeto para mostrar su procedimiento de suceso asociado por defecto.

10. Realice una doble pulsación sobre el cuadro de lista de unidades contenido en el formulario y, posteriormente, introduzca la siguiente instrucción del programa entre las sentencias Private Sub y End Sub dentro del procedimiento de suceso denominado Drive1_Change:

```
Dir1.Path = Drive1.Drive
```

Esta instrucción actualizará el valor de la propiedad Path perteneciente al cuadro de lista de directorios cuando el usuario del programa seleccione una unidad de discos distinta dentro del cuadro de lista de unidades. Esta instrucción relaciona estos dos objetos de tal forma que el cuadro de lista de directorios mostrará siempre las carpetas contenidas en la unidad de discos seleccionada.

11. Cierre la ventana Código (pulse el botón Cerrar situado en la esquina superior derecha) y, posteriormente, realice una doble pulsación sobre el cuadro de lista de directorios. Finalmente, añada la siguiente sentencia de programa en el procedimiento de suceso denominado Dir1_Change:

```
File1.Path=Dir1.Path
```

Esta sentencia enlaza el cuadro de lista de archivos con el cuadro de lista de directorios de tal forma que en el cuadro de lista de archivos se mostrará siempre los archivos contenidos en la carpeta seleccionada en el otro cuadro.

EMPLEO DE CONTROLES 59

12. Cierre la ventana Código y realice una doble pulsación sobre el cuadro de lista de archivos. Añada la siguiente líneas de código al procedimiento de suceso denominado File1_Click:

```
SelectedFile=File1.Path & «\» &File1.filename
Image1.Picture = LoadPicture(SelectedFile)
```

Aprenderá más acerca de los operadores, variables y funciones en el Capítulo 4.

Estas dos líneas son el corazón del programa. La primera línea utiliza el operador «&» para combinar la propiedad Path de File1, el carácter «\» y la propiedad Filename de File1. El resultado se almacena en la variable denominada SelectedFile (archivo seleccionado). Una *variable* es un espacio de almacenamiento que se reserva de forma temporal para guardar la información manejada por el programa. En este caso, la variable SelectedFile almacenará el nombre completo del archivo que ha sido seleccionado por el usuario (incluyendo los nombres de la unidad y de la carpeta que lo contiene). La segunda sentencia contenida en el procedimiento de suceso utiliza la variable SelectedFile cuando carga el archivo dentro del cuadro de imagen (Image1) del formulario con la función LoadPicture y la propiedad Picture.

Una vez que haya escrito el código para el procedimiento de suceso File1_Click, la ventana Código tendrá un aspecto similar al mostrado en la figura de la página siguiente (esta figura muestra una ventana Código con un tamaño aumentado).

El programa Navegador.vdp completo está localizado en su disco duro dentro de la carpeta \Vb6Sbs\Less03.

En este momento ya está preparado para ejecutar el programa Navegador y para almacenar su contenido en el disco duro.

Ejecución del programa Navegador

Botón Iniciar

1. Pulse el botón Iniciar contenido en la barra de herramientas.

    El programa Navegador se ejecutará en el entorno de programación.

2. Abra la carpeta \Vb6Sbs\Less03 utilizando el cuadro de lista de directorios.

    Los metaarchivos de Windows contenidos en esta carpeta aparecerán en el cuadro de lista de archivos.

3. Seleccione el archivo denominado answmach.wmf.

   El archivo seleccionado (un dibujo de un contestador automático) se mostrará en el cuadro de imagen, tal y como puede ver a continuación:

   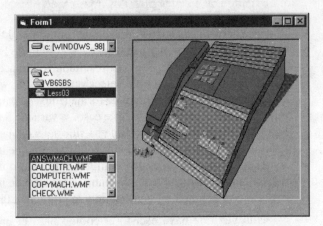

4. Muestre el final de la lista de archivos y seleccione el nombre poundbag.wmf.

   En el cuadro de imagen aparecerá el dibujo de un saquito de libras esterlinas.

5. Utilice los cuadros de lista de unidades, directorios y archivos para ver otros mapas de bits, metaarchivos de Windows e iconos contenidos en su computadora.

   Seguramente, encontrará varios archivos de mapas de bits interesantes en la carpeta Windows.

   Cuando termine de experimentar con el programa Navegador, detenga el programa y grábelo en el disco.

6. Pulse el botón Cerrar del formulario.

7. En el menú Archivo seleccione la opción Guardar Proyecto Como y grabe el formulario con el nombre **MiNavegador** y asigne el mismo nombre al archivo de proyecto.

OBJETOS PARA CONSEGUIR LA ENTRADA DE DATOS

Visual Basic cuenta con varios objetos con los que podrá gestionar la entrada de datos en el programa. Los cuadros de texto permiten que el usuario escriba la entrada, los menús cuentan con opciones que pueden ser seleccionadas y los cuadros de diálogo ofrecen una amplia variedad de elementos que pueden ser elegidos de forma individual o seleccionados en forma de grupo. En este ejercicio, aprenderá a utilizar cuatro objetos

Qué hacer cuando el programa falle

Si utiliza con frecuencia el programa Navegador puede advertir que se producirá un error en tiempo de ejecución en dos tipos específicos de situaciones. Ya que este programa ha sido creado únicamente con propósitos pedagógicos no se ha añadido el código necesario para proteger al programa contra problemas extraordinarios. Sin embargo, cuando comience a desarrollar programas más complejos deberá verificar con sumo cuidado su código para asegurarse de que no fallará en condiciones normales de uso ni en condiciones operativas extremas.

El primer problema que podrá detectar en el Navegador es que el programa falla cuando el usuario selecciona en el cuadro de lista de unidades una unidad de disco que no contiene un disco, es decir, que no estará preparada para trabajar (un ejemplo de esta situación puede darse en el caso de que la unidad contenga un disquete que no esté formateado o que la unidad de red no se encuentre disponible en ese momento). Para comprobar que este fallo ocurre, verifique que la unidad A de disquetes de su computadora no contiene ningún disquete. En esta situación, seleccione con el programa Navegador la unidad A:. De forma inmediata, el programa detendrá su ejecución y Visual Basic mostrará en su pantalla el mensaje: «Error 68 en tiempo de ejecución. El dispositivo no está disponible». Este mensaje significa que Visual Basic no ha podido encontrar el disquete y detiene la ejecución del programa porque no sabe cómo proceder cuando se da esta situación. El programa Navegador exige que el usuario no cometa ningún error con los discos, hipótesis que, con seguridad, dejará de cumplirse en un plazo de tiempo más o menos breve.

El segundo problema se dará cuando intente ver en pantalla con Navegador el contenido de archivos de dibujo que se encuentren en la carpeta raíz. Como los archivos almacenados en esta carpeta cuentan con un nombre de ruta formado únicamente por el carácter barra invertida (\), la sentencia del programa:

```
SelectedFile=File1.Path & «\» &File1.filename
```

tendrá problemas porque crea un nombre de ruta que contendrá dos barras invertidas seguidas (esta sentencia describiría al archivo coche.wmf contenido en la carpeta raíz de la unidad C como: C:\\coche.wmf). Cuando Visual Basic intente cargar un archivo cuyo nombre contenga dos barras invertidas seguidas, se provocará un error en tiempo de ejecución y el programa se detendrá.

La forma de solucionar estos problemas es utilizar sentencias de código que eviten las condiciones de error (podrá utilizar esta técnica para evitar el problema del nombre de ruta de archivos contenidos en la carpeta raíz) o crear rutinas especiales denominadas *manejadores de error* que ayudarán a su programa a salir de una situación apurada en caso de que el problema se presente. El estudio de los manejadores de error se encuentra fuera de la intención de este comentario, pero por ahora podrá tener en cuenta que aunque Visual Basic puede manejar la mayoría de las condiciones operativas, los usuarios serán capaces de crear situaciones inmanejables que desembocarán en la interrupción del programa. Comentaremos en mayor profundidad el tema de detección y corrección de errores en los Capítulos 6 y 8.

de especial importancia que le ayudarán a recoger las entradas proporcionadas por el usuario en diversas situaciones.

En este apartado aprenderá los pormenores de los botones de opción, de las casillas de verificación, de los cuadros de lista y de los cuadros combo (o combinados). Explorará cada uno de estos tipos de objetos desarrollando un programa al que denominaremos Compra Interactiva, la interfaz de usuario de una aplicación Internet o de cualquier otra utilidad en línea que le permitirá adquirir de forma gráfica computadoras y equipos de oficina. Cuando ejecute el programa, verá la utilidad que tiene utilizar estos objetos de entrada. En el siguiente capítulo, le mostraremos la forma en que podrá utilizar estos objetos en combinación con menús en un programa más completo.

El programa Compra Interactiva

El programa Compra Interactiva simula un entorno electrónico de pedidos en el que podrá ver los artículos que está comprando al mismo tiempo que realiza su elección. Si trabaja en una empresa que realiza un gran número de operaciones de compra de equipos quizás se sienta interesado en completar este programa para crear un auténtico programa de adquisición de material con interfaz gráfica (las herramientas gráficas como ésta son muy populares en Web). A medida que vaya experimentando con Compra Interactiva deberá fijarse en la forma en que trabajan los botones de opción, las casillas de verificación, los cuadros de lista y los cuadros combo. Todos ellos se podrán crear utilizando unos pocos pasos en Visual Basic.

Ejecución del programa Compra Interactiva

1. En el menú Archivo de Visual Basic seleccione la opción Abrir Proyecto.

    En su pantalla aparecerá el cuadro de diálogo Abrir Proyecto.

2. Abra el archivo compra.vdp contenido en la carpeta \Vb6Sbs\Less03.

3. En la ventana Proyecto, seleccione el formulario Compra y pulse el botón Ver Objeto.

Botón Ver Objeto

4. Cierre las ventanas Propiedades, Proyecto y Posición del formulario para ver el formulario Compra Interactiva por completo (no va a utilizar estas herramientas en el presente ejercicio). Si la ventana Inmediato (una herramienta que se utiliza normalmente para la corrección de errores de programación) también se encuentra abierta, ciérrela ahora.

    En su pantalla aparecerá el formulario de Compra Interactiva, tal y como se muestra en la figura de la página siguiente.

    El formulario Compra Interactiva contiene botones de opción, casillas de verificación, un cuadro de lista, un cuadro combo, cuadros de imagen y un botón de orden, además de diversas etiquetas. Todos estos objetos trabajan

EMPLEO DE CONTROLES   **63**

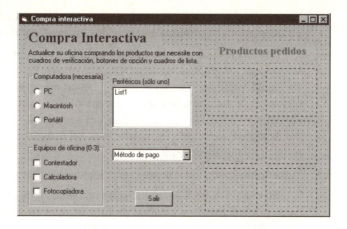

juntos para crear un programa de pedidos, de gran simplicidad pero que muestra la forma en que trabajan los objetos de entrada de datos en Visual Basic. Cuando ejecute el programa, Compra Interactiva cargará en memoria metaarchivos Windows contenidos en la carpeta \Vb6Sbs\Less03 del disco duro C y los mostrará en los seis cuadros de imagen del formulario.

NOTA: *Si ha instalado los archivos de prácticas en una localización distinta a la carpeta C:\Vb6Sbs, que es la propuesta por defecto, las sentencias del programa que cargan los archivos gráficos contendrán un nombre de ruta incorrecto (cada una de estas instrucciones comienza con C:\Vb6Sbs\Less03, como podrá comprobar dentro de poco). Si éste es su caso, podrá hacer funcionar correctamente a su programa modificando el nombre de la carpeta que contiene estos archivos de dibujo (y asignando a esta carpeta el nombre C:\Vb6Sbs) o modificando los nombres de ruta contenidos en el código, desde la ventana Código, utilizando las teclas de edición o la opción Reemplazar contenida en el menú Edición.*

Botón Iniciar

Los botones de opción permiten al usuario seleccionar un elemento de una lista.

5. Pulse el botón Iniciar contenido en la barra de herramientas.

   El programa se ejecutará en el entorno de programación.

6. Pulse el botón de opción denominado Portátil contenido en el cuadro Computadora.

   En su pantalla aparecerá la imagen de un portátil dentro del área denominada Productos Pedidos que está situada en la parte derecha del formulario. El cuadro Computadora contiene un grupo de *botones de opción* para recoger la información proporcionada por el usuario. Los botones de opción fuerzan al usuario a elegir un (y sólo uno) elemento de una lista de posibilidades. El usuario puede pulsar de forma repetida las diferentes opciones existentes. Después de cada pulsación, la opción elegida se mostrará gráficamente en el área de pedidos de la derecha.

Las casillas de verificación permiten que el usuario seleccione cualquier número de elementos.

7. Pulse sobre las casillas de verificación denominadas Contestador, Calculadora y Fotocopiadora contenidos en el cuadro Equipos de oficina.

   Las casillas de verificación se utilizan en un programa cuando se puede seleccionar simultáneamente más de una opción de una lista. Pulse de nuevo la casilla de verificación Calculadora y observe que la imagen de la calculadora que antes se mostraba habrá desaparecido de la pantalla. Al igual que los otros elementos contenidos en la interfaz del usuario, la casilla de verificación responde inmediatamente a las pulsaciones del usuario, las peticiones de compra se reflejan instantáneamente.

Los cuadros de lista permiten al usuario seleccionar un elemento de una lista de opciones de longitud variable.

8. Pulse sobre la opción Antena contenida dentro del cuadro de lista Periféricos.

   En el área de pedidos se mostrará una imagen de una antena de recepción de datos por satélite. Los *cuadros de lista* se utilizan para obtener una única respuesta de una lista de opciones. Los cuadros de lista pueden contener muchos elementos de los que sólo podrá escoger uno simultáneamente (aparecerán barras de desplazamiento si el cuadro de lista es incapaz de mostrar simultáneamente todos los elementos contenidos en la lista). A diferencia de los botones de opción, no es necesario que exista una opción seleccionada por defecto. En un programa desarrollado con Visual Basic, se podrán añadir, eliminar u ordenar los elementos contenidos en el cuadro de lista cuando el programa se esté ejecutando.

9. A continuación, seleccione Dólares USA (lo sentimos, pero no vendemos a crédito) de la lista de pago mostrada en el cuadro combo de Método de Pago.

Los cuadros combo o combinados ocupan menos espacio que los cuadros de lista.

   Los *cuadros combo*, o cuadros de lista desplegables, son similares a los cuadros de lista regulares con la única diferencia de que ocupan menos espacio. Visual Basic maneja de forma automática la apertura, cierre y desplazamiento de los elementos de los cuadros de lista combo. Todo lo que tendrá que hacer como programador es escribir el código que le permita añadir los elementos deseados en el cuadro de lista antes de ejecutar el programa y procesar la elección realizada por el usuario. Podrá ver ejemplos de cada una de estas tareas en el código del programa Compra Interactiva.

   Después de llevar a cabo la elección de los pedidos, su pantalla tendrá un aspecto similar al mostrado en la siguiente figura:

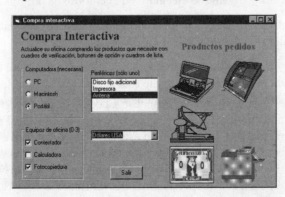

EMPLEO DE CONTROLES **65**

10. Practique realizando unos cuantos cambios adicionales en la lista de pedidos del programa (pruebe con diferentes tipos de PC, periféricos y métodos de pago) y, finalmente, pulse el botón Salir para abandonar la ejecución del programa.

    El programa se cerrará cuando pulse Salir y volverá a aparecer en su pantalla el entorno de programación.

En los Capítulos 5, 6 y 7 comentaremos en detalle el código del programa.

Análisis del código del programa Compra Interactiva

Aunque no cuente con demasiada experiencia en codificación, es hora ya de echar un vistazo a unos cuantos procedimientos de suceso contenidos en el programa Compra Interactiva. De esta forma, verá cómo procesa el programa las entradas realizadas por el usuario utilizando los distintos elementos de la interfaz. En estos procedimientos verá las sentencias If...Then y Select Case. Le mostraré detalles acerca de éstas y otras estructuras de decisión en el Capítulo 6. Por el momento, deberá concentrarse en la propiedad Value, que resultará modificada cuando se seleccione una casilla de verificación, y la propiedad ListIndex cuyo valor cambia cuando se selecciona un nuevo elemento de un cuadro de lista.

Análisis del código asociado con las casillas de verificación y con el cuadro de lista

1. Asegúrese de que el programa no está en marcha y, posteriormente, realice una doble pulsación sobre el cuadro de verificación denominado Contestador contenido dentro del cuadro Equipos de Oficina para mostrar el procedimiento Check1_Click en la ventana Código.

2. Aumente el tamaño de la ventana Código para ver el siguiente listado de código:

Cuando en el código del programa aparezca el carácter subrayado (_) al final de una línea se estará indicando que la sentencia del programa continua en la línea siguiente.

```
Private Sub Check1_Click()
    If Check1.Value = 1 Then
       Image2.Picture = _
            LoadPicture("c:\vb6sbs\less03\answmach.wmf")
       Image2.Visible = True
    Else
       Image2.Visible = False
    End If
End Sub
```

El procedimiento de suceso Check1_Click contiene el código que se ejecutará cuando un usuario realice una pulsación con el ratón sobre el cuadro de verificación Contestador. En este caso, la palabra clave es Check1.Value que se puede leer en nuestro idioma como «la propiedad Value de la primera casilla de verificación». Check1 es el nombre del primer cuadro de verificación contenido en el formulario; los cuadros de verificación posteriores llevan por nombre

Check2, Check3, etc. La propiedad Value es la que se verá modificada cuando el usuario pulse sobre la casilla de verificación. Cuando dentro del cuadro de verificación aparezca una «x» o una marca de verificación, la propiedad Value tendrá el valor 1; por el contrario, cuando el cuadro de verificación se encuentre vacío, la propiedad Value tendrá el valor 0 (cero).

Podrá definir la propiedad Value utilizando la ventana Propiedades cuando esté diseñando la casilla de verificación (de esta forma podrá asignar un valor por defecto a la casilla de verificación) y, también, su valor podrá ser modificado por el usuario cuando el programa esté en ejecución (simplemente, cuando se pulse sobre un cuadro de verificación). En el código anterior, la propiedad Value es analizada mediante una estructura de decisión del tipo If...Then...Else. Si la propiedad se evalúa como 1, el programa cargará en memoria la figura de un contestador automático y la mostrará en el segundo cuadro de imagen del formulario. En caso contrario, si la propiedad Value es 0, no se mostrará en pantalla la imagen del contestador automático. Si todo esto le parece complicado, no deberá preocuparse. En el Capítulo 6 le contaré en detalle todo lo que necesita saber sobre las estructuras de decisión.

3. Cierre la ventana Código y realice una doble pulsación sobre el cuadro de lista de Periféricos contenido en el formulario.

En la ventana Código aparecerá el código asociado con el procedimiento List1_Click. Se mostrarán las siguientes sentencias:

```
Private Sub List1_Click()
   Select Case List1.ListIndex
   Case 0
      Image3.Picture = _
         LoadPicture("c:\vb6sbs\less03\harddisk.wmf")
   Case 1
      Image3.Picture = _
         LoadPicture("c:\vb6sbs\less03\printer.wmf")
   Case 2
      Image3.Picture = _
         LoadPicture("c:\vb6sbs\less03\satedish.wmf")
   End Select
   Image3.Visible = True
End Sub
```

Cuando el usuario seleccione cualquiera de los elementos contenidos en un cuadro de lista, Visual Basic comunicará al programa el nombre del elemento en la propiedad List1.Text.

El listado anterior muestra el código que se ejecutará cuando el usuario seleccione un elemento del cuadro de lista Periféricos. En este caso, la palabra clave importante es List1.ListIndex que, en nuestro propio lenguaje, se podría leer como: «La propiedad ListIndex del primer objeto del cuadro de lista». Una vez que el usuario realice una selección en el cuadro de lista, la propiedad ListIndex devuelve un número que se corresponde con el lugar que ocupa dicho elemento dentro del cuadro de lista (el primer elemento llevará asociado el número 0, el segundo el número 1, etc.).

El texto asociado con dicho elemento (el nombre del elemento del cuadro de lista) también se incluirá en la propiedad List1.Text y, en muchas ocasiones, los programadores en Visual Basic suelen utilizar este valor en sus programas. En el código mostrado anteriormente, la estructura de decisión Select Case evalúa el valor de la propiedad List1.ListIndex y, según el valor de la misma, se cargará un metaarchivo Windows u otro. Si el valor resulta ser cero se cargará una imagen de un disco duro; si el valor es 1 se cargará la figura de una impresora; si, por el contrario, el valor es 2 se mostrará la imagen de una antena de recepción de datos por satélite (mi periférico soñado). En el Capítulo 6 le mostraré en mayor profundidad los pormenores de la estructura de decisión Select Case.

Resumen sobre terminología

A lo largo de este libro, he utilizado varios términos que pueden resultarle poco familiares para describir los elementos constitutivos de un programa Visual Basic. Aunque no los he definido todos de manera formal, es preferible comentar el significado de alguno de ellos ahora para evitar cualquier confusión posterior. ¿Podría distinguirlos ahora?

Control. Un control es una herramienta que puede utilizar para crear objetos dentro de un formulario de Visual Basic. Podrá seleccionar los controles contenidos en el cuadro de herramientas y utilizarlos para dibujar objetos en un formulario utilizando, simplemente, el ratón. Podrá emplear la mayoría de los controles para crear elementos de la interfaz del usuario, tales como botones de orden, cuadros de imagen y cuadros de lista.

Objeto. Objeto es el nombre que reciben los elementos de la interfaz de usuario que puede crear utilizando los controles contenidos en el cuadro de herramientas. Podrá mover, modificar el tamaño y adaptar a sus gustos personales los objetos sin más que utilizar sus propiedades asociadas. Los objetos cuentan también con una característica conocida con el nombre de *funcionalidad inherente*: saben cómo tienen que funcionar y pueden responder a ciertas situaciones de forma «natural» (por ejemplo, un cuadro de lista «sabe» cómo tiene que desplazar los elementos contenidos en ella). Podrá programar los objetos de un programa Visual Basic utilizando procedimientos de suceso que deberán adaptarse a las diferentes situaciones a las que se puede enfrentar el programa. En Visual Basic, el propio formulario es otro objeto.

Propiedad. Una propiedad es un valor o característica que pertenece a un objeto de Visual Basic, tal como el rótulo asociado (Caption) o el color del primer plano (ForeColor). Durante el proceso de diseño podrá asignar valores a estas propiedades utilizando la ventana Propiedades o, bien, durante la ejecución del programa utilizando las sentencias contenidas en el código del programa. Cuando se definen desde el código, la asignación de un valor a una propiedad tiene el siguiente formato:

```
Objeto.Propiedad = Valor
```

donde *Objeto* es el nombre del objeto que desea particularizar, *Propiedad* es la característica que desea modificar y *Valor* es el nuevo valor asignado a la propiedad. Por ejemplo la sentencia:

```
Command1.Caption = «Hola»
```

podrá ser utilizada en el código del programa para definir como «Hola» la propiedad Caption del objeto Command1.

Procedimiento de suceso. Un procedimiento de suceso es un bloque de código que se ejecutará cuando desde el programa se haga referencia o se active un determinado objeto. Por ejemplo, cuando el usuario pulse con el ratón el primer botón de orden de un programa, se pondrá en marcha el procedimiento de suceso denominado Command1_Click. Los procedimientos de suceso evalúan las condiciones y, según éstas, definen las propiedades y utilizan otras sentencias del programa para llevar a cabo la tarea asignada al programa.

Sentencia de programa. Una sentencia o instrucción de un programa es una palabra clave de código que lleva a cabo una determinada tarea. Las sentencias de Visual Basic, entre otras importantes tareas, pueden: crear espacio de almacenamiento para los datos, abrir archivos, realizar cálculos, etc.

Variable. Una variable es un «contenedor» especial utilizado para almacenar datos de forma temporal durante la ejecución de un programa. El programador crea variables para almacenar los resultados del cálculo, crear nombres de archivos, procesar la entrada de datos, etc. En general, una variable puede almacenar números, nombres, valores de propiedades y algunos otros tipos de datos.

Método. Un método es una sentencia especial que lleva a cabo una acción o un servicio para un objeto particular dentro de un programa. La sintaxis que deberá utilizar para definir un método dentro de un programa es la siguiente:

```
Objeto.Método Valor
```

donde *Objeto* es el nombre del objeto que desea cambiar, *Método* es el mandato que va a utilizar para modificar el objeto y *Valor* es un argumento opcional que puede utilizarse para definir el método. Por ejemplo, la sentencia:

```
List1.AddItem «Cheque»
```

utiliza el método AddItem para introducir la palabra *Cheque* en el cuadro de lista denominado List1.

4. Cierre la ventana Código y realice una doble pulsación en el formulario (pero no sobre ninguno de los objetos allí mostrados) al objeto de mostrar el código asociado con el propio formulario.

En la ventana Código aparecerá el código asociado con el procedimiento Form_Load. Este es el código que se ejecutará cada vez que se ponga en marcha el programa de Compra Interactiva. Los programadores introducen en este procedimiento especial aquellas sentencias que desean ejecutar cada vez que el programa se ponga en marcha. A menudo, al igual que ocurre en el programa Compra Interactiva, estas instrucciones definen un aspecto de la interfaz de usuario que no se puede especificar utilizando los controles del cuadro de herramientas o desde la ventana Propiedades.

Las sentencias incluidas en el procedimiento de suceso denominado Form_Load se ejecutarán cuando se ponga en marcha el programa.

A continuación se muestra el contenido del código Form_Load:

```
Image1.Picture = LoadPicture("c:\vb6sbs\less03\pcomputr.wmf")
    List1.AddItem "Disco fijo adicional"
    List1.AddItem "Impresora"
    List1.AddItem "Antena"

    Combo1.AddItem "Dólares USA"
    Combo1.AddItem "Cheque"
    Combo1.AddItem "Libras esterlinas"
```

La primera línea cargará en pantalla, dentro del primer cuadro de imagen, el contenido del metaarchivo Windows correspondiente a una computadora personal. Se trata del valor por defecto que se mostrará en el botón de opción Computadora. Las siguientes tres líneas añaden elementos al cuadro de lista Periféricos (List1) del programa. Las palabras encerradas entre comillas aparecerán en el cuadro de lista. Por debajo de las sentencias relacionadas con el cuadro de lista se muestran aquellas que guardan relación con el cuadro combo denominado Método de Pago (Combo1). La palabra clave asociada con estos dos grupos es AddItem que es una función especial, o *método*, válida para los cuadros de lista y combo.

Un método es una sentencia especial que realiza una acción o un servicio para un objeto determinado, tal como añadir elementos a un cuadro de lista. Los métodos se diferencian de las propiedades (que contienen un valor) y de los procedimientos de suceso (que se ejecutan cuando un usuario manipula un objeto). Los métodos también pueden ser compartidos entre objetos, por lo que cuando aprenda a utilizar un método también será capaz de aplicar estos conocimientos en otras circunstancias distintas. Comentaremos el funcionamiento de diversos métodos de uso frecuente a lo largo de este libro.

A estas alturas, ya ha terminado con el programa Compra Interactiva. Dedique unos minutos para analizar otras partes del programa en las que esté interesado y, finalmente, comience con el siguiente ejercicio.

EMPLEO DE UN OBJETO OLE PARA PONER EN MARCHA APLICACIONES

Un objeto OLE le permitirá poner en marcha aplicaciones para Windows desde una aplicación de Visual Basic.

Una de las características más importantes de Visual Basic es su capacidad para trabajar de manera muy estrecha con otras aplicaciones desarrolladas para Windows. Al utilizar un objeto OLE podrá ejecutar aplicaciones, u otros componentes, desde su propio programa a la vez que estará ejecutando y procesando varios tipos de información. También podrá utilizar un objeto OLE para poner en marcha componentes individuales de otras aplicaciones (tales como el corrector ortográfico de Microsoft Word) utilizando una tecnología especial denominada *Automatización* (formalmente conocida como Automatización OLE).

Analizaremos en profundidad los objetos OLE y la Automatización OLE en el Capítulo 14. En el siguiente ejercicio, conocerá la forma en que trabajan los objetos OLE y como pueden utilizarse (sin código de programa) para crear una aplicación denominada Proyectos Urbanísticos que pondrá en marcha los programas Word, Excel y Paint para que el usuario pueda introducir información relacionada con este tema y desarrollar dibujos para un proyecto de construcción.

Para ejecutar el programa Proyectos Urbanísticos necesitará contar con una copia de Word, Excel y Paint instaladas en su disco duro (Paint está incluido en Microsoft Windows). Cuando cree un objeto OLE, se mostrará un cuadro de diálogo denominado Insertar Objeto que listará los objetos disponibles y que podrá utilizar en su programa. Si no cuenta con los programas Word, Excel y Paint instalados en su disco duro, el cuadro de diálogo Insertar Objeto no los listará, pero podrá seleccionar cualquier otro objeto contenido en dicha lista (el propósito de este ejercicio es practicar en el empleo de aplicaciones que desea ejecutar desde un programa de Visual Basic). Cuando ejecute la utilidad una vez terminada tendrá el aspecto mostrado en la figura siguiente.

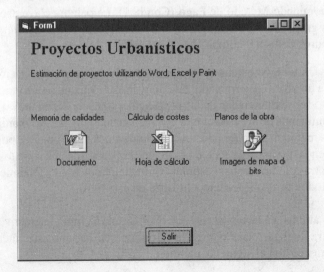

Creación del programa Proyectos Urbanísticos

1. En el menú Archivo seleccione Nuevo Proyecto y pulse Aceptar para crear un archivo .exe estándar.

    Se cerrará el programa Compra Interactiva y en el entorno de programación se mostrará un formulario vacío.

2. En la esquina superior izquierda del formulario, cree un rótulo que muestre el título «Proyectos Urbanísticos». Debajo de éste cree un segundo rótulo con el contenido: «Estimación de proyectos utilizando Word, Excel y Paint».

    Deje algo de espacio extra en el primer rótulo ya que, posteriormente, le pediré que aumente el tamaño del tipo de letra utilizado en el mismo, modificando alguna de sus propiedades asociadas.

3. Debajo de la segunda etiqueta, cree tres rótulos adicionales equiespaciados que tengan el siguiente contenido: «Memoria de calidades», «Cálculo de costes» y «Planos de la obra» (consulte la figura anterior).

    El objetivo de estos tres rótulos es identificar los objetos OLE utilizados para poner en marcha las aplicaciones Word, Excel y Paint, respectivamente. A continuación, le mostraré cómo añadir los objetos OLE al formulario.

Control OLE

4. Pulse el control OLE contenido en el cuadro de herramientas.

5. Debajo del rótulo Memoria de calidades cree un rectángulo que tenga el tamaño de una caja de cerillas, utilizando el control OLE.

    Cuando suelte el botón del ratón aparecerá en su pantalla el cuadro de diálogo Insertar Objeto, tal y como se muestra un poco más abajo, que contendrá una lista de todas las aplicaciones que podrá utilizar en su programa (esta operación puede llevar unos cuantos instantes porque Visual Basic necesita reunir esta información del registro de su sistema). La lista exacta variará de PC a PC.

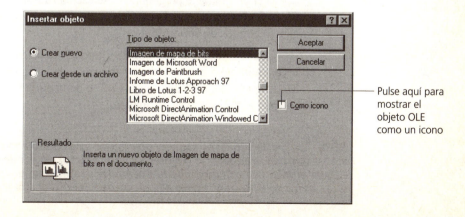

6. Desplace hacia abajo la lista de objetos y seleccione el elemento Documento de Microsoft Word, si es que tiene instalado en su sistema el procesador de textos Word.

    Si no es así, seleccione dentro de este cuadro de diálogo otro procesador de texto basado en Windows o una aplicación similar.

7. Pulse la casilla de verificación Como icono contenido dentro del cuadro Insertar Objeto con el objetivo de que la aplicación aparezca como un icono en el programa de Visual Basic que está desarrollando.

    Si no pulsa este cuadro de verificación el objeto de la aplicación (normalmente, un documento) se mostrará en una ventana independiente dentro de su aplicación. El empleo de esta característica le proporcionará importantes ventajas, como veremos posteriormente en este libro. Por ahora, sin embargo, seleccione el cuadro Como icono.

8. Pulse Aceptar para cerrar el cuadro de diálogo Insertar Objeto y para abrir Word.

    Se ejecutará el programa Word y se mostrará un documento vacío dentro de este procesador de texto. Este documento se convertirá en una *plantilla* dentro del programa Proyectos Urbanísticos.

    Podrá contener cualquier información que un contratista pueda encontrar de utilidad cuando maneje el programa, tales como detalles sobre la compañía constructora, nombres, direcciones, precios, materiales, etc.

9. Por ahora, sólo deberá introducir el rótulo «**Notas estimativas**». A continuación, seleccione la opción Fecha y Hora del menú Insertar para añadir a la plantilla la fecha actual del sistema.

    El texto aparecerá posteriormente en el programa tal y como ahora lo introduzca en Word.

10. En el menú Archivo de Word seleccione la opción Salir.

    Si el programa le pregunta si desea actualizar el documento fuente pulse el botón Sí. Este mensaje de aviso aparecerá en su pantalla cada vez que cierre ciertos objetos de aplicación.

    Una vez que haya acabado de introducir el primer objeto OLE, su formulario tendrá un aspecto similar al mostrado en la figura de la página siguiente. Modifique el tamaño del objeto OLE o de la etiqueta de texto si existe algún solapamiento entre ambos objetos.

NOTA: El aspecto tridimensional del objeto OLE está controlado por la propiedad Appearance que puede adoptar los valores 3D y Flat (plano). En el punto 13 le mostraré cómo asignar el valor Flat a la propiedad Appearance de cada uno de los objetos OLE introducidos, así como el valor gris claro a la propiedad BackColor (color de fondo).

11. Repita los pasos 4 a 10 para añadir en el formulario el objeto Microsoft Excel (o su equivalente) justo debajo de la etiqueta Cálculo de costes y un objeto imagen del tipo mapa de bits debajo de la etiqueta Planos de obra.

   Asegúrese de seleccionar el cuadro de verificación Como icono dentro del cuadro de diálogo Insertar Objeto en ambas ocasiones. Si maneja con soltura ambos programas puede añadir alguna información a la plantilla (por ejemplo, notas o instrucciones) tanto en la hoja de trabajo de Excel como en la hoja de dibujo de Paint. En el caso de la hoja de trabajo de Excel es fácil imaginar que si usted es un contratista ordenado introducirá varias filas y columnas de información contractual como pueden ser gastos de energía, materiales y mano de obra. La gran ventaja de utilizar otras aplicaciones basadas en Windows dentro de su programa es que podrá acceder de forma automática a todas las funciones disponibles en dichas aplicaciones, ¡no tendrá que reinventar la rueda!

12. Inserte un botón de orden en la parte inferior del formulario. Una vez que haya añadido dicho botón, realice una doble pulsación sobre dicho objeto e introduzca la sentencia **End** en el procedimiento de suceso Command1_Click.

   La sentencia End hará que el programa finalice cuando el usuario pulse este botón de orden.

13. Defina las siguientes propiedades para los objetos incluidos en el formulario utilizando la ventana Propiedades:

Objeto	Propiedad	Valor
Command1	Caption	«Salir»
Label1	Font	Times New Roman Negrita, 18-puntos

(Continúa)

Objeto	Propiedad	Valor
OLE1	BorderStyle	0-None
	Appearance	0-Flat
	BackColor	Gris claro
OLE2	BorderStyle	0-None
	Appearance	0-Flat
	BackColor	Gris claro
OLE3	BorderStyle	0-None
	Appearance	0-Flat
	BackColor	Gris claro

14. En el menú Archivo seleccione la opción Guardar Proyecto como y almacene en el disco el formulario con el nombre **MiOleProy**. Del mismo modo, grabe el proyecto en el disco bajo el nombre **MiOleProy**.

Una vez que haya terminado, su formulario MiOleProy deberá tener un aspecto semejante al mostrado en la siguiente figura:

Si quiere ver el contenido completo del programa Proyecto Urbanístico, éste se encuentra localizado en el disco en la carpeta \Vb6Sbs\Less03.

A continuación, ejecute el programa para ver cómo funcionan los objetos OLE introducidos.

Ejecución del programa Mi Proyecto Urbanístico

1. Pulse el botón Iniciar contenido en la barra de herramientas.

El programa se ejecutará dentro del entorno de programación. El objeto OLE1 (el icono Documento) estará rodeado de una línea punteada, indicando que cuenta con la atención o *foco* del programa.

> **NOTA:** *El foco es importante para las operaciones que se realizan a través del teclado. Cuando el usuario pulse la tecla INTRO el objeto que se ejecutará será el que se encuentre seleccionado o activado (foco) en el programa. El usuario podrá activar o cambiar el foco a cualquier otro objeto sin más que pulsar la tecla TAB o pulsando con el ratón dicho objeto. Podrá modificar el orden en que los objetos se muestran activados por defecto en el programa modificando la propiedad TabIndex asociada a cada uno de los objetos.*

2. Realice una doble pulsación sobre el icono Documento en el programa.

    El procesador de textos se pondrá en marcha y en su pantalla aparecerá la plantilla de documento creada anteriormente en Word.

3. Escriba unas cuantas líneas de texto (imagínese que usted es un importante constructor) y, finalmente, abra el menú Archivo y seleccione la opción Salir para volver al programa MiOleProy.

4. Realice una doble pulsación sobre el icono Hoja de cálculo del programa.

    La hoja de cálculo se pondrá en marcha y en una ventana aparecerá la plantilla creada anteriormente con Excel.

5. Introduzca algunas filas y columnas de datos dentro de la hoja de cálculo (pruebe a utilizar las funciones típicas de Excel y las funciones de formato si así lo desea) y, a continuación, en el menú Archivo, pulse Salir para volver al programa MiOleProy.

6. Realice una doble pulsación sobre el icono Imagen de Paint.

    El programa Paint se ejecutará y aparecerá en una ventana. Paint es un programa de dibujo de gran sencillez de manejo que contiene herramientas diversas y paletas de color que le permitirán crear imágenes sin demasiada complicación.

7. Cree un pequeño bosquejo de un plano de construcción con este programa (inténtelo al menos) y en el menú Archivo seleccione la opción Salir y volver a.

8. Pulse el botón Salir para finalizar el programa.

¡Felicidades! Acaba de construir el primer programa que utiliza los objetos de aplicación de Microsoft Office. Podrá utilizar esta técnica para incluir en un programa cualquier objeto de aplicación que tenga instalado en su PC. A continuación, trabajaremos con otro tipo de archivos dentro del entorno de Windows: una base de datos preexistente que contiene los nombres y las direcciones de sus clientes.

EMPLEO DE UN OBJETO DE DATOS PARA CONSULTAR UNA BASE DE DATOS DE MICROSOFT ACCESS

Si trabaja en una empresa en la que comparte información con otros usuarios informáticos seguro que empleará bases de datos para controlar la información relacionada con sus clientes, empleados o con los proyectos que están en marcha. Una *base de datos* es un conjunto organizado de información que se almacena de forma electrónica en un archivo. Las aplicaciones de bases de datos tales como Microsoft Access, dBASE y Paradox son programas especiales que crean y procesan la información almacenada en bases de datos. Estos programas cuentan con las herramientas que le permitirán diseñar la base de datos, manipular la información almacenada en ella y buscar datos específicos. Para mejorar su trabajo diario con las bases de datos, Visual Basic proporciona tres objetos que le permitirán mostrar y modificar la información contenida en los archivos de la base de datos. El objeto principal, los datos, le permitirá acceder directamente desde el formulario a los campos y registros de una base de datos. A continuación practicará utilizando un objeto de datos para mostrar la información contenida en un abase de datos de Access denominada Students.mdb.

Campos y registros

En las bases de datos se utilizan dos términos de especial relevancia relacionados con la información almacenada en ella: *campos y registros*. Los campos son los tipos de información almacenados en una base de datos. Los campos típicos de una base de datos de clientes pueden ser sus nombres, direcciones, números telefónicos y comentarios acerca de ellos. Toda la información relacionada con un determinado cliente o negocio se denomina *registro*. En las bases de datos personales cada una de las tarjetas que contiene información sobre un empleado determinado recibe el nombre de registro. Cuando un programador crea una base de datos la información se almacena en tablas formadas por registros y campos. Normalmente, los registros se corresponden con filas en la tabla y los campos son las columnas de la misma.

Instructor ID	Instructor	Phone Number	Extension
1	Delamare, Marie	3105551234	
2	Mackenzie, Wendy	3105556543	
3	Bein, Martin	3105554321	
4	Wilson, Peter	3105550088	
5	Burke, Shelley	3105554567	
6	O'Neil, Mary	2065557777	
7	Edison, Larry	3605551111	
8	Halvorson, Michael	2065554444	
9	Halvorson, Kim	2065552222	
(Autonumérico)			

Registros (filas) — Campos (columnas)

EMPLEO DE CONTROLES   **77**

> **NOTA:** *El archivo Access utilizado en el presente ejercicio se encuentra en su disco duro en la carpeta Less03, por lo que podrá practicar con el presente ejercicio aunque no tenga instalado Access en su PC. Así mismo, si así lo desea, podrá utilizar su propio archivo de base de datos en lugar de emplear el mencionado en estas líneas.*

Creación de un objeto de datos

1. En el menú Archivo seleccione la opción Nuevo proyecto y pulse Aceptar para crear un archivo .exe estándar.

   Se cerrará el programa MiOleProy y aparecerá un nuevo formulario en el entorno de programación. Almacene los cambios realizados en el programa MiOleProy si Visual Basic así se lo indica.

Control Data

2. Pulse el control Data contenido en el cuadro de herramientas.

3. Desplace el puntero del ratón al centro del formulario, cerca de su borde inferior, y dibuje un cuadro rectangular utilizando el control.

   En el formulario aparecerá un objeto de datos denominado Data1:

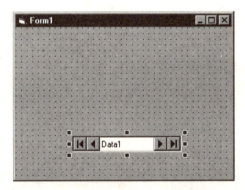

El objeto contiene flechas que le permitirán desplazarse por los registros de su base de datos cuando el programa esté en ejecución. El objeto contiene también un rótulo (Data1) que podrá utilizar para describir la base de datos a la que accederá utilizando este objeto. Normalmente, este objeto tendrá el mismo nombre que la base de datos a la que apunta. Las flechas más cercanas a los bordes exteriores del objeto se utilizan para desplazarse al principio o al final de la base de datos.

Son muchas las operaciones sofisticadas que podrá llevar a cabo con una base de datos en Visual Basic. En este ejercicio mostrará el campo Instructor de la base de datos Students.mdb (en realidad, será capaz de desplazarse por toda la base de datos y ver todos los nombres contenidos en este archivo).

Para mostrar el campo Instructor en el formulario, necesitará introducir un objeto adicional que será el encargado de almacenar los datos. Como los datos que queremos mostrar en esta ocasión son rótulos de texto, deberá añadir un cuadro de texto al formulario con el que está trabajando (también tendrá que introducir un rótulo cercano al cuadro de texto para identificar el campo de la base de datos). Finalmente, establecerá una conexión entre el objeto de datos y el cuadro de texto. Para ello, tendrá que asignar nuevos valores a algunas propiedades.

Creación de los cuadros de texto y de rótulo

Control TextBox

1. Pulse el control TextBox contenido en el cuadro de herramientas.
2. Cree un cuadro de texto en el formulario, por encima del objeto dato.

   El cuadro de texto deberá tener el mismo tamaño que el objeto dato. El cuadro deberá tener la suficiente anchura como para mostrar nombres de hasta 20 caracteres de longitud.

Control Label

3. Pulse el control Label contenido en el cuadro de herramientas.
4. Cree un rótulo por encima del cuadro de texto contenido en el formulario.

Cuando termine de crear los objetos nombrados, el aspecto del formulario deberá ser similar al siguiente:

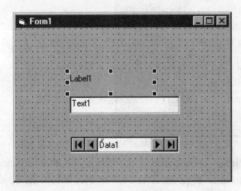

A continuación definiremos las propiedades de estos tres objetos.

Definición de las propiedades de los objetos

1. Seleccione el objeto datos y, posteriormente, pulse sobre el botón Ventana de Propiedades contenido en la barra de herramientas.
2. En la ventana Propiedades verifique que la propiedad Connect (conectar) está definida como Access (valor por defecto).

La propiedad Connect almacena el formato de la base de datos o de la hoja de cálculo que esté utilizando. Entre los formatos que Visual Basic puede leer se incluyen Access, Excel, Lotus 1-2-3, dBASE, FoxPro y Paradox.

3. En la ventana Propiedades, defina la propiedad DatabaseName como C:\Vb6Sbs\Less03\Students.mdb seleccionando este archivo dentro del cuadro de diálogo denominado DatabaseName.

Student.mdb es la base de datos ejemplo, desarrollada en Access, con la que va a trabajar en el presente ejercicio. Contiene un buen número de tablas, campos y registros que cualquier profesor o administrador podría utilizar para supervisar los datos académicos, incluyendo nombres de estudiantes, profesores, clases, grados y muchos otros tipos de información (programaciones, horarios, etc.). He creado esta base de datos con un elevado grado de sofisticación para que pueda continuar practicando, si ese es su deseo.

4. En la ventana Propiedades seleccione la propiedad RecordSource y, seguidamente, pulse sobre el botón (que representa una punta de flecha) del cuadro de lista desplegable. Cuando aparezca una lista de las tablas contenidas en la base de datos, seleccione la opción Instructors.

La propiedad RecordSource le permitirá especificar la tabla (colección de datos) de la base de datos con la que desea trabajar.

5. En la ventana Propiedades, asigne a la propiedad Caption el valor «Students.mdb».

El rótulo contenido en el objeto mostrará ahora el valor Students.mdb para identificar la base de datos que se está utilizando. A continuación, le mostraré cómo modificar la propiedad DataSource del cuadro de texto para enlazar el cuadro de texto con el objeto datos.

6. Seleccione el objeto cuadro de texto y, a continuación, pulse el botón Ventana Propiedades contenido en la barra de herramientas.

7. En la ventana Propiedades, seleccione la propiedad DataSource, pulse el botón del cuadro de lista desplegable y seleccione Data1.

8. En la ventana Propiedades seleccione la propiedad DataField, pulse el botón del cuadro de lista desplegable y seleccione Instructor (el campo que desea mostrar) de la lista.

9. Seleccione ahora el objeto etiqueta, pulse el botón Propiedades contenido en la barra de herramientas y, finalmente, asigne el valor «Profesor» a la propiedad Caption.

Este rótulo identificará al campo de la base de datos que está manejando en el cuadro de texto cuando se ejecute el programa. El hecho de añadir etiquetas a su formulario para explicar qué elementos se encuentran allí contenidos es, siempre, una buena idea, especialmente si está trabajando con campos de una base de datos.

10. Almacene el nuevo formulario con el nombre **MiDatos**. Así mismo, guarde el proyecto con el nombre **MiDatos**.

¡Eso es todo! Ahora, sólo le restará ejecutar el programa.

Ejecución del programa MiDatos

El programa Datos.vbp completo se encuentra en el disco en la carpeta \Vb6Sbs\Less03.

1. Pulse el botón Iniciar contenido en la barra de herramientas.

   El programa se ejecutará en el entorno de programación, tal y como se muestra en el figura siguiente:

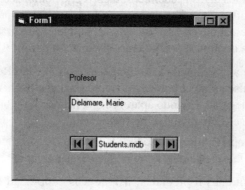

   Visual Basic carga la base de datos Students.mdb, abre la tabla Instructor e introduce el primer campo de dicha tabla en el cuadro de texto. Podrá examinar otros datos almacenados en este campo pulsando los botones del objeto de datos.

2. Pulse la flecha interior derecha del objeto de datos.

   En la ventana de texto aparecerá el segundo nombre contenido en la base de datos.

3. Pulse el botón exterior derecho del objeto de datos.

   Visual Basic mostrará el último nombre de campo de la base de datos.

4. Pulse el botón exterior de la parte izquierda del objeto de datos.

   Visual Basic muestra de nuevo el primer nombre contenido en la base de datos.

5. Pulse el botón Cerrar del formulario para detener el programa.

CÓMO SE MODIFICA UNA BASE DE DATOS

Un objeto de datos también le permitirá modificar la información contenida en una base de datos. Para cambiar un nombre contenido en Students.mdb deberá ejecutar el programa MiDatos y desplazarse hasta localizar el nombre que desee modificar. A continuación, pulse en el cuadro de texto Nombre e introduzca el rótulo que desee. Cuando pase a otro registro, el nombre que haya introducido se copiará de forma inmediata en la base de datos original. Vamos a comprobar este extremo.

Cómo cambiar un nombre de la base de datos

1. Pulse el botón Iniciar contenido en la barra de herramientas para ejecutar el programa MiDatos.

   En el cuadro de texto aparecerá el primer nombre contenido en la base de datos.

2. Resalte el primer nombre utilizando el ratón, pulse la tecla SUPR y escriba **Cocco, Sean** (por ejemplo).

3. Pulse la flecha interior de la parte derecha del objeto de datos para desplazarse hasta el siguiente registro.

   El primer nombre de la base de datos será ahora Cocco, Sean.

4. Pulse la flecha interior de la parte izquierda del objeto de datos para volver a mostrar el primer registro.

   El nombre que aparece ahora en pantalla es Cocco, Sean.

5. Pulse el botón Cerrar del formulario para detener el programa.

Como puede ver, los objetos de datos le permiten acceder con facilidad a bases de datos preexistentes. Podrá mostrar cualquier campo contenido en la base de datos y procesar a su gusto la información contenida en ella. En capítulos futuros aprenderá más detalles sobre los objetos de datos y cómo manipular los registros de las bases de datos.

UN PASO MÁS ALLÁ

Instalación de controles ActiveX

Podrá extender las funciones asociadas a Visual Basic instalando los controles ActiveX incluidos en Visual Basic o los controles ActiveX que cree por sí mismo o que hayan sido desarrollados por otros fabricantes de programas. Para conservar recursos del sistema y espacio en el escritorio, Visual Basic sólo muestra el conjunto básico de controles de la interfaz en el cuadro de herramientas cada vez que abra un nuevo proyecto. Sin embargo, podrá instalar los controles personalizados en el cuadro de herramientas para un proyecto determinado utilizando la opción Componentes contenida en el menú

Proyecto. Los controles ActiveX que instale utilizarán la tecnología ActiveX de 32 bits (un estándar de Microsoft para objetos programables contenidos en aplicaciones, sistemas operativos y herramientas de Internet), tienen la extensión de archivo .ocx y se pueden utilizar con el fin de añadir nuevas funciones a los programas desarrollados para Windows. Se añaden automáticamente al sistema operativo cada vez que instale un nuevo programa de aplicación (Visual Basic «aprende» sobre los nuevos controles ActiveX mirando los que se encuentran asociados con determinados programas en el registro de Windows).

Instalación de los controles ActiveX denominados Grid y CommonDialog

Cada versión de Visual Basic incluye algunos controles ActiveX adicionales que podrá utilizar en sus proyectos (si cuenta con las ediciones Profesional o Empresarial de Visual Basic, tendrá una amplia variedad de controles ActiveX de la que escoger). Por ejemplo, si está escribiendo un programa para mostrar datos en una tabla, podrá instalar el control FlexGrid (rejilla flexible), localizada en el archivo Msflxgrd.ocx, que podrá utilizar para introducir en un formulario una rejilla de celdas (un objeto rejilla tiene un aspecto similar a una hoja de trabajo de Excel). Otro control ActiveX que suele ser de mucha utilidad para la creación de cuadros de diálogo estándar, como Abrir y Guardar como, es el control CommonDialog, contenido en el archivo Comdlg32.ocx.

Ejecute los siguientes pasos para instalar los controles ActiveX:

1. En el menú Archivo seleccione la opción Nuevo Proyecto y pulse Aceptar para crear un archivo .exe estándar.

    Almacene cualquier cambio en el programa MiDatos en caso de que sea necesario.

2. En el menú Proyecto seleccione la opción Componentes y, finalmente, pulse sobre la pestaña Controles.

    En su pantalla aparecerá el cuadro de diálogo denominado Componentes.

    En este cuadro de diálogo se muestra una lista ordenada alfabéticamente de los controles ActiveX instalados en su sistema y que podrá añadir al cuadro de herramientas de su proyecto. Para proporcionarle una mayor flexibilidad a la hora de desarrollar programas, cada proyecto tendrá su propio y exclusivo cuadro de herramientas que contendrá los controles mostrados por defecto en Visual Basic y cualquier otro control ActiveX que usted haya podido seleccionar. Según lo que acabamos de decir, cualquier control que incluya en el proyecto con el que esté trabajando sólo aparecerá, en principio, en el cuadro de herramientas de dicho proyecto. En los siguientes pasos le mostraré cómo añadir el control FlexGrid (Msflxgrd.ocx) y el control CommonDialog (Comdlg32.ocx) a su cuadro de herramientas.

EMPLEO DE CONTROLES   **83**

> **TRUCO:** *El cuadro de diálogo Componentes contiene una etiqueta denominada Objetos insertables que podrá utilizar para añadir objetos de aplicaciones a su caja de herramientas del proyecto. Un objeto insertable es un componente del programa suministrado por otra aplicación para Windows, tal como un documento de Word o una hoja de trabajo de Excel. Estas herramientas le parecerán tan útiles como los demás controles ActiveX.*

3. Pulse la casilla de verificación situada cerca del control denominado Microsoft Common Dialog Control 6.0.

   Se seleccionará el control ActiveX y la localización del archivo .ocx aparecerá en la parte inferior del cuadro de diálogo.

4. Tal y como se muestra en la figura siguiente, pulse sobre la casilla de verificación situada a la izquierda del control denominado Microsoft FlexGrid Control 6.0 para seleccionarla.

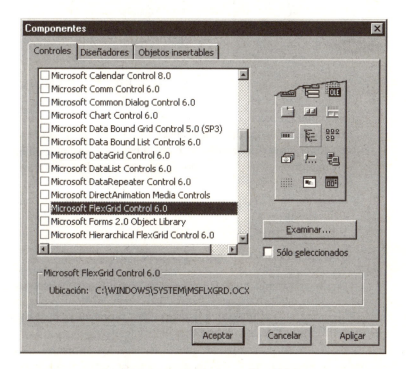

5. Pulse el botón Aceptar para que los controles ActiveX seleccionados se incluyan a partir de ahora en el cuadro de herramientas del proyecto.

   El cuadro de herramientas mostrará dos nuevos controles, tal y como se muestra en la figura de la pagina siguiente.

84 APRENDA VISUAL BASIC 6.0 YA

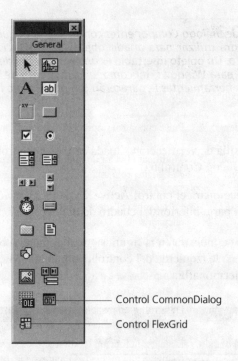

Control CommonDialog
Control FlexGrid

Los controles FlexGrid y CommonDialog trabajarán exactamente igual que el resto de los controles contenidos en el cuadro de herramientas de Visual Basic. De hecho, si no supiera a priori que se trata de controles ActiveX sería difícil que pudiera distinguirlos del resto de controles. Podrá seleccionar los controles ActiveX sin más que pulsar sobre ellos y podrá utilizarlos para crear e introducir objetos en un formulario en la misma forma en que emplea los otros controles. Los controles ActiveX cuentan también con propiedades cuyos valores asociados pueden ser modificados y también pueden ser utilizados en el código del programa como el resto de los controles que ha manejado en este capítulo.

Si desea continuar con el siguiente capítulo

➤ Mantenga en funcionamiento Visual Basic y pase al Capítulo 4.

Si el programa le pregunta si desea almacenar los cambios realizados en el presente proyecto, pulse No.

Si desea salir ahora de Visual Basic

➤ En el menú Archivo seleccione Salir.

Si en su pantalla se muestra un cuadro de diálogo Guardar, pulse No. No es necesario almacenar este proyecto y su lista de controles ActiveX.

RESUMEN DEL CAPÍTULO 3

Para	Haga esto	Botón
Crear un cuadro de texto	Pulse el control TextBox y dibuje el cuadro.	
Crear un botón de orden	Pulse el control CommandButton y dibuje el botón.	
Modificar una propiedad en tiempo de ejecución	Modificar el valor de la propiedad utilizando código de programa. Por ejemplo: `Text1.Text = "¡Hola!"`	
Crear un cuadro de lista de unidad	Pulsar sobre el control DriveListBox y dibujar el cuadro.	
Crear un cuadro de lista de directorios	Pulsar sobre el control DirListBox y dibujar el cuadro.	
Crear un cuadro de lista de archivos	Pulsar sobre el control FileListBox y dibujar el cuadro.	
Evitar que un programa falle	Desarrollar un manejador de error utilizando código de programa (véase Capítulo 8).	
Cargar una imagen en tiempo de ejecución	Llamar a la función LoadPicture y asignar el resultado a la propiedad Picture de un objeto de Image o de un objeto PictureBox. La sintaxis de esta instrucción es: `Objecto.Picture=_` `LoadPicture(Archivo_Seleccionado)` siendo *Objeto* el nombre del objeto y `Archivo_Seleccionado` es una variable que almacena el nombre del archivo que contiene al gráfico. Por ejemplo: `ArchivoSelec = "c:\coche.bmp"` `Image1.Picture=_` `    LoadPicture(ArchivoSelec)`	
Crear un botón de opción	Utilizar el control OptionButton. Si desea crear varios botones de opción, sitúe más de un objeto botón de opción dentro de un cuadro que deberá crear utilizando el control Frame.	
Crear una casilla de verificación	Pulse el control CheckBox y dibuje una casilla de verificación.	
Crear un cuadro de lista	Pulse el control ListBox y dibuje un cuadro de lista.	
Crear un cuadro de lista desplegable	Pulse el control ComboBox y dibuje un cuadro de lista desplegable.	
Añadir elementos a un cuadro de lista	Incluir instrucciones con el método AddItem en el procedimiento Form_Load de su programa.	

(Continúa)

Para	Haga esto	Botón
	Por ejemplo: `List1.AddItem "Impresora"`	
Ejecutar aplicaciones para Windows	Emplear el control OLE para dibujar en su formulario un cuadro asociado con la aplicación. A continuación, seleccione el objeto de aplicación deseado en el cuadro de diálogo Insertar Objeto para incluirlo en el programa.	
Mostrar bases de datos existentes dentro de un programa	Emplear el control Data para crear un objeto con el que pueda moverse por la base de datos. A continuación, unir el objeto de datos con otro objeto que pueda mostrar los registros de la base de datos (normalmente, un objeto cuadro de texto).	
Modificar los registros contenidos en una base de datos	Mostrar la base de datos en el programa. Editar, en tiempo de ejecución, el registro en el objeto cuadro de texto y pulsar sobre la flecha en el control de datos para almacenar los cambios en el disco.	
Instalar controles Active X	Abrir el menú Proyecto, seleccionar la opción Componentes y pulsar sobre la pestaña Controles. Seleccionar los controles ActiveX que desee agregar a su cuadro de herramientas del proyecto y, finalmente, pulsar sobre el botón Aceptar.	

Capítulo

4

Manejo de menús y cuadros de diálogo

Tiempo estimado:
45 minutos

En este capítulo aprenderá a:

- Añadir menús a sus programas utilizando el Editor de menús.
- Procesar las opciones de los menús utilizando código de programa.
- Utilizando objetos comunes de diálogo para mostrar cuadros de diálogo estándar.

En el Capítulo 3 ha aprendido el manejo de diferentes objetos de Microsoft Visual Basic cuyo objetivo es recoger datos introducidos por el usuario cuando éste está utilizando el programa. En este capítulo, le mostraré la forma de presentar opciones al usuario utilizando menús y cuadros de diálogo de aspecto profesional. Los menús están localizados en la barra de menús y contienen listas de opciones que guardan entre sí alguna relación. Cuando se pulsa sobre el nombre de un menú se despliega un cuadro de lista en el que aparecerán una serie de opciones. La mayoría de las opciones de los menús se ejecutan inmediatamente después de ser pulsados; por ejemplo, cuando el usuario selecciona la opción Copiar del menú Edición, la información seleccionada se copiará inmediatamente en el Portapapeles de Windows. Sin embargo, si el nombre de una opción del menú está seguido de puntos suspensivos, en lugar de ejecutarse automáticamente, en su pantalla aparecerá un cuadro de diálogo solicitando más información al usuario antes de que la opción se ejecute. En este capítulo aprenderá a utilizar el Editor de menús y el control CommonDialog que le permitirá añadir a sus programas menús y cuadros de diálogos estándar.

INSERCIÓN DE NUEVOS MENÚS UTILIZANDO EL EDITOR DE MENÚS

El Editor de menús es una herramienta gráfica que gestiona los menús contenidos en sus programas. Con este editor podrá añadir nuevos menús, modificar y reordenar los existentes, y suprimir los más antiguos y obsoletos. También le permitirá añadir efectos especiales a sus menús, tales como teclas de acceso, marcas de verificación y teclas de método abreviado (atajos de teclado). Una vez que haya añadido menús al formulario, podrá utilizar procedimientos de suceso para procesar las opciones contenidas en ellos. En el siguiente ejercicio utilizará el Editor de Menús para crear un menú Reloj que contendrá una serie de mandatos que le permitirán mostrar la fecha y la hora actuales.

Creación de un menú

1. Ponga en marcha Visual Basic y abra un nuevo proyecto estándar.

   Si el entorno de programación se encuentra ya en marcha seleccione la opción Nuevo Proyecto del menú Archivo y comience un archivo .exe estándar.

Botón Editor de menús

2. Pulse el botón Editor de menús contenido en la barra de herramientas.

   En su pantalla aparecerá el editor de menús, tal y como se muestra en la siguiente figura:

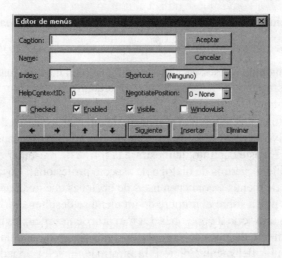

El Editor de menús le ayudará a crear y a modificar los menús.

El editor de menús mostrará en un cuadro de diálogo las distintas opciones disponibles para construir menús. Deberá especificar el título del menú (el nombre del menú que aparecerá en la pantalla) en el cuadro de texto denominado Caption. También tendrá que introducir el nombre del menú (el nombre que tendrá en el código del programa) dentro del cuadro de texto Name (Nombre). Estos son los dos atributos más importantes de un menú. Otros parámetros tales como Index, HelpContextID, Shortcut y Checked son opcionales. Al final de este capítulo obtendrá más detalles sobre la definición de teclas de método abreviado (Shorcut).

Cuando pulse el botón Siguiente contenido en el cuadro de diálogo Editor de Menús se borrarán todas las asignaciones realizadas y estará en condiciones de definir la siguiente opción de menú. El cuadro de lista de menú que aparece en la parte inferior del cuadro de diálogo muestra los elementos a medida que los vaya creando y visualiza también la estructura global del menú.

Utilice ahora el Editor de menús para crear un menú denominado Reloj.

3. Escriba **Reloj** en el cuadro de texto Caption y pulse la tecla TAB.

    La palabra *Reloj* será la que se utilice como el nombre del primer menú y el cursor se desplazará al cuadro de texto denominado Name. Cuando introduzca el título del menú este aparecerá también en el cuadro de lista de menús que aparece más abajo.

4. Escriba **mnuReloj** en el cuadro de texto Name.

    La palabra *mnuReloj* se introducirá en su programa como el nombre del menú que acaba de definir.

    Por convenio, las siglas mnu *se utilizan para identificar a los menús.*

    Por convenio, se utiliza el prefijo *mnu* para identificar a cualquier objeto de menú dentro del código del programa. Al utilizar esta técnica, es decir, al emplear un prefijo de tres caracteres con los elementos pertenecientes a la interfaz de usuario, podrá diferenciar con facilidad los distintos tipos de procedimientos de suceso cuando sus programas se hagan más complicados. Del mismo modo, de esta forma podrá identificar los elementos de la interfaz en la ventana Código.

NOTA: *En el Capítulo 9, en el apartado denominado «Un paso más allá», podrá encontrar una lista de los convenios de denominación para todos los tipos de objetos que podrá utilizar en Visual Basic.*

---

5. Pulse el botón Siguiente para añadir el título Reloj a su programa.

    El menú Reloj se añadirá a la barra de menús y el Editor de menús borrará toda la información mostrada en el cuadro de diálogo para que usted pueda comenzar a introducir los datos relacionados con el siguiente elemento. El título del menú seguirá apareciendo en el cuadro de lista de menús situado en la parte inferior del cuadro de diálogo. A medida que vaya generando sus menús, cada nuevo elemento se irá añadiendo al cuadro de lista de menús para que pueda contemplar en cualquier momento la estructura del sistema de menús que está construyendo.

6. Escriba **Fecha** en el cuadro de texto Caption, pulse la tecla TAB y escriba **mnuFechaItem**.

   El mandato Fecha aparecerá en el cuadro de lista de menús. Como su deseo es hacer que Fecha se convierta en una opción de menú más que en el nombre de un nuevo menú, deberá utilizar un convenio de denominación diferente. Por eso, ha añadido el sufijo *Item* (elemento) al final del nombre dentro del cuadro de texto Name. Esta forma de proceder le ayudará a diferenciar los mandatos de los títulos de los menús dentro de la ventana Código.

7. Una vez que tenga resaltado el elemento Fecha en el cuadro de lista de menús, pulse el botón que contiene una flecha hacia la derecha dentro del Editor de menús.

   La opción Fecha se desplaza un tabulador hacia la derecha (cuatro espacios) dentro del cuadro de lista de menús, indicando que este elemento es una opción de un menú. La posición de un elemento dentro de este cuadro de lista determinará si se trata de un título o nombre de menú (pegado a la izquierda), un mandato de menú (un tabulador a la derecha), un título de submenú (dos tabuladores) o una opción de submenú (tres tabuladores). Podrá pulsar el botón flecha derecha contenido en el cuadro de diálogo Editor de menús para desplazar los elementos hacia la derecha, mientras que el botón flecha izquierda le servirá para lo contrario (desplazar los elementos hacia la izquierda).

   A continuación, le mostraré cómo añadir una nueva opción de menú, denominada Hora, en el menú Reloj.

8. Pulse el botón Siguiente, escriba **Hora**, pulse TAB y escriba **mnuHoraItem**.

   El mandato Hora aparecerá en el cuadro de lista menú, tal y como se muestra a continuación:

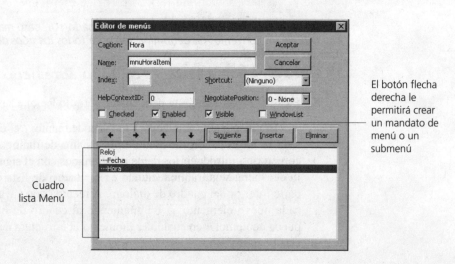

MANEJO DE MENÚS Y CUADROS DE DIÁLOGO   91

Observe que el Editor de Menús ha supuesto que el siguiente elemento es también una opción de menú y lo ha desplazado cuatro espacios hacia la derecha. Por el momento ha terminado de añadir opciones al menú Reloj y le mostraré cómo cerrar el Editor de menús.

9. Pulse Aceptar para cerrar el Editor de menús.

El Editor de menús se cierra y su formulario volverá a aparecer en el entorno de programación mostrando una barra de menús y un menú denominado Reloj. Abramos ahora este menú para poder contemplar su contenido.

10. Pulse sobre el menú Reloj.

Los mandatos Fecha y Hora aparecen en él.

Al pulsar sobre una opción de menú en el entorno de programación se mostrará en dicha ventana el procedimiento de suceso que se pondrá en marcha. Un poco más tarde le mostraré cómo crear procedimientos de suceso para los mandatos Fecha y Hora. En primer lugar, añadiremos soporte de teclado a los menús.

11. Pulse sobre el formulario (o pulse la tecla ESC) para cerrar el menú Reloj.

Cómo asociar teclas de acceso a los mandatos de los menús

Podrá definir una tecla de método abreviado anteponiendo el carácter ampersand (&) a la letra deseada.

Visual Basic facilita la definición de *teclas de método abreviado* (teclas atajo) para el empleo de menús y opciones. Se denomina tecla de método abreviado a la tecla que podrá pulsar el usuario para ejecutar un determinado mandato. Cuando durante la ejecución del programa el usuario despliegue el menú, la tecla de método abreviado de una opción aparecerá como una letra subrayada bajo el nombre de dicha opción. Para asociar una tecla de método abreviado a una opción de menú, todo lo que tendrá que hacer es volver a abrir el Editor de menú y anteponer a la letra que quiere utilizar como tecla de acceso el carácter ampersand (&). A partir de ese momento, su programa admitirá dicha tecla de método abreviado.

Le mostraré cómo añadir una tecla de acceso al menú Reloj.

Definición de una tecla de método abreviado

Botón Editor de menús

1. Pulse el botón Editor de menús contenido en la barra de herramientas.

En su pantalla aparecerá el cuadro de diálogo asociado con el Editor de menús; en el cuadro de lista de menús se mostrarán las distintas opciones de menús definidas anteriormente en el programa. En el cuadro de diálogo aparecen los atributos Caption (título) y Name (nombre) del menú Reloj.

2. Sitúe el puntero del ratón justo delante de la palabra *Reloj* contenida en el cuadro de texto Caption y pulse el botón del ratón.

El cursor parpadeará delante de la letra «R» de *Reloj*.

> **Convenios de menú**
>
> Por convenio, cada menú y mandato contenido en los menús de cualquier aplicación ejecutable en Microsoft Windows comienzan por una letra en mayúscula. Archivo y Edición suelen ser los dos primeros nombres contenidos en la barra de menús, mientras que Ayuda suele ser el último. Otros nombres de menús bastante frecuentes son: Ver, Formato y Ventana. No importa qué menús y opciones utilice o introduzca en sus programas, lo importante es que su significado sea claro y su distribución consistente. Los menús y sus mandatos tienen que ser, por definición, fáciles de utilizar y, para mayor comodidad del usuario, deben guardar una estrecha relación con los menús y opciones que aparecen en otros programas basados en Windows. Cuando cree opciones de menús tenga en cuenta, siempre, las siguientes normas básicas:
>
> - Utilice títulos cortos y específicos que consten de una palabra o, como máximo, de dos.
>
> - Asigne a cada opción de un menú una única tecla de método abreviado. Utilice la primera letra del nombre de la opción, siempre que sea posible.
>
> - Si una opción se utiliza como un interruptor activado/desactivado, coloque una marca de verificación cerca del elemento cuando éste se encuentre activo. Podrá añadir una marca de verificación pulsando el cuadro de verificación Checked contenido en el Editor de menús o definiendo la propiedad Checked de dicha opción de menú como True.
>
> - Introduzca unos puntos suspensivos (...) después de las opciones de menú que requieran que el usuario introduzca más información antes de que dichos mandatos se puedan ejecutar completamente.
>
> - Utilice los convenios de denominación de menús, tales como el prefijo *mnu* y el sufijo *Item*, cuando esté asignando nombres a sus menús y opciones.

3. Introduzca el carácter **&** para definir a la letra «R» como la tecla de método abreviado para el menú Reloj.

    En el cuadro de texto aparece el carácter ampersand.

4. Seleccione la opción Fecha en la lista de menús.

    En el cuadro de diálogo aparecerá los valores para los atributos Caption y Name correspondientes a la opción Fecha.

5. Introduzca un ampersand delante de la letra «F» dentro del cuadro de texto Caption.

A partir de ahora la letra «F» quedará definida como la tecla de método abreviado para la opción Fecha.

6. Seleccione la opción Hora de la lista de menús.

    En el cuadro de diálogo aparecerá los valores para los atributos Caption y Name correspondientes a la opción Hora.

7. Introduzca un ampersand delante de la letra «H» dentro del cuadro de texto Caption.

    A partir de ahora la letra «H» quedará definida como la tecla de método abreviado para la opción Hora.

8. Pulse el botón Aceptar para cerrar el Editor de menús.

    A continuación, vamos a ejecutar el programa para ver cómo aparecen las distintas teclas de acceso en el programa.

Botón Iniciar

9. Pulse el botón Iniciar.

10. Pulse sobre el menú Reloj.

    En su pantalla se mostrará el menú Reloj y los mandatos contenidos en él. Las teclas de método abreviado aparecerán subrayadas.

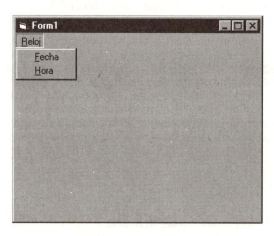

Botón Terminar

11. Pulse el botón Terminar para salir del programa.

Ahora podrá practicar utilizando el Editor de menús para modificar el orden en que las opciones Fecha y Hora aparecen en el menú Reloj. Cambiar el orden en que aparecen las opciones dentro de un menú es una posibilidad que puede llegar a ser de gran importancia; en ocasiones, resulta más sencillo tomar ciertas decisiones cuando la estructura del menú ya ha sido completada.

Cambio de orden de las opciones de los menús

1. Pulse el botón Editor de menús contenido en la barra de herramientas.

   En su pantalla aparecerá el cuadro de diálogo Editor de menús.

2. Seleccione la opción Hora contenida en la lista de menús.

   En el cuadro de diálogo aparecerán los valores correspondientes a los atributos Caption y Name de la opción Hora.

3. Pulse el botón flecha arriba contenido en el cuadro de diálogo.

   La opción de menú Hora se colocará delante de la opción Fecha.

4. Pulse el botón Aceptar.

   Se cerrará el Editor de Menús y, como puede comprobar fácilmente, el orden en que se muestran las opciones Fecha y Hora dentro del menú Reloj ha cambiado. También podrá utilizar el botón flecha abajo dentro del Editor de menús para variar el orden en que se muestran las opciones de un determinado menú; este botón desplazará un lugar hacia abajo la opción de menú seleccionada.

   En este momento, ya ha terminado de crear la interfaz de usuario para el menú Reloj. A continuación le mostraré cómo utilizar los procedimientos de suceso para procesar las selecciones que realice el usuario en el programa.

NOTA: También podrá insertar nuevas opciones de menú y borrar elementos no deseados utilizando el Editor de Menús. Para insertar un nuevo elemento de menú, seleccione en la lista de menús el elemento que se encuentre más próximo al lugar donde desee insertar la nueva opción de menú. A continuación pulse el botón Insertar. El Editor de Menús insertará una opción vacía dentro de la lista. Podrá asignarla atributos rellenando los cuadros de texto denominados Caption y Name, que ya conoce. Para borrar una opción de menú que no desee utilizar más, seleccione dicha opción en la lista de menús y pulse el botón Eliminar.

PROCESAMIENTO DE LAS OPCIONES DE LOS MENÚS

Cada opción de menú será procesada por un procedimiento de suceso asociado con dicha opción.

Una vez que los nombres de los menús aparecen en la barra de menús, se convierten en objetos del programa. Para que estos objetos realicen un determinado trabajo necesitará desarrollar procedimientos de suceso para cada uno de ellos. Normalmente, los procedimientos de suceso asociados con menús contienen sentencias de programa que muestran o procesan la información contenida en el formulario y modifican una o más propiedades del menú. Si para poder ejecutar la opción de menú seleccionada por el usuario necesita que éste introduzca más información, tendrá que desarrollar un procedimiento de suceso que muestre un cuadro de diálogo. Para ello, podrá utilizar un objeto de diálogo común o un objeto de entrada.

En el siguiente ejercicio le mostraré cómo añadir un objeto de etiqueta a su formulario para mostrar la salida de las opciones Fecha y Hora contenidas en el menú Reloj.

Inclusión de un objeto de etiqueta en el formulario

Control Label

1. Pulse el control Label contenido en la caja de herramientas.
2. Cree un pequeño rótulo en la parte superior central del formulario.

   La etiqueta aparecerá en el formulario. Recibirá el nombre de Label1 en el código del programa. Su pantalla tendrá un aspecto similar a la mostrada a continuación:

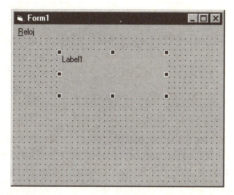

3. Defina las siguientes propiedades para esta etiqueta:

Podrá definir las propiedades asociadas a Label1 utilizando la ventana Propiedades.

Objeto	Propiedad	Valor
Label1	Alignment	2-Center
	Border Style	1-Fixed Single
	Caption	(Vacío)
	Font	MS Sans Serif, Negrita, 14-puntos

NOTA: En los siguientes ejercicios podrá introducir código de programa para procesar las opciones de los menús. Escriba las sentencias de programa tal y como se muestran aquí. Todavía no le mostraré cómo funcionan las sentencias del programa, la intención es que conozca cómo se utilizan para dar soporte a una interfaz de usuario plenamente funcional. En los Capítulos 5 a 7 aprenderá la forma en que trabajan las sentencias del programa.

A continuación le mostraré cómo añadir sentencias de programa a los procedimientos de suceso asociados con las opciones Hora y Fecha.

Edición de los procedimientos de suceso asociados con los menús

1. Pulse el botón Ver código contenido en la ventana Proyecto para abrir la ventana Código.

2. Pulse el cuadro de lista desplegable Objeto y seleccione mnuHoraItem.

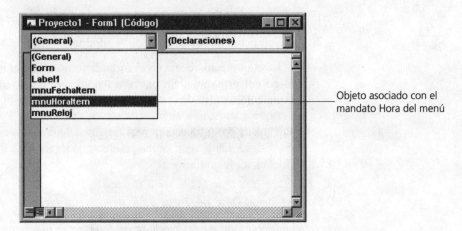

Objeto asociado con el mandato Hora del menú

En la ventana Código aparecerá el procedimiento de suceso mnuHoraItem_Click. Si recuerda, asignó el nombre mnuHoraItem a la opción Hora dentro del Editor de menús. Cuando el usuario seleccione la opción Hora en el programa, se ejecutará el procedimiento de suceso mnuHoraItem_Click.

3. Pulse cuatro veces la Barra espaciadora y escriba:

```
Label1.Caption=Time
```

Esta instrucción del programa mostrará la hora actual (obtenida del reloj del sistema) dentro de la etiqueta asociada con el objeto Label1, reemplazando el rótulo mostrado anteriormente en este objeto. Podrá utilizar la función Time en cualquier momento para mostrar la hora con una exactitud de segundos.

NOTA: *La función Time de Visual Basic devuelve la hora actual del reloj del sistema. Podrá definir esta hora utilizando la opción Fecha y Hora del Panel de Control de Windows. Del mismo modo, podrá modificar el formato en que se presenta la hora de su sistema utilizando la opción Configuración Regional del Panel de Control.*

---

4. Pulse la tecla FLECHA ABAJO.

Visual Basic interpretará la línea e introducirá mayúsculas y espacios en blanco si fuera necesario (Visual Basic verifica el contenido de cada una de las líneas de código introducidas en busca de errores de sintaxis. Podrá introducir una línea pulsando cualquiera de las siguientes teclas: INTRO, FLECHA ARRIBA O FLECHA ABAJO).

5. Pulse el objeto mnuFechaItem contenido en el cuadro de lista desplegable denominado Objeto.

   En la ventana de código aparece el procedimiento de suceso denominado mnuFechaItem_Click. Este procedimiento de suceso se ejecutará cada vez que el usuario seleccione la opción Fecha del menú Reloj.

6. Pulse cuatro veces la Barra espaciadora y escriba:

   `Label1.Caption=Date`

   Esta instrucción del programa mostrará la fecha actual (obtenida del reloj del sistema) dentro de la etiqueta asociada con el objeto Label1, reemplazando la etiqueta mostrada anteriormente en este objeto. Podrá utilizar la función Date en sus programas para mostrar en cualquier momento la fecha de su sistema. Asigne Date a un objeto etiqueta siempre que quiera mostrar la fecha actual en su formulario.

NOTA: *La función Date de Visual Basic devuelve la fecha actual del reloj del sistema. Podrá definir esta fecha utilizando la opción Fecha y Hora del Panel de Control de Windows. Del mismo modo, podrá modificar el formato en que se presenta la fecha de su sistema utilizando la opción Configuración Regional del Panel de Control.*

7. Pulse la tecla FLECHA ABAJO para introducir la línea.

   Su pantalla tendrá un aspecto similar al siguiente:

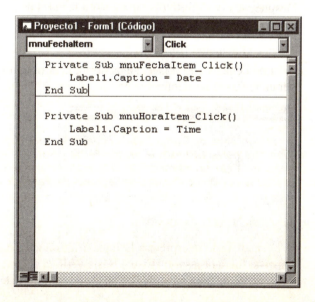

8. Cierre la ventana Código.

Con esto ha terminado de introducir el programa de demostración de menús. Ahora, deberá almacenar en el disco el formulario y el proyecto utilizando el nombre de MiMenú.

Grabación del programa MiMenú

Botón Guardar proyecto

1. Pulse el botón Guardar proyecto contenido en la barra de herramientas.

    El botón Guardar proyecto es la alternativa al mandato Guardar Proyecto del menú Archivo.

2. Para asignar un nombre al formulario del proyecto seleccione la carpeta \Vb6Sbs\Less04, escriba **MiMenú** y pulse INTRO.

    El formulario se almacenará en el disco con el nombre MiMenú.frm. A continuación, aparecerá en su pantalla el cuadro de diálogo denominado Guardar proyecto como.

3. Para asignar un nombre al proyecto, escriba **MiMenú** y pulse INTRO.

    El proyecto se almacenará en el disco con el nombre de MiMenú.vbp.

En estos momentos, su programa está listo para funcionar.

Ejecución del programa MiMenú

Botón Iniciar

1. Pulse el botón Iniciar contenido en la barra de herramientas.

    El programa MiMenú se ejecutará en el entorno de programación.

2. Despliegue el menú Reloj contenido en la barra de menús.

    Aparecerán las opciones del menú Reloj.

El código completo del programa Menú.vdp se encuentra en la carpeta \Vb6Sbs\Less04 del disco.

3. Ejecute el mandato Hora.

    En el cuadro de etiqueta se mostrará la hora del sistema, tal y como puede ver en la figura siguiente:

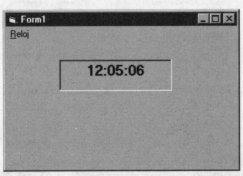

Probablemente, la hora mostrada en su caso será diferente.

A continuación, probaremos a mostrar la fecha actual utilizando la tecla de método abreviado.

4. Pulse la tecla ALT.

    Se resaltará el nombre Reloj de la barra de menús.

5. Pulse R para mostrar el contenido del menú Reloj.

    El contenido de este menú aparecerá en pantalla.

6. Pulse F para mostrar la fecha actual.

    La fecha actual aparecerá en el cuadro de etiqueta.

7. Pulse el botón Terminar para detener el programa.

Botón Terminar

¡Enhorabuena! Ahora cuenta con un programa que utiliza menús y teclas de acceso. En el siguiente ejercicio aprenderá a utilizar menús para mostrar cuadros de diálogo estándar.

Funciones del reloj del sistema

Podrá utilizar 10 funciones distintas para obtener valores temporales del reloj de su computadora. Con estos valores podrá introducir en sus programas calendarios particularizados, relojes y alarmas. En la siguiente tabla se lista el conjunto completo de las funciones del reloj del sistema. Si desea obtener más información consulte el sistema de ayuda interactiva de Visual Basic.

Función	Descripción
Time	Devuelve la hora actual del reloj del sistema.
Date	Devuelve la fecha actual tomada del reloj del sistema.
Now	Devuelve un valor codificado que representa la hora y la fecha actual. Esta función suele ser muy útil como argumento para otras funciones del reloj del sistema.
Hour (*hora*)	Devuelve el número de hora correspondiente a la hora especificada (0 a 23).
Minute (*hora*)	Devuelve el número del minuto correspondiente a la hora especificada (0 a 59).
Second (*hora*)	Devuelve el número del segundo correspondiente a la hora especificada (0 a 59).
Day (*fecha*)	Devuelve el número del día correspondiente a la fecha especificada (1 a 31).
Month (*fecha*)	Devuelve el número del mes correspondiente a la fecha especificada (1 a 12).
Year (*fecha*)	Devuelve el número del año correspondiente a la fecha especificada.
Weekday (*fecha*)	Devuelve un número que representa el día de la semana (1 para el Domingo, 2 para el Lunes, etc.).

EMPLEO DE OBJETOS DE DIÁLOGO COMÚN

Los *objetos de diálogo comunes* le permitirán mostrar en sus programas alguno de los cinco cuadros de diálogo estándar. Cada cuadro de diálogo común podrá mostrarse desde un único objeto de diálogo común. Podrá mostrar un determinado cuadro de diálogo común utilizando su correspondiente método de objeto de diálogo común (como se mencionó anteriormente, un método es un mandato que realiza una acción o un servicio para un objeto). Podrá controlar los contenidos de un cuadro de diálogo común definiendo sus propiedades asociadas. Cuando el usuario rellene un cuadro de diálogo común en un programa, los resultados se transfieren utilizando una o más propiedades asociadas con el objeto de diálogo común que, a su vez, podrán ser utilizadas en el programa para llevar a cabo la tarea que tenga encomendada.

En la tabla que se muestra a continuación se listan los cinco cuadros de diálogo comunes proporcionados por el objeto de diálogo común y los métodos que deberá utilizar para especificarlos.

Cuadro de diálogo	Propósito	Método
Abrir	Proporciona la unidad de disco, nombre de carpeta y nombre de archivo para un archivo existente.	ShowOpen
Guardar como	Proporciona el nombre de unidad, de carpeta y de archivo para un nuevo archivo.	ShowSave
Imprimir	Permite la definición de opciones de impresión.	ShowPrinter
Fuente	Permite que el usuario seleccione una nueva fuente y estilo.	ShowFont
Color	Permite que el usuario seleccione un nuevo color de una paleta.	ShowColor

Tendrá que asignar un nuevo nombre tanto al formulario como al proyecto cuando desee dar un nuevo nombre al proyecto. Es aconsejable que guarde en primer lugar el formulario.

En los siguientes ejercicios, le mostraré cómo añadir un nuevo menú al programa MiMenú y practicará con los cuadros de diálogo comunes denominados Abrir y Color. Si desea conservar una copia del programa MiMenú original, antes de empezar deberá guardar el formulario y el proyecto MiMenú con el nombre MiDiálogo.

Grabación de los archivos MiMenú con el nombre MiDiálogo

1. Si el proyecto MiMenú.vdp no se encuentra abierto, cárguelo desde el disco sin más que ejecutar el mandato Abrir proyecto del menú Archivo.

    Si no creó el programa MiMenú abra el proyecto Menú.vbp contenido en la carpeta \Vb6Sbs\Less04. Su contenido deberá coincidir con el mostrado en MiMenú.

2. En el menú Archivo seleccione el mandato Grabar MiMenú.frm como.

    En su pantalla aparecerá el cuadro de diálogo Guardar Archivo como.

3. Especifique la carpeta \Vb6Sbs\Less04, escriba **MiDiálogo.frm** y pulse INTRO.

   En el disco duro se almacenará una copia del formulario MiMenú bajo el nombre de MiDiálogo.frm.

IMPORTANTE: *Si en primer lugar no almacena el formulario con un nuevo nombre, los programas MiMenú y MiDiálogo compartirán el mismo formulario.*

---

4. En el menú Archivo, ejecute el mandato Guardar Proyecto como.

   En su pantalla aparecerá el cuadro de diálogo Guardar Proyecto como.

5. Especifique la carpeta \Vb6Sbs\Less04, escriba **MiDiálogo.VBP** y pulse INTRO.

   En el disco duro se almacenará una copia del proyecto MiMenú bajo el nombre de MiDiálogo.vbp.

Inserción de un objeto de diálogo común

Los objetos de diálogo común no pueden ser vistos por el usuario en tiempo de ejecución.

Ahora utilizaremos el control CommonDialog para añadir un objeto de diálogo común al formulario. El objeto de diálogo común aparece en un único tamaño y no es visible para el usuario en tiempo de ejecución (como el objeto no será visible, podrá introducirse en cualquier lugar del formulario). Al introducir el objeto en el formulario podrá utilizar cualquiera de los cinco cuadros de diálogo comunes en su programa.

Cómo añadir el control CommonDialog a su cuadro de herramientas

Si el control CommonDialog no se encuentra en su cuadro de herramientas podrá añadirlo sin más que ejecutar el mandato Componentes contenido en el menú Proyecto. Ejecute los siguientes pasos:

1. Abra el menú Proyecto y seleccione el mandato Componentes.

2. Pulse la etiqueta Controles y seleccione la opción Microsoft Common Dialog Control 6.0. (Véase la primera figura de la página siguiente.)

3. Pulse Aceptar.

   El control CommonDialog aparece en su cuadro de herramientas tal y como se muestra en la segunda figura de la página siguiente.

102 APRENDA VISUAL BASIC 6.0 YA

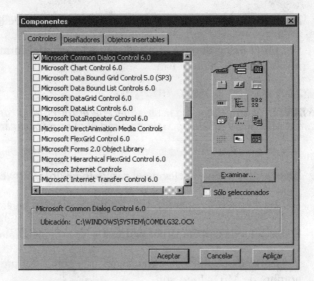

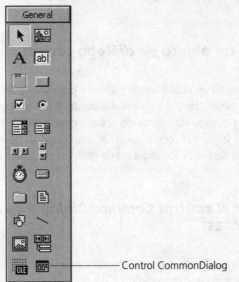

———— Control CommonDialog

Inserción de un objeto de diálogo común

Control CommonDialog

1. Pulse el control CommonDialog contenido en el cuadro de herramientas.
2. Dibuje un objeto de diálogo común en la esquina inferior izquierda del formulario.

Cuando termine de dibujar el objeto, Visual Basic modificará su tamaño. A partir de este momento podrá utilizar en sus programas el objeto común de diálogo.

A continuación, le mostraré cómo crear un objeto imagen utilizando el control Image. El objeto imagen será el encargado de mostrar los gráficos que el usuario seleccione en su programa utilizando el cuadro de diálogo común denominado Abrir.

Inserción de un objeto imagen

Control Image

1. Pulse el control Image contenido en el cuadro de herramientas.
2. Añada un objeto imagen en el formulario, debajo de la etiqueta.
3. Utilice la ventana de Propiedades para asignar el valor True a la propiedad Stretch del objeto Imagen.

   Cuando finalice, su pantalla tendrá un aspecto similar al de la figura mostrada a continuación:

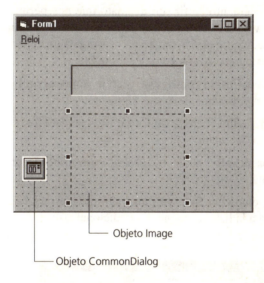

A continuación, utilizaremos el Editor de menús para añadir un menú Archivo al programa MiDiálogo.

Inserción del menú Archivo

Botón Editor de menús

1. Pulse el formulario para seleccionarlo.

   Deberá seleccionar el formulario antes de poder añadir o modificar elementos de menú.

2. Pulse sobre el botón Editor de Menús contenido en la barra de herramientas.

   En su pantalla aparece el Editor de Menús. Dentro de este cuadro de diálogo aparece la estructura actual del menú definido en el programa MiDiálogo. A continuación, añadiremos un nuevo menú que contendrá los mandatos Abrir, Cerrar y Salir.

3. Pulse el botón Insertar cuatro veces.

   En la parte superior de la lista de elementos de menú aparecerán cuatro líneas vacías. Esta operación servirá para crear espacio vacío para los mandatos del menú Archivo que introduciremos a continuación.

4. Pulse el cuadro de texto Caption, escriba **&Archivo**, pulse TAB, escriba **mnuArchivo** y, finalmente, pulse el botón Siguiente.

   Se añadirá el menú Archivo al programa. La letra «A» se convertirá en la tecla de acceso.

5. Escriba **&Abrir...**, pulse Abrir, escriba **mnuAbrirItem**, pulse el botón Flecha Derecha y, finalmente, pulse Siguiente.

   El elemento Abrir (un mandato que nos permitirá abrir metaarchivos de Windows) se añadirá a la lista de menús y se desplazará cuatro espacios hacia la derecha. Como este mandato irá asociado a un cuadro de diálogo se han añadido unos puntos suspensivos a su nombre.

6. Escriba **&Cerrar**, pulse TAB, escriba **mnuCerrarItem**, pulse el botón Flecha Derecha y, finalmente, pulse Siguiente.

   Se añadirá el elemento Cerrar (un mandato que cerrará el archivo indicado) a la lista del menú.

7. Escriba **&Salir**, pulse TAB, escriba **mnuSalirItem** y pulse el botón Flecha Derecha.

   El elemento Salir (un mandato que cerrará la aplicación MiDiálogo) se añadirá a la lista del menú. Es tradicional utilizar la letra «S» para asociarla con el mandato Salir. Su pantalla tendrá un aspecto similar al siguiente:

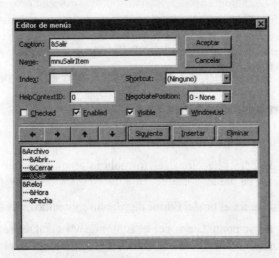

Desactivación de un mandato de menú

En una aplicación típica de Windows no todos los mandatos se encuentran disponibles simultáneamente. Por ejemplo, en el típico menú Edición el mandato Pegar se encuentra disponible sólo si existe algún dato en el Portapapeles. Podrá desactivar un elemento de un menú deseleccionando, desde el Editor de menús, la casilla de verificación Enabled asociada con dicho mandato. Cuando un mandato se encuentra desactivado aparecerá en el menú que lo contiene en un color gris difuso.

En el siguiente ejercicio le mostraré cómo desactivar el mandato Cerrar (Cerrar es una opción que sólo podrá utilizar si un archivo ha sido previamente abierto por el programa). Más adelante, en este mismo capítulo, le mostraré cómo incluir una instrucción en el procedimiento de suceso asociado con el mandato Abrir para activar la opción Cerrar en el momento oportuno.

Cómo desactivar el mandato Cerrar

1. Pulse sobre el mandato Cerrar en la lista de menús.

    Las propiedades caption y name del mandato aparecen en el cuadro de diálogo.

2. Pulse sobre la casilla de verificación Enabled (activado) que se muestra en el Editor de menús para eliminar la marca de verificación.

    La marca de verificación desaparece de la casilla por lo que la opción quedará desactivada.

A continuación le mostraré cómo añadir el mandato Color del Texto al menú Reloj para comprobar el funcionamiento del cuadro de diálogo común denominado Color. Este cuadro de diálogo devuelve un atributo de color al programa utilizando la propiedad CommonDialog1.Color. Utilizaremos esta propiedad para modificar el color del texto contenido en el cuadro de rótulo.

Adición del mandato Color del Texto en el menú Reloj

1. Pulse con el ratón sobre el elemento Fecha, situado al final de la lista de menús.

    Insertará el mandato Color del texto al final del menú Reloj.

2. Pulse sobre el botón Siguiente.

    En su pantalla aparece una nueva línea vacía al final de la lista de menús.

3. Escriba **&Color del texto...**, pulse TAB y escriba **mnuColortextoItem**.

    El mandato Color del texto se añadirá al menú Reloj. El mandato contiene unos puntos suspensivos para indicar que se mostrará un cuadro de diálogo cuando el usuario lo seleccione. La tecla de acceso vuelve a ser la «C». En este caso, no hay ningún problema porque la otra opción con tecla de método abreviado «C» (mandato Cerrar) pertenece a otro menú. El sistema de tecla de método abreviado no funcionará correctamente si utiliza teclas duplicadas dentro del mismo nivel de un determinado menú, o se duplica a nivel de la barra de menús principal.

4. Pulse Aceptar para cerrar el Editor de menús.

PROCEDIMIENTOS DE SUCESO QUE GESTIONAN LOS CUADROS DE DIÁLOGO COMUNES

Para mostrar un cuadro de diálogo común en un programa tendrá que llamar al objeto de diálogo común utilizando el método de objeto apropiado dentro de un procedimiento de suceso. Si fuera necesario, podrá definir una o más propiedades del cuadro de diálogo común antes de llamarlo empleando código de programa. Una vez que el usuario del programa realice sus selecciones en el cuadro de diálogo común, podrá procesar las opciones incluyendo código de programa en el procedimiento de suceso.

En el siguiente ejercicio deberá escribir el código del programa para el procedimiento de suceso denominado mnuAbrirItem_Click, es decir, la rutina que se ejecutará cuando el usuario seleccione el mandato Abrir. Tendrá que definir la propiedad Filter para el objeto CommonDialog1 para seleccionar el tipo de archivo que se mostrará en el cuadro de diálogo común Abrir (en este caso, especificaremos metaarchivos de Windows). A continuación, usaremos el método ShowOpen para mostrar el cuadro de diálogo común Abrir. Una vez que el usuario haya seleccionado un archivo y haya cerrado el cuadro de diálogo común, se mostrará el archivo en el objeto imagen asignando el nombre del archivo seleccionado por el usuario a la propiedad Picture del objeto Image1. Finalmente, se activará el mandato Cerrar para que el usuario pueda descargar el gráfico cuando quiera.

Edición del procedimiento de suceso para el mandato Abrir

Botón Ver Código

1. Pulse el botón Ver Código contenido en la ventana Proyecto.

2. Despliegue el cuadro de lista Objeto y pulse sobre el objeto mnuAbrirItem.

　En la ventana Código aparecerá el procedimiento de suceso mnuAbrirItem_Click.

3. Escriba las siguientes instrucciones en el procedimiento de suceso, entre las sentencias Private Sub y End Sub. Desplace las instrucciones cuatro espacios hacia la derecha para diferenciar claramente estas sentencias del procedimiento de suceso al que pertenecen. Compruebe que introduce cada línea exactamente

MANEJO DE MENÚS Y CUADROS DE DIÁLOGO

igual a como aparecen a continuación, y pulse la tecla Flecha Abajo después de finalizar cada una de ellas.

```
CommonDialog1.Filter = "Metafiles (*.WMF)|*.WMF"
CommonDialog1.ShowOpen
Image1.Picture = LoadPicture(CommonDialog1.FileName)
mnuCerrarItem.Enabled = True
```

Su pantalla tendrá un aspecto similar al siguiente:

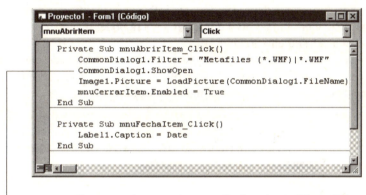

Esta sentencia mostrará en pantalla el cuadro de diálogo Abrir

Las primeras tres líneas de este procedimiento de suceso hacen referencia a tres propiedades distintas del objeto CommonDialog1. La primera línea utiliza la propiedad Filter que le permitirá definir una lista de archivos válidos (en este caso, la lista contiene únicamente un elemento: *.WMF). Este tema es importante para el cuadro de diálogo Abrir ya que, tal y como aprendió en el capítulo 2, los objetos imágenes pueden trabajar con seis tipos de archivos: mapas de bits (archivos .bmp), metaarchivos de Windows (archivos .wmf), iconos (archivos .ico), cursores (archivos .cur), formatos JPEG (archivos .jpg) y formatos GIF (archivos .gif) (por ello si, por ejemplo, intenta mostrar un archivo de tipo .txt en un objeto Imagen se originará un error en tiempo de ejecución).

La propiedad Filter define el tipo de archivo cuyo nombre se mostrará en el cuadro de diálogo Abrir.

Si desea añadir elementos adicionales a la lista Filter podrá utilizar el carácter | para separar dos o más elementos. Por ejemplo:

```
CommonDialog1.Filter = "Bitmaps (*.BMP)|*.BMP|Metafiles (*.WMF)|*.WMF"
```

La sentencia anterior hará que en el cuadro de objeto Abrir se muestren los nombres de archivos correspondientes a mapas de bits y a metaarchivos de Windows.

La segunda línea mostrará el cuadro de diálogo común Abrir dentro del programa que está desarrollando. Cada cuadro de diálogo común se muestra en pantalla utilizando un método de objeto distinto. El método que tendrá que utilizar para mostrar el cuadro de diálogo común Abrir es ShowOpen (consulte la tabla mostrada anteriormente en este capítulo para consultar los métodos que tendrá que utilizar para visualizar otros cuadros de diálogo comunes). Esta es la sentencia más importante para el procedimiento de suceso. Como el nombre de la opción va a ser Abrir, el procedimiento necesita mostrar un cuadro de diálogo común del tipo Abrir (Open) y procesar los resultados.

La tercera línea contenida en el procedimiento de suceso utiliza el nombre de archivo seleccionado por el usuario dentro del cuadro de diálogo. Cuando el usuario seleccione una unidad de disco, carpeta y nombre de archivo y pulse sobre el botón Aceptar, el nombre de ruta completo del archivo seleccionado se comunicará al programa mediante la propiedad CommonDialog1.FileName. La función LoadPicture, una rutina que carga dibujos en formato artístico, es la encargada de copiar el metaarchivo de Windows especificado dentro del objeto Image1.

La última línea del procedimiento activa la opción Cerrar dentro del menú Archivo. Una vez abierto un archivo el usuario deberá poder disponer de la opción Cerrar para volver a cerrar dicho archivo.

A continuación, deberá introducir el código relacionado con el procedimiento de suceso denominado mnuColorTextoItem_Click, es decir, la rutina que se ejecutará cuando el usuario seleccione el mandato Color del texto contenido en el menú Reloj.

Edición del procedimiento de suceso relacionado con el mandato Color del texto

1. Seleccione el objeto mnuColorTextoItem contenido en el cuadro de lista desplegable Objeto.

    En la ventana Código aparecerá el procedimiento de suceso relacionado con el mandato Color del Texto.

2. Escriba las siguientes instrucciones del programa (sangradas cuatro espacios a la derecha) en el procedimiento de suceso, entre las sentencias Private Sub y End Sub.

```
CommonDialog1.Flags = &H1&
CommonDialog1.ShowColor
Label1.ForeColor = CommonDialog1.Color
```

Control de las opciones de color utilizando Flags

La propiedad Flags define el tipo del cuadro de diálogo Color que se mostrará en pantalla.

El procedimiento de suceso mnuColortextoItem_Click utiliza propiedades y métodos del objeto de diálogo común. La primera línea define una propiedad denominada Flags asignándola el valor &H1&, un valor hexadecimal que hace que el cuadro de diálogo común denominado Color presente una lista con las opciones estándar para el color, además de otros colores particularizados por el usuario y un color seleccionado por defecto. La siguiente tabla muestra los cuatro posibles valores para la propiedad Flag (bandera).

Flag	Significado
&H1&	Muestra un cuadro de diálogo común Color estándar (con los colores personalizados como una opción) y especifica el color actual como el activo por defecto.
&H2&	Muestra un cuadro de diálogo común Color personalizado y estándar.
&H4&	Muestra un cuadro de diálogo común Color estándar en el que se habrá desactivado el botón Definir colores personalizados.
&H8&	Muestra un botón de Ayuda dentro del cuadro de diálogo común Color.

Podrá utilizar cualquier combinación de estos valores para preparar el cuadro de diálogo común Color antes de abrirlo. Si desea combinar dos o más valores podrá utilizar el operador Or. Por ejemplo:

```
CommonDialog1.Flags =&H1& Or &H8&
```

mostrará el mismo cuadro de diálogo Color que la sentencia anterior, pero en él se introducirá un botón de ayuda.

La segunda línea del procedimiento de suceso utiliza el método ShowColor para abrir el cuadro de diálogo común Color, mientras que la tercera línea asigna el color seleccionado a la propiedad ForeColor del objeto Label1. Anteriormente, en este mismo capítulo, ya hemos mencionado al objeto Label1 cuando desarrollamos el programa MiMenú. Se trata del cuadro de etiqueta que se utilizaba para mostrar en el formulario la hora y fecha actuales. Se utilizará el color devuelto por el cuadro de diálogo común Color para definir el color de fondo del texto contenido en la etiqueta.

> **NOTA:** *Podrá utilizar el cuadro de diálogo común Color para definir este atributo de cualquier elemento de la interfaz de usuario. Entre otras posibilidades podemos destacar el color de fondo, el color de las formas del formulario, y los colores de fondo y de primer plano de los objetos.*

A continuación, le mostraré el código que debe introducir en el procedimiento de suceso mnuCerrarItem_Click, la rutina que cierra el archivo mostrado en el objeto de imagen cuando el usuario seleccione el mandato Cerrar del menú Archivo.

Edición del procedimiento de suceso del mandato Cerrar

1. Despliegue el cuadro de lista objeto contenido en la ventana Código y seleccione el elemento mnuCerrarItem.

    El procedimiento de suceso asociado con el mandato Cerrar del menú Archivo aparece en la ventana Código.

2. Escriba las siguientes instrucciones del programa (sangradas cuatro espacios hacia la derecha) dentro del procedimiento de suceso, entre las instrucciones Private Sub y End Sub.

Utilice la función LoadPicture con comillas vacías para borrar una imagen o un cuadro Image.

```
Image1.Picture = LoadPicture("")
mnuCerrarItem.Enabled = False
```

La primera línea cierra el metaarchivo de Windows cargando una imagen vacía dentro del objeto Image1 (esta técnica se suele utilizar para borrar un cuadro de imagen o un objeto gráfico). La segunda línea desactiva el mandato Cerrar del menú Archivo ya que no existe ningún archivo que se encuentre abierto.

A continuación, tendrá que introducir código para el procedimiento de suceso denominado mnuSalirItem_Click, la rutina que detiene la ejecución del programa cuando el usuario seleccione el mandato Salir contenido en el menú Archivo. Se trata del último procedimiento de suceso del programa.

Edición del procedimiento de suceso asociado con el mandato Salir

1. Seleccione el objeto mnuSalirItem contenido en el cuadro de lista desplegable Objeto.

    En la ventana Código aparecerá el procedimiento de suceso asociado con el mandato Salir del menú Archivo.

2. Escriba la siguiente instrucción (sangrada cuatro espacios hacia la derecha) dentro del procedimiento de suceso, entre las instrucciones Private Sub y End Sub.

    ```
    End
    ```

    Esta instrucción detiene el programa cuando el usuario así lo desee (a estas alturas, esta instrucción le debe resultar bastante familiar).

3. Cierre la ventana Código.

Botón Guardar Proyecto

4. Pulse el botón Guardar Proyecto contenido en la barra de herramientas para almacenar todo el proyecto en el disco.

    Visual Basic guardará los cambios realizados en los archivos de proyecto y formulario denominados MiDiálogo.

A partir de ahora estará preparado para ejecutar el programa MiDiálogo y experimentar con los menús y los cuadros de diálogo que haya creado.

Ejecución del programa MiDiálogo

Botón Iniciar

El programa Diálogo.vbp completo se encuentra localizado en la carpeta \Vb6Sbs\Less04.

1. Pulse el botón Iniciar contenido en la barra de herramientas.

   El programa se ejecuta en el entorno de programación. Los menús Archivo y Reloj aparecen en la barra de menús.

2. Seleccione el mandato Abrir del menú Archivo.

   El cuadro de diálogo común Abrir aparecerá en su pantalla. Observe que dentro del cuadro Tipo de archivos se muestran los metaarchivos (*.WMF). Esta situación se crea con la introducción de la sentencia:

   ```
   CommonDialog1.Filter = "Metafiles (*.WMF)|*.WMF"
   ```

   Dentro del procedimiento de suceso mnuAbrirItem_Click. La primera parte del texto encerrado entre comillas —Metafiles (*.WMF)— especifica qué elementos se van a listar dentro del cuadro Tipo de archivos. La segunda parte —*.WMF— especifica la extensión que tendrán los nombres de los archivos que se listarán por defecto en el cuadro de diálogo.

3. Abra la carpeta \VB6Sbs\Less03 contenida en su disco duro.

   Los metaarchivos de Windows contenidos en la carpeta Less03 aparecerán en el cuadro de lista de archivos, tal y como se muestra en la figura siguiente:

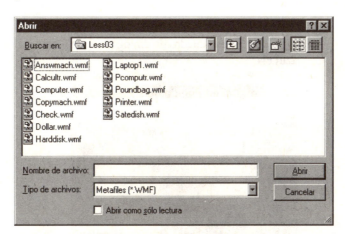

4. Realice una doble pulsación sobre el archivo pcomputr.wmf.

   En el cuadro de imagen aparecerá un dibujo de una computadora.

   Practique ahora utilizando el menú Reloj.

5. Seleccione el mandato Hora contenido en el menú Reloj.

   En el cuadro de etiqueta aparece la hora actual.

6. En el menú Reloj, seleccione el mandato Color del texto.

    En su pantalla aparecerá el cuadro de diálogo común Color, tal y como se muestra a continuación:

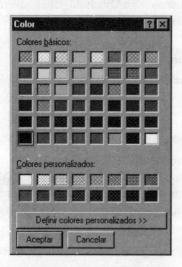

El cuadro de diálogo común Color contiene elementos que le permitirán modificar el color utilizado para mostrar la hora en el programa. El color negro es el que se encuentra seleccionado.

7. Seleccione el color azul claro y, finalmente, pulse el botón Aceptar.

    Se cerrará el cuadro de diálogo común Color y el texto se mostrará ahora en azul claro.

8. En el menú Reloj seleccione el mandato Fecha.

    La fecha actual se mostrará en color azul claro. Una vez asignado un color para el texto éste seguirá siendo el mismo hasta que el usuario vuelva a asignar otro color o hasta que termine la ejecución del programa.

9. Despliegue el menú Archivo.

    Observe que el mandato Cerrar se encuentra activado (lo activó en el procedimiento de suceso mnuAbrirItem_Click utilizando la instrucción mnuCerrarItem.Enabled = True).

10. Pulse C para cerrar el metaarchivo de Windows.

    El archivo se cierra y la imagen desaparece de la pantalla.

11. Despliegue el menú Archivo.

    El mandato Cerrar se encuentra ahora desactivado, porque el cuadro de imagen no contiene ya ninguna imagen.

12. Ejecute el mandato Salir.

    El programa MiDiálogo se cierra. En su pantalla volverá a aparecer el entorno de programación de Visual Basic.

Cómo añadir cuadros de diálogo no estándar en sus programas

¿Qué ocurre si necesita añadir un cuadro de diálogo en un programa que no sea uno de los cinco cuadros de diálogo comunes existentes? No hay ningún problema, aunque tendrá que llevar a cabo un poco más de trabajo de diseño. Como aprenderá en los próximos capítulos, un programa de Visual Basic puede utilizar más de un formulario para recibir y mostrar información. Para crear cuadros de diálogo no estándar, tendrá que añadir nuevos formularios en su programa, añadir objetos de entrada y de salida, y procesar las operaciones que el usuario realice sobre los cuadros de diálogo añadiendo código de programa (todas estas técnicas serán comentadas en el capítulo 8). En el siguiente capítulo le mostraré cómo utilizar dos cuadros de diálogo que han sido específicamente diseñados para recibir entradas textuales (InputBox) y para mostrar una salida textual (MsgBox). Estos cuadros de diálogo le ayudarán a cubrir el espacio vacío existente entre los cuadros de diálogo comunes y aquellos que tendrá que crear por su propia cuenta.

¡Eso es todo! En este apartado ha conocido el empleo de varios mandatos importantes y de las técnicas necesarias para crear menús y para introducir cuadros de diálogo en sus programas. Una vez que aprenda más acerca del código de programación, será capaz de desarrollar programas realmente complejos y vistosos con el mínimo esfuerzo.

UN PASO MÁS ALLÁ

Asignación de teclas de acceso rápido a los menús

El Editor de menús también le permite asignar teclas de acceso rápido a sus menús. Las *teclas atajo* o de acceso rápido son combinaciones de teclas que el usuario puede utilizar para activar un mandato sin tener que utilizar la barra de menús. Por ejemplo, en el típico menú de Edición de las aplicaciones para Windows (tal como Visual Basic) podrá copiar el texto seleccionado al Portapapeles sin más que pulsar simultáneamente las teclas CTRL+C. A continuación le mostraré cómo asignar teclas atajo a las opciones contenidas en el menú Reloj del programa MiDiálogo.

Asignación de teclas de acceso directo al menú Reloj

Botón Editor de menús

1. Pulse el botón Editor de menús contenido en la barra de herramientas.

    En su pantalla aparecerá el Editor de menús.

2. Seleccione la opción Hora en el cuadro de lista de menús.

    En el cuadro de diálogo aparecerán los valores correspondientes a los atributos Caption y Name del mandato Hora.

    Podrá asociar a esta opción una combinación de teclas sin más que seleccionar la combinación de teclas deseada dentro del cuadro de lista desplegable denominado Shortcut (acceso directo). A continuación, asignaremos la combinación CTRL+H como atajo para este mandato.

No puede asignar una tecla atajo a un menú principal.

3. Despliegue el cuadro de lista denominado Shortcut, vaya avanzando por el contenido de la lista hasta encontrar la combinación de teclas CTRL+H.

    Se asignará CTRL+H como combinación de acceso directo al mandato Hora. Esta combinación de teclas aparecerá en el cuadro de lista de menús.

4. Pulse el botón Siguiente.

    En el cuadro de diálogo aparecerán los atributos Caption y Name de la opción Fecha. A continuación le mostraré cómo asignar la combinación CTRL+F como tecla atajo para esta opción de menú.

5. Despliegue el cuadro de lista Shortcut y seleccione la combinación CTRL+F.

    Su pantalla deberá tener un aspecto similar a la figura de la página siguiente.

6. Pulse el botón Aceptar para cerrar el Editor de menús.

    Ahora ejecutaremos el programa y probaremos las teclas atajo.

MANEJO DE MENÚS Y CUADROS DE DIÁLOGO   **115**

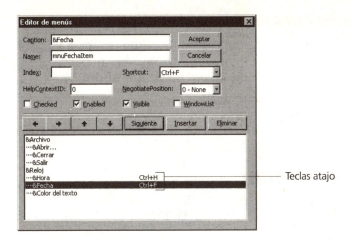

Teclas atajo

Botón Iniciar

7. Pulse el botón Iniciar contenido en la barra de herramientas.
8. Pulse la combinación CTRL+H para ejecutar la opción Hora.

    La hora actual aparecerá en el programa.

9. Pulse la combinación CTRL+F para ejecutar la opción Fecha.

    En el programa aparecerá la fecha actual.

10. Despliegue el menú Reloj.

    Las teclas de acceso directo se muestran a la derecha de las opciones Hora y Fecha. Visual Basic añade estas combinaciones de teclas cuando se definen las teclas atajo utilizando el Editor de menús.

11. En el menú Archivo ejecute la opción Salir.

    El programa se detendrá y volverá a aparecer el entorno de programación.

Botón Guardar proyecto

12. Pulse el botón Guardar proyecto contenido en la barra de herramientas para almacenar en el disco las teclas atajo que acaba de definir.

Si desea mejorar su productividad

Pase algunos minutos explorando la utilidad Ampliar (ampliar.vbp) contenido en la carpeta \Vb6Sbs\Extras de su disco duro. He escrito este programa como una ampliación del programa Diálogo para proporcionarle un poco más de práctica con los conceptos de menús y cuadros de diálogo que han sido manejados en el presente capítulo. La aplicación es un ampliador de mapas de bits que le permitirá examinar mapas de bits almacenados en su sistema con un detalle muy superior al que podrá obtener normalmente si utiliza un programa de visualización de gráficos. Pienso que puede ser una herramienta muy útil, ya que le permitirá evaluar las docenas de archivos de mapas de bits (.bmp) que pueda utilizar de manera rutinaria en sus proyectos de programación (busque en su carpeta de \Windows para ver unos cuantos ejemplos). Si lo desea, podrá intentar perfeccionar el programa por su cuenta o, simplemente, utilizarlo para su trabajo diario.

Si desea continuar en el siguiente capítulo

➤ Mantenga en marcha Visual Basic, y pase al Capítulo 5.

Si desea salir de Visual Basic por ahora

➤ En el menú Archivo seleccione Salir.

Si en su pantalla se muestra un cuadro de diálogo Guardar, pulse Sí.

RESUMEN DEL CAPÍTULO 4

Para	Haga esto	Botón
Crear un elemento de menú	Pulse el botón Editor de menús y, a continuación, defina los atributos caption, name y posición del elemento del menú.	
Añadir una tecla de método abreviado a un elemento del menú	Ponga en marcha el Editor de menús, seleccione la opción de menú que desee, y active el cuadro de texto denominado Caption. Escriba un carácter ampersand (&) delante de la letra que desee definir como tecla de acceso.	
Asignar una tecla atajo a una opción de menú.	Ponga en marcha el Editor de menús y seleccione la opción de menú deseada. Especifique la tecla atajo que desea asociar dentro del cuadro de lista desplegable denominado Shortcut.	
Modificar el orden en que se muestran las opciones de un menú	Ponga en marcha el Editor de menús. Seleccione la opción de menú que desee mover, y pulse el botón flecha arriba o el botón flecha abajo para desplazar dicha opción.	
Emplear un cuadro de diálogo estándar en sus programas	Pulse el control CommonDialog, añada un objeto de diálogo común a su formulario y utilice uno de los cinco métodos de diálogo comunes en el código del programa para poder mostrar el cuadro de diálogo.	
Desactivar un menú	Con el Editor de menús, elimine la marca de verificación del cuadro de verificación Enabled asociado con la opción de menú elegida.	
Activar una opción de menú utilizando código de programa	Utilice la sentencia: `mnuCerrarItem.Enabled = True` pero sustituya *mnuCerrarItem* por el nombre de su opción de menú.	
Vaciar un cuadro de imagen	Utilice la sentencia de programa: `Image1.Picture = LoadPicture("")`	

SEGUNDA PARTE

Fundamentos de programación

Capítulo

5 Variables y operadores de Visual Basic

6 Empleo de estructuras de decisión

7 Empleo de bucles y del control Timer

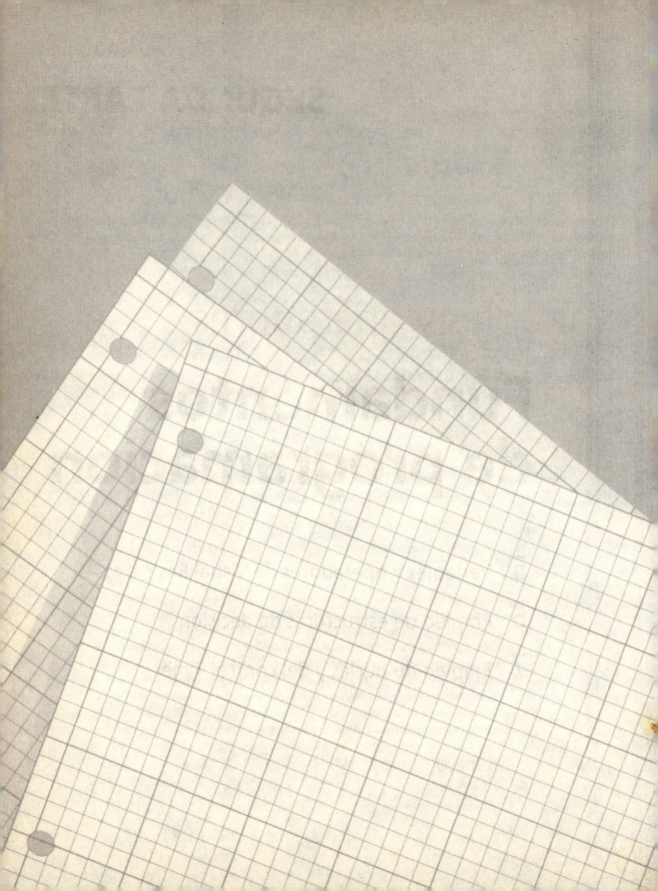

Capítulo

5

Variables y operadores de Visual Basic

Tiempo estimado:
50 minutos

En este capítulo aprenderá a:

- Utilizar variables para almacenar datos en sus programas.
- Obtener entradas utilizando la función InputBox.
- Mostrar mensajes utilizando la función MsgBox.
- Utilizar operadores matemáticos y funciones en fórmulas.

En la primera parte del libro hemos aprendido a crear interfaces de usuario con Microsoft Visual Basic y a desarrollar y ejecutar programas en el entorno de programación de Visual Basic. En los tres capítulos siguientes aprenderemos más acerca de la programación en Visual Basic, en particular, profundizaremos en el conocimiento de las sentencias y palabras clave que forman el núcleo de un programa de Visual Basic. Una vez completada la Parte 2, estará preparado para analizar temas más avanzados.

En este capítulo aprenderemos a utilizar variables para almacenar datos y a emplear operadores matemáticos para realizar tareas como la suma y la multiplicación. También comenzaremos a utilizar funciones matemáticas con las que podremos realizar cálculos con números y utilizaremos las funciones InputBox y MsgBox para gestionar y presentar información desde cuadros de diálogo.

119

ANATOMÍA DE UNA SENTENCIA EN VISUAL BASIC

Una sentencia de programa es una instrucción válida para el compilador de Visual Basic.

Tal como comentamos en el Capítulo 1, una línea de código en un programa de Visual Basic recibe el nombre de sentencia o declaración de programa. Una *sentencia de programa* es cualquier combinación de palabras clave, propiedades, funciones, operadores y símbolos de Visual Basic que, en conjunto, constituyen una instrucción válida comprensible por el compilador de Visual Basic. Una sentencia de programa completa puede ser simplemente una palabra clave como:

```
Beep
```

que emitirá una nota a través del altavoz de la computadora, o bien puede ser una combinación de elementos como la siguiente sentencia, que asigna la hora actual del sistema a la propiedad Caption de una etiqueta:

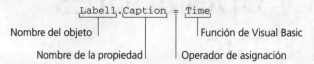

Las reglas que se deberán seguir para la construcción de una sentencia de programa es lo que se denomina su *sintaxis*. Visual Basic comparte muchas reglas de sintaxis con las versiones anteriores del lenguaje Basic y con compiladores de otros lenguajes. El truco para escribir buenas sentencias de programa consiste en aprender la sintaxis de los elementos más útiles del lenguaje y después utilizar correctamente dichos elementos para procesar los datos en el programa. Afortunadamente, Visual Basic facilita mucho esta tarea, de forma que el tiempo empleado en escribir código de programa es relativamente corto y los resultados pueden volver a utilizarse en programas futuros.

En los capítulos siguientes les mostraré las palabras clave y las sentencias de programa más importantes de Visual Basic. Como podrá observar se complementan perfectamente con las técnicas que ya hemos aprendido y le ayudarán a escribir en el futuro potentes programas. Las variables y los tipos de datos, los primeros temas, son elementos críticos de cualquier programa.

EMPLEO DE VARIABLES PARA ALMACENAR INFORMACIÓN

Una *variable* es una ubicación temporal de almacenamiento de datos dentro de un programa. En nuestro código podremos utilizar una o más variables y éstas podrán contener palabras, números, fechas o propiedades. La utilidad de las variables radica en que permiten asignar un nombre corto y fácil de recordar a los datos con los que pensamos trabajar.

Las variables pueden almacenar información introducida por el usuario en tiempo de ejecución, o bien el resultado de un cálculo específico o una porción de datos que queremos mostrar en el formulario. En resumen, las variables son herramientas que podemos utilizar para manejar cualquier tipo de información.

VARIABLES Y OPERADORES DE VISUAL BASIC

El manejo de variables en un programa de Visual Basic es similar al uso de una mesa en un restaurante. Podemos empezar utilizando una en cualquier parte del código de programa, pero la gestión será mucho mejor si la reservamos de antemano. En las dos secciones siguientes estudiaremos el proceso de creación de reservas, o *declaración*, de una variable.

Cómo reservar espacio para las variables: La instrucción Dim

Dim reserva espacio para una variable.

Para declarar explícitamente una variable antes de utilizarla (normalmente al principio de un procedimiento de suceso) deberá escribir el nombre de la variable detrás de la sentencia Dim (Dim es la abreviatura de *Dimensión*). Esta acción reservará espacio en memoria para la variable cuando se ejecute el programa y permitirá a Visual Basic saber qué tipos de datos deberá guardar en dicha variable. Por ejemplo, la siguiente instrucción crea espacio para una variable llamada Apellido en un programa.

```
Dim Apellido
```

Después del nombre de la variable podemos especificar, de forma opcional, el tipo de la misma (más adelante, en este capítulo, le mostraré cuáles son los tipos básicos de variables). Visual Basic permite identificar de antemano el tipo de la variable, de forma que se puede controlar cuánta memoria dedicará el procesador a almacenarla. Por ejemplo, si la variable va a albergar un número de pequeño tamaño sin cifras decimales (un entero), podrá declarar la variable como entero y ahorrar espacio en memoria. No obstante, si el programador no indica lo contrario, Visual Basic reserva por omisión espacio para un tipo de variable denominado *Variant*, que es una variable que puede contener datos de cualquier tamaño o formato. El tipo Variant es extremadamente flexible y puede ser, perfectamente, el único tipo de variable que utilice en sus programas.

Después de declarar una variable podrá asignar información a la misma utilizando código. Por ejemplo, la siguiente sentencia de programa asigna el nombre «Jeremías» a la variable Apellido.

```
Apellido = "Jeremías"
```

Para asignar datos en una variable deberá utilizar el operador de asignación (=).

Después de esta asignación, la variable Apellido podrá utilizarse en lugar del apellido «Jeremías». Por ejemplo, la sentencia de asignación:

```
Label1.Caption = Apellido
```

mostrará la palabra *Jeremías* en la primera etiqueta (Label1) de su formulario.

Declaración de variables sin utilizar Dim

También podrá declarar variables sin utilizar la sentencia Dim; este proceso se denomina *declaración implícita*. Para declarar una variable de esta forma bastará con utilizar la variable por sí sola ignorando la sentencia Dim:

```
Nombre = "Carlos V"
```

La declaración implícita tiene la ventaja de ser más rápida, ya que no perderá tiempo en escribir la sentencia Dim, pero la gestión es a menudo peor, ya que la declaración implícita no obliga a organizar y listar las variables de antemano e impedirá que Visual Basic muestre un mensaje de error cuando, posteriormente en el código del programa, utilice la variable declarada anteriormente pero introduciéndola con algún error ortográfico (consulte la nota siguiente). En este libro se utilizarán ambas técnicas para declarar las variables.

NOTA: *Si decide declarar siempre sus variables utilizando la sentencia Dim, puede interesarle introducir la sentencia OptionExplicit en la sección de declaraciones de su formulario inicial. Podrá llevar a cabo esta tarea de forma automática para cada nuevo proyecto sin más que ejecutar el mandato Opciones contenido en el menú Herramientas, pulsando la pestaña Editor y activando la opción denominada Requerir declaración de variables.*

Al utilizar Option Explicit, Visual Basic genera un mensaje de error siempre que encuentre una variable no declarada explícitamente en el código (una razón probable para que se diera esta situación podría ser un error mecanográfico en el nombre de la variable). Si le preocupan los errores mecanográficos, esta instrucción puede ser de su interés.

Empleo de variables en un programa

Las variables pueden mantener el mismo valor a lo largo de todo un programa o pueden cambiar su valor varias veces, dependiendo de sus necesidades. En el siguiente ejercicio se muestra cómo una variable llamada Apellido puede contener tanto texto como números y cómo puede asignarse su valor a las propiedades de un objeto.

Modificación del valor de una variable

1. Ponga en marcha Visual Basic.

2. En el menú Archivo, seleccione la opción Abrir proyecto.

    Aparecerá el cuadro de diálogo Abrir proyecto.

3. Abra el proyecto denominado ProbarVar contenido en la carpeta \Vb6Sbs\Less05.

    El proyecto ProbarVar (Probar variables) se abrirá en el entorno de programación. ProbarVar es un programa esqueleto, contiene un formulario con etiquetas y botones para mostrar salidas, pero sólo cuenta con unas breves líneas de código de programa. En este ejercicio le pediré que añada dicho código.

4. Resalte el nombre del formulario en la ventana de Proyecto y pulse sobre el botón Ver Objeto contenido en dicha ventana. En la pantalla aparecerá el formulario Probar variables tal como se muestra a continuación:

Botón Ver Objeto

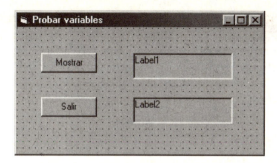

El formulario contiene dos etiquetas y dos botones de orden. Utilizaremos variables para mostrar información en cada una de las etiquetas.

5. Pulse dos veces el botón de orden Mostrar.

    El procedimiento de suceso Command1_Click aparecerá en la ventana Código.

6. Escriba las siguientes sentencias de programa para declarar y utilizar la variable Apellido:

```
Dim Apellido

Apellido = "Superagente"
Label1.Caption = Apellido

Apellido = 86
Label2.Caption = Apellido
```

Las variables pueden transferir información a una propiedad.

Las sentencias de programa están organizadas en tres grupos. La primera sentencia declara la variable Apellido utilizando la sentencia Dim. Como no se ha especificado ningún tipo, la variable se declara de tipo variante, es decir, un tipo genérico de variable que puede contener texto o números. Las líneas segunda y tercera asignan el nombre «Superagente» a la variable Apellido y muestran después dicho nombre en la primera etiqueta del formulario.

De esta forma se muestra uno de los usos más comunes de las variables en un programa: la transferencia de información a una propiedad.

La cuarta línea asigna el número 86 a la variable Apellido (en otras palabras, cambia el contenido de la variable). Esta operación borra de la variable el rótulo y lo reemplaza por un número. El número no se ha colocado entre comillas. Los rótulos necesitan utilizar comillas, pero los número no (si encierra al número entre comillas, dicho número será tratado como cadena de texto y no podrá utilizarse en fórmulas matemáticas).

Su pantalla tendrá un aspecto similar a la figura de la página siguiente.

Botón Iniciar

7. Pulse el botón Iniciar de la barra de herramientas para ejecutar el programa.

    El programa se ejecutará en el entorno de programación.

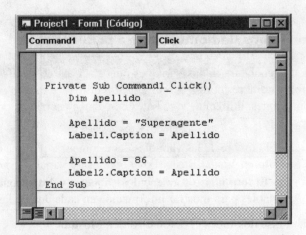

8. Pulse el botón de orden Mostrar.

   El programa declara la variable, le asigna datos dos veces y asigna cada uno de estos datos a la etiqueta apropiada del formulario. El programa generará la siguiente salida:

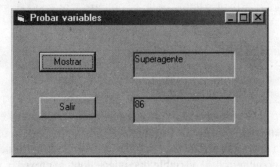

9. Pulse el botón Salir para detener el programa.

   El programa se detendrá y volverá a aparecer el entorno de programación.

10. Guarde los cambios realizados en su formulario bajo el nombre **MiProbar-Var.frm** utilizando la opción Guardar ProbarVar.frm como.

    Guarde las modificaciones realizadas en el proyecto con el nombre **MiProbarVar.vbp** utilizando la opción Guardar proyecto como.

EMPLEO DE UNA VARIABLE PARA ALMACENAR ENTRADAS

Podrá obtener datos del usuario utilizando la función InputBox y una variable.

Un excelente uso para una variable es el de guardar la información introducida por el usuario. A menudo podremos utilizar un objeto (como un cuadro de lista de archivo o un cuadro de texto) para obtener dicha información pero, en ocasiones, nos interesará manejar directamente la información introducida por el usuario y guardar la entrada en

> **Convenios de nomenclatura para variables**
>
> La nomenclatura de las variables puede ser algo complicada, ya que necesitará utilizar nombres cortos pero a su vez intuitivos y fáciles de recordar. Para evitar confusiones, utilice los siguientes convenios cuando asigne nombres a la variables.
>
> - El nombre de las variables debe comenzar por una letra. Esto es un requisito en Visual Basic. Los nombres de variables deberán tener menos de 256 caracteres de longitud y no pueden contener puntos.
>
> - Elija nombres descriptivos. Si es necesario puede combinar una o más palabras en el nombre de una variable. Por ejemplo, el nombre de la variable ImpuestoSobreVentas es más claro que Impuesto o Venta.
>
> - Utilice combinaciones de mayúsculas, minúsculas y números, si así lo desea. Un convenio aceptado consiste en poner en mayúsculas la primera letra de cada palabra de una variable; por ejemplo, FechaDeNacimiento.
>
> - No utilice palabras clave, objetos o propiedades de Visual Basic como nombres una variable.
>
> - (Opcional) Comience el nombre de cada variable con una abreviatura de dos o tres caracteres correspondientes al tipo de dato que almacena dicha variable. Por ejemplo, utilice srtNombre para indicar que la variable Nombre contiene datos del tipo *string* (cadena). Aunque, por ahora, no tiene que preocuparse demasiado de este tipo de detalles podrá tomar nota de esta regla para su uso posterior; en el sistema de ayuda de Visual Basic lo verá con frecuencia, así como en numerosos libros que hablen sobre programación avanzada en este lenguaje (consulte el apartado «Manejo de tipos específicos de datos», más adelante en este mismo capítulo, para obtener más información sobre los distintos tipos de datos).

una variable, en lugar de hacerlo en una propiedad. La forma de llevar a cabo esta operación es utilizar la función InputBox que mostrará en pantalla un cuadro de diálogo y, finalmente, almacenar la información introducida por el usuario en una variable. En el siguiente ejemplo utilizaremos esta técnica.

Obtención de datos de entrada utilizando InputBox

1. En el menú Archivo seleccione la opción Abrir proyecto.

    Aparecerá el cuadro de diálogo Abrir proyecto.

2. Abra el proyecto CuadroEntrada contenido en la carpeta \Vb6Sbs\Less05.

   El proyecto CuadroEntrada se abrirá en el entorno de programación. Cuadro de entrada es un programa esqueleto cuyo formulario contiene dos botones de orden y una etiqueta para mostrar la salida, pero también incluye algo de código de programa.

3. Si el formulario CuadroEntrada no se muestra en pantalla, resalte el formulario en la ventana Proyecto y pulse sobre el botón Ver Objeto contenido en dicha ventana.

   En su pantalla aparecerá el formulario «Prueba de un cuadro de entrada». El formulario contiene una etiqueta y dos botones de órdenes. Utilizaremos la función InputBox para obtener una entrada de información del usuario y, finalmente, mostraremos dicha entrada en la etiqueta del formulario.

4. Pulse dos veces el botón de orden Introducir.

   El procedimiento de suceso Command1_Click aparecerá en la ventana Código.

5. Escriba las siguientes sentencias de programa para declarar dos variables e invocar a la función InputBox:

```
Dim Mensaje, Nombre
Mensaje ="Por favor, escriba su nombre."
Nombre = InputBox$(Mensaje)
Label1.Caption =Nombre
```

En esta ocasión, habrá declarado dos variables mediante el uso de una única sentencia Dim: Mensaje y Nombre. La segunda línea del procedimiento de suceso asigna un grupo de caracteres, o *cadena de texto*, a la variable Mensaje. Este mensaje se utilizará como argumento de texto para la función InputBox (un *argumento* es un valor o expresión pasado a un subprocedimiento o a una función.) La siguiente línea llama a la función InputBox y asigna el resultado de la llamada (la cadena de texto introducida por el usuario) a la variable Nombre.

InputBox es una función especial de Visual Basic que muestra en pantalla un cuadro de diálogo y pide al usuario que introduzca un valor. Además de mostrar en pantalla un rótulo, la función InputBox permite otros argumentos que podrá utilizar ocasionalmente. Si desea obtener más detalles relacionados con este tema consulte la ayuda interactiva de Visual Basic.

Después de que InputBox haya devuelto una cadena de texto al programa, la cuarta sentencia del procedimiento asigna el nombre del usuario a la propiedad Caption del objeto Label1, que es la encargada de mostrarlo en el formulario.

NOTA: *En viejas versiones de BASIC, la función InputBox incluía también el carácter $ al final de la palabra para recordar a los programadores que esta función maneja datos del tipo cadena ($). En Visual Basic podrá utilizar esta función (InputBox) añadiendo o no al final de la misma el carácter $ (en este libro la utilizo de ambas formas; en ocasiones recuerdo con añoranza los viejos tiempos).*

VARIABLES Y OPERADORES DE VISUAL BASIC **127**

Botón Iniciar

6. Pulse el botón Iniciar de la barra de herramientas para ejecutar el programa.

    El programa se ejecutará en el entorno de programación.

7. Pulse el botón Introducir.

    Visual Basic ejecutará el procedimiento de suceso Command1_Click y el cuadro de diálogo denominado CuadroEntrada aparecerá en pantalla:

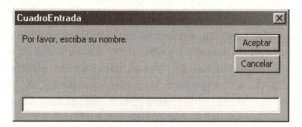

8. Escriba su nombre completo y pulse Aceptar.

    La función InputBox transferirá al programa el nombre del usuario y lo almacenará en la variable Nombre. El programa utilizará después dicha variable para mostrar su nombre en el formulario, tal y como se puede ver en la figura siguiente.

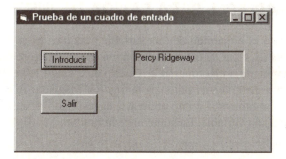

    Podrá utilizar la función InputBox siempre que desee solicitar información al usuario. Podrá utilizarla en combinación con otros controles de entrada para regular el flujo de datos de entrada y salida de un programa. En el siguiente ejercicio le mostraré cómo utilizar una función similar para mostrar texto en un cuadro de diálogo.

9. Pulse el botón Salir para detener el programa.

    El programa se detendrá y volverá a aparecer el entorno de programación.

10. Guarde los cambios introducidos en el formulario y en el proyecto con el nombre **MiCuadroEntrada**.

> ### ¿Qué es una función?
>
> InputBox es una palabra clave especial de Visual Basic conocida como función. Una *función* es una sentencia que realiza una determinada tarea (por ejemplo, la petición de información al usuario o el cálculo de una ecuación) y después devuelve un resultado al programa. El valor devuelto por una función puede asignarse a una variable tal como hemos hecho en el programa MiCuadroEntrada o bien puede asignarse a una propiedad o a otra sentencia o función. Las funciones de Visual Basic utilizan, a menudo, uno o más argumentos para definir su actividad. Por ejemplo, la función InputBox que acaba de utilizar usaba la variable Mensaje para mostrar al usuario ciertas instrucciones dentro del cuadro de diálogo. Cuando una función utilice dos o más argumentos, dichos argumentos se separarán por comas y el grupo completo de argumentos se encerrará entre paréntesis. La siguiente sentencia muestra una llamada a una función que utiliza dos argumentos:
>
> ```
> Nombre = ImputBox$ (Mensaje, Título)
> ```
>
> Nombre de la variable | Argumentos
> Operador de asignación | Nombre de la función

EMPLEO DE UNA VARIABLE PARA SALIDA DE INFORMACIÓN

La función MsgBox utiliza rótulos para mostrar la salida en un cuadro de diálogo. Con ella podrá utilizar una serie de argumentos opcionales.

Para mostrar el contenido de una variable podemos asignar dicha variable a una propiedad (por ejemplo, la propiedad Caption de un objeto de etiqueta) o pasar la variable como argumento a una función de cuadro de diálogo. Una de estas funciones más utilizadas para mostrar una salida es la función MsgBox. Al igual que InputBox, utiliza uno o más argumentos como entrada y el resultado de la llamada a la función puede asignarse a una variable. La sintaxis de la función MsgBox es la siguiente:

```
BotónPulsado = MsgBox(Mensaje, NúmeroDeBotones, Título)
```

donde *Mensaje* es el texto que aparecerá en la pantalla. *NúmeroDeBotones* es un número de estilo de botón (entre 1 y 5) y *Título* es el texto que se mostrará en la barra de título del cuadro de mensajes. La variable BotónPulsado recibe el resultado devuelto por la función, que indica qué botón ha pulsado el usuario en el cuadro de diálogo.

Si únicamente desea mostrar un mensaje en MsgBox, tanto el operador de asignación (=) como la variable BotónPulsado y el argumento *NúmeroDeBotones* serán opcionales. En el siguiente ejercicio no los utilizaremos; si desea obtener más información sobre los mismos (incluyendo los distintos tipos botones que se pueden utilizar en MsgBox) busque *MsgBox* en la ayuda interactiva de Visual Basic.

A continuación, le mostraré cómo añadir una función MsgBox al programa MiCuadroEntrada para visualizar el nombre que el usuario introduce en el cuadro de diálogo InputBox.

Cómo mostrar un mensaje utilizando MsgBox

1. Si no ve la ventana Código, pulse dos veces el botón Introducir contenido en el formulario MiCuadroEntrada.

   El procedimiento de suceso Command1_Click aparecerá en la ventana Código. (Deberá contener el código introducido en el último ejercicio).

2. Utilice el ratón para seleccionar la siguiente sentencia del procedimiento de suceso (la última línea).

   ```
   Label1.Caption = Nombre
   ```

   Esta es la sentencia que muestra en la etiqueta el contenido de la variable Nombre.

3. Pulse Supr para borrar la línea.

   La instrucción desaparecerá de la ventana Código.

4. Escriba la siguiente línea en el procedimiento de suceso para reemplazar a la anterior:

   ```
   MsgBox(Nombre), ,"Resultado de la introducción de datos"
   ```

   Esta nueva sentencia llamará a la función MsgBox, mostrará el contenido de la variable Nombre en el cuadro de diálogo y presentará las palabras *Resultado de la introducción de datos* en la barra de títulos (en el presente ejemplo se han omitido, el argumento *NúmeroDeBotones* y la variable BotónPulsado). El contenido del procedimiento de suceso deberá ser similar al mostrado a continuación:

NOTA: *Cuando no se incluye la variable BotónPulsado, los paréntesis sólo rodean al primer argumento.*

Botón Iniciar

5. Pulse el botón Iniciar de la barra de herramientas.

6. Pulse el botón Introducir, escriba su nombre en el cuadro de entrada y pulse después Aceptar.

La entrada se guardará en el programa dentro de la variable Nombre y después se mostrará en un cuadro de mensaje tal y como se muestra en la siguiente figura:

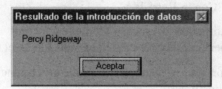

7. Pulse Aceptar para cerrar el cuadro de mensajes y después pulse el botón Salir para cerrar el programa.

   El programa se cerrará y volverá a aparecer el entorno de programación.

8. Guarde el formulario y el proyecto con el nombre **MiSalida** para mantener una copia de su programa.

MANEJO DE TIPOS ESPECÍFICOS DE DATOS

Si una variable va a contener siempre un mismo tipo de dato podrá mejorar el funcionamiento del programa declarando la variable como de dicho tipo.

El tamaño de almacenamiento de las variables se mide en bytes, es decir, la cantidad de espacio necesario para almacenar ocho bits de información (aproximadamente un carácter).

En la mayoría de los casos, el tipo de dato denominado Variant será el único que necesite. Las variables del tipo Variant pueden almacenar cualquier tipo de dato utilizado en Visual Basic (predefinidos) y cambiar de formato automáticamente. Las variables del tipo Variant también son sencillas de utilizar y no tendrá que pensar demasiado en el tamaño de la variable cuando sea declarada. Sin embargo, si desea crear un código especialmente rápido y conciso, deberá utilizar tipos de datos específicos cuando así lo requiera el programa.

Por ejemplo, si una variable siempre va a contener valores enteros de pequeña cuantía (números sin decimales), podrá ahorrar espacio en memoria cuando ejecute su programa declarando la variable como entera, en lugar de hacerlo como variante. Una variable entera (Integer) también acelerará las operaciones aritméticas, de forma que obtendrá un pequeño incremento en la velocidad del programa cuando sea utilizada.

En el cuadro contenido en la siguiente página se muestran los tipos de datos fundamentales existentes en Visual Basic. En el siguiente ejercicio veremos cómo funcionan la mayoría de estos tipos de datos.

NOTA: *Podrá especificar algunos tipos de datos fundamentales añadiendo al nombre de la variable un carácter de declaración de tipo. Por ejemplo, podrá declarar una variable de tipo entero añadiendo el carácter de porcentaje (%) al final de su nombre. De esta forma, en Visual Basic las dos declaraciones siguientes son equivalentes:*

```
Dim I As Integer
Dim I%
```

Se trata de un antiguo convenio de programación, pero todavía sigue siendo utilizado por muchos programadores.

Tipo de datos	Tamaño	Rango	Ejemplo de uso
Integer (entero)	2 bytes	-32.768 a 32.767	Dim Pájaros% Pájaros%=37
Long Integer (entero largo)	4 bytes	-2.147.483.648 a 2.147.483.647	Dim Ingresos& Ingresos& =350.000
Single Precision (Coma flotante de simple precisión)	4 bytes	-3,402823E38 a 3,402823E38	Dim Precio! Precio! =899,99
Double Precision (Coma flotante de doble precisión)	8 bytes	-1,79769313486232D308 a 1,79769313486232D308	Dim Pi# Pi# =3,1415926535
Currency (Monetario)	8 bytes	-922337203685477,5808 a 922337203685477,5807	Dim Deuda@ Deuda@ =7600300,50
String (Cadena)	1 byte por carácter	0 a 65.535 caracteres	Dim Perro$ Perro$ ="Cocker"
Boolean (Buleano)	2 bytes	True o False	Dim Bandera as Boolean Bandera =True
Date (Fecha)	8 bytes	1 Enero 100 hasta 31 diciembre 9999	Dim Aniversario as Date Aniversario=#3-1-63#
Variant	16 bytes (Con números) 22 bytes + 1 byte por carácter (con cadenas)	Todo tipo de rangos	Dim Total Total = 289,13

NOTA: *El tamaño de almacenamiento de las variables se mide en bytes, es decir, la cantidad de espacio necesario para almacenar ocho bits de información (aproximadamente un carácter).*

Uso de los tipos de datos fundamentales en el código

El programa Datos muestra el empleo de los tipos de datos más importantes de Visual Basic dentro del código de programación.

1. En el menú Archivo seleccione la opción Abrir proyecto.

    Aparecerá el cuadro de diálogo Abrir proyecto.

2. Abra el proyecto Datos contenido en la carpeta \Vb6Sbs\Less05

    El proyecto Datos se abrirá en el entorno de programación. Datos es un programa completo de Visual Basic que muestra el funcionamiento de varios tipos de datos fundamentales. Ejecute el programa para ver el aspecto que tienen los tipos de datos. Finalmente, analizaremos el modo en que se declaran las variables y cómo se utilizan en el código de programa.

Botón Iniciar

3. Pulse el botón Iniciar contenido en la barra de herramientas.

   Aparecerá la siguiente ventana de aplicación:

   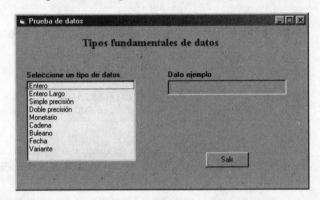

   El programa Datos le permitirá probar nueve tipos de datos, incluyendo Entero, Coma flotante de precisión simple y Fecha. El programa mostrará un ejemplo de cada uno de los tipos elegidos cuando seleccione su nombre en el cuadro de lista.

4. Seleccione el tipo Entero en el cuadro de lista.

   En el cuadro Dato Ejemplo aparecerá el número 37.

5. Seleccione el tipo Fecha en el cuadro de lista.

   En el cuadro Dato Ejemplo aparecerá la fecha Martes, 19 Noviembre, 1963.

6. Pulse cada uno de los tipos de datos de cuadro de lista para ver cómo los muestra Visual Basic en el cuadro Dato Ejemplo.

7. Pulse el botón Salir para detener programa.

   Examine ahora la declaración de los tipos de datos fundamentales y su uso en el procedimiento de suceso List1_Click.

8. Si el formulario no se encuentra visible, resalte el formulario en la ventana Proyecto, y pulse el botón Ver Objeto.

9. Pulse dos veces el objeto cuadro de lista del formulario y aumente el tamaño de la ventana Código para ver todo el código posible.

   El procedimiento de suceso List1_Click aparecerá en la ventana Código tal y como se muestra en la figura siguiente.

Las primeras líneas del procedimiento han sido utilizadas para declarar variables con tipos de datos específicos. Dichas variables serán locales para el procedimiento: no tendrán ningún significado en otros procedimientos de suceso contenidos en el programa. Algunas de las variables han sido declaradas utilizando caracteres especiales que sirven para especificar los tipos de datos, por ejemplo, %, # y @. Estos caracteres identifican cada una de las variables como un tipo de dato fundamental y marcan las variables para hacerlas comprensibles tanto por el compilador de Visual Basic como para cualquiera que lea el código del programa.

La siguiente sección del procedimiento de suceso es una estructura de decisión Select Case. En el siguiente capítulo estudiaremos cómo selecciona una opción este grupo de sentencias de programa. De momento, puede observar cómo en cada una de las secciones de la estructura Select Case se asigna un valor a cada una de las variables de tipo de dato fundamental, finalmente, se asigna la variable al rótulo del objeto Label4 contenido en el formulario. Podrá utilizar cualquiera de estas dos técnicas para manipular los tipos de datos fundamentales en sus propios programas.

El tipo de datos Date (fecha) resulta especialmente útil si piensa trabajar habitualmente con valores de fecha y hora. La fecha se asigna a la variable Aniversario encerrada por caracteres almohadilla (#) y se le da formato mediante la función Format.

NOTA: *Las variables también pueden ser públicas o globales, es decir, estarán disponibles (ser públicas) para todos los procedimientos y módulos de un programa. (Los módulos son archivos especiales que contienen declaraciones y procedimientos no asociados con un formulario en particular.) Para que una variable tenga este rango o alcance tiene que haber sido declarada en un módulo estándar. Si desea obtener más información sobre la creación de una variable global en módulos estándar consulte el capítulo 10. «Empleo de módulos y procedimientos».*

10. Desplácese por la ventana Código y examine detenidamente cada una de las asignaciones de variables.

    Si lo desea, puede cambiar los datos en algunas de las sentencias de asignación de variables y volver a ejecutar al programa para ver el resultado obtenido.

11. Cuando haya terminado, cierre la ventana Código.

    Si ha realizado alguna modificación que desee guardar en disco, pulse el botón Guardar proyecto de la barra de herramientas.

Tipos de datos definidos por el usuario

Visual Basic también le permitirá crear sus propios tipos de datos. Esta posibilidad le será de utilidad cuando trabaje con un grupo de datos que se ajusten naturalmente entre sí, pero que pertenezcan a diferentes tipos de datos. Para crear un *tipo de dato definido por el usuario* deberá utilizar la palabra clave Type y podrá crear variables de este nuevo tipo utilizando la sentencia Dim (la sentencia Type deberá encontrarse en la sección Declaraciones de un módulo estándar; si desea obtener más información sobre la sentencia Type deberá buscar la palabra *Módulos* en la ayuda interactiva de Visual Basic). Por ejemplo, la siguiente declaración crea un tipo de datos definido por el usuario denominado Empleado, que puede almacenar el nombre, la fecha de nacimiento y la fecha de alta asociada con un empleado:

```
Type Empleado
      Nombre As String
      FechaNacimiento As Date
      FechaAlta As Date
End Type
```

Después de crear un nuevo tipo de datos podrá utilizarlo en el código de programa. Las siguientes sentencias hacen uso del nuevo tipo de datos denominado Empleado. La primera sentencia crea una variable denominada DirectorProducto, de tipo Empleado, y la segunda sentencia asigna el nombre «Jorge Enrique» a la componente Nombre de dicha variable:

```
Dim DirectorProducto As Empleado
DirectorProducto.Nombre = "Jorge Enrique"
```

La forma de proceder resultará similar a asignar un valor a una propiedad ¿Verdad? Visual Basic utiliza la misma notación para la relación entre objetos y propiedades, que para la relación entre tipos de datos definidos por el usuario y variables componentes.

Constantes: variables que no cambian

Si una variable de su programa contiene un valor que no va a cambiar (tal como π, que es un número real fijo) puede interesarle guardar dicho valor como constante en lugar de hacerlo como variable. Una *constante* es un nombre significativo que ocupa el lugar de un número o una cadena de texto que no cambia. Las constantes son útiles porque facilitan la legibilidad del código de programa, ahorran memoria y facilitan la realización posterior de modificaciones globales. Las constantes funcionan de forma muy similar a las variables, con la diferencia de que no podrá modificar su valor en tiempo de ejecución. Se declaran con la palabra clave Const, tal como se muestra en el siguiente ejemplo:

```
Const Pi = 3,14159265
```

La sentencia anterior crea una constante llamada Pi, que podrá utilizarse en lugar del valor de π en el código de programa. Para crear una constante que esté disponible para todos los objetos y procedimientos manejados por un programa deberá crearla en la sección Declaración de su formulario (la línea superior de la ventana Código). Si desea que la constante pueda ser utilizada por todos los formularios y módulos de un programa (no sólo por el Form1) cree dicha constante en un módulo estándar, colocándole delante la palabra clave Public. Por ejemplo:

```
Public Const Pi = 3,14159265
```

NOTA: *Si desea obtener más información sobre los módulos estándar consulte el Capítulo 10 «Empleo de módulos y procedimientos».*

El siguiente ejercicio le mostrará cómo utilizar una constante en un procedimiento de suceso.

Empleo de una constante en un procedimiento de suceso

1. En el menú Archivo seleccione la opción Abrir proyecto.

    Aparecerá el cuadro de diálogo Abrir proyecto.

2. Abra el proyecto Constante de la carpeta \Vb6Sbs\Less05.

    El formulario asociado con el programa Constante aparecerá en la pantalla. Constante es un esqueleto de programa. La interfaz de usuario está terminada, pero deberá escribir el código de programa.

3. Realice una doble pulsación sobre el botón Mostrar constante contenido en el formulario.

    En la ventana Código aparecerá el procedimiento de suceso Commad1_Click.

4. Escriba las siguientes sentencias en el procedimiento de suceso:

```
Const Pi = 3.14152965
Label1.Caption = Pi
```

Botón Iniciar

5. Pulse el botón Iniciar para ejecutar el programa.

6. Pulse el botón Mostrar constante del formulario.

El valor de la constante Pi aparecerá en el cuadro de etiqueta tal y como se muestra a continuación:

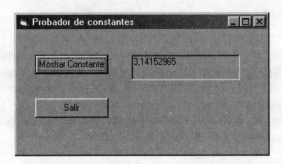

7. Pulse el botón Salir para detener el programa.

Si desea almacenar una copia del programa Constante modificado, guarde el formulario y el proyecto con el nombre **MiConstante**.

Las constantes resultan muy útiles en el código del programa, especialmente cuando se utilizan en fórmulas matemáticas, como por ejemplo Área = $2\pi r^2$. En el siguiente apartado se muestra el modo de utilizar operadores y variables para escribir fórmulas similares a ésta.

MANEJO DE LOS OPERADORES DE VISUAL BASIC

Los operadores de Visual Basic se utilizan para enlazar las distintas partes de una fórmula.

Una *fórmula* es una sentencia que combina números, variables, operadores y palabras clave, o varios de estos elementos, para crear un nuevo valor. Visual Basic cuenta con bastantes elementos de lenguaje diseñados para ser utilizados en fórmulas. En este apartado practicará en el manejo de los operadores matemáticos, es decir, los símbolos utilizados para enlazar las partes de una fórmula. Salvo algunas excepciones, los símbolos matemáticos que mostraré aquí son los que habitualmente utilizará en su vida diaria y sus operaciones son realmente intuitivas. En los siguientes ejercicios le mostraré un ejemplo del uso de cada uno de ellos.

Visual Basic proporciona los siguientes operadores:

Operador	Operación matemática
+	Suma
–	Sustracción (resta)
*	Multiplicación
/	División
\	División entera
Mod	Resto de la división entera
^	Exponenciación (elevar a una potencia)
&	Concatenación de cadenas (combinación)

*Matemáticas básicas: operadores +, –, * y /*

Los operadores de suma, resta, multiplicación y división son realmente sencillos y pueden utilizarse en cualquier fórmula en la que se empleen números o variables numéricas. En el siguiente ejercicio se muestra su uso en un programa.

Trabajo con operadores básicos

1. En el menú Archivo seleccione la opción Abrir proyecto.
2. Abra el proyecto OpBásicos de la carpeta \Vb6Sbs\Less05.

   En la ventana aparecerá el formulario del programa OpBásicos (Operadores básicos). El programa OpBásicos muestra el funcionamiento de los operadores de suma, resta, multiplicación y división cuando el usuario introduce números por el teclado. También muestra cómo se pueden utilizar cuadros de texto, botones de opción y botones de orden para procesar la entrada introducida por el usuario en un programa.

3. Pulse el botón Iniciar contenido en la barra de herramientas.

   El programa OpBásicos se ejecutará en el entorno de programación. El programa mostrará dos cuadros de texto en los que deberá introducir valores numéricos, un grupo de botones de opción con operadores matemáticos, un cuadro de resultado y dos botones de órdenes.

4. Escriba **100** en el cuadro de texto Variable 1 y pulse después TAB.

   El cursor se desplazará al segundo cuadro de texto.

5. En el cuadro de texto Variable 2 escriba **17**.

   Ahora podrá aplicar cualquiera de los operadores matemáticos mostrados a los valores contenidos en estos cuadros de texto.

Los objetos de cuadro de texto son herramientas de gran utilidad para obtener una entrada de datos del usuario a través del teclado.

6. Pulse el botón de opción Suma y después pulse el botón de orden Calcular.

   Este operador se aplicará a los dos valores y el número 117 aparecerá en el cuadro Resultado, tal como se muestra en la figura siguiente:

   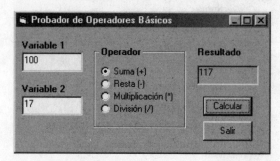

7. Practique utilizando los operadores de resta, multiplicación y división contenidos en este formulario (pulse Calcular para calcular cada uno de los resultados).

   Los resultados aparecerán en el cuadro Resultado. No dude en introducir otros números en los cuadros de texto variables. (Si lo desea, utilice números con decimales.)

8. Cuando haya terminado de realizar cálculos, pulse el botón Salir.

   El programa se detendrá y volverá el entorno de programación.

Eche ahora un vistazo al código de programa para ver cómo se han calculado los resultados. El programa OpBásicos utiliza algunos de los controles de entrada estándar que vimos en el Capítulo 3 y un procedimiento de suceso que utiliza variables y operadores para calcular sencillas fórmulas matemáticas. El procedimiento utiliza también la función Val para convertir en números los rótulos introducidos en los cuadros de texto.

Examen del código del programa Operadores Básicos

1. Realice una doble pulsación sobre el botón Calcular contenido en el formulario.

   El procedimiento de suceso Command1_Click aparecerá en la ventana Código tal como se muestra en la figura de la página siguiente.

   La primera sentencia del procedimiento declara dos variables de propósito general de tipo variante. Estas dos variables se utilizarán para albergar los valores introducidos en los dos cuadros de texto y serán lo suficientemente flexibles como para manejar cualquier tipo de datos numéricos que queramos utilizar. Las dos sentencias siguientes asignan los datos contenidos en los cuadros de texto a las variables y convierten las cadenas de texto en números utilizando la función Val:

```
Primero = Val(Text1.Text) 'conversión de números
Segundo = Val(Text2.Text)
```

VARIABLES Y OPERADORES DE VISUAL BASIC

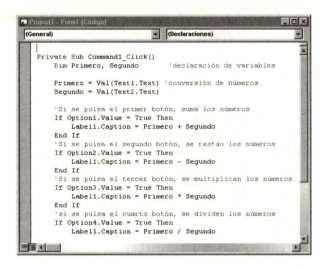

La función Val convierte valores de texto en valores numéricos.

La función Val es un rutina especial que convierte un argumento de texto en un valor numérico. Esta conversión es necesaria para que la operación de suma funcione correctamente en este programa. Por defecto, el tipo de dato que devuelve un cuadro de texto es texto. Esto no es un problema para tres de los operadores mostrados. Los operadores –,* y / sólo trabajan con números, de forma que cuando el usuario seleccione uno de estos tres operadores en el programa, Visual Basic convertirá automáticamente en números los valores asignados a las variables Primero y Segundo.

Sin embargo, el operador + funciona tanto con números como con cadenas de texto. Como el tipo de dato devuelto por el cuadro de texto es texto, Visual Basic tratará automáticamente a los valores Primero y Segundo como texto cuando utilice el operador +. Visual Basic combinaría o *concatenaría* los dos valores en lugar de realizar su suma aritmética (en otras palabras: «100 + 17» generaría «10017»).

En el siguiente ejercicio le mostraré más detalles acerca de la concatenación de cadenas. Por ahora, sólo tendrá que recordar que aunque el tipo de datos Variante pueda albergar cualquier tipo fundamental de datos, tendrá que utilizarlo con especial cuidado en sus programas. En caso contrario, puede que los resultados no sean los esperados.

IMPORTANTE: *Siempre conviene comprobar todos los cálculos realizados por un programa para verificar que el programa completo funciona correctamente. No basta con comprobar una parte del programa.*

---

2. Desplácese por la ventana Código y examine las cuatro fórmulas que utilizan operadores matemáticos básicos.

La primera fórmula del procedimiento utiliza el operador Suma (+) dentro de una estructura de decisión IF...Then

```
'Si se pulsa el primer botón, suma los números
If Option1.Value = True Then
    Label1.Caption = Primero + Segundo
End If
```

Si la propiedad Value del primer botón de opción se define como True (es decir, si se ha pulsado el botón), entonces las dos variables se sumarán entre sí mediante el operador + y el resultado se asignará a la etiqueta. Las tres fórmulas restantes tienen una lógica similar, cada una de las cuales utiliza una estructura de decisión If...Then y la propiedad Caption del objeto Label1. Las estructuras de decisión similares a If...Then son extremadamente útiles a la hora de determinar la opción seleccionada por un usuario dentro de un programa en el caso de que haya varias opciones disponibles. En el siguiente Capítulo aprenderemos más sobre If...Then.

3. Cierre la ventana Código.

Ya hemos terminado con el programa Operadores Básicos.

Funciones matemáticas en Visual Basic

Siempre será de interés experimentar un poco con los programas mostrados aquí. Puede que le interese convertir un valor a un tipo diferente, calcular una expresión matemática compleja o introducir números aleatorios en sus programas. Las siguientes funciones de Visual Basic le permitirán llevar a cabo con rapidez ciertas operaciones matemáticas complejas. Al igual que con cualquier otra función, las funciones matemáticas deben utilizarse dentro de una sentencia de programa y devolverán un valor al programa. En la siguiente tabla, el argumento (n) representa el número, variable o expresión que será evaluado por la función.

Función	Propósito
Abs(n)	Calcula el valor absoluto de n.
Atn(n)	Calcula el arcotangente de n en radianes.
Cos(n)	Calcula el coseno del ángulo n. El ángulo n se expresa en radianes.
Exp(n)	Calcula la constante e elevada a n.
Rnd(n)	Genera un número aleatorio entre 0 y 1.
Sgn(n)	Devuelve –1 si n es menor que cero, 0 si n es cero y + 1 si n es mayor que cero.
Sin(n)	Calcula el seno del ángulo n. El ángulo n se expresa en radianes.
Sqr(n)	Calcula la raíz cuadrada de n.
Str(n)	Convierte un valor numérico en una cadena.
Tan(n)	Calcula la tangente del ángulo n. El ángulo n se expresa en radianes.
Val(n)	Convierte una cadena a valor numérico.

Empleo de operadores avanzados: \, Mod, ^ y &

Además de los cuatro operadores matemáticos básicos, Visual Basic incluye cuatro operadores avanzados que realizan división entera (\), resto de la división entera (Mod), exponenciación (^) y concatenación de cadenas (&). Estos operadores resultan útiles en fórmulas matemáticas de propósito especial y en aplicaciones de procesamiento de textos. La siguiente utilidad (una pequeña modificación del programa OpBásicos) muestra el funcionamiento de cada uno de estos operadores dentro del programa.

Manejo de operadores avanzados

1. En el menú Archivo seleccione la opción Abrir proyecto.
2. Abra el proyecto OpAvdos (Operadores Avanzados) contenido en la carpeta \Vb6Sbs\Less05.

    En la pantalla aparecerá el formulario del programa OpAvdos. El programa Operadores Avanzados es idéntico al programa Operadores Básicos, con la excepción de que los operadores mostrados en los botones de opción son distintos.

3. Pulse el botón Iniciar de la barra de herramientas.

    El programa mostrará dos cuadros de texto en los que podrá introducir valores numéricos; también muestra un grupo de botones de opción con distintos operadores matemáticos asociados, un cuadro de resultados y dos botones de órdenes.

4. En el cuadro de texto Variable 1 escriba **9** y después pulse TAB.
5. En el cuadro de texto Variable 2 escriba **2**.

    Ahora podrá aplicar cualquiera de los Operadores avanzados a los valores contenidos en los cuadros de texto.

6. Pulse el botón de opción denominado División entera y después pulse el botón Calcular.

    El operador se aplicará a los dos valores, y en el cuadro de resultados aparecerá el número 4, tal como se muestra a continuación:

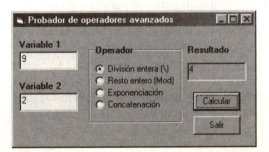

La división entera da como resultado la parte entera del cociente resultante de la división. Aunque 9 dividido entre 2 es igual a 4,5 la operación de división entera sólo devuelve la parte entera (el número 4). Este tipo de operación puede resultarle de utilidad si trabaja con cantidades que carecen de sentido si se expresan de forma decimal, por ejemplo, el número de personas que caben en un coche.

7. Pulse el botón de opción Resto Entero y después pulse el botón Calcular.

En el cuadro Resultado aparecerá el número 1. El resto de la división entera (módulo aritmético) devuelve el resto (la parte que no se divide) resultante de la división entera de dos números. Como 9 dividido entre 2 es igual a 4 con un resto de 1 (2 × 4 + 1 = 9), el resultado producido por el operador Mod es 1. Además de añadir a sus programas un cierto sabor a las canciones de los años sesenta, el operador Mod puede ayudarle a calcular las partes enteras sobrantes en ciertos cálculos, como saber el número de pasteles sobrantes cuando se reparten equitativamente 14 pasteles entre 4 comensales (cada uno tocaría a tres y sobrarían dos).

8. Seleccione la opción Exponenciación y después pulse el botón Calcular.

En el cuadro Resultado aparecerá el número 81. El operador exponenciación (^) eleva un número a una potencia. Como 9 al cuadrado es 81, el resultado producido por el operador ^ es 81. En una fórmula de Visual Basic, 9 al cuadrado se escribe 9 ^ 2.

9. Seleccione el botón Concatenación y después pulse el botón Calcular.

En el cuadro Resultado aparecerá la cadena «92». El Operador de concatenación de cadenas (&) combina dos cadenas en una fórmula. El resultado (en este caso «92») no es un número, es una combinación de los caracteres 9 y 2. La concatenación de cadenas sólo puede unir variables de texto, cadenas delimitadas por comillas y variables del tipo Variante. Como las variables utilizadas en este programa son variantes, se han convertido automáticamente a texto para poder realizar la operación. Para ver cómo funciona este método con rótulos, escriba alguna palabra en cada uno de los cuadro de entrada y, finalmente, vuelva a pulsar el botón Calcular.

10. Pulse el botón Salir para detener el programa.

El programa se detendrá y volverá a aparecer el entorno de programación.

Eche ahora un vistazo al procedimiento de suceso Command1_Click para ver cómo se han utilizado los operadores.

11. Pulse dos veces el botón Calcular en el formulario.

El procedimiento de suceso aparecerá en la ventana Código tal como se muestra en la figura de la página siguiente.

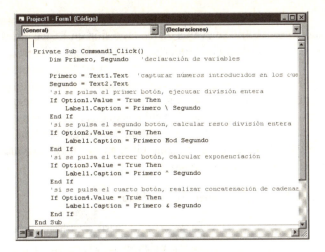

El procedimiento Command1_Click presenta un aspecto similar al procedimiento Command1_Click del programa Operadores Básicos. En el código se declaran dos variables variantes, se asignan datos a la variables desde los cuadros de texto y se calcula la fórmula seleccionada con las estructuras de decisión If...Then.

No obstante existe una importante diferencia: este procedimiento de suceso no utiliza la función Val para convertir los datos a tipo numérico cuando los lee de los cuadros de texto. La conversión no es necesaria para los operadores avanzados, ya que, a diferencia del operador +, cada uno de los operadores avanzados trabaja sólo con un tipo de datos: \, Mod y ^, sólo trabajan con números; & sólo trabaja con texto. Debido a que en este caso no hay ambigüedad, las variables variantes pueden convertirse adecuadamente en las cadenas devueltas por los cuadros de texto en las operaciones que requieran el uso de los números.

12. Pulse la ventana Código.

Ya hemos terminado de trabajar con el programa Operadores Avanzados.

Prioridad de los operadores

En los dos últimos ejercicios hemos manejado siete operadores matemáticos y un operador de cadenas. Visual Basic permite mezclar en una fórmula tantos operadores matemáticos como se quiera, siempre que las variables numéricas y expresiones estén separadas entre sí por operadores. Por ejemplo, ésta es una fórmula aceptable en Visual Basic:

```
Total = 10 + 15 * 2 / 4 ^ 2
```

La fórmula procesa varios valores y asigna el resultado a una variable llamada Total. Pero, ¿cómo se evalúa dicha expresión en Visual Basic? En otras palabras, ¿qué operaciones realizará en primer lugar Visual Basic? Puede que no se haya dado cuenta, pero el orden de evaluación tiene gran importancia en este ejemplo.

Visual Basic resuelve este dilema estableciendo un *orden de prioridad* específico para las operaciones matemáticas. Esta lista de reglas indica a Visual Basic qué operadores deberá utilizar primero cuando evalúe una expresión que contenga más de un operador. En la siguiente tabla se muestran los operadores matemáticos listados en orden de prioridad (los operadores de igual nivel en esta tabla se evalúan de izquierda a derecha, según aparecen en la expresión).

Deberá tener en cuenta el orden de evaluación de los operadores cuando esté creando fórmulas matemáticas.

Operador(es)	Orden de prioridad
( )	Los valores entre paréntesis se evalúan siempre los primeros.
^	La exponenciación (elevar un número a una potencia) es siempre el segundo.
–	La negación (creación de un número negativo) es el tercero.
* /	La multiplicación y la división comparten el cuarto lugar.
\	La división entera es el quinto operador.
Mod	El resto es el sexto.
+ –	Los últimos son la suma y la resta.

Teniendo en cuenta el orden de prioridad mostrado en la tabla anterior, la expresión:

```
Total = 10 + 15 * 2 / 4 ^ 2
```

se evaluará en Visual Basic de la siguiente forma (las negritas indican cada paso ejecutado el orden de evaluación y su resultado):

```
Total = 10 + 15 * 2 / 4 ^ 2
Total = 10 + 15 * 2 / 16
Total = 10 + 30 / 16
Total = 10 + 1,875
Total = 11,875
```

UN PASO MÁS ALLÁ

Empleo de paréntesis en las fórmulas

Los paréntesis clarifican e influyen en el orden de la evaluación de una fórmula.

Podemos utilizar uno o más pares de paréntesis en una fórmula para clarificar el orden de prioridad. Por ejemplo, Visual Basic calcularía la fórmula

```
Número = ( 8 - 5 * 3 )^ 2
```

realizando en primer lugar la operación contenida entre los paréntesis (–7) antes de realizar la exponenciación, aunque la exponenciación tenga un orden de prioridad mayor que la resta y la multiplicación. Podemos afinar aún más el cálculo colocando paréntesis anidados en la fórmula. Por ejemplo:

```
Número = ( ( 8 - 5 ) * 3 ) ^ 2
```

hace que Visual Basic calcule, en primer lugar, la diferencia contenida en el conjunto de paréntesis más interno, posteriormente, trabaja con los paréntesis externos para calcular, finalmente, el exponente. El resultado producido por las dos fórmulas es diferente: la primera fórmula da como resultado 49 y la segunda 81. Los paréntesis pueden modificar los resultados de una operación matemática además de facilitar su lectura.

Si desea continuar con el siguiente capítulo

➤ No salga de Visual Basic y pase al Capítulo 6.

Si desea salir de Visual Basic por ahora

➤ En el menú Archivo seleccione Salir.

Si en su pantalla aparece un cuadro de diálogo que le permite almacenar los cambios, seleccione Sí.

RESUMEN DEL CAPÍTULO 5

Para	Haga esto
Declarar una variable	Escriba **Dim** seguido del nombre de la variable en el código de programa. Por ejemplo: `Dim Almacenamiento 'tipo variante`
Cambiar el valor de una variable	Asigne un nuevo valor con el operador de asignación (=). Por ejemplo: `País = "Japón"`
Obtener una entrada mediante un cuadro de diálogo	Utilice la función InputBox y asigne el resultado a una variable. Por ejemplo: `NombreUsuario = InputBox("¿Cómo se llama?")`

Mostrar una salida en un cuadro de diálogo	Utilice la función MsgBox (la cadena que se mostrará en el cuadro de diálogo puede guardarse en una variable.) Por ejemplo:
	`Previsión = "Lloverá en ambas mesetas"`
	`MsgBox(Previsión), ,"Previsión climatológica para España"`

Declarar una variable de un tipo especial de datos	Escriba **Dim** seguido del nombre de la variable y del carácter de tipo
	o bien
	Escriba **Dim** seguido del nombre de la variable, la palabra clave **As** y uno de los ocho tipos de datos fundamentales. Por ejemplo:
	`Dim Aniversario As Date 'tipo fecha`
	`Dim Precio!      'coma flotante simple precisión`

(Continúa)

Para	Haga esto
Crear una constante	Escriba la palabra reservada **Const** seguida por el nombre de la constante, el operador de asignación (=) y el valor asignado. Por ejemplo: `Const EdadPepe = 39`
Crear una fórmula	Enlace las variables numéricas o los números mediante alguno de los siete operadores aritméticos y asigne después el resultado a una variable o una propiedad. Por ejemplo: `Resultado = 1 ^ 2 * 3 \ 4 'esto equivale a 0`
Combinar cadenas de texto	Utilice el operador de concatenación (&). Por ejemplo: `Mensaje = "Hola" & "," & "amigos"`
Convertir caracteres textuales en caracteres numéricos	Utilice la función Val. Por ejemplo: `Pi = Val("3.1415926535897932")`
Empleo de funciones matemáticas	Añada a la fórmula la función y los argumentos que necesite. Por ejemplo: `Hipotenusa = Sqr(x ^ 2 + y ^ 2 )`

Control del orden de evaluación en una fórmula	Utilice paréntesis en la fórmula. Por ejemplo:
	`Resultado = 1 + 2 ^ 3 \ 4 'Esto equivale a 3`
	`Resultado = ( 1 + 2 ) ^ ( 3 \ 4 ) 'esto equivale a 1.`

Capítulo

6

Empleo de estructuras de decisión

Tiempo estimado:
45 minutos

En este capítulo aprenderá a:

- Escribir expresiones condicionales.

- Utilizar sentencias If...Then para ejecutar un determinado grupo de instrucciones de programa basándose en una condición.

- Utilizar una sentencia Select Case para seleccionar una opción de entre todas las posibles dentro del código del programa.

- Encontrar y corregir errores en el código del programa.

En los capítulos anteriores hemos utilizado varias herramientas de Microsoft Visual Basic para procesar la entrada introducida por el usuario. Se han utilizado menús, objetos y cuadros de diálogo para mostrar opciones al usuario y se ha procesado la entrada utilizando propiedades y variables. En este capítulo le mostraré cómo su programa puede ejecutar una serie de instrucciones u otras dependiendo de la entrada introducida por el usuario. Le mostraré cómo evaluar una o más propiedades o variables mediante el uso de expresiones condicionales y a ejecutar, posteriormente, una o más sentencias de programa basándose en los resultados. También aprenderá a detectar y corregir errores de programación en su código utilizando el modo de Depuración o Paso a paso.

PROGRAMACIÓN ORIENTADA A SUCESO

Los programas que ha escrito hasta ahora muestran menús, objetos y cuadros de diálogos en la pantalla y, además, dejan a los usuarios que libremente escojan el orden en que desean manipular dichos objetos. Los programas se relacionan con el usuario, esperan pacientemente una respuesta y después procesan la entrada de forma predecible. En los ambientes de programación esta forma de trabajar se conoce como *programación orientada a suceso*.

Los programas de Visual Basic están orientados a suceso.

Los programas se crean partiendo de un grupo de objetos «inteligentes» que saben cómo responder cuando el usuario interactúa con ellos y, finalmente, se procesa las entradas realizadas por el usuario mediante procedimientos de suceso asociados con dichos objetos. En el siguiente diagrama se muestra cómo funciona en Visual Basic un programa orientado a suceso.

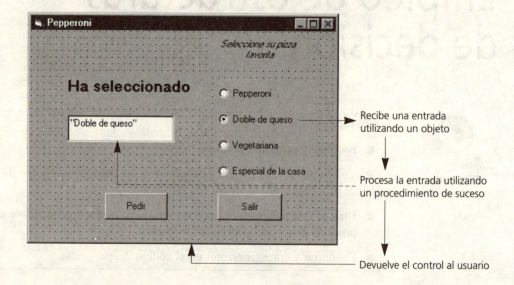

La entrada al programa también puede venir de la propia computadora. Por ejemplo, el programa podría advertir la llegada de un mensaje de correo electrónico o del momento exacto en que haya pasado una cierta cantidad de tiempo en el reloj del sistema. Estos sucesos son activados por la computadora, no por el usuario. Independientemente de quién active un suceso, Visual Basic reacciona llamando al procedimiento de suceso asociado con el objeto que reconoce dicho suceso. Aunque, por ahora, sus programas sólo han manejado sucesos del tipo pulsación del ratón, los objetos de Visual Basic pueden responder a muchos tipos de sucesos diferentes.

La orientación a suceso de los programas desarrollados en Visual Basic se traduce en que la mayoría de las operaciones llevadas a cabo por sus programas serán ejecutadas mediante procedimientos de suceso. Estos bloques de código (orientados a suceso) procesarán las entradas, calcularán nuevos valores, mostrarán la salida y llevarán a cabo otras tareas. En el capítulo anterior le mostré cómo utilizar variables, operadores y fórmulas matemáticas para realizar cálculos en los procedimientos de suceso. En este capítulo aprenderá a utilizar *estructuras de decisión* para comparar variables, propiedades y valores y para saber cómo ejecutar una o más sentencias basándose en los resultados. En el siguiente capítulo aprenderá a utilizar *bucles* para ejecutar un grupo de sentencias una y otra vez hasta que se cumpla una condición. Conjuntamente, éstas estructuras de control de flujo le permitirán crear procedimientos que puedan responder ante cualquier situación.

Sucesos controlados por los objetos de Visual Basic

Cada objeto de Visual Basic tiene un conjunto predefinido de sucesos a los que puede responder. Estos sucesos se listan en el cuadro de lista desplegable Proc (procedimiento) de la ventana Código para cada uno de los objetos contenidos en el formulario. Podrá escribir un procedimiento de suceso para cada uno de estos sucesos y, si algunos de estos sucesos resulta activado por el programa, Visual Basic ejecutará el procedimiento de suceso asociado con el mismo. Por ejemplo: un objeto cuadro de lista permite los sucesos Click, DblClick, DragDrop, DragOver, GotFocus, ItemCheck, KeyDown, KeyPress, KeyUp, LostFocus, MouseDown, MouseMove, MouseUp, OLECompleteDrag, OLEDragDrop, OLEDragOver, OLEGiveFeedback, OLESetData, OLEStartDrag, Scroll y Validate. Aunque, probablemente, no necesite programar más de uno o dos de estos sucesos en la mayor parte de sus aplicaciones, resulta interesante saber que cuenta con un gran número de opciones a la hora de crear elementos en su interfaz de usuario. En la siguiente ilustración se muestra en la ventana de Código una lista parcial de los sucesos asociados con un objeto cuadro de lista:

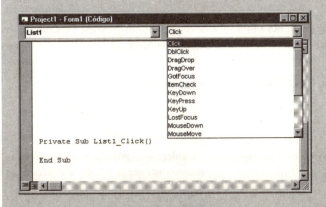

EMPLEO DE EXPRESIONES CONDICIONALES

Las expresiones condicionales requieren respuestas del tipo Verdadero o Falso.

Una de las herramientas más útiles para procesar información en un procedimiento de suceso es la expresión condicional. Una *expresión condicional* forma parte de una sentencia de programa que realiza preguntas del tipo Verdadero o Falso sobre una propiedad, una variable o algún otro tipo de datos en el código del programa. Por ejemplo, la expresión condicional

```
Precio < 100
```

dará como resultado Verdadero (True) si la variable Precio contiene un valor menor que 100 y dará como resultado Falso (False) si la variable Precio contiene un valor mayor o igual que 100. En cualquier expresión condicional podrá utilizar los operadores de comparación que se muestran en la lista siguiente.

Operador de comparación	Significado
=	Igual que
<>	Distinto que
>	Mayor que
<	Menor que
>=	Mayor o igual que
<=	Menor o igual que

NOTA: *Las expresiones que pueden evaluarse como Verdadero o Falso se conocen también como expresiones booleanas y los resultados Verdadero o Falso (True o False) se pueden asignar a una variable o propiedad booleana. Podrá asignar valores booleanos a ciertas propiedades de objetos, variables variantes o variables booleanas que hayan sido creadas mediante el uso de la sentencia Dim y de las palabras clave As Boolean.*

En la siguiente tabla se muestran algunas expresiones condicionales y sus resultados. En el siguiente ejercicio trabajará con los operadores que aparecen en la tabla.

Expresión condicional	Resultado
10 <> 20	Verdadero (10 es distinto de 20)
Puntuación < 20	Verdadero si Puntuación es menor que 20; en otro caso, Falso.
Puntuación = Label1.Caption	Verdadero si la propiedad Caption del objeto Label1 contiene el mismo valor que la variable Puntuación; en caso contrario, Falso.
Text1.Text = "Guillermo"	Verdadero si la palabra *Guillermo* está en el primer cuadro de texto; en otro caso Falso.

LA ESTRUCTURA DE DECISIÓN IF...THEN

Las estructuras de decisión If..Then permiten añadir lógica a los programas.

Las expresiones condicionales pueden controlar el orden en el que se ejecutan las sentencias, cuando se usan en un bloque especial de sentencias denominado *estructura de decisión*. Las estructuras de decisión If...Then le permitirá evaluar una condición en el programa y llevar a cabo una serie de acciones basándose en el resultado de dicha condición. En su forma más simple, una estructura de decisión If...Then cabe en una única línea.

```
If condición Then sentencia
```

donde *condición* es una expresión condicional y *sentencia* es una sentencia válida de Visual Basic. Por ejemplo:

```
If Marcador >= 20 Then Label1.Caption = "¡Ha ganado!"
```

es una estructura de decisión If...Then que utiliza la expresión condicional

```
Marcador >= 20
```

para determinar si el programa deberá asignar a la propiedad Caption del objeto Label1 el valor «¡Ha ganado!». Si la variable Marcador contiene un valor mayor o igual que 20, Visual Basic asignará el valor de la propiedad Caption, en caso contrario ignorará la sentencia de asignación y ejecutará la siguiente línea del procedimiento de suceso. Este tipo de comparación genera siempre como resultado un valor Verdadero o Falso. Una expresión condicional nunca produce otro resultado (por ejemplo, «Tal vez» o «Quizás»).

Verificación de varias condiciones en una estructura de decisión IF...THEN

Las cláusulas ElseIf y Else permiten incluir preguntas adicionales en una estructura If...Then.

Visual Basic cuenta también con una estructura de decisión If...Then que le permitirá manejar simultáneamente varias expresiones condicionales. Este bloque de sentencias puede ocupar varias líneas y utiliza las palabras clave ElseIf, Else y End If.

```
If condición1 Then
      sentencias ejecutadas si condicion1 es Verdadera
ElseIf condición2 Then
      sentencias ejecutadas si condición2 es Verdadera
[Aquí se pueden poner más cláusulas ElseIf y más sentencias]
Else
      sentencias ejecutadas si ninguna de las condiciones es Verdadera
End If
```

En esta estructura, *condición1* se examina en primer lugar. Si esta expresión condicional resulta ser Verdadera (True) se ejecutará el bloque de sentencias que hay debajo, una a una (podrá incluir una o más sentencias de programa). Si la primera condición no es Verdadera se evaluará la segunda expresión condicional (*condición2*).

Si la segunda condición es Verdadera se ejecutará el segundo bloque de sentencias (podrá añadir condiciones y sentencias ElseIf adicionales si desea evaluar más condiciones). Por último, si ninguna de las expresiones condicionales resulta Verdadera, se ejecutarán las sentencias que siguen a la palabra clave Else. La estructura completa se cierra finalmente con las palabras clave End If.

En el siguiente ejemplo se muestra una estructura If...Then de varias líneas que podría utilizarse para determinar los impuestos que debe pagar un determinado contribuyente en un sistema fiscal progresivo (los valores corresponden al Ministerio de Hacienda de EE.UU. para declaraciones individuales en el año 1997).

Las cláusulas ElseIf y Else múltiples son muy adecuadas para manejar valores que pueden pertenecer a diferentes rangos, tales como los ingresos percibidos y las tablas de retención de Hacienda.

```
If Ingresos <= 24650 Then                '15 % retención
    Impuestos = Ingresos * 0,15
ElseIf Ingresos <= 59750 Then            '28 % retención
    Impuestos = 3697 + ((Ingresos - 24650) * 0.28)
ElseIf Ingresos <= 124650 then           '31 % retención
    Impuestos = 13525 + ((Ingresos - 59750) * 0.31)
ElseIf Ingresos <=271050 then            '36 % retención
    Impuestos = 33644 + ((Ingresos -124650) * 0.36)
Else                                     '39.6 % retención
    Impuestos = 86348 + ((Ingresos - 271050) * 0.396)
End If
```

IMPORTANTE: *El orden de las expresiones condicionales en las cláusulas If...Then y ElseIf es crítico. Si invierte el orden en que se evalúan las expresiones condicionales en el ejemplo anterior (es decir, si coloca los porcentajes en orden inverso) los contribuyentes que pertenecieran a las bandas salariales correspondientes a los porcentajes 15, 28 y 31 se evaluarían como si pertenecieran a la banda del porcentaje 36, puesto que es cierto que todos ellos tienen unos ingresos inferiores a 271.050 dólares (Visual Basic se detiene en la primera expresión condicional que sea Verdadera, aunque haya más expresiones que también lo sean). Como todas las expresiones condicionales de este ejemplo evalúan la misma variable, deberán listarse en orden ascendente para poder agrupar a los contribuyentes en su categoría exacta. Moraleja: cuando utilice más de una expresión condicional, tenga cuidado con el orden.*

En esta estructura de decisión, se va evaluando la variable Ingresos desde el primer nivel hasta encontrar un rango de ingresos que haga que la comparación resulte Verdadera.

Cuando esto ocurra se determinará los impuestos que ha de pagar el contribuyente. Esta estructura de decisión, a pesar de su simplicidad, puede resultar bastante útil. Puede utilizarse para calcular los impuestos que debe pagar un contribuyente en un sistema de tasa progresivas (como el de EE.UU.). El programa calculará el valor total del impuesto a pagar suponiendo que los valores de los rangos hayan sido actualizados correctamente y que el valor de la variable Ingresos que está siendo utilizada sea el adecuado. Si los extremos de los rangos se ven modificados bastará con actualizar las expresiones condicionales. Mediante el empleo de una estructura de decisión adicional para determinar el estado de los contribuyentes, el ámbito de validez del programa queda ampliado para incluir a todos los contribuyentes de EE.UU.

En el siguiente ejercicio utilizará una estructura de decisión If...Then para validar a los usuarios que intenten trabajar con un determinado programa. Podrá utilizar una lógica de programación similar si desea desarrollar una aplicación de red.

Validación de usuarios utilizando If...Then

1. Inicie Visual Basic y abra un nuevo proyecto .exe estándar.

    Si Visual Basic ya está en ejecución, abra un nuevo proyecto.

Control CommandButton

2. Utilice el control CommandButton para introducir un botón de orden en la esquina superior izquierda del formulario.

3. Asigne el valor «Acceso» a la propiedad Caption del botón de orden que acaba de introducir.

4. Pulse dos veces el botón Acceso.

    El procedimiento de suceso Command1_Click aparecerá en la ventana Código.

Como norma, las sentencias comprendidas entre instrucciones If...Then, ElseIf y Else se encuentran desplazadas hacia la derecha con respecto al margen izquierdo.

5. Escriba las siguientes sentencias de programa en el procedimiento:

```
NombreUsuario = InputBox("Introduzca su nombre.")
If NombreUsuario = "Laura" Then
    MsgBox ("¡Bienvenida, Laura! ¿Preparada para comenzar?")
    Form1.Picture = _
      LoadPicture("c:\vb6sbs\less06\pcomputr.wmf")
ElseIf NombreUsuario = "Marcos" Then
    MsgBox ("¡Bienvenido, Marcos! ¿Listo para ver su Rolodex?")
    Form1.Picture = _
      LoadPicture("c:\vb6sbs\less06\rolodex.wmf")
Else
    MsgBox ("Lo siento, no le conozco.")
    End   'salir del programa
End If
```

(El carácter subrayado que se utiliza después de las propiedades Form1.Picture permite la división de las sentencias largas del programa en tantas líneas como sea necesario para poder representarlas en este libro. Si lo desea puede escribir cada una de estas sentencias en una única línea; la ventana Código las desplazará hacia la derecha.)

NOTA: *Las líneas de programa pueden tener una longitud máxima de 1.023 caracteres dentro de la ventana Código de Visual Basic, pero suele ser más sencillo trabajar con líneas de una longitud menor o igual a 80 caracteres. Podrá dividir en varias líneas las sentencias de programa que resulten de mayor tamaño simplemente introduciendo el carácter de continuación de líneas (_) al final de cada línea que forme la sentencia, a excepción de la última (sin embargo, no podrá utilizar un carácter de continuación de línea para partir una cadena que se encuentre entre comillas).*

Cuando haya finalizado, su pantalla presentará un aspecto muy similar al siguiente:

El programa Acceso completo está disponible en la carpeta \Vb6Sbs\Less06 del disco duro.

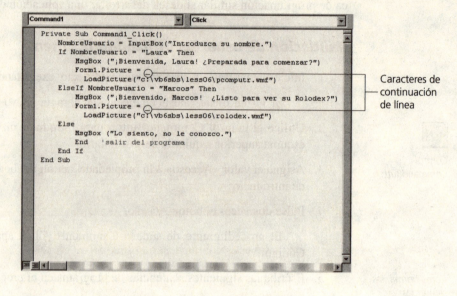

Botón Iniciar

6. Pulse el botón Iniciar de la barra de herramientas.

   El programa se ejecutará en el entorno de programación. En su pantalla aparecerá un formulario en blanco con un botón. Acceso en la esquina superior izquierda.

7. Pulse el botón Acceso.

   La función InputBox del procedimiento de suceso Command1_Click mostrará un cuadro de diálogo que le pedirá que introduzca su nombre.

8. Escriba **Laura** y pulse INTRO.

   La estructura de decisión If...Then comparará el nombre que ha escrito con el texto «Laura» contenido en la primera expresión condicional.

   Si ha escrito *Laura*, la expresión dará como resultado Verdadero y la sentencia If...Then mostrará un mensaje de bienvenida utilizando la función MsgBox.

9. Pulse Aceptar en el cuadro de mensaje.

   El cuadro del mensaje se cerrará y en el formulario se cargará un metaarchivo de Windows con la imagen de una PC, tal como se muestra en la siguiente ilustración:

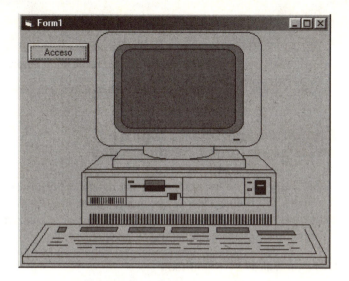

En este programa, el metaarchivo de Windows se carga directamente en el formulario utilizando la propiedad Picture (los formularios cuentan con la propiedad Picture, al igual que los objetos Imagen, *Image*, y que los objetos cuadro de imagen, *PictureBox*). Cuando se carga un gráfico en un formulario éste aparecerá siempre como fondo del formulario. Por ello, cualquier control que exista previamente en el formulario aparecerá por encima del gráfico.

10. Pulse el botón Acceso, escriba **Marcos** y pulse Aceptar.

    Esta vez, la estructura de decisión seleccionará la cláusula ElseIf y admitirá a Marcos en el programa. En la pantalla volverá a aparecer un mensaje de bienvenida mostrado por la función MsgBox.

11. Pulse Aceptar para mostrar el dibujo del Rolodex.

    En el formulario se cargará el correspondiente metaarchivo de Windows.

12. Pulse el botón de Acceso, escriba **Federico** y pulse Aceptar.

    Se ejecutará la cláusula Else de la estructura de decisión y en el objeto MsgBox aparecerá el mensaje mostrado en la figura siguiente.

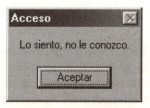

13. Pulse Aceptar para cerrar el cuadro de mensajes.

    Tanto el cuadro de mensajes como el programa se cerrarán. Se ha prohibido la entrada al programa de un usuario no autorizado.

14. Guarde el formulario como **MiAcceso.frm** y el proyecto como **MiAcceso.vbp**.

Empleo de operadores lógicos en las expresiones condicionales

Los operadores lógicos permiten añadir comprobaciones a las expresiones.

Visual Basic le permitirá comprobar más de una expresión condicional en sus cláusulas If...Then y ElseIf en el caso de que quiera incluir más de un criterio de selección en sus estructuras de decisión. Las condiciones adicionales se enlazarán mediante el uso de uno o más de los siguientes operadores lógicos:

Operador lógico	Significado
And	Si ambas expresiones condicionales son Verdaderas, el resultado es Verdadero.
Or	Si alguna de las dos expresiones es Verdadera, el resultado es Verdadero.
Not	Si la expresión condicional es Falsa, el resultado es Verdadero. Si la expresión condicional es Verdadera, el resultado es Falso.
Xor	Si una, y sólo una, de las expresiones condicionales es Verdadera, el resultado es Verdadero. Si ambas son Verdaderas o Falsas, el resultado es Falso.

NOTA: *Cuando el programa evalúe expresiones complejas que mezclen diferentes tipos de operadores, primero evaluará los operadores matemáticos, después los operadores de comparación y, por último, los operadores lógicos.*

En la tabla siguiente se listan algunos ejemplos de operadores lógicos en funcionamiento. En las expresiones se ha supuesto que la variable Vehículo contiene el valor «Moto» y que la variable Precio contiene el valor 200000.

Expresión lógica	Resultado
Vehículo = «Moto» And Precio < 300000	Verdadero (ambas expresiones son Verdaderas)
Vehículo = «Coche» Or Precio < 500000	Verdadero (una condición es Verdadera)
Not Precio < 100000	Verdadero (la condición es Falsa)
Vehículo = «Moto» Xor Precio < 300000	Falso (ambas condiciones son Verdaderas)

En el siguiente ejercicio le mostraré cómo modificar el programa MiAcceso para solicitar al usuario que introduzca una contraseña durante el proceso de validación. La contraseña introducida por el usuario se captará mediante un cuadro de entrada. Deberá modificar las cláusulas If...Then y ElseIf de la estructura de decisión para añadir el operador And y poder verificar así la contraseña introducida.

Empleo de una contraseña mediante el uso del operador And

1. Realice una doble pulsación sobre el botón Acceso para abrir el procedimiento de suceso Command1_Click en la ventana Código.

2. Inserte la siguiente sentencia entre las instrucciones InputBox e If...Then del procedimiento (entre las líneas primera y segunda):

   ```
   Paso = InputBox("Introduzca su contraseña.")
   ```

3. Modifique la sentencia If...Then tal y como se muestra a continuación:

   ```
   If NombreUsuario = "Laura" And Contr = "May17" Then
   ```

   La sentencia incluye ahora un operador lógico And que verificará el nombre del usuario y su contraseña, antes de admitir a «Laura» en el programa.

El programa Contraseña completo se encuentra en el disco duro en la carpeta \Vb6Sbs\Less06.

4. Modifique la sentencia ElseIf tal y como se muestra a continuación:

   ```
   ElseIf NombreUsuario = "Marcos" And Contr = "trek" Then
   ```

   El operador lógico And añadirá una comprobación para verificar la contraseña de la cuenta de Marcos.

5. Guarde el formulario como **MiContraseña.frm** y el proyecto como **MiContraseña.vbp**.

Botón Iniciar

6. Pulse el botón Iniciar de la barra de herramientas.

   El programa se ejecutará en el entorno de programación.

7. Pulse el botón Acceso, escriba **Laura** y pulse Aceptar.

   El programa le pedirá una contraseña.

8. Escriba **May17** y pulse Aceptar.

   La expresión condicional And dará como resultado Verdadero y Laura podrá entrar en el programa.

9. Pulse Aceptar para cerrar el cuadro de mensajes.

Botón Terminar

10. Pulse el botón Terminar de la barra de herramientas para salir del programa.

    El programa se detendrá y aparecerá el entorno de programación.

> **NOTA:** Si está escribiendo una versión completa del programa MiContraseña deberá plantearse la posibilidad de utilizar un objeto cuadro de texto para recibir la entrada de la contraseña en el programa. Los objetos cuadro de texto incluyen la propiedad PasswordChar, que permiten mostrar un carácter marcador, como un asterisco (*), cuando el usuario escribe y la propiedad MaxLength que le permitirá limitar el número máximo de caracteres que se pueden introducir.

ESTRUCTURAS DE DECISIÓN SELECT CASE

Las estructuras de decisión Select Case basan las decisiones de bifurcación en una variable clave.

Visual Basic también le permitirá controlar la ejecución de sentencias en los programas mediante el uso de estructuras de decisión Select Case. En este libro ya hemos utilizado las estructuras Select Case cuando escribimos procedimientos de suceso para procesar cuadros de lista, cuadros combo y opciones de elementos de menú. Una estructura Select Case es similar a una estructura If...Then..ElseIf, pero resulta más eficiente cuando la bifurcación depende de una variable clave o *caso de prueba*. También podrá utilizar las estructuras Select Case para hacer que su código de programa sea más fácilmente legible y mejorar su eficiencia:

La sintaxis de una estructura Select Case es la siguiente:

```
Select Case variable
Case valor1
     se ejecutan las sentencias de programa si valor1 coincide con
     variable
Case valor2
     se ejecutan las sentencias de programa si valor2 coincide con
     variable
Case valor3
     se ejecutan las sentencias de programa si valor3 coincide con
     variable
.
.
.
End Select
```

Todas las estructuras Select Case comienzan con las palabras clave Select Case y finalizan con las palabras clave End Select. Deberá reemplazar *variable* por la variable, propiedad o expresión que vaya a ser valor clave o caso de prueba en la estructura. Así mismo, deberá reemplazar *valor1*, *valor2* y *valor3* por números, cadenas o cualquier otro valor relacionado con la prueba que se está llevando a cabo. Si alguno de los valores coincide con la variable, se ejecutarán las sentencias que aparezcan debajo de la cláusula Case correspondiente y, finalmente, Visual Basic continuará ejecutando el código de programa que aparezca a continuación de la sentencia End Select.

En una estructura Select Case se puede incluir cualquier número de cláusulas Case y más de un valor en cada cláusula Case. Si desea mostrar varios valores detrás de un caso, deberá separarlos por comas.

El ejemplo siguiente muestra un posible uso de la estructura Select Case para imprimir un mensaje apropiado acerca de la edad de una persona en un programa. Si la variable Edad coincide con alguno de los valores utilizados en las sentencias Case, aparecerá un mensaje apropiado utilizando una etiqueta.

```
Select Case Edad
Case 16
      Label1.Caption = "Termina ya la ESO, chaval."
Case 18
      Label1.Caption = "Ya tienes edad para votar."
Case 21
      Label1.Caption = "Ya podrás tomar vino en tus comidas."
Case 65
      Label1.Caption = "Ya es hora de disfrutar de tu jubilación."
End Select
```

Las estructuras del tipo Select Case resultan más sencillas de interpretar que en el caso de utilizar una estructura If...Then equivalente.

Las estructuras Select Case también permiten el empleo de cláusulas Case Else, que podrá utilizar para ejecutar una acción en el caso de que no se dé ninguno de los casos contemplados por las cláusulas Case. A continuación se muestra su funcionamiento en el ejemplo Edad:

```
Select Case Edad
Case 16
      Label1.Caption = "Termina ya la ESO, chaval."
Case 18
      Label1.Caption = "Ya tienes edad para votar."
Case 21
      Label1.Caption = "Ya podrás tomar vino en tus comidas."
Case 65
      Label1.Caption = "Ya es hora de disfrutar de tu jubilación."
Case Else
      Label1.Caption = "Bonita edad, disfrútala."
End Select
```

Empleo de los operadores de comparación dentro de una estructura Select Case

Las estructuras Select Case permiten el empleo de los mismos operadores de comparación que los utilizados en las estructuras If...Then.

En Visual Basic podrá utilizar operadores de comparación para abarcar un rango de valores en cada prueba de una estructura Select Case. Los operadores de comparación de Visual Basic que se pueden utilizar son =,<>, >, <, >= y <=. Para poder utilizar los operadores de comparación deberá incluir la palabra clave Is o la palabra clave To en la expresión para identificar la comparación que se está llevando a cabo.

La palabra clave Is indica al compilador que compare la variable de prueba con la expresión que aparece después de la palabra clave Is. La palabra clave To identifica un rango de valores. La siguiente estructura utiliza Is, To y varios operadores de comparación para comprobar la variable Edad y para mostrar uno de entre cinco mensajes:

```
Select Case Edad
Case Is < 13
      Label1. Caption = "Todavía eres un chaval."
```

```
Case 13 To 19
     Label1.Caption = "Eres un cándido adolescente."
Case 21
     Label1.Caption = "Ya podrás tomar vino en las comidas."
Case Is > 100
     Label1.Caption = "¡Enhorabuena, abuelo!"
Case Else
     Label1.Caption = "Tienes una bonita edad."
End Select
```

Si el valor de la variable Edad es menor que 13, aparecerá el mensaje «Todavía eres un chaval». Para edades entre 13 y 19, el mensaje será «Eres un cándido adolescente», etcétera.

Una estructura de decisión Select Case, normalmente, es más sencilla de leer que la estructura If...Then y resulta más eficiente cuando se realizan tres o más decisiones de bifurcación basándose en una variable o propiedad. No obstante, cuando realice una o dos comparaciones, o cuando trabaje con varias variables distintas, probablemente preferirá utilizar una estructura de decisión If...Then.

El siguiente ejercicio le mostrará cómo utilizar una estructura Select Case para procesar la entrada obtenida a través de un cuadro de lista. En él se utilizarán las propiedades List1.Text y List1.ListIndex para recoger la entrada y, finalmente, se utilizará una estructura Select Case para mostrar un mensaje en uno de los posibles cuatro idiomas.

Empleo de una estructura Select Case para procesar un cuadro de lista

1. En el menú Archivo, seleccione la opción Nuevo proyecto y cree una nueva aplicación estándar.

   Aparecerá un formulario en blanco en el entorno de programación.

Control Label

2. Pulse el control Label contenido en el cuadro de herramientas y después cree un cuadro grande en la parte superior central del formulario para mostrar el título del programa.

Control ListBox

3. Pulse el control ListBox del cuadro de herramientas y cree un cuadro de lista debajo del cuadro de título introducido anteriormente.

4. Cree una pequeña etiqueta encima del objeto cuadro de lista y, después, cree dos pequeñas etiquetas debajo del cuadro de lista para mostrar la salida del programa.

Control CommandButton

5. Pulse el control CommandButton contenido en el cuadro de herramientas y cree un pequeño botón de orden en la parte inferior central del formulario.

Botón Ventana Propiedades

6. Pulse el botón Ventana Propiedades de la barra de herramientas y asigne las siguientes propiedades a los objetos contenidos en el formulario:

Objeto	Propiedad	Valor
Label1	Caption	«Programa de bienvenida internacional»
	Font	Times New Roman, Negrita,14
Label2	Caption	«Seleccione un país»
Label3	Caption	(Vacío)
Label4	Caption	(Vacío)
	BordeStyle	1-Fixed Single
	ForeColor	Rojo oscuro(&H00000080&)
Command1	Caption	«Salir»

Cuando haya terminado de establecer las propiedades, su formulario presentará un aspecto similar al siguiente:

Introduzca ahora el código de programa para inicializar el cuadro de lista.

7. Pulse dos veces en el formulario.

En la ventana Código aparecerá el procedimiento de suceso Form_Load.

Para introducir valores en un cuadro de lista deberá emplear el método AddItem.

8. Escriba el siguiente código de programa para inicializar el cuadro de lista:

```
List1.AddItem "Inglaterra"
List1.AddItem "Alemania"
List1.AddItem "España"
List1.AddItem "Italia"
```

Esta líneas utilizan el método AddItem del cuadro de lista para añadir entradas al cuadro de lista del formulario.

9. Abra el cuadro de lista desplegable Objeto y seleccione el objeto List1.

   En la ventana Código aparecerá el procedimiento de suceso List1_Click.

10. Escriba las siguientes líneas para procesar la selección del cuadro de lista realizado por el usuario:

    ```
    Label3.Caption = List1.Text
    Select Case List1.ListIndex
    Case 0
        Label4.Caption = "Hello, programmer"
    Case 1
        Label4.Caption = "Hallo, Programmierer"
    Case 2
        Label4.Caption = "Hola, programador"
    Case 3
        Label4.Caption = "Ciao, programmatori"
    End Select
    ```

La propiedad ListIndex contiene el número del elemento seleccionado de la lista.

   La primera línea copia el nombre del elemento del cuadro de lista seleccionado en el rótulo de la tercera etiqueta del formulario. La propiedad más importante utilizada en la sentencia es List1.Text que contiene el texto exacto del elemento seleccionado en el cuadro de lista. Las sentencias restantes forman parte de la estructura de decisión Select Case. La estructura utiliza la propiedad List1.ListIndex como variable de prueba y la compara con diferentes valores. La propiedad ListIndex también contiene el número del elemento seleccionado en el cuadro de lista; el primer elemento de la lista tiene asociado el número cero, el segundo el uno, el siguiente el dos, etc. Mediante el uso de ListIndex, la estructura Select Case puede identificar rápidamente la opción seleccionada por el usuario y mostrar el mensaje correcto en el formulario.

11. Abra el cuadro de lista desplegable Objeto y seleccione el objeto Command1 en el cuadro de lista.

    En la ventana Código aparecerá el procedimiento de suceso Command1_Click.

12. Escriba **End** en el procedimiento de suceso y después cierre la ventana Código.

13. Guarde el formulario en disco con el nombre **MiCaso.frm** y después guarde el proyecto en disco con el nombre **MiCaso.vbp**.

Botón Iniciar

14. Pulse el botón Iniciar para ejecutar el programa MiCaso.

15. Pulse cada uno de los nombres de país del cuadro de lista «Seleccione un país».

    El programa mostrará un saludo en el idioma correspondiente a cada uno de los países listados. En la figura de la página siguiente se muestra el mensaje correspondiente a Italia.

El programa Caso completo se encuentra almacenado en el disco duro en la carpeta \Vb6Sbs\Less06.

16. Pulse el botón Salir para detener el programa.

El programa se detendrá y volverá a aparecer el entorno de programación. Por el momento, hemos terminado con las estructuras Select Case.

BÚSQUEDA Y CORRECCIÓN DE ERRORES

El proceso de localización y corrección de errores en programas se denomina depuración.

Los errores que haya encontrado hasta ahora en sus programas habrán sido siempre errores de mecanografía o errores de sintaxis. Ahora bien ¿qué ocurre si descubre un problema más complicado en su programa —uno que no pueda corregir con sencillez simplemente revisando las propiedades, los objetos y las sentencias del programa? El entorno de programación de Visual Basic contiene bastantes herramientas que podrá utilizar para detectar y corregir errores, o bugs, en sus programas. Estas herramientas no le impedirán que cometa errores pero, a menudo, le facilitarán la resolución del problema cuando aparezcan.

Examine la siguiente estructura de decisión If...Then que evalúa dos expresiones condicionales y después muestra un mensaje basándose en el resultado:

```
If Edad > 13 AND Edad < 20 Then
     Text2.Text = "Eres un adolescente."
Else
     Text2.Text = "No eres un adolescente."
End If
```

¿Ha podido detectar el problema en esta estructura de decisión? En general, se considera adolescente a cualquier persona cuya edad esté comprendida entre 13 y 19 años, ambos inclusive, por lo que la estructura falla, ya que no permitirá identificar como adolescentes a las personas cuya edad sea exactamente 13 años (para esta edad, la estructura muestra erróneamente el mensaje «No eres un adolescente»). Este tipo de error no es un error de sintaxis (las sentencias siguen las reglas de Visual Basic); es un error de planteamiento o *error lógico*. La estructura de decisión correcta deberá contener la siguiente sentencia If...Then:

```
If Edad > = 13 AND Edad < 20 Then
```

Lo crea o no, este tipo de errores es el problema más frecuente en un programa de Visual Basic. El código funciona bien la mayoría de las veces, aunque no siempre. Por lo tanto, es el más difícil de detectar y corregir.

Tres tipos de errores

En un programa de Visual Basic pueden ocurrir tres tipos de errores: errores de sintaxis, errores en tiempo de ejecución y errores lógicos:

- Un *error de sintaxis* (o *error de compilación*) es un error de programación que viola las reglas de Visual Basic (como una propiedad o una palabra clave mal escrita). Visual Basic es capaz de detectar muchos tipos de errores a medida que vaya escribiendo las sentencias de programa y no permitirá la ejecución del programa hasta que se corrijan todos los errores de sintaxis.

- Un *error en tiempo de ejecución* es un error que provoca la detención no esperada de un programa durante su ejecución. Los «errores en tiempo de ejecución» hacen referencia a cualquier error, normalmente un suceso externo o un error de sintaxis no descubierto inicialmente por el compilador, que fuerzan la interrupción de la ejecución del programa. Dos ejemplos de condiciones que pueden provocar un error en tiempo de ejecución son un nombre de archivo mal escrito en una función LoadPicture o una unidad de disco abierta.

- Un *error lógico* es un error humano; un error de programación que obliga al código de programa a producir resultados erróneos. La mayor parte del esfuerzo de depuración suele estar dedicado a la detección de este tipo de errores introducidos inadvertidamente por el programador.

Utilice la ayuda interactiva de Visual Basic cuando detecte mensajes de error producidos por errores de sintaxis o errores en tiempo de ejecución. Si aparece un cuadro de diálogo relacionado con un error en tiempo de ejecución, pulse el botón Ayuda.

Empleo del modo Paso a paso

El modo paso a paso le permite ver cómo se ejecuta el programa.

Un método para identificar un error lógico consiste en ejecutar el código del programa línea a línea y examinar el valor de una o más variables o propiedades según éstas cambien. Para ello podrá entrar en *modo ruptura* mientras el programa se esté ejecutando y ver el código en la ventana Código. El modo ruptura le permitirá examinar con mayor detalle su programa durante la ejecución paso a paso del mismo. Es como colocar otro sillón justo detrás de los asientos del piloto y copiloto de una aeronave y ver cómo realizan las maniobras. Pero, en este caso, podrá tocar los controles.

Cuando esté verificando sus aplicaciones podrá abrir una barra de herramientas nueva, la denominada Depuración, que contiene botones dedicados exclusivamente a localizar y depurar errores. Quizás, también sea de su interés abrir la ventana denominada Inspección donde se mostrarán los valores de las variables críticas que le interesen. También podrá utilizar la ventana Inmediato para introducir instrucciones de programa y ver su efecto inmediato.

La siguiente figura muestra el contenido de la barra de Depuración que podrá ver desplegando el submenú Barras de herramientas contenido en el menú Ver y ejecutando la opción Depuración.

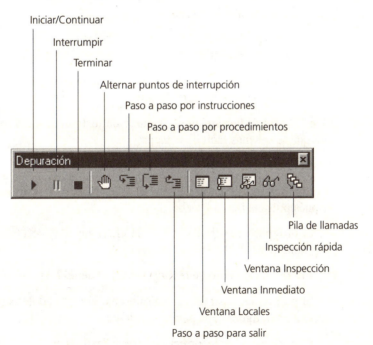

En el siguiente ejercicio utilizará el modo interrupción para localizar y corregir los errores lógicos descubiertos anteriormente en la estructura If...Then (el error forma parte de un programa real). Para aislar el problema utilizará el botón Paso a paso por instrucciones contenido en la barra de herramientas Depuración para ejecutar una a una las instrucciones contenidas en el programa. También utilizará el botón Inspección rápida para mirar los cambios que se produzcan en el valor de la variable Edad. Preste mucha atención a esta estrategia de depuración. Podrá utilizarla para corregir muchos tipos de errores en sus programas.

Depuración del programa Errores

Botón Abrir Proyecto

1. Pulse el botón Abrir proyecto contenido en la barra de herramientas.
2. Abra el proyecto Errores de la carpeta \VB6Sbs\Less06.
3. Si el formulario no está visible, resalte el formulario Errores en la ventana Proyecto y pulse el botón Ver Objeto.

   Aparecerá el formulario del programa Errores. Este programa solicita al usuario que introduzca su edad. Cuando el usuario pulse el botón Prueba, el programa comprobará si el usuario es o no un adolescente. El programa tiene el problema de los 13 años que hemos identificado antes. A continuación le mostraré cómo abrir la barra de herramientas Depuración y entre en el modo Interrupción para localizar el problema.

4. En el menú Ver, despliegue el submenú Barras de herramientas y seleccione la opción Depuración, si todavía no se encuentra seleccionada.

   En pantalla aparecerá la barra de herramientas Depuración (puede aparecer fijada a la derecha de la barra de herramientas Estándar).

5. Sitúe la barra de herramientas Depuración justo debajo del formulario Errores para que le sea más fácil de manejar.

Botón Iniciar

6. Pulse el botón Iniciar de la barra de herramientas Depuración.
7. El programa se ejecutará. Elimine el 0 del cuadro de texto Edad, escriba **14** y después pulse el botón Prueba.

   El programa mostrará el mensaje «Eres un adolescente». En este caso, el programa muestra el resultado correcto.

8. Escriba **13** en el cuadro de texto ¿Qué Edad tienes? y pulse el botón Prueba.

   El programa mostrará el mensaje «No eres un adolescente», tal como se muestra en la figura de la página siguiente.

   Esta respuesta es incorrecta y deberá analizar el código del programa para localizar el problema. En lugar de abandonar el programa y analizar el código de programa por su cuenta, puede pedir ayuda a Visual Basic.

Botón Interrumpir

9. Pulse el botón Interrumpir contenido en la barra de herramientas Depuración (el botón Interrumpir está justo a la derecha del botón Iniciar).

EMPLEO DE ESTRUCTURAS DE DECISIÓN   **167**

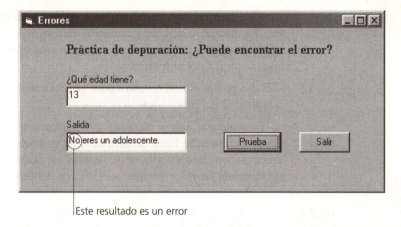

Este resultado es un error

El programa hará una pausa y Visual Basic mostrará la ventana Código que muestra el código que está ejecutando Visual Basic. Su pantalla será similar a la siguiente:

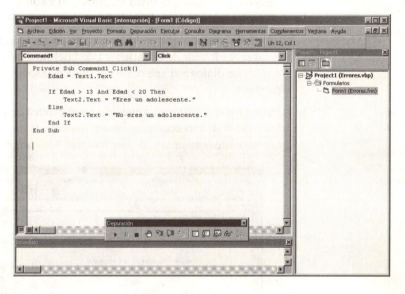

Botón Paso a paso por instrucciones

10. Pulse el botón Paso a paso por instrucciones contenido en la barra de herramientas Depuración para ejecutar la siguiente sentencia del programa.

Visual Basic devolverá el control al formulario del programa y esperará la entrada.

11. Pulse el formulario Errores en la barra de tareas de Windows, verifique que el 13 sigue estando en el cuadro de texto y pulse el botón Prueba.

Como Visual Basic está en modo ruptura, ocurre algo inusual. Visual Basic abrirá la ventana Código y mostrará el procedimiento de suceso Command1_Click (el código de programa que va a ser ejecutado por el compilador). La primera instrucción contenida en este procedimiento se muestra resaltada en amarillo. De esta forma, se le brinda la oportunidad de ver cómo funciona la lógica del programa.

12. Vuelva a pulsar el botón Paso a paso por instrucciones para ejecutar la primera sentencia del procedimiento.

    La sentencia Sub se ejecutará y la sentencia que contiene la variable Edad aparecerá resaltada. Edad es la variable de prueba crítica en este programa, por lo que deberá introducirla en la ventana de Inspección para ver cómo se va modificando su valor durante la ejecución del programa.

TRUCO: *Cuando su programa se encuentre en modo Interrupción, podrá verificar el valor de una variable contenida en la ventana Código manteniendo el puntero del ratón sobre ella.*

Botón Inspección rápida

13. Seleccione la variable Edad utilizando el ratón y después pulse el botón Inspección rápida contenido en la barra de herramientas Depuración.

    En la ventana aparecerá un cuadro de diálogo mostrando el contexto, el nombre y el valor de la variable Edad del programa. También podrá ver este cuadro de diálogo si selecciona la opción Inspección rápida del menú Depuración.

La ventana Inspección muestra variables añadidas mediante el empleo de la orden Inspección rápida.

14. Pulse el botón Agregar contenido en el cuadro de diálogo Inspección rápida. La ventana de Inspección aparecerá fijada en la parte inferior de la pantalla (tal vez necesite aumentarla de tamaño para ver completamente su contenido).

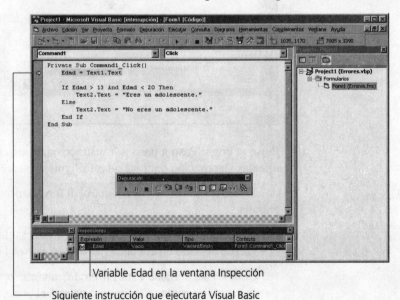

Variable Edad en la ventana Inspección

Siguiente instrucción que ejecutará Visual Basic

NOTA: *Para eliminar una variable de inspección de la ventana Inspección, pulse el nombre de la variable en la ventana de Inspección y presione la tecla* SUPR.

En este momento la variable Edad no tiene ningún valor, ya que aún no ha sido utilizada en el procedimiento de suceso (como la variable Edad no ha sido declarada globalmente en el programa, se utilizará como variable local en el procedimiento y se reiniciará cada vez que se llame a dicho procedimiento).

15. Pulse el botón Paso a paso por instrucciones para ejecutar la siguiente sentencia.

    Visual Basic pasará el número 13 desde el cuadro de texto a la variable Edad y la variable Edad se actualizará en la ventana Inspección. Visual Basic resaltará ahora la primera sentencia de la estructura If...Then, la instrucción más importante del programa y la que contiene el error que andamos buscando. Como con 13 años cualquier niño es ya un adolescente, Visual Basic debería ejecutar la cláusula Then después de evaluar esta instrucción.

16. Pulse de nuevo el botón Paso a paso por instrucciones.

    Visual Basic resaltará ahora la cláusula Else en la estructura If...Then. Como puede ver, la prueba falla con este valor de la variable Edad. Por lo tanto, deberá localizar y corregir el problema ahora, si es posible. Visual Basic le ha ayudado a detectar el problema, sin embargo será su obligación reconocerlo y corregirlo. Esta vez ya conoce la solución. En la primera comparación deberá utilizar el operador > =.

17. Pulse detrás del operador > de la sentencia If...Then y escriba =. Su pantalla presentará un aspecto similar al siguiente:

Cuando una estructura de decisión bifurca incorrectamente, deberá buscar el error en la expresión condicional y corregirlo, si es posible.

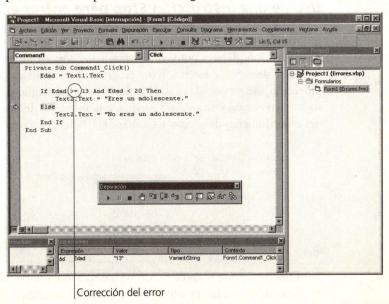

Corrección del error

Visual Basic le permite corregir errores mientras se encuentre en modo ruptura, pero si los cambios se realizan en sentencias que ya se han ejecutado, las correcciones no tendrán efecto hasta la siguiente vez que se ejecuten dichas sentencias. Para comprobar que la corrección que acaba de efectuar funciona adecuadamente deberá pulsar de nuevo el botón Prueba.

18. Pulse tres veces el botón Paso a paso por instrucciones.

    Visual Basic finalizará la ejecución de la estructura de decisión.

19. Pulse el botón Iniciar (ahora llamado Continuar) de la barra de herramientas Depuración para realizar la ejecución completa del programa.

    El formulario Errores reaparecerá.

20. Pulse el botón Prueba para comprobar el error corregido, verifique el mensaje «Eres un adolescente» en el cuadro Salida y después pulse el botón Salir para detener el programa.

    Pulse el botón Cerrar contenido en la barra de herramientas Depuración y la ventana Inspección desaparecerá de su pantalla.

¡Enhorabuena!, ya ha utilizado satisfactoriamente el modo Interrupción (ruptura) para localizar y corregir un error lógico en un programa. A medida que siga trabajando con Visual Basic, no dude en utilizar el modo Ruptura y la barra de herramientas Depuración para analizar su código.

UN PASO MÁS ALLÁ

Uso de una instrucción Stop para entrar en el modo ruptura

Podrá entrar en el modo ruptura utilizando una instrucción Stop.

Si desea interrumpir la ejecución del programa en un lugar determinado y comenzar allí la depuración, deberá colocar la sentencia Stop en dicho lugar del código. De esta forma, se detendrá la ejecución del programa y se mostrará la ventana Código. Por ejemplo, como alternativa a la pulsación del botón Interrumpir, podría haber activado el modo ruptura en el ejercicio anterior mediante la inserción de una sentencia Stop al principio del procedimiento de suceso Command1_Click, tal y como se muestra a continuación:

```
Private Sub Command1_Click()
    Stop   'entra en modo ruptura
    Edad = Text1.Text
    If Edad > 13 AND Edad < 20 Then
        Text2.Text = "Eres un adolescente."
    Else
        Text2.Text = "No eres un adolescente."
    End If
End Sub
```

Cuando ejecute un programa que incluya una sentencia Stop, Visual Basic entrará en el modo ruptura tan pronto como se localice la sentencia Stop. Mientras esté en modo ruptura, podrá utilizar la ventana Código y la barra de herramientas Depuración en la misma forma que en el caso de que hubiera entrado el modo ruptura manualmente. Cuando finalice la depuración, elimine la instrucción Stop.

Si desea continuar con el siguiente capítulo
➤ No salga de Visual Basic y pase al Capítulo 7.

Si desea salir de Visual Basic por ahora
➤ En el menú Archivo seleccione Salir.

Si en su pantalla aparece un cuadro de diálogo que le permite almacenar los cambios, seleccione Sí.

RESUMEN DEL CAPÍTULO 6

Para	Haga esto	Botón
Escribir una expresión condicional	Utilice un operador de comparación entre dos valores.	
Utilizar una estructura de decisión	Utilice una sentencia If...Then o Select Case y las expresiones y palabras clave necesarias.	
Realizar dos comparaciones en una expresión condicional	Utilice un operador lógico (And, Or, Not o Xor) entre las comparaciones.	
Mostrar la barra de herramientas Depuración	En el menú Ver, despliegue el submenú Herramientas y ejecute el mandato Depuración.	
Entrar en modo ruptura para corrección de errores	Pulse el botón Interrumpir en la barra de herramientas Depuración o Introduzca una sentencia Stop donde desee provocar la interrupción.	⏸
Ejecutar una línea de código en la ventana Código	Pulse el botón Paso a paso por instrucciones contenido en la barra de herramientas Depuración o En el menú Depuración, ejecute el mandato Paso a paso por instrucciones.	⇗≡
Examinar una variable en la ventana Código	Resalte la variable que desee examinar y pulse el botón Inspección rápida contenido en la barra de herramientas Depuración o seleccione la opción Inspección rápida del menú Depuración.	👓
Eliminar una expresión de inspección	Seleccione la expresión en la ventana Inspección y pulse Eliminar.	

Capítulo 7

Empleo de bucles y del control Timer

Tiempo estimado:
50 minutos

En este capítulo aprenderá a:

- Utilizar un bucle For...Next para ejecutar las mismas instrucciones un número fijado de veces.
- Mostrar la salida en un formulario utilizando el método Print.
- Utilizar un bucle Loop para ejecutar instrucciones hasta que se cumpla una determinada condición.
- Ejecutar un bucle una determinada cantidad de tiempo utilizando un objeto temporizador.
- Crear su propio reloj digital y poner en marcha una alarma de aviso.

En el Capítulo 6 se analizaron las estructuras de decisión If...Then y Select Case que podrán utilizarse para seleccionar qué sentencias se desea ejecutar en un programa. En este capítulo le mostraré cómo ejecutar un bloque de sentencias una y otra vez mediante el uso de un bucle. Utilizará un bucle For...Next para ejecutar sentencias un número exacto de veces y empleará un bucle Do para ejecutar un grupo de sentencias hasta que la expresión condicional del bucle se evalúe como Verdadera. También aprenderá a utilizar el método Print para mostrar textos y números en un formulario y a utilizar un objeto temporizador para ejecutar código durante determinados intervalos temporales en sus programas.

ESCRITURA DE BUCLES FOR...NEXT

Un bucle For...Next le permite ejecutar un grupo específico de sentencias contenidas dentro de un procedimiento de suceso una serie concreta de veces. Esta forma de proceder puede resultar útil si está realizando cálculos relacionados entre sí, si está trabajando con elementos en la pantalla o si se encuentra procesando varias piezas de información introducidas por el usuario. Un bucle For...Next es, en realidad, una forma abreviada de escribir una larga lista de sentencias de programa. Como cada grupo de sentencias de la lista haría esencialmente lo mismo, Visual Basic le permite definir un grupo de sentencias y hacer que dichas sentencias se ejecuten tantas veces como desee.

La sintaxis de un bucle For...Next es la siguiente:

```
For variable = inicio To fin
    sentencias que se van a repetir
Next variable
```

En un bucle For...Next, las variables inicio y fin determinan las veces que se repetirá el bucle.

En este tipo de sentencias For, To y Next son palabras clave imprescindibles mientras que el operador = (igual) también es necesario. La palabra *variable* indica una variable numérica que se encargará de llevar la cuenta del número de veces que se ha ejecutado el bucle, mientras que las palabras *inicio* y *fin* son valores numéricos que representan los puntos inicial y final de ejecución del bucle. La línea o líneas que se encuentren entre las sentencias For y Next serán las instrucciones que se repetirán cada vez que se ejecute el bucle.

Por ejemplo, el siguiente bucle For..Next hará que el altavoz de la computadora emita cuatro sonidos en rápida sucesión:

```
For i = 1 To 4
    Beep
Next i
```

Este bucle es el equivalente funcional a escribir cuatro veces la sentencia Beep en el mismo procedimiento. Para un compilador sería lo mismo que escribir:

```
Beep
Beep
Beep
Beep
```

La variable utilizada en el bucle es «i», una letra que, por convenio, se utiliza como primer contador de enteros en un bucle For...Next. Cada vez que se ejecute el bucle, la variable contadora se incrementará una unidad (la primera vez que se ejecute el bucle, la variable contadora tendrá el valor 1, o valor de *inicio*, la última vez la variable valdrá 4, o valor *final*).

Como le mostraré en los ejemplos siguientes, esta variable contadora se puede utilizar con diversos propósitos de cálculo dentro del bucle.

Visualización de una variable contadora mediante el método Print

El método Print envía la salida al formulario o a la impresora.

Una variable contadora es idéntica a cualquier otra variable dentro del procedimiento de suceso. Se puede asignar a propiedades, se puede utilizar en cálculos o se puede mostrar en un programa. Una de las técnicas más sencillas utilizadas para visualizar una variable contadora consiste en utilizar el método Print, una sentencia especial que muestra la salida en el formulario o la imprime en una impresora conectada. El método Print tiene la siguiente sintaxis:

```
Print expresión
```

donde *expresión* es una variable, propiedad, valor de texto o valor numérico del procedimiento. En el siguiente ejercicio utilizará el método Print para mostrar la salida de un bucle For...Next en un formulario.

> **TRUCO:** Si tiene pensado minimizar un formulario que contenga la salida obtenida mediante un método Print, asigne el valor True a la propiedad AutoRedraw del formulario. De esta forma, Visual Basic podrá recrear automáticamente la salida cuando vuelva a mostrar en pantalla el formulario. A diferencia de otros objetos contenidos en un formulario, que se redibujan de forma automática, el texto mostrado con el método Print sólo reaparecerá si define como True la propiedad AutoRedraw.

Cómo visualizar información utilizando un bucle For..Next

1. Ponga en marcha Microsoft Visual Basic y abra un nuevo proyecto EXE estándar.
2. Aumente el tamaño del formulario con el puntero del ratón para aumentar el espacio disponible para mostrar la salida.
3. Utilice el control CommandButton para crear un botón de orden en la parte inferior central del formulario.

Control CommandButton

4. Abra la ventana Propiedades y asigne a la propiedad Caption del botón de orden la palabra «Bucle».
5. Abra el cuadro de lista desplegable objeto situado en la parte superior de la ventana Propiedades y pulse el nombre de objeto Form1.

   En la ventana Propiedades aparecerán las propiedades del formulario.

6. Cambie la propiedad Font a Times New Roman.

   La propiedad Font controla el tipo de letra que utilizará el programa para representar al texto contenido en el formulario. Podrá utilizar cualquier fuente para este cometido, sin embargo, las fuentes TrueType son las que mejor funcionan, ya que pueden visualizarse en distintos tamaños y su aspecto es idéntico tanto en la pantalla como en la impresora.

7. Cambie la propiedad AutoRedraw a True.

   Si se oculta el formulario, la propiedad AutoRedraw volverá a mostrar cualquier texto visualizado previamente por el método Print.

8. Pulse dos veces el botón Bucle del formulario.

   En la ventana Código aparecerá el procedimiento de suceso Command1_Click.

9. Introduzca las siguientes sentencias de programa en dicho procedimiento:

```
For i = 1 To 10
    Print "Línea"; i
Next i
```

Este bucle For..Next utiliza el método Print para mostrar 10 veces en el formulario la palabra *Línea*, seguida del contador del bucle. El punto y coma (;) de la sentencia Print hace que Visual Basic muestre la variable contador junto a la cadena «Línea», sin espacio adicional en medio. Sin embargo, cuando ejecute el programa podrá ver un espacio en blanco entre «Línea» y la variable contadora. Cuando se imprimen valores numéricos, el método Print reserva un espacio en blanco para el signo menos, aunque dicho signo no sea necesario en todas las ocasiones.

El programa BucleFor completo se encuentra en la carpeta \Vb6Sbs\Less07 del disco.

NOTA: *El método Print permite utilizar los símbolos punto y coma (;) y coma (,) para separar los elementos contenidos en una lista. El punto y coma coloca los elementos uno al lado del otro, mientras que la coma separa cada par de elementos mediante un tabulador. Podrá utilizar cualquier combinación de comas y puntos y comas para separar los elementos de una lista.*

Ahora ya puede ejecutar el programa.

Botón Iniciar

10. Pulse el botón Iniciar contenido en la barra de herramientas.
11. Pulse el botón Bucle.

    El bucle For...Next imprimirá 10 líneas en el formulario, tal como se muestra a continuación:

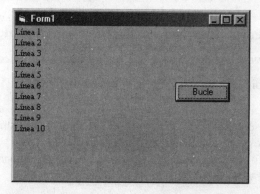

EMPLEO DE BUCLES Y DEL CONTROL TIMER **177**

12. Vuelva a pulsar el botón Bucle.

    El bucle For...Next imprimirá otras 10 líneas en el formulario (o tantas como quepan). Cada vez que se imprime una línea, el punto de inserción se desplaza una línea hacia abajo, hasta que el cursor llegue al borde inferior del formulario.

Botón Terminar

13. Pulse el botón Terminar de la barra de herramientas para detener el programa.

Botón Guardar Proyecto

14. Pulse el botón Guardar proyecto de la barra de herramientas. Guarde el formulario como **MiBucleFor.frm** y guarde el proyecto como **MiBucleFor.vbp**.

    Guarde los archivos en la carpeta \Vb6Sbs\Less07.

Modificación de una propiedad de un bucle For...Next

La propiedad FontSize modifica el tamaño de las fuentes utilizadas en el formulario.

Visual Basic le permitirá modificar propiedades y actualizar variables clave en un bucle. En el siguiente ejercicio modificará el programa MiBucleFor para cambiar la propiedad FontSize utilizando un bucle For...Next. La propiedad FontSize especifica el tamaño del texto mostrado en un formulario; podrá utilizarla como alternativa a la modificación del tamaño con la propiedad Font.

Modificación de la propiedad FontSize

1. Abra el procedimiento de suceso Command1_Click si es que no está abierto.

    En la ventana Código aparecerá el bucle For...Next.

2. Inserte la siguiente sentencia directamente debajo de la sentencia For:

    ```
    FontSize = 10 + i
    ```

    Esta sentencia asigna a la propiedad FontSize del formulario el valor 10 puntos más el valor que tenga en cada pasada el contador del bucle. La primera vez que se atraviese el bucle, el tamaño de fuente será 11 puntos, la siguiente vez será 12, y así hasta la última vuelta del bucle, cuando el tamaño de la fuente será de 20 puntos.

    Cuando haya terminado, el bucle For...Next será similar al que se muestra en la figura siguiente:

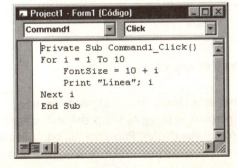

Botón Iniciar

3. Pulse el botón de Iniciar de la barra de herramientas para ejecutar el programa.

4. Pulse el botón Bucle.

El bucle For...Next mostrará la siguiente salida en el formulario:

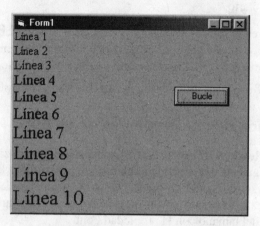

Cada vez que se incrementa el contador del bucle, el tamaño del tipo de letra también se incrementa en el formulario.

5. Pulse el botón Terminar para detener el programa.

Botón Terminar

El programa se detendrá y volverá a aparecer el entorno del programación.

6. En el menú Archivo, pulse la orden Guardar MiBucleFor.frm como. Guarde el formulario modificado con el nombre **MiAumentoFuente.frm**.

El programa AumentoFuente completo se encuentra en la carpeta \Vb6Sbs\Less07.

7. En el menú Archivo, pulse la orden Guardar proyecto como. Guarde el proyecto como **MiAumentoFuente.vbp**.

IMPORTANTE: *Un bucle For...Next puede ahorrar bastante espacio en un programa. En el ejemplo anterior, un bucle For...Next de cuatro líneas ha procesado el equivalente a 20 sentencias de programa.*

Con la palabra clave Step podrá crear otras secuencias o sucesiones de números para la variable contadora del bucle For...Next.

Bucles For...Next complejos

La variable contadora de un bucle For..Next puede ser una potente herramienta en sus programas. Con un poquito de imaginación podrá utilizarla para crear distintas secuencias útiles de números en sus Bucles. Para crear un bucle con una sucesión distinta a la de 1, 2, 3, 4, etc., podrá especificar un valor distinto para el valor inicio del bucle y utilizar la palabra clave Step para incrementar el contador en intervalos distintos a la unidad. Por ejemplo, el bucle:

```
For i = 5 To 25 Step 5
     Print i
Next i
```

Imprimirá en el formulario la siguiente secuencia de números:

```
5
10
15
20
25
```

Podrá utilizar la palabra clave Step con valores decimales.

En un bucle también se pueden especificar valores decimales. Por ejemplo, el bucle For...Next

```
For i = 1 To 2.5 Step 0.5
     Print i
Next i
```

Imprimirá en un formulario los siguientes números:

```
1
1.5
2
2.5
```

Además de mostrar el valor asociado al contador podrá utilizar este valor para asignar propiedades, calcular valores o procesar archivos. El siguiente ejercicio muestra cómo podrá utilizar el contador para abrir iconos de Visual Basic que se encuentran almacenados en distintos archivos del disco, con números en sus nombres. El programa muestra también cómo podrá utilizar un bucle For...Next para trabajar con varios objetos de imagen en modo de grupo. Para organizar los objetos de imagen de forma que se puedan procesar de forma eficiente, se introducirán en un contenedor denominado array de control.

Cómo abrir archivos utilizando el bucle For...Next

1. En el menú Archivo, seleccione la opción Nuevo proyecto y pulse Aceptar.

2. Pulse el control Image en el cuadro de herramientas y cree después un pequeño cuadro de imagen junto a la esquina superior izquierda del formulario.

Control Image

3. En el menú Edición seleccione la opción Copiar.

En el Portapapeles de Microsoft Windows se almacenará una copia del cuadro de imagen. Esta copia se utilizará posteriormente para crear en el formulario tres cuadros de imagen adicionales.

4. En el menú Edición seleccione la opción Pegar.

Creará un array de control copiando y pegando objetos.

   Visual Basic mostrará un mensaje preguntándole si desea crear un array de control en su programa. Un *array de control* es un grupo de objetos idénticos que se mostrarán en la interfaz del programa. Cada uno de los objetos del grupo comparte el mismo nombre del objeto, de forma que se puede seleccionar y definir simultáneamente el grupo entero de objetos. Sin embargo, los objetos de un array de control también pueden utilizarse individualmente, por lo que el programador tiene control completo sobre cada uno de los elementos de la interfaz de usuario.

5. Pulse Sí para crear un array de control.

   Visual Basic crea un array de control de cuadros de imagen y pega el segundo cuadro de imagen en la esquina superior izquierda del formulario. El nuevo objeto estará seleccionado.

6. Arrastre el segundo cuadro de imagen hasta situarlo a la derecha del primer cuadro de imagen.

NOTA: *Después de seleccionar un objeto podrá arrastrarlo hacia cualquier parte del formulario.*

7. En el menú Edición, vuelva a seleccionar la opción Pegar y después arrastre el tercer cuadro de imagen a la derecha del segundo.

8. Vuelva a ejecutar la opción Pegar y coloque el cuarto cuadro de imagen a la derecha del tercero.

   Cuando haya terminado de pegar estos cuatro objetos, su pantalla ofrecerá un aspecto similar al de la siguiente ilustración:

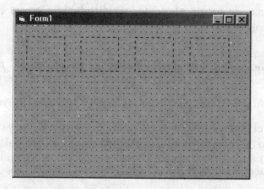

Control CommandButton

9. Pulse el control CommandButton de la barra de herramientas y cree un botón de orden en la parte inferior del formulario.

Podrá trabajar con todos los objetos de un array de control seleccionándolos como grupo.

10. Seleccione el primer cuadro de imagen, pulse y mantenga pulsada la tecla MAYÚS y después seleccione los cuadros de imagen segundo, tercero y cuarto. Suelte la tecla MAYÚS.

    Los cuadros de imagen del array de control aparecerán seleccionados en el formulario.

11. Abra la ventana Propiedades y asigne las propiedades que se muestran en la siguiente tabla (después de establecer las propiedades de los cuadros de imagen, pulse el botón de orden para asignar sus propiedades).

Objeto	Propiedad	Valor
Array de control Image1	BorderStyle	1 - Fixed Single
	Stretch	True
Command1	Caption	«Mostrar iconos»

12. Pulse dos veces el botón Mostrar Iconos del formulario para ver en pantalla el procedimiento de suceso de este botón de orden.

    En la ventana Código aparecerá el procedimiento Command1_Click.

13. Aumente el tamaño de la ventana Código y escriba el siguiente bucle For...Next:

    ```
    For i = 1 To 4
        Image1(i - 1).Picture = _
            LoadPicture("c:\Vb6Sbs\Less07\misc0" & i & ".ico")
    Next i
    ```

> **NOTA:** *En este procedimiento de suceso, la función LoadPicture es demasiado larga para que aparezca en una sola línea en este libro, por lo que se ha dividido en dos líneas utilizando el carácter de continuación de línea de Visual Basic (_). Este carácter se puede utilizar en cualquier parte del programa, exceptuando en el interior de un rótulo o cadena alfabética.*

El bucle utiliza la función LoadPicture para cargar cuatro archivos que contienen la imagen de cuatro iconos y que están almacenados en la carpeta \Vb6Sbs\Less07 del disco duro. La parte más importante de este bucle es la sentencia

```
Image1(i - 1).Picture = _
    LoadPicture("c:\Vb6Sbs\Less07\misc0" & i & ".ico")
```

que carga los archivos desde el disco duro. La primera parte de la sentencia.

```
Image1(i - 1).Picture
```

accede a la propiedad Picture de cada uno de los cuatro cuadros de imagen del array de control. Se hace referencia a cada uno de los elementos del array de control mediante sus índices, por lo que podrá nombrarlos de la siguiente forma: Image1(0), Image1(1), Image1(2) e Image1(3). El número entre paréntesis es el valor del índice en el array; en este ejemplo, el valor correcto del índice se calcula restando 1 a la variable contadora.

El nombre de archivo se crea utilizando la variable contadora y el operador de concatenación que fue comentado en el capítulo anterior. La instrucción:

```
LoadPicture("c:\Vb6Sbs\Less07\misc0" & i & ".ico")
```

combina una vía de acceso (ruta), el nombre de un archivo y la extensión .ico para crear cuatro nombres válidos para los archivos de icono contenidos en el disco duro. En este ejemplo, los archivos que está cargando en los cuadros de imágenes tienen los siguientes nombres: Misc01.ico, Misc02.ico, Misc03.ico y Misc04.ico. Esta sentencia funciona debido a que en la carpeta \Vb6Sbs\Less07 hay almacenados varios archivos cuyo nombre concuerda con el modelo: Miscxx.ico. La existencia de este modelo es lo que nos permite crear un bucle For...Next para cargar los cuatro nombres de archivo.

Botón Guardar Proyecto

14. Pulse el botón Guardar proyecto de la barra de herramientas

    Guarde el formulario en disco con el nombre **MiArrayControl.frm** y guarde después el proyecto con el nombre **MiArrayControl.vbp**.

Botón Iniciar

El programa ArrayControl completo se encuentra en la carpeta \Vb6Sbs\Less07.

15. Pulse el botón Iniciar contenido en la barra de herramientas para poner en marcha el programa y pulse el botón Mostrar Iconos.

    El bucle For...Next cargará los iconos desde el disco a los cuadros de imagen.

TRUCO: *Si Visual Basic muestra un mensaje de error, compruebe que el código introducido es correcto para localizar posibles errores de mecanografía. Verifique posteriormente que los archivos de icono se encuentran en la vía de acceso especificada en el programa. Si ha instalado los archivos de prácticas del libro* Aprenda Visual Basic 6.0 Ya *en una carpeta distinta de la propuesta por defecto por el programa de instalación, o si ha movido los archivos de icono a otra ubicación, puede que la vía de acceso utilizada en el procedimiento de suceso no sea la correcta.*

El programa mostrará la siguiente salida:

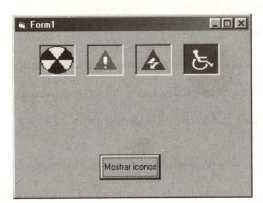

16. Pulse el botón Cerrar de la barra de títulos para abandonar el programa.

El programa se detendrá y volverá a aparecer el entorno de programación.

Empleo de la palabra clave Step en el programa MiArrayControl

Imagine que la carpeta \Vb6Sbs\Less07 está repleta de archivos con nombres que siguen el modelo Miscxx.ico. Vamos a intentar ahora utilizar la palabra clave Step para mostrar algunos iconos nuevos en los cuadros de imagen. Para cargar archivos cuyos nombres sigan un modelo distinto bastará con cambiar los números que aparecen detrás de la sentencia For y modificar el código que crea el índice del array de control y el nombre de archivos de icono. También deberá cambiar los índices de los cuadros de imagen para que coincidan con los nuevos valores del contador que esté utilizando.

Modificación del programa MiArrayControl

1. Seleccione el primer cuadro de imagen del formulario y después abra la ventana Propiedades.

   En la ventana Propiedades aparecerán las propiedades asociadas con el cuadro de imagen Image1(0).

2. Cambie el valor de la propiedad Index a 22.

   El primer elemento de un array de control suele tener el valor de índice 0. Sin embargo, podrá cambiar el valor de este índice si ello le facilita el manejo del array de control. En este ejercicio, los archivos que va a abrir son Misc22.ico, Misc24.ico, Misc26.ico y Misc28.ico, por lo que deberá cambiar los índices de los objeto a 22, 24, 26 y 28 para facilitar la referencia a los objetos.

3. Abra el cuadro de lista desplegable de objetos de la ventana Propiedades y seleccione el nombre de objeto Image1(1).

4. Asigne a la propiedad Index del segundo cuadro de imagen el valor 24.

5. Abra el cuadro de lista desplegable y pulse el nombre de objeto Image1(2).

6. Asigne a la propiedad Index del tercer cuadro de imagen el valor 26.

7. Abra el cuadro de lista desplegable objeto y pulse el nombre de objeto Image1(3).

8. Asigne a la propiedad Index del cuarto cuadro de imagen el valor 28.

   A continuación, le mostraré cómo modificar el código del bucle For...Next.

9. Realice una doble pulsación sobre el botón de orden Mostrar Iconos.

   En la ventana Código aparecerá el procedimiento de suceso Command1_Click.

10. Cambie la primera sentencia For por la siguiente:

    ```
    For i = 22 To 28 Step 2
    ```

    Este código asigna a la variable contador el valor 22 en la primera pasada del bucle, el valor 24 en la segunda y los valores 26 y 28 en las pasadas siguientes. Actualice ahora la función LoadPicture del bucle.

11. Cambie el índice del array de control de Image1(i-1) a image1(i).

    Como el índice coincide ahora exactamente con el bucle y con los nombres de los objetos imágenes, no hará falta realizar ningún cálculo para determinar el índice.

12. Borre el segundo cero (0) de la vía de acceso (ruta) dentro de la función LoadPicture.

    Los nombres de los archivos (Miscxx.ico) ya no contendrán ceros. Cuando haya terminado, su procedimiento de suceso deberá ser similar al siguiente:

```
Private Sub Command1_Click()
For i = 22 To 28 Step 2
    Image1(i).Picture = _
        LoadPicture("c:\vb6sbs\less07\misc" & i & ".ico")
Next i
End Sub
```

13. Pulse el botón Iniciar de la barra de herramientas y pulse después el botón Mostrar Iconos.

    El bucle For...Next cargará ahora cuatro nuevos iconos en los cuadros de imagen. Su pantalla deberá tener un aspecto similar a la mostrada en la figura siguiente.

14. Pulse el botón Cerrar de la barra de títulos.

    El programa se detendrá y volverá a aparecer el entorno de programación.

El programa BucleStep completo se encuentra en la carpeta \Vb6Sbs\Less07.

15. Guarde el formulario y el proyecto modificados en disco con el nombre **MiBucleStep**.

Sentencias Exit For

La sentencia Exit For le permitirá salir de un bucle For...Next antes de que el bucle haya terminado su ejecución. De esta forma podrá dar respuesta a un suceso específico que suceda antes de que el bucle se haya ejecutado el número de veces previsto. Por ejemplo, en el siguiente bucle For...Next.

```
For i = 1 To 10
    Nombre = InputBox("Escriba su nombre o Introduzca Fin para
    salir.")
    If Nombre = "Fin" Then Exit For.
    Print Nombre
Next i
```

El bucle solicita al usuario diez nombres y los irá imprimiendo en el formulario, a menos que introduzca antes la palabra *fin* (en cuyo caso el programa saltará a la primera sentencia que siga a la instrucción Next). Normalmente, la sentencia Exit For va unida a sentencias If. Esta estructura le resultará de gran utilidad para gestionar casos especiales que puedan suceder en un bucle, tal como detenerlo antes de que se alcance un límite predefinido.

ESCRITURA DE BUCLES DO

Los bucles Do ejecutan código hasta que se cumpla una condición específica.

Como alternativa a los bucles For...Next podrá utilizar un bucle Do para ejecutar un grupo de sentencias hasta que cierta condición del bucle sea Verdadera. Los bucles Do son útiles especialmente en aquellas ocasiones en las que no se sabe de antemano cuántas veces hay que repetir la ejecución del bucle. Por ejemplo, tal vez desee desarrollar una aplicación que permitir al usuario introducir nombres en una base de datos hasta que escriba la palabra *Fin* en un cuadro de Entrada. En ese caso podrá utilizar un bucle Do para repetir el bucle indefinidamente hasta que se introduzca la cadena de texto «Fin».

Los bucles Do pueden tener diferentes formatos, dependiendo de dónde y bajo qué condiciones se evalúen. La sintaxis más habitual es:

```
Do While condición
     bloque de sentencias a ejecutarse
Loop
```

Por ejemplo, las siguientes sentencias forman un bucle Do que procesará la entrada hasta que se introduzca la palabra «*Fin*».

```
Do While Nombre <> "Fin"
    Nombre = InputBox("Escriba su nombre o introduzca Fin para salir.")
    If Nombre <> "Fin" Then Print Nombre
Loop
```

La situación de la condición afecta a la forma en que se ejecuta el bucle Do.

La sentencia condicional de este bucle es Nombre <> «Fin», sentencia que el compilador de Visual Basic traducirá como «Repite el bucle mientras la variable Nombre no tenga el valor *Fin*». Este hecho nos recuerda una característica interesante de los bucles Do: si la condición que encabeza el bucle no es Verdadera cuando se evalúa por primera vez la sentencia Do, el bucle nunca llegará a ejecutarse. En este ejemplo, si la variable Nombre tuviera el valor «Fin» antes de iniciarse el bucle (probablemente por una asignación anterior en el procedimiento de suceso) Visual Basic ignoraría las sentencias incluidas dentro del bucle y continuará ejecutando la línea siguiente a la palabra Loop. Observe que este tipo de bucle requiere una estructura If...Then adicional para evitar que el valor de salida se muestre cuando el usuario lo escribe.

Si desea ejecutar el bucle al menos una vez deberá colocar la prueba condicional al final del bucle. Por ejemplo, el bucle:

```
Do
    Nombre = InputBox("Escriba su nombre o introduzca Fin para salir.")
    If Nombre <> "Fin" Then Print Nombre
Loop While Nombre <> "Fin"
```

es esencialmente el mismo que el anterior pero la condición del bucle se verifica después de haber recibido un nombre de la función InputBox. Este modelo tiene la ventaja de actualizar la variable Nombre antes de llevarse a cabo la prueba condicional del bucle por lo que un valor «Fin» anterior, no hará que el programa ignore el bucle. Introduciendo al final la comprobación de la condición del bucle se asegurará de que el bucle se ejecute al menos una vez aunque, a menudo, tendrá que añadir unas cuantas sentencias adicionales para procesar los datos.

Cómo evitar los bucles sin fin

Asegúrese de que cada bucle cuenta con una condición de salida válida.

Debido a la naturaleza de los bucles Do es muy importante diseñar las condiciones de prueba de forma que todos los bucles tengan un punto de salida. Si un bucle nunca da como resultado el valor Falso, dicho bucle se ejecutará indefinidamente y el programa dejará de responder a las entradas del usuario. Considere el siguiente ejemplo:

```
Do
    Número = InputBox("Escriba un número para elevarlo al cuadrado; -1 para
    salir.")
    Número = Número * Número
    Print Número
Loop While Número >= 0
```

En este bucle, el usuario introducirá número tras número y el programa calculará su cuadrado y lo imprimirá en el formulario. Lamentablemente, cuando el usuario quiera terminar no podrá salir del programa, ya que la condición de salida del bucle prevista no funciona. Cuando el usuario introduzca el valor –1, el programa calculará su cuadrado y asignará el valor 1 a la variable Número (el problema podría resolverse creando una condición de salida distinta).

Los bucles sin fin pueden ser un serio problema cuando escriba bucles Do. Por fortuna, son fáciles de evitar si revisa sus programas con cuidado.

El siguiente ejercicio muestra el empleo de un bucle Do para convertir temperaturas Farenheit a grados centígrados. Este sencillo programa solicita al usuario que introduzca un valor de temperaturas por medio de la función InputBox, convierta la temperatura a grados centígrados y, por último, muestre la salida en un cuadro de mensaje. El programa le enseñará también a ocultar un formulario asignando a la propiedad Visible el valor False.

Conversión de temperaturas utilizando un bucle Do

1. En el menú Archivo, seleccione la opción Nuevo proyecto y pulse Aceptar.

    Visual Basic mostrará un nuevo formulario en el entorno de programación.

Puede hacer invisible un formulario en tiempo de ejecución definiendo como False su propiedad Visible.

2. Abra la ventana Propiedades y asigne el valor False a la propiedad Visible de Form1.

    Cuando asigne el valor False a la propiedad Visible de un formulario Visual Basic ocultará el formulario durante la ejecución del programa. Con ello, básicamente dejará invisible toda la interfaz de usuario en tiempo de ejecución (no podrá mostrar ningún objeto). Probablemente, ésta es una operación que no

El procedimiento de suceso Form_Load se ejecuta cuando se pone en marcha un programa.

desee realizar con demasiada frecuencia, pero resulta una técnica útil cuando se desea que parte o todo el programa trabaje en segundo plano. Como este programa recibe únicamente temperaturas Fahrenheit y las devuelve como temperaturas Celsius, no es mala idea ocultar su formulario. Podrá gestionar la entrada utilizando la función InputBox, mientras que la función MsgBox le mostrará el valor de salida.

3. Realice una doble pulsación sobre el formulario.

   El contenido del procedimiento de suceso Form_Load aparecerá en la ventana Código. En este programa, todo el código se encuentra dentro de este procedimiento.

4. Escriba la siguientes sentencias:

   ```
   Prompt = "Introduzca una temperatura Fahrenheit."
   Do
       TempF = InputBox(Prompt, "Fahrenheit a Celsius")
       If TempF <> "" Then
           Celsius = Int((TempF + 40) * 5 / 9 - 40)
           MsgBox (Celsius), , "Temperatura en Celsius"
       End If
   Loop While TempF <> ""
   End
   ```

   Estas nueve líneas gestionan los cálculos de la conversión. La primera línea asigna una cadena de texto a la variable Prompt (indicador), que se utilizará después para mostrar un mensaje en el cuadro de entrada.

   El bucle Do irá solicitando al usuario que repetidamente introduzca temperaturas Fahrenheit, convertirá el número a grados centígrados y mostrará el resultado en la pantalla a través de la función MsgBox. El bucle se ejecutará hasta que el usuario pulse el botón Cancelar, que devolverá un valor vacío o nulo a la variable TempF. El bucle comprobará el valor *nulo* utilizando una instrucción While contenida al final del bucle. Por último, la sentencia de programa:

   ```
   Celsius = Int((TempF + 40) * 5 / 9 - 40)
   ```

   realiza la conversión de Fahrenheit a Celsius en el programa. Esta sentencia utiliza una fórmula de conversión estándar, pero a la hora de devolver el valor en grados centígrados, la variable Celsius utiliza la función Int para evitar las cifras decimales (descartará todas las cifras decimales). Aunque de esta forma se sacrifica precisión de cálculo se evita enfrentarse a números excesivamente largos e inmanejables del tipo 21.1111111111111, valor Celsius equivalente a 70 grados Fahrenheit.

   Ejecute ahora el programa.

Botón Iniciar

5. Pulse el botón Iniciar en la barra de herramientas.

El programa se iniciará y la función InputBox le pedirá que introduzca una temperatura Fahrenheit (el formulario permanecerá invisible). Su pantalla deberá ser similar a la siguiente:

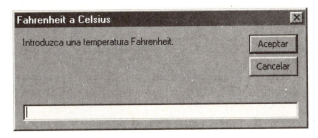

6. Escriba **32** y pulse Aceptar.

La temperatura de 32 grados Fahrenheit se convertirá en 0 grados centígrados, tal como se muestra en el siguiente cuadro de mensaje.

El programa Celsius completo se encuentra en la carpeta \Vb6Sbs\Less07.

Utilización de la palabra clave Until en los bucles Do

Los bucles Do con los que hemos trabajado utilizan la palabra clave While para ejecutar una serie de sentencias mientras que la condición de bucle sea Verdadera. Visual Basic también le permitirá utilizar la palabra clave Until en los bucles Do para ejecutar un bucle *hasta* que cierta condición sea Verdadera. La palabra clave Until puede utilizarse al principio o al final de un bucle Do para evaluar una condición al igual que ocurre con la palabra clave While. Por ejemplo, el siguiente bucle Do utiliza la palabra clave Until para repetir el bucle hasta que el usuario introduzca la palabra *Fin* en un cuadro de entrada:

```
Do
        Nombre = InputBox("Escriba su nombre o introduzca Fin para salir.")
        If Nombre <> "Fin" Then Print Nombre
Loop Until Nombre = "Fin"
```

Como puede comprobar, los bucle que utilicen la palabra clave Until son similares a los que utilizan la palabra clave While a excepción de que la condición suele contener el operador contrario; en este caso el operador = (igual que) frente a <> (distinto de). Si le interesa utilizar la palabra Until en sus bucles no dude en hacerlo.

7. Pulse Aceptar. Escriba **72** en el cuadro de entrada y pulse Aceptar.

   La temperatura de 72 grados Fahrenheit se convertirá en 22 grados Celsius.

8. Pulse Aceptar y después salga del programa pulsando Cancelar en el cuadro de entrada.

   El programa finaliza y en su pantalla volverá a aparecer el entorno de programación.

Botón Guardar Proyecto

9. Guarde el formulario y el proyecto en disco con el nombre **MiCelsius**.

EMPLEO DE OBJETOS TEMPORIZADORES

Un objeto temporizador es como un reloj invisible dentro de un programa.

Visual Basic le permitirá ejecutar un grupo de sentencias durante un *período específico de tiempo* mediante el uso de un objeto temporizador. Un *objeto temporizador* es un reloj invisible que le permitirá acceder al reloj del sistema desde el programa. Puede utilizarse igual que un reloj-avisador de cocina para ir descontando tiempo; también le permitirá introducir retrasos temporales en sus programas, o puede ser utilizado para repetir una acción cada vez que transcurra un número determinado de intervalos temporales.

Los objetos temporizadores tienen una precisión de milisegundos, es decir, de 1/1000 segundos. Aunque los temporizadores no están visibles en tiempo de ejecución, cada uno de ellos estará asociado a un procedimiento de suceso que se ejecutará cada vez que el *intervalo* fijado para el temporizador se haya cumplido.

Para fijar el intervalo de un temporizador deberá utilizar la propiedad Interval y para activarlo deberá definir como True la propiedad Enable. Una vez activado el temporizador, éste permanecerá en marcha de forma constante (ejecutando el procedimiento de suceso asociado en los intervalos predefinidos) hasta que el usuario detenga el programa o se desactive el temporizador.

Desarrollo de un reloj digital utilizando un objeto temporizador

La propiedad Interval define la velocidad del contador de un temporizador.

Uno de los ejemplos más frecuentes que muestra el empleo de un objeto temporizador es un reloj digital. En el siguiente ejercicio le mostraré cómo crear un sencillo reloj digital que le proporcionará la hora de segundo en segundo. En el presente ejemplo asignará a la propiedad Interval el valor 1000, haciendo que Visual Basic actualice el reloj cada 1000 milisegundos, es decir, una vez por segundo. Al ser Windows un sistema operativo multitarea puede que otros programas estén también utilizando el reloj del sistema o estén consumiendo tiempo de proceso. En estos casos, puede que Visual Basic no tenga la opción de actualizar el reloj cada segundo, pero pronto recuperará el tiempo perdido. Si desea actualizar la hora utilizando otro intervalo (como por ejemplo cada décima de segundo), bastará con ajustar el valor de la propiedad Interval.

Creación del programa Reloj digital

1. En el menú Archivo, seleccione la opción Nuevo proyecto y pulse Aceptar.

2. Minimice el formulario hasta dejarlo convertido en una pequeña ventana.

    No interesa que el reloj ocupe mucho espacio.

Control Timer

Un objeto temporizador sólo puede tener el tamaño especificado por defecto.

3. Pulse el control Timer (temporizador) contenido en el cuadro de herramientas.

4. Cree un pequeño objeto temporizador situado en la parte izquierda del formulario.

    Cuando haya terminado de crear el temporizador, Visual Basic hará que el temporizador adopte el tamaño estándar.

Control Label

5. Pulse el control Label del cuadro de herramientas.

6. En el centro del formulario, cree una etiqueta que ocupe la mayor parte del mismo.

    Esta etiqueta servirá para mostrar la hora del reloj. Su formulario deberá presentar un aspecto similar al siguiente:

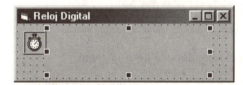

La propiedad Caption de un formulario controla el nombre que aparecerá en la barra de títulos del programa.

7. Abra la ventana Propiedades y asigne las siguientes propiedades al programa. Si desea que el programa Reloj digital muestre un título en su barra de títulos, asigne a la propiedad Caption del objeto Form1 el valor «Reloj digital».

Objeto	Propiedades	Valor
Label1	Caption	(Vacío)
	Font	Times New Roman, Negrita, 24 puntos
	Alignment	2 - Center
Timer1	Interval	1000
	Enabled	True
Form1	Caption	«Reloj digital»

NOTA: *Si le interesa añadir algún dibujo como fondo de su reloj, asigne a la propiedad Picture del objeto Form1 la vía de acceso de un archivo gráfico.*

El programa RelojDigital completo se encuentra en el disco en la carpeta \Vb6Sbs\Less07.

Ahora deberá introducir el código asociado para el temporizador.

8. Pulse dos veces el objeto temporizador contenido en el formulario

En la ventana Código aparecerá el procedimiento de suceso Timer1_Timer.

9. Escriba la siguiente sentencia:

```
Label1.Caption = Time
```

Esta sentencia obtiene la hora del reloj del sistema y asigna este valor a la propiedad Caption del objeto Label1. En este programa sólo se necesita esta sentencia, ya que el valor de la propiedad Interval para el temporizador se asigna en la ventana Propiedades. El objeto temporizador se encargará del resto.

Botón Iniciar

10. Cierre la ventana Código y pulse el botón Iniciar contenido en la barra de herramientas para poner en marcha el reloj.

El reloj aparecerá tal y como se muestra a continuación (naturalmente, la hora mostrada en su caso será distinta).

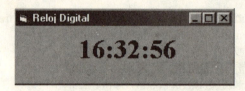

11. Observe el reloj durante unos instantes.

Visual Basic actualiza la hora cada segundo.

12. Pulse el botón Cerrar de la barra de título para detener el reloj.

Pulsar el botón Cerrar es una alternativa al uso del botón Terminar para detener el programa. Este es el método que utilizaría un usuario para cerrar el reloj si lo estuviera ejecutando como un programa independiente.

Botón Guardar Proyecto

13. Utilice el botón Guardar Proyecto para almacenar el formulario y el proyecto en disco con el nombre **MiRelojdigital**.

Este pequeño reloj es bastante manejable, y puede que desee compilar el programa **MiRelojDigital** para crear un archivo ejecutable, de forma que pueda utilizarlo en cualquier momento. Adáptelo a sus gustos personales, si lo desea, utilizando sus propios gráficos, texto y colores.

NOTA: *Consulte el apartado denominado «Si desea revisar sus conocimientos de programación», al final de este capítulo, si desea desarrollar una aplicación de alarma basada en RelojDigital que le ayudará a cumplir a tiempo sus compromisos.*

UN PASO MÁS ALLÁ

Empleo de un objeto temporizador para definir un límite temporal

Otro uso interesante de un objeto temporizador consiste en utilizarlo para esperar un período concreto de tiempo y, finalmente, ejecutar o prohibir una acción. Esta operación es algo similar a utilizar el reloj del microondas. En primer lugar, deberá definir el valor de la propiedad Interval asignándole el retardo deseado. Seguidamente, pondrá en marcha el reloj asignando a la propiedad Enabled el valor True.

En el siguiente ejercicio se muestra cómo utilizar esta idea para establecer un límite temporal a la tarea de introducción de una contraseña. La contraseña para este programa es «Secreto». El programa utiliza un temporizador que lo cerrará automáticamente si el usuario no introduce una contraseña válida antes de 15 segundos (en general, una aplicación como esta formaría parte de un programa de mayor envergadura). También podrá utilizar esta técnica de temporización para mostrar en pantalla un mensaje de bienvenida o un mensaje de copyright, o para repetir un suceso cada cierto intervalo de tiempo como, por ejemplo, guardar un archivo en el disco cada diez minutos.

Asignación de un tiempo límite para una contraseña

Control TextBox

Control Label

Control CommandButton

Control Timer

1. En el menú Archivo seleccione la opción Nuevo proyecto y pulse Aceptar.
2. Asigne al formulario el tamaño de una pequeña ventana rectangular, más o menos la mitad de un cuadro de entrada.
3. Pulse el control TextBox del cuadro de herramientas.
4. Cree un cuadro de texto rectangular en mitad del formulario.
5. Pulse el control Label del cuadro de herramientas y, después, cree una etiqueta de mayor tamaño situándola por encima del cuadro de texto.
6. Pulse el control CommandButton del cuadro de herramientas y cree después un botón de orden debajo del cuadro de texto.
7. Pulse el control Timer del cuadro de herramientas.
8. Cree un objeto temporizador en la esquina inferior izquierda del formulario.
9. Asigne al programa las propiedades mostradas en la siguiente tabla:

Objeto	Propiedad	Valor
Text1	Text	(Vacío)
	PasswordChar	*
Label1	Caption	«Introduzca su contraseña en 15 segundos»
Commad1	Caption	«Probar contraseña»
Timer1	Interval	15000
	Enabled	True
Form1	Caption	«Contraseña»

El valor de PasswordChar mostrará asteriscos (*) en el cuadro de texto cuando el usuario introduzca una contraseña. Al asignar el valor 15000 a la propiedad Interval del temporizador se estarán concediendo 15 segundos al usuario para introducir la contraseña y pulsar el botón Probar contraseña. Si asigna a la propiedad Enabled el valor True (valor implícito), el temporizador comenzará a funcionar cuando se inicie el programa (esta propiedad también puede desactivarse y activarse en un procedimiento de suceso si no le va a hacer falta utilizar el temporizador hasta más adelante en el programa).

Su formulario tendrá un aspecto similar al siguiente:

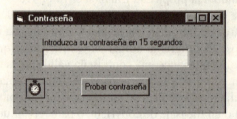

10. Realice una doble pulsación sobre el temporizador contenido en el formulario y, finalmente, introduzca las siguientes sentencias.

```
MsgBox ("Lo siento, su tiempo ha expirado.")
End
```

La primera sentencia muestra un mensaje indicando que el tiempo ha terminado, y la segunda sentencia detiene el programa. Visual Basic ejecutará este procedimiento de suceso si el intervalo del temporizador alcanza los 15 segundos y todavía no se ha introducido una contraseña válida.

11. Seleccione el objeto Command1 del cuadro de lista desplegable Objeto de la ventana Código y escriba las siguientes sentencias en el procedimiento de suceso Command1_Click:

```
If Text1.Text = "secreto" Then
    Timer1.Enabled = False
    MsgBox ("¡Bienvenido al sistema!")
    End
Else
    MsgBox ("Lo siento, amigo, no le conozco.")
End If
```

Este código de programa comprueba si la contraseña que se ha introducido en el cuadro de texto es «secreto». Si es así, el temporizador se desactivará, aparecerá un mensaje de bienvenida y el programa finalizará (un programa más útil podría continuar trabajando en lugar de terminar aquí). Si la contraseña introducida no coincide, el usuario recibirá una notificación mediante un cuadro de mensaje y se le dará otra oportunidad para introducir la contraseña. Pero el usuario tendrá que ser rápido, sólo cuenta con 15 segundos.

Botón Iniciar

El programa ContrTemp (Contraseña Temporizada) completo se encuentra disponible en la carpeta \Vb6Sbs\Less07.

12. Cierre la ventana Código y pulse el botón Iniciar para ejecutar el programa.

    El programa se pondrá en marcha y los 15 segundos del contador comenzarán a transcurrir.

13. Escriba **abrir** en el cuadro de texto y pulse el botón Probar contraseña.

    En la pantalla aparecerá el siguiente cuadro de diálogo indicando que la contraseña no es válida:

14. Pulse Aceptar y espere pacientemente hasta que expire el período establecido. El programa mostrará el mensaje de la figura siguiente.

15. Pulse Aceptar para terminar el programa.

    Volverá a aparecer el entorno de programación de Visual Basic.

Botón Guardar Proyecto

16. Utilizando el botón Guardar Proyecto guarde el formulario y el proyecto en disco con el nombre **MiContrTemp**.

Si desea revisar sus conocimientos de programación

Invierta unos minutos en revisar la aplicación alarma (alarma.vdp) contenida en la carpeta \Vb6Sbs\Extras de su disco duro. Escribí este programa como una ampliación del programa RelojDigital para proporcionarle un poco más de práctica en el manejo del control Timer, tema que hemos analizado en el presente capítulo. Esta aplicación es un avisador personal que hará sonar una alarma y mostrará un mensaje cuando llegue la hora de realizar la siguiente actividad o de acudir a la próxima reunión. Esta utilidad ha impedido que me olvidara de realizar actividades importantes cuando me encontraba enfrascado en mi trabajo con la computadora o en mi despacho (funciona mejor que esas pequeñas notas amarillas autoadhesivas que no parecen funcionar en los momentos más importantes). El programa Alarma verifica la hora actual almacenada en el reloj de su computadora, por lo que antes de utilizar esta aplicación deberá abrir el Panel de Control y verificar que la hora del sistema es la correcta. Como verá, el programa Alarma podrá ejecutarse en una ventana o minimizado en forma de icono en la barra de tareas de Windows, donde esperará con paciencia hasta que pulse sobre él. Podrá adaptar a sus necesidades el programa o utilizarlo tal cual para su trabajo diario.

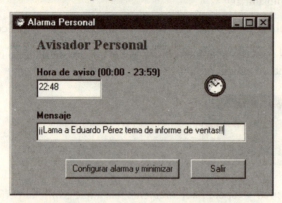

Si desea continuar en el siguiente capítulo

➤ Mantenga en funcionamiento el programa Visual Basic y pase al Capítulo 8.

Si desea salir de Visual Basic por ahora

➤ En el menú Archivo seleccione Salir.

Si en su pantalla se muestra un cuadro de diálogo Guardar, pulse Sí.

RESUMEN DEL CAPÍTULO 7

Para	Haga esto
Ejecutar un grupo de instrucciones de programa un número determinado de veces	Inserte el grupo de sentencias entre las sentencias For y Next de un bucle. Por ejemplo: ```\nFor i = 1 to 10\n MsgBox("¡Pulse Aceptar!")\nNext i\n```
Mostrar una o más líneas de salida en un formulario	Utilice el método Print. Por ejemplo: ```\nFor Cnt = 1 to 5\n Print "El valor actual del contador es"; Cnt\n Print "Cuanto más, mejor"\nNext Cnt\n```
Utilizar una secuencia específica de números con sentencias	Inserte las sentencias en un bucle For...Next y utilice las palabras clave To y Step para definir la sencuencia de números. Por ejemplo: ```\nFor i = 2 To 8 Step 2\n Print i; "...";\n Next i\nPrint "¿Quién lo apreciará?"\n```

(Continúa)

Para	Haga esto
Evitar un bucle Do sin fin	Asegúrese de que el bucle contiene una condición de prueba que pueda ser evaluada como False.

Salir de un bucle For...Next de forma prematura	Utilice la sentencia Exit For. Por ejemplo:
	``
	For i = 1 to 10
	    Nombre = InputBox("Nombre:")
	    If Nombre="Trotsky" Then Exit For
	    Print Nombre
	Next i
	``

Ejecutar un grupo de sentencias hasta que se cumpla una determinada condición	Inserte el grupo de sentencias entre las sentencias Do y Loop. Por ejemplo:
	``
	Do While Pregunta <> "Sí"
	    Preg = InputBox("¿Trotsky?")
	    If Preg <> "Sí" Then Print Preg
	Loop
	``

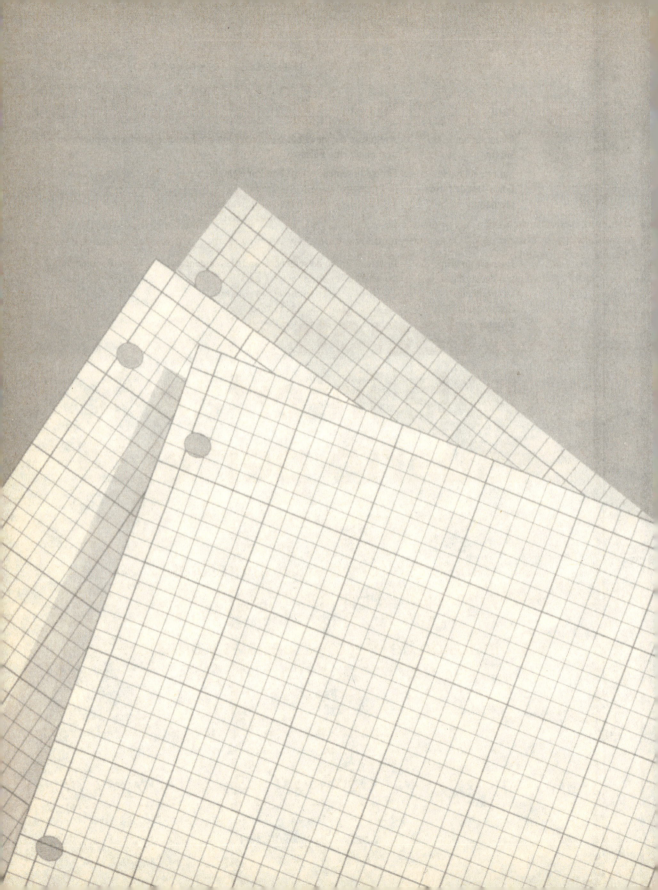

TERCERA PARTE

Creación de la interfaz de usuario perfecta

Capítulo

8 Trabajo con formularios, impresoras y manejadores de error

9 Inclusión de efectos especiales y artísticos

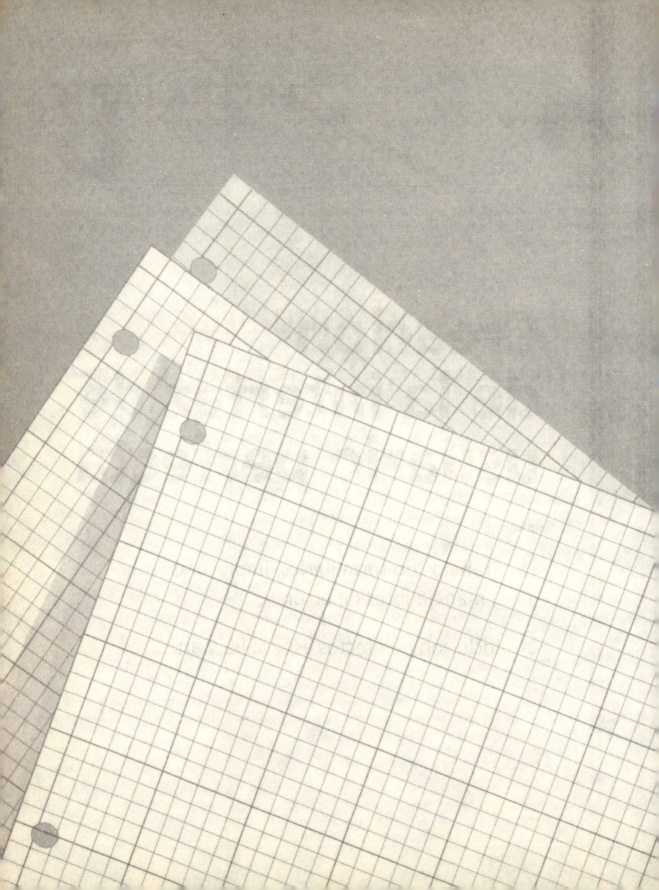

Capítulo

8

Trabajo con formularios, impresoras y manejadores de error

Tiempo estimado:
45 minutos

En este capítulo aprenderá a:

- Añadir nuevos formularios a un programa.
- Enviar una salida a una impresora.
- Procesar los errores en tiempo de ejecución utilizando manejadores de error.

En la segunda parte del libro ha aprendido a utilizar una serie de sentencias, funciones y estructuras de control de Microsoft Visual Basic para realizar trabajos útiles en sus programas. En esta tercera parte nos centraremos de nuevo en la interfaz de usuario y le mostraré cómo crear efectos atractivos y a crear aplicaciones de gran interés. En el presente capítulo le enseñaré a añadir nuevos formularios a una interfaz para gestionar la entrada, la salida y algunos mensajes especiales. También aprenderá a enviar la salida de sus programas a una impresora, así como a utilizar manejadores de error para procesar resultados no esperados.

INCLUSIÓN DE NUEVOS FORMULARIOS EN UN PROGRAMA

Cada nuevo formulario tiene un nombre único y su propio conjunto de objetos, propiedades y procedimientos de suceso.

Hasta ahora, cada programa que hemos desarrollado sólo ha utilizado un formulario para entrada y salida. En muchos casos, un formulario es suficiente para realizar la comunicación del programa con el usuario. No obstante, si desea añadir más pantallas o información a un programa, o si necesita obtener más información del usuario, Visual Basic le permitirá manejar más de un formulario con el mismo programa.

Cada nuevo formulario se considera un nuevo objeto y cuenta con sus propios objetos, propiedades y procedimientos de suceso. El primer formulario de un programa se llama Form1 y los formularios siguientes Form2, Form3, etc. En la tabla siguiente se muestran algunos de los posibles usos de los formularios adicionales que utilice en sus programas.

Formulario o formularios	Descripción
Pantalla de presentación	Pantalla que muestra un mensaje de bienvenida, una imagen o información sobre los derechos de propiedad intelectual al comienzo del programa.
Instrucciones de programa	Pantalla que muestra información y consejos para utilizar el programa.
Cuadros de diálogo	Cuadros de diálogo personalizados que aceptan la entrada de información y muestran la salida del programa.
Contenido de documentos y gráficos	Pantalla que muestra el contenido de uno o más archivos utilizados en el programa.

Formularios vacíos o prediseñados

Podrá crear un nuevo formulario ejecutando el mandato Agregar Formulario contenido en el menú Proyecto. Al hacerlo, en su pantalla aparecerá un cuadro de diálogo solicitándole que especifique el tipo de formulario que desea crear (cada versión de Visual Basic cuenta con su propio conjunto de formularios prediseñados). Tendrá la posibilidad de crear un formulario vacío o parcialmente desarrollado para llevar a cabo tareas específicas.

Cómo se utilizan los formularios

Los formularios pueden ser modales o no modales.

En Visual Basic, el uso de formularios es una actividad realmente flexible. Puede hacer que todos los formularios de un programa sean visibles de forma simultánea o podrá cargar y descargar formularios a medida que el programa los vaya necesitando. Si decide mostrar más de un formulario a la vez, podrá permitir al usuario que pase de un formulario a otro o podrá controlar el orden en que dichos formularios vayan a ser utilizados. Un formulario que tenga que ser utilizado cuando se muestre por pantalla se denomina formulario *modal* (el formulario acaparará la atención del programa hasta que el usuario pulse Aceptar, Cancelar o sea eliminado por otros medios).

Un formulario que el usuario puede seleccionar o ignorar en pantalla recibe el nombre de formulario *no modal*. La mayoría de las aplicaciones desarrolladas para Microsoft Windows utilizan formularios no modales para mostrar información, ya que proporcionan más flexibilidad de empleo al usuario. Por ello, cada vez que cree un formulario nuevo, el tipo implícito es el no modal. También podrá establecer de forma independiente cualquier propiedad de un formulario, incluyendo su título, tamaño, estilo de borde, colores de primer y segundo plano, fuente y dibujo de fondo.

INSTRUCCIONES DE FORMULARIO EN EL CÓDIGO DEL PROGRAMA

Después de crear un nuevo formulario en el entorno de programación, podrá cargarlo en memoria y acceder al mismo utilizando sentencias específicas en el procedimiento de suceso. La sentencia utilizada para cargar un nuevo formulario tiene la siguiente sintaxis:

```
Load NombreForm
```

Donde *NombreForm* es el nombre del formulario que desee cargar. Por ejemplo, la sentencia:

La sentencia Load carga en memoria un nuevo formulario.

```
Load Form2
```

cargará en memoria el segundo formulario de un programa cuando la sentencia se ejecute desde Visual Basic. Una vez cargado el formulario, podrá utilizarlo desde cualquier procedimiento de suceso del programa y podrá acceder a cualquier propiedad o método que desee utilizar del mismo. Por ejemplo, para asignar a la propiedad Caption del segundo formulario de su programa el valor «Ordenación de resultados», podría introducir la siguiente sentencia de programa en cualquier procedimiento de suceso:

```
Form2.Caption = "Ordenación de resultados"
```

El método Show le permitirá mostrar cualquier formulario cargado.

Cuando desee mostrar un formulario cargado deberá utilizar el método Show haciendo constar si es modal o no modal. La sintaxis del método Show es:

```
NombreForm.Show modo
```

El valor por omisión de un formulario nuevo es no modal.

Donde *NombreForm* es el nombre del formulario y *modo* es 0 para no modal (valor implícito) o 1 para modal. Por ejemplo, para mostrar Form2 como formulario no modal (el implícito) podrá utilizar el método Show sin especificar un modo:

```
Form2.Show
```

Para mostrar Form2 como formulario modal deberá escribir la siguiente instrucción:

```
Form2.Show 1
```

NOTA: *Si utiliza el método Show antes de utilizar la sentencia Load, Visual Basic cargará y mostrará automáticamente el formulario especificado. Visual Basic cuenta con una sentencia Load para permitir que los programadores puedan cargar previamente formularios en memoria, de forma que el método Show funcione con mayor rapidez y los usuarios no adviertan ningún retardo en la ejecución del programa. La precarga de formularios es una buena costumbre, especialmente si contienen muchos objetos o imágenes.*

Cómo ocultar y descargar formularios

El método Hide hará desaparecer de su pantalla al formulario especificado.

La sentencia Unload descarga un formulario de la memoria.

Con el método Hide podrá ocultar formularios y podrá descargar de la memoria los formularios utilizando la sentencia Unload. Estas palabras clave son las contrarias a Show y Load, respectivamente. Al ocultar un formulario lo hará desaparecer de la pantalla pero seguirá estando cargado en memoria con lo que podrá utilizarlo más adelante en el programa (ocultar un formulario es equivalente a hacerlo invisible utilizando la propiedad Visible). Descargar un formulario es eliminarlo de la memoria. De esta forma, liberará la memoria RAM utilizada para guardar los objetos y gráficos del formulario, pero no liberará el espacio utilizado por los procedimientos de suceso del formulario. Estos siempre estarán en la memoria. Si, por ejemplo, desea ocultar y descargar de la memoria el formulario Form2, deberá utilizar las palabras claves Hide y Unload en la siguiente forma:

```
Form2.Hide
Unload Form2
```

IMPORTANTE: *Cuando descargue un formulario, sus valores y propiedades en tiempo de ejecución se perderán. Si vuelve a cargar el formulario, éste contendrá los valores originales asignados en el código de programa.*

Minimización de formularios

También podrá minimizar el tamaño de un formulario (colocarlo en la barra de tareas) o maximizarlo (expandirlo para que ocupe toda la pantalla) mediante el uso de la propiedad WindowState. Por ejemplo, la siguiente sentencia minimizará Form1 en un programa:

```
Form1.WindowState = 1
```

Para maximizar Form1, deberá utilizar la siguiente sentencia:

```
Form1.WindowState = 2
```

para devolver Form1 a su tamaño normal deberá utilizar:

```
Form1.WindowState = 0
```

El programa Alarma contenido en la carpeta \Vb6Sbs\Extras muestra la forma en que trabaja la propiedad WindowState.

> ### Inclusión de formularios preexistentes en un programa
>
> Visual Basic le permitirá reutilizar sus formularios previamente desarrollados en nuevos proyectos de programación. Este es el motivo por el que ha estado guardando los formularios como archivos .frm independientes a lo largo de todo el libro. Para añadir un formulario ya existente a un proyecto de programación, seleccione la opción Agregar Formulario contenido en el menú Proyecto de Visual Basic y pulse sobre la pestaña Existente. La pestaña Existente muestra un cuadro de diálogo que lista todos los formularios contenidos en la carpeta actual de Visual Basic (es decir, la última carpeta que haya utilizado con Visual Basic). Para añadir un formulario existente, realice una doble pulsación sobre su nombre de archivo en el cuadro de diálogo. Visual Basic añadirá el formulario especificado al proyecto y podrá ver el formulario y modificar sus procedimientos de suceso pulsando los botones Ver Objeto y Ver código de la ventana Proyecto. Podrá especificar el formulario de inicio de su programa (el primer formulario que se cargará) ejecutando el mandato Propiedades del menú Proyecto, pulsando la pestaña General y seleccionando el formulario apropiado en el cuadro de lista desplegable denominado Objeto inicial. Si modifica un formulario preexistente en un nuevo proyecto deberá, en primer lugar, almacenarlo con un nombre diferente. En caso contrario, los demás proyectos que utilicen dicho formulario no volverán a comportarse en la forma adecuada.

EMPLEO DE FORMULARIOS MÚLTIPLES: EL PROGRAMA ITALIANO

En los siguientes ejercicios se muestra cómo se puede utilizar un segundo formulario para visualizar gráficos y textos en un programa que maneja vocabulario en varios idiomas. El nombre de este programa es «Italiano». En este momento, el programa utiliza la función MsgBox para mostrar una definición para cada palabra, pero deberá modificar el programa de forma que utilice un segundo formulario para presentar dicha información.

Ejecución del programa Italiano

1. Ponga en marcha Visual Basic.
2. Pulse la pestaña Existente contenida en el cuadro de diálogo Nuevo Proyecto.
3. Abra el proyecto Italiano contenido en la carpeta \Vb6Sbs\Less08.
4. Si en su pantalla no se muestra el formulario denominado Italiano Paso a Paso pulse sobre el formulario Italiano dentro de la ventana Proyecto y, finalmente, pulse el botón Ver Objeto.

En su pantalla aparecerá la interfaz de usuario. Ahora deberá poner en marcha esta aplicación.

5. Pulse el botón Iniciar de la barra de herramientas.

Botón Iniciar

En el cuadro de lista del formulario aparecerá una serie de verbos en italiano. Para obtener la definición de una palabra deberá pulsar dos veces sobre dicha palabra en el cuadro de lista.

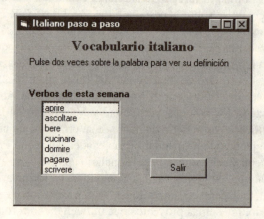

6. Realice una doble pulsación sobre la palabra *dormire*.

Aparecerá un cuadro de mensaje con la traducción de la palabra:

La salida generada por el programa es mostrada por la función MsgBox de forma simple pero efectiva.

7. Pulse Aceptar para cerrar el cuadro de diálogo.

El cuadro de diálogo se cierra y volverá a aparecer el formulario principal.

8. Pulse Salir para abandonar el programa.

El siguiente paso es eliminar la función MsgBox y reemplazarla por un segundo formulario en el que se mostrará la información. Utilice el botón Formulario de la barra de herramientas para crear el nuevo formulario en el programa.

Creación de un segundo formulario en el programa

1. Ejecute el mandato Agregar formulario contenido en el menú Proyecto.

   En su pantalla aparecerá el cuadro de diálogo denominado Agregar formulario, mostrando una serie de formularios predefinidos dentro de la pestaña Nuevo.

2. Pulse el botón Abrir para crear un formulario nuevo y vacío en el proyecto.

   En el entorno de programación aparecerá un formulario vacío denominado Form2.

3. Ajuste el tamaño del segundo formulario para que tenga la forma y dimensiones de un pequeño cuadro de diálogo.

   Preste atención y modifique el tamaño de la ventana Form2, no el de la ventana Project1 que contiene al formulario.

Control Image

4. Pulse el control Image del cuadro de herramientas y cree un cuadro de imagen de tamaño medio en la parte izquierda del formulario.

   Este cuadro de imagen servirá para mostrar un mapa de bits de la bandera italiana.

Control Label

5. Pulse el control Label y cree una etiqueta en la mitad superior del formulario.

Control TextBox

6. Pulse el control TextBox y cree un cuadro de texto alargado debajo de la etiqueta anterior.

Control CommandButton

7. Pulse el control CommandButton y cree un botón de orden en la parte derecha del formulario.

8. Asigne las siguientes propiedades a los objetos de su nuevo formulario:

Objeto	Propiedad	Valor
Image1	Stretch	«c:\Vb6Sbs\Less08\flgitaly.ico»
	Picture	True
Label1	Font	Times New Roman, Negrita, 14 puntos
Text1	TabStop	False
Command1	Caption	«Cerrar»
Form2	Caption	«Definición»

NOTA: *Al asignar el valor False a la propiedad TabStop del cuadro de texto se evita que dicho cuadro de texto se convierta en el foco cuando el usuario pulse la tecla TAB. En caso contrario, el cursor parpadeará en el cuadro de texto cuando aparezca el formulario.*

Cuando haya terminado de asignar las propiedades, su formulario será similar al siguiente:

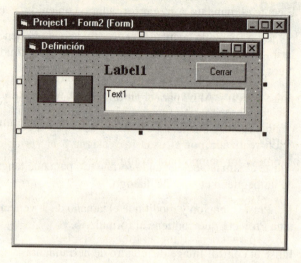

Guarde ahora en el disco el nuevo proyecto y el nuevo formulario. Como ya sabe, Visual Basic requiere que cada formulario se guarde con su propio nombre de archivo. La idea es que un mismo formulario pueda ser utilizado en más de un proyecto. Antes de guardar Form2 asegúrese de que el formulario se encuentra activo, es decir, está seleccionado en el entorno de programación (ahora debe estarlo).

9. En el menú Archivo, ejecute el mandato Guardar Form2 como.

    Aparecerá el cuadro de diálogo Guardar archivo como.

10. Guarde Form2 con el nombre **MiDef.frm**. Guarde el formulario en la carpeta \Vb6Sbs\Less08.

    El segundo formulario se guardará en disco y se registrará en la ventana Proyecto. Podrá pasar de un formulario a otro sin más que pulsar sobre los formularios o resaltar su nombre en la ventana Proyecto y pulsar después el botón Ver Objeto.

11. Pulse sobre el formulario Form1, y ejecute el mandato Guardar Italiano.frm Como contenido en el menú Archivo para almacenar Form1. Escriba el nombre **MiListaPalabras.frm** y pulse INTRO.

    Los cambios realizados en Form1 no se reflejarán en el proyecto Italiano (habrá creado una nueva copia del formulario utilizando un nombre nuevo).

12. En el menú Archivo, pulse la orden Guardar proyecto como y guarde el proyecto con el nombre **MiItaliano2.vbp**.

A continuación, le mostraré cómo modificar el procedimiento de suceso Text1_Dbl-Click para que muestre el nuevo formulario.

Acceso al segundo formulario desde un procedimiento de suceso

1. Pulse el primer formulario (MiListaPalabras) y pulse dos veces el objeto List1 del mismo.

    El procedimiento de suceso List1_DblClick aparecerá en la ventana Código. En este procedimiento de suceso se ha utilizado una estructura de decisión Select Case con una función MsgBox que muestra la definición de la palabra italiana seleccionada. La estructura de decisión comprueba cuál ha sido la elección realizada por el usuario y asigna a la variable Def el valor adecuado. Tómese un tiempo para examinar la estructura de decisión y siga con el programa.

2. Desplácese hasta el final del procedimiento de suceso dentro de la ventana Código.

    Aparecerá la siguiente función MsgBox:

    ```
    MsgBox (Def), , List1.Text
    ```

3. Borre la función MsgBox y coloque en su lugar las siguientes sentencias de programa:

    ```
    Load Form2
    Form2.Label1 = List1.Text
    Form2.Text1 = Def
    Form2.Show
    ```

    El nombre de objeto Form2 identifica al nuevo formulario del programa.

    La primera sentencia carga Form2 en memoria (también podrá precargar el formulario introduciendo esta instrucción en el procedimiento de suceso Form_Load). Una vez cargado en memoria, podrá cambiar las propiedades del formulario y tenerlo listo para mostrarlo por pantalla. La segunda instrucción introduce una copia de la palabra italiana seleccionada en la primera etiqueta de Form2. La tercera línea asigna la variable Def (que contiene la definición de la palabra) al cuadro de texto del nuevo formulario. Se está utilizando un cuadro de texto para permitir el empleo posterior de definiciones de palabras de mayor longitud, si así se desea. Si la definición llegara a ocupar todo el cuadro de texto, aparecerá una barra de desplazamiento para poder visualizar todo el rótulo. Por último, el método Show sirve para mostrar el formulario completo en la pantalla.

    Añada ahora una sentencia al botón Cerrar de Form2 para cerrar el formulario cuando el usuario termine de utilizarlo.

4. Cierre la ventana Código, pulse Form2 (o ábralo desde la ventana Proyecto) y realice una doble pulsación sobre el botón Cerrar.

    Los objetos contenidos en distintos formularios pueden tener el mismo nombre.

    El procedimiento de suceso Command1_Click aparecerá en la ventana Código. Este es el procedimiento asociado con el primer botón de Form2, no con el primer botón de Form1. Los objetos pertenecientes a distintos formularios pueden compartir el mismo nombre y Visual Basic no tiene problemas para distinguirlos. No obstante, si para usted supone un problema utilizar nombres iguales o parecidos, puede cambiarlos a su gusto utilizando la ventana Propiedades.

NOTA: *Para cambiar el nombre de un objeto, seleccione el objeto en el formulario y utilice la ventana Propiedades para cambiar su propiedad Name. La propiedad Name almacena el nombre que utilizará Visual Basic para identificar al objeto, por lo que, si modifica dicho nombre, deberá asegurarse de hacerlo en todo el código del programa. Los nombres de objeto deben seguir una lógica que permita identificar con facilidad cuál es su función. Los nombres de objetos, igual que los de variables, también pueden utilizar prefijos identificativos. Por ejemplo, un botón de orden utilizado para salir de un programa podría llamarse cmdSalir.*

---

5. Escriba la siguiente sentencia de programa en el procedimiento de suceso:

   ```
   Form2.Hide
   ```

El método Hide hará desaparecer el formulario de la pantalla cuando el usuario pulse el botón Cerrar.

   Esta sentencia utiliza el método Hide para hacer invisible Form2 cuando el usuario pulse el botón Cerrar. Como Form2 se ha visualizado en estado no modal, el usuario podrá pasar libremente entre Form1 y Form2 en tiempo de ejecución. El usuario puede cerrar Form2 pulsando el botón Cerrar.

Botón Guardar proyecto

6. Pulse el botón Guardar proyecto para guardar en el disco el proyecto modificado.

7. Pulse el botón Iniciar para ejecutar el programa.

8. Realice una doble pulsación sobre la palabra cucinare contenida en el cuadro de lista.

   El programa mostrará la definición de la palabra en el segundo formulario, tal como se muestra en la siguiente ilustración:

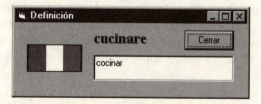

   Practique ahora pasando de un formulario a otro.

9. Pulse el primer formulario y pulse dos veces la palabra *scrivere*.

   El programa mostrará la definición de dicha palabra en el segundo formulario (escribir). Como los formularios son no modales, podrá pasar de uno a otro cuando así lo desee.

TRABAJO CON FORMULARIOS, IMPRESORAS Y MANEJADORES DE ERROR 211

El programa Italiano2 completo se encuentra disponible en la carpeta \Vb6Sbs\Less08.

10. Pulse el botón Cerrar del segundo formulario.

    El programa ocultará el formulario.

11. Pulse Salir en el primer formulario.

    El programa terminará y Visual Basic descargará ambos formularios. Volverá a aparecer el entorno de programación.

CÓMO ENVIAR LA SALIDA DEL PROGRAMA A LA IMPRESORA

El objeto Printer controla la impresión.

Visual Basic permite enviar a una impresora la salida de un programa mediante el método Print. En el Capítulo 7 se comentó el funcionamiento del método Print, cuando fue utilizado en un bucle para mostrar texto en un formulario. Para enviar la salida a una impresora conectada, deberá utilizar el método Print con el objeto Printer. Por ejemplo, la siguiente línea envía la cadena de texto «Marineros» a la impresora predeterminada de Windows:

```
Printer.Print "Marineros"
```

Antes de imprimir podrá utilizar el objeto Printer para ajustar algunas características de la fuente. Por ejemplo, el siguiente código imprime «Marineros» con un tamaño de fuente de 14 puntos:

```
Printer.FontSize = 14
Printer.Print "Marineros"
```

En total, el objeto Printer cuenta con varias docenas de propiedades y métodos que podrá utilizar para controlar distintos aspectos de la impresión. Muchas de estas propiedades y métodos son similares a algunas palabras clave que ya hemos utilizado en el manejo de formularios y objetos creados utilizando los controles del cuadro de herramientas. Sin embargo, las propiedades de Printer difieren en un aspecto fundamental de los formularios y objetos creados desde el cuadro de herramientas: no podrá modificar los valores asignados a las propiedades del objeto Printer desde la ventana Propiedades. Todas sus propiedades deberán asignarse mediante código de programa en tiempo de ejecución.

NOTA: *Para obtener una lista completa de sus métodos y propiedades busque Printer, objeto en la ayuda interactiva de Visual Basic. También puede utilizar propiedades para configurar su impresora.*

(el procedimiento Form_Load es un buen lugar para llevar a cabo este tipo de asignaciones que utilizará siempre que se ejecute el código). En las tablas siguientes se muestran algunas de las propiedades y métodos más útiles del objeto Printer.

Método	Descripción
Print	Imprime el texto especificado en la impresora.
NewPage	Inicia una nueva página en el trabajo de impresión.
EndDoc	Marca el final del trabajo de impresión.
KillDoc	Finaliza el trabajo de impresión actual.

Propiedad	Descripción
FontName	Establece la fuente para el texto.
FontSize	Establece el tamaño de fuente para el texto.
FontBold	Si es True escribe el texto en negrita.
FontItalic	Si es True escribe el texto en cursiva.
Page	Contiene el número de página que se está imprimiendo.

En el siguiente ejercicio le mostraré cómo añadir soporte de impresión al programa MiItaliano2 que creó anteriormente. Utilizará: las propiedades FontName, FontSize y FontBold para cambiar el estilo del texto; el método Print para enviar definiciones a la impresora y el método EndDoc para marcar el final del trabajo de impresión.

Cómo añadir soporte de impresión al programa MiItaliano2

Para completar este ejercicio abra el proyecto MiItaliano2 contenido en la carpeta \Vb6Sbs\Less08.

1. Abra el proyecto MiItaliano2 si no está ya abierto.

    Si no ha creado MiItaliano2 puede cargar el proyecto Italiano2.vbp desde el disco duro.

2. Muestre el segundo formulario del proyecto (MiDef.frm o Def.frm si está utilizando Italiano2.vbp).

    Este es el formulario que muestra la definición de la palabra italiana sobre la que el usuario ha realizado una doble pulsación. El objetivo es ahora añadir un botón Imprimir al formulario para que el usuario pueda obtener una copia impresa de la definición.

Cntrol CommandButton

3. Pulse el control CommandButton contenido en el cuadro de herramientas para crear un botón de orden a la izquierda del botón Cerrar.

    Puede que tenga que aumentar el tamaño del formulario, desplazar el botón Cerrar hacia la derecha o reducir el tamaño del objeto Label1 para hacer sitio al nuevo botón. Cuando haya terminado, su formulario tendrá un aspecto similar al mostrado a continuación:

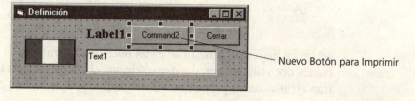

Formularios MDI: ventanas con relaciones padre-hijo

En la mayoría de los programas que desarrolle en un futuro creará, con toda probabilidad, un formulario que se convertirá en el «centro de operaciones», es decir, el sitio desde el que el usuario realizará la mayor parte del trabajo. Posteriormente, añadirá formularios adicionales de propósito especial para gestionar la entrada y la salida del programa. No obstante, Visual Basic le permitirá crear una *jerarquía*, es decir, una relación especial entre formularios de un programa para que puedan funcionar como grupo. Estos formularios especiales se denominan MDI (Multiple Document Interface o Interfaz de Documentos Múltiples) y se diferencian entre sí por los papeles que desempeñan en el programa como formularios *padre* e *hijo*. Podrá crear un formulario MDI padre seleccionando el mandato Agregar formulario MDI contenido en el menú Proyecto, mientras que para crear un formulario hijo deberá seleccionar el mandato Agregar Formulario contenido en el menú Proyecto y asignar el valor True a su propiedad MDIChild. Los formularios MDI funcionan en tiempo de ejecución como cualquier otro formulario, con las siguientes excepciones:

- Todos los formularios hijos se muestran dentro del espacio de la ventana de su formulario padre.

- Cuando minimice un formulario hijo éste se reducirá a una pequeña barra de título dentro de su formulario padre, en lugar de aparecer como botón en la barra de tareas.

- Cuando se minimiza el formulario padre, el padre y todos sus hijos aparecen como un botón en la barra de tareas.

- Todos los menús hijo se muestran en la barra de menús de su formulario padre. Cuando se maximice un formulario hijo su nombre aparecerá en la barra de título de su formulario padre.

- Podrá mostrar todos los formularios hijos de un padre asignando el valor True a la propiedad AutoShowChildren del padre.

Los formularios padres e hijos resultan especialmente útiles en las llamadas *aplicaciones centradas en documentos*, en las que se utilizan muchas ventanas para mostrar o editar un documento. Si desea obtener más detalles sobre los formularios MDI consulte las palabras *formularios MDI* en la ayuda interactiva de Visual Basic.

4. Cambie el rótulo del botón por «Imprimir» utilizando la ventana propiedades.

5. Realice una doble pulsación sobre el nuevo botón para editar su procedimiento de suceso.

   El procedimiento de suceso Command2_Click aparecerá en la ventana Código.

6. Introduzca las siguientes sentencias de impresión en el procedimiento de suceso:

```
Printer.Print ""
Printer.FontName = "Arial"
Printer.FontSize = 18
Printer.FontBold = True
Printer.Print Label1.Caption
Printer.FontBold = False
Printer.Print Text1.Text
Printer.EndDoc
```

El propósito de estas sentencias es bien sencillo. Veamos su significado una por una:

- La primera instrucción inicializa el objeto Printer para preparar la salida.
- La propiedad FontName define la fuente de la impresora a Arial, un tipo de fuente TrueType.
- La propiedad FontSize define el tamaño de la fuente a 18 puntos.
- Al definir como True la propiedad FontBold se activa el atributo negrita.
- La quinta y séptima líneas utilizan el método Print para imprimir la palabra en italiano y su traducción.
- La última línea finaliza el trabajo de impresión y lo envía a la impresora.

Al utilizar alguna de las fuentes TrueType suministradas con Windows permitirá que sus programas sean compatibles con la mayoría de las impresoras existentes en el mercado.

NOTA: *Si desea permitir que el usuario imprima varias definiciones de palabras en una misma página, deberá posponer el uso del método EndDoc hasta que el usuario pulse el botón Salir para terminar el programa.*

7. En el menú Archivo, seleccione la opción Guardar MiDef.frm como y guarde el segundo formulario como **MiFormImpresión.frm**. De esta forma, conservará el original del formulario MiDef.frm almacenado en el disco.

El proyecto FormImpresión.vbp completo se encuentra localizado en la carpeta \Vb6Sbs\Less08 del disco.

8. En el menú Archivo, ejecute el mandato Guardar proyecto como y guarde el nuevo proyecto con el nombre **MiFormImpresión.vbp**.

   Como no ha guardado MiListaPalabras.frm con un nuevo nombre, su formulario y código serán compartidos por los proyectos **MiFormImpresión.vbp** y **MiItaliano2.vbp**. Siempre que realice una modificación en MiListaPalabras.frm (en el formulario o en los procedimientos de suceso) el cambio se reflejará en ambos proyectos.

Ejecución del programa MiFormImpresión

Ejecute ahora el programa si tiene conectada alguna impresora a su computadora. Su aplicación utilizará la impresora predeterminada especificada en la carpeta Impresoras de Windows, de forma que puede ser una impresora local, una impresora de red o un programa de fax módem. Verifique que la impresora está conectada y encendida.

Botón Iniciar

1. Pulse el botón Iniciar contenido en la barra de herramientas.

   El programa se ejecutará en el entorno de programación.

2. Pulse dos veces la palabra italiana bere del cuadro de la lista.

   La definición de *bere* aparecerá en su pantalla tal y como se muestra en la siguiente figura:

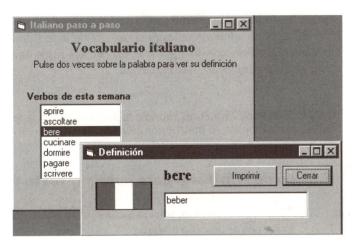

3. Pulse el botón Imprimir del formulario para imprimir la definición en papel.

   Visual Basic enviará el documento a la impresora seleccionada.

> **ADVERTENCIA:** Si su impresora no está preparada para imprimir, Windows puede devolver un error a Visual Basic que su programa no estará preparado para manejar. Esta situación provocará un error en tiempo de ejecución y el programa fallará. Más adelante, en este capítulo, le mostraré cómo gestionar los errores de ejecución asociados con unidades de disco, impresoras y otros dispositivos.

4. Pulse Cerrar para cerrar la ventana de definición y pulse Salir para abandonar el programa.

   El programa se detendrá y aparecerá el entorno de programación.

IMPRESIÓN DE UN FORMULARIO COMPLETO UTILIZANDO EL MÉTODO PRINTFORM

Como alternativa a la impresión de líneas individuales utilizando el método Print, podrá enviar el contenido completo de uno o más formularios a la impresora mediante el método PrintForm. Esta técnica le permitirá organizar en un formulario el texto, gráficos y otros elementos de la interfaz de usuario y enviarlo todo de forma conjunta a la impresora.

Podrá utilizar la palabra clave PrintForm por sí sola para imprimir el formulario activo por defecto o especificar un nombre de formulario para que se imprima el especificado. Por ejemplo, para imprimir el contenido del segundo formulario del programa, podrá escribir la sentencia.

```
Form2.PrintForm
```

en cualquier procedimiento de suceso de programa.

El siguiente ejemplo muestra el uso del método PrintForm para imprimir un formulario que contiene texto y gráficos. En muchos casos, PrintForm es la forma más sencilla de enviar imágenes a la impresora.

> **NOTA:** El método PrintForm imprime su formulario con la resolución de su adaptador de vídeo, normalmente 96 puntos por pulgada.

Empleo de PrintForm para imprimir texto y gráficos

Control Label

1. En el menú Archivo, seleccione la opción Nuevo proyecto. Pulse Aceptar para crear una aplicación estándar.

2. Pulse el control Label y después cree una etiqueta de tamaño medio en el centro del formulario.

Control CommandButton

3. Pulse el control CommandButton y cree un botón de orden en la esquina inferior derecha del formulario.

4. Asigne los valores especificados a las propiedades mostradas en la siguiente tabla:

Objeto	Propiedad	Valor
Label1	Caption	«Informe trimestral»
	BackStyle	0 - Transparent
	Font	Ms Sans Serif, Negrita, 14 puntos
Command1	Caption	«¡Imprimir esto!»
Form1	Picture	«C:\Vb6Sbs\Less08\prntout2.wmf»

5. Realice una doble pulsación sobre el botón ¡Imprimir esto! para abrir su procedimiento de suceso.
6. Escriba la siguiente sentencia de programa:
   ```
   Form1.PrintForm
   ```

Botón Guardar Proyecto

7. Pulse el botón Guardar proyecto de la barra de herramientas para guardar el formulario y el proyecto en el disco con el nombre MiImprimirWMF (tanto para el formulario como para el nombre del proyecto).
8. Pulse el botón Iniciar de la barra de herramientas para iniciar el programa.

   El programa generará la siguiente salida:

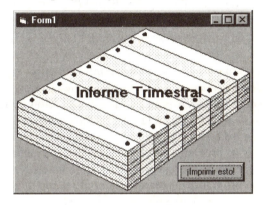

El programa ImprimirWMF completo se encuentra en el disco en la carpeta \Vb6Sbs\Less08.

9. Pulse el botón ¡Imprimir esto! Para imprimir el contenido del formulario.

   Visual Basic enviará el contenido completo del formulario (la etiqueta, el metaarchivo de Windows y el botón de orden) a la impresora. Mientras se imprime el documento podrá ver el siguiente cuadro de diálogo de Visual Basic:

   En pocos segundos, la salida impresa aparecerá por su impresora.

10. Pulse el botón Cerrar el formulario para detener el programa.

El método PrintForm imprime todos los objetos visibles del formulario.

IMPORTANTE: El método PrinForm sólo imprime los objetos actualmente visibles en el formulario. Para evitar que en la salida impresa aparezcan objetos no deseados, por ejemplo el botón ¡Imprimir esto! del ejemplo anterior, bastará con asignar el valor False a la propiedad Visible de dichos objetos antes de ejecutar el método PrintForm. Una vez enviado el formulario a la impresora, podrá volver a hacer visibles dichos objetos.

PROCESAR ERRORES UTILIZANDO MANEJADORES DE ERROR

¿Se ha enfrentado ya con algún error de Visual Basic en tiempo de ejecución? *Un error en tiempo de ejecución o ruptura de programa*, es un suceso no esperado que ocurre durante la ejecución del programa y que Visual Basic no puede controlar. Tal vez se haya enfrentado con su primer error en tiempo de ejecución en este capítulo, cuando intentó imprimir y algo no marchó correctamente (puede que la impresora no tuviera papel o que alguien se olvidara encenderla, por lo que recibió un mensaje de error emitido por Visual Basic o Windows). Los errores en tiempo de ejecución se producen siempre que Visual Basic ejecuta una sentencia que, por alguna razón, no puede completarse como era de esperar. No es que Visual Basic no pueda manejar el error; es que, simplemente, el compilador no ha recibido ninguna indicación de lo que debe hacer cuando este tipo de situaciones se produzcan.

Un manejador de error permitirá que su programa gestione y supere errores ocurridos en tiempo de ejecución.

Por fortuna, no tendrá que convivir con errores ocasionales que provoquen un fallo en su programa. Visual Basic le permitirá escribir rutinas especiales, llamadas *manejadores de error*, para responder a los errores en tiempo de ejecución. Un manejador de error controla el error en tiempo de ejecución indicando al programa cómo debe continuar si alguna sentencia no funciona correctamente. Los manejadores de error se sitúan en los mismos procedimientos de suceso en los que puede producirse el error, y resuelven el problema utilizando un objeto manejador de errores denominado Err. El objeto Err cuenta con una propiedad denominada Number que identifica el error y permite que el programa pueda responder al mismo. Por ejemplo, si una unidad de disquete causa un error, el manejador de error podría mostrar un mensaje relacionado con el problema y desactivar las operaciones de disco hasta que el usuario resuelva el conflicto.

Cuándo se deben utilizar los manejadores de error

La mayoría de errores en tiempo de ejecución están provocados por sucesos externos.

Podrá utilizar manejadores de error en cualquier situación en la que una acción no esperada pueda provocar un error en tiempo de ejecución. Típicamente, los manejadores de error se utilizan para procesar sucesos externos que afectan a un programa: por ejemplo, sucesos causados por un fallo en una unidad de red, una puerta abierta de una unidad de disquetes o una impresora que no se encuentre encendida. En la tabla de la página siguiente se muestran algunos problemas potenciales que pueden gestionarse mediante manejadores de error.

Poner una trampa: la instrucción On Error

La sentencia On Error identifica al manejador de error.

La sentencia de programa utilizada para detectar un error en tiempo de ejecución es On Error. Deberá introducir esta sentencia en el procedimiento de suceso, justo antes de utilizar la sentencia que puede provocar el error. La sentencia On Error *activa* un detector

Problemas	Descripción
Con la red	Unidades o recursos de red que fallan inesperadamente.
Con unidades de disquete	Discos no formateados o formateados incorrectamente, puerta de la unidad abierta o sectores defectuosos en disco.
Con impresoras	Impresoras apagadas, sin papel o no disponibles por otros motivos.
Errores de desbordamiento	Demasiada información textual o gráfica en un formulario.
Errores de falta de memoria	Insuficiente espacio en Windows para ejecutar una aplicación o para utilizar ciertos recursos.
Con el Portapapeles	Problemas de transferencia de datos o del propio Portapapeles de Windows.
Errores lógicos	Errores sintácticos o lógicos no detectados previamente por el compilador y las pruebas realizadas (como nombres de archivo mal escritos).

de errores indicando a Visual Basic qué líneas de código debe ejecutar si se produce un error. La sintaxis de la sentencia On Error es

```
On Error GoTo etiqueta
```

donde *etiqueta* es e nombre del manejador de error.

Los manejadores de error se escriben al final del procedimiento de suceso a continuación de la sentencia On Error. Cada manejador de error cuenta con su propia etiqueta que deberá ir seguida por el carácter dos puntos (:) (por ejemplo, ManejaError: o Error-Impresión:).

Los manejadores de error suelen tener dos partes. En la primera parte se utiliza normalmente la propiedad Err.Number en una estructura de decisión (tal como If...Then o Select Case) y luego se muestra un mensaje o se asigna una propiedad, dependiendo del error. La segunda parte es una sentencia Resume que devuelve el control al programa para que éste pueda continuar.

Resume

Resume, Resume Next y la etiqueta Resume devuelven el control al programa.

En la sentencia Resume podrá utilizar la palabra Resume simplemente, las palabras Resume Next o la palabra Resume acompañada de una etiqueta donde saltará el control del programa, todo dependerá de la parte del programa por la que desee continuar.

La palabra clave Resume devuelve el control a la sentencia que provocó el error (con la esperanza de que el error haya sido subsanado o que no vuelva a ocurrir otra vez). Emplear la palabra reservada Resume es una buena estrategia si ha pedido previamente al usuario del programa que resuelva el problema, por ejemplo, cerrando la unidad de disco abierta o conectando la impresora.

Las palabras clave Resume Next pasan el control del programa a la sentencia *siguiente* a la que provocó el error. Esta estrategia será la que deba utilizar cuando desee ignorar la instrucción conflictiva y seguir con el programa. También podrá utilizar la palabra Resume seguida del nombre de una etiqueta a la que saltar en caso de error. Esta forma de actuar le proporcionará la flexibilidad de moverse a cualquier parte del procedimiento de suceso donde quiera seguir con la ejecución del problema. Una ubicación habitual para la etiqueta es la última línea del procedimiento.

Manejador de error de una unidad de disquete

En el siguiente ejercicio se muestra la forma de crear un manejador de error para controlar errores asociados con unidades de disquete. Añadirá el manejador de error a un programa que tratará de cargar un metaarchivo de Windows desde la unidad A. Podrá utilizar la misma técnica para añadir manejadores de error a cualquier programa desarrollado con Visual Basic, bastará con cambiar los números de error y los mensajes.

> *NOTA: El siguiente programa utiliza un número de error (de la propiedad Err.Number) para diagnosticar un error en tiempo de ejecución. Si desea ver una lista completa de los números de error más comunes busque errores, números en la ayuda interactiva de Visual Basic.*

Creación de un manejador de error de una unidad de disco

1. Abra el proyecto ErrUnidad.

    El formulario ErrUnidad aparecerá en la ventana Proyecto.

2. Si el formulario no se muestra en pantalla, seleccione el formulario ErrUnidad en la ventana Proyecto y, finalmente, pulse el botón Ver Objeto.

3. Realice una doble pulsación sobre el botón Comprobar Unidad contenido en el formulario.

    El procedimiento de suceso Command1_Click aparecerá en la ventana Código.

    Este procedimiento de suceso carga un metaarchivo de Windows llamado Prntout2.wmf desde el directorio raíz de la unidad de disquete A. Por lo tanto, se generará un error si el archivo no existe o si la unidad de disco está abierta.

Este manejador de error gestiona los problemas relacionados con la unidad de disco.

4. Escriba la siguiente sentencia al comienzo del procedimiento:

```
On Error GoTo ErrorDisco
```

Esta sentencia activa el manejador de error del procedimiento e indica a Visual Basic dónde debe saltar si se produce el error. A continuación, deberá añadir el manejador de error ErrorDisco en la parte final del procedimiento de suceso.

TRABAJO CON FORMULARIOS, IMPRESORAS Y MANEJADORES DE ERROR

5. Desplácese debajo de la sentencia LoadPicture y escriba el siguiente código de programa:

```
Exit Sub 'salir procedimiento
ErrorDisco:
    If Err.Number = 71 Then 'si EL DISCO NO EST; PREPARADO
        MsgBox ("Por favor, cierre la puerta de la unidad."), , _
        "Disco no preparado"
        Resume
    Else
        MsgBox ("No puedo encontrar prntout2.wmf en A:\."), , _
        "Archivo no encontrado"
        Resume PararPrueba
    End If
PararPrueba:
```

La expresión condicional de la sentencia If...Then comprueba la propiedad Err.Number para ver si contiene el número 71, el código de error devuelto cuando una unidad de disco no funciona correctamente. Si se produce un error de disco, el programa dará al usuario la oportunidad de resolver el problema (bien cerrando la unidad o insertando un nuevo disco) y después continúa con la operación de carga (se intentará ejecutar de nuevo la función LoadPicture al utilizar la palabra clave Resume).

Si el error no está relacionado con la unidad de disco, el programa asume que el disco es válido pero que el archivo no se encuentra en el directorio raíz del mismo. En ese caso, el manejador de error salta a la etiqueta PararPrueba: situada al final del procedimiento. En ambos casos, el manejador de error muestra un mensaje al usuario y evita que el programa termine de forma prematura. Podrá añadir más sentencias ElseIf y números de error al manejador de error para proporcionar al usuario mayor información acerca del problema de disco.

Podrá utilizar la sentencia Exit Sub para ignorar al manejador de error de un procedimiento.

Si el programa no se encuentra con ningún problema de disco, o si el usuario resuelve el error inicial, el programa continuará ejecutándose hasta que la sentencia Exit Sub termine la ejecución del procedimiento. Exit Sub es una sentencia de propósito general que podrá utilizar para salir de un procedimiento de Visual Basic antes de llegar a la sentencia End Sub. En este caso, Exit Sub evita que el manejador de error se ejecute después de que el programa cargue correctamente el metaarchivo de Windows.

6. En el menú Archivo, seleccione la opción Guardar ErrUnidad.frm como y guarde el formulario como **MiErrFinal**.

7. En el menú Archivo, ejecute el mandato Guardar proyecto como y guarde el proyecto como **MiErrFinal**.

8. Utilice el Explorador de Windows para copiar el metaarchivo de Windows Prntout2.wmf desde la carpeta C:\Vb6Sbs\Less08 a un disquete contenido en la unidad A (necesitará un disquete formateado para completar este paso).

Asegúrese de copiar el archivo en la carpeta raíz del disco (A:\).

El programa ErrFinal completo se encuentra disponible en la carpeta \Vb6Sbs\Less08.

9. Saque el disquete de la unidad o deje abierta la puerta de la misma.

10. Pulse el botón Iniciar para ejecutar el programa.

11. Pulse el botón Comprobar unidad del formulario.

    Visual Basic generará un error en tiempo de ejecución y el manejador de error mostrará el mensaje de error que aparece en la siguiente figura:

    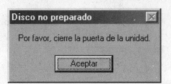

12. Inserte el disquete que contiene el metaarchivo de Windows y cierre la puerta de la unidad.

13. Pulse Aceptar para cerrar el manejador de error y vuelva a intentar la operación de carga.

    Pasados unos segundos, el metaarchivo de Windows Prntout2.wmf aparecerá en el formulario, tal como se muestra en la figura.

NOTA: *Si sigue apareciendo el mensaje de error, puede que el problema sea otro. Intente ejecutar el programa paso a paso desde la ventana Depuración. Los errores se detectan fácilmente desde esta ventana y el proceso le mostrará gráficamente el funcionamiento de los manejadores de error.*

14. Pulse el botón Cerrar del formulario para finalizar el programa.

UN PASO MÁS ALLÁ

Más técnicas de manejadores de error

La propiedad Err.Description contiene la explicación de un error producido en tiempo de ejecución.

El objeto Err contiene algunas propiedades adicionales que podrá utilizar para mostrar información extra con sus manejadores de error. Por ejemplo, la propiedad Err.Description contiene el mensaje de error devuelto a Visual Basic cuando se produce un error en tiempo de ejecución. Podrá utilizar este mensaje como información adicional para el usuario, tanto si piensa resolver el error como si no desde el programa. Por ejemplo, el siguiente manejador de error utiliza la propiedad Description para mostrar un mensaje de error si se produce un error durante la operación de carga de una imagen desde un disquete.

```
On Error GoTo ErrorDisco
Image1.Picture = LoadPicture("a:\prntout2.wmf")
Exit Sub      'salir del procedimiento

ErrorDisco:
MsgBox (Err.Description),, "Error de carga"
Resume        'Intenta de nuevo la función LoadPicture
```

Puede utilizar esta técnica para solucionar nuevos problemas relacionados con las unidades de disquete, tales como discos sin formato, archivos perdidos o unidad de disco abierta. El manejador de error utiliza la sentencia Resume para intentar de nuevo la operación de carga cuando el usuario corrija el error y pulse Aceptar en el cuadro de mensaje. Cuando se cargue el archivo, la sentencia Exit Sub finalizará el procedimiento.

NOTA: *Si se mete en un bucle de error y no puede salir, pulse* CTRL+INTER.

Cómo especificar un periodo de reintento

Otra estrategia que podrá utilizar en un manejador de error consiste en permitir que el usuario intente la operación un número fijo de veces, después de las cuales, si no se ha resuelto el problema, el programa saltará automáticamente a otra sentencia.

Por ejemplo, el siguiente manejador de error utiliza una variable contadora denominada Intentos para controlar el número de veces que aparece el mensaje de error. Si el mensaje de error ocurre dos veces, el programa ignorará la instrucción de carga y continuará en la siguiente sentencia:

```
Intentos = 0              'inicializa la variable contadora
On Error GoTo ErrorDisco
Image1.Picture = LoadPicture("a:\prntout2.wmf")
Exit Sub                  'Salir del procedimiento
```

```
ErrorDisco:
MsgBox(Err.Description),, "Error de carga"
Intentos = Intentos + 1 'incrementa el contador de errores
If Intentos > = 2 Then
     Resume Next
Else
     Resume
End If
```

Esta es una técnica útil cuando el error que se está intentando manejar es un problema que puede ser resuelto en ciertas ocasiones por el usuario. Lo más importante que debe recordar es que Resume vuelve a intentar ejecutar la sentencia que provocó el error, mientras que Resume Next salta la sentencia problemática y pasa a la siguiente línea del procedimiento de suceso. Cuando utilice Resume Next, asegúrese de que la sentencia siguiente es realmente la que desea ejecutar, y compruebe que no vuelve a ejecutar accidentalmente el manejador de error. Una buena forma de salvar el manejador de error consiste en utilizar la sentencia Exit Sub; también podrá utilizar Resume Next con una etiqueta que indique a Visual Basic que salte a una sentencia después del manejador de error.

Si desea continuar con el siguiente capítulo

➤ No salga de Visual Basic y pase al Capítulo 9.

Si desea salir de Visual Basic por ahora

➤ En el menú Archivo seleccione Salir.

Si en su pantalla aparece un cuadro de diálogo que le permite almacenar los cambios, seleccione Sí.

RESUMEN DEL CAPÍTULO 8

Para	Haga esto
Añadir nuevos formularios a un programa	Pulse el botón Agregar formulario contenido en la barra de herramientas y, finalmente, pulse Formulario. *o* en el menú Proyecto, seleccione Agregar Formulario y pulse el botón Abrir.
Cargar un formulario en la memoria	Utilice la sentencia Load. Por ejemplo: `Load Form2`
Mostrar un formulario cargado	Utilice el método Show. Por ejemplo: `Form2.Show`

(Continúa)

Para	Haga esto
Crear un formulario modal	Incluya un 1 cuando muestre un formulario. Por ejemplo: `Form2.Show 1`
Ocultar un formulario	Utilice el método Hide. Por ejemplo: `Form2.Hide`
Eliminar un formulario de la memoria	Utilice la sentencia Unload. Por ejemplo. `Unload Form2`
Modificar el nombre de un objeto	Cambie la propiedad Name del objeto en la ventana Propiedades.
Enviar una línea de texto a la impresora	Utilice el objeto Printer y el método Print. Por ejemplo: `Printer.Print "Marineros"`
Modificar las opciones de impresión	Establezca las propiedades del objeto Printer en tiempo de ejecución.
Finalizar un trabajo de impresión	Utilice el método EndDoc. Por ejemplo: `Printer.EndDoc`
Imprimir un formulario entero	Utilice el método PrintForm. Por ejemplo: `Form2.PrintForm`
Detectar errores en tiempo de ejecución ocurridos en sus programas	Active un manejador de error utilizando la sentencia: `On Error GoTo etiqueta` donde *etiqueta* será el nombre del manejador de error.
Procesar errores en tiempo de ejecución	Cree una rutina manejadora de error (normalmente compuesta por una estructura de decisión If...Then o Select Case) junto con una etiqueta que identifique el error. Los manejadores de error más frecuentes definen propiedades y muestran mensajes al usuario utilizando la función MsgBox.
Continuar después de un error	Utilice Resume, Resume Next o la *etiqueta* Resume.
Salir de un procedimiento antes de una sentencia End Sub	Utilice la sentencia Exit Sub.

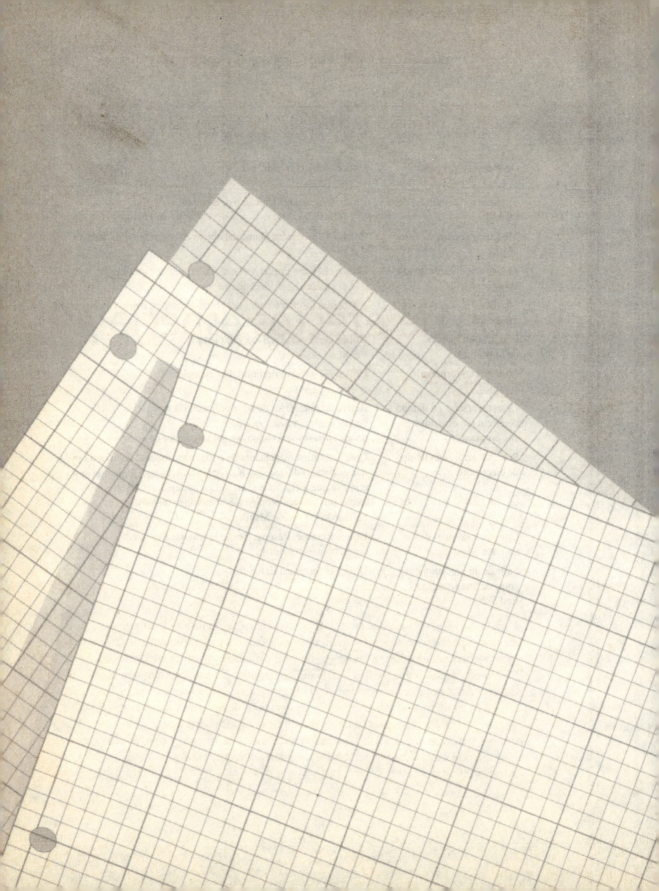

Capítulo

9

Inclusión de efectos especiales y artísticos

Tiempo estimado:
55 minutos

En este capítulo aprenderá a:

- Utilizar los controles Line y Shape para añadir trabajo artístico en un formulario.
- Emplear el control Image para crear botones gráficos de órdenes.
- Añadir soporte para la técnica Arrastrar y soltar a sus programas.
- Modificar la forma del puntero del ratón.
- Crear efectos especiales con animación.

Para la mayoría de los diseñadores de aplicaciones, la inclusión de dibujos artísticos y efectos especiales en una aplicación es lo más excitante y apasionante de la programación. Afortunadamente, la creación de impresionantes y útiles efectos gráficos con Microsoft Visual Basic es, a la vez, fácil y agradable. En este capítulo aprenderá a añadir interesantes «efectos especiales» a sus programas. Aprenderá a introducir trabajos artísticos en un formulario, a crear botones gráficos de órdenes y a cambiar la forma del puntero del ratón. Aprenderá también a utilizar la técnica «arrastrar y soltar» en sus programas y a crear una sencilla animación utilizando una imagen y objetos temporizadores. Cuando haya acabado tendrá los conocimientos necesarios para crear la perfecta interfaz de usuario.

INCLUSIÓN DE EFECTOS ARTÍSTICOS UTILIZANDO LOS CONTROLES LINE Y SHAPE

Los controles Line y Shape le permitirán crear figuras geométricas.

Ya sabe cómo añadir mapas de bits, iconos y metaarchivos de Windows en un formulario creando cuadros de dibujo y de imagen. Incluir dibujos artísticos predesarrollados en sus programas le resultará una tarea muy fácil en Visual Basic y ya la ha puesto en práctica en la mayoría de los capítulos pasados. Ahora aprenderá a crear dibujos artísticos originales utilizando los controles Line y Shape. Estas herramientas de gran utilidad están localizadas en el cuadro de herramientas y podrá usarlas para construir una gran variedad de imágenes de diferentes formas, tamaños y colores. Los objetos que cree utilizando estos controles tendrán muy pocas limitaciones (por ejemplo, no pueden recibir el foco en tiempo de ejecución ni pueden aparecer encima de otros objetos) a la vez que son muy potentes, rápidos y fáciles de usar.

El control Line

Control Line

Podrá utilizar el control Line para introducir líneas rectas en un formulario. Después podrá disponer de una amplia variedad de propiedades para cambiar el aspecto de la línea que acaba de crear, tal como ha hecho ya con otros objetos. Las propiedades más importantes del objeto línea son: el ancho del borde (BorderWidth), el estilo del borde (BorderStyle), el color del borde (BorderColor) y la visibilidad (Visible).

La propiedad BorderWidth ajusta el grosor de la línea contenida en su formulario. Esto es especialmente útil cuando esté creando un subrayado o una línea que separa un objeto de otro. La propiedad BorderStyle le permitirá crear una línea continua, punteada o a trazos y la propiedad BorderColor le permitirá colorearla con cualquiera de los colores estándar de Visual Basic. Finalmente, la propiedad Visible le permitirá ocultar o mostrar la línea según sea necesario en su programa.

Tendrá la oportunidad de trabajar con el control Line un poco más adelante, después de que conozca algo del control Shape.

El control Shape

Control Shape

Podrá utilizar el control Shape para crear rectángulos, cuadrados, elipses y circunferencias en sus formularios. Empleará este control para realizar el dibujo deseado y luego utilizará la ventana Propiedades para ajustar las características de la imagen. La propiedad Shape controla la forma de la imagen; podrá seleccionar un rectángulo, un rectángulo con bordes redondeados, un cuadrado, un cuadrado redondeado, una elipse o una forma circular después de haber creado el objeto. Podrá construir imágenes complejas dibujando varias formas y líneas.

Entre otras propiedades importantes que afectan a la forma de este tipo de objetos son: el color de relleno (FillColor), que le permitirá especificar el color del objeto; el estilo de relleno (FillStyle), que le permitirá establecer un patrón para el color de relleno, y el color del borde (BoderColor), con el que podrá especificar un color distinto para el borde de la forma. Este tipo de objetos también cuenta con la propiedad Visible, que le permitirá mostrar u ocultar el dibujo según sean sus necesidades.

Los siguiente ejercicios le ejercitarán en el empleo de los controles Line y Shape. Utilizará estos controles para crear una atractiva pantalla de bienvenida para un negocio ficticio denominado Ventanas Noroeste. La pantalla de bienvenida será similar a la mostrada a continuación:

Empleo de los controles Line y Shape

1. Ponga en marcha Visual Basic y abra un nuevo proyecto estándar.

    Si ya estuviera en funcionamiento, seleccione la opción Nuevo proyecto del menú Archivo y abra un nuevo proyecto estándar.

2. Oculte el formulario para disponer del suficiente espacio para incluir objetos de forma y botones de órdenes.

Control Label

3. Pulse el control Label del cuadro de herramientas y cree una etiqueta alargada en la parte superior del formulario.

4. Abra la ventana Propiedades y asigne el valor «Ventanas Noroeste» a la propiedad Caption de la etiqueta.

5. Asigne a la propiedad Font de la etiqueta el valor Times New Roman, Negrita, 26 puntos. Asigne a la propiedad ForeColor el valor Azul oscuro.

    La etiqueta deberá ocupar casi todo el ancho de la pantalla. Deberá ajustar el ancho y el alto del cuadro etiqueta, si fuese necesario, de manera que el nombre del negocio quepa en una única línea.

Control Line

6. Pulse el control Line contenido en el cuadro de herramientas y cree una línea bajo el nombre de la empresa. Haga que la línea ocupe toda la anchura del formulario.

El control Line muestra manejadores de selección a cada lado de la línea una vez creada. Podrá utilizar estos manejadores para aumentar o disminuir el tamaño de la línea, si fuese necesario.

Botón Ventana Propiedades

7. Pulse el botón Ventana de Propiedades para mostrar la ventana Propiedades y después asigne los siguientes valores a las propiedades del objeto Line:

Objeto	Propiedad	Valor
Line1	BorderWidth	5
	BorderColor	Azul oscuro

El nombre del objeto de línea es Line1. El valor de BorderWidth cambia el ancho de la línea a cinco twips (un twip es equivalente a 1/20 puntos o a 1/1.440 pulgadas). La propiedad BorderColor modificará el color de la línea a Azul oscuro.

A continuación, introducirá dos cuadros de imágenes en el formulario.

Control Shape

8. Pulse el control Shape contenido en el cuadro de herramientas y cree un rectángulo en la parte izquierda del formulario.

Este rectángulo es el marco de la primera ventana. Más adelante ajustará la propiedad FillStyle de este objeto para conseguir que se asemeje a una ventana enrejada.

9. Pulse otra vez el control Shape y cree un segundo rectángulo en la parte izquierda del formulario, solapándose ligeramente con el primero.

El funcionamiento del control Shape es muy similar a las herramientas de dibujo de propósito general presentes en los programas de dibujo artístico. El control crea la imagen y luego deberá asignar las propiedades para configurar el dibujo con su aspecto definitivo.

10. Pulse el botón Ventana Propiedades y asigne los siguientes valores para las propiedades de los dos objetos que acaba de crear:

Objeto	Propiedad	Valor
Shape1	Shape	0-Rectangle
	FillColor	Amarillo oscuro
	FillStyle	6 - Cross
	BorderColor	Amarillo oscuro
Shape2	Shape	4-Rounded rectangle
	FillColor	Azul claro
	FillStyle	6 - Cross
	BorderColor	Azul claro

11. Cree una etiqueta en la parte derecha del formulario lo suficientemente estrecha como para que el rótulo de la etiqueta se extienda por dos líneas completas. A continuación, asigne las propiedades mostradas en la tabla siguiente.

Objeto	Propiedad	Valor
Label2	Caption	«Productos de Calidad para la oficina y el hogar»
	Font	Times New Roman, Cursiva, 12-puntos
	Alignment	1 - Rigth justify

Control CommandButton

12. Pulse el botón CommandButton del cuadro de herramientas y cree un botón de orden en la esquina inferior derecha del formulario. Cree un segundo botón de orden a la izquierda del primero.

13. Asigne los siguientes valores a las propiedades de los botones de orden.

Objeto	Propiedad	Valor
Command1	Caption	«Salir»
Command2	Caption	«Continuar»

14. Pulse dos veces el botón de orden Salir, escriba End en el procedimiento de suceso Command1_Click y luego cierre la ventana Código.

   El formulario de bienvenida que está creando pretende ser una puerta de entrada al programa, pero si el usuario quisiera abandonarlo sin recorrer el resto del programa, el botón Salir le proporcionará una vía de salida. Puesto que la pantalla de bienvenida es, por ahora, la única parte del programa que existe, también utilizará el botón Salir para finalizar la ejecución del programa.

15. Modifique la propiedad Caption del formulario asignándola el rótulo «Bienvenida» y luego reajuste el tamaño de los objetos y del formulario, de tal manera que la pantalla parezca bien proporcionada.

   Cuando haya terminado, su formulario deberá ser similar al mostrado a continuación:

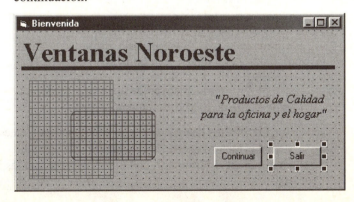

> ### Empleo de métodos gráficos para crear formas
>
> Visual Basic permite el manejo de varias palabras clave para añadir trabajo artístico a sus programas. Podrá utilizar estos métodos gráficos para crear efectos visuales especiales. Los métodos gráficos son órdenes que utilizará en procedimientos de suceso para crear imágenes en un formulario o, bien, enviarlos a la impresora.
>
> La desventaja de los métodos gráficos es que requieren ser planificados de antemano y suelen tener una programación complicada. Tendrá que familiarizarse con la sintaxis de los mandatos, comprender el funcionamiento del sistema de coordenadas utilizado en su formulario y refrescar las imágenes si éstas resultan cubiertas por otra ventana. Sin embargo, podrá utilizar los métodos gráficos para crear algunos efectos visuales que no son posibles utilizando exclusivamente los controles Line o Shape, tales como arcos y el dibujo de pixels individuales.
>
> Los métodos gráficos más utilizados son Line, que crea una línea, un rectángulo o un cuadro sólido; Circle, que crea un círculo, una elipse o una porción de círculo y PSet, que ajusta el color de un pixel individual en la pantalla.
>
> Por ejemplo, la siguiente instrucción Circle dibuja un círculo con un radio de 750 twips con centro en el punto de coordenadas (1500, 1500):
>
> ```
> Circle (1500,1500), 750
> ```
>
> Para aprender más sobre métodos gráficos busque las palabras *line*, *circle* o *pset* en la ayuda interactiva de Visual Basic.

Podrá emplear un formulario de bienvenida similar a éste en cualquier programa que desarrolle. El propósito es el de dar la bienvenida gratamente al usuario y permitirle luego seguir o abandonar el programa si así lo desea. Cuando el usuario pulse el botón Continuar, el programa deberá ocultar el formulario de bienvenida y mostrar el formulario principal de la aplicación.

Ejecución del programa FormInicial

Botón Iniciar

1. Pulse el botón Iniciar contenido en la barra de herramientas.

    El formulario Bienvenida aparece y tendrá un aspecto similar al mostrado en la figura de la página siguiente.

    Los objetos line y shape aparecen inmediatamente en el formulario y se añaden al carácter general de la pantalla de bienvenida. Los objetos line y shape aparecen en el formulario con mayor rapidez que las imágenes cargadas desde disco.

INCLUSIÓN DE EFECTOS ESPECIALES Y ARTÍSTICOS   **233**

El programa FormInicial completo se encuentra en el disco duro en la carpeta \Vb6Sbs\Less09.

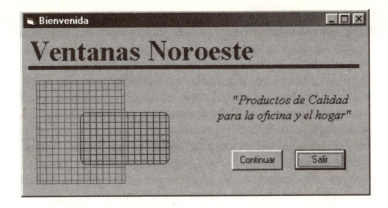

Botón Guardar Proyecto

2. Pulse el botón Salir para abandonar el programa.

3. Pulse el botón Guardar proyecto de la barra de herramientas y luego guarde el formulario en la carpeta Less09 con el nombre MiFormInicial.frm. Guarde el archivo de proyecto como MiFormInicial.vbp.

CREACIÓN DE BOTONES DE ORDEN GRÁFICOS

A lo largo de este libro ha empleado botones de orden para proporcionar al usuario un método intuitivo para ejecutar órdenes. Tal como ya sabe, podrá crear un botón de orden mediante el control CommandButton y asignar a la propiedad Caption una palabra que describa la acción que el botón ejecuta.

Podrá utilizar el Control Image para crear botones de orden similares a los existentes en la barra de herramientas.

Como alternativa a la creación de botones basados en texto, Visual Basic le permitirá utilizar el control Image para crear botones de órdenes basados en gráficos. Un *botón gráfico* contiene un dibujo artístico que no es más que una representación visual de la orden ejecutada por el botón. Por ejemplo, un botón que contenga un icono de un disquete podría representar una orden que almacenara información en el disco. Los botones gráficos pueden introducirse de forma individual en los programas o pueden colocarse en grupos denominados *barras de herramientas*. La barra de herramientas de Visual Basic es un ejemplo de este tipo de agrupamiento de botones. En este apartado aprenderá a crear auténticos botones de orden gráficos que se hundirán o emergerán cuando los pulse, al igual que sucede con los botones que puede ver en otras aplicaciones desarrolladas para Windows.

Detección de un suceso MouseDown

El suceso MouseDown detecta la primera mitad de una pulsación de ratón.

Para dar a sus botones gráficos un aspecto real, deseará que su programa responda tan pronto como el usuario coloque el puntero del ratón sobre un botón gráfico y pulse el botón del ratón. Hasta ahora ha utilizado el suceso Click para dar acción a sus programas pero, en este caso, Click no es lo suficientemente bueno. Su programa necesita responder cuando el usuario *presione* el botón del ratón y no cuando lo libere. Podrá seguir la actividad de ratón en Visual Basic con el suceso MouseDown.

MouseDown es un suceso especial que ejecutará un procedimiento cuando el usuario sitúe el puntero del ratón sobre un objeto en el formulario y pulse (sin necesidad de soltar) el botón izquierdo del mismo. Si escribe un procedimiento de suceso especial para la función MouseDown (tal como Image1_MouseDown desarrollado en el próximo apartado), el programa podrá responder en la forma adecuada siempre que el usuario sitúe el puntero del ratón sobre el objeto Image1 y pulse el botón izquierdo del mismo. Cuando maneje botones de orden de tipo gráfico, querrá que su programa modifique el dibujo mostrado en el botón cuando éste sea pulsado por el usuario, para dar la sensación de que el botón se encuentra «introducido». Además, se deberá ejecutar las instrucciones especificadas en el programa.

NOTA: *Además de reconocer sucesos MouseDown, sus programas pueden reconocer sucesos MouseUp (se producirán cuando el usuario libere el botón del ratón) y sucesos MouseMove (generados cuando el usuario desplace el ratón).*

Intercambio de botones

Entonces, ¿cómo se puede conseguir que los botones de orden gráfico parezca que se hunden y luego emerjan cuando el usuario los pulse durante la ejecución del programa? Como puede suponer, los iconos no son modificados en la pantalla cuando el usuario los pulsa, sino que los iconos son sustituidos por otros iconos, o son *intercambiados* por el procedimiento de suceso MouseDown. Tal como muestra la siguiente figura, cada botón de orden gráfico puede mostrar tres estados: Up (normal), Down (pulsado) y Disabled (desactivado).

No Pulsado   Pulsado   Desactivado

No pulsado es el modo normal, es el aspecto que tendrá el botón cuando esté en posición no activa o por defecto. Pulsado es el modo seleccionado o estado de pulsación; este aspecto se presenta cuando el botón ha sido seleccionado o está activo. Desactivado es un estado opcional, que se usa cuando un botón no está disponible en una parte determinada del programa. Algunos botones de orden gráfico jamás utilizan este estado.

En un programa Visual Basic, los estados de los botones se controlan mediante el intercambio de iconos en el objeto imagen utilizado para almacenar el botón. El procedimiento de suceso MouseDown asociado con el objeto de imagen controla el intercambio. Para que el procedimiento de suceso funcione correctamente, debe ser capaz de leer el estado actual del botón (pulsado, no pulsado o desactivado), modificarlo al estado requerido y, por último, ejecutar la orden necesaria (tal como poner el texto en negrita). Los iconos pueden ser cargados en tiempo de ejecución usando la función LoadPicture o pueden intercambiarse en el formulario utilizando sentencias de asignación. Algunos programadores introducen los tres estados de los botones en el formulario para realizar las actualizaciones con mayor rapidez.

Podrá actualizar el estado de los botones utilizando el procedimiento de suceso MouseDown.

> **NOTA:** *Puede crear botones gráficos y barras de herramientas en cualquier formulario de Visual Basic, pero los formularios MDI cuentan con algunas propiedades especiales que facilitan el trabajo con grupos de botones. Además, el control Toolbar ActiveX, incluido en las ediciones Profesional y Empresarial de Visual Basic, le permitirá crear y manejar barras de herramientas en sus formularios MDI.*

El siguiente ejercicio le mostraré cómo crear un programa que emplea tres botones gráficos de orden (Negrita, Cursiva y Subrayado) para dar formato al texto contenido en el formulario.

Este programa utiliza seis iconos contenidos en la carpeta Less09 para mostrar los botones en el formulario y emplea tres procedimientos de suceso MouseDown para actualizar los botones y formatear el texto. La figura siguiente muestra el aspecto del formulario que creará a continuación:

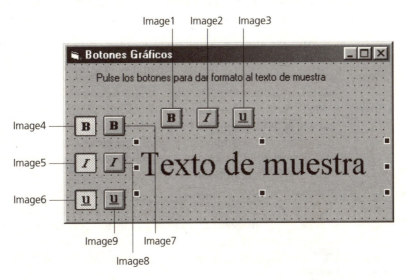

Practique creando botones Negrita, Cursiva y Subrayado.

Creación de botones para la barra de herramientas

1. En el menú Archivo, seleccione la opción Nuevo proyecto y pulse Aceptar para crear un nuevo archivo ejecutable de tipo estándar.

Control Label

Control Image

2. Ajuste el tamaño del formulario hasta que alcance las dimensiones de un cuadro de diálogo de tamaño medio.

3. Pulse el control Label y cree una etiqueta alargada en la parte superior del formulario.

4. Pulse el control Image y cree tres pequeños cuadros de imagen, centrados y debajo del rótulo del formulario.

   Estos cuadros de imagen alojarán a los botones Negrita, Cursiva y Subrayado que usará en el programa.

5. Cree seis cuadros de imagen en la parte izquierda del formulario. Básese en la figura anterior para determinar su emplazamiento.

   Estos cuadros de imagen almacenarán los seis estados de los botones que manejará en los tres primeros cuadros de imagen (como alternativa podrá cargar estos botones del disco o almacenar alguno de los estados en variables globales, pero mantenerlos todos juntos en el formulario es más rápido y adecuado para este ejemplo).

6. Cree una etiqueta alargada en el centro del formulario para alojar el texto de ejemplo.

   Esta es la etiqueta que formateará utilizando los botones de la barra de herramientas. Ajustará el texto utilizando las propiedades FontBold, FontItalic y FontUnderline en los procedimientos de suceso MouseDown.

La propiedad Tag le permite asignar una nota de identificación, o etiqueta, a un objeto.

Ahora tendrá que definir las propiedades para los objetos del formulario. En primer lugar, deberá hacer invisible los seis iconos de intercambio en el formulario y, posteriormente, cambiará y formateará el texto contenido en las etiquetas. A continuación, grabará los estados de apertura de los botones en una propiedad especial de los cuadros de imagen denominadas *Tag*. Tag es una propiedad que podrá utilizar para incluir notas descriptivas en un objeto con el que esté trabajando. Tag se emplea a menudo para almacenar el nombre del objeto pero, en este caso, lo utilizará para guardar el estado en el que se encuentre el botón: «Up» o «Down» (no pulsado o pulsado).

7. Asigne las siguientes propiedades para los objetos mencionados.

Objeto	Propiedad	Valor
Label1	Caption	«Pulse los botones para dar formato al texto de muestra»
Label2	Caption	«Texto de muestra»
	Font	Times New Roman, 28
Form1	Caption	«Botones gráficos»
Image1	Picture	«c:\Vb6Sbs\Less09\bld-up.bmp»
	Tag	«Up»

(Continúa)

Objeto	Propiedad	Valor
Image2	Picture	«c:\Vb6Sbs\Less09\itl-up.bmp»
	Tag	«Up»
Image3	Picture	«c:\Vb6Sbs\Less09\ulin-up.bmp»
	Tag	«Up»
Image4	Picture	«c:\Vb6Sbs\Less09\bld-dwn.bmp»
	Visible	False
Image5	Picture	«c:\Vb6Sbs\Less09\itl-dwn.bmp»
	Visible	False
Image6	Picture	«c:\Vb6Sbs\Less09\ulin-dwn.bmp»
	Visible	False
Image7	Picture	«c:\Vb6Sbs\Less09\bld-up.bmp»
	Visible	False
Imge8	Picture	«c:\Vb6Sbs\Less09\itl-up.bmp»
	Visible	False
Image9	Picture	«c:\Vb6Sbs\Less09\ulin-up.bmp»
	Visible	False

NOTA: *Cuando defina la propiedad Picture, los cuadros de imagen ajustan su tamaño al del icono de la barra de herramientas.*

Cuando haya terminado, su formulario deberá tener un aspecto muy similar al mostrado a continuación:

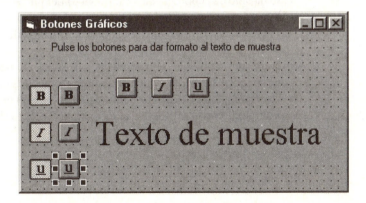

A continuación, deberá introducir el código asociado con los tres procedimientos de suceso MouseDown.

8. Realice una doble pulsación sobre el objeto Image1 (el botón Negrita situado encima del rótulo «Texto de muestra») del formulario.

El procedimiento de suceso Image1_Click aparecerá en la ventana Código. En esta ocasión tendrá que escribir código para el procedimiento de suceso MouseDown y no para el procedimiento de suceso Click. Para abrir un procedimiento de suceso distinto, deberá seleccionar el procedimiento en el cuadro de lista desplegable Procedimientos.

9. Despliegue el cuadro de lista desplegable Procedimientos de la ventana Código.

El cuadro de lista desplegable muestra los sucesos que puede reconocer el objeto de imagen, tal y como se muestra en la figura siguiente:

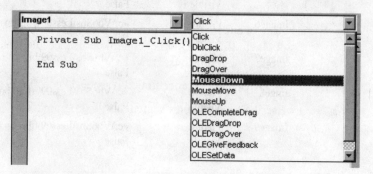

El procedimiento de suceso MouseDown suministra cuatro variables que podrá utilizar en sus programas.

10. Seleccione el suceso MouseDown del cuadro de lista.

El procedimiento de suceso Image1_MouseDown aparecerá en la ventana Código. Este procedimiento de suceso puede procesar cuatro tipos de información relacionados con la función MouseDown: pulsación del botón del ratón, la combinación de las teclas ALT, CTRL y MAYÚS pulsadas (si es que alguna lo ha sido), la coordenada *x* (horizontal) del puntero del ratón en la pantalla y la coordenada *y* (vertical) del puntero del ratón en la pantalla. Estos valores son devueltos o *transferidos* a los procedimientos de suceso mediante variables, que podrá utilizar en su código. Aunque en este programa no tendrá que utilizar variables de procedimientos de suceso, o *parámetros*, en otras ocasiones pueden ser herramientas muy útiles y muchos procedimientos de suceso las suministran. Le mostraré más detalles sobre el empleo de parámetros en el programa Arrastrar y Soltar que comentaré más tarde en este capítulo.

11. Introduzca las siguientes sentencias de programa en el procedimiento de suceso Image1_MouseDown:

La propiedad FontBold controla el atributo negrita.

```
If Image1.Tag = "Up" Then
    Image1.Picture = Image4.Picture
    Label2.FontBold = True
    Image1.Tag = "Down"
Else
    Image1.Picture = Image7.Picture
    Label2.FontBold = False
    Image1.Tag = "Up"
End If
```

Esta sencilla estructura de decisión If procesa los dos tipos de pulsaciones que el usuario puede practicar sobre el botón Negrita. Si el botón Negrita está en el estado normal («Up»), el procedimiento de suceso sustituye el icono Bld-up.bmp por el icono Bld-dwn.bmp, asigna el atributo negrita al texto y asigna a la propiedad Tag del cuadro de imagen el valor «Down». Si el botón está en el estado pulsado («Down»), el procedimiento de suceso reemplaza el icono Bld-dwn.bmp por el icono Bld-up.bmp, cancela la negrita y asigna a la propiedad Tag del cuadro de imagen el valor «Up». Independientemente del estado en el que se encuentre el botón, la estructura de decisión cambia al estado opuesto.

12. Abra el cuadro de lista desplegable Objeto de la ventana Código y seleccione el objeto Image2. Abra el cuadro de lista desplegable Procedimiento y seleccione el suceso MouseDown.

    Aparecerá el procedimiento asociado con el suceso Image2_MouseDown.

13. Escriba las siguientes sentencias de programa:

La propiedad Tag se utiliza para determinar el estado actual en el que se encuentra en botón.

```
If Image2.Tag = "Up" Then
    Image2.Picture = Image5.Picture
    Label2.FontItalic = True
    Image2.Tag = "Down"
Else
    Image2.Picture = Image8.Picture
    Label2.FontItalic = False
    Image2.Tag = "Up"
End If
```

Esta estructura de decisión controla el manejo del botón Cursiva en el programa. El código es prácticamente idéntico al del procedimiento Image1_MouseDown. La única diferencia son los nombres de los cuadros de imagen y el uso de la propiedad FontItalic en lugar de la propiedad FontBold.

14. Abra el cuadro de lista desplegable Objeto y seleccione Image3. Abra el cuadro de lista desplegable Procedimiento y seleccione el suceso MouseDown. Cuando aparezca el procedimiento de suceso Image3_MouseDown, escriba la siguientes sentencias de programa:

La propiedad Picture se utiliza para activar botones.

```
If Image3.Tag = "Up" Then
    Image3.Picture = Image6.Picture
    Label2.FontUnderline = True
    Image3.Tag = "Down"
Else
    Image3.Picture = Image9.Picture
    Label2.FontUnderline = False
    Image3.Tag = "Up"
End If
```

Esta estructura de decisión controla la operación del botón Subrayado. Es prácticamente idéntica a los dos procedimientos anteriores. Ya ha terminado de elaborar el programa, así que podrá almacenarlo en disco.

Botón Guardar Proyecto

15. Pulse el botón Guardar proyecto contenido en la barra de herramientas. Especifique la carpeta \Vb6Sbs\Less09 y luego guarde el formulario como **MiBotones.frm**. Guarde el proyecto como **MiBotones.vbp** en la misma carpeta.

Ejecute ahora el programa.

Ejecución del programa y comprobación de los botones

Botón Iniciar

El programa Botones completo se encuentra en el disco en la carpeta \Vb6Sbs\Less09.

1. Pulse el botón Iniciar de la barra de herramientas.

   El programa Mi Botones se ejecutará, tal como se muestra en la siguiente figura:

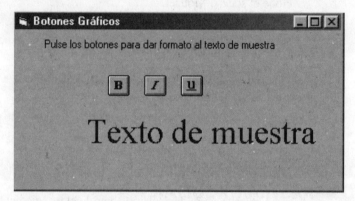

Las instrucciones, los botones de la barra de herramientas y el texto de ejemplo aparecen en el formulario. Podrá utilizar los tres botones en el orden y tantas veces como desee.

2. Pulse el botón Cursiva.

   Tan pronto como pulse el botón del ratón, el icono cursiva se «hunde» y el texto de ejemplo se mostrará en cursiva.

3. Pulse el botón Subrayado.

TRUCO: *Si quisiera esperar hasta que se soltara el botón del ratón para dar formato al texto, podría manejar el intercambio de este icono con el suceso MouseDown, mientras que puede emplear el suceso MouseUp para cambiar la Fuente. Como programador, tendrá control total sobre el empleo de los botones.*

Su pantalla deberá tener un aspecto similar a la mostrada en la figura siguiente.

INCLUSIÓN DE EFECTOS ESPECIALES Y ARTÍSTICOS 241

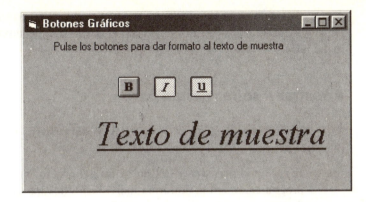

4. Pulse de nuevo los botones Cursiva y Subrayado.

   Los botones «emergerán» y el texto volverá a su estado normal.

5. Pruebe el botón Negrita para ver cómo funciona. Pruebe a utilizar diferentes combinaciones en las pulsaciones de los botones.

6. Cuando haya terminado de probar todos los botones, pulse el botón Terminar de la barra de herramientas de Visual Basic.

   El programa se detendrá y aparecerá el entorno de programación.

Botón Terminar

UTILIZACIÓN EN SUS PROGRAMAS DEL EFECTO ARRASTRAR Y SOLTAR

El soporte Arrastrar-y-soltar puede conseguir que la interfaz de usuario desarrollada sea más intuitiva y fácil de usar.

En las aplicaciones para Windows, los usuarios ejecutan un buen número de órdenes pulsando menús y botones con el ratón. Visual Basic le permitirá utilizar otra vía alternativa para ejecutar determinadas acciones en los programas que desarrolle: puede permitir a los usuarios que empleen un movimiento de ratón denominado *arrastrar y soltar* (*Drag and Drop*). «Arrastrar y soltar» es una técnica que consiste en mantener pulsado el ratón y desplazar un objeto de una posición a otra para, finalmente, soltar el botón del ratón y depositar al objeto en otro lugar o ejecutar una orden. Una aplicación típica de esta técnica es desplazar un fragmento de texto de un lugar a otro en un procesador de textos. Otro ejemplo es el desplazamiento de los elementos que no se desea conservar a la «papelera de reciclaje» para eliminarlos de la pantalla.

El procedimiento de suceso DragDrop detecta cuándo se «suelta» el objeto.

Podrá utilizar varias propiedades y dos procedimientos de suceso para controlar las operaciones «arrastrar y soltar». Podrá asignar a la propiedad DragMode de un objeto el valor 1 para permitir que el usuario desplace el objeto. Podrá utilizar la propiedad DragIcon para especificar que el puntero del ratón aparezca como una representación del objeto desplazado mientras lo esté desplazando. Cuando el usuario «suelte» el objeto sobre el formulario o sobre cualquier otro objeto, Visual Basic reaccionará a este suceso ejecutando el procedimiento de suceso DragDrop asociado con el objeto sobre el cual se haya soltado el icono. Cuando el objeto desplazado pasa por encima de otro objeto contenido en el formulario, Visual Basic ejecutará el procedimiento de suceso DragOver (desplazar sobre) asociado con el objeto sobre el cual está pasando el puntero del ratón.

Arrastrar y soltar paso a paso

Para poder utilizar la técnica «Arrastrar y Soltar» en sus programas, deberá seguir estos tres pasos:

1. **Permitir el arrastre y la liberación del objeto.** Visual Basic requiere que el programador active de forma individual todos los objetos del formulario que desee desplazar y soltar. Para añadir soporte de arrastre y liberación a un objeto, deberá asignar el valor 1 a su propiedad DragMode, usando código de programa o la ventana Propiedades.

2. **Seleccionar un icono de arrastre.** Visual Basic utiliza un rectángulo para representar al objeto que se está arrastrando, pero podrá sustituirlo por un icono diferente si así lo desea. Para especificar un icono diferente, asigne a la propiedad DragIcon del objeto el mapa de bits o el icono que desee mediante código de programa o desde la ventana Propiedades.

3. **Escribir un procedimiento de suceso DragDrop o DragOver para el objeto destino.** Deberá escribir un procedimiento de suceso para el objeto que será el blanco, o *destino*, del desplazamiento. Visual Basic ejecuta el procedimiento de suceso asociado con el objeto sobre el cual se suelte o, simplemente, sobre el que pase el elemento desplazado. El procedimiento de suceso deberá ejecutar alguna acción apropiada, tal como recolocar u ocultar el objeto desplazado, ejecutar una orden o cambiar el objeto destino de alguna manera. Podrá abrir el procedimiento de suceso pulsando el objeto destino en el formulario, abriendo la ventana Código y luego seleccionando los sucesos DragDrop o DragOver en el cuadro de lista desplegable Procedimiento.

La figura de la página siguiente muestra visualmente los tres pasos de programación comentados.

El programa Arrastrar y soltar

El barril incinerador del programa ArrastrarySoltar proporciona al usuario un lugar donde arrojar los elementos que no desea.

El programa desarrollado en el siguiente ejercicio muestra cómo añadir funcionalidad «arrastrar y soltar» en sus aplicaciones. El programa permitirá al usuario desplazar tres objetos al barril incinerador del formulario y luego soltar una cerilla sobre él para quemar los objetos. El barril incinerador es similar a la papelera de reciclaje de Microsoft Windows o al cubo de basura existente en Macintosh. Podrá utilizar el barril incinerador en sus programas para permitir que los usuarios de los mismos eliminen de la pantalla multitud de objetos, incluyendo documentos no deseados, archivos, dibujos artísticos,

INCLUSIÓN DE EFECTOS ESPECIALES Y ARTÍSTICOS 243

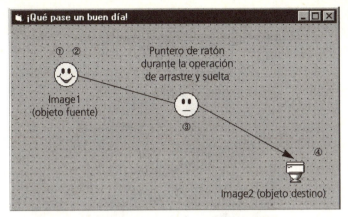

Form_Load
① Image1.Picture = LoadPicture("c:\Vb6Sbs\Less09\face03.ico")
② Image1.DragMode = 1
③ Image1. DragIcon = LoadPicture("c:\Vb6Sbs\Less09\face01.ico")

Image2_DragDrop
④ Image1.Visible =False

correo electrónico, conexiones de red, elementos de pantalla, etc. El programa usa cuadros de imágenes para los elementos de la pantalla y oculta estos objetos asignando el valor False a su propiedad Visible.

Empleo de arrastrar y soltar para crear un barril incinerador

1. En el menú Archivo, seleccione la opción Nuevo proyecto y pulse Aceptar para crear un nuevo archivo ejecutable de tipo estándar.

2. Reajuste el tamaño del formulario para que sus dimensiones sean las de un cuadro de diálogo de tamaño medio.

3. Pulse el control Label del cuadro de herramientas y cree una etiqueta alargada en la parte superior del formulario.

   Esta etiqueta mostrará al usuario las instrucciones del programa.

Control Label

4. Pulse el control Image y cree los seis cuadros de imagen mostrados en la figura de la página siguiente. Asegúrese de crear los cuadros de imagen en el orden indicado. (Cree Image1 primero, Image2 después, y así sucesivamente.) De esta forma, se asegurará que al definir las propiedades de cada cuadro de imagen en el siguiente paso, se situará el icono correcto en cada cuadro.

La etiqueta «Fuego» le ayudará a identificar el icono cerilla.

5. Asigne los valores mostrados en la tabla de la página siguiente a las propiedades de los objetos especificados. Cuando lo vaya haciendo, observe el valor «Fuego» de la propiedad Tag de Image3. Esta propiedad se utiliza para identificar a la cerilla cuando el usuario la suelte sobre el barril incinerador.

244 APRENDA VISUAL BASIC 6.0 YA

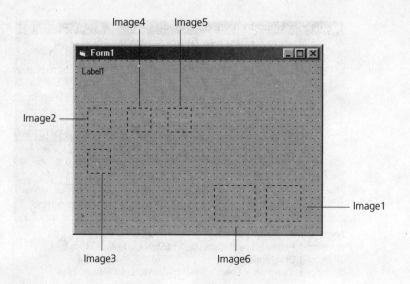

NOTA: *Tendrá que definir la propiedad Stretch antes de definir la propiedad Picture para que los iconos adopten el tamaño adecuado.*

Objeto	Propiedad	Valor
Label1	Caption	«Tírelo todo y arroje después la cerilla»
	Font	Times New Roman, Negrita, 10-puntos
Form1	Caption	«Barril incinerador»
Image1	Stretch	True
	Picture	«c:\Vb6Sbs\Less09\trash02a.ico»
Image2	Picture	«c:\Vb6Sbs\Less09\cdrom02.ico»
	DragIcon	«c:\Vb6Sbs\Less09\cdrom02.ico»
	DragMode	1 -Automatic
Image3	Picture	«c:\Vb6Sbs\Less09\fire.ico»
	DragIcon	«c:\Vb6Sbs\Less09\fire.ico»
	DragMode	1 - Automatic
	Tag	«Fuego»
Image4	Picture	«c:\Vb6Sbs\Less09\gaspump.ico»
	DragIcon	«c:\Vb6Sbs\Less09\gaspump.ico»
	DragMode	1 - Automatic
Imge5	Picture	«c:\Vb6Sbs\Less09\point11.ico»
	DragIcon	«c:\Vb6Sbs\Less09\point11.ico»
	DragMode	1 - Automatic
Imge6	Stretch	True
	Picture	«c:\Vb6Sbs\Less09\trash02b.ico»
	Visible	False

INCLUSIÓN DE EFECTOS ESPECIALES Y ARTÍSTICOS 245

Cuando haya terminado de ajustar las propiedades, su formulario tendrá un aspecto similar a la figura siguiente.

6. Pulse dos veces el objeto Image1 (el barril incinerador vacío) del formulario.

   El procedimiento de suceso Image1_Click aparecerá en la ventana Código.

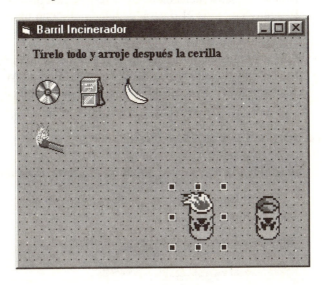

7. Abra el cuadro de lista desplegable Procedimiento de la ventana Código y seleccione el suceso DragDrop del cuadro de lista que aparece.

   Aparecerá el procedimiento de suceso Image1_DragDrop. La sentencia Sub del procedimiento lista tres parámetros que son devueltos en el momento en que se suelta el objeto: Source (Origen), X e Y. El parámetro Source identifica el objeto original que ha sido desplazado en el programa. Deberá utilizar este parámetro para ocultar el objeto fuente en el formulario, para simular que se ha eliminado realmente del formulario. En este procedimiento no se emplearán los parámetros X e Y.

El procedimiento de suceso DragDrop devuelve tres parámetros que podrá utilizar en sus programas: Source, X e Y

8. Escriba las siguientes sentencias de programa en el procedimiento de suceso:

```
Source.Visible = False
If Source.Tag = "Fuego" Then
    Image1.Picture = Image6.Picture
End If
```

La variable Source identifica al objeto que ha sido arrastrado hasta el barril incinerador.

Estas son las únicas sentencias que hay en el programa. La primera línea utiliza la variable Source y la propiedad Visible, para ocultar el objeto que fue arrastrado y soltado. De esta forma, simulará que el objeto fue arrojado al barril incinerador. El resto de las líneas comprueban si el objeto tirado fue el icono de la cerilla.

Recuerde que cuando definió las propiedades para este programa, asignó a la propiedad Tag de Image3 el valor «Fuego» para identificarla como la cerilla que haría arder el barril incinerador.

La estructura If...Then utiliza la propiedad Tag para verificar si la cerilla se ha tirado al barril incinerador. Si la verificación resulta positiva, la estructura de decisión «enciende el fuego» copiando el icono del barril en llamas sobre el icono del barril vacío.

Botón Guardar Proyecto

9. Pulse el botón Guardar proyecto de la barra de herramientas. Especifique la carpeta\Vb6Sbs\Less09 y guarde el formulario como **MiArrastrarySoltar.frm**. Guarde el proyecto como **MiArrastrarySoltar.vbp** en la misma carpeta.

Ejecución del programa MiArrastrarySoltar

Botón Iniciar

El programa ArrastraryySoltar completo se encuentra en el disco en la carpeta \Vb6Sbs\Less09.

1. Pulse el botón de Iniciar contenido en la barra de herramientas.

   El programa MiArrastrarySoltar aparece en pantalla, tal como se muestra a continuación:

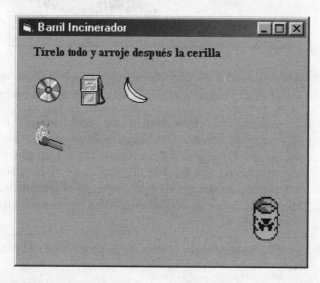

2. Arrastre el icono CD-ROM hacia el barril incinerador y suelte el botón del ratón.

Los iconos de desplazamiento aparecen cuando se arrastran los objetos.

   Conforme desplaza el icono, el puntero del ratón se convierte en el icono del CD-ROM original (muestra la forma en que trabaja la propiedad DragIcon). Una vez que suelte el icono CD-ROM sobre el barril incinerador, el puntero del ratón recupera su tamaño y forma originales y el icono del CD-ROM desaparece del formulario.

3. Arrastre los iconos del surtidor de gasolina y del plátano hacia el barril incinerador.

   El puntero del ratón se convierte en el icono adecuada a medida que arrastre los objetos originales. (El surtidor será realmente un buen combustible.)

Modificación del puntero del ratón

En el programa Arrastrar y Soltar ha aprendido a usar la propiedad DragIcon para cambiar el puntero del ratón durante una operación de arrastre. También podrá modificar el aspecto del puntero del ratón utilizando uno de los 12 punteros predefinidos; para ello deberá emplear la propiedad MousePointer, o podrá cargar un puntero personal utilizando la propiedad MouseIcon.

Al utilizar punteros predefinidos estará dando la oportunidad al usuario de saber gráficamente para qué sirve el puntero que está empleando en cada momento. Podrá cambiar la forma del puntero en cualquier instante. Si modifica el valor asignado a la propiedad MousePointer de un objeto del formulario, el puntero del ratón cambiará a la forma especificada cuando el usuario sitúe el puntero del ratón sobre dicho objeto. Si modifica el valor asignado la propiedad MousePointer del propio formulario, el puntero del ratón cambiará a la forma que haya especificado, salvo que esté sobre otro objeto que tenga una forma predefinida.

La tabla que se muestra a continuación lista algunas de las formas de puntero que podrá seleccionar utilizando la propiedad MousePointer (puede consultar la ventana Propiedades para obtener una lista completa). Si especifica la forma 99 (Custom o personal), Visual Basic emplea la propiedad MouseIcon para seleccionar la forma del ratón.

Puntero	Valor de MousePointer	Descripción
╋	2	Puntero de cruz para dibujar
I	3	Puntero en forma de I para aplicaciones basadas en texto.
✥	5	Puntero de tamaño (también hay otros punteros con flechas que apuntan en otras direcciones).
⧖	11	Puntero reloj de arena que indica al usuario que debe de esperar.
⊘	12	Puntero sin colocación. Indica al usuario que la acción que está intentando realizar no puede llevarse a cabo.

4. Finalmente, arroje la cerilla sobre el barril.

En el momento en que suelte el botón del ratón, el barril incinerador empezará a arder, tal y como se muestra en la siguiente figura:

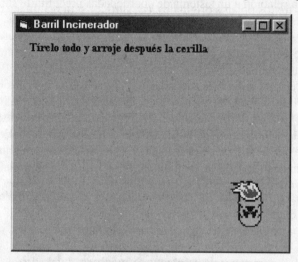

5. Pulse el icono Terminar para detener el programa.

TRUCO: *Esta técnica estándar de «arrastrar y soltar» tiene diversas aplicaciones. Piense en utilizarla cada vez que necesite ofrecer a los usuarios una realimentación visual cuando el programa esté procesando o borrando un objeto. Por ejemplo, podría cambiar el icono del barril incinerador dotándole de otro aspecto y utilizar la técnica «arrastrar y soltar» para procesar trabajo artístico, imprimir archivos, enviar faxes y correo electrónico, trabajar con bases de datos o para organizar los recursos de una red.*

CÓMO AÑADIR ANIMACIÓN A SUS PROGRAMAS

La animación consigue que los objetos «cobren vida» en un programa.

Intercambiar iconos y desplazar objetos proporciona cierto interés visual a un programa, pero para los programadores, el rey de los efectos visuales ha sido siempre la animación. La *animación* es la simulación de movimientos conseguida mediante la superposición rápida de una sucesión de imágenes sobre la pantalla. De alguna manera, el desplazamiento de objetos es una «animación pobre», ya que con ella sólo podrá mover imágenes de un lado a otro del formulario. La animación real supone mover objetos programáticamente (mediante programa) y esto supone, a menudo, un cambio de forma o de tamaño del objeto durante el camino.

En este apartado le mostraré cómo puede añadir animación simple en sus programas. Aprenderá a utilizar el método Move, modificará las propiedades Top y Left de un cuadro de imagen y controlará la velocidad de la animación empleando un objeto temporizador.

Empleo del sistema de coordenadas del formulario

Un característica habitual en las rutinas de animación es el desplazamiento de las imágenes en relación a un sistema de coordenadas predefinido sobre la pantalla. En Visual Basic, cada formulario tiene su propio sistema de coordenadas. El punto de inicio, u origen del sistema de coordenadas, es la esquina superior izquierda del formulario. El sistema de coordenadas implícito está formado por filas y columnas de unidades independientes llamadas twips. (Un twip es 1/20 puntos, o 1/1440 pulgadas.)

El sistema de coordenadas de Visual Basic es una rejilla de filas y columnas en el formulario.

En el sistema de coordenadas de Visual Basic, las filas de twips están alineadas según el eje x (eje horizontal) y las columnas de twips están alineadas según el eje y (eje vertical). Podrá definir la situación de un punto en este sistema de coordenadas definiendo las intersección de la fila y de la columna que lo contiene con la notación (*x*,*y*). Aunque puede utilizar en el sistema de coordenadas una métrica distinta a los twips, las coordenadas (*x*,*y*) de la esquina superior izquierda será siempre (0,0). El siguiente dibujo muestra cómo se describe la localización de un objeto en el sistema de coordenadas de Visual Basic.

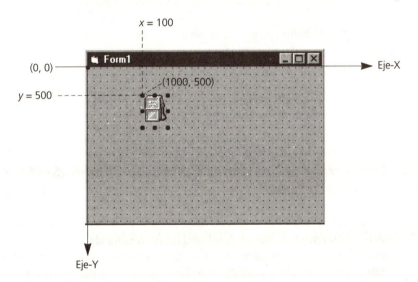

Cómo mover objetos en un sistema de coordenadas

El método Move desplaza objetos.

Visual Basic incluye un método especial denominado Move con el que podrá mover objetos a lo largo del sistema de coordenadas. La sintaxis básica para el método Move es

```
objeto.Move izquierda, arriba
```

donde *objeto* es el nombre del objeto del formulario que desea mover e *izquierda* y *arriba* son las coordenadas de la nueva localización para el objeto, medidas en twips. El valor *izquierda* es la distancia entre el margen izquierdo del formulario y el objeto, mientras que *arriba* es la distancia entre el margen superior y el objeto (el método Move también le permitirá ajustar el alto y el ancho de un objeto. Consulte el apartado: «Un paso más allá» situado hacia el final de este capítulo, para ver un ejemplo sobre este tema.

La siguiente instrucción de Visual Basic

```
Picture1.Move 1440, 1440
```

desplaza el objeto Picture1 a la posición (1440, 1440) de la pantalla o, exactamente, una pulgada (2,54 centímetros) hacia abajo desde el margen superior del formulario y una pulgada hacia la derecha desde su margen izquierdo.

Los movimientos relativos se especifican con las propiedades Left y Top del objeto.

También podrá utilizar el método Move para indicar un movimiento relativo. Un movimiento relativo es la distancia que deberá moverse el objeto desde su *posición actual*. Cuando especifique movimientos relativos, deberá utilizar las propiedades Left y Top del objeto (valores que mantienen su posición en los ejes x e y) y uno de los dos siguientes operadores: + (más) o – (menos). Por ejemplo, la sentencia

```
Picture1.Move Picture1.Left - 50, Picture1.Top -75
```

desplazará el objeto Image1 desde su actual posición en el formulario a una posición 50 twips más cerca del margen izquierdo y 75 twips más cerca del margen superior.

NOTA: *Con el método Move se suelen utilizar cuadros de dibujo (más que cuadros de imagen) porque disminuyen el parpadeo sobre la pantalla.*

Cómo crear animaciones utilizando el método Move y el objeto Timer

Los objetos temporizadores le permitirán indicar la rapidez del movimiento en un programa.

El truco para crear animación en un programa consiste en colocar uno o más métodos Move en un procedimiento de suceso temporizador de tal forma que, a determinados intervalos, el temporizador provocará el movimiento de uno o más objetos por la pantalla. En el Capítulo 7 aprendió a utilizar un objeto temporizador para actualizar cada segundo la hora proporcionada por un reloj, de tal manera que mostrase la hora correcta. Cuando trabaje con animación, deberá asignar a la propiedad Interval del temporizador una velocidad bastante más rápida: 1/5 segundos (200 milisegundos), 1/10 segundos (100 milisegundos) o incluso menos. La velocidad exacta que deberá elegir dependerá de la rapidez con la que desee que actúe la animación.

Otro truco será emplear las propiedades Top y Left para detectar el margen superior y el margen izquierdo del formulario. El empleo de estos valores en un procedimiento de suceso le permitirá detener la animación (desactivar el temporizador) cuando un objeto alcance el borde del formulario. También podrá emplear la propiedad Top, la propiedad Left, o ambas, en una estructura de decisión If...Then o Select Case para simular el rebote de un objeto cuando éste alcance alguno de los bordes del formulario.

INCLUSIÓN DE EFECTOS ESPECIALES Y ARTÍSTICOS **251**

Cómo añadir una nube de humo al programa «arrastrar y soltar»

Podrá crear animación utilizando el método Move.

El siguiente ejercicio muestra cómo podrá animar un cuadro de dibujo en un programa empleando el método Move y un objeto temporizador. En este ejercicio añadirá una nube de humo al programa ArrastrarySoltar. La nube de humo se hará visible cuando el usuario tire la cerilla en el barril incinerador. Usando el método Move y un objeto temporizador, el programa hará que la nube de humo parezca que fluye suavemente empujada por el viento hasta que se salga del formulario.

Cración de una animación con humo

1. En el menú Archivo, seleccione la opción Guardar ArrastrarySoltar como y almacene el formulario ArrastrarySoltar como **MiHumo.frm**.

2. En el menú Archivo, seleccione la opción Guardar proyecto como y almacene el proyecto ArrastrarySoltar como **MiHumo.vbp**.

    Al guardar el formulario y el proyecto con nuevos nombres conservará en el disco el programa original ArrastrarySoltar.

Control PictureBox

3. Pulse el control PictureBox contenido en el cuadro de herramientas y dibuje un pequeño rectángulo por encima del barril incinerador vacío del formulario.

    Introducirá un icono nube dentro de este cuadro cuando asigne las propiedades del objeto.

Control Timer

4. Pulse el control Timer del cuadro de herramientas y dibuje un objeto temporizador en la esquina inferior izquierda del formulario.

    El objeto temporizador (Timer1) reajusta su tamaño por sí solo en el formulario.

5. Asigne las siguientes propiedades para el cuadro de dibujo y el temporizador:

Objeto	Propiedad	Valor
Picture1	Appearance	1 -3D
	BackColor	Gris claro
	BorderStyle	0 - None
	Picture	«c:\Vb6Sbs\Less09\cloud.ico»
	Visible	False
Timer1	Enabled	False
	Interval	65

Después de asignar estas propiedades, su formulario se parecerá al de la página siguiente.

6. Realice una doble pulsación sobre el barril incinerador vacío (el objeto Image1) para editar su procedimiento de suceso.

   El procedimiento de suceso Image1_DragDrop aparecerá en la ventana Código.

7. Actualice el procedimiento de suceso para que contenga las sentencias mostradas a continuación (la cuarta y quinta líneas son nuevas).

```
Source.Visible = False
If Source.Tag = "Fuego" Then
    Image1.Picture = Image6.Picture
    Picture1.Visible = True
    Timer1.Enabled = True
End If
```

   Las nuevas sentencias harán visible el icono nube cuando el barril comience a arder, y ponen en funcionamiento el temporizador para desplazar a la nube. Como ya ha ajustado el intervalo del temporizador a 65 milisegundos, el temporizador está listo para ponerse en marcha. Sólo tendrá que añadir el método Move.

8. Abra el cuadro de lista desplegable Objeto de la ventana Código y pulse el objeto Timer1.

   El procedimiento de suceso Timer1_Timer aparecerá en la ventana Código.

9. Escriba las siguientes sentencias de programa:

```
If Picture1.Top > 0 Then
    Picture1.Move Picture1.Left - 50, Picture1.Top - 75
Else
    Picture1.Visible = False
    Timer1.Enabled = False
End If
```

Para hacer que la nube se desplace hacia la derecha o hacia abajo, habrá que utilizar el signo más en el método Move.

En el momento en que se active el temporizador, esta estructura If...Then se ejecutará cada 65 milisegundos. La primera línea del programa comprueba si la nube de humo ha alcanzado el borde superior del formulario. Si no fuese así (si la propiedad Top sigue siendo positiva), el programa utiliza un método Move relativo para desplazar la nube 50 twips más cerca del borde izquierdo y 75 twips más cerca de la parte superior del formulario.

Tal como podrá comprobar cuando ejecute el programa, estas instrucciones harán que la nube parezca que se desplaza suavemente. Si desea conseguir que la nube se desplace hacia la derecha deberá añadir un valor positivo a la propiedad Left. Para hacer que la nube descienda deberá añadir un valor positivo a la propiedad Top. Cuando la nube alcance la parte superior del formulario, la cláusula Else del procedimiento de suceso Timer1_Timer hará que el icono desaparezca de la pantalla y se desactivará el temporizador. Al desactivar el temporizador cesa la animación.

Botón Guardar Proyecto

El programa Humo completo se encuentra en el disco en la carpeta \Vb6Sbs\Less09.

10. Cierre la ventana Código y pulse el botón Guardar proyecto para almacenar los cambios realizados.

    Ahora ejecute el programa.

11. Pulse el botón Iniciar contenido en la barra de herramientas para ejecutar el programa.

    El programa MiHumo se ejecutará en el entorno de programación.

12. Arrastre el CD-ROM, el surtidor de gasolina y el plátano hacia el barril incinerador, finalmente, realice la misma operación con la cerilla.

    El barril comenzará a arder y la nube empezará a moverse, tal como se muestra en la siguiente figura:

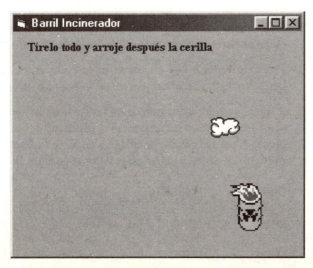

La animación se detiene en el momento en que la nube alcanza la parte superior del formulario.

Después de unos pocos segundos, la nube alcanza el borde superior de la pantalla y la animación se detiene.

13. Pulse el botón Terminar para detener el programa.

NOTA: *Si desea ver otro ejemplo de animación que utilizar el método Move, cargue y ejecute el programa Saludo contenido en la carpeta \Vb6Sbs\Less01. El programa Saludo utiliza un objeto temporizador para hacer caer por una escalera un cartucho de dinamita y, finalmente, muestra una nube de humo cuando el cartucho explota (el código de animación se encuentra en el procedimiento de suceso timer). Quizás recuerde el programa Saludo como el programa de bienvenida que ejecutó en el primer capítulo. Indudablemente, ha recorrido un largo camino desde entonces.*

¡Felicidades! Ha conseguido añadir animación, y algunas otras técnicas de programación nuevas, a su repertorio gráfico. Si lo desea, experimente durante un rato y por su cuenta con los gráficos de Visual Basic. Aprenderá bastante sobre programación gráfica durante este proceso y sus usuarios le agradecerán los resultados.

Expandir y contraer objetos durante la ejecución de un programa

Con las propiedades Heigth y Width podrá expandir o comprimir un objeto.

¿Le interesa manejar un último efecto especial? Como complemento a las propiedades Top y Left, Visual Basic cuenta con las propiedades Heigth (altura) y Width (anchura) que podrá utilizar con la mayoría de los objetos de un formulario. Estas propiedades le servirán para aumentar o disminuir el tamaño de los objetos mientras el programa se esté ejecutando. El siguiente ejercicio le mostrará cómo hacerlo.

Expansión de un cuadro de dibujo en tiempo de ejecución

1. En el menú Archivo, seleccione la opción Nuevo proyecto y, finalmente, pulse Aceptar para abrir una nueva aplicación estándar.

2. Pulse el control Image contenido en el cuadro de herramientas y luego dibuje un pequeño cuadro de imagen cerca de la esquina superior izquierda del formulario.

Control Image

3. Asigne los valores mostrados en la siguiente tabla a las propiedades mencionadas para el cuadro de imagen y el formulario. Cuando haya asignado las propiedades para el cuadro de imagen, anote los valores actuales de altura y anchura (también podrá asignar estos valores durante el diseño).

Objeto	Propiedad	Valor
Image1	Stretch	True
	Picture	«c:\Vb6Sbs\Less09\earth.ico»
Form1	Caption	«Aproximación a la Tierra»

INCLUSIÓN DE EFECTOS ESPECIALES Y ARTÍSTICOS **255**

4. Realice una doble pulsación sobre el objeto Image1 del formulario.

   El procedimiento de suceso Image1_Click aparecerá en la ventana Código.

5. Introduzca las siguientes líneas de código en el procedimiento de suceso:

   ```
   Image1.Height = Image1.Height + 200
   Image1.Width = Image1.Width + 200
   ```

Incrementando la propiedades Height y Width del icono Tierra, conseguirá que el tamaño de éste aumente.

   Estas dos líneas incrementarán la altura y anchura del icono Tierra en 200 twips cada vez que el usuario pulse sobre el cuadro de dibujo. Si deja correr un poco su imaginación, tal vez este efecto le haga sentir que se está acercando a la Tierra utilizando una nave espacial.

6. Cierre la ventana Código y pulse el botón Iniciar para ejecutar el programa.

   El icono Tierra aparecerá sólo en el formulario, tal como se muestra a continuación:

El programa «Zoom» completo se encuentra en la carpeta \Vb6Sbs\Less09 del disco.

7. Pulse el icono Tierra varias veces para verlo crecer en la pantalla.

   Después de 10 u 11 pulsaciones, su pantalla será similar a la siguiente:

256 APRENDA VISUAL BASIC 6.0 YA

Órbita correcta, Sr. Sulu.

8. Cuando esté lo suficientemente cerca como para entrar en órbita, pulse el botón Cerrar para abandonar el programa.

   El programa terminará su ejecución y el entorno de programación vuelve a aparecer en pantalla.

9. Pulse el botón Guardar Proyecto y luego guarde el formulario en disco como **MiZoom.frm**. Guarde el proyecto en disco como **Mi Zoom.vbp**.

UN PASO MÁS ALLÁ

Denominación de objetos en un programa

El hecho de asignar nombre a los objetos contenidos en la interfaz le ayudará a identificarlos dentro del código de programa.

En la primera parte de este capítulo creó el programa MiBotones, que mostraba cómo crear y procesar botones gráficos de orden en un programa Visual Basic. Aquel programa contenía nueve objetos de imagen (desde la Image1 hasta la Image9) y tres procedimientos de suceso que mostraban y procesaban los botones. Además de mostrar cómo actúan los botones gráficos en un programa, el ejercicio demostraba lo inadecuado que resulta usar los nombres que implícitamente se asignan a los objetos para manejar objetos del mismo tipo en un programa. Si usted o algún otro programador revisase el programa MiBotones dentro de algunas semanas, le llevaría algún tiempo imaginarse qué función tiene cada objeto en el código de programa.

Podrá asignar a los objetos nombres intuitivos, fáciles de recordar, mediante la propiedad Name. El nombre dado deberá empezar con una letra y no tener más de 40 caracteres de longitud.

La solución al problema en la ambigüedad de los nombres de los objetos consiste en asignar a cada objeto un nombre único utilizando la propiedad Name. Cada nombre de objeto (al igual que cualquier nombre de variable) debería identificar claramente el propósito del objeto dentro del programa y el control que lo haya creado. El nombre que asigne a cualquier objeto deberá comenzar por una letra y tener una longitud máxima de

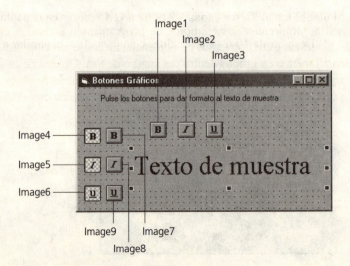

40 caracteres. Utilizar nombres únicos e intuitivos será una forma de facilitar la identificación de los objetos en el formulario y en el código de programa. Como los nombres de los objetos se utilizan en las asignaciones de propiedades y en los procedimientos de suceso dentro del código programa, deberá asignar la propiedad Name inmediatamente después de crear el objeto.

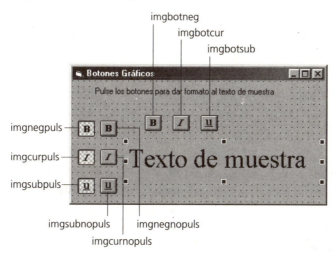

Convenciones de la denominación de objetos

La comunidad de programadores de Visual Basic ha acordado colocar prefijos de tres caracteres que todo usuario puede utilizar cuando asigne nombres a sus objetos. Al usar estos prefijos estándar, los programadores podrán identificar con mayor facilidad qué control ha creado cada objeto.

Por convenio, los programadores de Visual Basic utilizan prefijos de tres caracteres para identificar los objetos.

Utilice estos prefijos para hacer que el código de sus programas sea más descriptivo y más fácilmente comprensible por otros programadores que trabajan con Visual Basic. Al conocer y utilizar las convenciones de denominación de objetos le resultará más sencillo comprender los ejemplos de programación incluidos en Visual Basic. Además, al utilizar estos convenios de nomenclatura conseguirá que los objetos se listen por orden alfabético en grupos dentro del cuadro de lista Objetos de la ventana Código.

La siguiente tabla muestra los convenios de nomenclatura de objetos e incluyen un ejemplo de cada uno. En el próximo ejercicio podrá practicar con ellos.

Objeto	Prefijo	Ejemplo
cuadro combo	cbo	cboInglés
casilla de verificación	chk	chkSóloLectura
botón de orden	cmd	cmdCancelar
diálogo común	dlg	dlgAbrir
datos	dat	datBiblio

(Continúa)

Objeto	Prefijo	Ejemplo
cuadro combo de datos	dbc	dbcInglés
cuadro de lista de datos	dbl	dblCódigo
cuadro de lista de directorios	dir	dirOrigen
cuadro de lista de unidades	drv	drvDestino
cuadro de lista de archivos	fil	filOrigen
marco	fra	fraIdioma
formulario	frm	frmImprimirFormulario
barra de desplazamiento horizontal	hsb	hsbVolumen
imagen	img	imgBarrilVacío
etiqueta	lbl	lblInstrucciones
línea	lin	linSubrayado
cuadro de lista	lst	lstPeriféricos
menú	mnu	mnuAbrirArchivo
OLE	ole	oleObjeto1
botón de opción	opt	optFrancés
cuadro de dibujo	pic	picNubeHumo
forma	shp	shpVentana
cuadro de texto	txt	txtObtenerNombre
temporizador	tmr	tmrEjecutarAnimación
barra de desplazamiento vertical	vsb	vsbTemperatura

TRUCO: *Algunos programadores en Visual Basic también utilizan convenios de denominación para describir los tipos de variable que emplean o la fuente de objetos y constantes externas, tales como controles ActiveX desarrollados por terceras compañías o aplicaciones de Microsoft Office. Por ejemplo, el nombre de variable strNombreArchivo incluye el prefijo str que, por convenio, identifica a la variable como de tipo cadena (string) mientras que el nombre de constante wdPapelLegal incluye un prefijo wd que, por convenio, identifica el valor como una constante suministrada por Microsoft Word. Usted podrá utilizar libremente estos convenios de nomenclatura en sus programas, si así lo desea.*

Empleo de la propiedad Name para cambiar los nombres de los objetos

1. En el menú Archivo, seleccione la opción Nuevo proyecto y pulse Aceptar.

2. Use el control Label para crear dos etiquetas en el centro del formulario, una próxima al margen superior y otra en el centro.

Control Label

INCLUSIÓN DE EFECTOS ESPECIALES Y ARTÍSTICOS   259

Botón Ventana Propiedades

3. Pulse el botón Ventana Propiedades contenido en la barra de herramientas y luego asigne las siguientes propiedades para las etiquetas y objetos del formulario. Use los convenios de nomenclatura tal y como fue indicado.

Objeto	Propiedad	Valor
Label1	Caption	«¡Bienvenido al programa!»
	Name	lblBienvenido
Label2	Caption	«Para salir del programa pulse Salir»
	Name	lblInstrucciones
Form1	Caption	«Convenios de nomenclatura»
	Name	frmFormPrincipal

Cuando asigne las propiedades Name, los nombres de los objetos cambian tanto en la ventana Propiedades como internamente en el programa. Los prefijos *lbl* o *frm* identifican cada objeto como etiqueta (*label*) o formulario y el resto del nombre identifica el propósito del objeto en el programa.

Control CommandButton

4. Utilice el control CommandButton del cuadro de herramientas para crear un botón de orden debajo del objeto lblInstrucciones.

5. Pulse el botón Ventana Propiedades de la barra de herramientas y asigne las siguientes propiedades para el botón de orden.

Objeto	Propiedad	Valor
Command1	Caption	«Salir»
	Name	cmdSalir

El prefijo *cmd* identifica al objeto como un botón de orden (command) y Salir describe el propósito del botón en el programa.

6. Realice una doble pulsación sobre el botón cmdSalir para abrir el procedimiento de suceso del objeto.

    El procedimiento de suceso cmdSalir_Click aparecerá en la ventana Código. Visual Basic utilizará el nombre que acaba de asignar como el nombre oficial del objeto.

7. Abra el cuadro de lista desplegable Objeto de la ventana Código.

    La lista de los objetos con sus nombres aparecerá en el cuadro de lista, tal como se muestra en la figura siguiente.

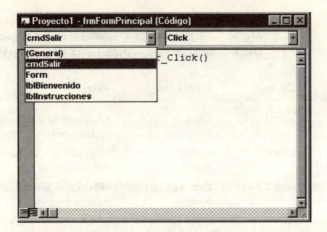

Podrá observar la utilidad de haber dado nombre a los objetos. Resulta fácil reconocer que cada objeto dentro del programa y otros programadores también se beneficiarán de los nuevos nombres asignados.

8. Pulse Esc para cerrar el cuadro de lista Objetos y escriba **End** en el procedimiento de suceso cmdSalir_Click.

9. Cierre la ventana Código y pulse el botón Iniciar de la barra de herramientas para ejecutar el programa.

Botón Iniciar

Su pantalla deberá ser similar a la siguiente:

El programa ConvNom completo se encuentra en el disco duro en la carpeta\Vb6Sbs\Less09.

10. Pulse el botón Salir para detener el programa.

El programa termina y vuelve a aparecer el entorno de programación.

Botón Guardar Proyecto

11. Pulse el botón Guardar proyecto de la barra de herramientas y guarde el formulario bajo el nombre **MiConvNom.frm** en la carpeta \Vb6Sbs\Less09. Guarde el archivo de proyecto como **MiConvNom.vbp**.

IMPORTANTE: *La asignación de nombres intuitivos a los objetos comenzará a dar auténticos frutos cuando empiece a escribir programas de mayor tamaño o cuando trabaje en grupo con otros programadores. En general, es una buena idea utilizar los convenios de nomenclatura si cuenta con más de dos objetos del mismo tipo en el formulario.*

Si desea revisar sus conocimientos de programación

Invierta unos minutos en revisar la aplicación Navegador (navegador.vdp) contenida en la carpeta \Vb6Sbs\Extras de su disco duro. Escribí este programa como una ampliación del programa Ampliar para proporcionarle un poco más de práctica en los conceptos de impresión, manejo de formularios y operaciones «arrastrar y soltar», analizados en los Capítulos 8 y 9. La aplicación es un visualizador de mapas de bits que le permitirá evaluar hasta tres mapas de bits de forma simultánea en su sistema, para luego imprimirlos. Pienso que se trata de una herramienta de gran utilidad para evaluar las docenas de archivos de mapas de bits (.bmp) que suelo utilizar de manera rutinaria en mis proyectos de programación para desarrollar barras de herramientas y otros elementos gráficos (busque en la carpeta \Windows para ver unos cuantos ejemplos). Si así lo desea, podrá probar a completar el programa por sí mismo o, simplemente, utilizarlo tal y como está en su trabajo diario.

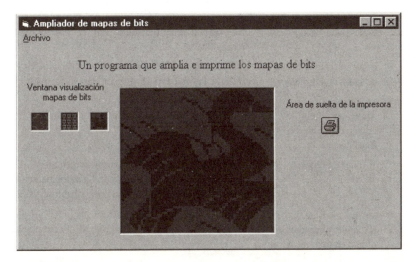

Si desea continuar en el siguiente capítulo

- Mantenga en funcionamiento el programa Visual Basic y pase al Capítulo 10.

Si desea salir de Visual Basic por ahora

- En el menú Archivo seleccione Salir.

RESUMEN DEL CAPÍTULO 9

Para	Haga esto	Botón
Crear líneas rectas en un formulario	Utilice el control Line del cuadro de herramientas.	
Crear rectángulos, cuadrados, elipses y círculos en un formulario	Utilice el control Shape del cuadro de herramientas. Asigne a la propiedad Shape del objeto el tipo y características correspondientes.	
Crear botones de órdenes gráficos	Utilice el control PictureBox para introducir uno o más cuadros de imágenes en el formulario y cargar en ellas mapas de bits de iconos. Introduzca el código necesario para procesar las pulsaciones del ratón en los procedimientos de suceso MouseDown o MouseUp asociados con los cuadros de imagen.	
Soportar la técnica «arrastrar y soltar» en un formulario	Asigne el valor 1 a la propiedad DragMode del objeto a desplazar. Si lo desea, puede seleccionar un icono de desplazamiento para el objeto. Escriba un procedimiento de suceso DragDrop o de DragOver para el objeto sobre el que colocará o pasará el objeto arrastrado.	
Modificar la forma del puntero del ratón	Asigne uno de los 16 punteros estándar a la propiedad MousePointer del formulario o de los objetos relacionados.	
Especificar un puntero de ratón determinado	Asigne a la propiedad MousePointer el valor 99 y utilice la propiedad MouseIcon para especificar el puntero personalizado.	
Mover un objeto contenido en el formulario	Utilice el método Move para mover el objeto. Por ejemplo: `Picture1.Move 1440, 1440`	
Animar un objeto	Introduzca uno o más métodos Move en un procedimiento de suceso Timer. La velocidad de la animación se controla con la propiedad Interval del temporizador.	
Expandir y contraer un objeto en tiempo de ejecución	Cambie las propiedades Height o Width del objeto.	
Nombrar un objeto	Asigne un nombre único a la propiedad Name. Utilice los convenios de nomenclatura para poder identificar al objeto con facilidad.	

CUARTA PARTE

Gestión de datos empresariales

Capítulo

10 Empleo de módulos y procedimientos

11 Empleo de colecciones y arrays

12 Manejo de archivos de texto y Procesamiento de cadenas

13 Gestión de base de datos Access

14 Conexión con Microsoft Office

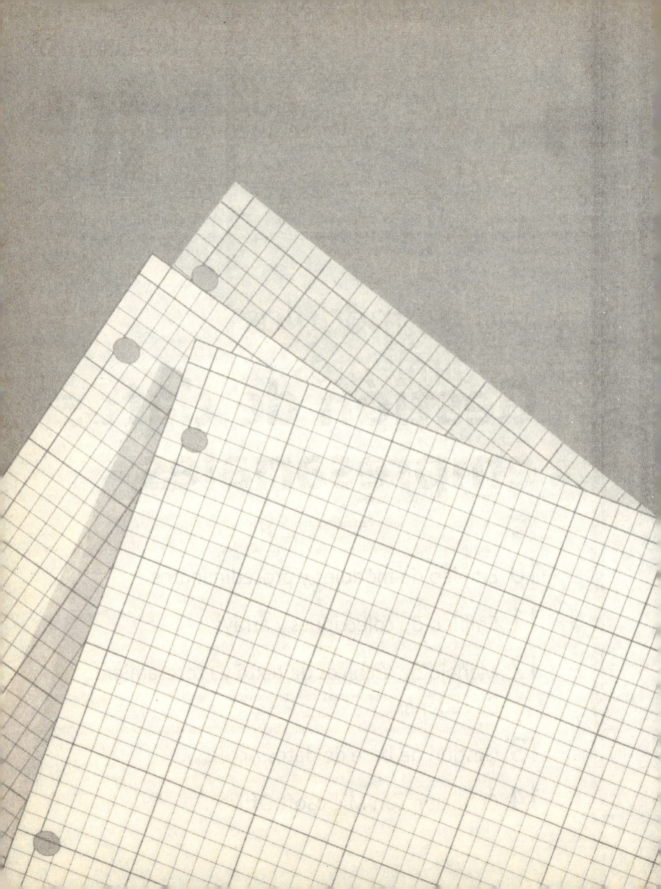

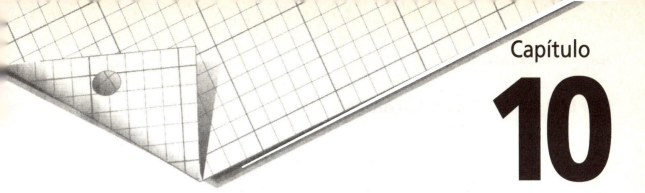

Capítulo

10

Empleo de módulos y procedimientos

Tiempo estimado:
55 minutos

En este capítulo aprenderá a:

- Crear módulos estándar.
- Crear sus propias variables públicas y procedimientos.
- Llamar a las variables públicas y procedimientos desde los procedimientos de suceso.

Después de estudiar los programas y completar los ejercicios contenidos en los Capítulos 1 al 9, se puede considerar, sin ningún tipo de dudas, un programador de nivel medio en Visual Basic. Ha aprendido los conceptos básicos de programación en Microsoft Visual Basic y cuenta con los conocimientos necesarios para crear una amplia variedad de útiles aplicaciones. En esta Parte 4 del libro aprenderá algunos secretos que le permitirán desarrollar programas más complejos con Visual Basic. En primer lugar le mostraré cómo crear módulos estándar.

Un módulo estándar es un contenedor independiente en un programa que contiene variables globales o *públicas* y procedimientos Function y Sub. En este capítulo aprenderá a crear sus propias variables públicas y procedimientos y a llamarlos desde procedimientos de suceso. Los conocimientos que adquiera ahora serán especialmente aplicables en grandes proyectos de programación y en programas desarrollados conjuntamente por un equipo de profesionales.

265

EMPLEO DE MÓDULOS ESTÁNDAR

A medida que necesite escribir programas de mayor tamaño seguro que se encontrará con varios formularios y procedimientos de suceso que utilizan las mismas variables y rutinas. Por defecto, las variables son *locales* a un procedimiento de suceso lo que significa que su valor sólo podrá ser leído o modificado dentro del procedimiento de suceso dónde hayan sido creadas. De la misma forma, los procedimientos de suceso son locales al formulario que los contiene. Por ejemplo, no podrá llamar al procedimiento de suceso denominado cmdSalir_Click desde Form2 si este procedimiento de suceso está asociado con Form1.

Los módulos estándar le permitirán compartir variables y procedimientos en todo un programa.

Para compartir variables y procedimientos entre todos los formularios y procedimientos de suceso contenidos en un proyecto, necesitará declararlos en uno o más *módulos estándar* de dicho proyecto. Un módulo estándar, o módulo de código, es un archivo especial que cuenta con la extensión .bas de nombre del archivo y que contendrá las variables y los procedimientos de suceso que se deseen compartir en todo el programa. Al igual que los formularios, los módulos estándar se listarán de forma independiente en la ventana del Proyecto. Además, cada uno de los módulos estándar podrá ser almacenado en el disco utilizando el mandato Guardar Module1 Como, contenido en el menú Archivo. Sin embargo, a diferencia de los formularios, los módulos estándar no podrán contener definiciones de objetos o de propiedades, sólo podrán incluir código que pueda ser mostrado y editado dentro de la ventana Código.

La siguiente figura muestra la forma en que distintos procedimientos de suceso contenidos en un proyecto de Visual Basic utilizan las variables públicas declaradas en un módulo estándar.

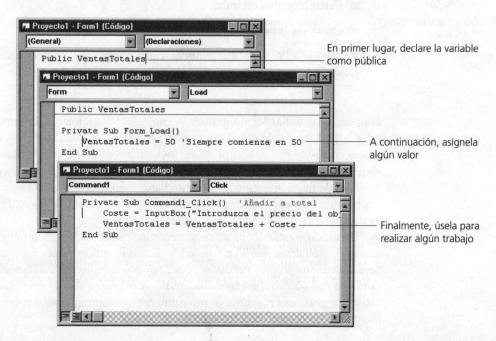

NOTA: *En contraste con lo que sucede en los módulos estándar, los objetos y procedimientos de suceso asociados con un formulario se almacenarán en un* módulo de formulario, *mientras que los nuevos objetos se crearán en un* módulo de clase.

Creación de un módulo estándar

Para crear un nuevo módulo estándar en un programa, deberá pulsar el icono flecha abajo contenido en el botón Agregar formulario contenido en la barra de herramientas y pulsar Módulo o ejecutar el mandato Agregar módulo del menú Proyecto. Cuando cree un nuevo módulo estándar aparecerá inmediatamente en la ventana Código. El primer módulo estándar contenido en un programa recibirá el nombre de Module1, pero podrá modificar este nombre cuando almacene su contenido en el disco duro. Intente crear ahora un módulo estándar vacío en su proyecto.

Crear y grabar un módulo estándar

1. Ponga en marcha Visual Basic y abra un nuevo proyecto estándar. Ejecute el mandato Agregar módulo contenido en el menú Proyecto. Finalmente, pulse Abrir.

   Visual Basic añade un módulo estándar denominado Module1 en su proyecto. El módulo aparecerá en la ventana de Código tal y como se muestra a continuación:

   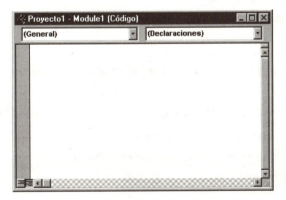

   Los cuadros de lista Objeto y Procedimiento indican que se encuentra abierta la sección de declaraciones generales del módulo estándar. Las variables y procedimientos que se declaren aquí estarán disponibles para todo el programa (más adelante le mostraré cómo declarar variables y procedimientos).

2. Realice una doble pulsación sobre la barra de títulos de la ventana Proyecto para verla entera.

La ventana Proyecto aparecerá en la pantalla, tal y como se muestra a continuación:

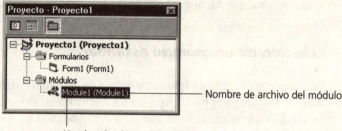

Nombre de archivo del módulo

Nombre de objeto del módulo

En la ventana Proyecto se listará en una nueva carpeta el módulo estándar que haya añadido a su programa. El nombre Module1 que aparece entre paréntesis muestra el nombre de archivo que se asignará por defecto a este módulo. El nombre de objeto del Módulo (nombre que tendrá el módulo en el programa) aparece a la izquierda de los paréntesis. Aprenderá a modificar ambos nombres en los siguientes pasos.

3. En el menú Archivo seleccione la opción Guardar Módule1 Como para almacenar el módulo estándar, aún vacío, en el disco.

La extensión del nombre de archivo de los módulos estándar es .bas.

4. Seleccione la carpeta \Vb6Sbs\Less10, si no lo está ya, y escriba el nombre **MiMóduloEjemplo.bas**. Finalmente, pulse la tecla INTRO.

De esta forma, se almacenará en el disco el módulo estándar en un archivo con la extensión .bas. Del mismo modo, se modificará el nombre del archivo que contiene al módulo tal y como se muestra en la ventana Proyecto.

NOTA: *Podrá cargar el contenido de este archivo en un otro proyecto sin más que utilizar el mandato Agregar Archivo contenido en el menú Proyecto.*

5. Realice una doble pulsación sobre la barra de títulos de la ventana Propiedades.

En su pantalla aparecerá de forma independiente la ventana Propiedades, tal y como se muestra en la figura siguiente.

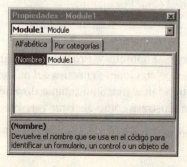

EMPLEO DE MÓDULOS Y PROCEDIMIENTOS **269**

Como los módulos estándar no incluyen otros objetos, su única propiedad es Name. La propiedad Name le permitirá especificar el nombre de objeto para el módulo. De esta forma, podrá distinguir un módulo de otros si decide utilizar más de uno en sus programas. Por convenio, se suele utilizar el prefijo *mod* en los nombres de los módulos.

La propiedad Name le permitirá definir el nombre del módulo.

6. Modifique la propiedad Name e introduzca el nombre **modVariables** y pulse INTRO.

El nuevo nombre asignado a este objeto aparecerá en las ventanas Propiedades, Proyecto y Código.

Como puede comprobar, trabajar con módulos estándar en un proyecto es bastante similar a trabajar con formularios. En el próximo ejercicio le mostraré cómo añadir una variable pública al módulo estándar que acaba de crear.

NOTA: *Para eliminar un módulo estándar de un proyecto, deberá pulsar sobre el módulo en la ventana Proyecto y, a continuación, ejecutar el mandato Quitar contenido en el menú Proyecto. Esta opción no borra el módulo de su disco duro pero sí elimina el vínculo existente entre el módulo especificado y el proyecto con el que se encuentra trabajando.*

MANEJO DE VARIABLES PÚBLICAS

Declarar una variable pública, o global, en un módulo estándar es una operación bastante simple (sólo tendrá que escribir la palabra clave *Public* seguida por el nombre de la variable). Una vez declarada la variable podrá leerla, modificar su valor o visualizarla en cualquier procedimiento contenido en dicho programa. Por ejemplo, la declaración del programa:

```
Public VentasTotales
```

servirá para declarar una variable pública denominada VentasTotales en un módulo estándar.

Las variables públicas pueden ser utilizadas por todos los procedimientos contenidos en un programa.

Siete Afortunado es el programa de máquina tragaperras cuyo código escribió en el Capítulo 2.

Por defecto, las variables públicas son declaradas como tipos variantes en los módulos, pero podrá especificar también un nombre de tipo utilizando la palabra clave As y, finalmente, indicando el tipo. Por ejemplo, la sentencia:

```
Public Apellido As String
```

servirá para declarar una variable pública de cadena denominada Apellido.

Los siguientes ejercicios le mostrarán la forma en que puede utilizar una variable pública denominada Ganadas en un módulo estándar. Volverá a reutilizar el programa Siete Afortunado, el primer programa que escribió en el presente libro, y utilizará la variable Ganadas para almacenar el número de veces que ha obtenido premio con la máquina tragaperras.

Una nueva visita al proyecto «Siete Afortunado»

1. Pulse el botón Abrir Proyecto contenido en la barra de herramientas, pulse el botón No a todo para descartar los cambios realizados y, finalmente, abra el proyecto Suerte.vbp contenido en la carpeta \Vb6Sbs\Less02.

2. Si en su pantalla no se muestra el contenido del formulario Siete Afortunado, seleccione Suerte.frm en la ventana Proyecto y pulse el botón Ver Objeto (modifique el tamaño de la ventana del formulario en caso necesario).

   En su pantalla aparecerá la siguiente interfaz de usuario:

Botón Iniciar

3. Pulse el botón Iniciar contenido en la barra de herramientas para ejecutar el programa.

4. Pulse el botón Jugar seis o siete veces y, para finalizar, pulse el botón Fin.

   Ganará las cinco primeras jugadas (cada vez aparecerá un siete en alguna de las casillas) y luego la suerte le abandonará. Como podrá recordar, el programa utiliza la función Rnd para generar tres números aleatorios cada vez que se pulse el botón Jugar. Si uno de los números resulta ser un siete, el procedimiento de suceso asociado con el botón Jugar (denominado Command1_Click) mostrará una pila de monedas y hará sonar un pitido.

   En la revisión del programa que está a punto de llevar a cabo le mostraré cómo añadir una nueva etiqueta al formulario y a utilizar una variable pública que contabilice el número de partidas que haya conseguido ganar.

5. Del menú Archivo, seleccione la opción Guardar Suerte.frm como. Especifique la carpeta \Vb6Sbs\Less10 y, finalmente, guarde el formulario en el disco con el nombre **MiGanadas.frm**.

6. Del menú Archivo, seleccione la opción Guardar Proyecto Como. Especifique la carpeta \Vb6Sbs\Less10 y, finalmente, guarde el proyecto en el disco con el nombre **MiGanadas.vbp**.

A continuación, editaremos el formulario y le mostraré la forma en que puede añadir un módulo estándar para crear un nuevo programa.

Adición de un módulo estándar

1. Modifique el tamaño del rótulo Siete Afortunado para que ocupe el menor espacio posible en el formulario. En este momento, el objeto que contiene al rótulo se extiende bastante más allá del propio rótulo.

Control Label

2. Pulse el control Label y cree un nuevo rectángulo de texto justo debajo del rótulo Siete Afortunado.

3. Defina las propiedades mostradas en la tabla contenida a continuación que afectarán al nuevo rótulo y al formulario. Para ayudarle a identificar el nuevo rótulo en el código del programa, podrá cambiar el nombre del objeto rótulo y asignarle el valor lblGanadas.

Objeto	Propiedad	Valor
Label5	Alignment	2-Center
	Caption	«Ganadas: 0»
	Font	Arial, Negrita Cursiva, 12 puntos
	ForeColor	Verde
	Name	lblGanadas
Form1	Caption	«Siete Afortunado»

Una vez que termine de realizar las operaciones indicadas, el aspecto de su formulario debe ser similar al siguiente:

Nueva Etiqueta lblGanadas

Ahora le mostraré cómo añadir un nuevo módulo estándar al proyecto.

4. Ejecute el mandato Agregar Módulo contenido en el menú Proyecto, pulse el botón Abrir.

   Un nuevo módulo, denominado Module1, aparecerá en la ventana Código.

5. Escriba **Public Ganadas** en el módulo estándar y pulse INTRO.

   Esta sentencia de programa declara en su programa una variable pública del tipo variante. Cuando su programa se ejecute cada uno de los procedimientos de suceso contenidos en el programa tendrá acceso a esta variable. El módulo estándar deberá tener el aspecto mostrado a continuación:

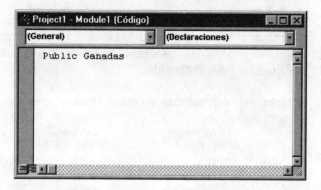

6. En el menú Archivo, ejecute el mandato Guardar Module1 como, escriba **MiGanadas.bas** y pulse INTRO para almacenar el contenido del módulo en el disco.

7. En la ventana Proyecto, pulse sobre Form1 (MiGanadas.frm), pulse el botón Ver Objeto y realice una doble pulsación sobre el botón Jugar.

   En su pantalla aparecerá el código asociado al procedimiento de suceso denominado Command1_Click relacionado con el botón Jugar.

8. Escriba las siguientes sentencias debajo de la instrucción Beep de este procedimiento de suceso:

```
Ganadas = Ganadas + 1
lblGanadas.Caption = "Ganadas: " & Ganadas
```

El valor de la variable pública Ganadas se actualizará en el procedimiento de suceso.

Esta es la parte del código del programa que incrementa el valor de la variable pública Ganadas cada vez que aparezca un siete en su pantalla. La segunda instrucción utiliza el operador de concatenación (&) para asignar una cadena al objeto lblGanadas que aparecerá con el formato *Ganadas: X*, siendo X el número de partidas ganadas. Todo el código contenido en este procedimiento de suceso deberá tener el aspecto mostrado en la siguiente figura.

EMPLEO DE MÓDULOS Y PROCEDIMIENTOS 273

```
Private Sub Command1_Click()
    Image1.Visible = False         ' ocultar monedas
    Label1.Caption = Int(Rnd * 10) ' generar números
    Label2.Caption = Int(Rnd * 10)
    Label3.Caption = Int(Rnd * 10)
    'si algún número es 7 mostrar una pila de monedas y pitar
    If (Label1.Caption = 7) Or (Label2.Caption = 7) _
        Or (Label3.Caption = 7) Then
        Image1.Visible = True
        Beep
        Ganadas = Ganadas + 1
        lblGanadas.Caption = "Ganadas: " & Ganadas
    End If
End Sub
```

Estas dos sentencias utilizan la variable pública Ganadas

9. Cierre la ventana Código y pulse el botón Guardar proyecto para almacenar el proyecto en el disco.

10. Pulse el botón Iniciar para ejecutar el programa.

11. Pulse diez veces el botón Jugar.

La variable Ganadas almacenará el número total de partidas premiadas.

La etiqueta Ganadas le mostrará el número de veces que ha obtenido un premio. Cada vez que gane, añadirá una unidad al valor mostrado. Después de haber jugado 10 veces habrá ganado un total de 6 partidas tal y como se muestra en la figura siguiente.

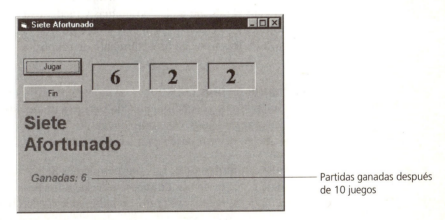

Partidas ganadas después de 10 juegos

12. Pulse el botón Fin para abandonar el programa.

La variable pública Ganadas es particularmente útil porque mantiene su valor a pesar de haber realizado un total de 10 llamadas al procedimiento de suceso Command1_Click. Si hubiera declarado localmente esta variable dentro de Command1_Click, la variable se hubiera inicializado en cada una de estas llamadas, como el marcador del cuentakilómetros parcial de su coche cada vez que pulsa el botón de puesta a cero. Al utilizar una variable pública dentro de un módulo estándar evitará «comenzar de nuevo» cada vez que se ejecute el procedimiento principal. Las variables públicas presentan muchas similitudes con el cuenta kilómetros general de su coche.

CREACIÓN DE PROCESOS DE PROPÓSITO GENERAL

Además de las variables públicas los módulos estándar pueden contener procedimientos de propósito general que pueden ser activados desde cualquier parte del programa. Un procedimiento de propósito general no es similar a un procedimiento de suceso porque no está asociado con un suceso en tiempo de ejecución o con un objeto creado por el programador utilizando un control del cuadro de herramientas. Los procedimientos de propósito general son similares a las funciones y declaraciones preexistentes en Visual Basic: se invocan a través de su nombre, pueden recibir argumentos y realizan una tarea específica.

Por ejemplo, imagine un programa que cuenta con tres mecanismos para imprimir un mapa de bits: una opción de menú denominada Imprimir, un botón Imprimir situado en la barra de herramientas y un icono que podrá utilizar empleando la técnica «arrastrar y soltar». Podrá introducir la misma rutina de impresión en cada uno de estos tres procedimientos de suceso o podrá manejar estas tres formas de imprimir utilizando un único procedimiento almacenado en un único módulo estándar. Los procedimientos de propósito general le permitirán ahorrar tiempo de desarrollo, disminuir la posibilidad de error, disminuir el tamaño de los programas y facilitar su manejo, además de hacer que los procedimientos de suceso sean más fáciles de leer.

Podrá crear tres tipos de procedimiento de propósito general dentro de un módulo estándar:

Los procedimientos Function y Sub contenidos en un módulo estándar le permitirán crear rutinas de propósito general.

- **Procedimientos Function:** Los procedimientos Function son invocados por su nombre desde procedimientos de suceso o desde otros procedimientos. Pueden recibir argumentos y siempre devuelven un valor con el nombre de la función. Se suelen utilizar para llevar a cabo cálculos.

- **Procedimientos Sub:** Los procedimientos Sub se suelen invocar por su nombre desde procedimientos de suceso o desde otros procedimientos. También pueden recibir argumentos y se utilizan para llevar a cabo tareas específicas dentro del procedimiento y para devolver valores. Sin embargo, a diferencia de las funciones, los procedimientos Sub no devuelven valores asociados con sus nombres (aunque pueden devolver valores a través de los nombres de variables). Estos procedimientos se suelen utilizar para recibir o procesar la entrada realizada por el usuario, mostrar la salida o definir propiedades.

- **Procedimientos Property:** Los procedimientos Property se utilizan para crear y manipular propiedades definidas por el usuario dentro de un programa. Se trata de una función de gran utilidad, aunque ciertamente compleja, que le permitirá personalizar controles existentes en Visual Basic y extender el lenguaje de este programa creando nuevos objetos, propiedades y métodos. Si desea obtener más información sobre los procedimientos Property deberá buscar la expresión *Property, procedimientos* en la pestaña Índice de la ayuda en línea de la Librería MSDN.

Ventajas de los procedimientos de propósito general

Los procedimientos de propósito general le permitirán asignar un nombre a una rutina utilizada con frecuencia por un módulo estándar. Los procedimientos de propósito general proporcionan las siguientes ventajas:

- *Eliminan las líneas de código repetidas.* Definirá el procedimiento una sola vez y podrá hacer que su programa lo ejecute las veces que sean necesarias.

- *Facilitan la lectura del programa.* Un programa dividido en un conjunto de pequeñas partes es más fácil de interpretar y entender que un programa formado por una única y gran parte.

- *Simplifican el desarrollo del programa.* Los programas que se encuentran separados en unidades lógicas son más sencillos de diseñar, escribir y depurar. Además, si está escribiendo un programa conjuntamente con un grupo de trabajo podrá intercambiar procedimientos y módulos en lugar de programas enteros.

- *Pueden ser reusados en otros programas.* Podrá incorporar con facilidad estos módulos en otros programas.

- *Extienden el lenguaje de Visual Basic.* Los procedimientos pueden llevar a cabo, a menudo, otros tipos de tareas que no podrían ejecutarse directamente utilizando exclusivamente las palabras clave disponibles en Visual Basic.

ESCRITURA DE FUNCIONES

Una función realiza un servicio, tal como realizar un cálculo, y finalmente devuelve un valor.

Un *procedimiento de función* es un grupo de sentencias localizadas entre una instrucción Function y otra instrucción End Function y que están contenidas en un módulo estándar. Las sentencias contenidas en la función realizan el trabajo, normalmente: procesar texto, manejar entradas o calcular valores numéricos. Podrá ejecutar o *llamar* una función desde un programa utilizando el nombre asociado con la función dentro de una sentencia del programa junto con los argumentos que se necesiten (los *argumentos* son datos necesarios para que la función trabaje correctamente). En otras palabras, utilizar un procedimiento Function es exactamente igual que utilizar una función preexistente tal como Time, Int o Str.

> **NOTA:** *Las funciones declaradas en los módulos estándar son públicas por defecto; pueden ser utilizadas en cualquier procedimiento de suceso.*

Sintaxis de las funciones

Las funciones pueden tener asociado un tipo. Los corchetes ([]) encierran elementos opcionales de sintaxis. Los elementos de la sintaxis que no estén encerrados entre corchetes son necesarios para Visual Basic.

La sintaxis básica de una función es:

```
Function NombreFunción([argumentos]) [As Type]
     sentencias de la función
End Function
```

Siendo:

- *NombreFunción* el nombre de la función que esté creando dentro del módulo estándar.

- *Argumentos* es una lista de argumentos opcionales (separados por comas) y que serán utilizados por la función;

- *As Type* es una opción que especifica el tipo de valor que devuelve la función (por defecto es Variant);

- y las *sentencias de la función* son el bloque de instrucciones que especifican la tarea que debe llevar a cabo la función.

Las funciones siempre devuelven un valor al procedimiento que las ha activado. Este valor estará asociado con el nombre de la función (*NombreFunción*). Por este motivo, la última instrucción dentro de una función suele ser una sentencia de asignación que asocia el resultado final del cálculo de la función a *NombreFunción*.

Por ejemplo, el procedimiento Function denominado ImpuestosTotales mostrado más abajo calcula los impuestos asociados con una determinada Comunidad Autónoma y Ciudad y, finalmente, asigna el resultado al nombre ImpuestosTotales:

```
Function ImpuestosTotales(Coste)
ImpuestoCom = Coste * 0.05         'El impuesto de la Comunidad es del 5%
ImpuestoCiudad = Coste * 0.015     'El impuesto de la ciudad es del 1.5%
ImpuestosTotales = ImpuestoCom + ImpuestoCiudad
End Function
```

> **IMPORTANTE:** *Le recomiendo que asigne un valor al nombre de la función cada vez que desarrolle una. De esta forma, siempre se asegurará del resultado que está pasando al programa principal.*

Llamada a un procedimiento Function

Las funciones se asignan normalmente a variables o propiedades.

Para llamar a la función ImpuestosTotales desde un procedimiento de suceso, deberá utilizar una instrucción similar a la siguiente:

```
lblImpuestos.Caption = ImpuestosTotales(50000)
```

Esta instrucción calculará los impuestos que deberá pagar por una cantidad de 50.000 pesetas y, finalmente, asignará el resultado a la propiedad Caption del objeto lblImpuestos. La función ImpuestosTotales también podría haber tomado una variable como argumento, tal y como se muestra en la siguiente instrucción:

```
CosteTotal = PrecioVenta + ImpuestosTotales(PrecioVenta)
```

Esta línea utiliza la función ImpuestosTotales para determinar los impuestos correspondientes al número contenido en la variable PrecioVenta y, finalmente, añade este valor a la propia variable PrecioVenta para obtener el coste total del elemento. ¿Observa lo fácil que puede llegar a ser el código de un programa cuando se utilizan funciones?

Empleo de una función para realizar un cálculo

En el siguiente ejercicio añadirá una función al programa Siete Afortunado para calcular el porcentaje de partidas ganadas en el juego (el porcentaje de jugadas en el que aparece, al menos, un siete). Para hacer esto, deberá añadir al módulo estándar una función denominada Porcentaje y una variable pública denominada Jugadas.

A continuación, utilizará la función Porcentaje cada vez que se pulse el botón Jugar. Los resultados se mostrarán en un nuevo rótulo que deberá introducir en el formulario.

Creación de una función que calcule el porcentaje de las partidas ganadas

1. Abra la ventana Proyecto.

    Los componentes del proyecto MiGanadas.vbp aparecerán en la ventana Proyecto. Será conveniente que almacene estas componentes en un nuevo proyecto denominado MiPorcentaje para preservar el programa MiGanadas.

2. Seleccione el formulario MiGanadas.frm. Del menú Archivo, ejecute el mandato Guargar MiGanadas.frm como. Almacene el formulario con el nombre **MiPorcentaje.frm** en la carpeta \Vb6Sbs\Less10.

3. Seleccione el módulo estándar MiGanadas.bas dentro de la ventana Proyecto. Del menú Archivo, seleccione la opción Guardar MiGanadas.bas Como. Almacene el módulo en el disco bajo el nombre **MiPorcentaje.bas**.

Botón Ver Objeto

4. Del menú Archivo, seleccione el mandato Guardar Proyecto Como. Almacene el proyecto bajo el nombre de **MiPorcentaje.vbp**.

5. Si el formulario no se muestra en pantalla, pulse sobre el formulario MiPorcentaje.frm en la ventana Proyecto y pulse el botón Ver Objeto.

   En su pantalla aparecerá la interfaz de usuario del programa Siete Afortunado.

6. Acerque el rótulo Ganadas hacia el rótulo Siete Afortunado para obtener espacio libre donde introducir un nuevo rótulo. Quizás tenga que modificar el tamaño de uno o de los dos rótulos para conseguir el espacio libre necesario.

Control Label

7. Utilice el control Label para crear un nuevo rótulo debajo del rótulo Ganadas. Asigne los siguientes valores a las propiedades del rótulo:

Objeto	Propiedad	Valor
Label5	Alignment	2-Center
	Caption	«0.0%»
	Font	Arial, Negrita Cursiva, 12 puntos
	ForeColor	Rojo
	Name	lblPorcentaje

Su formulario deberá tener ahora un aspecto similar al mostrado en la figura siguiente.

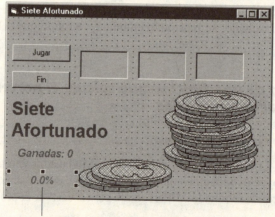

Nuevo rótulo denominado lblPorcentaje

8. En la ventana Proyecto, pulse sobre el módulo MiPorcentaje.bas y, finalmente, pulse el botón Ver Código dentro de la ventana Proyecto.

   El contenido del módulo estándar, denominado Module1, aparecerá en la ventana Código.

9. Escriba la siguiente declaración de variable pública debajo de las sentencias asociadas con Public Ganadas.

```
Public Jugadas
```

El módulo estándar contiene ahora dos variables públicas (Ganadas y Jugadas) que estarán disponibles para todos y cada uno de los procedimientos contenidos en el programa. Utilizará la variable Jugadas como contador para contabilizar el total de jugadas que usted haya efectuado.

10. Escriba ahora la siguiente declaración de función:

```
Function Porcentaje(Exitos,Intentos) As String
    Tasa = Exitos/Intentos
    Porcentaje = Format (Tasa, "0.0%")
End Function
```

La función Porcentaje estará contenida en el módulo estándar denominado Module1.

Una vez introducida la primera línea del código asociado con la función, Visual Basic abrirá un nuevo procedimiento en un módulo estándar para almacenar las instrucciones de la función. Una vez que introduzca el resto del código de la función, su pantalla deberá tener el mismo aspecto que la figura siguiente.

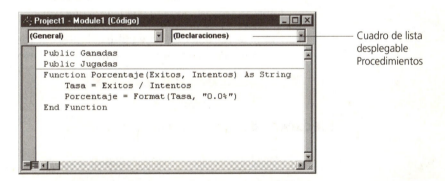

Cuadro de lista desplegable Procedimientos

La función Porcentaje calcula el porcentaje de partidas ganadas dividiendo el argumento Exitos por el valor del argumento Intentos. Finalmente, ajustará el aspecto del resultado utilizando la función Format. La función Porcentaje se declara como String (cadena) para que la función Format pueda devolver un rótulo. Los argumentos Exitos e Intentos son «cajones» donde se almacenarán las dos variables que deberán ser pasadas a la función cuando se la llame. La función Porcentaje es lo suficientemente general como para que pueda ser utilizada con cualquier valor o variable no sólo con Ganadas y Jugadas.

11. Cierre la ventana Código y realice una doble pulsación sobre el botón Jugar contenido en el formulario Siete Afortunado para abrir el procedimiento de suceso Command1_Click.

12. Debajo de la cuarta línea del procedimiento de suceso (la tercera instrucción que contiene la función Rnd) deberá escribir la siguiente sentencia:

    ```
    jugadas = jugadas +1
    ```

    Esta instrucción incrementa el valor de la variable Jugadas cada vez que el usuario pulse sobre el botón Jugar y aparezcan nuevos números de la suerte en la ventana del Siete Afortunado.

13. Vaya hacia abajo en la ventana Código y escriba la siguiente sentencia como última línea del procedimiento de suceso Command1_Click, entre las instrucciones End If y End Sub:

    ```
    lblPorcentaje.Caption = Porcentaje(Ganadas,Jugadas)
    ```

La llamada a esta función incluye dos argumentos.

    A medida que escriba la función Porcentaje podrá observar que Visual Basic muestra automáticamente los nombres de los argumentos que podrá utilizar en la función Porcentaje que acaba de definir (un bonito detalle).

    El propósito de esta instrucción es llamar a la función Porcentaje, utilizando las variables Ganadas y Jugadas como argumentos. El resultado que se obtiene es un porcentaje en formato rótulo que se asigna, después de cada jugada, a la propiedad Caption de la etiqueta lblPorcentaje contenida en el formulario. ¡Esto es todo lo que tendrá que hacer!

Botón Guardar Proyecto

14. Cierre la ventana Código y pulse el botón Guardar Proyecto para actualizar el contenido de todos los archivos relacionados con este proyecto.

    Ejecute ahora el programa.

Ejecución del programa MiPorcentaje

Botón Iniciar

1. Pulse el botón Iniciar para ejecutar el programa.
2. Pulse el botón Jugar 10 veces.

    Las primeras 5 veces que pulse sobre el botón Jugar el porcentaje de jugadas ganadoras será del 100.0%. En cada una de las jugadas obtendrá un jackpot. Sin embargo, a medida que continúe jugando la tasa de jugadas ganadoras irá variando entre los siguientes valores: 83.3%, 71,4%, 75.0% (volverá a ganar), 66.7% y 60.0% (un total de 6 ganadas de 10 partidas). Después de 10 jugadas, su pantalla deberá tener el aspecto que se muestra en la figura de la página siguiente.

El porcentaje de partidas ganadoras para el programa Siete Afortunado es, aproximadamente, del 28%.

    Si continuara jugando observará que el porcentaje de jugadas ganadas irá disminuyendo hasta acercarse al 28%. La función Porcentaje le mostrará que usted ha sido realmente afortunado en los primeros compases del juego pero que, finalmente, la ley de las probabilidades será la que se imponga.

El programa Porcentaje.vbp completo está disponible en el disco en la carpeta \Vb6Sbs\Less10.

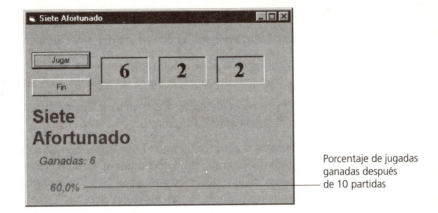

Porcentaje de jugadas ganadas después de 10 partidas

3. Cuando desee abandonar la ejecución del programa le bastará con pulsar sobre el botón Fin.

   Se detendrá la ejecución del programa y volverá a aparecer en pantalla el entorno de programación.

> **NOTA:** *Si desea modificar este programa con la intención de que muestre una serie realmente aleatoria de números cada vez que lo ejecute, introduzca una sentencia Randomize dentro del procedimiento de suceso denominado Form_Load. Para ver más instrucciones relacionadas con este tema consulte el apartado denominado «Un paso más allá: Adición a un programa» contenido en el Capítulo 2.*

ESCRITURA DE PROCEDIMIENTOS SUB

Los procedimientos Sub procesan la información.

Un *procedimiento Sub* (subprocedimiento) es similar a un procedimiento Function salvo que Sub no retorna un valor asociado con su nombre. Este tipo de procedimientos suele ser utilizado para obtener una entrada del usuario, mostrar o imprimir información, o manipular varias propiedades asociadas con una condición. Los procedimientos Sub también se utilizan para procesar y devolver varias variables en una misma llamada a un procedimiento. La mayoría de las funciones pueden devolver un único valor, pero los procedimientos Sub pueden devolver varios.

Sintaxis de un procedimiento Sub

La sintaxis básica de un procedimiento Sub es:

```
Sub NombreProcedimiento ([argumentos])
     sentencias procedimiento
End Sub
```

donde:

- *NombreProcedimiento* es el nombre del procedimiento Sub que esté creando,
- *argumentos* es la lista de los argumentos opcionales (separados por comas si es que existe más de uno) que van a ser utilizados en Sub, y
- *sentencias procedimiento* es el bloque de instrucciones que van a realizar la tarea encomendada al procedimiento.

En la llamada al procedimiento, el número y tipo de argumentos enviados al procedimiento Sub deben coincidir con el número y tipo de los argumentos definidos en la declaración Sub. Si las variables pasadas a Sub son modificadas durante el procedimiento, los nuevos valores de las variables serán los que se vuelvan a transferir al programa. Por defecto, los procedimientos Sub que sean declarados en un módulo estándar tendrán carácter público, por lo que podrán ser invocados por cualquier procedimiento de suceso.

Los argumentos contenidos en una llamada a un procedimiento deben coincidir con los argumentos establecidos en la declaración de Sub.

IMPORTANTE: *Al acto de pasar una variable a un procedimiento se le denomina «pasar un argumento por referencia» porque el valor de la variable podrá ser modificado dentro del procedimiento y devuelto al programa. Pasar un valor literal (tal como un rótulo encerrado entre comillas) a un procedimiento recibe el nombre de «pasar un argumento como valor» porque un valor no puede ser modificado dentro de un procedimiento. Podrá pasar variables como valor si utiliza una sintaxis especial. Aprenderá a llevar a cabo esta tarea en el apartado denominado «Paso de una variable como valor» perteneciente a este mismo capítulo.*

En el siguiente ejemplo le mostraré cómo utilizar el procedimiento Sub para añadir en tiempo de ejecución nombres a un cuadro de lista perteneciente a un formulario. Este procedimiento recibirá una variable de cadena pasada por referencia.

Si este procedimiento Sub fuera declarado en un módulo estándar podría ser invocado desde cualquier procedimiento de suceso dentro del programa.

```
Sub AñadirNombreAUnaLista(persona$)
    If persona$<>"" Then
        Form1.List1.AddItem persona$
        Msg& = persona$ & "añadida al cuadro de lista"
    Else
        Msg& = "Nombre no especificado"
    End If
    MsgBox (Msg$),   , "Añadir Nombre"
End Sub
```

Este procedimiento Sub recibe el argumento persona$.

El procedimiento AñadirNombreAUnaLista recibe el nombre que se va a añadir utilizando el argumento persona$, una variable de cadena recibida por referencia durante la llamada al procedimiento. Si la variable persona$ no está vacía, o *null* (nula), el nombre especificado se añadirá al cuadro de lista denominado List1 utilizando el método AddItem a la vez que se mostrará un mensaje de confirmación de la operación mediante la función MsgBox. Si el argumento no contiene ningún valor (null) el procedimiento ignora el método AddItem y mostrará directamente el mensaje «Nombre no especificado».

NOTA: *Cuando defina las propiedades de un procedimiento dentro de un módulo estándar, tendrá que anteponer al nombre del objeto el nombre del formulario al que pertenece. Ambos nombres deberán ir separados por un punto (Form1., en este ejemplo). Este sistema permite que Visual Basic conozca el formulario al que usted está haciendo referencia.*

Llamada a un procedimiento Sub

Los argumentos pasados como valor utilizan valores literales.

Para llamar a un procedimiento Sub en un programa deberá especificar el nombre del procedimiento y añadir los argumentos necesarios para que este procedimiento pueda trabajar correctamente. Por ejemplo, para llamar al procedimiento AñadirNombreAUnaLista utilizando una cadena literal (para llamarla *como valor*) podrá utilizar la siguiente instrucción:

```
AñadirNombreAUnaLista "Carmina"
```

Los argumentos pasados como referencia utilizan variables.

De igual forma, podrá llamar a un procedimiento utilizando una variable (este método se denomina *por referencia*) utilizando una instrucción similar a la siguiente:

```
AñadirNombreAUnaLista NuevoNombre$
```

En ambos casos, el procedimiento AñadirNombreAUnaLista añadirá el nombre especificado al cuadro de lista. En este procedimiento Sub, las llamadas como valor y las llamadas por referencia producen unos resultados similares porque el valor del argumento no resulta modificado dentro del procedimiento.

Las ventajas intrínsecas al empleo de un procedimiento Sub (en cuanto ahorro de espacio y trabajo) saltan a la vista cuando el programa principal llame a este procedimiento en repetidas ocasiones, tal y como se muestra en el siguiente ejemplo:

```
AñadirNombreAUnaLista "Carmina"   'siempre añade dos nombres
AñadirNombreAUnaLista "Raquel"
Do                                'A partir de este instante se permitirá
                                  'Que el usuario introduzca otros nombres
    NuevoNombre$= InputBox("Introduzca un nuevo nombre.","Añadir Nombre")
    AñadirNombreAUnaLista NuevoNombre$
Loop Until NuevoNombre$ = ""
```

Con este código el usuario podrá introducir tantos nombres en el cuadro de lista como desee. El siguiente ejercicio le permitirá practicar utilizando un procedimiento Sub desarrollado para manejar otro tipo de entrada en un programa.

Empleo de un procedimiento Sub para gestionar entradas

Los procedimientos Sub se suelen emplear para gestionar la entrada de datos en un programa cuando la información proviene de dos o más fuentes de información y necesita encontrarse en el mismo formato. En el siguiente ejercicio le mostraré cómo crear un procedimiento Sub denominado AñadirNombre que solicita al usuario que introduzca un dato y formatea el texto de tal forma que pueda mostrarse en varias líneas dentro de un cuadro de texto. Este procedimiento le ayudará a ahorrar tiempo de programación porque lo utilizará posteriormente en dos procedimientos de suceso distintos, cada uno de ellos asociado con un cuadro de texto diferente. Como el procedimiento se va a declarar en un módulo estándar sólo tendrá que escribirlo una vez.

Creación del procedimiento Sub

1. En el menú Archivo, ejecute el mandato Nuevo proyecto y pulse Aceptar para abrir una nueva aplicación estándar.

   En su pantalla aparece un nuevo formulario vacío.

Control TextBox

2. Utilice el control denominado TextBox para crear dos cuadros de texto, situados uno al lado del otro, justo en el centro del formulario.

   Utilizará estos cuadros de texto para almacenar los nombres de los empleados que va a ir asignando a dos departamentos diferentes. Hoy es el día de tomar decisiones sobre su personal.

Control Label

3. Utilice el control Label para crear dos rótulos y situarlos por encima de los cuadros de texto.

   Estos rótulos contendrán los nombres de los departamentos.

Control CommandButton

4. Utilice el control CommandButton para crear un botón de orden debajo de cada uno de los cuadros de texto y un tercer botón de orden, separado del resto, situado en la parte inferior del formulario.

   Los dos primeros botones de órdenes servirán para ir añadiendo empleados a sus dos departamentos. El último botón de orden servirá para abandonar la ejecución del programa.

Estos valores son los típicos cuando se pretende utilizar un cuadro de texto para mostrar varias líneas de información.

5. Defina las propiedades mostradas en la tabla siguiente para los objetos contenidos en el programa.

   Como los cuadros de texto pueden contener más de una línea de información, tendrá que definir sus propiedades MultiLine (multilínea) como True (verdadero) y sus propiedades ScrollBars (barras de desplazamiento) como Vertical. También tendrá que definir su propiedad TabStop como False y su propiedad Locked (bloqueado) como True con el objeto de que la información mostrada en los cuadros de texto no pueda ser modificada. Estos valores se utilizan normalmente cuando los cuadros de texto tengan que mostrar varias líneas de información.

Objeto	Propiedad	Valor
Text1	Text	(Vacío)
	MultiLine	True
	ScrollBars	2 - Vertical
	TabStop	False
	Locked	True
	Name	txtVentas
Text2	Text	(Vacío)
	MultiLine	True
	ScrollBars	2 - Vertical
	TabStop	False
	Locked	True
	Name	txtMkt
Label1	Caption	«Ventas»
	Font	Negrita
	Name	lblVentas
Label2	Caption	«Marketing»
	Font	Negrita
	Name	lblMkt
Command1	Caption	«Añadir Nombre»
	Name	cmdVentas
Command2	Caption	«Añadir Nombre»
	Name	cmdMkt
Command3	Caption	«Salir»
	Name	cmdSalir
Form1	Caption	«Asignar los equipos departamentales»

Una vez acabado todo el proceso anterior, su formulario deberá tener un aspecto similar al siguiente:

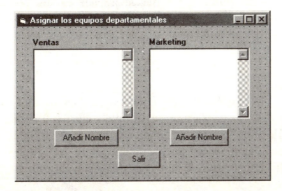

A continuación, le mostraré cómo añadir un módulo estándar al programa y crear un procedimento Sub, denominado AñadirNombre, de propósito general.

6. En el menú Proyecto ejecute el mandato Agregar Módulo y pulse Abrir. En la ventana Código aparecerá un nuevo módulo estándar.

7. A continuación, introduzca el código asociado al procedimiento AñadirNombre dentro del módulo estándar:

Utilice Chr(13) y Chr(10) para crear una nueva línea en un cuadro de texto.

```
Sub AñadirNombre(Equipo$, CadenaDevuelta$)
    Indicador$ = "Introduzca un nuevo empleado de " & Equipo$
    Nm$ = InputBox(Indicador$, "Cuadro de entrada")
    NuevaLínea$ = Chr(13) + Chr(10)
    CadenaDevuelta$ = Nm$ & NuevaLínea$
End Sub
```

El procedimiento Sub de propósito general utiliza la función InputBox para solicitar al usuario que introduzca el nombre de un empleado. Recibe dos argumentos en la llamada:

- Equipo$, que es una variable que contiene el nombre del departamento, y
- CadenaDevuelta$, que es una variable de cadena vacía que devolverá el nombre del empleado una vez formateado al procedimiento de suceso que ha llamado a la función.

Antes de que el nombre del empleado sea transferido, a la cadena se le añadirán los códigos de retorno de carro y de alimentación de línea con el fin de que cada uno de los nombres contenidos en el cuadro de lista aparezcan en una línea independiente. Se trata de una técnica general de uso muy frecuente que podrá utilizar con cualquier cuadro de texto.

Su ventana de Código deberá tener un aspecto muy similar al siguiente:

8. Cierre la ventana Código y realice una doble pulsación sobre el primer botón Añadir Nombre contenido en el formulario (el botón que se encuentra justo debajo del cuadro de texto Ventas). Escriba las siguientes instrucciones en el procedimiento de suceso cmdVentas_Click:

```
AñadirNombre "Ventas", PosiciónVentas$
txtVentas.Text = txtVentas.Text & PosiciónVentas$
```

La llamada al procedimiento AñadirNombre incluye un argumento pasado como valor («Ventas») y un argumento pasado como referencia (PosiciónVentas$). La segunda línea utiliza el argumento pasado por referencia para añadir una nueva línea de información al cuadro de texto txtVentas. El operador de concatenación (&) añade el nuevo nombre al final del contenido del cuadro de texto.

9. Abra el cuadro de lista desplegable denominado Objeto contenido en la ventana código y pulse sobre el objeto cmdMkt. Introduzca las siguientes instrucciones en el procedimiento de suceso cmdMkt_Click:

```
AñadirNombre "Marketing", PosiciónMkt$
txtMkt.Text = txtMkt.Text &PosiciónMkt$
```

Este procedimiento de suceso es idéntico a cmdVentas_Click salvo que envía «Marketing» al procedimiento AñadirNombre y actualiza el contenido del cuadro de texto txtMkt. Se ha cambiado el nombre de la variable local para hacerlo más intuitivo.

10. Vuelva a abrir el cuadro de lista desplegable Objeto y seleccione el objeto cmdSalir. Escriba **End** en el procedimiento de suceso cmdSalir_Click y, finalmente, cierre la ventana de Código.

Botón Guardar Proyecto

11. Pulse el botón Guardar Proyecto contenido en la barra de herramientas. Seleccione la carpeta \Vb6Sbs\Less10 y grabe el formulario como **MiEquipos.frm**. Almacene el módulo estándar como **MiEquipos.bas** y, finalmente, guarde el proyecto completo como **MiEquipos.vbp**.

¡Eso es todo! Ahora podrá ejecutar el programa MiEquipos.

Ejecución del programa MiEquipos

Botón Iniciar

1. Pulse sobre el botón Iniciar contenido en la barra de herramientas para poner en marcha el programa.

2. Pulse el botón Añadir Nombre situado debajo del cuadro de texto Ventas y escriba el nombre **María Palermo** dentro del cuadro de entrada.

Su cuadro de entrada deberá tener un aspecto similar a la figura de la página siguiente.

El programa Equipos.vbp completo se encuentra disponible en el disco en la carpeta denominada \Vb6Sbs\Less10.

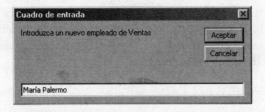

3. Pulse el botón Aceptar para añadir el nombre al cuadro de texto Ventas.

   El nombre introducido aparecerá en dicho cuadro de texto.

4. Pulse el botón Añadir Nombre situado debajo del cuadro de texto Marketing, escriba **Raquel Rodríguez** dentro del cuadro de entrada de Marketing y pulse INTRO.

   El nombre aparecerá dentro del cuadro de texto Marketing. Su pantalla deberá tener ahora un aspecto similar al siguiente:

5. Introduzca cuatro o cinco nombres más en cada uno de los cuadros de texto. Ahora tiene una oportunidad para crear sus propios equipos departamentales.

   A medida que vaya introduciendo nombres, cada uno de ellos deberá aparecer en su propia línea dentro del cuadro de texto. El contenido de los cuadros de texto no se desplazará automáticamente, por lo que no podrá ver todos los nombres que haya introducido si ha escrito más de los que puedan caber en el cuadro de texto. Podrá utilizar las barras de desplazamiento para acceder a los nombres que no sean visibles.

6. Cuando haya terminado, pulse el botón Salir para detener la ejecución del programa.

UN PASO MÁS ALLÁ

Paso de argumentos como valor

En el análisis realizado de los procedimientos Sub, comentamos que se pueden pasar los argumentos de dos formas distintas: por referencia (opción por defecto) o como valores. Cuando una variable se pasa por referencia cualquier cambio realizado sobre el valor de la variable se transferirá también de vuelta al procedimiento que llamó. Usted ya fue consciente de este hecho cuando desarrollamos el programa MiEquipos y utilizó una variable pasada por referencia para añadir nombres a un cuadro de texto. Pasar una variable por referencia puede tener ventajas significativas, siempre y cuando tenga sumo cuidado en no variar el valor de dicha variable de forma inadvertida. Por ejemplo, considere la siguiente declaración del procedimiento Sub y su llamada correspondiente:

```
Sub CosteMasInterés (Coste, Total)
     Coste = Coste * 1.05  'añade un 5% al coste...
     Total = Int(Coste)    'Convierte el valor en entero y lo devuelve
End Sub
       .
       .
       .
Precio = 100
Total = 0
CosteMasInterés Precio, Total
Print Precio; "al 5% de interés es "; Total
```

Deberá tener en cuenta los peligros relacionados con el hecho de pasar las variables por referencia.

En este ejemplo, el programa pasa dos variables por referencia al procedimiento CosteMasInterés: Precio y Total. La intención del programador era actualizar el valor de la variable Total y utilizar este nuevo valor en el método Print pero, por desgracia, el programador pasó por alto que la variable Precio ve modificado su valor en un paso intermedio dentro del procedimiento (como Precio ha sido pasada por referencia, los cambios en el valor de la variable Coste se convierten, automáticamente, en modificaciones de la variable Precio).

Este hecho produce el siguiente resultado erróneo cuando se ejecuta el programa:

```
105 al 5% de interés es 105
```

La palabra clave ByVal

Una forma obvia de evitar este problema es no modificar nunca el valor de una variable que se pasa a un procedimiento. Pero esta solución se puede transformar en la necesidad de añadir gran cantidad de código a un programa y puede resultar impracticable si usted forma parte de un equipo de desarrollo constituido por varios programadores. Un mejor método es utilizar la palabra clave ByVal dentro de la lista de argumentos cuando se declara el procedimiento.

Esta palabra clave le comunica a Visual Basic que debe almacenar una copia del argumento original y devolverlo sin modificar cuando termine el procedimiento (incluso aunque el valor de la variable haya sido modificado dentro del procedimiento). ByVal se utiliza dentro de una lista de argumentos tal y como se muestra a continuación:

```
Sub CosteMasInterés (ByVal Coste, Total)
```

Como el argumento Coste ha sido ahora declarado utilizando ByVal, el programa producirá la salida correcta:

```
100 al 5% de interés es 105
```

Paso de una variable como valor

Podrá pasar una variable como valor encerrando la variable entre paréntesis.

Si no quiere utilizar la palabra clave ByVal podrá utilizar un método alternativo para evitar que el valor de una variable que haya pasado se vea modificado de forma inadvertida: podrá convertir a la variable en un valor literal sin más que encerrarla entre paréntesis. Este truco siempre funciona correctamente en Visual Basic y, gracias a él, el proceso de llamar a los procedimientos se convierte en una tarea más intuitiva. Si específicamente pasa una variable como valor todo el mundo sabrá cuál es su intención. Con este método también podrá pasar una variable como valor en *ciertas ocasiones*. La sintaxis que deberá utilizar para llamar al procedimiento CosteMasInterés y pasar la variable Precio como valor es:

```
CosteMasInterés (Precio), Total
```

Si el programa ejemplo se invoca de esta forma, también se obtendrá el resultado correcto:

```
100 al 5% de interés es 105
```

En este capítulo ha aprendido a utilizar variables públicas, funciones y procedimientos Sub para gestionar la información manejada en un programa. Poco a poco irá haciendo uso de este tipo de construcciones cuando sus programas alcancen un mayor tamaño. Con ellas podrá ahorrar un tiempo considerable y volver a utilizarlas en futuros proyectos.

Si desea continuar con el siguiente capítulo

➤ No salga de Visual Basic y pase al Capítulo 11.

Si desea salir de Visual Basic por ahora

➤ En el menú Archivo seleccione Salir.

Si en su pantalla aparece un cuadro de diálogo que le permite almacenar los cambios, seleccione Sí.

RESUMEN DEL CAPÍTULO 10

Para	Haga esto
Nombrar un objeto	Especifique un nombre único en la propiedad Name. Utilice las convenciones de denominación apropiadas para poder identificar con facilidad el nombre.
Crear un nuevo módulo	Pulse el icono flecha abajo del botón Agregar formulario y seleccione Módule en la lista desplegable o seleccione la opción Agregar Módulo contenida en el menú Proyecto.
Guardar un módulo nuevo	Seleccione el módulo en la ventana Proyecto y, finalmente, ejecute la opción Guardar Module1 Como contenida en el menú Archivo.
Eliminar un módulo de un programa	Seleccione el módulo en la ventana Proyecto y, finalmente, ejecute la opción Quitar contenida en el menú Proyecto.
Añadir un módulo existente a un programa	En el menú Proyecto seleccione el mandato Agregar archivo.
Crear una variable pública	Declarar la variable utilizando la palabra clave Public dentro de un módulo estándar. Por ejemplo: `Public VentasTotales As Integer`

Crear una función pública	Introduzca las sentencias asociadas con la función entre la palabra clave Function y la palabra clave End Function, dentro de un módulo estándar. Por defecto, las funciones son públicas. Por ejemplo:
	`Function Tasa(Exitos,Intentos) As String`
	`     Porcentaje = Exitos/Intentos`
	`     Tasa = Format(Porcentaje, "0.0%")`
	`End Function`

Llamar a una función definida por el usuario	Escriba el nombre de la función y los argumentos necesarios dentro de las instrucciones asociadas en el procedimiento de suceso. Por ejemplo: `lblTasa.Caption =Tasa(NumExitos, NumIntentos)`

Crear un procedimiento Sub	Introduzca las sentencias asociadas con el procedimiento entre la palabra clave Sub y la instrucción End Sub dentro de un módulo estándar. Por defecto, los procedimientos Sub son públicos. Por ejemplo:
	`Sub CosteMasInterés (Coste, Total)`
	`     Coste = Coste * 1.05`
	`     Total = Int(Coste)`
	`End Sub`

Llamar a un procedimiento Sub	Escriba el nombre del procedimiento y cualquier argumento que sea necesario dentro del procedimiento de suceso. Por ejemplo: `CosteMasInterés Precio, PrecioTotal`
Definir o utilizar una propiedad de un objeto en un procedimiento de propósito general	Especifique el nombre del formulario e introduzca un punto (.) antes del nombre del objeto. Por ejemplo: `Form1.Label.Caption = "¡Viaje a Alemania"`

(Continúa)

Para	Haga esto

Pasar argumentos como valor	Especifique como argumento del procedimiento el propio nombre de la variable encerrada entre paréntesis o un valor literal. Por ejemplo:
	`CalcularInterés (Precio)`
	o
	`CalcularInterés 500`

Pasar un argumento por referencia	Especifique una variable como argumento del procedimiento `CalcularInterés Precio`

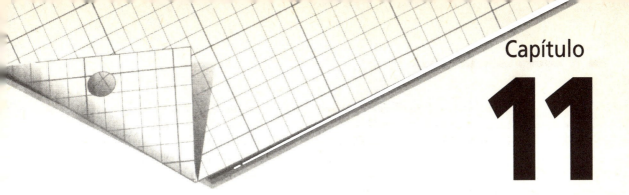

Capítulo

11

Empleo de colecciones y arrays

Tiempo estimado:
45 minutos

En este capítulo aprenderá a:

- Trabajar con colecciones.
- Procesar colecciones utilizando un bucle For Each...Next.
- Organizar variables en arrays.

Los objetos contenidos en un formulario se pueden manejar en grupos denominados *colecciones*. En este capítulo le mostraré detalles sobre las colecciones estándar que podrá utilizar en los programas desarrollados con Visual Basic. También aprenderá a procesar colecciones utilizando un bucle especial denominado For Each...Next. También le enseñaré a organizar sus variables en unos contenedores especiales denominados matrices o arrays. Los arrays le facilitarán la gestión de los datos manejados por sus programas además de ser una buena introducción a las técnicas de programación de bases de datos que veremos en más detalle en el Capítulo 13.

EMPLEO DE COLECCIONES DE OBJETOS

Una colección es un grupo de objetos relacionados entre sí.

Como ya sabe, los objetos contenidos en un formulario se almacenan juntos en el mismo archivo. Pero, quizás no sepa que Visual Basic considera a cada uno de esos objetos como miembros de un mismo grupo. Según la terminología de Visual Basic, el grupo completo de objetos contenidos en un formulario recibe el nombre de *colección*

293

de Controles. La colección de controles se crea de forma automática cada vez que abra un nuevo formulario y se expande cada vez que añada un nuevo objeto al mismo. De hecho, Visual Basic cuenta con varias colecciones estándar de objetos que podrá utilizar cuando escriba sus programas. En el primer apartado de este capítulo le mostraré las herramientas básicas que necesita conocer para poder trabajar con cualquier colección que caiga en sus manos.

Nomenclatura de una colección

Cada colección contenida en un programa tiene su propio nombre para que el programador pueda referirse a ella en el código del programa. Por ejemplo, como acaba de aprender, la colección que contiene todos los objetos incluidos en un formulario recibe el nombre de colección Controls (de controles). Sin embargo, debido a que puede tener más de un formulario en un programa (y, por lo tanto, más de una colección de controles) deberá incluir el nombre del formulario cuando quiera hacer referencia a esa colección en programas que cuenten con más de un formulario. Por ejemplo, si desea hacer referencia a la colección de Controles del Form1, podrá utilizar el siguiente nombre en el código de su programa:

```
Form1.Controls
```

Cada formulario cuenta con una colección de Controles.

El punto situado entre el nombre del primer formulario (Form1) y la palabra clave Controls, hace que Controls guarde cierta similitud con una propiedad de objeto. Sin embargo, los programadores de Visual Basic describen a la colección Controls como un objeto *contenido por* el objeto Form1. La relación existente entre los objetos (o su jerarquía) es algo similar a la existente entre las distintas carpetas que forman un nombre de ruta de un archivo. Volverá a ver esta notación cuando comience a trabajar con objetos de aplicación en el Capítulo 14.

Además de permitirle trabajar con objetos y colecciones en sus propios programas, Visual Basic le permitirá recorrer su sistema en busca de objetos utilizados en otras aplicaciones y usarlos en sus propios programas. Volveremos a retomar esta cuestión en el Capítulo 14, cuando le muestre como debe utilizar el Examinador de Objetos de Visual Basic.

Cómo hacer referencia a un objeto de una colección

Podrá hacer referencia a los objetos contenidos en una colección, o a los miembros individuales de una colección, de varias formas. El primer método consiste en especificar los objetos utilizando directamente sus nombres en una instrucción de asignación. Por ejemplo, la sentencia:

```
Form1.Controls!Label1.Caption = "Empleados"
```

hace referencia al objeto Label1 perteneciente a la colección Controls y asigna a su propiedad Caption el valor «Empleados». Como enlace entre el objeto Label1 y la colección Controls se utiliza el signo de exclamación (!). Aunque esta instrucción puede parecer algo confusa para el compilador, en realidad es una precisa descripción de la jerarquía que existe en la colección.

Podrá hacer referencia a los objetos contenidos en una colección, bien de forma individual o bien en grupos.

La segunda forma de hacer referencia a un objeto perteneciente a una colección es especificar el *índice de posición* que ocupa el objeto dentro del grupo. Visual Basic almacena a los objetos que forman la colección en orden inverso a como fueron creados, por lo que podrá utilizar el «orden de nacimiento» del objeto para hacer referencia al objeto individual; también podrá utilizar un bucle para hacer referencia a varios objetos.

Por ejemplo, para identificar el último objeto creado en un formulario, podrá especificar el índice 0 (cero), tal y como se muestra en el siguiente ejemplo:

```
Form1.Controls(0).Caption = "Negocios"
```

Esta instrucción asigna el valor «Negocios» a la propiedad Caption del último objeto introducido en el formulario (el penúltimo objeto creado tendrá como índice un 1, el antepenúltimo tendrá como índice el 2, etc.).

Escritura de bucles For Each...Next

Aunque puede hacer referencia individual a los miembros de una colección, la forma más útil de trabajar con los objetos contenidos en una colección es procesarlos todos en forma de grupo. De hecho, la razón de que existan las colecciones es que se puedan procesar simultáneamente grupos de objetos de una manera efectiva. Por ejemplo, quizás quiera mostrar, mover, ordenar, renombrar o cambiar el tamaño a una colección entera de objetos y de forma simultánea.

Los bucles For Each...Next han sido diseñados para procesar colecciones.

Para poder llevar a cabo una de estas tareas, podrá utilizar un bucle especial denominado For Each...Next que le permitirá llevar a cabo la misma operación con todos los objetos contenidos en una colección. El bucle For Each...Next es similar al bucle For...Next que analizamos en el Capítulo 7. Cuando utilice un bucle For Each...Next con la colección Controls deberá utilizar un código similar al mostrado a continuación:

```
For Each Control in NombreFormulario.Controls
        proceso sobre objeto
Next Control
```

La variable Control representa el objeto activo en cada una de las pasadas del bucle For Each...Next.

donde *Control* es una variable especial que representa el objeto activo de una colección y *NombreFormulario* es el nombre del formulario. El cuerpo del bucle se utiliza para procesar los objetos individuales de la colección. Por ejemplo, quizás quiera modificar el valor asignado a las propiedades Enabled, Left, Top, Caption o Visible de los objetos pertenecientes a una colección o, tal vez, desee listar en un cuadro de lista el nombre de cada uno de los objetos contenidos en la colección.

Cómo mover una colección de objetos

En el siguiente ejercicio utilizará la colección Controls para desplazar simultáneamente un grupo de objetos desde la izquierda hacia la derecha dentro del formulario. El programa utiliza el bucle For Each...Next para mover todos los objetos cada vez que el usuario pulse un botón de orden denominado Mover Objetos. En ocasiones, ciertos objetos de una colección requieren un tratamiento especial, por lo que en el ejercicio que le presento en segundo lugar, aprenderá a modificar el programa para que desplace todos los objetos contenidos en la colección salvo el botón de orden.

Empleo del bucle For Each...Next para procesar la colección Controls

1. Ponga en marcha Visual Basic.

   El cuadro de diálogo Nuevo proyecto aparecerá en su pantalla.

2. Pulse sobre la etiqueta Existente, y abra el proyecto Mover.vbp contenido en la carpeta \Vb6Sbs\Less11.

3. Si en su pantalla no aparece el formulario denominado Trabajando con colecciones, seleccione Mover.frm en la ventana de proyecto y pulse el botón Ver Objeto.

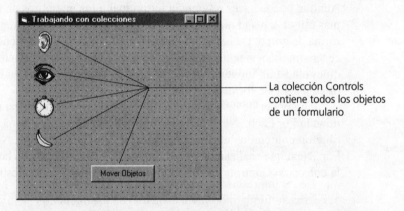

La colección Controls contiene todos los objetos de un formulario

Este formulario contiene cinco objetos que forman parte de la colección Controls. Las propiedades Picture, Name y Caption de estos objetos han sido ya definidas, pero ahora necesita añadir el código requerido para que la colección se desplace a lo largo de la pantalla.

Al utilizar el bucle For Each... Next para ajustar la propiedad Left de cada uno de los objetos contenidos en la colección se conseguirá que todos los objetos se muevan simultáneamente.

4. Realice una doble pulsación sobre el botón Mover Objetos del formulario.

   El contenido del procedimiento cmdButton_Click aparece en la ventana Código.

5. Introduzca las siguientes instrucciones de código:

```
For Each Ctrl in Controls
     Ctrl.Left = Ctrl.Left + 200
Next Ctrl
```

EMPLEO DE COLECCIONES Y ARRAYS   **297**

A partir de ahora, cada vez que el usuario pulse el botón Mover Objetos las instrucciones contenidas en este bucle For Each...Next harán que todos los objetos mostrados en el formulario se desplacen de forma simultánea 200 puntos hacia la derecha (si desea mover los objetos 200 puntos hacia la izquierda, tan sólo deberá restar 200). La variable Ctrl es un «representante» de cada uno de los objetos contenidos en la colección y asigna los mismos valores a las propiedades de los objetos a los que representa. En este bucle lo que se está ajustando es el valor de la propiedad Left que determina la posición de un objeto con respecto al borde izquierdo del formulario.

6. Del menú Archivo, seleccione la opción Guardar Move.frm Como. Almacene el formulario con el nombre **MiMover.frm**.

7. Del menú Archivo, seleccione la opción Guardar Proyecto Como. Almacene el proyecto con el nombre **MiMover.vbp**.

8. Cierre la ventana Código y pulse el botón Iniciar de la barra de herramientas.

    El programa se ejecuta y aparecen cuatro iconos en la parte izquierda del formulario. En la parte inferior del formulario hay un botón de orden.

Botón Iniciar

El botón Mover Objetos también se mueve con el resto de los objetos.

9. Pulse el botón Mover objetos varias veces.

    Cada vez que pulse el botón, los objetos contenidos en el formulario se desplazarán a la derecha. El botón Mover Objetos se moverá al unísono con el resto de los objetos contenidos en el formulario, porque también forma parte de la colección Controls.

Botón Terminar

10. Pulse el botón Terminar contenido en la barra de herramientas para detener el programa.

No es imprescindible mover todos los objetos a la vez. Visual Basic le permitirá procesar de forma individual cada uno de los miembros de la colección si así lo desea. En el siguiente ejercicio aprenderá a mantener fijo el botón Mover Objetos mientras desplaza los demás objetos hacia la derecha.

Empleo de la propiedad Tag en un bucle For Each...Next

Si desea actuar sobre uno o más miembros de una colección de forma diferente a como lo hará con los restantes objetos deberá utilizar la propiedad Tag. Tendrá que definir la propiedad Tag de aquellos objetos que desee manejar de forma distinta al resto. El programa leerá el valor de la propiedad Tag asociada a cada objeto durante la ejecución de cualquier bucle For Each...Next y, basándose en el valor de esta propiedad, el programa decidirá si actuar sobre el objeto de forma normal o concederle un tratamiento especial.

La propiedad Tag le permitirá identificar los objetos que necesiten un tratamiento especial en el bucle.

Por ejemplo, supongamos que asigna la palabra *Slow* a la propiedad Tag del objeto imgBanana dentro del programa MiMover. Podrá utilizar una instrucción del tipo If...Then para analizar la propiedad Slow cuando el bucle evalúe el objeto imgBanana. De esta forma podrá mover al objeto Banana una distancia menor que el resto de los objetos.

TRUCO: Si tiene pensado conceder un tratamiento especial a varios objetos dentro de un bucle For Each...Next, podrá utilizar declaraciones ElseIf dentro de una instrucción If...Then. También podrá utilizar la estructura de decisión denominada Select Case.

En el siguiente ejercicio, le mostraré cómo asignar el valor «Botón» a la propiedad Tag del objeto cmdButton para evitar que el bucle For Each...Next desplace hacia la derecha a este botón de orden.

Empleo de Tag para proporcionar un tratamiento especial a un objeto de una colección

1. Del menú Archivo, seleccione la opción Guardar MiMover Como. Guarde el formulario con el nombre **MiEtiqueta.frm**.

   Antes de realizar los cambios en el programa, almacenaremos el código bajo un nuevo nombre para preservar el proyecto MiMover original.

2. Del menú Archivo seleccione la opción Guardar Proyecto Como. Almacene el proyecto con el nombre **MiEtiqueta.vbp**.

3. Pulse el botón Mover Objetos contenido en el formulario y, a continuación, abra la ventana Propiedades.

4. Asigne a la propiedad Tag del objeto cmdButton el valor «Botón».

5. Realice una doble pulsación sobre el botón Mover Objetos del formulario.

   El contenido del procedimiento de suceso cmdButton_Click aparecerá en la ventana Código, tal y como se muestra en la siguiente figura:

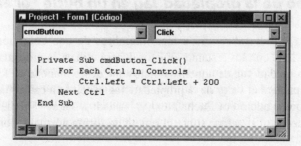

6. Modifique el contenido de este procedimiento de suceso con las siguientes instrucciones (observe que la tercera y la quinta línea son nuevas, mientras que la cuarta línea se ha desplazado hacia la derecha).

```
Private Sub cmdButton_Click()
    For Each Ctrl In Controls
        If Ctrl.Tag <> "Botón" Then
            Ctrl.Left = Ctrl.Left + 200
        End If
    Next Ctrl
End Sub
```

La sentencia If...Then verifica el valor de la propiedad Tag de todos los objetos de la colección.

La novedad incluida en este bucle For Each...Next es la sentencia If...Then que analiza cada uno de los miembros de la colección para ver si su propiedad Tag asociada tiene el valor «Botón».

Si el bucle encuentra esta marca, pasa sobre el objeto sin desplazarlo por la pantalla. La etiqueta «Botón» no tiene un significado especial para Visual Basic, se trata simplemente de la palabra que decidí utilizar para identificar al objeto «botón de orden» incluido en el formulario. También podría haber utilizado cualquier otra etiqueta, tal como «No lo muevas» o «Déjalo quieto».

Botón Iniciar

7. Cierre la ventana Código y pulse el botón Iniciar contenido en la barra de herramientas.

El programa se ejecuta y, una vez más, los cinco objetos del interfaz aparecen en el formulario.

8. Pulse el botón Mover Objetos siete u ocho veces.

Cada vez que pulse este botón los iconos contenidos en el formulario se desplazarán hacia la derecha. Sin embargo, el botón Mover Objetos permanecerá ahora imperturbable en su sitio:

El programa Etiqueta.vbp completo se encuentra disponible en el disco en la carpeta \Vb6Sbs\Less11.

La propiedad Tag le permitirá proporcionar a algunos objetos un tratamiento especial

Aplicar a un objeto determinado de una colección un tratamiento especial puede ser de gran utilidad. En este caso, el empleo de una etiqueta en el bucle For Each...Next ha mejorado el empleo de la interfaz del usuario. A medida que vaya utilizando otros tipos de colecciones en Visual Basic irá encontrando que la herramienta Tag le será de gran utilidad.

Botón Terminar

9. Pulse el botón Terminar de la barra de herramientas para detener el programa.

10. Pulse el botón Guardar proyecto contenido en la barra de herramientas para almacenar los cambios realizados en MiEtiqueta.vbp.

Otras colecciones de Visual Basic

Visual Basic permite el manejo de las siguientes colecciones de objetos en sus programas además de la ya mencionada Controls. Si desea obtener más detalles sobre estas colecciones busque la palabra clave *colecciones* en la Ayuda interactiva de Visual Basic.

Colección	Descripción
Forms	Se trata de la colección de todos los formularios utilizados en un programa. Al utilizar un bucle For Each...Next podrá definir las características de uno o más de estos formularios o las características de uno o más de los objetos contenidos en ellos.
Printers	Una colección que contiene todas las impresoras disponibles en su sistema. Al utilizar un bucle For Each...Next y el método AddItem podrá mostrar los nombres de todas las impresoras disponibles dentro de un cuadro de lista y permitir que el usuario elija la impresora que desea emplear en ese momento.
Database	Se trata de un grupo de colecciones relacionadas con el acceso a datos y la gestión de bases de datos. Entre otras colecciones especialmente útiles se incluyen Columns, Containers, Indexes y Databases. En el siguiente capítulo analizaremos el tema de bases de datos en mayor profundidad.

Colecciones de Visual Basic para Aplicaciones

Si, en un futuro, decide escribir macros de Visual Basic para aplicaciones de Microsoft Office encontrará que estas colecciones juegan un papel de gran importancia en los modelos de objetos de Microsoft Word, Microsoft Excel, Microsoft Access, Microsoft PowerPoint y otras aplicaciones que sean compatibles con el lenguaje de programación denominado Visual Basic para Aplicaciones. Por ejemplo, en Microsoft Word, todos los documentos que se encuentren abiertos en el procesador de textos están almacenados en la colección Documents y cada uno de los párrafos contenidos en el documento activo se encuentran almacenados en la colección Paragraphs. Podrá manipular estas colecciones con el bucle For...Each en la misma forma en que lo hizo en el ejercicio precedente.

Por ejemplo, el siguiente código ejemplo proviene de un macro de Word 97 que utiliza un bucle For...Each para analizar el nombre de cada uno de los documentos abiertos en la colección Documents en busca de un archivo denominado MiCarta.doc. Si este archivo pertenece a esta colección, el macro convertirá a dicho documento en el documento activo de Word gracias al empleo del método Activate. Si, por el contrario, el archivo no se encuentra en dicha colección, el macro cargará el archivo de la carpeta Documentos, contenida en la unidad C.

```
Dim aDoc, docFound, docLocation
docLocation = "c:\documentos\micarta.doc"
For Each aDoc In Documents
      If InStr(1, aDoc.Name, "micarta.doc", 1) Then
            aDoc.Activate
            Exit For
      Else
            docFound = False
      End If
Next aDoc
If docFound = False Then Documents.Open FileName: =docLocation
```

> **NOTA:** *He incluido este macro ejemplo de Word 97 para mostrarle la forma en que podrá utilizar colecciones en Visual Basic para Aplicaciones, pero el código fuente ha sido diseñado para Microsoft Word no para el compilador de Visual Basic. Para probarlo, tendrá que abrir Microsoft Word 97 e introducir el código en el editor de macros de Word (si no se encuentra en Word, la colección Documents no tendrá ningún sentido para el compilador). Podrá conocer más detalles sobre este tema (macros para Word) en mi libro Microsoft Word 97 Visual Basic Paso a paso, de Michael Halvorson y Chris Kinata (Microsoft Press, 1977).*

El macro comienza declarando tres variables, todas del tipo Variant. La variable aDoc representará el elemento actual de la colección en el bucle For...Each. A la variable docFound se le asignará el valor False (buleano) si no se encuentra el documento en la colección Documents. La variable docLocation contendrá la ruta del archivo MiCarta.doc (esta rutina asume que el archivo MiCarta.doc está almacenado en una hipotética carpeta denominada Documentos de la unidad C).

El bucle For...Each analizará cada uno de los documentos pertenecientes a la colección Documents en buscar del archivo MiCarta. Si la función InStr localiza el archivo (esta función detecta una cadena dentro de otra), el archivo se convertirá en el documento activo. Si no se localiza el archivo, el macro lo cargará en memoria utilizando el método Open del objeto Documents.

Observe también la instrucción Exit For que he utilizado para salir del bucle For...Each cuando se haya encontrado y se haya activado el archivo MiCarta. Exit For es una instrucción especial que podrá utilizar para salir de un bucle For...Next o de un bucle For...Each cuando continuar dentro del mismo puede provocar resultados no deseados. En nuestro ejemplo, si el archivo MiCarta.doc pertenece a la colección, continuar su búsqueda puede convertirse en una operación infructuosa. Por ello, la instrucción Exit For es una forma elegante de detener el bucle tan pronto como la tarea de localizar el archivo haya finalizado.

EMPLEO DE ARRAYS DE VARIABLES

En el Capítulo 7 empleó técnicas de cortar y pegar para crear un array de control que le permitía almacenar más de un cuadro de imagen bajo el mismo nombre. En el array de control utilizado en aquella ocasión, cada objeto contenido en el grupo compartía el mismo nombre de objeto. De esta forma, pudo procesar todo el grupo de cuadros de imagen utilizando un único bucle For...Next.

Un array o matriz es una colección de valores que se almacenan con un único nombre.

En este apartado aprenderá a utilizar técnicas similares para almacenar variables en un array. Al igual que los arrays de control y las colecciones, los arrays de variables (conocidos simplemente como *arrays*) le permitirán hacer referencia a un grupo entero de variables utilizando un único nombre y, finalmente, procesar sus valores asociados de forma individual o como un grupo, sin más que utilizar un bucle For...Next o Do.

Los arrays son de gran utilidad porque le ayudarán a hacer uso de grandes cantidades de datos que, de otra forma, verían su empleo muy comprometido si se utilizaran las variables tradicionales. Por ejemplo, imagine que su deseo es crear un marcador electrónico que guarde la puntuación obtenida en las nueve partes en las que se divide un partido de béisbol.

Para almacenar el marcador asociado con cada una de estas partes puede estar tentado de crear dos grupos de 9 variables cada uno (un total de 18 variables). Cada grupo será asociado a uno de los dos equipos contendientes en el partido. Probablemente, a estas variables las asignaría nombres del tipo: Parte1EquipoCasa, Parte1EquipoVisitante, etc. Trabajar con estas variables de forma individual le llevaría un tiempo considerable. Por fortuna, Visual Basic le permite crear grupos de variables de este estilo y asociarlas en un array que contará con un nombre común y un índice muy fácil de utilizar. Por ejemplo, en este caso podría crear un array bidimensional (2×9) denominado Puntuación que almacenara las puntuaciones obtenidas en las distintas partes del partido de béisbol por cada uno de los equipos. Veamos cómo se puede llevar a la práctica todo esto.

Creación de un array

Antes de que pueda utilizar un array tendrá que declararlo.

Podrá crear, o *declarar*, arrays en el código de un programa en la misma forma en que declara variables. El lugar dónde declare el array determinará dónde podrá ser utilizado o su *ámbito de aplicación* en el programa. Si un array se declara de forma local podrá ser utilizado únicamente en el procedimiento donde haya sido declarado. Si un array se declara de forma pública dentro de un módulo estándar podrá ser utilizado en cualquier parte del programa. Cuando declare un array tendrá que incluir la siguiente información en la declaración (véase la tabla de la página siguiente).

NOTA: *Los arrays que contienen un número fijo de elementos se denominan* arrays de tamaño fijo. *Los arrays que contienen un número variable de elementos (arrays que pueden expandir su tamaño durante la ejecución de un programa) se denominan* arrays dinámicos.

Información contenida en la instrucción de declaración de un array	Descripción
Nombre del array	El nombre que utilizará para representar el array en su programa. En general, los nombres de los arrays siguen las mismas reglas aplicables a los nombres de variables (consulte el Capítulo 5 para obtener más información sobre este tema).
Tipo de dato	Se trata del tipo de dato que almacenará el array que está definiendo. En la mayoría de los casos todas las variables contenidas en el array serán del mismo tipo. Puede especificar uno de los tipos de datos fundamentales o, si todavía no está muy seguro del tipo de dato que va a necesitar o, si por el contrario, desea almacenar más de un tipo de dato en el array, deberá especificar el tipo Variant.
Número de dimensiones	Se trata del número de dimensiones que va a tener el array. La mayoría de los arrays sólo cuentan con una dimensión (una lista de valores) o con dos (una tabla de valores), pero podrá especificar dimensiones adicionales si está trabajando con un modelo matemático complejo tal como una matriz tridimensional.
Número de elementos	Es el número de elementos que contendrá el array. Los elementos contenidos en el array se corresponden directamente con su índice. Por defecto, el primer índice del array es el 0 (cero), como sucede en los arrays de control.

Declaración de un array de tamaño fijo

La sintaxis básica de un array público de tamaño fijo es:

```
Public NombreArray(ElementosDim1, ElementosDim2,...) As TipoDato
```

Los siguientes argumentos son importantes:

- Public es la palabra clave que crea un array global,
- *NombreArray* es el nombre asignado al array,
- *ElementosDim1* es el número de elementos contenidos en la primera dimensión del array,
- *ElementosDim2* es el número de elementos contenidos en la segunda dimensión del array, (se pueden incluir dimensiones adicionales) y, por último,
- *TipoDato* es la palabra clave correspondiente al tipo de dato que será incluido en el array.

Debido a que el array es del tipo público deberá introducir esta declaración en un módulo estándar dentro del proyecto (junto con las demás variables de tipo públicas o globales).

La palabra clave Public crea un array público o global.

> **NOTA:** *Para declarar localmente los arrays dentro de un procedimiento de suceso deberá sustituir la palabra clave Public por la palabra clave Static y situar la declaración dentro de un procedimiento de suceso. Los arrays locales sólo podrán ser utilizados dentro del procedimiento de suceso donde han sido definidos.*

Por ejemplo, para declarar como público un array unidimensional de rótulos denominado Empleados que pueda almacenar hasta diez nombres de empleados, deberá introducir la siguiente declaración dentro de un módulo estándar:

```
Public Empleados(9) As String
```

Por defecto, el primer elemento contenido en un array tiene el índice 0.

Cuando cree el array, Visual Basic reserva espacio en la memoria de la computadora. La figura mostrada más abajo enseña conceptualmente la forma en que se organiza el array. Los diez elementos que forman parte del array están numerados del 0 al 9 en lugar del 1 al 10, debido a que el índice de los arrays comienza en 0 a menos que utilice la instrucción OptionBase (consulte la nota denominada «La instrucción Option Base» contenida más adelante en este mismo capítulo).

Empleados

0	
1	
2	
3	
4	
5	
6	
7	
8	
9	

Para declarar una array público bidimensional denominado Marcador que cuente con el espacio disponible para almacenar dos filas y nueve columnas de datos del tipo variante, deberá introducir la siguiente instrucción en un módulo estándar (este array será adecuado para almacenar las puntuaciones del partido de béisbol comentado anteriormente en este capítulo, además, será utilizado en un ejercicio posterior).

```
Public Marcador(1,8) As Variant
```

Los arrays bidimensionales requieren dos índices.

Cuando se declara un array bidimensional Visual Basic reserva el espacio necesario en la memoria de la computadora. Podrá utilizar este array en sus programas como si se tratara de una tabla de valores, tal y como se muestra en la figura de la página siguiente (en este caso, los elementos del array están numerados del 0 al 1 y del 0 al 8).

```
        Marcador
        Columnas
        0  1  2  3  4  5  6  7  8
Filas 0
      1
```

Uso de los elementos de un array

Una vez que haya declarado el array utilizando las palabras clave Static o Public, estará listo para utilizar el array en el programa. Para hacer referencia a los elementos de un array deberá utilizar el nombre del array y el índice del elemento encerrado entre paréntesis. El índice debe ser un valor entero, por ejemplo puede ser un número o una variable entera (en ocasiones se suele utilizar el contador de un bucle For...Next). La siguiente instrucción asignará el valor Lola al elemento 5 del array Empleados definido en el apartado anterior.

Los arrays se almacenan en la memoria RAM de la computadora, durante la ejecución del programa.

```
Empleados(5) = "Lola"
```

Esta instrucción producirá en el array Empleados el resultado mostrado en la siguiente figura:

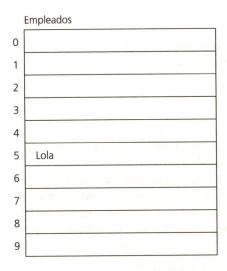

De forma similar, la siguiente instrucción asignará el número 4 a la fila 0 columna 2 (la tercera «entrada» del primer equipo) al array Marcador comentado en el apartado anterior:

```
Marcador(0,2) = 4
```

> ### La instrucción Option Base
>
> Si piensa que sus programas ganarían en claridad si el índice asociado con el primer elemento de cualquier array fuera 1 en lugar de 0, podrá introducir la siguiente instrucción Option Base en un módulo estándar:
>
> ```
> Option Base 1
> ```
>
> Esta sentencia asocia el número uno con el primer elemento (o elemento base) de todos los arrays que defina en su programa. El programa que generará en el siguiente apartado utilizará esta instrucción en la forma mostrada.

Esta instrucción producirá los siguientes resultados dentro del array Marcador:

Marcador

Columnas

	0	1	2	3	4	5	6	7	8
Filas 0			4						
1									

Podrá utilizar estas técnicas de indexación para asignar o recuperar el valor contenido en cualquier elemento del array.

Creación de un array de tamaño fijo para guardar temperaturas

El programa ArrayFijo utiliza un array para almacenar las temperaturas extremas producidas a lo largo de una semana.

En el siguiente ejercicio utilizaremos un array público unidimensional denominado Temperaturas para almacenar las temperaturas diarias más altas producidas durante la semana. El programa le mostrará cómo puede utilizar un array para almacenar y procesar un conjunto de datos relacionados entre sí en un programa. Las temperaturas se asignarán al array utilizando la función InputBox y un bucle For...Next. El propio contador del bucle se utilizará como índice que hará referencia a cada uno de los elementos pertenecientes al array. El contenido del array se mostrará en el formulario utilizando otro bucle For...Next y el método Print. Finalmente, se calculará la media de las temperaturas más elevadas y se mostrará este valor en pantalla.

Empleo de un array de tamaño fijo

1. Del menú Archivo ejecute el mandato Nuevo Proyecto y pulse Aceptar.
2. Utilice el control CommandButton para crear tres botones de comando en la parte inferior del formulario.

3. Defina las siguientes propiedades para los objetos botones de órdenes y formulario:

Objeto	Propiedad	Valor
Command1	Caption Name	«Introducir Temperaturas» cmdIntroducirTemps
Command2	Caption Name	«Mostrar Temperaturas» cmdMostrarTemps
Command3	Caption Name	«Salir» cmdSalir
Form1	Caption AutoRedraw	«Temperaturas» True

IMPORTANTE: *Siempre deberá definir como True la propiedad AutoRedraw de un formulario si desea utilizar el método Print para mostrar información dentro del formulario. De esta forma hará que Visual Basic redibuje la pantalla si el formulario queda tapado por otra ventana.*

4. Su formulario deberá tener un aspecto similar al mostrado en la figura siguiente:

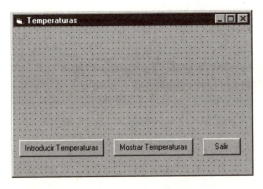

5. En el menú Proyecto, ejecute el mandato Agregar módulo, y pulse Abrir para crear un módulo estándar donde declarará el array.

   En la ventana Código aparecerá un módulo estándar.

6. Escriba las siguientes instrucciones en el módulo estándar:

```
Option Base 1
Public Temperaturas(7) As Variant
```

Option Base define el primer índice del array como 1.

La instrucción Option Base modifica el valor del índice correspondiente al primer elemento del array (de 0 a 1) para todos los arrays contenidos en el programa. La segunda instrucción crea un array público con siete elementos, denominado Temperaturas y del tipo Variante. Como el array ha sido declarado públicamente podrá ser utilizado en cualquier parte del programa.

7. Cierre la ventana Código del módulo estándar y realice una doble pulsación sobre el botón Introducir Temperaturas.

    En la ventana de Código aparecerá el procedimiento de suceso denominado cmdIntroducirTemps_Click.

8. Escriba las siguientes sentencias en el programa para solicitarle al usuario que introduzca las temperaturas y para almacenar las entradas en el array:

```
Cls
Indicador$ = "Introducir la temperatura más alta."
For i% = 1 To 7
    Título$ = "Día " & i%
    Temperaturas(i%) = InputBox(Indicador$, Título$)
Next i%
```

NOTA: *El método Cls situado al principio de un procedimiento de suceso borra cualquier instrucción Print previa del formulario. De esta forma, podrá introducir más de un grupo completo de temperaturas.*

La variable i% (contador) se utiliza aquí como índice del array.

El bucle For...Next utiliza el contador i% como índice del array para cargar las temperaturas en los elementos 1 a 7 del array. La entrada será recibida por la función InputBox que utiliza las variables Indicador$ y Título$ como argumentos.

9. Abra el cuadro de lista desplegable Objeto contenido en la ventana Código y seleccione el objeto cmdMostrarTemps. Escriba las siguientes instrucciones en el procedimiento de suceso denominado cmdMostrarTemps_Click:

```
Print "Temperaturas máximas de la semana:"
Print
For i% = 1 To 7
    Print "Día "; i%, Temperaturas(i%)
    Total! = Total! + Temperaturas(i%)
Next i%
Print
Print "Media de las temperaturas máximas: "; Total! / 7
```

Este procedimiento de suceso utiliza el método Print para mostrar la información almacenada en el array Temperaturas. También se utiliza el bucle For...Next para activar cada uno de los elementos contenidos en el array y calcula el total de todas las temperaturas utilizando la instrucción:

```
Total! = Total! + Temperaturas(i%)
```

El proyecto completo denominado ArrayFijo.vdp se encuentra disponible en el disco dentro de la carpeta \Vb6Sbs\Less11.

La última línea contenida en el procedimiento de suceso mostrará el valor de la media de las temperaturas más elevadas de la semana, es decir, el resultado de dividir la suma de las temperaturas entre el número de días.

EMPLEO DE COLECCIONES Y ARRAYS **309**

10. Abra el cuadro de lista desplegable Objeto contenido en la ventana Código y seleccione el objeto cmdSalir. Escriba la siguiente instrucción en el procedimiento de suceso cmdSalir_Click:

    End

Botón Guardar Proyecto

11. Pulse el botón Guardar Proyecto contenido en la barra de herramientas para almacenar en el disco el contenido del formulario, el módulo estándar y el proyecto. Seleccione la carpeta denominada \Vb6Sbs\Less11 y grabe cada uno de los archivos utilizando el nombre **MiArrayFijo**.

12. Pulse el botón Iniciar contenido en la barra de herramientas para ejecutar el programa.

13. Pulse el botón Introducir Temperaturas e introduzca siete valores diferentes a medida que la función InputBox se lo vaya pidiendo (¿qué tal las temperaturas de sus últimas vacaciones?).

    El cuadro de diálogo de la función InputBox tendrá un aspecto similar al mostrado en la figura siguiente:

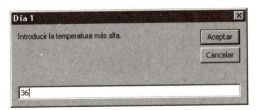

14. Una vez introducidas todas las temperaturas, pulse el botón Mostrar **Temperaturas**.

    Visual Basic utiliza el método Print para mostrar cada una de las temperaturas previamente introducidas en el formulario e imprimirá la temperatura media en la parte inferior de la ventana. Su pantalla deberá tener un aspecto similar al siguiente:

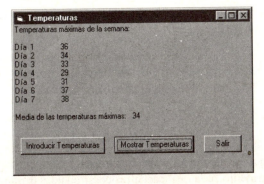

15. Pulse el botón Salir para finalizar el programa.

Creación de un array dinámico

Como puede ver los arrays son bastante útiles para trabajar con listas de números, especialmente si los procesa utilizando bucles For...Next. Pero ¿qué ocurrirá en el caso de que usted no sepa a priori cuál es el tamaño del array que necesita utilizar antes de ejecutar el programa? Por ejemplo, ¿qué pasará en el caso de que usted desee que sea el propio usuario del programa MiArrayFijo el que seleccione el número de temperaturas que quiera introducir en el mismo?

El tamaño de los arrays dinámicos se define en tiempo de ejecución.

Visual Basic soluciona este problema de forma eficiente con un contenedor especial, elástico, denominado *array dinámico*. El tamaño de los arrays dinámicos se define en tiempo de ejecución, bien cuando el usuario del programa especifica el tamaño del array o bien cuando la lógica que añada al programa determine el tamaño del array en función de las condiciones especificadas. Definir el tamaño de un array dinámico conlleva varios pasos porque, aunque el tamaño del array no se especificará hasta que se ejecute el programa, necesitará realizar ciertas «reservas para el array en tiempo de diseño.

Para crear un array dinámico deberá seguir los pasos mostrados a continuación:

- Especifique, en tiempo de diseño, el nombre y el tipo del array en el programa omitiendo el número de elementos de que constará el array. Por ejemplo, para crear un array público y dinámico denominado Temperaturas, deberá introducir la siguiente instrucción:

```
Public Temperaturas() as Variant
```

- Añada el código necesario para determinar, en tiempo de ejecución, el número de elementos que deberá contener el array. Podrá preguntar al usuario utilizando la función InputBox o podrá calcular la dimensión del array en función de ciertos parámetros proporcionados por el programa, etc. Por ejemplo, la siguiente instrucción obtendrá el tamaño del array directamente del usuario y lo asignará a la variable Días:

```
Días = InputBox("¿Cuántos días?", "Crear Array")
```

- Utilice la variable en una instrucción ReDim para fijar el tamaño del array. Por ejemplo, la siguiente instrucción definirá el tamaño del array Temperaturas en tiempo de ejecución utilizando la variable Días:

```
ReDim Temperaturas(Días)
```

- Si es necesario, utilice el número obtenido como extremo superior de un bucle For...Next para trabajar con los elementos del array. Por ejemplo, el siguiente bucle For...Next utilizará la variable Días como límite superior del bucle:

```
For i% = 1 To Días
    Temperaturas(i%) = InputBox(Indicador$,Títulos$)
Next i%
```

En el siguiente ejercicio, pondrá en práctica estos cuatro pasos para revisar el programa MiArrayFijo para que puede procesar cualquier número de temperaturas utilizando un array dinámico.

Empleo de un array dinámico para almacenar temperaturas

1. Abra la ventana Proyecto y pulse sobre MiArrayFijo.frm. Guardará todos los archivos pertenecientes al proyecto MiArrayFijo con un nuevo nombre para conservar los contenidos originales.

2. En el menú Archivo, ejecute el mandato Guardar MiArrayFijo.frm Como. Escriba **MiArrayDinámico.frm** en el cuadro de diálogo Guardar Archivo Como y pulse Guardar.

3. Pulse el módulo MiArrayFijo.bas en la ventana Proyecto. Ejecute el mandato Guardar MiArrayFijo.bas Como contenido en el menú Archivo. A continuación, escriba **MiArrayDinámico.bas** en el cuadro de diálogo Guardar Archivo Como y pulse el botón Guardar.

4. En el menú Archivo, ejecute el mandato Guardar Proyecto como, y escriba **MiArrayDinámico.vbp**. Pulse Guardar para finalizar.

Botón Ver Código

5. Pulse Module1 en la ventana Proyecto y pulse el botón Ver Código para abrirlo en la ventana Código.

6. Elimine el número 7 de la declaración del array para convertirlo en un array dinámico.

    La instrucción deberá tener un aspecto similar al siguiente:

```
Public Temperaturas() As Variant
```

7. Añada la siguiente declaración de variable pública al módulo estándar:

```
Public Días As Integer
```

   La variable pública Días (del tipo entero) será la que se utilice para recibir la entrada por parte del usuario y para fijar el tamaño del array dinámico en tiempo de ejecución.

Botón Ver Objeto

8. Cierre el módulo estándar. Seleccione Form1 en la ventana Proyecto, pulse el botón Ver Objeto y, finalmente, realice una doble pulsación sobre el botón Introducir Temperaturas. Modifique el contenido del procedimiento de suceso cmdIntroducirTemps_Click para que tenga un aspecto similar al siguiente. (Los elementos que han sido modificados o añadidos aparecen en negrita en el texto):

```
Cls
Días = InputBox("¿Cuántos días?", "Crear Array")
If Días > 0 Then ReDim Temperaturas(Días)
Indicador$ = "Introduzca la temperatura más elevada"
For i% = 1 To Días
     Título$ = "Día " & i%
     Temperaturas(i%) = InputBox(Indicador$, Título$)
Next i%
```

La segunda y tercera líneas solicitarán al usuario que introduzca el número de temperaturas cuyo valor desea almacenar. Finalmente, el programa utiliza esta entrada para fijar el tamaño del array dinámico. La condición If...Then se utiliza para verificar que el número de días que se ha introducido es mayor que 0 (fijar el tamaño de un array con el número 0 o con un número negativo originaría un error en tiempo de ejecución). La variable Días se utiliza también como el límite superior del bucle For...Next.

9. Abra el cuadro de lista desplegable Objeto y seleccione el objeto cmdMostrarTemps. Modifique el contenido del procedimiento de suceso denominado cmdMostrarTemps_Click para que tenga el siguiente aspecto (los elementos que han sido modificados aparecen en negrita):

```
Print "Temperaturas máximas:"
Print
For i% = 1 To Días
    Print "Día "; i%, Temperaturas(i%)
    Total! = Total! + Temperaturas(i%)
Next i%
Print
Print "La media de las temperaturas máximas es: "; Total! / Días
```

La variable Días sustituye al número 7 dos veces en el procedimiento de suceso.

Botón Guardar Proyecto

10. Cierre la ventana Código y pulse el botón Guardar Proyecto para almacenar en el disco los cambios introducidos.

11. Pulse el botón Iniciar contenido en la barra de herramientas para ejecutar el programa.

Botón Iniciar

12. Pulse el botón Introducir Temperaturas y escriba **5** cuando el programa le pida que introduzca el número de días cuyas temperaturas quiere registrar.

13. Introduzca cinco temperaturas cuando el programa le pida que lo haga.

14. Cuando termine de introducir las temperaturas pulse el botón Mostrar Temperaturas.

El programa completo ArrayDinámico.vbp se encuentra disponible en el disco dentro de la carpeta \Vb6Sbs\Less11.

El programa mostrará las cinco temperaturas en el formulario junto con su media. Su pantalla deberá tener un aspecto similar al mostrado en la siguiente figura:

Botón Terminar

15. Pulse el botón Terminar contenido en la barra de herramientas para finalizar el programa.

¡Felicidades! Acaba de aprender a almacenar un número ilimitado de valores utilizando un array además de saber cómo procesarlos utilizando un bucle For...Next. Estos conocimientos le serán de utilidad cuando necesite almacenar grandes cantidades de información en la memoria de su computadora en tiempo de ejecución. En los dos siguientes capítulos aprenderá a almacenar este tipo de información en archivos de texto y bases de datos.

UN PASO MÁS ALLÁ

Empleo de arrays multidimensionales

Los arrays multidimensionales pueden manejar una o más tablas de información.

Además de los arrays unidimensionales, con los que podrá manejar listas de información, Visual Basic le permitirá crear *arrays multidimensionales* con los que podrá manejar una o más tablas de información. Pensar en arrays multidimensionales puede resultarle bastante difícil hasta que tenga más experiencia en su manejo y muchas de sus aplicaciones caen fuera del objetivo de este libro. Lo que es indudable es que su manejo podrá ahorrarle considerable tiempo y energía si trabaja con frecuencia con grandes tablas de datos.

En el siguiente ejercicio utilizará un array bidimensional denominado Marcador con el que podrá almacenar los resultados obtenidos en un imaginario partido de béisbol en el que se enfrentaron los Seattle Mariners y los Yankees de Nueva York. El array que utilizaremos tendrá una dimensión de 2×9 similar al array unidimensional definido anteriormente en este capítulo. Una vez que vea el funcionamiento de los arrays bidimensionales podrá probar con los arrays de tres o de cuatro dimensiones para poner a prueba a su cerebro (estos complicados arrays suelen utilizarse en desarrollo de gráficos complejos o en aplicaciones científicas).

Creación de un marcador de béisbol utilizando un array bidimensional

Botón Abrir Proyecto

1. Pulse el botón Abrir Proyecto contenido en la barra de herramientas
2. Abra el proyecto denominado Beisbol.vbp contenido en la carpeta C:\Vb6Sbs\Less11.

   El programa se cargará y el archivo del proyecto aparecerá en la ventana Proyecto.

Botón Ver Objeto

3. Si el formulario beisbol.frm no aparece en su pantalla, púlselo y, finalmente, pulse el botón Ver Objeto.

En su pantalla aparecerá el formulario Marcador, tal y como se muestra a continuación:

El formulario Marcador utiliza dos recuadros de texto y dos botones de órdenes para mostrar las carreras realizadas en un partido de béisbol dividido en nueve partes (entradas). Los Mariners aparecen aquí como el equipo de casa mientras que los Yankees desarrollan el papel del equipo visitante. Por supuesto, podrá cambiar estos dos nombres por aquellos de sus equipos favoritos. La información se visualizará en el marcador utilizando el método Print y se almacena en el programa utilizando una array público bidimensional denominado Marcador.

Botón Iniciar

4. Pulse el botón Iniciar contenido en la barra de herramientas para ejecutar el programa.

   El programa se pone en marcha y el cursor parpadeará dentro del cuadro de texto de los Yankees, en la parte inferior del formulario.

   La etiqueta situada por encima del cuadro de texto indica que el programa está preparado para registrar el primer dato del partido. Puede probar a imaginarse sus propios resultados.

5. Escriba **0** y pulse la tecla TAB.

   El cursor se desplazará ahora al cuadro de texto de los Mariners.

6. Escriba **0** y pulse el botón denominado Siguiente entrada.

   El resultado 0-0 se mostrará en el marcador contenido en la parte superior del formulario.

7. Continúe introduciendo resultados parciales del partido de béisbol hasta que termine con la novena parte (entrada).

   Si así lo desea, podrá pulsar el botón Siguiente entrada más de una vez seguida para almacenar el mismo resultado parcial varias veces consecutivas.

EMPLEO DE COLECCIONES Y ARRAYS **315**

Cuando haya terminado, su pantalla deberá tener un aspecto similar al mostrado más abajo. El marcador reproduce el resultado obtenido en el primer partido de la Liga Americana de béisbol de 1995 en el cual el equipo de Nueva York venció al de Seattle.

8. Pulse el botón Salir para finalizar el programa.

A continuación, echaremos un vistazo al código del programa para ver la forma en que fue creado y utilizado el array Marcador.

Botón Ver Código

9. Pulse sobre el módulo estándar denominado Beisbol.bas dentro de la ventana Proyecto y pulse el botón Ver Código.

En su pantalla aparece la ventana Código que contiene la sección de declaraciones del módulo estándar y la primera parte del procedimiento SumarPuntuaciones, tal y como se muestra en la siguiente figura:

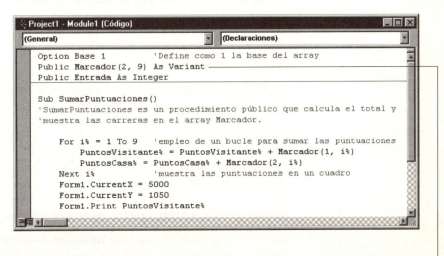

Marcador es un array público bidimensional

El módulo estándar puede contener arrays, variables y procedimientos públicos.

Este módulo estándar contiene cuatro componentes críticos: una instrucción Option Base, la declaración de un array público bidimensional (2×9) denominado Marcador, la declaración de una variable pública denominada Entrada y un procedimiento público de propósito general denominado SumarPuntuaciones. El array Marcador se ha declarado como una tabla de valores en memoria, con filas que representan los dos equipos y columnas que representan las nueve partes en que se descompone el juego (entradas). La organización es similar a la que podrá encontrar en las hojas de cálculo más sencillas. La variable Entrada se utiliza para hacer referencia a los valores de columna del array.

10. Analice durante unos momentos el código contenido en el procedimiento SumarPuntuaciones.

    SumarPuntuaciones se utiliza para sumar las puntuaciones contenidas en el array y para mostrar el resultado. Como este procedimiento público ha sido declarado en un módulo estándar, se encontrará disponible en todo el programa.

11. Cierre el módulo estándar y, a continuación, realice una doble pulsación sobre el botón Siguiente entrada contenido en el formulario Beisbol.frm.

    El procedimiento de suceso asociado con este botón es el encargado de mover las puntuaciones del partido desde el cuadro de texto asociado a cada equipo hasta el array Marcador y, finalmente, hasta el marcador contenido en el formulario. Cada una de las asignaciones del array Marcador requiere dos índices, uno que haga referencia a la fila y otro que indique la columna.

Las propiedades CurrentX y CurrentY sitúan el cursor en el marcador.

Se tiene que prestar un cuidado especial para situar el cursor en la posición X, Y adecuada dentro del marcador y mostrar allí la información deseada. CurrentX y CurrentY son propiedades que determinan las coordenadas del cursor dentro del formulario y ambas requieren que los valores asignados vengan expresados en puntos (twips), un sistema de medida efectivo una vez que se domina. Como hay 1440 twips en una pulgada el sistema de coordenadas es lo suficientemente «fino» como para poder situar el cursor en la parte deseada del formulario.

12. Desplácese hacia abajo por el procedimiento de suceso Form_Load contenido en la ventana Código.

El método Show es necesario si se quiere mostrar en pantalla la salida durante la carga del formulario.

El procedimiento de suceso Form_Load asigna el valor 1 a la variable Entrada y muestra la cabecera del marcador. En este programa se utiliza el método Show antes de emplear el método Print. Normalmente, el método Print muestra la información sin ayuda, pero como el formulario se encuentra todavía cargado, se requiere el empleo del método Show para imprimir mientras que el suceso Form_Load se encuentre en ejecución.

13. Continúe explorando el programa Béisbol en busca de ideas que le puedan servir para desarrollar sus propios programas, y vuelva a ejecutarlo si ello le place.

Si desea continuar con el siguiente capítulo

➤ No salga de Visual Basic y pase al Capítulo 12.

Si desea salir de Visual Basic por ahora

➤ En el menú Archivo seleccione Salir.

Si en su pantalla aparece un cuadro de diálogo que le permite almacenar los cambios, seleccione No.

RESUMEN DEL CAPÍTULO 11

Para	Haga esto

Procesar los objetos de una colección	Escriba un bucle For Each...Next que haga referencia a cada uno de los elementos individuales de la colección. Por ejemplo:
	`For Each Ctrl In Controls`
	`    Ctrl.Visible = False`
	`Next Ctrl`

Mover objetos de la colección Controls por la pantalla de izquierda a derecha	Modificar la propiedad Ctrl.Left de cada uno de los objetos pertenecientes a la colección utilizando un bucle For Each...Next. Por ejemplo:
	`For Each Ctrl In Controls`
	`    Ctrl.Left = Ctrl.Left + 200`
	`Next Ctrl`

Proporcionar un tratamiento especial a un objeto de una colección	Definir la propiedad Tag de un objeto asignándola un valor reconocible y, finalmente, verificar ese valor dentro de un bucle For Each...Next. Por ejemplo:
	`For Each Ctrl In Controls`
	`    If Ctrl.Tag <> "Botón" Then`
	`        Ctrl.Left = Ctrl.Left + 200`
	`    End If`
	`Next Ctrl`

Crear un array público	Dimensionar el array utilizando la palabra clave Public dentro de un módulo estándar. Por ejemplo: `Public Empleados(9) As String`
Crear un array local	Dimensionar el array utilizando la palabra clave Static dentro de un procedimiento de suceso. Por ejemplo: `Static Empleados(9) As String`
Asignar un valor a un array	Especificar el nombre del array, el índice del elemento del array al que se desea asignar un valor y, finalmente, el propio valor. Por ejemplo: `Empleados(5) = "Lola"`

(Continúa)

Para	Haga esto
Definir la base de todos los arrays contenidos en un programa como 1	Introducir la instrucción Option Base en un módulo estándar. Por ejemplo: `Option Base 1`
Eliminar las instrucciones Print de un formulario	Utilizar el método Cls.
Crear un array dinámico	Especificar el nombre y el tipo del array en tiempo de diseño, pero omitir el número de elementos. Cuando su programa se ejecute, especifique el tamaño del array utilizando la instrucción ReDim. Por ejemplo: `ReDim Temperaturas(Días)`

Procesar los elementos contenidos en un array	Escriba un bucle For...Next utilizando el contador del bucle como índice del array. Por ejemplo:
	`For i% = 1 To 7`
	`    Total! = Total! + Temperaturas(i%)`
	`Next i%`

Situar el cursor en el formulario (para utilizar con Print y otros métodos)	Utilice las propiedades CurrentX y CurrentY en el formulario. Estas dos propiedades representan, respectivamente, las coordenadas x e y del cursor en twips.

Capítulo 12

Manejo de archivos de texto y Procesamiento de cadenas

Tiempo estimado:
40 minutos

En este capítulo aprenderá a:

- Mostrar el contenido de un archivo de texto utilizando un objeto de cuadro de texto.
- Almacenar en un archivo de texto.
- Utilizar técnicas de procesamiento de cadenas para ordenar y cifrar archivos de texto.

En este capítulo aprenderá a trabajar con información almacenada en archivos de texto en su sistema. Aprenderá a abrir un archivo de texto y mostrar su contenido usando un objeto cuadro de texto. También descubrirá la forma de crear archivos de texto en el disco. También aprenderá a manejar en sus programas elementos de texto denominados cadenas y a utilizarlos para combinar, ordenar, cifrar y mostrar palabras, párrafos y archivos de texto completos.

VISUALIZACIÓN DE ARCHIVOS DE TEXTO UTILIZANDO UN CUADRO DE TEXTO

La forma más sencilla de mostrar un archivo de texto en un programa es utilizar un objeto cuadro de texto. Podrá crear cuadros texto con una gran variedad de tamaños y, si los contenidos del archivo no caben con holgura en el cuadro de texto, podrá añadir barras de desplazamiento para que el usuario pueda examinar el archivo completo. Para cargar el contenido de un archivo de texto dentro de un cuadro de texto tendrá que utilizar tres instrucciones y una función.

En la siguiente tabla se describen estas palabras reservadas y su funcionamiento, algo que podrá comprobar en el primer ejercicio de este Capítulo.

Palabra reservada	Descripción
Open	Abre un archivo de texto para entrada o salida.
Line Input	Lee una línea de entrada desde el archivo de texto.
EOF	Comprueba el final del archivo de texto.
Close	Cierra el archivo de texto.

Cómo abrir un archivo de texto para entrada

Los archivos de texto contienen caracteres reconocibles.

Un *archivo de texto* consta de una o más líneas de números, palabras o caracteres. Los archivos de texto son distintos de los *archivos de documentos*, que contienen códigos de formato, y de los *archivos ejecutables*, que contienen instrucciones para el sistema operativo. Los archivos de textos típicos de su computadora son reconocidos como «Documentos de texto» por el Explorador de Windows o tendrán las extensiones .txt, .ini, .log, .inf, .dat o .bat. Como los archivos de texto contienen únicamente caracteres reconocibles, podrá mostrarlos fácilmente utilizando los objetos cuadro de texto.

Un objeto de diálogo común muestra el cuadro de diálogo común Abrir.

Podrá permitir que el usuario decida qué archivo de texto desea abrir en un programa utilizando un objeto de diálogo común para solicitar al usuario que especifique la ruta completa del archivo. Los objetos de diálogo común son compatibles con el método ShowOpen, que muestra en pantalla el cuadro de diálogo común denominado Abrir. La ruta seleccionada por el usuario en el cuadro de diálogo pasa al programa mediante la propiedad FileName y podrá utilizar este nombre para abrir el archivo. El objeto de diálogo común no abre el archivo; sólo obtiene el nombre de ruta completo.

La sentencia Open

Después de obtener del usuario el nombre de la vía de acceso al archivo, podrá abrirlo en el programa utilizando la sentencia Open. La sintaxis para la sentencia Open es:

```
Open víaDeAcceso For modo As #númeroArchivo
```

Los siguientes argumentos son importantes:

- *víaDeAcceso* o ruta es una vía de acceso válida de Microsoft Windows,
- *modo* es una palabra reservada que indica cómo se abrirá el archivo (usaremos los modos Input y Output en este capítulo), y
- *númeroArchivo* es un número entero comprendido entre 1 y 255.

MANEJO DE ARCHIVOS DE TEXTO Y PROCESAMIENTO DE CADENAS 321

El número de archivo se asociará al archivo cuando éste se abra. De esta forma, tendrá que emplear este número de archivo en su programa cada vez que desee hacer referencia al archivo abierto. Aparte de esta asociación, no hay nada especial sobre los números de archivos; Visual Basic simplemente los utiliza para poder controlar todos los archivos que tiene abiertos en un programa.

Una sentencia Open típica que utilizara un objeto de diálogo común tendría un aspecto similar a la siguiente:

```
Open CommonDialog1.Nombrearchivo For Input As #1
```

En este caso, la propiedad CommonDialog1.Nombrearchivo representa la vía de acceso, Input es el modo y 1 es el número de archivo.

NOTA: Los archivos de texto que se abren empleando esta sintaxis se denominan archivos secuenciales, porque sus contenidos se deben examinar en orden secuencial. En contraste, podrá acceder en cualquier orden a la información almacenada en una base de datos (en el Capítulo 13 podrá obtener más información sobre bases de datos).

El siguiente ejercicio muestra cómo podrá usar un objeto de diálogo común y la sentencia Open para abrir un archivo de texto. Este ejercicio también muestra cómo podrá emplear las palabras reservadas LineInput y EOF para mostrar el contenido de un archivo de texto en un cuadro de texto y cómo podrá usar la palabra reservada Close para cerrar un archivo.

Ejecución del programa Visor de Texto

1. Inicie Visual Basic si no está ya en marcha.

2. Pulse la pestaña Existente contenida dentro del cuadro de diálogo Nuevo Proyecto o pulse el botón Abrir proyecto en la barra de herramientas.

Botón Abrir proyecto

3. Seleccione la carpeta \Vb6Sbs\Less12 y pulse dos veces el nombre de archivo VisorTexto.

   El programa VisorTexto se carga en el entorno de programación.

El programa VisorTexto completo se encuentra en el disco en la carpeta \Vb6Sbs\Less12.

4. Si el formulario no se muestra en pantalla, seleccione el formulario VisorTexto en la ventana Proyecto, y pulse sobre el botón Ver objeto.

   Aparecerá el formulario VisorTexto tal como se muestra en la figura de la página siguiente.

   El formulario contiene un gran cuadro de texto que incluye barras de desplazamiento. También contiene un objeto de diálogo común, una etiqueta que

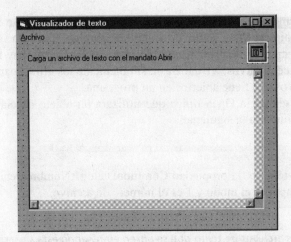

proporciona instrucciones para manejar el programa y un menú Archivo que contiene los mandatos Abrir, Cerrar y Salir. También se han definido las propiedades mostradas en la siguiente tabla (observe especialmente las propiedades del cuadro de texto):

Objeto	Propiedad	Valor
txtArchivo	Enabled	False
	Multiline	True
	Name	txtArchivo
	ScrollBars	3-Both
	Text	(Vacío)
mnuItemCerrar	Enabled	False
	Name	mnuItemCerrar
lblArchivo	Caption	«Carga un archivo de texto con el mandato Abrir»
	Name	lblArchivo
Form1	Caption	«Visualizador de Texto»

5. Pulse el botón Iniciar contenido en la barra de herramientas.

   El programa Visualizador de Texto se pondrá en marcha.

Botón Iniciar

6. En el menú Archivo del Visualizador de texto ejecute el mandato Abrir.

   En su pantalla aparecerá el cuadro de diálogo Abrir tal y como se muestra en la figura de la página siguiente.

7. Seleccione la carpeta \Vb6Sbs\Less12 y realice una doble pulsación sobre el archivo Badbills.txt que se muestra en el cuadro de diálogo.

MANEJO DE ARCHIVOS DE TEXTO Y PROCESAMIENTO DE CADENAS **323**

Badbills es un archivo de texto que contiene un artículo escrito en 1951 sobre dinero falsificado, aparecerá en el cuadro de texto, tal y como se muestra en la siguiente figura.

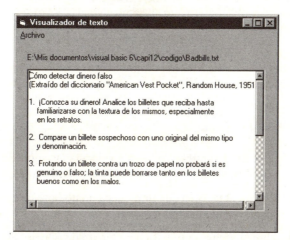

8. Utilice las barras de desplazamiento para ver el documento entero. Memorice el número 5.

9. Cuando haya acabado, ejecute el mandato Cerrar del menú Archivo para cerrar el archivo. Finalmente, ejecute el mandato Salir para abandonar el programa.

El programa se para y el entorno de programación volverá a aparecer en pantalla. A continuación analizará en detalle dos de los procedimientos de suceso importantes del programa.

Examen del código del programa Visor de Texto

1. Abra el menú Archivo del formulario Visualizador de Texto y pulse sobre el mandato Abrir.

   En la ventana de Código aparecerá el procedimiento de suceso denominado mnuItemAbrir_Click.

2. Aumente el tamaño de la ventana Código para ver la mayor cantidad posible de código.

   Su pantalla deberá ser similar a la mostrada en la siguiente figura:

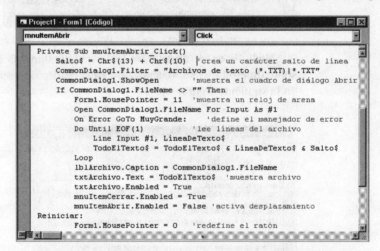

Listado parcial del programa Visor de texto.

Este procedimiento de suceso ejecuta las siguientes acciones. Las órdenes de Visual Basic empleadas se muestran entre paréntesis:

- Solicita al usuario que introduzca un nombre de ruta completo utilizando un objeto común de diálogo.

- Abre el archivo específico para entrada (Open...For Input).

- Copia el archivo línea a línea en una cadena denominada TodoElTexto$ (Line Input).

- Copia líneas hasta que se llega al final del archivo (EOF) o hasta que no haya más espacio en la cadena de texto. La cadena TodoElTexto$ tiene espacio para 64KB de caracteres.

- Muestra la cadena TodoElTexto$ en el cuadro de texto y se habilitan las barras de desplazamiento.

- Maneja cualquier error que pueda suceder (On Error Go To).

- Actualiza los mandatos del menú Archivo y el puntero del ratón y cierra el archivo (Close).

3. Dedique un momento para analizar cómo funcionan las sentencias en el procedimiento de suceso mnuItemAbrir_Click, especialmente las palabras reservadas Open, Line Input, EOF y Close. Para obtener más información sobre estas sentencias y funciones, resalte la palabra clave de su interés y pulse la tecla F1 para ver comentarios sobre la misma en la ayuda interactiva de Visual Basic.

    El manejador de error MuyGrande: del procedimiento muestra un mensaje y aborta el proceso de carga del archivo si el tamaño de éste supera los 64 KB. Este manejador de error es necesario debido a la limitación de 64 KB que tiene el objeto cuadro de texto (en caso de querer seleccionar un archivo de más de 64 Kbytes de tamaño deberá utilizar el control Rich TextBox).

    Si selecciona un archivo que contenga varias páginas de texto, Visual Basic tardará algún tiempo en cargarlo. Por esta razón, se emplea la propiedad MousePointer para convertir el puntero del ratón en un reloj de arena hasta que el archivo se muestre definitivamente en pantalla. Siempre es buena idea dar a los usuarios una realimentación visual de lo que está sucediendo si la espera va a ser superior al segundo.

4. Abra el cuadro de lista desplegable Objeto y pulse sobre el elemento mnuItemCerrar para mostrar el procedimiento de suceso denominado mnuItemCerrar_Click.

    Este procedimiento se ejecutará cuando se invoque al mandato Cerrar; su función es limpiar el cuadro de texto, desactivar el mandato Cerrar, activar el mandato Abrir y desactivar el cuadro de texto.

5. Cuando haya terminado de analizar el código de programa Visor de Texto, cierre la ventana Código.

Ahora podrá usar este sencillo programa como base de partida para desarrollar otras utilidades más avanzadas que tengan que trabajar con archivos de texto. En el siguiente ejercicio se desarrollará un programa que le permitirá escribir su propio texto en un cuadro de texto y guardarlo en un archivo en el disco.

CÓMO CREAR UN NUEVO ARCHIVO DE TEXTO EN EL DISCO

Deberá utilizar las palabras reservadas For Output en la sentencia Open cuando quiera crear un nuevo archivo en el disco.

Para crear un nuevo archivo de texto en el disco utilizando Visual Basic, deberá volver a utilizar muchos de los objetos y palabras reservadas empleados en el ejemplo anterior. Crear nuevos archivos en el disco puede resultarle de gran utilidad si tiene pensado generar informes o documentos personalizados, almacenar importantes cálculos o valores o crear un procesador de texto o editor de texto con algunas funciones especiales. A continuación, se muestran los pasos que tendrá que dar para desarrollar el programa:

1. Permitir la introducción de texto o la realización de cálculos matemáticos, o ambas cosas, por parte del usuario.

2. Asignar los resultados del proceso a una o más variables. Por ejemplo, podrá asignar el contenido de un cuadro de texto a una variable llamada InputForArchivo$.

3. Solicitar al usuario que indique el nombre completo de una vía de acceso para almacenar el archivo utilizando el cuadro de diálogo común Guardar como. En este caso utilizará el método ShowSave de un objeto de diálogo común para mostrar el cuadro de diálogo.

La instrucción Print # envía la salida al archivo especificado.

4. Utilizar la vía de acceso recibida en el cuadro de diálogo para abrir el archivo donde enviar la salida (Open...For Output).

5. Utilizar la sentencia Print# para guardar uno o más valores en el archivo abierto (Print #).

6. Cerrar el archivo cuando se haya acabado con todas las operaciones (Close).

El siguiente ejemplo muestra cómo puede usar un cuadro de texto y objetos de diálogo común y las instrucciones Open, Print # y Close para escribir una sencilla aplicación que le permita registrar notas. Puede utilizar esta herramienta para tomar notas en casa o en el trabajo y luego guardarlas en el disco una vez introducida la fecha del sistema.

Ejecución del programa Notas rápidas (NotaR)

1. Pulse el botón Abrir Proyecto de la barra de herramientas.

Botón Abrir Proyecto

2. Seleccione la carpeta \Vb6Sbs\Less12 y luego realice una doble pulsación sobre el proyecto NotaR.

El programa NotaR se cargará en el entorno de programación.

3. Si el formulario no es visible, pulse el formulario NotaR contenido en la ventana Proyecto y, finalmente, pulse sobre el botón Ver Objeto.

El formulario NotaR aparecerá, tal como se muestra en la siguiente figura:

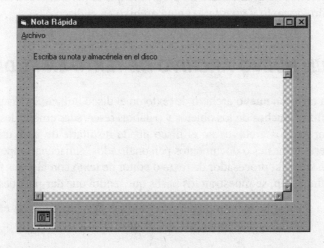

MANEJO DE ARCHIVOS DE TEXTO Y PROCESAMIENTO DE CADENAS

El formulario contiene un gran de cuadro de texto que incluye barras de desplazamiento. También cuenta con un objeto de diálogo común, una etiqueta que muestra las instrucciones de manejo del programa y el menú Archivo que contiene los mandatos Guardar como, Insertar Fecha y Salir. En la tabla contenida en la página siguiente se muestran los valores que se han asignado a las distintas propiedades:

Objeto	Propiedad	Valor
txtNote	Multiline	True
	Name	txtNote
	ScrollBars	3-Both
	Text	(Vacío)
Label1	Caption	«Escriba su nota y almacénela en el disco»
Form1	Caption	«Nota rápida»

Botón Iniciar

4. Pulse el botón Iniciar de la barra de herramientas.

5. Escriba el siguiente texto, o alguno de cosecha propia, en el cuadro de texto:

   Cómo detectar monedas falsas

   1. Tire la moneda sobre una superficie dura. Las monedas auténticas tienen un sonido como de campana; la mayoría de las monedas falsas suenan amortiguadas.

   2. Toque las monedas. La mayoría de las monedas falsas tienen un tacto grasiento.

   3. Recorte los bordes de las monedas dudosas. Las monedas originales no son fáciles de recortar.

   Cuando haya terminado, su pantalla será similar a la siguiente:

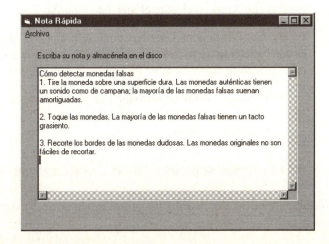

> **TRUCO:** *Para copiar un texto desde el Portapapeles de Windows hasta el cuadro de texto pulse Mayús+Ins. Para copiar texto desde el cuadro de texto hacia el Portapapeles de Windows seleccione el texto utilizando el ratón y pulse simultáneamente* CTRL+C.

Pruebe ahora los mandatos contenidos en el menú Archivo.

6. En el menú Archivo, ejecute el mandato Insertar Fecha.

La fecha actual aparecerá en la primera línea del cuadro de texto:

Fecha Actual

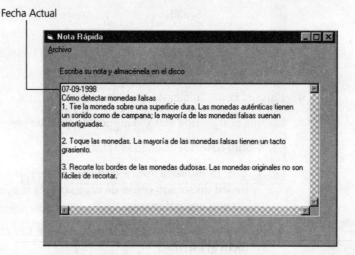

El mandato Insertar Fecha es un método eficaz y rápido para incluir la fecha actual en un archivo. Se trata de una función de gran utilidad para el caso de que desee crear un diario o un libro de anotaciones.

7. En el menú Archivo ejecute el mandato Guardar como.

8. En el cuadro de diálogo Guardar como, seleccione la carpeta \Vb6Sbs\Less12 si es que todavía no se encuentra seleccionada. Introduzca el nombre **Monfalsa.txt** en el cuadro de texto Nombre de archivo y pulse el botón Guardar.

El texto que acaba de introducir se almacenará en el disco con el nombre Monfalsa.txt. Ahora ya podrá salir del programa.

9. En el menú Archivo, ejecute el mandato Salir.

El programa se parará y volverá a aparecer el entorno de programación.

Ahora le invito a que analice los procedimientos de suceso contenidos en el programa.

Examen del código del programa NotaR

1. En el menú Archivo del formulario NotaR, pulse el mandato Insertar Fecha.

   En la ventana Código aparecerá el procedimiento de suceso denominado mnuItemFecha_Click, tal y como se muestra en la figura siguiente:

   ```
   Project1 - Form1 (Código)
   mnuItemFecha                          Click
   
   Private Sub mnuItemFecha_Click()
       Salto$ = Chr$(13) & Chr$(10)   'añade la fecha al texto
       txtNote.Text = Date$ & Salto$ & txtNote.Text
   End Sub
   
   Private Sub mnuItemSalir_Click()
       End                            'Salir del programa
   End Sub
   
   Private Sub mnuItemGuardar_Click()
   'nota: todo el archivo se almacenará como una única cadena
       CommonDialog1.Filter = "Archivos de texto (*.TXT)|*.TXT"
       CommonDialog1.ShowSave         'muestra el cuadro de diálogo
       If CommonDialog1.FileName <> "" Then
           Open CommonDialog1.FileName For Output As #1
           Print #1, txtNote.Text     'guarda el texto en un archivo
           Close #1                   'cerrar archivo
       End If
   End Sub
   ```

   La función Date$ obtiene la fecha del sistema.

   Este procedimiento de suceso añade la fecha actual al cuadro de texto uniendo o *concatenando* la fecha actual (generada por la función Date$), un retorno de carro y la propiedad Text. Podrá utilizar una técnica similar para añadir la hora actual o cualquier otra información al texto contenido en el cuadro de texto.

2. Analice durante unos instantes como funciona la instrucción de concatenación y, a continuación, abra el procedimiento de suceso mnuItemGuardar_Click.

   Este bloque de instrucciones utiliza un objeto de diálogo común para mostrar el cuadro de diálogo Guardar como, abre el archivo de salida con el número 1, escribe el valor de la propiedad txtNote.Text en el disco utilizando la sentencia Print# y, finalmente, cierra el archivo de texto. Analice con especial atención la instrucción:

   La sentencia Print # necesita un número de archivo como primer argumento.

   ```
   Print #1, txtNote.Text
   ```

   que asigna el contenido completo del cuadro de texto al archivo abierto. Print # es similar al método Print, salvo que dirige la salida al archivo especificado en lugar de a la pantalla o a la impresora. Lo importante aquí es que se almacena el contenido completo del archivo en la cadena txtNote.Text.

3. Dedique unos segundos a revisar las órdenes Open, Print # y Close y, luego, cierre la ventana Código.

Ya ha acabado con el programa Notas Rápidas.

PROCESAMIENTO DE CADENAS DE TEXTO MEDIANTE CÓDIGO DE PROGRAMA

Como ha aprendido en los ejercicios anteriores podrá, con gran rapidez, abrir, modificar y grabar archivos de texto en el disco, todo ello gracias al empleo del control TextBox y con una serie de útiles instrucciones de programación. Visual Basic cuenta también con un elevado número de instrucciones y funciones de gran potencia diseñadas específicamente para procesar los elementos de texto que aparezcan en sus programas. En este apartado aprenderemos a extraer información de utilidad de una cadena de texto, conocerá la forma en que puede copiar un grupo de cadenas en un array de cadenas, ordenar un cuadro de texto comparando las cadenas y proteger información confidencial mediante el empleo de técnicas de cifrado.

Ordenación de texto

Una herramienta de gran utilidad, con la que deberá contar cuando esté trabajando con elementos de texto, es la capacidad para ordenar listas de cadenas. Los conceptos básicos ligados a este tema son muy simples. Deberá identificar la lista de los elementos que desea ordenar y, posteriormente, comparar uno a uno los distintos elementos contenidos en ella hasta conseguir que la lista se encuentre ordenada, alfabética o numéricamente, en sentido ascendente o descendente. En Visual Basic podrá comparar los distintos elementos utilizando los mismos operadores relacionales que utilizó ya para comparar valores numéricos. La parte más compleja (que, en ocasiones, provoca acaloradas discusiones entre los expertos informáticos) es seleccionar el algoritmo de ordenación que utilizará para comparar los elementos contenidos en la lista. En este capítulo no entraremos en el análisis de las ventajas y desventajas de los distintos algoritmos de ordenación (el caballo de batalla suele ser la velocidad con la que se realice la ordenación, que sólo comienza a tener importancia cuando se trata de ordenar cientos o miles de elementos). Por el contrario, nos limitaremos a estudiar las comparaciones básicas utilizadas para llevar a cabo la operación. Por el camino, conocerá las herramientas necesarias para ordenar sus propios cuadros de texto, cuadros de lista, archivos y bases de datos.

Manejo de cadenas mediante instrucciones y funciones

La tarea más común que podrá realizar con las cadenas es concatenarlas utilizando el operador & (de concatenación). Por ejemplo, la siguiente instrucción concatena tres expresiones literales y asigna el resultado (¡Ven al circo!) a la variable de cadena denominada eslogan$:

```
eslogan$ = "¡Ven" & "al" & "circo!"
```

MANEJO DE ARCHIVOS DE TEXTO Y PROCESAMIENTO DE CADENAS

> También podrá modificar las expresiones de cadena utilizando en el código del programa ciertas instrucciones, funciones y operadores especiales. La tabla siguiente lista las palabras reservadas de mayor utilidad; le mostraré el manejo de algunas de ellas en los siguientes ejercicios.

Palabra reservada	Descripción	Ejemplo
Ucase	Transforma en mayúsculas las letras contenidas en una cadena.	`Ucase("Kim")` *devuelve* KIM
Lcase	Transforma en minúsculas las letras contenidas en una cadena.	`Lcase("Kim")` *devuelve* kim
Len	Determina la longitud (en caracteres) de una cadena.	`Len("Mississippi")` *devuelve* 11
Right	Devuelve un número fijo de caracteres comenzando desde el extremo derecho de la cadena.	`Right("Budapest",4)` *devuelve* pest
Left	Devuelve un número fijo de caracteres comenzando desde el extremo izquierdo de la cadena.	`Left("Budapest",4)` *devuelve* Buda
Mid	Devuelve un número fijo de caracteres situados en el centro de la cadena comenzando desde el punto indicado.	`Mid("Budapest",4,3)` *devuelve* ape
InStr	Localiza el punto de partida de una cadena dentro de otra cadena de mayor tamaño	`start% = InStr ("bob", "bobby")` *devuelve* 1 a la variable start%
String	Repite una cadena de caracteres	`String(8,"*")` *devuelve* ********
Asc	Devuelve el código ASCII de la letra especificada	`Asc("A")` *devuelve* 65
Chr	Devuelve el carácter para el código ASCII especificado	`Chr$(65)` *devuelve* A
Xor	Realice una operación «o exclusivo» entre dos números, devolviendo un valor que podrá utilizar para cifrar o descifrar texto.	65 Xor 50 *devuelve* 115 115 Xor 50 *devuelve* 65

¿Qué es ASCII?

Para ver la tabla de caracteres ASCII busque el término ASCII en la ayuda interactiva de Visual Basic.

Antes de que Visual Basic pueda comparar dos caracteres en una operación de ordenación deberá convertir cada carácter en un número utilizando una tabla de transformación denominada *tabla de caracteres ASCII* (también conocida por tabla de caracteres ANSI). ASCII es una abreviatura de Código Estándar Americano (para el) Intercambio de Información. Todos y cada uno de los símbolos que pueda mostrar en su computadora cuenta con un código ASCII diferente. El conjunto de caracteres ASCII incluye el grupo básico de caracteres que aparecen en cualquier máquina de escribir (códigos del 32 al 127); caracteres especiales de «control», tales como tabuladores, alimentación de línea y retorno de carro (códigos 0 al 31); y caracteres de dibujo y de letras pertenecientes a alfabetos distintos al inglés y que están contenidos en el *conjunto extendido de caracteres* de IBM (códigos del 128 al 255). Por ejemplo, la letra «a» minúscula se corresponde con el código ASCII 97 mientras que la letra «A» mayúscula se corresponde con el código ASCII 65 (esto explica el porqué Visual Basic trata a estos dos caracteres de forma diferente cuando se realizan operaciones de ordenación o se ejecutan otras comparaciones).

NOTA: *En versiones antiguas del lenguaje BASIC las funciones de manejo de cadenas que devolvían un valor alfanumérico incluían, normalmente, el símbolo $ al final de su nombre. De esta forma, Chr se denominaba Chr$ y Mid era, en realidad, Mid$. Todavía podrá seguir utilizando esos nombres antiguos en Visual Basic si así lo desea. Ambas formas llamarán a la misma función (a lo largo de este libro las utilizaré de forma indistinta).*

Para determinar el código ASCII de una determinada letra, podrá utilizar la función Asc. Por ejemplo, la siguiente instrucción de programa asigna el número 122 (el código ASCII correspondiente a la letra «z» minúscula) a la variable entera CodAsc%:

```
CodAsc% = Asc("z")
```

Por otro lado, también podrá convertir un código ASCII en una letra mediante la función Chr. Por ejemplo, esta instrucción de programa asigna la letra «z» a la variable de cadena letra$:

```
letra$ = Chr(122)
```

También podrá obtener el mismo resultado si utiliza la variable CodAsc% definida anteriormente:

```
letra$ = Chr(CodAsc%)
```

¿Cómo puede comparar dos cadenas de texto o códigos ASCII entre sí? Tan sólo tendrá que utilizar uno de los seis operadores relacionales que Visual Basic suministra para trabajar con elementos de texto o numéricos. En la tabla contenida en la página siguiente se muestran estos operadores relacionales.

Operador	Significado
<>	distinto que
=	igual que
<	menor que
>	mayor que
<=	menor o igual que
>=	mayor o igual que

Un carácter es «mayor que» otro carácter si su código ASCII es mayor. Por ejemplo, el valor ASCII de la letra «B» es mayor que el valor ASCII correspondiente a la letra «A». Por ello, la expresión

```
"A" < "B"
```

es cierta, mientras que la expresión

```
"A" > "B"
```

es falsa.

Cuando se comparan dos cadenas que contengan más de un carácter, Visual Basic comienza comparando el primer carácter contenido en la primera cadena con el primer carácter contenido en la segunda cadena, y continuará comparando los subsiguientes caracteres contenidos en ambas cadenas hasta que encuentre alguna diferencia. Por ejemplo, las cadenas Miguel y Mike son idénticas hasta llegar al tercer carácter («k» y «c»). Como el valor ASCII correspondiente a «k» es mayor que el correspondiente al «c», la expresión:

```
"Mike" > "Miguel"
```

es cierta.

Si no se localizan diferencias entre ambas cadenas, serán consideradas iguales. Si dos cadenas son idénticas salvo que una de ellas es más corta que la otra, la cadena de mayor longitud será mayor que la cadena más corta. Por ejemplo, la expresión:

```
"AAAA" > "AAA"
```

es cierta.

Ordenación de cadenas contenidas en un cuadro de texto

El siguiente ejercicio muestra la forma en que podrá utilizar operadores relacionales y varias funciones de cadena para ordenar líneas de texto contenidas en un cuadro de texto de Visual Basic. El programa es una revisión de la utilidad NotaR y utiliza un mandato Abrir que le permitirá abrir un archivo existente. También existe una opción denominada Ordenar Texto contenida en el menú Archivo que le permitirá ordenar las cadenas que se muestren en el cuadro de texto.

Como todo el contenido de un cuadro de texto de Visual Basic está almacenado en una única cadena, el programa deberá, en primer lugar, romper esta larga cadena en un grupo de rótulos de menor longitud. Estas cadenas se ordenarán utilizando el *subprograma ShellSort*, una rutina de ordenación basada en un algoritmo creado por Donald Shell en 1959. Para simplificar estas tareas he creado un módulo estándar que define un array de cadenas dinámico para almacenar cada una de las líneas contenidas en un cuadro de texto. También he introducido el subprograma ShellSort en el módulo estándar para poder llamarlo desde cualquier procedimiento de suceso contenido en el proyecto (si desea obtener más información sobre los módulos estándar consulte el Capítulo 11).

Una parte interesante de este programa es la rutina que determina el número de líneas contenidas en el objeto cuadro de texto. No existe ninguna función de Visual Basic que calcule de forma automática este valor. He querido que el programa sea capaz de ordenar línea a línea el contenido de cualquier cuadro de texto, independientemente de su longitud. Para llevar a cabo esta tarea, he creado el código mostrado más abajo. Utiliza la función Chr para detectar el carácter retorno de carro contenido al final de cada línea.

```
'calcula el número de líneas existente en el objeto cuadro de
texto(txtNote)
lineCount% = 0   'esta variable almacena el número total de líneas
charsInFile% = Len(txtNote.Text)   'obtiene el número total de caracteres
contenidos en el cuadro
For i% = 1 To charsInFile%   'desplaza un carácter en el cuadro
    letter$ = Mid(txtNote.Text, i%, 1) 'introduce el siguiente carácter en
    letter$
    If letter$ = Chr$(13) Then 'si se encuentra un retorno de carro (¡final
    de la línea!)
        lineCount% = lineCount% + 1  'va a la línea siguiente (añade al
        contador)
        i% = i% + 1    'pasa el carácter de alimentación de línea (que
        siempre sigue a un r. de c.)
    End If
Next i%
```

Esta rutina transfiere el número de líneas contenidas en el cuadro de texto a la variable lineCount%. He utilizado este valor para definir el tamaño de un array dinámico en el programa con el objetivo de almacenar cada una de las cadenas individuales de texto. El array de cadenas resultante es transferido al subprograma ShellSort para su ordenación, y este subprograma devolverá el array de cadenas ya ordenado alfabéticamente. Una vez que haya ordenado el array de cadenas, tan sólo tendré que volver a copiarlo dentro del cuadro de texto utilizando un bucle For.

Ejecución del programa DemoOrde

1. Pulse el botón Abrir proyecto contenido en la barra de herramientas y abra el proyecto DemoOrde contenido en la carpeta \Vb6Sbs\Less12.

MANEJO DE ARCHIVOS DE TEXTO Y PROCESAMIENTO DE CADENAS   **335**

Botón Iniciar

2. Pulse el botón Iniciar contenido en la barra de herramientas para ejecutar el programa.

3. Escriba la siguiente lista de palabras, o las que desee, en el cuadro de texto:

   Cebra
   Gorila
   Luna
   Banana
   Manzana
   Tortuga

   Asegúrese de pulsar INTRO después de introducir la palabra «Tortuga" al objeto de que Visual Basic pueda calcular correctamente el número de líneas tecleadas.

4. En el menú Archivo, pulse la opción Ordenar Texto.

   Se ordenará el texto que ha introducido y se mostrará en el cuadro de texto tal y como se muestra a continuación:

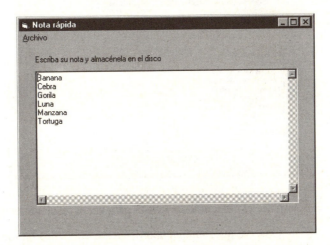

5. En el menú Archivo, pulse el mandato Abrir y abra el archivo denominado abc.txt contenido en la carpeta \Vb6Sbs\Less12.

   El archivo abc.txt contiene 36 líneas de texto. Cada línea comienza con una letra o con un número (del 1 al 10).

6. En el menú Archivo, ejecute el mandato Ordenar texto para ordenar el contenido del archivo abc.txt.

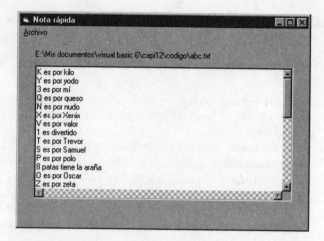

El programa DemoOrde ordenará el contenido del archivo en orden ascendente y mostrará la lista ordenada de líneas de texto dentro del cuadro de texto.

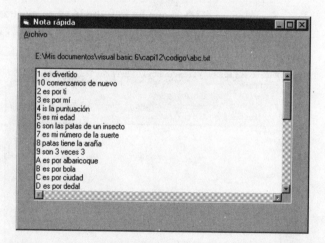

7. Desplace el contenido de la lista para ver el resultado de la ordenación alfabética.

Observe que, aunque la ordenación alfabética ha funcionado perfectamente, el proceso ha producido un resultado extraño para una de las entradas numéricas (la línea que comienza con el número 10 aparece en segundo lugar en la lista en lugar de en la décima posición). Lo que ha ocurrido aquí es que Visual Basic ha leído el 1 y el 0 del 10 como dos caracteres independientes, no como un único número. Como estamos comparando los códigos ASCII de estas cadenas de izquierda a derecha, el programa produce una mera ordenación alfabética de estos números. Si desea ordenar números con este programa, deberá almacenar los números en variables numéricas y compararlos entre sí sin utilizar funciones de cadena.

Análisis del código del programa DemoOrde

1. En el menú Archivo del programa DemoOrde, ejecute el mandato Salir para detener el programa.

2. Abra la ventana Código (si todavía no se encuentra abierta) y muestre el código asociado con el procedimiento de suceso mnuItemOrdenarTexto.

   Ya hemos analizado la primera rutina contenida en este procedimiento de suceso, aquella que contaba el número de líneas almacenadas en el cuadro de texto utilizando la función Mid para buscar los códigos de retorno de carro. El resto del procedimiento de suceso define el tamaño del array de cadenas, copia cada línea de texto en el array, llama a un subprograma para ordenar el array y muestra la lista, una vez reordenada, en el cuadro de texto.

3. Desplácese a la segunda rutina contenida en el procedimiento de suceso.

   Su pantalla deberá tener un aspecto similar al siguiente:

```
'crea un array para almacenar el texto contenido en el cuadro
ReDim strArray$(lineCount%) 'crea un array del tamaño adecuado
curline% = 1
ln$ = ""   'utiliza ln$ para construir líneas de un único carácter
For i% = 1 To charsInFile%      'hace un bucle por todo el texto
    letter$ = Mid(txtNote.Text, i%, 1)
    If letter$ = Chr$(13) Then  'si encuentra un retorno de carro
        curline% = curline% + 1    'incrementa el contador de línea
        i% = i% + 1                'salta el carácter de alimentación de
        ln$ = ""                   'borra la línea y salta a la siguient
    Else
        ln$ = ln$ & letter$     'añade una letra a la línea
        strArray$(curline%) = ln$  'y la introduce en el array
    End If
Next i%

'ordenar array
ShellSort strArray$(), lineCount%
```

El array StrArray$ ha sido declarado en un módulo estándar (DemoOrde.bas) que también forma parte de este programa. Mediante la instrucción Redim se fija el tamaño de srtArray$ como un array dinámico con la variable lineCount%. Esta instrucción crea un array que contará con el mismo número de elementos que líneas tenga el cuadro de texto (un requisito exigido por el subprograma ShellSort). Mediante el empleo de un bucle For y de la variable ln$, se vuelve a analizar el cuadro de texto en busca de los caracteres de retorno de carro y se copia cada una de las líneas en srtArray$. Una vez que el array esté lleno, se llama al subprograma ShellSort que creé previamente en el módulo estándar DemoOrde.bas.

El subprograma ShellSort utiliza el operador relacional <= para comparar los distintos elementos del array e intercambiar aquellos que no se encuentren ordenados. El subprograma tendrá el siguiente aspecto:

```
Sub ShellSort(sort$(), numOfElements%)
'El subprograma ShellSort ordena los elementos contenidos en el
'array sort$()en orden descendente y lo devuelve al
'procedimiento que ha llamado.
span% = numOfElements% \ 2
Do While span% > 0
    For i% = span% To numOfElements% - 1
        j% = i% - span% + 1
        For j% = (i% - span% + 1) To 1 Step -span%
            If sort$(j%) <= sort$(j% + span%) Then Exit For
            'intercambia los elementos del array que se encuentren
            desordenadors
            temp$ = sort$(j%)
            sort$(j%) = sort$(j% + span%)
            sort$(j% + span%) = temp$
        Next j%
    Next i%
    span% = span% \ 2
Loop
End Sub
```

El método de ordenación está basado en la división continua de la lista principal de elementos en sublistas que resultan de dividir la lista principal por la mitad. El algoritmo de ordenación compara la parte superior e inferior de las sublistas para ver si los elementos se encuentran desordenados. Si la fila superior e inferior se encuentran desordenadas se intercambiarán. El resultado final es un array (sort$) que se encuentra ordenado alfabéticamente en orden descendente. Para cambiar la dirección de ordenación, tan sólo tendrá que invertir el operador relacional (cambiar <= por >=).

Protección del texto mediante cifrado

Ahora que ya cuenta con cierta experiencia en el manejo de códigos ASCII, podrá comenzar a escribir rutinas de cifrado que modifiquen el código ASCII de sus documentos y «trastoquen» el texto para hacerlo ininteligible a los ojos de cualquier extraño. Este proceso, conocido como *cifrado*, altera matemáticamente los caracteres contenidos en un archivo, haciéndolos ilegibles a los ojos de cualquier observador casual. Naturalmente, para poder utilizar con éxito un determinado método de cifrado, deberá ser capaz de invertir el proceso (en caso contrario, tan sólo será capaz de «hacer ilegible» el texto, en lugar de protegerlo). Los siguientes ejercicios le muestran la forma de cifrar y descifrar cadenas de texto de una forma segura. Podrá ejecutar ahora el programa Cifrar para ver la forma en que funciona un algoritmo sencillo de codificación de texto.

MANEJO DE ARCHIVOS DE TEXTO Y PROCESAMIENTO DE CADENAS   **339**

Cómo cifrar texto modificando su código ASCII

1. Pulse el botón Abrir proyecto contenido en la barra de herramientas y abra el proyecto Cifrar almacenado en la carpeta \Vb6Sbs\Less12.

2. Pulse el botón Iniciar contenido en la barra de herramientas para ejecutar el programa.

3. Escriba las siguientes líneas, o el texto que desee, en el cuadro de texto.

    Por fin, amigo mío, tienes ya el pequeño libro que desde hace tanto esperabas y te prometí, un pequeño libro que abarca una vasta materia y que se titula «Sobre mi propia ignorancia y sobre la de otros muchos».

    Francesco Petrarca, 1368

4. En el menú Archivo, pulse sobre el mandato Guardar Archivo Cifrado y almacene el archivo en la carpeta \Vb6Sbs\Less12 con el nombre **padua.txt**.

    Cuando guarde el archivo de texto, el programa modifica el código ASCII y mostrará el resultado que se puede ver en el siguiente cuadro de texto.

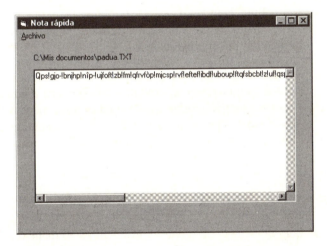

    Si abre este archivo en Microsoft Word o en cualquier otro editor de texto, verá el mismo resultado (los caracteres contenidos en el archivo han sido cifrados para evitar su lectura por usuarios no autorizados).

5. Para restaurar el archivo a su formato original, seleccione el mandato Abrir Archivo Cifrado contenido en el menú Archivo y abra el archivo padua.txt contenido en la carpeta \Vb6Sbs\Less12.

    El archivo aparecerá de nuevo en su formato original, tal y como se muestra en la figura de la página siguiente.

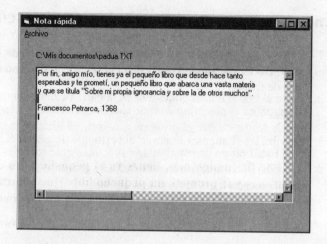

6. En el menú Archivo, ejecute el mandato Salir para finalizar el programa.

Análisis del programa Cifrar

1. Abra el procedimiento de suceso mnuItemGuardar en la ventana Código para ver el código del programa que produce el proceso de cifrado que ha observado cuando ejecuta el programa.

2. Aunque el efecto que ha visto pueda parecerle misterioso se trata, en realidad, de un algoritmo de cifrado bastante sencillo. Utilizando las funciones Asc y Chr y un bucle For he añadido, simplemente, una unidad a cada uno de los códigos ASCII correspondientes a los caracteres contenidos en el cuadro de texto. Finalmente, he almacenado la cadena cifrada en el archivo de texto especificado.

```
'almacena el texto con el algoritmo de cifrado (código ASCII + 1)
encrypt$ = ""   'inicializa la cadena de cifrado
charsInFile% = Len(txtNote.Text) 'calcula la longitud de la cadena
For i% = 1 To charsInFile%    'para cada carácter perteneciente al archivo
        letter$ = Mid(txtNote.Text, i%, 1) 'lee el siguiente carácter
        'obtiene el código ASCII del carácter y le añade una unidad
        encrypt$ = encrypt$ & Chr$(Asc(letter$) + 1)
Next i%
Open CommonDialog1.FileName For Output As #1 'abre el archivo
Print #1, encrypt$               'almacena el texto cifrado en el archivo
txtNote.Text = encrypt$
```

La instrucción más importante es:

```
encrypt$ = encrypt$ & Chr$(Asc(letter$) + 1)
```

Esta instrucción determina el código ASCII de la letra actual, añade una unidad a dicho código, convierte el código ASCII en una letra y la añade a la cadena encrypt$. En las dos últimas instrucciones de esta rutina, la cadena encrypt$ se utiliza para pasar el texto cifrado a un archivo y mostrarlo en el cuadro de texto.

2. Abra ahora el procedimiento de suceso mnuAbrirItem en la ventana Código para ver la forma en que el programa invierte el cifrado.

   Este código de programa es prácticamente idéntico al asociado al mandato Guardar salvo que, en lugar de añadir una unidad al código ASCII correspondiente a cada letra, le resta una unidad.

```
'ahora, descifra la cadena restando una unidad al código ASCII
decrypt$ = ""        'inicia la cadena para su descifrado
charsInFile = Len(AllText$)   'obtiene la longitud de la cadena
For i% = 1 To charsInFile     'hace un bucle para cada carácter
     letter$ = Mid(AllText$, i%, 1)   'obtiene el carácter mediante
Mid
     decrypt$ = decrypt$ & Chr$(Asc(letter) - 1) 'resta 1
Next i%                       'y construye una nueva cadena
txtNote.Text = decrypt$       'muestra la cadena una vez convertida
```

Este tipo de cifrado sencillo puede ser todo lo que necesite para ocultar la información contenida en sus archivos de texto. Sin embargo, los archivos cifrados de este modo podrán ser descifrados con mucha facilidad. Buscando los equivalentes de caracteres utilizados con mucha frecuencia, tal como el carácter espacio en blanco, determinando la transformación que ha sufrido el código ASCII de dicho carácter y ejecutando el proceso inverso sobre el archivo de texto completo, una persona con experiencia en mensajes cifrados podrá descifrar con facilidad el contenido del archivo. Del mismo modo, este tipo de proceso no evitará que un usuario malicioso pueda destruir el archivo, por ejemplo, borrándole de su sistema si éste se encuentra desprotegido, o modificándole de cualquier forma imaginable. Pero si su único objetivo es ocultar información de una forma rápida y sencilla, este simple algoritmo de codificación puede resolverle la papeleta.

UN PASO MÁS ALLÁ

Empleo del operador Xor

El esquema de cifrado mostrado anteriormente es bastante «seguro» para los archivos de texto, porque sólo modifica en una unidad el código ASCII asociado a cada carácter. Sin embargo, deberá extremar las precauciones cuando modifique el código ASCII de los caracteres en cantidades superiores a la unidad y desee almacenar el resultado como texto en un archivo de texto. Tenga en cuenta que incrementos sustanciales en el código ASCII (por ejemplo, añadir 500 unidades al código ASCII de cada carácter) no producirá caracteres ASCII tal y como comentaremos próximamente. Por ejemplo, si se añade 500 al código ASCII correspondiente a la letra «A» (65) obtendrá un resultado de 565. Este valor no podrá ser transformando en un carácter por la función Chr.

En su lugar, Chr devolverá un valor Null, que no podrá descifrar posteriormente. En otras palabras, no podrá recuperar el texto cifrado, lo habrá perdido para siempre.

Una forma sencilla de superar este problema es desarrollar un algoritmo de cifrado que convierta en números las letras almacenadas en su archivo, por lo que podrá invertir el proceso de cifrado independientemente de lo grande (o pequeño) que sea el número resultante. Si sigue esta filosofía de trabajo, podrá aplicar sobre el resultado una función matemática (multiplicación, logaritmo, etc.) sobre el número con la convicción de que sabrá como invertir el resultado.

Una de las mejores herramientas para cifrar valores numéricos ya se encuentra integrada en Visual Basic. Esta función es el *operador Xor* que lleva a cabo una operación «o exclusivo», una utilidad que maneja los bits que constituyen el número. Podrá observar con mayor detenimiento el comportamiento del operador Xor utilizando la ventana Inmediato, que ejecuta el código del programa nada más ser introducido. Podrá abrir la Ventana Inmediato en Visual Basic seleccionando el mandato Ventana Inmediato del menú Ver. Si escribe

```
print asc("A") Xor 50
```

en la ventana Inmediato y pulsa INTRO, Visual Basic mostrará el resultado 115 justo debajo de la instrucción del programa. Si escribe

```
print 115 Xor 50
```

en la ventana Inmediato y pulsa INTRO, Visual Basic mostrará el resultado 65, el código ASCII correspondiente a la letra A (el valor original). En otras palabras, el operador Xor produce un resultado que puede ser invertido (si se vuelve a utilizar el código Xor original sobre el resultado de la primera operación). Este interesante comportamiento de la función Xor es aprovechado en numerosos algoritmos de cifrado de gran popularidad. Puede hacer que sus archivos secretos sean mucho más difíciles de descifrar.

Cómo cifrar texto con el operador Xor

Ejecute el programa Cifrar2 para ver cómo funciona el operador Xor.

1. Pulse el botón Abrir proyecto contenido en la barra de herramientas y abra el proyecto Cifrar2 almacenado en la carpeta \Vb6Sbs\Less12.

2. Pulse el botón Iniciar contenido en la barra de herramientas para ejecutar el programa.

3. Escriba las siguientes líneas, o el texto que desee, en el cuadro de texto:

   Edicto de Rothair (Lombardía, Italia, 643)

   296. Sobre uvas hurtadas. Aquél que hurtare más de tres uvas de la parra de otro hombre deberá pagar seis soldadas como compensación. Aquél que robe menos de tres uvas no tendrá castigo.

MANEJO DE ARCHIVOS DE TEXTO Y PROCESAMIENTO DE CADENAS   **343**

4. En el menú Archivo ejecute el mandato Guardar Archivo Cifrado y almacene el archivo en la carpeta \Vb6Sbs\Less12 bajo el nombre viejasleyes.txt.

   El programa le pedirá que introduzca un código secreto de cifrado que se utilizará para cifrar el texto y descifrarlo posteriormente (tome nota: tendrá que recordar este código para descifrar el archivo).

5. Escriba **500**, o cualquier otro código numérico y pulse INTRO.

   Visual Basic cifrará el texto utilizando el operador Xor y lo almacenará en el disco como una serie de números. No verá ningún cambio en su pantalla, pero no dude de que el programa ha creado un archivo cifrado en el disco (podrá verificar este extremo utilizando un procesador de textos o un editor).

6. Borre el texto contenido en el cuadro de texto sin más que seleccionarlo con el ratón y pulsando la tecla SUPR.

   A continuación, le mostraré cómo restaurar el archivo cifrado.

7. En el menú Archivo ejecute el mandato Abrir Archivo Cifrado.

8. Realice una doble pulsación sobre el archivo **viejasleyes.txt**, escriba **500** en el cuadro de diálogo de código de cifrado cuando éste aparezca, y pulse Aceptar (si ha especificado un código de cifrado distinto introduzca este valor).

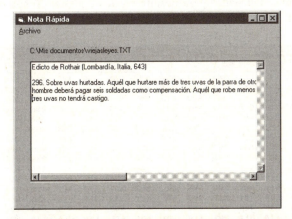

   El programa abre el archivo y restaura el texto utilizando el operador Xor y el código de cifrado que haya especificado.

9. En el menú Archivo, pulse el mandato Salir para finalizar el programa.

Examen del código de cifrado

El operador Xor se utiliza en los procedimientos de suceso mnuAbrirItem y mnuItemGuardar. A estas alturas, estas rutinas genéricas de proceso de menús le serán ya familiares. Específicamente, el procedimiento de suceso mnuItemGuardar utiliza las siguientes instrucciones para solicitar al usuario que introduzca un código de cifrado y para que cifre el archivo basándose en este código:

```
code = InputBox("Introduzca el código de cifrado", , 1)
If code = "" Then Exit Sub     'si se seleciona Cancelar, salir de la sub
Form1.MousePointer = 11        'mostrar el reloj de arena
charsInFile% = Len(txtNote.Text) 'calcula la longitud de la cadena
Open CommonDialog1.FileName For Output As #1 'abrir archivo
For i% = 1 To charsInFile%     'para cada carácter perteneciente al archivo
    letter$ = Mid(txtNote.Text, i%, 1) 'lee el siguiente carácter
    'convierte a un número ASCII y utiliza Xor para cifrarlo
    Print #1, Asc(letter$) Xor code; 'y lo almacena en un archivo
Next i%
Close #1                       'cierra el archivo
```

En la instrucción Print #1 se utiliza el operador Xor para convertir cada letra contenida en el cuadro de texto en un código numérico que, finalmente, se almacenará en el disco (para ver cómo se invierte este proceso podrá abrir y revisar el código correspondiente al procedimiento de suceso mnuAbrirItem). Como mencioné anteriormente, el aspecto de estos archivos cifrados ya no será textual, sino numérico (se garantiza la perplejidad del espía más avezado). Por ejemplo, la siguiente figura muestra el archivo cifrado producido por la rutina de cifrado anterior, mostrado en el Bloc de Notas de Windows (he activado la opción Ajuste de línea para que pueda ver todos los códigos). Aunque el contenido del archivo pueda parecerle bastante confuso, dispondrá de las herramientas adecuadas para descifrar estos códigos ¡Tenga cuidado y no pierda sus códigos de cifrado!

Si desea continuar con el siguiente capítulo

➤ No salga de Visual Basic y pase al capítulo 13.

Si desea salir de Visual Basic por ahora

➤ En el menú Archivo seleccione Salir.

Si en su pantalla aparece un cuadro de diálogo que le permite almacenar los cambios, seleccione Sí.

RESUMEN DEL CAPÍTULO 12

Para	Haga esto
Abrir un archivo de texto	Utilice la sentencia Open...For Input. Por ejemplo: `Open CmnDialog1.FileName For Input As #1.`
Obtener una línea de entrada desde un archivo de texto	Utilice la sentencia Line Input. Por ejemplo: `Line Input #1, LíneadeTextot$`

Detectar el fin de un archivo	Utilice la función EOF. Por ejemplo:
	`Do Until EOF(1)`
	`  Line Input#1, LíneaDeTexto$.`
	`  Texto$ = Texto$ & LíneaDeTexto$ & Salto$`
	`Loop`

Cerrar un archivo abierto	Utilice la sentencia Close. Por ejemplo: `Close #1`

Mostrar un archivo de texto	Utilice la sentencia Line Input para copiar el texto desde un archivo abierto a una variable de cadena y asigne después la variable de cadena a un objeto cuadro de texto. Por ejemplo:
	`Do Until EOF (1)`
	`  Line Input #1, LíneaDeTexto$`
	`  Texto$ = Texto$ & LíneaDeTexto$ & Salto$`
	`Loop`
	`txtDisplay.Text = Texto$`

Mostrar un cuadro de diálogo Abrir	Utilice el método ShowOpen del objeto de diálogo común. Por ejemplo: `CmnDialog1.ShowOpen`
Crear un nuevo archivo de texto	Utilice la sentencia Open...For Output. Por ejemplo: `Open CmnDialog1.FileName For Output As #1`
Mostrar un cuadro de diálogo Guardar como	Utilice el método ShowSave del objeto de diálogo común. Por ejemplo: `CmnDialog1.ShowSave`

(Continúa)

Para	Haga esto
Almacenar texto en un archivo	Utilice la sentencia Print #. Por ejemplo: `Print #1, txtNote.Text`
Convertir caracteres de texto en códigos ASCII	Utilice la función Asc. Por ejemplo: `codigo% = Asc("A") 'codigo% igual a 65`
Convertir códigos ASCII en caracteres de texto	Utilice la función Chr. Por ejemplo: `letra$ = Chr(65) 'letra$ igual a A`

Extraer caracteres de la parte central de una cadena	Utilice la función Mid. Por ejemplo:
	`nombre$ = "Henry Halvorson"`
	`inicio% = 7`
	`longitud% = 9`
	`apellido$ = Mid(nombre$, inicio%, longitud%)`

Cifrar texto	Utilice el operador Xor y un código de cifrado determinado. Por ejemplo, este bloque de código utiliza Xor y un código especial para cifrar el texto contenido en el cuadro de texto txtNota y para almacenarlo en forma numérica en el archivo cifrar.txt:
	`codigo = InputBox("Introduzca el código de cifrado", , 1)`
	`Open "cifrar.txt" For Output As #1`
	`carEnArchivo% = Len(txtNota.Text)`
	`For i% =1 To carEnArchivo%`
	`    letra& = Mid(txtNota.Text, i%, 1)`
	`    Print #1, Asc(letra$) Xor codigo;`
	`Next i%`

Descifrar texto	Solicite el código que utilizó el usuario para cifrar el texto, y utilice Xor para descifrar el texto. Por ejemplo, este bloque de código utiliza Xor y un código de usuario para invertir la operación de cifrado mostrado en el ejemplo anterior:
	`codigo = InputBox("Introduzca el código de cifrado", , 1)`
	`Open "cifrar.txt" For Input As #1`
	`descifrar$ = ""`
	`Do Until EOF(1)`
	`    Input #1, numero&`
	`    e$ = Chr(numero& Xor codigo)`
	`    descifrar$ = descifrar$ & e$`
	`Loop`
	`txtNota.Text = descifrar$`

Capítulo

13

Gestión de bases de datos Access

Tiempo estimado:
40 minutos

En este capítulo aprenderá a:

- Crear un visor de base de datos utilizando el control Data.
- Buscar información en una base de datos.
- Añadir y borrar registros de una base de datos.
- Realizar copias de seguridad de archivos utilizando la instrucción FileCopy.

En este capítulo aprenderá a trabajar con información almacenada en las bases de datos de Microsoft Access. Aprenderá a abrir bases de datos existentes utilizando un objeto de datos, a buscar un elemento específico y a añadir o borrar registros en/de la base de datos. Microsoft Visual Basic fue especialmente diseñado para crear interfaces personalizadas, o *front ends*, para acceder a bases de datos existentes, por lo que si lo que quiere es personalizar o trabajar con los datos creados con otras aplicaciones, como Microsoft Access, puede hacerlo ahora.

EMPLEO DE BASES DE DATOS EN VISUAL BASIC

Como aprendió en el Capítulo 3, una base de datos es una colección organizada de información almacenada electrónicamente en un archivo. Podrá crear potentes bases de datos usando una gran variedad de productos de bases de datos, incluyendo Microsoft

Access, Microsoft FoxPro, Btrieve, Paradox y dBASE. También puede usar bases de datos cliente-servidor ODBC (Conectividad Abierta a Bases de Datos) tal como Microsoft SQL Server.

Visual Basic es compatible con una gran variedad de formatos de bases de datos.

Si trabaja regularmente con bases de datos, especialmente con las nombradas anteriormente, debería pensar en Visual Basic como una herramienta potente para mejorar y mostrar su información. Dado que Visual Basic incluye la misma tecnología de bases de datos que Microsoft Access (un gestor de bases de datos llamado Microsoft Jet), podrá crear aplicaciones de bases de datos personalizadas sin más que utilizar una docena de líneas de código de programa.

En este apartado aprenderá a utilizar un objeto de datos de Visual Basic para gestionar la base de datos Students.mdb que he creado con Microsoft Access. Students.mdb contiene varias tablas de información académica que podrán serle útil a un profesor que está siguiendo el desarrollo del curso de sus alumnos o a un administrador o director de instituto que desee distribuir salas, asignar clases o crear el horario de los diferentes cursos. Aprenderá a mostrar varios campos de información de esta base de datos, y a desarrollar el código de programa que necesita para realizar ciertas tareas de utilidad, tal como: buscar una información especifica, añadir nuevos registros, borrar registros inservibles y realizar copias de seguridad de sus archivos de datos. Cuando haya terminado, estará en disposición de ponerse a trabajar para construir sus propias aplicaciones de bases de datos.

Cómo crear aplicaciones personalizadas de bases de datos

Las aplicaciones personalizadas de bases de datos muestran listas personalizadas de registros y campos de cualquier base de datos.

Una aplicación personalizada de bases de datos es un programa que coge los campos y registros de una base de datos y los muestra en una forma determinada, significativa para un gran número de usuarios. Por ejemplo, una biblioteca pública podría crear una versión personalizada de su catálogo de libros para un grupo de científicos. Las bases de datos personalizadas habitualmente presentan una gran variedad de opciones a sus usuarios. Estos mandatos permiten que los usuarios utilicen filtros de visualización, y realicen operaciones de búsqueda, impresión, adición y borrado de registros y puedan crear copias de seguridad de su base de datos. Debido a las peculiaridades de su diseño y su consiguiente evolución, algunas bases de datos están organizadas de una manera que hace difícil usarlas en su forma original o en el entorno de base de datos que sirvió para generarla. Con Visual Basic podrá construir una aplicación de base de datos personalizada que muestre únicamente la información que el usuario desee ver y podrá incluir en su nueva aplicación exclusivamente aquellos mandatos necesarios para procesar esos datos.

Los controles ligados procesan la información de bases de datos de forma automática.

Empleo de controles ligados para mostrar información contenida en la base de datos

La mayoría de los objetos que puede crear utilizando los controles del cuadro de herramientas de Visual Basic, tienen la cualidad intrínseca de mostrar información contenida en bases de datos. En la terminología de bases de datos, estos objetos se denominan *controles ligados*. Un objeto está ligado a una base de datos cuando se asigna a su propiedad DataSource el nombre de una base de datos válida y su propiedad DataField almacena el nombre de una tabla existente en dicha base de datos. Una *tabla* es un grupo de campos y registros que usted o alguien ha definido cuando se creó la base de datos. Tal como comentamos en el Capítulo 3, puede enlazar sus programas Visual Basic con bases de datos utilizando un objeto de datos. Después de que la conexión haya sido establecida, podrá mostrar la información de la base de datos utilizando objetos creados con cualquiera de los controles estándar mostrados en la siguiente tabla:

Control	Descripción
☑	Cuadro de verificación
	Cuadro combo
	Imagen
A	Etiqueta
	Cuadro de lista
	Cuadro de dibujo
abl	Cuadro de texto

Empleo de cuadros de texto para mostrar datos

El siguiente programa utiliza un objeto de datos y cuatro objetos cuadro de texto para mostrar cuatro campos de la base de datos Students.mdb. El programa nos muestra cómo puede crear una aplicación de base de datos personalizada para visualizar únicamente la información que desee. En esta aplicación, la propiedad ReadOnly del objeto de datos toma el valor True, para que la información contenida en la base de datos pueda ser visualizada pero no modificada. Si desea permitir que los usuarios puedan realizar cambios en la base de datos Students.mdb tendrá que asignar el valor False a la propiedad ReadOnly utilizando la ventana Propiedades.

TRUCO: Para conservar intacta la base de datos original Students.mdb utilice el Explorador de Windows para realizar una copia de seguridad de la misma antes de completar los siguientes ejercicios.

Ejecución del programa Cursos

1. Ponga en marcha Visual Basic y abra el proyecto Cursos.vbp contenido en la carpeta \Vb6Sbs\Less13.

   El programa Cursos se cargará en el entorno de programación.

Botón Ver Objeto

2. Si el formulario no es visible, pulse sobre el formulario Cursos en la ventana Proyecto, y pulse el botón Ver Objeto.

   Aparecerá el formulario Cursos de datos, tal como se muestra en la siguiente figura:

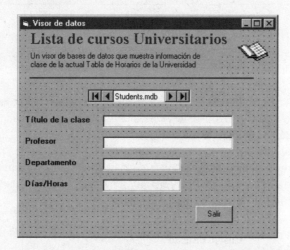

Este formulario contiene información sobre el programa, un dibujo, un objeto de datos, varias etiquetas y cuadros de textos y un botón de orden. En la tabla siguiente se muestran los valores asignados a las propiedades indicadas correspondientes al objeto de datos y a los objetos cuadros de texto, que son los elementos implicados en la transferencia de datos. Para examinar los valores asignados a las propiedades de los demás objetos utilice la ventana Propiedades.

Objeto	Propiedad	Valor
datStudent	Caption	«Students.mdb»
	Connect	Access
	DatabaseName	«c:\vb6sbs\less03\students.mdb»
	Name	datStudent
	ReadOnly	True
	RecordsetType	0-Table
	RecordSource	Classes

(Continúa)

Objeto	Propiedad	Valor
txtTitle	DataField	ClassName
	DataSource	datStudent
	Name	txtTitle
	Text	(Vacío)
txtProf	DataField	Prof
	DataSource	datStudent
	Name	txtTitle
	Text	(Vacío)
txtDept	DataField	Department
	DataSource	DatStudent
	Name	txtDept
	Text	(Vacío)
txtTime	DataField	DaysAndTimes
	DataSource	datStudent
	Name	txtTime
	Text	(Vacío)

El objeto de datos tiene asignado el valor Classes en la propiedad RecordSource y «c:\vb6sbs\less03\students.mdb» en la propiedad DatabaseName; los cuatro cuadros de texto tienen idénticas propiedades DataSource (datStudent) y valores distintos para la propiedad DataField. Estas propiedades establecen la unión básica entre la base de datos universitaria almacenada en el disco, el objeto de datos del programa y los campos de texto individuales contenidos en el formulario. Las demás propiedades retocan estas asignaciones básicas.

NOTA: *La propiedad DatabaseName apunta al mismo archivo Students.mdb que utilizó por primera vez en el Capítulo 3.*

Botón Iniciar

3. Pulse el botón Iniciar de la barra de herramientas.

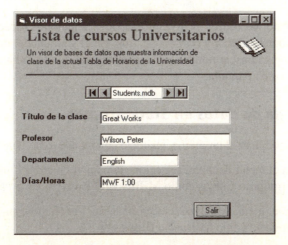

El programa Cursos comenzará a ejecutarse y el primer registro de la tabla «Clases» (Classes) contenida en la base de datos Students.mdb aparecerá en el formulario.

4. Pulse la flecha interior derecha para ver el segundo registro almacenado en la tabla Classes.

   El registro correspondiente a *Relational Database Design* aparecerá en el formulario. Cada vez que realice un desplazamiento de la base de datos, el contenido de los cuatro cuadros de texto se actualizará.

5. Pulse la flecha exterior derecha para ver el último registro contenido en la tabla Classes.

   Aparecerá el registro correspondiente al curso denominado *Deviant Behavior*.

6. Pulse el botón Salir para detener el programa.

   El programa Cursos finalizará.

Este programa contiene una única línea de código de programa (la instrucción End) pero, aun así, le proporcionará bastante información. Lo más interesante de todo esto es que la aplicación es capaz de mostrar únicamente los campos de la base de datos que desee ver. Utilizando un objeto de datos y varios cuadros de texto ligados, podrá crear una aplicación de base de datos muy efectiva.

EMPLEO DEL OBJETO RECORDSET

Un objeto Recordset representa los datos con los que está trabajando en el programa.

En el programa Cursos, utilizó una propiedad denominada RecordsetType para identificar la información de la base de datos como una tabla. En Visual Basic, un *Recordset* es un objeto que representa la parte de la base de datos con la que está trabajando el programa.

El objeto Recordset incluye propiedades y métodos especiales con los que podrá buscar, ordenar, añadir y borrar registros. En el siguiente ejercicio, utilizará un objeto Recordset para buscar nombres de cursos contenidos en la base de datos Students.mdb y mostrarlos en pantalla.

Búsqueda de datos en Students.mdb

Antes de modificar el programa, guárdelo con un nuevo nombre para proteger el original.

1. En el menú Archivo, seleccione la opción Guardar Cursos.frm como. Guarde el formulario Cursos como **MiBuscarDatos.frm** en la carpeta \Vb6Sbs\Less13.

2. En el menú Archivo, seleccione la opción Guardar proyecto como. Archive el proyecto como **MiBuscarDatos.vbp**.

GESTIÓN DE BASES DE DATOS ACCESS   353

Control CommandButton

3. Pulse el control CommandButton y cree un objeto botón de orden en la parte inferior izquierda del formulario.

4. Asigne las siguientes propiedades para el objeto botón de orden:

Objeto	Propiedad	Valor
Command1	Caption	«Buscar»
	Name	cmdBuscar

5. Realice una doble pulsación sobre el botón de orden Buscar para abrir el procedimiento de suceso cmdBuscar_Click en la ventana Código.

6. Escriba las siguientes sentencias de programa en el procedimiento de suceso:

```
mensaje$ = "Introduzca el título completo del curso."
'obtiene la cadena que se utilizará en la búsqueda del título
SearchStr$ = InputBox(mensaje$, "Búsqueda del curso")
datStudent.Recordset.Index = "ClassName"      'usa Nombre Clase
datStudent.Recordset.Seek "=", SearchStr$     'y busca
If datStudent.Recordset.NoMatch Then          'si no encuentra ninguno
    datStudent.Recordset.MoveFirst            'va al primer registro.
End If
```

El método Seek busca un registro que coincida

Este procedimiento de suceso muestra un cuadro de diálogo de búsqueda que le solicitará al usuario que introduzca una cadena de búsqueda (SearchStr$) y utiliza el método Seek para buscar en el campo ClassName (Nombre de la clase) de la base de datos de principio a fin hasta que encuentre uno que coincida o hasta que llegue al final de la lista. Si no se encuentra ningún registro coincidente, Visual Basic muestra un mensaje en un cuadro de aviso y el primer registro de Recordset vuelve a aparecer en la pantalla. En la tabla siguiente se muestran las propiedades y métodos de Recordset utilizados en el procedimiento de suceso.

Propiedad o método Recordeset	Descripción
Index	Propiedad utilizada para definir el campo de la base de datos que se utilizará en la búsqueda y en futuras ordenaciones.
Seek	Método utilizado para buscar el registro. Además del operador =, se pueden utilizar los operadores relacionales > =, >, < = y < para comparar la cadena de búsqueda con el texto contenido en la base de datos.
NoMatch	Propiedad que toma el valor True si no se encuentra el registro buscado.
MoveFirst	Método que define el primer registro contenido en Recordset como el registro activo.

Botón Guardar Proyecto

7. Cierre la ventana Código y pulse el botón Guardar proyecto para guardar los cambios en disco.

Ejecute ahora el programa.

Ejecución del programa Mi BuscarDatos

Botón Iniciar

El programa BuscarDatos completo se encuentra en el disco en la carpeta \Vb6Sbs\Less13.

1. Pulse el botón Iniciar de la barra de herramientas.

    La información contenida en la tabla «Classes» de la base de datos Students.mdb aparecerá en los cuadros de texto, igual que antes.

2. Pulse el botón Buscar.

    Aparecerá el cuadro de diálogo Búsqueda del curso, tal y como se muestra en la siguiente figura:

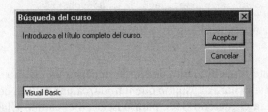

3. Escriba **Visual Basic**, en el cuadro de diálogo y pulse INTRO.

    El procedimiento de suceso cmdBuscar_Click busca en el campo ClassName (Nombre de la Clase) de la base de datos y detectará el registro mostrado en la siguiente figura:

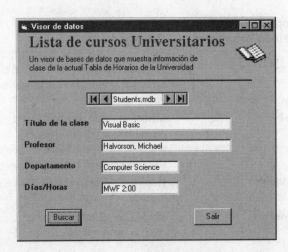

4. Pulse de nuevo el botón Buscar, escriba **Noruego 101** y pulse INTRO.

El procedimiento de suceso no encuentra un curso denominado *Noruego 101*, así que aparecerá el siguiente cuadro de mensaje:

5. Pulse Aceptar para cerrar el cuadro mensaje.

El programa utiliza el método MoveFirst para mostrar el primer registro contenido en la tabla. Sin embargo, analice con detenimiento dicho registro; ¿realmente se parece al registro que vio cuando ejecutó el programa por primera vez? En realidad No. Un efecto colateral de definir la propiedad Index tal y como se ha hecho anteriormente para la operación de búsqueda es que modifica el campo que se utilizará para ordenar la tabla. En principio, este programa utilizaba el campo CourseID para ordenar los registros contenidos en la tabla. CourseID es un campo interno de la base de datos Students cuya función es registrar el orden en que se crearon los registros en la tabla. Sin embargo, al cambiar el campo Index a ClassName hemos obligado a que el objeto Data utilice el campo ClassName como la clave para realizar ordenaciones alfabéticas.

En este programa de demostración, el orden en que se listen los registros no parece importante. Sin embargo, si considera trascendental mantener la ordenación de los registros, deberá utilizar la propiedad Index de forma adecuada.

6. Pulse el botón Salir para abandonar el programa.

El programa se detendrá y aparecerá el entorno de programación.

INCLUSIÓN DE REGISTROS A LA BASE DE DATOS STUDENTS.MDB

Para añadir un nuevo registro a la base de datos tendrá que asignar el valor False a la propiedad ReadOnly en modo diseño. A continuación, tendrá que utilizar el método AddNew en un procedimiento de suceso para abrir un nuevo registro en la base de datos. Cuando aparezca el registro vacío en el formulario, el usuario deberá rellenar los campos necesarios y, una vez finalizado el proceso, deberá moverse a un registro distinto en la base de datos. La forma más sencilla para que el usuario se mueva a un registro diferente es pulsar uno de los botones del objeto de datos. Cuando el usuario se desplace a un registro diferente, el nuevo registro se insertará en la base de datos respetando el orden alfabético.

El siguiente ejercicio muestra cómo se puede utilizar la propiedad ReadOnly y el método AddNew para insertar nuevos registros en una base de datos. La función InputBox proporciona al usuario una realimentación visual durante el proceso.

Cómo permitir que los usuarios añadan registros a la base de datos

Antes de modificar el programa, almacénelo con un nuevo nombre para salvaguardar el original.

1. En el menú Archivo, seleccione el mandato Guardar MiBuscarDatos.frm como. Guarde el formulario como **MiAñadirRegistros.frm**. Utilice la orden Guardar proyecto como para guardar el proyecto como **MiAñadirRegistros.vbp**.
2. Pulse el objeto datStudent (el objeto de datos) en el formulario y luego abra la ventana Propiedades.
3. Cambie la propiedad ReadOnly del objeto datStudent a False.

   La propiedad ReadOnly determina cómo se abrirá la base de datos Students.mdb. Asignando a esta propiedad el valor False, permitirá que los usuarios del programa puedan hacer cambios en la base de datos e insertar registros nuevos.

Control CommandButton

4. Pulse el control CommandButton y cree un nuevo objeto botón de orden a la derecha del botón Buscar contenido en el formulario.
5. Asigne las siguientes propiedades para el nuevo objeto botón de orden:

Objeto	Propiedad	Valor
Command1	Caption	«Añadir»
	Name	cmdAñadir

Su formulario deberá tener ahora un aspecto similar al siguiente:

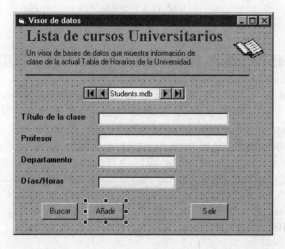

GESTIÓN DE BASES DE DATOS ACCESS

6. Realice una doble pulsación sobre el botón Añadir para abrir el procedimiento de suceso cmdAñadir_Click en la ventana Código.

7. Escriba las siguientes sentencias de programa en el procedimiento de suceso:

```
mensaje$ = "Introduzca un nuevo registro y pulse _
    el botón flecha izquierda."
reply = MsgBox(mensaje$, vbOKCancel, "Añadir Registro")
If reply = vbOK Then                    'si el usuario pulsa Aceptar
    txtTitle.SetFocus                   'mueve el cursor al cuadro de
                                        título
    datStudent.Recordset.AddNew         'y obtén un nuevo registro
End If
```

El método AddNew añade un nuevo registro a la base de datos.

El procedimiento muestra, en primer lugar, un cuadro de diálogo conteniendo instrucciones para introducir datos. La función MsgBox utiliza el argumento vbOKCancel (una constante numérica definida por Visual Basic) para mostrar un cuadro de diálogo que cuenta con botones Aceptar y Cancelar. Si el usuario pulsa Aceptar, se crea un nuevo registro utilizando el método AddNew. Si el usuario pulsa Cancelar, se ignora la operación. El procedimiento de suceso utiliza también el método SetFocus para situar el cursor en el cuadro de texto Título de la clase. El método SetFocus puede ser utilizado para activar cualquier objeto que pueda recibir el foco.

8. Cierre la ventana Código y pulse el botón Guardar proyecto de la barra de herramientas para almacenar los cambios.

Botón Guardar Proyecto

A continuación podrá utilizar el botón Añadir para añadir un registro a la base de datos.

Ejecución del programa MiAñadirDatos

1. Pulse el botón Iniciar de la barra de herramientas.

   En los cuadros de texto contenidos en el formulario aparecerá la información almacenada en los campos correspondientes al primer registro de la tabla Titles de la base de datos Students.mdb.

Botón Iniciar

El programa AñadirRegistros completo se encuentra en la carpeta \Vb6Sbs\Less13 del disco.

2. Pulse el botón Añadir.

   Aparecerá el cuadro de diálogo Añadir registro, tal y como se muestra en la siguiente figura:

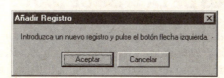

3. Pulse el botón Aceptar.

En el formulario aparece un nuevo registro en blanco. Introduzca la información mostrada en la siguiente figura para el nuevo registro. Pulse la tecla TAB para moverse entre los distintos campos.

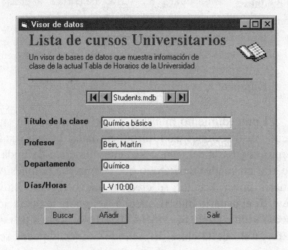

4. Cuando haya terminado de dar entrada al registro ficticio pulse la flecha exterior izquierda del objeto de datos.

El registro correspondiente al curso de Química básica se insertará en la base de datos como último registro. Inmediatamente después, en el formulario aparecerá el primer registro de la base de datos (si ha pulsado el botón flecha situado en la parte exterior izquierda del objeto de datos).

5. Pulse el botón Buscar, escriba Química básica y pulse INTRO.

El registro **Química básica** aparecerá en el formulario. Después del proceso de búsqueda el registro se encontrará situado en el primer lugar de la lista de cursos ordenada alfabéticamente.

6. Pulse el botón Salir para finalizar el programa.

El programa se detendrá y aparecerá el entorno de programación. Podrá utilizar el botón Añadir para agregar cualquier número de registros a la base de datos Students.mdb.

ELIMINACIÓN DE REGISTROS DE LA BASE DE DATOS STUDENTS.MDB

Para borrar registros de una base de datos deberá mostrar el registro que desea borrar y utilizar, posteriormente, el método Delete con el objeto Recordset para eliminar el registro. Antes de abrir la base de datos en el programa deberá asignar el valor False a la propiedad ReadOnly del objeto de datos (ya hizo esta misma operación anteriormente con el método AddNew para agregar un registro). Después de borrar el registro de la base de datos el programa tendrá que mostrar un nuevo registro de la base de datos, porque el objeto de datos no realiza esta operación automáticamente. Normalmente, la mejor técnica es usar el método MoveNext para mostrar el siguiente registro contenido en la base de datos.

El siguiente ejercicio muestra cómo podrá utilizar Visual Basic para borrar registros de la base de datos Students.mdb. Preste particular atención al uso de la función MsgBox en el programa. Debido a que el objeto de datos no proporciona una utilidad «deshacer», es importante que el programa verifique las intenciones del usuario antes de borrar definitivamente el registro de la base de datos.

IMPORTANTE: El método Delete borra definitivamente un registro de la base de datos. No proporcione a los usuarios acceso a este método, salvo que decida concederles el permiso de borrar registros.

Cómo permitir que los usuarios borren registros de la base de datos

Antes de modificar el programa MiAñadirRegistros deberá almacenarlo con otro nombre para proteger el original.

1. En el menú Archivo, ejecute el mandato Guardar MiAñadirRegistros.frm como. Guarde el formulario MiAñadirRegistros como **MiBorrarRegistros.frm**. Utilice la opción Guardar proyecto como para guardar el proyecto como **MiBorrarRegistros.vbp**.

2. Pulse el objeto datStudent (el objeto de datos) en el formulario y luego abra la ventana Propiedades.

3. Verifique que el valor de la propiedad ReadOnly del objeto datStudent tiene asignado el valor False.

Control CommandButton

4. Pulse el control CommandButton y cree un nuevo botón de orden a la derecha del botón Añadir en el formulario.

5. Asigne las siguientes propiedades para el objeto botón de orden:

Objeto	Propiedad	Valor
Command1	Caption	«Borrar»
	Name	cmdBorrar

Su formulario deberá parecerse al mostrado en la siguiente figura:

[Imagen del formulario "Visor de datos - Lista de cursos Universitarios"]

6. Pulse dos veces el botón Borrar para abrir el procedimiento de suceso cmdBorrar_Click en la ventana Código.

7. Incluya las siguientes sentencias de programa en el procedimiento de suceso:

El método Delete borra un registro de la base de datos.

```
mensaje$ = ")¿Seguro que quiere borrar este registro?"
respuesta = MsgBox(mensaje$, vbOKCancel, "Borrar registro")
If respuesta = vbOK Then              'si el usuario pulsa Aceptar
    datStudent.Recordset.Delete       'borra el registro actual
    datStudent.Recordset.MoveNext     'mueve al siguiente registro
End If
```

Este procedimiento muestra, en primer lugar, un cuadro de diálogo preguntando al usuario si desea borrar el registro actual. De nuevo, se ha utilizado la función MsgBox con el argumento vbOKCancel para permitir que el usuario anule su operación de borrado si decide no seguir adelante. Si el usuario pulsa Aceptar, el registro actual se borrará utilizando el método Delete y se muestra el siguiente registro utilizando el método MoveNext. Si el usuario pulsa Cancelar, la operación de borrado se anula.

Botón Guardar Proyecto

8. Cierre la ventana Código y pulse el botón Guardar proyecto para almacenar los cambios realizados.

A continuación le mostraré cómo utilizar el botón Borrar para borrar el registro Química básica introducido recientemente en la base de datos.

Ejecución del programa MiBorrarDatos

Botón Iniciar

1. Pulse el botón Iniciar de la barra de herramientas.

   La información contenida en la tabla «Classes» contenida en la base de datos Students.mdb aparece en los cuadros de texto.

GESTIÓN DE BASES DE DATOS ACCESS 361

El programa BorrarRegistros completo se encuentra en el disco en la carpeta \Vb6Sbs\Less13.

2. Utilice el botón Buscar para mostrar el registro correspondiente al curso Química Básica.

   El registro añadido en el pasado ejercicio aparece en el formulario.

IMPORTANTE: *Los siguientes pasos borrarán este registro de forma permanente de la base de datos students.mdb.*

3. Pulse el botón Borrar contenido en el formulario.

   Aparecerá el cuadro de diálogo Borrar registro tal como se muestra en la siguiente figura:

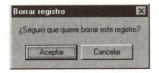

4. Pulse el botón Aceptar para borrar el registro.

   El registro correspondiente al curso Química básica se borrará de la base de datos.

5. Pulse el botón Salir para finalizar el programa.

Acaba de terminar su trabajo con el objeto de datos en el presente capítulo. Si desea aprender nuevos temas sobre el desarrollo de aplicaciones para bases de datos introduzca la palabra Recorset, propiedad en la pestaña Índice de la ayuda en línea de la Librería MSDN y revise las aplicaciones ejemplo incluidas en el programa de Visual Basic. En capítulos posteriores de este libro se comentan otros conceptos de programación de bases de datos más avanzados.

UN PASO MÁS ALLÁ

Cómo hacer una copia de seguridad de un archivo

La sentencia FileCopy realiza una copia de seguridad de un archivo.

Si su caso es similar al de la mayoría de los usuarios de bases de datos, la información que guarda en ellas tendrá para usted una gran importancia y se verá en una situación comprometida si algo le ocurriera. Por esta razón, siempre es buena idea realizar una copia de seguridad de cada una de sus bases de datos antes de realizar modificaciones sobre ellas. Si ocurriera algún problema mientras trabaja con la copia sólo tendría que sustituir la copia con la base de datos original. Su rutina de copia de seguridad podría incluir un programa de copia de seguridad, el Explorador de Windows o una función especial de copia en su propio programa de base de datos. Como medida de seguridad adicional puede crear una copia de seguridad de uno o más archivos utilizando un programa desarrollado en Visual Basic sin más que emplear la sentencia FileCopy. FileCopy realiza una copia del archivo (al igual que sucede con la opción Copiar del menú Edición del Explorador de Windows) cuando utilice esta instrucción con la siguiente sintaxis:

```
FileCopy directorioorigen directoriodestino
```

donde *directorioorigen* es la vía de acceso del archivo que quiere copiar y *directoriodestino* es la vía de acceso del archivo copia de seguridad que desea crear.

NOTA: *FileCopy no funciona si el archivo especificado por* directorioorigen *está abierto en ese momento.*

En el siguiente ejercicio añadirá la función de copia al programa MiBorrarRegistros añadiendo una sentencia FileCopy en el procedimiento de suceso Form_Load.

Empleo de FileCopy para realizar una copia de seguridad de Students.mdb

En primer lugar deberá guardar el programa MiBorrarRegistros bajo un nuevo nombre para proteger el original. Si el programa MiBorrarRegistros no estuviese abierto cargue el proyecto BorrarRegistros desde el disco y abra su formulario.

1. En el menú Archivo, seleccione la opción Guardar MiBorrarRegistros.frm como. Almacene el formulario MiBorrarRegistros como **MiCopiaSeguridad.frm**. Utilice la opción Guardar proyecto como para guardar el proyecto como **MiCopiaSeguridad.vbp**.

2. Si el formulario no se encuentra visible, seleccione el formulario en la ventana Proyecto, pulse el botón Ver Objeto

3. Realice una doble pulsación sobre el formulario (no sobre uno de sus objetos) para abrir el procedimiento de suceso Form_Load en la ventana Código.

    Al colocar la sentencia FileCopy en el procedimiento de arranque obligará al programa a realizar una copia de seguridad de la base de datos antes de que pueda realizar ninguna otra operación sobre ella.

4. Introduzca las siguientes sentencias de programa en el procedimiento de suceso Form_Load:

```
mensaje$ = _
    "¿Quiere crear una copia de seguridad de la base de datos?"
respuesta = MsgBox(mensaje$, vbOKCancel, datStudent.DatabaseName)
```

```
If respuesta = vbOK Then    'copiar la base de datos si el usuario
pulsa Aceptar
    FileNm$ = InputBox$ _
            ("Introduzca la ruta para la copia de seguridad.")
    If FileNm$ <> "" Then _
        FileCopy datStudent.DatabaseName, FileNm$
End If
```

La sentencia FileCopy realiza una copia de la base de datos.

Esta rutina muestra un cuadro de mensaje cuando se ejecute el programa preguntando al usuario si desea hacer una copia de seguridad de la base de datos. La función MsgBox se usa conjuntamente con el argumento vbOKCancel para dar al usuario la oportunidad de cancelar el proceso. En esta ocasión, la propiedad DatabaseName se usa también en la función MsgBox para mostrar el nombre de la base de datos en la barra de títulos del cuadro de diálogo. Si el usuario pulsa Aceptar, aparecerá otro cuadro de mensaje que le permitirá introducir la vía de acceso del archivo de copia. Cuando el usuario pulse de nuevo Aceptar, la instrucción FileCopy copia el archivo.

5. Cierre la ventana Código y pulse el botón Guardar proyecto para guardar los cambios realizados.

Botón Guardar Proyecto

Ejecute ahora el programa para ver cómo funciona la utilidad de copia.

Ejecución del programa MiCopiaSeguridad

1. Pulse el botón Iniciar de la barra de herramientas.

   Un cuadro de diálogo aparece en la pantalla preguntándole si desea, o no, hacer una copia de seguridad de la base de datos:

Botón Iniciar

El programa CopiaSeguridad completo se encuentra en la carpeta \Vb6Sbs\Less13.

2. Pulse Aceptar para realizar una copia de seguridad.

   Aparecerá un cuadro de diálogo solicitando que introduzca la vía completa del archivo de destino.

3. Escriba **c:\Vb6Sbs\Less13\miStudents.mdb** y pulse Aceptar.

   Visual Basic copia la base de datos Students.mdb al directorio de prácticas \Vb6Sbs\Less13 y le da el nombre de MiStudents.mdb. Si a partir de ahora cometiera cualquier error con el archivo Students.mdb, podría utilizar la copia de seguridad para subsanarlo

4. Pulse el botón Salir para finalizar el programa.

SI DESEA REVISAR SUS CONOCIMIENTOS DE PROGRAMACIÓN

Invierta unos minutos en revisar la aplicación InfoLibro (InfoLibro.vdp) contenida en la carpeta \Vb6Sbs\Extras de su disco duro. Escribí este programa para proporcionarle un poco más de práctica en el manejo de los conceptos relacionados con las bases de datos que hemos visto en este capítulo. Esta aplicación es una interfaz para la base de datos Biblio.mdb suministrada con la mayoría de las versiones de Visual Basic y Microsoft Access. Biblio.mdb contiene información de utilidad sobre técnicas y libros de programación de bases de datos publicados por un gran número de editoriales. En ocasiones, utilizo esta base de datos para localizar un libro especial que necesito para ponerme al día de nuevos términos y conceptos, o para practicar con mi programa de bases de datos (esta base de datos contiene más de 10.000 registros). La utilidad muestra una selección de campos y registros de la base de datos; podrá utilizar el programa para localizar sus libros favoritos o para seguir practicando con el tema de bases de datos.

Si desea continuar con el siguiente capítulo

➤ No salga de Visual Basic y pase al capítulo 14.

Si desea salir de Visual Basic por ahora

➤ En el menú Archivo seleccione Salir.

Si en su pantalla aparece un cuadro de diálogo que le permite almacenar los cambios, seleccione Sí.

RESUMEN DEL CAPÍTULO 13

Para	Haga esto
Abrir una base de datos	Utilice el control Data para crear un objeto de datos en un formulario y asigne a su propiedad DatabaseName el nombre de la base de datos. Especifique el tipo de base de datos utilizando la propiedad Connect y especifique el tipo de registro usando la propiedad RecordsetType.
Abrir una base de datos en modo sólo lectura	Asigne el valor True a la propiedad ReadOnly del objeto de datos.
Mostrar un campo de datos en un cuadro de texto	Defina las propiedades DataField y DataSource del cuadro de texto.

Buscar datos en una base de datos	Solicite al usuario una cadena de búsqueda y utilice las propiedades Index, Seek, NoMatch y MoveFirst del objeto Recordset en un procedimiento de suceso. Por ejemplo:
	`Indicador$ = "Introduzca el nombre completo del curso"`
	`CadBúsqueda$ = InputBox(Indicador$, "Buscar curso")`
	`datStudent.Recordset.Index = "NombreClase"`
	`datStudent.Recordset.Seek "=", CadBúsqueda$`
	`If datStudent.Recordset.NoMatch Then`
	` MsgBox ("Curso no encontrado.")`
	`End If`

(Continúa)

Para	Haga esto
Añadir un registro a una base de datos	Utilice el método AddNew del objeto Recordset. Por ejemplo: `datStudent.Recordset.AddNew`
Borrar un registro de una base de datos	Utilice el método Delete del objeto Recordset. Por ejemplo: `datStudent.Recordset.Delete`
Mostrar el primer registro de una base de datos	Utilice el método MoveFirst del objeto Recordset. Por ejemplo: `datStudent.Recordset.MoveFirst`
Copiar un archivo	Utilice la sentencia FileCopy. Por ejemplo: `FileCopy datStudent.DatabaseName, FileNm$`
Proporcionar el foco a un objeto	Utilice el método SetFocus del objeto. Por ejemplo: `txtTitle.SetFocus`

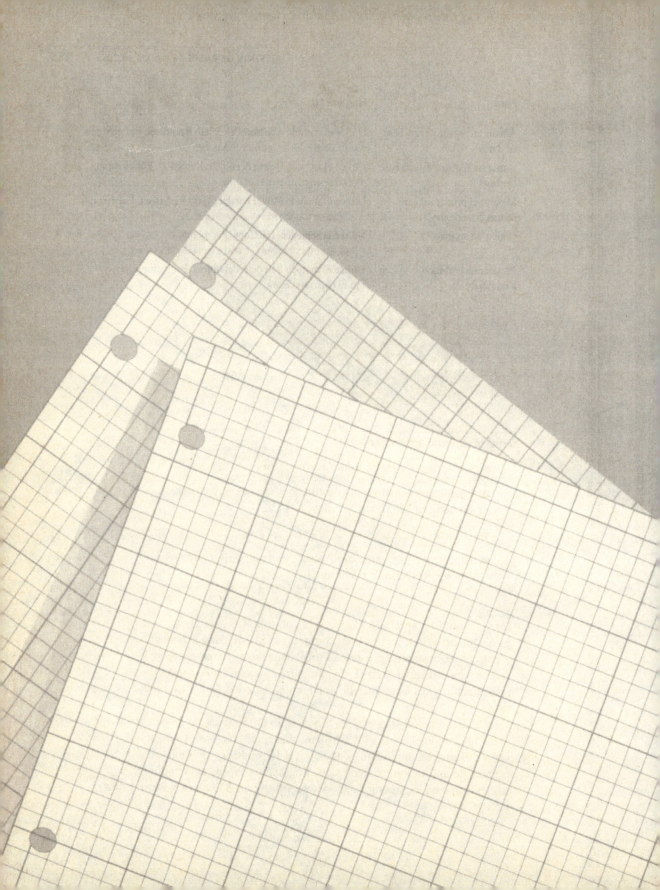

Capítulo

14

Conexión con Microsoft Office

Tiempo estimado:
45 minutos

En este capítulo aprenderá a:

- Crear un sistema de información de empresa utilizando un control OLE.
- Establecer vínculos activos con archivos que hayan sido creados en aplicaciones basadas en Microsoft Windows.
- Utilizar el Examinador de Objetos para examinar objetos de aplicaciones.
- Emplear Automatización para controlar Microsoft Word, Microsoft Excel, Microsoft Outlook y Microsoft PowerPoint

En el Capítulo 3 aprendió a utilizar el control OLE para activar aplicaciones basadas en Microsoft Windows desde sus programas. Si este tema le pareción interesante, se va a entretener bastante en este capítulo. Microsoft Visual Basic se diseñó específicamente para convertirse en el «pegamento» que uniera, de forma rápida y eficiente, la información y las funciones de una amplia variedad de aplicaciones basadas en Windows.

En este capítulo aprenderá a construir un Sistema de Información Empresarial (SIE) utilizando el control OLE y datos manejados por varias aplicaciones de Microsoft Office. También aprenderá a manejar el Examinador de Objetos para examinar los objetos de aplicación existentes en programas basados en Windows y utilizará Automatización para incorporar funciones de Word, Excel, Outlook y PowerPoint en sus proyectos.

CÓMO CREAR UN SISTEMA DE INFORMACIÓN DE EMPRESA

Un Sistema de Información Empresarial (SIE) es una aplicación empresarial cuyo objetivo es suministrar información de utilidad mediante el empleo de una interfaz consistente y fácil de usar. Los Sistemas de Información Empresarial son, a menudo, desarrollados por empresas o departamentos especializados en gestión o en diseño de base de datos, debido a que sus trabajadores cuentan con una probada experiencia en manejo y formateo de la información almacenada en programas especializados en tratamiento de base de datos tales como Oracle y Microsoft SQL Sever. Los usuarios de aplicaciones SIE son habitualmente empleados que tienen poca o ninguna experiencia en el manejo de base de datos, por ejemplo, responsables de la compañía que necesitan acceder con rapidez a los datos y cifras de su empresa.

Utilidad de un Sistema de Información Empresarial

Los mejores Sistemas de Información empresarial combinan los datos y funciones de una amplia variedad de aplicaciones para crear potentes herramientas de gestión empresarial. He creado la siguiente lista de ejemplos de aplicaciones SIE para ayudarle a pensar cómo podrá utilizar el control OLE de Visual Basic y documentos existentes de Office para generar soluciones personalizadas para su empresa u organización. En este capítulo comentaré muchas de las técnicas necesarias para crear un SIE funcional.

Sistema de entrada de pedidos   Los usuarios pueden disponer de formularios de entrada de datos y órdenes de pedidos utilizando Excel y podrán crear informes de venta usando Word.

Gestión de recursos humanos   Los usuarios podrán manejar registros de empleados en una base de datos Access y manejar informes personales almacenados en documentos de Word. Por último, podrían editar fotografías del personal utilizando Paint.

Herramientas de análisis financiero   Los usuarios podrán analizar registros de empresas y el libro mayor almacenados en archivos Excel e información sobre inversiones obtenida a través servicios en línea (telefónicos o mediante una red).

Sistema de gestión de inventario   El personal de ventas podrá examinar la información de inventario almacenada en bases de datos Oracle o SQL Sever para ayudarles a tomar decisiones sobre fabricación y precios.

Sistema de información ejecutiva   La Dirección de la empresa podrá disfrutar de los servicios de correo electrónico a través de Microsoft Mail, acceder a publicaciones de la empresa almacenadas en documentos Word y la posibilidad de realizar consultas personalizadas sobre las bases de datos en Access.

> **Sistema de gestión de proyectos** Los usuarios podrán manejar información relacionada con el calendario de actividades de los distintos proyectos de la empresa utilizando Microsoft Project, elaborar proyecciones de marketing utilizando Excel, crear informes de estado personalizados utilizando Word y preparar presentaciones electrónicas utilizando Microsoft PowerPoint.

En este apartado creará un Sistema de Información Empresarial sencillo que mostrará los registros contenidos en una base de datos desarrollada con Microsft Access, fotografías de empleados editadas en Paint y datos de ventas y gráficos creados con la hoja de cálculo Excel. Para crear el Sistema de Información Empresarial tendrá que utilizar el control OLE de Visual Basic y varias aplicaciones Office.

Empleo de un Control OLE

Utilizará el control OLE (también denominado control Contenedor OLE) para insertar objetos de aplicaciones en sus programas de Visual Basic. Los objetos a los que podrá acceder dependerán de las aplicaciones Windows que tenga instaladas en su sistema. Cada una de las aplicaciones compatible con la tecnología OLE se identifica, junto con los objetos que soporta, en el Registro de Windows (un sistema de base de datos que Windows emplea para controlar dicha información). Podrá elegir este tipo de objetos utilizando el cuadro de diálogo Insertar objeto que aparece cuando se utiliza el control OLE por primera vez. Algunos ejemplos de objetos OLE son: hojas de cálculo de Excel, gráficos de Excel, documentos de Word e imágenes ClipArt de Microsoft. Los objetos de aplicación pueden ser documentos vacíos y nuevos o archivos existentes que se cargarán desde el disco.

En el siguiente ejercicio añadirá un objeto de datos, un objeto imagen, dos objetos OLE y varias etiquetas y cuadros de texto para crear un Sistema de Información Empresarial que controle la información profesional relacionada con los artistas discográficos que viven en el área de Seattle. Esta aplicación SIE ejemplo mostrará una fotografía, el contenido de los registros de una base de datos Access, e información y un gráfico de una hoja de cálculo desarrollada con Excel. Cuando hayamos terminado, su aplicación tendrá un aspecto muy similar a la figura de la página siguiente.

Creación de la aplicación Músicos

1. Ponga en marcha Visual Basic y abra un nuevo proyecto estándar.

    Si Visual Basic ya está en funcionamiento, seleccione Nuevo proyecto del menú Archivo. La aplicación que va a construir utilizará un formulario con un tamaño mayor que el mostrado por defecto, por lo tanto, deberá agrandar el formulario.

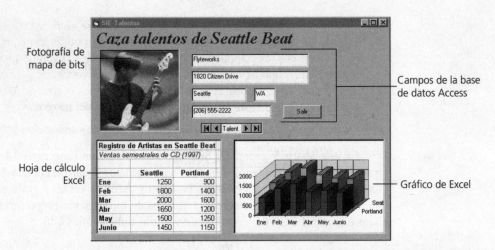

Fotografía de mapa de bits — Campos de la base de datos Access — Hoja de cálculo Excel — Gráfico de Excel

2. Incremente la altura y anchura del formulario usando el ratón para arrastrar la esquina inferior derecha de la ventana Project1 y de la ventana del formulario hacia abajo y a la derecha. Puede que resulte conveniente también, cerrar o minimizar una o más de las herramientas de programación para obtener un mayor espacio en la pantalla.

Mientas esté cambiando el tamaño de las ventanas y del formulario, el puntero del ratón adoptará la forma de una doble flecha.

Control Label

3. Utilice el control Label para introducir una gran etiqueta alargada en la mitad superior del formulario.

Este objeto albergará el título del programa. Observe la figura anterior para hacerse una idea del tamaño y situación de todos los objetos que aparecen en esta aplicación.

Control Image

4. Utilice el control Image para crear un objeto de imagen debajo de la etiqueta, a la izquierda del formulario.

Este objeto será el encargado de mostrar una fotografía digitalizada mediante un escáner electrónico y guardada como archivo .bmp.

Control TextBox

5. Use el control TextBox para crear cinco objetos cuadro de texto a la derecha del objeto imagen.

Estos cuadros de texto se enlazarán a una base de datos Access que contiene los nombres, direcciones y números de teléfonos de los músicos que trabajan para una empresa ficticia denominada Seattle Beat.

Control Data

6. Utilice el control Data para añadir un objeto de datos debajo del último objeto cuadro de texto.

El objeto de datos servirá para desplazarse entre los registros de la base de datos Talent.

Control CommandButton

7. Emplee el control CommandButton para añadir un botón de orden a la derecha de los cuadros de texto.

Empleará este botón de orden para salir del programa.

8. Asigne las propiedades mostradas en la página siguiente a los objetos contenidos en el formulario. Podrá encontrar la base de datos y el archivo .bmp digitalizado en la carpeta C:\Vb6Sbs\Less14.

Objeto	Propiedad	Valor
Form1	Caption	«SIE Talentos»
Label1	Caption	«Cazatalentos de Seattle Beat»
	Font	Times New Roman, Negrita Cursiva, 24-puntos
	ForeColor	Rojo oscuro
Image1	BorderStyle	1-Fixed Single
	Stretch	True
	Picture	«c:\Vb6Sbs\Less14\Flytworks.bmp»
Data1	Caption	«Talent»
	Connect	Access
	DatabaseName	«c:\Vb6Sbs\Less14\Talent.mdb»
	ReadOnly	True
	RecordSource	Artists
Text1	DataSource	Data1
	DataField	Nombre
	Text	(Vacío)
Text2	DataSource	Data1
	DataField	Dirección
	Text	(Vacío)
Text3	DataSource	Data1
	DataField	Ciudad
	Text	(Vacío)
Text4	DataSource	Data1
	DataField	Estado
	Text	(Vacío)
Text5	DataSource	Data1
	DataField	Teléfono
	Text	(Vacío)
Command1	Caption	«Salir»

9. Realice una doble pulsación sobre el botón de orden Salir y escriba **End** en el procedimiento de suceso Command1_Click.

Esta sentencia de programa cerrará la aplicación cuando pulse el botón Salir.

10. Ejecute el mandato Guardar Form1 como para guardar el formulario con el nombre **MiMusicos.frm** y, finalmente, utilice el mandato Guardar proyecto como para guarde su proyecto con el nombre **MiMusicos.vbp**. Guarde la aplicacion SIE en la carpeta \Vb6Sbs\Less14.

Ahora ya está preparado para incorporar una hoja de cálculo y un gráfico de Excel en su aplicación utilizando un control OLE.

NOTA: *Los siguientes pasos requieren que tenga instalada en su sistema la versión 5.0 o posterior de Microsoft Excel para Windows (las figuras se corresponden con Microsoft Excel 97).*

Inserción de objetos de aplicación

En los siguientes pasos utilizará el control OLE para enlazar su aplicación SIE con una hoja de cálculo y un gráfico de Excel.

Control OLE

1. Pulse el control OLE y dibuje un rectángulo grande en la esquina inferior izquierda del formulario de la aplicación SIE.

    Después de dibujar el rectángulo y soltar el botón del ratón aparecerá el cuadro de diálogo Insertar objeto, tal como se muestra en la siguiente figura:

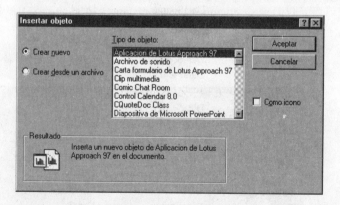

El cuadro de diálogo Insertar objeto muestra los objetos que están almacenados en el Registro de su sistema.

El cuadro de diálogo Insertar objeto presenta una lista de objetos que podrá vincular o incrustar en su aplicación. Un *objeto vinculado* contiene información que se maneja desde la aplicación que lo creó y que se almacena en un archivo independiente de la aplicación Visual Basic que se está desarrollando. Un *objeto incrustado* contiene información almacenada en la aplicación Visual Basic. Otras aplicaciones pueden tener acceso a objetos vinculados (por ejemplo, otros usuarios de su oficina podrán modificar con Excel, de forma rutinaria, las mismas hojas de ventas que tenga vinculadas a su aplicación Visual Basic), pero sólo una aplicación (en este caso, la aplicación MiMusicos) podrá tener acceso a un objeto incrustado.

2. Pulse el botón de opción Crear desde un archivo contenido en el cuadro de diálogo Insertar objeto.

   Aparecerá una vía de acceso de objeto en el cuadro de diálogo. Deberá seleccionar la opción «Crear desde un archivo» cuando desee añadir un archivo existente a su programa.

3. Seleccione la casilla de verificación Vínculo para crear en su aplicación un objeto vinculado.

   Cuando seleccione la casilla de verificación Vínculo, se cargará en el objeto OLE el dibujo contenido en el archivo seleccionado. Desde este momento el objeto se encontrará vinculado con la aplicación; el gráfico continuará existiendo fuera de la aplicación Visual Basic y los cambios que se realicen en dicho archivo se reflejarán en nuestro programa.

4. Pulse el botón Examinar para buscar el archivo Excel que desea vincular a su programa.

5. En el cuadro de diálogo Examinar active la carpeta \Vb6Sbs\Less14 y seleccione la hoja de cálculo de Excel denominada Ventas_98 y pulse Insertar. Cuando vuelva a aparecer el cuadro de diálogo Insertar objeto, pulse Aceptar para establecer un vínculo con el archivo Ventas_98.

   Después de unos breves instantes en el objeto OLE aparecerá un dibujo de la hoja de cálculo Excel (si todos los datos de la hoja de cálculo no son visibles, agrande el objeto OLE). Su formulario debería tener un aspecto similar al mostrado en la siguiente figura:

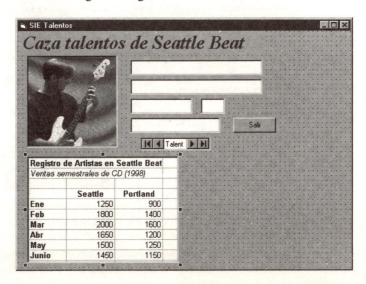

La hoja de cálculo muestra las ventas generadas por los artistas locales que trabajan en la empresa Seattle Beat durante un período de seis meses. Como el objeto OLE ha sido vinculado con la hoja de cálculo de Excel, los empleados de Seattle Beat pueden actualizar la hoja de cálculo Ventas_98.xls y los cambios se reflejarán en la aplicación SIE Talento. El hecho de tener acceso a las cifras de ventas podrá ayudar a los ejecutivos de Seattle Beat a analizar las tendencias de las ventas regionales.

A continuación, copiará un gráfico de ventas desde la hoja de cálculo Ventas_98 para pegarla dentro de un nuevo objeto OLE en Visual Basic.

Copiar y pegar el gráfico Ventas

Control OLE

1. Pulse el control OLE y dibuje un rectángulo en la esquina inferior derecha del formulario.

   El cuadro de diálogo Insertar objeto aparecerá después de soltar el botón del ratón.

2. Pulse Cancelar para cerrar el cuadro de diálogo Insertar objeto.

Para insertar parte de un archivo en un objeto OLE deberá utilizar la opción Pegado especial.

   En este caso sólo hay que introducir una parte del archivo de hoja de cálculo (un gráfico de ventas de Excel) en el objeto OLE. Para incluir una parte específica de un archivo deberá copiarlo desde la aplicación con la que haya generado los datos y pegarlo en el objeto OLE usando la orden Pegado especial.

3. Inicie Excel y abra la hoja de cálculo Ventas_98.xls que se encuentra en la carpeta \Vb6Sbs\Less14.

   Su pantalla tendrá un aspecto similar a la siguiente figura:

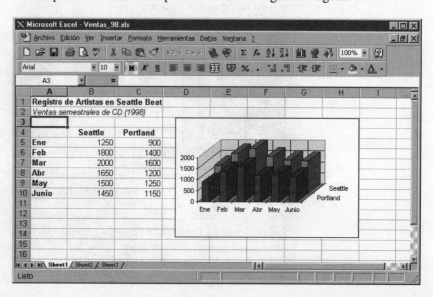

CONEXIÓN CON MICROSOFT OFFICE **375**

4. Pulse con el ratón el borde del gráfico de ventas y seleccione la opción Copiar del menú Edición.

    En el Portapapeles de Windows se almacenará una copia del gráfico de ventas.

5. Vuelva al entorno de programación de Visual Basic.

6. Sitúe el puntero del ratón sobre el objeto OLE vacío del formulario y pulse el botón derecho del mismo.

    Cerca del objeto OLE aparecerá un menú desplegable sensible al contexto.

El botón derecho del ratón le proporcionará un acceso rápido a la opción Pegado especial.

7. Seleccione la opción Pegado especial perteneciente al menú emergente para insertar el gráfico de Excel en el objeto OLE.

    Aparecerá el cuadro de diálogo Pegado especial, tal como se muestra en la siguiente figura:

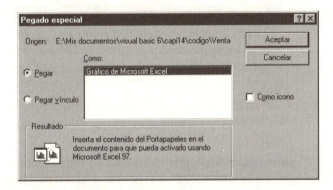

8. Pulse la opción Pegar vínculo en el cuadro de diálogo para indicar que desea vincular el gráfico de Excel con el objeto OLE.

    Una vez vinculado el gráfico al programa MiMusicos, los cambios que realice con Excel sobre dicho gráfico se reflejarán en dicho programa.

9. Pulse Aceptar en el cuadro de diálogo Pegado especial para vincular el gráfico de ventas.

    El gráfico de ventas aparecerá en el objeto OLE, tal y como se muestra en la figura de la página siguiente:

    El último paso consistirá en insertar dos líneas de código que actualizarán los vínculos a los archivos Excel cuando la aplicación SIE comience.

10. Pulse dos veces el formulario para abrir el procedimiento de suceso Form_Load en la ventana Código y luego escriba las siguientes sentencias en el procedimiento de suceso:

```
OLE1.Update
OLE2.Update
```

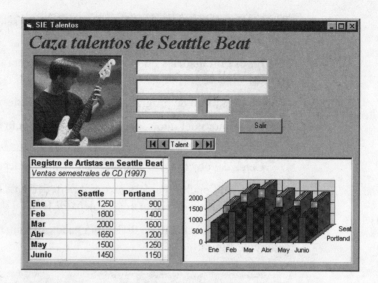

Estas sentencias usan el método Update (actualizar) para cargar en la aplicación Visual Basic cualquier cambio que se realice en los archivos Excel vinculados. Al añadir estas sentencias, el programa se cargará más lentamente, pero son necesarias si otros usuarios de su empresa manejan los archivos vinculados.

Botón Guardar Proyecto

11. Pulse el botón Guardar proyecto para guardar en el disco el programa MiMusicos.

El último paso es ejecutar el Sistema de Información Empresarial para examinar cómo presenta la información proveniente de diferentes fuentes.

Ejecución del Sistema de Información Empresarial

Botón Iniciar

El programa Musicos completo se encuentra en el disco en la carpeta \Vb6Sbs\Less14.

1. Pulse el botón Iniciar para ejecutar el programa.

   El Sistema de Información Empresarial carga datos de sus tres fuentes y los muestra en la pantalla, como se aprecia en la figura de la página siguiente:

2. Pulse la flecha interior derecha del objeto de datos para visualizar el contenido de los registros que almacenan información sobre los grupos musicales que trabajan en el área de Seattle.

   Conforme vaya pulsando esta flecha irán apareciendo en los cuadros de texto diferentes nombres, direcciones y números de teléfono. En este ejemplo sólo he incluido una foto, de tal manera que siempre se mostrará la misma foto independientemente del artista visualizado. Sin embargo, podrá conectar con una base de datos que contenga un campo fotografía y mostrar una serie de mapas de bits en el cuadro de imagen, asignando a la propiedad DataField del objeto imagen el campo fotografía de la base de datos.

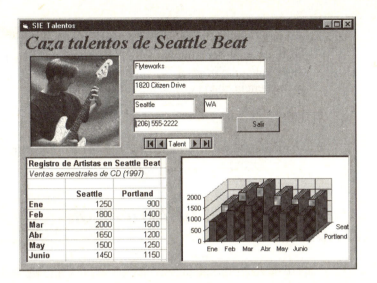

3. Pulse dos veces la hoja de cálculo de ventas semestrales en el formulario.

    Visual Basic pone en marcha Excel (la aplicación que creó la hoja de cálculo) y carga la hoja de cálculo Ventas_98.xls. Ya que el objeto que insertó está vinculado a la hoja de cálculo, Visual Basic le permitirá realizar cambios y guardarlos en la hoja de cálculo original.

NOTA: *Si no desea que los usuarios puedan ejecutar Excel y realizar cambios en el archivo vinculado, asigne a la propiedad Enabled del objeto OLE el valor False.*

---

4. Desplace el cursor a la celda C7 en la hoja de cálculo de ventas (la celda que en este momento contiene el valor 1600), escriba **0** (cero) y pulse INTRO.

    El número de discos compactos vendidos en Portland en Marzo pasa de 1.600 a 0.

5. En el menú Archivo de Excel, pulse Salir y luego pulse Sí para guardar los cambios.

    La hoja de ventas original actualiza sus contenidos y Excel se cierra. El Sistema de Información Empresarial reaparece con nuevos valores de ventas. Sin embargo, el gráfico de ventas de la SIE *no* se ha actualizado con el nuevo valor de ventas de Marzo. Visual Basic actualizará el contenido de un objeto OLE sólo si se activa el vínculo mediante una doble pulsación sobre el objeto OLE para así abrir el objeto vinculado o, bien, refrescando el vínculo utilizando el método Update en el código del programa. En caso contrario, Visual Basic conservará los datos que fueron cargados la primera vez para que los usuarios puedan trabajar sin que los datos «desaparezcan».

Si desea que Visual Basic recoja todos los cambios a la vez que estos se producen, deberá introducir el método Update en un procedimiento de suceso OLE especial denominado OLE1_Updated, que se ejecutará cada vez que se modifique un objeto OLE. Como puede ver, Visual Basic le permitirá controlar la frecuencia con la que se refrescan los datos.

6. Pulse Salir para cerrar la aplicación MiMusicos.

Por el momento, ya ha terminado de trabajar con el control OLE.

PROGRAMACIÓN DE OBJETOS DE APLICACIÓN UTILIZANDO AUTOMATIZACIÓN

En el apartado anterior aprendió a incorporar en sus programas Visual Basic objetos desarrollados con aplicaciones basadas en Windows. En este apartado aprenderá a usar una técnica denominada Automatización para incorporar la funcionalidad de aplicaciones basadas en Windows en su código (anteriormente, la Automatización recibía el nombre de Automatización OLE entre los programadores).

Las aplicaciones basadas en Windows que admiten completamente Automatización hacen accesible, o *exponen*, sus elementos de aplicación como una colección de objetos con propiedades y métodos asociados. Las aplicaciones basadas en Windows que exponen sus objetos se denominan aplicaciones *objeto* o *servidor* y los programas que usan los objetos se denominan aplicaciones *controladoras* o *cliente*. Actualmente, podrá utilizar las siguientes aplicaciones de Microsoft tanto como aplicaciones objeto y controladoras:

- Microsoft Visual Basic

- Microsoft Word 97

- Microsoft Excel 97, Microsoft Excel 95, Microsoft Excel 5.0

- Microsoft PowerPoint 97

- Microsoft Project 97, Microsoft Project 95

- Microsoft Outlook 97, Microsoft Outlook 98 (formularios personalizados desarrollados con el lenguaje VBScript).

NOTA: *En la actualidad, Microsoft está comercializando el lenguaje de programación denominado Visual Basic para aplicaciones, por lo que pronto existirán otras aplicaciones para Windows que serán compatibles con la Automatización de objetos y con las técnicas de programación de Visual Basic.*

Empleo de automatización en Visual Basic

En Visual Basic 6, podrá crear ambos tipos de objetos y controlar aplicaciones que sean compatibles con la técnica de Automatización. La creación de aplicaciones de objeto que expongan su funcionalidad requiere que cuente con la Edición Profesional o Empresarial de Visual Basic. Por desgracia, este tema cae fuera del ámbito de este capítulo. Sin embargo, crear aplicaciones controladoras que usen las funciones de aplicaciones objeto es un proceso muy sencillo que está disponible en todas las versiones de Visual Basic.

NOTA: Las aplicaciones contenidas en Microsoft Office 97 (Excel, Word, Access, PowerPoint y Microsoft Outlook) son capaces de compartir su funcionalidad a través de la Automatización. Como las funciones y objetos que suministran cada una de estas aplicaciones son únicos, tendrá que revisar la documentación de cada producto o consultar la Ayuda interactiva de cada programa antes de comenzar a trabajar con los ejemplos que le mostrará a continuación. Si en la actualidad tiene instalado en su PC el paquete Microsoft Office, el Examinador de objetos de Visual Basic le permitirá explorar los objetos, propiedades y métodos disponibles.

En los próximos apartados aprenderá a construir programas Visual Basic que podrán trabajar con cada una de las aplicaciones mencionadas de Microsoft Office. En primer lugar, llevará a cabo una tarea de especial utilidad: utilizará un objeto Word que le permitirá revisar la ortografía de un texto contenido en un cuadro de texto. Tal como podrá comprobar, los objetos, propiedades y métodos expuestos por una aplicación objeto se suelen corresponder con las opciones de los menús y de los cuadros de diálogo suministrados por la aplicación objeto.

El examinador de objetos de Visual Basic

El Examinador de objetos le permitirá ver los objetos de su sistema.

El Examinador de objetos de Visual Basic es una utilidad de visualización que tiene dos usos. En primer lugar, puede mostrar los objetos, propiedades y métodos usados por el programa con el que esté trabajando en el entorno de programación de Visual Basic; en segundo lugar puede mostrar los objetos, propiedades y métodos disponibles en las aplicaciones de objeto instaladas en su sistema. En el siguiente ejercicio utilizará el Examinador de objetos para ver todos los objetos de Automatización expuestos por Word.

NOTA: Las figuras siguientes muestran la librería de objetos de Word 8.0 incluidas en Microsoft Word 97. Si no cuenta con esta versión de Word utilice el Examinador de Objetos para examinar otros objetos de aplicación incluidos en su sistema.

Empleo del navegador de objetos para ver objetos de Word

1. En el menú Archivo, ejecute el mandato Nuevo proyecto y pulse Aceptar.

    La aplicación MiMusicos se cerrará y aparecerá un nuevo formulario (si el programa le pregunta si desea almacenar los cambios, conteste afirmativamente). La intención es añadir, en este nuevo proyecto, una referencia a la biblioteca de objetos de Word.

2. En el menú Proyecto seleccione la opción Referencias.

El cuadro de diálogo Referencias le permitirá añadir referencias de bibliotecas de objetos a su proyecto.

Aparecerá el cuadro de diálogo Referencias, que le permitirá incluir en su proyecto referencias a cualquier biblioteca de objetos que esté disponible en su sistema. La inclusión de nuevas referencias en su proyecto no aumentará el tamaño del programa compilado, pero cuantas más referencias introduzca más tardará Visual Basic en compilar el programa. No obstante, Visual Basic añade referencias a bibliotecas de objetos Automatización solamente si así lo indica el usuario.

3. Seleccione la casilla de verificación que se encuentra junto a la referencia titulada Microsoft Word 8.0 Object Library.

Quizá tenga que desplazarse por la lista para encontrar la biblioteca (las referencias se listan por orden alfabético). Su pantalla tendrá un aspecto similar al mostrado en la siguiente figura:

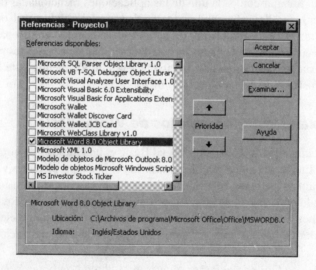

4. Pulse Aceptar para cerrar el cuadro de diálogo y añadir la referencia a su proyecto.

Ahora ya podrá utilizar el Examinador de objetos.

5. En el menú Ver seleccione la opción Examinador de objetos.

Aparecerá el Examinador de objetos tal como se muestra en la figura de la página siguiente:

El Examinador de objetos contiene un cuadro de lista desplegable denominado Proyecto/Biblioteca que podrá utilizar para mostrar las bibliotecas de objetos incluidas en su proyecto. También contiene un cuadro de lista denominado Texto de búsqueda que le permitirá introducir claves de búsqueda. Por último, podrá encontrar el cuadro de lista denominado Clases que podrá utilizar para seleccionar el objeto que desee examinar. Cuando seleccione un objeto incluido en el cuadro de lista Clases, los métodos, propiedades y sucesos contenidos o llevados a cabo por el objeto se mostrarán en el cuadro de lista denominado Miembros.

6. Abra el cuadro de lista desplegable Proyecto/Biblioteca y seleccione el elemento Word.

    En el cuadro de lista Clases aparecerá una lista de los objetos con Automatización expuesta por Word.

7. Desplácese por el cuadro de lista Clases y seleccione el elemento Application.

    En el cuadro de lista Miembros aparecerá una lista de los métodos y propiedades asociadas con el objeto Aplicación. Estos son los mandatos que proporciona Word para manipular la información contenida en los documentos.

8. Seleccione el método CheckSpelling (Verificar ortografía) en el cuadro de lista Miembros.

    La sintaxis del método CheckSpelling aparece en la parte inferior del Examinador de objetos. Este método llama al Verificador de ortografía de Word, un función que podrá utilizar desde Visual Basic. La sintaxis del método muestra las opciones disponibles si quiere personalizar esta función. Su pantalla será similar a la mostrada en la página siguiente.

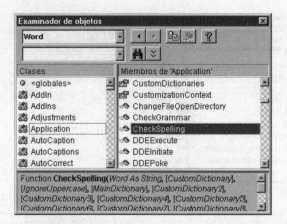

9. Pulse el botón interrogación que aparece en la parte superior del Examinador de objetos.

Si instaló el archivo de Ayuda de Visual Basic para Aplicaciones cuando ejecutó el programa de instalación de Office 97, en el entorno de programación se abrirá un archivo de Ayuda asociado con el método CheckSpelling, tal y como se muestra en la siguiente figura:

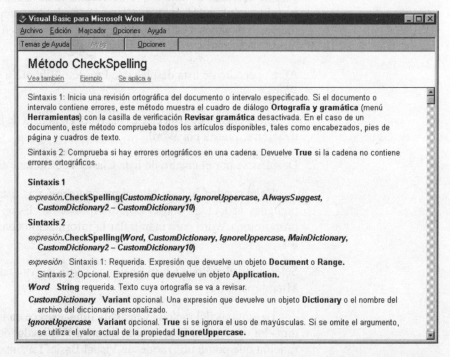

El sistema de Ayuda de la biblioteca de objetos describe las propiedades y métodos expuestos por una aplicación de objetos.

Este archivo de Ayuda le proporcionará información detallada sobre cómo usar las propiedades y métodos contenidos en la biblioteca de objetos Word (si este archivo no aparece podrá volver a ejecutar el programa de instalación de Office para copiarlo en su sistema). Muchas aplicaciones suministran esta información con sus bibliotecas de objetos para que los programadores de Automatización puedan aprovechar el potencial de los elementos de programación que la aplicación suministra. El uso de la Ayuda del sistema de la biblioteca de objetos es una forma muy conveniente de aprender más sobre la programación con Automatización.

10. Revise la ayuda mostrada sobre el método CheckSpelling y cierre el archivo de Ayuda.

11. Pulse el botón Cerrar del Examinador de objetos.

Por el momento, ya ha acabado de explorar los objetos de Automatización. Ahora ya va siendo hora de que compruebe cómo funciona el método CheckSpelling de Word en una aplicación desarrollada con Visual Basic.

AUTOMATIZACIÓN DE WORD DESDE VISUAL BASIC

Para usar el método de Verificación ortográfica de Word en un programa Visual Basic tendrá que completar los pasos de programación que se indican a continuación. Como esta misma técnica se aplica a la mayoría de los objetos de aplicaciones, podrá utilizar estos mismos pasos para incorporar en sus programas las funciones de la mayoría de las aplicaciones que admitan Automatización.

NOTA: *El lenguaje Visual Basic de Word es tan útil y potente que he escrito un libro de la serie Paso a paso, describiendo sus funciones y características con Chris Kinata, un reconocido experto de Word. Si desea profundizar más en este tema después de leer este libro, le recomiendo que consulte* Microsoft Word 97/Visual Basic Paso a paso *(McGraw-Hill, 1997) escrito por Michael Halvorson y Chris Kinata.*

Paso 1. Añada referencias a las bibliotecas de objetos necesarias para su proyecto utilizando el mandato Referencias.

Paso 2. Escriba su programa Visual Basic. En el procedimiento de suceso en el que piense usar Automatización cree una variable objeto utilizando la sentencia Dim y luego cargue el objeto Automatización en la variable objeto utilizando la función CreateObject:

```
Dim X As Object                  'Use X como nombre de variable
Set X = CreateObject("Word.Application")
```

Paso 3. Utilice los métodos y propiedades del objeto Automatización en el procedimiento de suceso. Consulte los archivos de Ayuda relacionados con el Examinador de objetos o la documentación de la aplicación objeto para averiguar la sintaxis apropiada:

```
X.Visible = False                    'ocultar Word
X.Documents.Add                      'abrir un nuevo documento
X.Selection.Text = Text1.Text        'copiar cuadro de texto al documento
X.ActiveDocument.CheckSpelling       'ejecutar corrector ortográfico
Text1.Text = X.Selection.Text        'copiar los resultados
```

Paso 4. Cuando haya terminado de utilizar la aplicación objeto, salga de la aplicación y libere la variable objeto para ahorrar memoria:

```
X.Quit              'salir Word
Set X = Nothing     'liberar variable objeto
```

En el siguiente ejercicio creará una aplicación que usa el verificador ortográfico de Word para revisar la ortografía del texto contenido en un cuadro de texto de Visual Basic. El programa se creará enteramente en Visual Basic utilizando la funcionalidad de Word de forma remota mediante Automatización.

NOTA: *En el siguiente ejercicio se supone que tiene instalado Word 97 u Office 97 (que incluye Word 97) en su PC.*

Creación de un revisor ortográfico personal

1. En el menú Proyecto, seleccione la opción Referencias. Verifique que la referencia Microsoft Word 8.0 Object Library se encuentra seleccionada y pulse Aceptar.

   La Biblioteca de objetos de Microsoft Word 8.0 le dará acceso a los objetos, métodos y propiedades expuestos por la aplicación de objetos Word. Esta es la referencia a la biblioteca de objetos que añadió anteriormente en el capítulo.

NOTA: *En cada nuevo proyecto que desarrolle deberá añadir las referencias a las bibliotecas de objetos deseadas. Para ello deberá utilizar el mandato Referencias del menú Proyecto.*

A continuación, le mostraré cómo crear el formulario para el revisor ortográfico y cómo añadir el código de programa.

2. Reduzca el tamaño del formulario hasta que aparezca como una ventana rectangular de tamaño medio.

Control Label

3. Utilice el control Label para crear una etiqueta alargada en la parte superior del formulario.

Esta etiqueta contendrá las instrucciones para el programa

Control TextBox

4. Use el control TextBox para crear, en la parte central del formulario, un cuadro de texto ancho capaz de almacenar hasta cuatro líneas de texto.

El cuadro de texto contendrá el texto que el usuario desea revisar.

Control CommandButton

5. Utilice el control CommandButton para añadir un par de botones de orden debajo del objeto cuadro de texto.

El primer botón de orden se utilizará para poner en marcha Word y utilizar el método CheckSpelling (de revisión ortográfica) sobre el texto almacenado en el cuadro de texto. El segundo botón de orden servirá para salir del programa.

6. Asigne las siguientes propiedades a los objetos contenidos el programa:

Objeto	Propiedad	Valor
Form1	Caption	«Revisor ortográfico personal»
Label1	Caption	«Escriba una o más palabras en el cuadro de texto y pulse Revisar Ortografía»
Text1	MultiLine	True
	ScrollBars	2 - Vertical
	Text	(Vacío)
Command1	Caption	«Revisar Ortografía»
Command2	Caption	«Fin»

Un vez asignadas las propiedades, su formulario deberá tener el siguiente aspecto:

7. Pulse dos veces el botón de orden Revisar Ortografía para abrir el procedimiento de suceso Commmand1_Click. Escriba el código mostrado en la siguiente página dentro del procedimiento de suceso.

```
Dim X As Object        'creación de una variable objeto Word
Set X = CreateObject("Word.Application")
X.Visible = False      'ocultar Word
X.Documents.Add        'abrir un nuevo documento
X.Selection.Text = Text1.Text  'copiar cuadro de texto al documento
```

```
X.ActiveDocument.CheckSpelling   'ejecutar corrector
ortográfico/gramática
Text1.Text = X.Selection.Text    'copiar los resultados
X.ActiveDocument.Close SaveChanges:=wdDoNotSaveChanges
X.Quit                           'salir Word
Set X = Nothing                  'liberar variable objeto
```

Estas sentencias crean un objeto de Automatización Word en el procedimiento de suceso, ejecutan Word, asignan algunas de las propiedades de objeto Word, llaman a algunos de los métodos de Word y, finalmente, liberan la memoria usada por el objeto. Word se inicia automáticamente cuando se hace la primera referencia a la variable objeto. La propiedad Selection.Text de Word se utiliza para copiar el contenido del cuadro de texto a un documento de Word.

Cuando se ejecute el método CheckSpelling, Word pone en marcha el corrector ortográfico y verifica el texto contenido en el cuadro en busca de errores ortográficos. En su pantalla aparecerá el cuadro de diálogo Ortografía de Word y si el procesador de texto encuentra algún error ortográfico le dará la oportunidad al usuario para que lo subsane. Word verificará cada una de las palabras contenidas en el cuadro de texto, incluso aunque el cuadro de texto contenga más de una línea de texto. Una vez terminado el proceso de verificación ortográfica, las palabras que hayan sido corregidas se copiarán en el cuadro de texto de Visual Basic y se cerrará el programa Word. La sentencia Set, situada al final del procedimiento de suceso Command1_Click, libera la memoria ocupada por la variable objeto.

8. Cierre el procedimiento de suceso Command1_Click y pulse dos veces el botón de orden Fin.

9. Escriba **End** en el procedimiento de suceso y cierre la ventana Código.

De esta forma, habrá terminado de construir el programa Revisor Ortográfico Personal.

10. Utilice el mandato Guardar Form1 como para almacenar el formulario en disco con el nombre de **MiEmpleoWord.frm**. Utilice la opción Guardar proyecto como para guardar el proyecto en disco con el nombre **MiEmpleoWord.vbp** (utilice la carpeta \Vb6Sbs\Less14 para ambos archivos).

Ahora, ejecutaremos el programa MiEmpleoWord para ver cómo trabaja la Automatización.

Ejecución del programa MiEmpleoWord

Botón Iniciar

1. Pulse el botón Iniciar de la barra de herramientas.

El programa se ejecutará en el entorno de programación tal y como se muestra en la figura de la página siguiente.

El programa EmpleoWord completo se encuentra en el disco en la carpeta \Vb6Sbs\Less14.

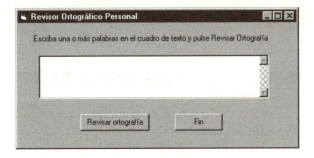

2. Escriba **trabajasdo con obgetos** en el cuadro de texto.

   Asegúrese de escribir intencionadamente mal las palabras trabajando y objetos.

3. Pulse el botón Revisar Ortografía.

   Visual Basic crea un objeto Automatización e inicia Word. Después de unos segundos, en su pantalla aparece el cuadro de diálogo Ortografía de Word, identificando que la primera palabra no se encuentra en el diccionario. Su pantalla será similar a la siguiente:

4. Seleccione la sugerencia «Trabajando» y pulse el botón Cambiar para corregir el primer error, y cuando Word resalte el segundo error ortográfico, pulse de nuevo Cambiar para corregirlo (el botón Cambiar corrige un error ortográfico utilizando la palabra elegida de todas aquellas que Word proporciona).

   El cuadro de diálogo Ortografía se cierra y después de unos instantes podrá comprobar que las palabras contenidas en el cuadro de texto se muestran con la ortografía correcta.

5. Pulse Fin para cerrar el programa.

   ¡Enhorabuena! Mediante Automatización solamente ha necesitado un elemento de Word para corregir sus errores de escritura. A continuación le mostraré tres utilidades adicionales que utilizarán objetos de Microsoft Excel, Microsoft Outlook y Microsoft PowerPoint.

AUTOMATIZACIÓN DE EXCEL DESDE VISUAL BASIC

Microsoft Excel contiene varias herramientas complejas de cálculo y de análisis de datos que podrán incrementar extraordinariamente la potencia de sus programas desarrollados con Visual Basic. La siguiente rutina utiliza la función Pmt de Excel para calcular los pagos de amortización de una hipoteca teniendo en cuenta los datos sobre el interés, plazo y capital de la deuda que especifique dentro de una serie de cuadros de texto de Visual Basic. A continuación, se muestra el procedimiento que llama a Excel para calcular los pagos de amortización:

```
Private Sub Command1_Click()
Dim xl As Object    'crear objeto para Excel
Dim loanpmt         'declarar el valor a transferir
                    'si todos los campos contienen valores
If Text1.Text <> "" And Text2.Text <> "" _
And Text3.Text <> "" Then  'crear un objeto y llamar a Pmt
    Set xl = CreateObject("Excel.Sheet")
    loanpmt = xl.Application.WorksheetFunction.Pmt _
        (Text1.Text / 12, Text2.Text, Text3.Text)
    MsgBox "El pago mensual es " & _
        Format(Abs(loanpmt), "$#.##"), , "Hipoteca"
    xl.Application.Quit
    Set xl = Nothing
Else
    MsgBox "Tiene que llenar todos los campos", , "Hipoteca"
End If
End Sub
```

En primer lugar, esta rutina crea una variable denominada xl y la asigna el objeto Excel.Sheet. A continuación, la rutina llama a la función Pmt mediante el objeto WorksheetFunction de Excel y convierte el pago de la hipoteca que se ha transferido en un número positivo con ayuda de la función Abs (valor absoluto). En Excel, los pagos de un crédito se muestran como valores negativos (débitos) pero, en un formulario de Visual Basic, lo normal es mostrarlos como números positivos. Si no se ha definido uno de los argumentos para la función Pmt, el procedimiento mostrará el mensaje «Tiene que llenar todos los campos».

NOTA: *Para completar los pasos siguientes deberá tener instalado en su PC el programa Excel 97. El proyecto Hipoteca también incluye una importante referencia a la Biblioteca de objetos de Excel 8.0. Si crea programas que utilicen Excel a través de Automatización, asegúrese de añadir previamente a su proyecto la referencia a la Biblioteca de objetos de Excel 8.0 (Excel 8.0 Object Library) utilizando para ello el mandato Referencias del menú Proyecto.*

Ejecución del programa Hipoteca

A continuación, podrá poner en marcha el programa para ver cómo trabaja la Automatización con Excel.

1. Abra el proyecto Hipoteca.vbp contenido en la carpeta \Vb6Sbs\Less14 de su disco duro.

2. Ejecute el mandato Iniciar contenido en el menú Ejecutar.

    La ventana Cálculo de Pagos Mensuales aparece en su pantalla con una serie de valores predeterminados.

3. Escriba **1000000** en el cuadro de texto Principal (que se corresponde con el capital de la hipoteca).

    Su formulario tendrá el siguiente aspecto:

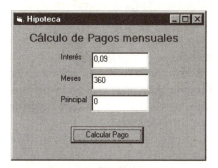

4. Pulse el botón Calcular Pago.

    El programa utilizará Excel para calcular el pago de amortización de un préstamo hipotecario de 1.000.000 de pesetas al 9% de interés anual a pagar en 360 meses (30 años). Como se muestra en la figura contenida en la página siguiente, aparecerá como resultado el valor 8046,23 en un cuadro de mensajes (recuerde que si se tratara de un crédito hipotecario esta cantidad representaría únicamente la parte correspondiente a la amortización de capital y a los intereses, no se incluyen impuestos, seguros u otros conceptos que puedan aparecer normalmente).

5. Pulse el botón Aceptar y realice otros cálculos de pagos mensuales utilizando diferentes valores.

6. Cuando termine, pulse el botón Cerrar contenido en la barra de títulos del formulario.

También podrá analizar con mayor detalle el código del programa utilizando la ventana Código, si ese es su deseo.

AUTOMATIZACIÓN DE MICROSOFT OUTLOOK DESDE VISUAL BASIC

Microsoft Outlook es la aplicación de Microsoft Office que gestiona el correo electrónico, apuntes, información de contacto y otras tareas relacionadas con calendario de actividades y comunicación en el puesto de trabajo. Utilizo Outlook como mi programa principal de correo electrónico, por lo que siempre se encuentra ejecutado en la barra de tareas de Windows. Recientemente, he podido constatar que también sirve para personalizar ciertos programas de Visual Basic pudiendo así enviar automáticamente mensajes de correo a otros usuarios. Puede que encuentre de utilidad esta técnica si desea enviar datos (los resultados de cálculos complejos, informes de estado, información de bases de datos o, simplemente, una nota que diga «feliz cumpleaños» en una determinada fecha del año) de forma automática a otras personas. Lo mejor de enviar mensajes de correo electrónico utilizando Outlook es que podrá personalizar los campos Para, CC, Asunto y Mensaje con unas pocas líneas de código de programación y también podrá incluir uno o más archivos como anexos.

En el siguiente ejercicio utilizará el programa EnviarCorreo para enviar un mensaje de correo electrónico desde una aplicación desarrollada en Visual Basic utilizando Outlook. Antes de ejecutar el programa tendrá que editar el código contenido en el procedimiento de suceso Command1_Click (mostrado a continuación) para utilizar los nombres de correo electrónico que se ajusten a su caso particular. No utilice los nombres mostrados porque, salvo con una excepción, no son reales (obtendrá un mensaje de error de su servicio de correo electrónico si prueba a utilizarlos). La excepción es mi dirección de correo electrónico, que he incluido para que pueda enviarme un mensaje de prueba si así lo desea. Si no me encuentro de vacaciones cuando el mensaje llegue a su destino, le enviaré una respuesta.

```
Private Sub Command1_Click()
Dim out As Object           'crea una variable objeto
'asigna Outlook.Application a la variable objeto
Set out = CreateObject("Outlook.Application")
With out.CreateItem(olMailItem) 'empleo del objeto Outlook
    'inserte nuevos destinatarios, uno por vez, utilizando el método Add
    '(estos nombres son ficticios--introduzca los suyos propios)
    .Recipients.Add "maria@xxx.com"    'Para: campo
    .Recipients.Add "casey@xxx.com"    'Para: campo
    'para introducir usuarios en el campo CC:, especifique el tipo olCC
    .Recipients.Add("mike_halvorson@classic.msn.com").Type = olCC
    .Subject = "Mensaje de prueba"    'incluye el contenido del campo Asunto:
```

```
        .Body = Text1.Text  'copia el mensaje del cuadro de texto
        'inserta anexos, uno por vez, utilizando el método Add
        .Attachments.Add "c:\vb6sbs\less14\smile.bmp"
        'finalmente, copia el mensaje a la bandeja de salida de Outlook con Send
        .Send
End With
End Sub
```

A continuación podrá poner en marcha el programa para ver la forma en que trabaja la Automatización de Outlook.

NOTA: *Para completar los pasos siguientes deberá tener instalado en su PC el programa Outlook 97 u Outlook 98. El proyecto EnviarCorreo también incluye una referencia a la biblioteca de objetos de Outlook 8.0. Si crea programas que utilicen Outlook, asegúrese de añadir la biblioteca de objetos de Outlook 8.0 u Outlook 98 a su proyecto. Para ello, deberá utilizar el mandato Referencias contenido en el menú Proyecto. Además, observe que he diseñado el siguiente ejercicio para los usuarios de Outlook «autónomos», es decir, que envíen y reciban mensajes de correo electrónico conectándose a Internet mediante una conexión telefónica, no para aquellos que utilicen Outlook en un entorno de grupo de trabajo (en el caso de usuarios de grupos de trabajo que envíen mensajes de correo electrónico mediante una red empresarial habrá que utilizar unos cuantos mandatos ligeramente distintos).*

Ejecución del programa EnviarCorreo

1. Abra el proyecto EnviarCorreo.vbp contenido en la carpeta \Vb6Sbs\Less14 de su disco duro.

2. Abra la ventana Código y muestre el contenido del procedimiento de suceso Command1_Click.

3. Modifique los tres nombres de correo electrónico incluidos en el programa (maria@xxx.com, casey@xxx.com y mike_halvorson@classic.msn.com) por nombres reales.

    Si no desea utilizar varios nombres de destinatarios para su mensaje de correo electrónico, tan sólo tendrá que introducir el carácter ' (comentario) antes de las líneas que no desee emplear en esta ocasión (he incluido varias líneas para que pueda ver la forma en que hay que añadir elementos al conjunto de Destinatarios mediante el método Add). Sin embargo, se requiere al menos un nombre en el campo Para: para todos los mensajes de correo de Outlook.

4. Utilice el menú Inicio de Windows para poner en marcha Microsoft Outlook si es que no se encuentra ya en ejecución.

Más adelante, querrá verificar que Visual Basic introduce el mensaje de correo electrónico en la carpeta de la bandeja de salida de Outlook.

5. Del menú Ejecutar, pulse el mandato Iniciar para poner en marcha el programa EnviarCorreo.

   En su pantalla aparecerá la interfaz de usuario de este programa.

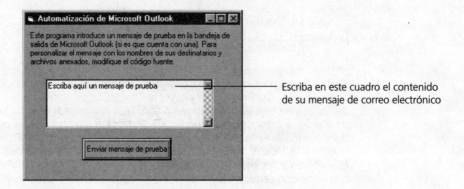

Escriba en este cuadro el contenido de su mensaje de correo electrónico

6. Escriba un breve (o largo) mensaje en el cuadro de texto.

   Este texto será el que se envíe como cuerpo de su mensaje de correo. También podrá asignar esta información dentro de su programa (no es necesario ninguna interfaz de usuario para enviar un mensaje de correo desde su programa desarrollado en Visual Basic).

7. A continuación, pulse el botón Enviar mensaje de prueba para enviar su mensaje.

   Visual Basic utiliza Automatización para crear mensajes de correo en la Bandeja de salida de Outlook. El mensaje permanecerá en la bandeja de salida hasta que se conecte con su proveedor de servicios de correo electrónico y ejecute el mandato Buscar nuevos mensajes del menú Herramientas de Outlook (si se encuentra conectado mediante línea telefónica o está enganchado a una intranet empresarial, Outlook enviará el mensaje de forma instantánea). Una vez que se haya enviado el mensaje, Outlook traslada el mensaje desde la carpeta de Bandeja de salida a la carpeta Elementos enviados. De esta forma, tendrá siempre un registro de los mensajes que haya cursado.

8. Pulse el botón Cerrar contenido en la barra de títulos del programa EnviarCorreo para finalizar dicha aplicación.

9. A continuación, restaure Outlook y pulse sobre la carpeta Bandeja de salida para ver su mensaje. Verá un mensaje pendiente, tal y como se muestra en la siguiente figura:

CONEXIÓN CON MICROSOFT OFFICE   **393**

Mensaje de prueba en Microsoft Outlook

10. Realice una doble pulsación sobre el mensaje contenido en la Bandeja de salida.

    Outlook abre el mensaje y lo muestra por pantalla. Como puede ver, el mensaje creado por Visual Basic contiene el texto que usted tecleó y le añade un pequeño dibujo que representa a una cara sonriente (almacenado en la carpeta \Vb6Sbs\Less14) además de todos los campos de correo que son necesarios.

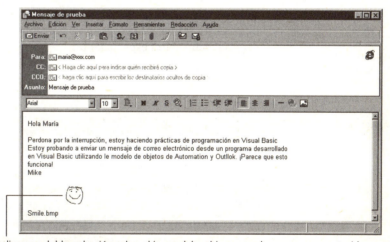

Realice una doble pulsación sobre el icono del archivo anexado para ver su contenido en Microsoft Paint

11. Pulse el botón Enviar contenido en la barra de herramientas de mensajes para marcar el mensaje contenido en la Bandeja de salida.

    A continuación, podrá enviar o borrar el mensaje.

12. Si desea borrar el mensaje de prueba, selecciónelo y pulse la tecla SUPR. Para enviar el mensaje, seleccione la opción Check For New Mail en el menú Herramientas.

Por el momento, ha terminado de trabajar con Outlook.

UN PASO MÁS ALLÁ

Automatización de PowerPoint desde Visual Basic

En este ejercicio final, le mostraré cómo utilizar Automatización para ejecutar una presentación de diapositivas utilizando PowerPoint, la última de las «grandes» aplicaciones de Office 97. PowerPoint se ha convertido en una herramienta de presentación de gran versatilidad; podrá utilizarla para crear presentaciones de transparencias, ejecutar presentaciones multimedia, crear páginas Web personalizadas y mucho más. Lo mejor de todo es que PowerPoint97 incluye ahora el lenguaje de generación de macros que recibe el nombre de Visual Basic para Aplicaciones, por lo que podrá escribir macros de PowerPoint que automaticen la forma en que puede crear y presentar sus transparencias.

Automatizar PowerPoint utilizando Visual Basic es similar a automatizar Word, Excel y Outlook: tan sólo tendrá que crear un vínculo con la biblioteca de objetos de PowerPoint utilizando el mandato Referencias y, a continuación, utilizar una variable para ejecutar los mandatos de PowerPoint. El siguiente código contenido en el procedimiento de suceso Command1_Click le permitirá ejecutar una presentación de transparencias desde Visual Basic. Tan sólo tendrá que sustituir el nombre de ruta mostrado aquí por el suyo propio. Para aclarar la forma en que un usuario puede mostrar la siguiente diapositiva, he incluido un cuadro de mensajes que describe la forma en que se deberá utilizar la tecla «barra espaciadora».

El objeto de aplicación de PowerPoint97 recibe el nombre de PowerPoint. Application.8

```
Private Sub Command1_Click()
Dim ppt As Object         'declaración de variable objeto
Dim respuesta, mensaje    'declaración de variables para msgbox
mensaje = "Pulse la barra espaciadora para moverse al " & _
    "siguiente mensaje de la presentación." & vbCrLf & "¿Listo para comenzar?"
respuesta = MsgBox(mensaje, vbYesNo, "Características sorprendentes de
PowerPoint")
If respuesta = vbYes Then
    Set ppt = CreateObject("PowerPoint.Application.8")
    ppt.Visible = True       'abrir y ejecutar la presentación
    ppt.Presentations.Open "c:\vb6sbs\less14\pptfacts.ppt"
    ppt.ActivePresentation.SlideShowSettings.Run
    Set ppt = Nothing        'liberar la variable objeto
End If
End Sub
```

A continuación, le mostraré cómo puede ejecutar el programa Presentación para ver su funcionamiento.

Ejecución del programa Presentacion

1. Abra el proyecto Presentación contenido en la carpeta \Vb6Sbs\Less14.

2. Desde el menú Ejecutar, seleccione la opción Iniciar.

Visual Basic muestra la interfaz de usuario del programa.

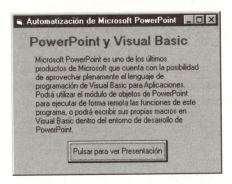

3. Pulse el botón de orden para comenzar la presentación.

El programa le comunica que deberá pulsar la barra espaciadora para pasar de una transparencia a la siguiente, y luego le pregunta si está listo para comenzar.

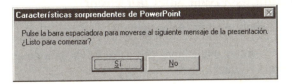

4. Pulse Sí para comenzar la presentación.

Visual Basic crea un objeto de PowerPoint, comienza la presentación y carga la primera diapositiva (la fotografía se corresponde con la presentación de Microsoft Windows 95 a la que yo asistí junto con Bill Gates y Jay Leno).

5. Examine cada diapositiva contenida en la presentación, pulsando la tecla BARRA ESPACIADORA para pasar de una a otra.

6. Cuando termine de ver la presentación, pulse el botón cerrar contenido en la barra de títulos de PowerPoint para salir de la aplicación y regresar a Visual Basic.

7. Finalmente, pulse el botón Cerrar contenido en la barra de títulos de la aplicación Presentación para cerrar el programa.

¡Esto es todo! Ha aprendido las técnicas esenciales para automatizar cada una de las aplicaciones contenidas en el paquete integrado de Microsoft Office. El Examinador de Objetos le mostrará más detalles sobre los objetos de aplicación si elige continuar explorando por su cuenta la Automatización. Y, lo más importante, ya se encuentra familiarizado con todos los conceptos fundamentales de programación en Visual Basic. Ahora ya está preparado para investigar temas más avanzados. ¡Felicidades por un trabajo bien hecho!

Si desea salir de Visual Basic por ahora

➤ En el menú Archivo seleccione Salir.

Si en su pantalla aparece un cuadro de diálogo que le permite almacenar los cambios, seleccione Sí.

RESUMEN DEL CAPÍTULO 14

Para	Haga esto
Insertar un objeto de aplicación en su programa	Utilice el control OLE para crear un marcador del objeto de la aplicación en el formulario y realice una doble pulsación sobre el objeto en el cuadro de diálogo Insertar objeto.
Crear un objeto de aplicación vinculado	Seleccione el cuadro de verificación Vincular contenido en el cuadro de diálogo Insertar objeto.
Crear un objeto de aplicación incustrado	Utilice el cuadro de diálogo Insertar objeto sin seleccionar el cuadro de verificación Vincular.
Insertar parte de un archivo de aplicación en un objeto OLE	Seleccione y copie los datos que desee introducir en la aplicación, sitúe el puntero del ratón sobre el objeto OLE de Visual Basic, pulse el botón derecho del ratón y elija la orden Pegado especial.
Actualizar los vínculos al objeto OLEx cuando el programa se ponga en marcha	En el procedimiento de suceso Form_Load, introduzca la instrucción `OLE1.Update`

(Continúa)

Para	Haga esto
Seleccione una biblioteca de aplicaciones	En el menú Proyecto, seleccione la opción Referencias. Active el cuadro de verificación situado cerca de la aplicación o aplicaciones deseadas.
Ver los objetos de aplicación que son compatibles con la automatización OLE	En el menú Ver, seleccione la opción Examinador de objetos. Seleccione los objetos que desee examinar en el cuadro de lista desplegable Proyecto/Biblioteca.

Crear una variable objeto en un programa	Utilice las sentencias Dim y Set en un programa. Por ejemplo:
	`Dim X As Object`
	`Set X = CreateObject("Word.Application")`

Acceder a las funciones de la aplicación utilizando Automatización.	Cree una variable objeto y haga referencia a los métodos o propiedades del objeto. Por ejemplo:
	`X.CheckSpelling`
	`X.Quit`

Liberar la memoria utilizada por una variable objeto	Utilice la sentencia Set y la palabra reservada Nothing con el nombre de la variable. Por ejemplo: `Set X = Nothing`

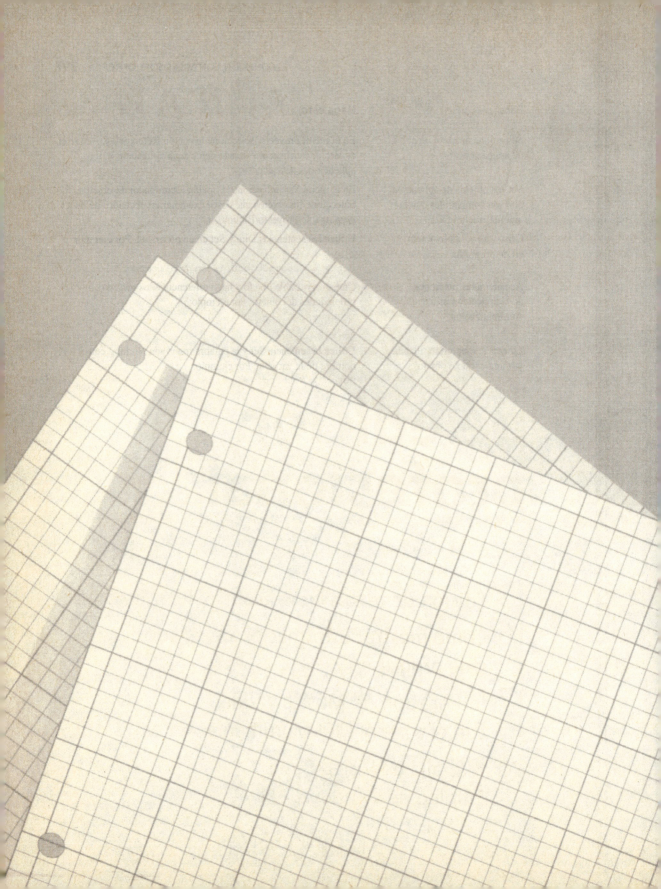

QUINTA PARTE

Herramientas y técnicas de edición profesional

Capítulo

15 Edición de textos con el control Rich Textbox

16 Cómo mostrar información de estado y de progreso

17 Integración de Música y Vídeo con el control MCI Multimedia

18 Más allá de Visual Basic: Empleo de Windows API

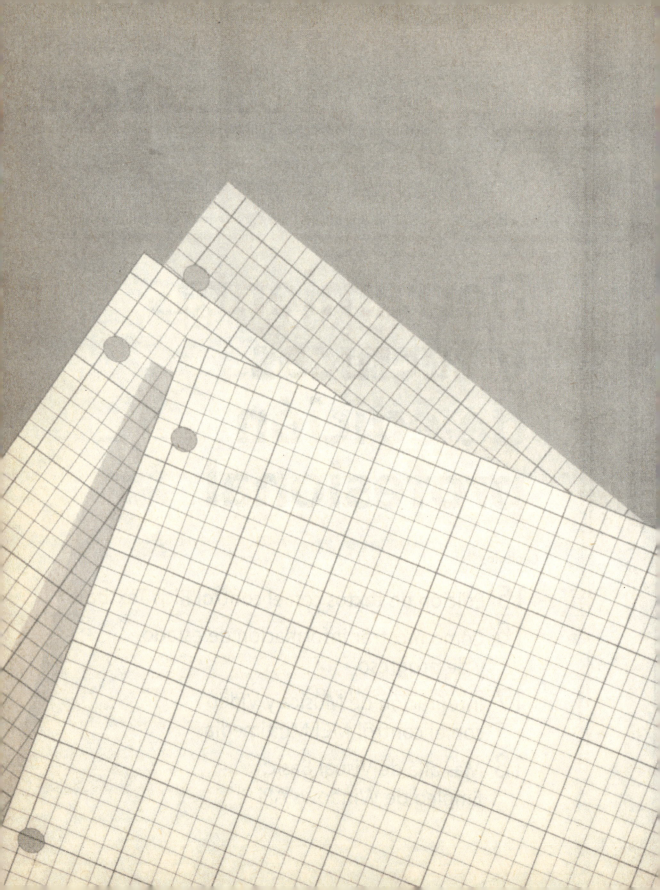

Capítulo

15

Edición de textos con el control Rich Textbox

Tiempo estimado:
40 minutos

En este capítulo aprenderá a:

- Instalar y utilizar los controles ActiveX de la edición Profesional de Visual Basic.

- Integrar funciones de procesador de texto con el control Rich Textbox.

- Utilizar el portapapeles de Windows para realizar operaciones de cortar y pegar.

- Abrir, guardar e imprimir archivos RTF con opciones de menú.

- Controlar las modificaciones no almacenadas en un documento mediante el suceso Change.

En las partes 1 a 4 conoció las herramientas básicas de programación que están incluidas en cada una de las ediciones de la familia de productos de Microsoft Visual Basic 6 (Edición de aprendizaje de Microsoft Visual Basic 6, Edición Profesional de Microsoft Visual Basic 6 y Edición Empresarial de Microsoft Visual Basic 6). En las partes 5, 6 y 7 analizaremos las funciones avanzadas incluidas en la Edición Profesional de Microsoft Visual Basic 6. He dividido estas útiles herramientas «profesionales» de desarrollo de software en tres categorías básicas: controles ActiveX profesionales, aplicaciones de Internet y Dynamic HTML y funciones avanzadas de administración de bases de datos. En lo que resta de libro, aprenderá a desarrollar poderosas aplicaciones de Visual Basic que sacarán partido de cada una de estas vitales tecnologías.

En el Capítulo 15 aprenderá a instalar y utilizar impresionantes colecciones de controles ActiveX incluidos en la Edición Profesional de Microsoft Visual Basic 6 (estos controles también se encuentran incluidos en la edición Empresarial de Microsoft Visual Basic 6, por lo que si alguna vez decide adquirir el producto más potente de la gama usted ya se encontrará familiarizado con algunas de sus funciones). Después de una breve introducción a esta potente familia de controles ActiveX, comenzaremos a trabajar con el control Rich Textbox, una potente herramienta con la que podrá añadir funciones de procesador de textos a sus aplicaciones.

El control Rich Textbox es una versión más sofisticada del control Textbox estándar contenido en el cuadro de herramientas de Visual Basic. Con el control Rich Textbox podrá incluir operaciones avanzadas de formato de texto, funciones de manejo y búsqueda en archivos y almacenar la información contenida en un archivo en un formato conocido como RTF (Formato de Texto Enriquecido). Como verá en la utilidad EditorRTF que le mostraré en este capítulo, podrá construir con rapidez un programa utilizando el control Rich Textbox. Este programa funciona de forma similar a WordPad, el editor de texto RTF incluido en Windows.

INSTALACIÓN DE CONTROLES ACTIVEX DE LA EDICIÓN PROFESIONAL

Cuando instaló la Edición Profesional de Visual Basic parte del proceso de configuración incluyó la copia de una extensa colección de archivos .ocx, denominado *Controles ActiveX*, en la carpeta \Windows\System o System32. El proceso de instalación también incluía el registro de estos controles en el registro del sistema de tal forma que Visual Basic y otras aplicaciones pudieran saber cómo cargar estos controles cuando los necesite. La mayor parte de los archivos .ocx que se han instalado son, en realidad, controles ActiveX individuales que podrá añadir al cuadro de herramientas de Visual Basic. Sin embargo, algunos de estos archivos .ocx representan conjuntos de controles que están organizados en torno a un tema particular. Por ejemplo, el Control Windows Common (mscomtl.ocx) contiene nueve controles del cuadro de herramientas que podrá utilizar para añadir en su aplicación opciones de interfaz de aspecto profesional, tal como barras de herramientas, barras de progreso y ventanas de estado.

La siguiente tabla lista todos los controles ActiveX que están incluidos en la Edición Profesional de Visual Basic 6. Cada uno de estos controles se encuentra documentado extensamente en la ayuda en línea del programa. En los siguientes capítulos utilizaremos algunos de estos controles para crear utilidades de gran interés y utilidad.

Control ActiveX	Nombre del archivo	Descripción
ADO data	msadodc.ocx	Proporciona acceso a la información contenida en bases de datos utilizando el formato Objetos de Datos de ActiveX (ADO).

(Continúa)

Control ActiveX	Nombre del archivo	Descripción
Animation	mscomct2.ocs	Crea efectos de animación reproduciendo archivos .avi (en Windows Common Control-2).
Char	mschart.ocx	Le permitirá representar gráficamente los datos almacenados en hojas de cálculo y bases de datos.
Communications	mscomm32.ocx	Le permitirá realizar comunicaciones serie desde sus aplicaciones utilizando el puerto serie.
Cool bar	comct332.ocx	Un control contenedor que puede utilizarse para crear barras de herramientas configurables por el usuario similares a las que podrá encontrar en Microsoft Internet Explorer (en Windows Common Control-3).
Data Repeater	msdatrep.ocx	Muestra varias instancias de un control ActiveX en útiles filas (especialmente interesante para mostrar diferentes instancias de una base de datos).
DTPicker	mscomct2.ocx	Suministra un calendario desplegable, para realizar una rápida introducción de fechas y horas (en Windows Common Control-2).
Flat Scrollbar	mscomct2.ocx	Barra de desplazamiento estándar pero con un aspecto «plano» (en Windows Common Control-2).
Flex grid	msflxgrd.ocx	Añade funciones de hojas de cálculo a su aplicación. Especialmente útil para mostrar información almacenada en base de datos.
Hierarchical flex grid	msflxgrd.ocx	Versión mejorada del control Flex Grid que puede mostrar grupos de registros en forma jerárquica (grupos de registros extraídos de diferentes bases de datos).
Image Combo	mscomctl.ocx	Similar al control del cuadro combo estándar, pero compatible con imágenes (en Windows Common Control).
Image list	mscomctl.ocx	Almacena un conjunto de imágenes que podrán ser utilizadas por otros controles (en Windows Common Control).
Internet transfer	msinet.ocx	Le permitirá conectarse a Internet y realizar transferencias utilizando los protocolos HTTP y FTP.

(Continúa)

---

1 Interfaz de Programas de Aplicaciones de Mensajería

Control ActiveX	Nombre del archivo	Descripción
List view	mscomctl.ocx	Muestra datos en el formato «Explorador de Windows» utilizando iconos normales, iconos pequeños, listas o informes detallados (en Windows Common Control).
MAPI	msmapi32.ocx	Proporciona acceso a los mensajes MAPI y a los controles de sesión MAPI, que establecen y procesan tareas relacionadas con el correo a través del Messaging Application Program Interface (MAPI).
Masked edit	msmask32.ocx	Cuadro de texto que pone limitaciones a los datos introducidos por el usuario.
Month View	mscomct2.ocx	Permite que el usuario final pueda capturar fechas y rangos contiguos de fechas de una representación gráfica de un calendario (en Windows Common Control-2).
Multimedia MCI	mci32.ocx	Gestiona la grabación y reproducción de dispositivos multimedia MCI.
Picture clip	picclp32.ocx	Muestra una parte de un mapa de bits.
Progress bar	mscomctl.ocx	Utiliza bloques para mostrar gráficamente el progreso de una tarea (en Windows Common Control).
Rich textbox	richtx32.ocx	Permite que el usuario pueda escribir, editar y dar formato al texto en RTF (Formato de Texto Enriquecido).
Slider	mscomctl.ocx	Proporciona tanto un dispositivo de entrada con «marcas» como un método para mostrar el progreso de una tarea (en Windows Common Control).
Status bar	mscomctl.ocx	Muestra una barra de estado con un máximo de 16 paneles para incluir información del programa (en Windows Common Control).
Sys info	Sysinfo.ocx	Analiza varios parámetros del sistema operativo Windows.
Tab strip	mscomctl.ocx	Similar al control Tabbed dialog (en Windows Common Control).
Tabbed dialog	tabctl32.ocx	Presenta información en un cuadro de diálogo mediante una serie de ventanas con «pestañas».
Toolbar	mscomctl.ocx	Crea una barra de herramientas con botones individuales (en Windows Common Control).

(Continúa)

Control ActiveX	Nombre del archivo	Descripción
Tree view	mscomctl.ocx	Muestra información jerárquica en forma de «árboles» encadenados (en Windows Common Control).
UpDown	mscomct2.ocx	Muestra un par de botones de flecha que le permitirán al usuario desplazar una lista o conjunto de valores asociados con otro control (en Windows Common Control-2).
Windowless	mswless.ocx	Versiones de los nueve controles estándar del cuadro de herramientas que utilizan menos memoria. Utilice los controles windowless cuando no necesite utilizar en el código direcciones de memoria denominadas «manejadores», de esta forma consumirá menos recursos de su sistema.
Winsock	mswinsck.ocx	Proporciona acceso a los servicios de red TCP (protocolo de control de transferencia) y UDP (protocolo de datagrama de usuario).

Cómo incluir un Control ActiveX de la Edición Profesional al cuadro de herramientas

Para añadir un Control ActiveX de la Edición Profesional al cuadro de herramientas, deberá seguir un proceso dividido en tres pasos.

1. En el menú Proyecto selecciona la opción Componentes y pulse la pestaña Controles.

    Cuando ejecute el mandato Componentes Visual Basic verificará el registro del sistema y mostrará todos los controles ActiveX que se encuentran disponibles en su sistema (no sólo los controles instalados por Visual Basic).

2. Seleccione la casilla de verificación situada a la izquierda del nombre del control que desee añadir al cuadro de herramientas.

3. Pulse Aceptar para cerrar el cuadro de diálogo Componentes y añadir el control ActiveX.

    Visual Basic mostrará el control especificado en el cuadro de herramientas.

INTRODUCCIÓN DEL CONTROL RICH TEXTBOX

Uno de los controles ActiveX más útiles de la Edición Profesional de Visual Basic es el control Rich Textbox, que le permitirá añadir funciones avanzadas de procesamiento de textos a sus aplicaciones. A diferencia de los controles Textbox más sencillos incluidos en el cuadro de herramientas estándar, el control Rich Textbox le permitirá dar formato al texto utilizando un tipo de formato de gran popularidad denominado RTF. Al igual que HTML (Lenguaje de Construcción Hipertexto), RTF añade códigos especiales de formato a su texto para incluir información de fuentes, tamaño de letra, estilo de tipo, estilo de párrafo, alineación y otras opciones de formato muy comunes.

Cómo añadir el control Rich Textbox al cuadro de herramientas

Antes de poder trabajar con el control Rich Textbox, deberá añadirlo al cuadro de herramientas.

1. En el menú Proyecto, seleccione la opción Componentes y pulse sobre la etiqueta Controles.

    Visual Basic mostrará los controles ActiveX instalados en su sistema.

2. Desplácese por la lista de controles hasta localizar el nombre Microsoft Rich Textbox Control 6.0.

3. Pulse el cuadro de verificación situado a la izquierda del nombre del control y, finalmente, pulse Aceptar.

    Visual Basic añadirá el control Rich Textbox a su cuadro de herramientas. El cuadro de herramientas tendrá ahora un aspecto similar al siguiente:

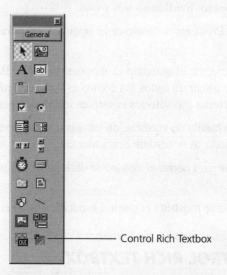

Control Rich Textbox

Crear un cuadro de texto con un control Rich Textbox es similar a crear un cuadro de texto con el control Textbox estándar. Tan sólo tendrá que pulsar con el ratón sobre el control Rich Textbox y crear en su formulario un cuadro de texto del tamaño apropiado para su aplicación. Sin embargo, las diferencias existentes entre ambos controles serán obvias cuando comience a manipular las propiedades y métodos del control Rich Textbox. El siguiente programa de demostración resalta las diferencias más importantes.

Ejecución del programa EditorRTF

Para analizar las potentes funciones del control Rich Textbox ejecutaremos el programa EditorRTF, una utilidad que he creado en Visual Basic y que recuerda en algo el aspecto del programa WordPad de Windows.

1. Abra el proyecto EditorRTF.vdp que se encuentra almacenado en la carpeta C:\Vb6Sbs\Less15.

    Si Visual Basic le pregunta si desea almacenar los cambios realizados en su proyecto vacío (que contiene una referencia al control Rich Textbox), conteste que No.

Botón Iniciar

2. Pulse el botón Iniciar contenido en la barra de herramientas para ejecutar el programa.

    El programa EditorRTF aparecerá en su pantalla, tal y como se muestra en la figura siguiente.

Empleo de las opciones del menú Formato

En primer lugar, experimentará con las funciones de formato de texto presentes en el programa.

1. Seleccione la primera frase que se muestra en el cuadro de texto (*Este es un editor RTF.*) y despliegue el menú Formato.

El menú contendrá las opciones de formato proporcionadas por el editor RTF:

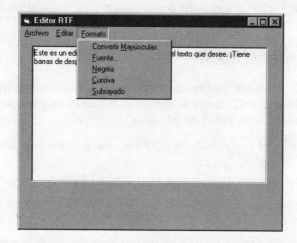

He creado cada opción de menú con el Editor de Menús y he escrito un procedimiento de suceso para cada uno de estos mandatos utilizando la Ventana de Código.

2. Ejecute el mandato Convertir Mayúsculas contenido en el menú Formato.

El editor RTF convertirá en mayúsculas todo el texto seleccionado previamente.

3. Vuelva a seleccionar la primera frase y ejecute el mandato Fuente contenido en el menú Formato.

En su pantalla se abrirá el cuadro de diálogo Fuente tal y como se muestra en la figura siguiente.

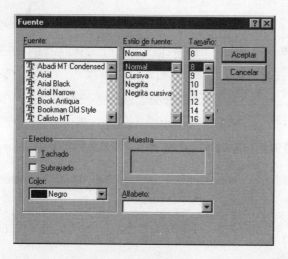

4. Especifique una nueva fuente, el estilo Tachado, un tamaño mayor para el tipo de letra y un nuevo color. Finalmente, pulse el botón Aceptar.

    El editor RTF asignará al texto el formato solicitado.

5. Practique ahora utilizando las opciones Negrita, Cursiva y Subrayado contenidas en el menú Formato.

    Estos mandatos son conmutadores, podrá volver a ejecutarlos para invertir la operación de formato realizada sobre el texto seleccionado. Al igual que sucede con WordPad, el editor RTF le proporciona potentes funciones para dar formato a su texto.

Empleo de las opciones del menú Editar

Ahora, ponga en práctica los cuatro mandatos contenidos en el menú Editar.

1. Seleccione la última frase contenida en el cuadro de texto (*¡Tiene barras de desplazamiento!*).

2. En el menú Editar, ejecute el mandato Cortar.

    El texto se copiará en el Portapapeles de Windows y desaparecerá del cuadro de texto.

3. Desplace el punto de inserción al final del párrafo, pulse INTRO, y ejecute el mandato Pegar contenido en el menú Editar.

    Se pegará el texto desde el Portapapeles al cuadro de texto.

4. Seleccione de nuevo la primera frase (*Este es un editor RTF*) y seleccione el mandato Copiar contenido en el menú Editar.

    El Editor RTF copia el texto con su formato en el Portapapeles.

5. Pulse la tecla INICIO y ejecute el mandato Pegar contenido en el menú Editar para pegar de nuevo la frase en el cuadro de texto.

    En el siguiente paso, probará la operación de búsqueda dentro del texto.

6. En el menú Editar, ejecute el mandato Buscar.

7. Escriba la abreviatura RTF en el cuadro de entrada y pulse Aceptar.

    El editor RTF resaltará la primera aparición de estas siglas.

NOTA: *Si selecciona texto dentro del cuadro antes de ejecutar el mandato Buscar, el editor RTF buscará la primera aparición de la palabra dentro del texto seleccionado.*

Empleo de las opciones del menú Archivo

A continuación, probaremos el empleo de los mandatos orientados a archivo pertenecientes al editor RTF.

1. En el menú Archivo, pulse el mandato Guardar como.

    El Editor RTF muestra un cuadro de diálogo Guardar como donde deberá introducir el nombre que desee asignar al archivo.

2. Escriba **ejemplo.rtf** y pulse el botón Guardar (también podrá especificar una carpeta distinta si ese es su deseo).

    El programa almacenará el archivo en el formato RTF en la ubicación que haya especificado.

> *IMPORTANTE: Asegúrese de que introduce la extensión .rtf o pulse el tipo Rich Text Format en el cuadro de lista Guardar como archivos de tipo para almacenar el archivo en el formato RTF. Si no lo hace así, el archivo no aparecerá como un archivo RTF en el cuadro de diálogo Abrir.*

3. En el menú Archivo, seleccione el mandato Cerrar.

    El editor RTF eliminará el contenido del cuadro de texto (si ha realizado modificaciones que no ha almacenado, aparecerá un mensaje indicándole que lo haga).

4. En el menú Archivo ejecute el mandato Abrir.

    El editor RTF mostrará el cuadro de diálogo Abrir y lista los archivos RTF almacenados en la carpeta actual.

5. Realice una doble pulsación sobre el archivo ejemplo.rtf para volver a mostrar su contenido en pantalla.

6. Si cuenta con una impresora, enciéndala y ejecute el mandato Imprimir contenido en el menú Archivo.

    El editor RTF envía una copia del documento a la impresora.

7. En el menú Archivo, pulse el mandato Salir.

    El programa se cerrará. Si no ha almacenado los cambios, el editor RTF le preguntará si desea hacerlo.

PROCEDIMIENTOS DE SUCESO QUE MANEJAN EL FORMATO RTF

En muchos aspectos, el programa EditorRTF es un procesador de textos plenamente funcional. Si necesita utilizar este tipo de funciones en sus programas de Visual Basic podrá añadirlas con rapidez utilizando los controles Rich Textbox y Common Dialog.

Echaremos ahora un vistazo al código fuente que produce estos resultados, comenzando por las opciones contenidas en el menú Formato (abra el procedimiento de suceso respectivo en la ventana Código tal y como comento en el texto).

Opción Convertir Mayúsculas

En el control Rich Textbox, la propiedad SelText representa el texto que se encuentra seleccionado en el cuadro de texto. Una de las operaciones de formato más simples es utilizar una de las funciones integradas en Visual Basic para modificar el aspecto de dicho texto, tal como Ucase, que convertirá a mayúsculas las letras minúsculas (si el texto se encuentra ya en mayúsculas, la función carece de efecto). Cuando el usuario ejecute la opción Convertir Mayúsculas contenida en el menú Formato, Visual Basic ejecutará el siguiente procedimiento de suceso:

```
Private Sub mnuConvMayItem_Click()
    RichTextBox1.SelText = UCase(RichTextBox1.SelText)
End Sub
```

Si desea convertir las letras a minúsculas tan sólo tendrá que sustituir el mandato UCase por el mandato LCase.

Opción Fuente

El mandato Fuente utiliza el método ShowFont del control Common Dialog para abrir un cuadro de diálogo Fuente estándar y para transferir la información seleccionada al programa EditorRTF. Anteriormente, en este mismo libro, ya le mostré cómo funcionaban los cuadros de diálogo estándar denominados Abrir, Guardar cómo y Color proporcionados por el control Common Dialog; abrir el cuadro de diálogo Fuente es un proceso similar. En el código fuente observe que las propiedades devueltas por el objeto CommonDialog1 se asignan de manera inmediata a las propiedades respectivas del objeto RichTextBox1 (el cuadro de texto de su programa). El control Rich Textbox puede producir cualquier estilo de formato ofrecido por el cuadro de diálogo Fuente. En la página siguiente se muestra el código fuente.

```
Private Sub mnuFuenteItem_Click()
    'Forzar un error si el usuario pulsa el botón Cancelar
    CommonDialog1.CancelError = True
    On Error GoTo ManejadorErr:
    'Definir banderas para efectos especiales y
    'para todas las fuentes disponibles
    CommonDialog1.Flags = cdlCFEffects Or cdlCFBoth
    'Mostrar el cuadro de diálogo de fuentes
    CommonDialog1.ShowFont
    'Definir las propiedades de formato teniendo en cuenta
    'las opciones elegidas por el usuario:
```

```
        RichTextBox1.SelFontName = CommonDialog1.FontName
        RichTextBox1.SelFontSize = CommonDialog1.FontSize
        RichTextBox1.SelColor = CommonDialog1.Color
        RichTextBox1.SelBold = CommonDialog1.FontBold
        RichTextBox1.SelItalic = CommonDialog1.FontItalic
        RichTextBox1.SelUnderline = CommonDialog1.FontUnderline
        RichTextBox1.SelStrikeThru = CommonDialog1.FontStrikethru
ManejadorErr:
        'salir del procedimiento si el usuario pulsa Cancelar
End Sub
```

Opciones Negrita, Cursiva y Subrayado

Los mandatos Negrita, Cursiva y Subrayado contenidos en el menú Formato son bastante fáciles de gestionar con el control Rich Textbox. La única precaución es asegurarse de que cada mandato trabaja como un *conmutador*, una opción que intercambia el estado actual de formato al estado opuesto. Por ejemplo, el mandato Negrita mostrará en negrita texto que previamente estaba en estado normal y viceversa. Esta forma de proceder se consigue con facilidad utilizando el operador lógico Not en las instrucciones del programa. Not invertirá el valor booleano almacenado en las propiedades SelBold, SelItalic y SelUnderline. Utilice el código mostrado a continuación:

```
Private Sub mnuNegritaItem_Click()
    RichTextBox1.SelBold = Not RichTextBox1.SelBold
End Sub

Private Sub mnuCursivaItem_Click()
    RichTextBox1.SelItalic = Not RichTextBox1.SelItalic
End Sub

Private Sub mnuSubrayadoItem_Click()
    RichTextBox1.SelUnderline = Not RichTextBox1.SelUnderline
End Sub
```

EDICIÓN DE TEXTO CON EL PORTAPAPELES DE WINDOWS

Cuando vaya a crear un procesador de textos plenamente funcional tendrá que proporcionar al usuario acceso a los mandatos estándar de edición de textos, tales como Cortar, Copiar y Pegar, contenidos todos ellos en el menú Editar. La forma más adecuada de llevar a cabo esta tarea es utilizar los métodos SetText y GetText pertenecientes al objeto Clipboard (Portapapeles) que conectará su programa con los datos contenidos en el Portapapeles de Windows. En este apartado examinará el código fuente que suelo utilizar con los mandatos cortar, copiar y pegar texto mediante el objeto Clipboard. También analizará la forma de realizar búsquedas de palabras utilizando el método Find (le recomiendo que examine cada uno de los procedimientos de suceso correspondientes utilizando la ventana Código a medida que avance en la lectura de este capítulo).

Opciones Cortar, Copiar y Pegar

El menú Editar perteneciente al programa EditorRTF contiene cuatro mandatos: Cortar, Copiar, Pegar y Buscar. Las primeras tres operaciones se llevan a cabo gracias a los métodos SetText y GetText del objeto Clipboard y a la propiedad SelRTF del objeto Rich Textbox. En tiempo de ejecución, la propiedad SelRTF contiene el texto completo y la información de formato almacenada en el cuadro de texto. Cuando esté trabajando con el portapapeles de Windows ésta es la propiedad que almacenará sus datos durante las operaciones de Corte, Copia y Pegado. Además, los métodos SetText y GetText del objeto Clipboard se utilizarán para copiar texto hacia y desde el portapapeles (respectivamente). La única diferencia real existente entre los mandatos Copiar y Cortar es que el mandato Cortar borra el texto seleccionado del cuadro de texto después de realizar la operación de copia, mientras que el mandato Copiar no lo hace. Este es el código que se ha utilizado:

```
Private Sub mnuCopiarItem_Click()
    Clipboard.SetText RichTextBox1.SelRTF
End Sub

Private Sub mnuCortarItem_Click()
    Clipboard.SetText RichTextBox1.SelRTF
    RichTextBox1.SelRTF = ""
End Sub

Private Sub mnuPegarItem_Click()
    RichTextBox1.SelRTF = Clipboard.GetText
End Sub
```

Opción Buscar

La mayoría de los procesadores de texto cuentan con funciones básicas de búsqueda de texto y el programa EditorRTF no es una excepción. El mandato Buscar está basado en el método Find del objeto RichText Box que le permitirá buscar el texto especificado en el cuadro de texto.

Las características exactas de la búsqueda están controladas por las siguientes opciones:

```
RichTextBox1.Find(cadena, inicio, fin, opciones)
```

El argumento *cadena* especifica el texto que desea localizar en el cuadro de texto. El argumento inicio es la posición inicial de la búsqueda (un entero que puede ir desde 1 hasta el número de caracteres contenidos en el documento). El argumento *fin* es la posición final de la búsqueda. El argumento *opciones* es una de las siguientes constantes: rtfWholeWord (búsqueda de la palabra completa), rtfMatchCase (búsqueda diferenciando mayúsculas y minúsculas), rtfNoHighlight (resaltar la cadena localizada en el documento).

El siguiente procedimiento de suceso muestra la forma en que podrá localizar la primera vez que aparezca la palabra en el cuadro de texto. La palabra de búsqueda será introducida por el usuario en un cuadro de diálogo que aparecerá al utilizar la función InputBox. El método Span selecciona la palabra una vez localizada.

```
Private Sub mnuBuscarItem_Click()
    Dim CadBuscada As String   'texto utilizado en la búsqueda
    Dim PosLocaliz As Integer  'ubicación del texto buscado
    CadBuscada = InputBox("Introduzca la palabra a localizar", "Buscar")
    If CadBuscada <> "" Then    'Si la cadena de búsqueda no está vacía
        'localizar la primera aparición de la palabra
        PosLocaliz = RichTextBox1.Find(CadBuscada, , , _
            rtfWholeWord)
        'si se localiza la palabra(si no es -1)
        If PosLocaliz <> -1 Then
        'utilice el método Span para seleccionar la palabra
        ' (dirección hacia delante)
            RichTextBox1.Span " ", True, True
        Else
            MsgBox "Cadena buscada no encontrada", , "Buscar"
        End If
    End If
End Sub
```

MANEJO DE LAS OPERACIONES DE ARCHIVO CON EL CONTROL RICH TEXTBOX

Finalmente, tal vez desee añadir funciones básicas de gestión de archivos a su aplicación RTF. En mi programa, he llevado a cabo esta tarea añadiendo un menú Archivo que contiene las siguientes opciones: Abrir, Cerrar, Guardar como, Imprimir y Salir. Examine el siguiente código fuente en la ventana Código para ver la forma en que se llevan a cabo las tareas básicas de manejo de archivos mediante el objeto Rich TextBox. Como podrá comprobar, este proceso es ligeramente distinto al procedimiento que le recomendé en el Capítulo 12 para manejar archivos de texto con el control Textbox.

Opción abrir

Abrir archivos mediante un objeto Rich TextBox es fácil si se utiliza el método LoadFile con el que podrá abrir el archivo especificado dentro del cuadro de texto. Asegúrese de definir adecuadamente la propiedad ScrollBars como rtfVertical dentro de la ventana Properties si desea ver el texto completo en el caso de que el documento tenga más de una página de texto.

Cuando cargue un archivo en un cuadro de texto, deberá especificar si el archivo tiene formato RTF o es texto puro. Esta distinción está controlada por las opciones rtfRTF y rtfText del método LoadFile. Cuando un archivo se encuentre almacenado en formato RTF contendrá un cierto número de códigos de formato que instruirán a la aplicación que lo esté abriendo en la forma de cómo mostrar el texto contenido en el archivo. Si abre un archivo RTF como «texto» en el cuadro de texto se mostrarán también los códigos de formato (para ver un ejemplo de esta situación, consulte el ejercicio contenido al final de este capítulo).

El mandato Abrir del programa Editor RTF define como True la propiedad CancelError del objeto de diálogo común. Si el usuario pulsa el botón Cancelar, contenido en el cuadro de diálogo Abrir, el procedimiento de suceso anulará la operación de carga. El método ShowOpen mostrará el cuadro de diálogo Abrir para que el usuario pueda especificar el archivo que desee cargar. El método LoadFile abrirá el archivo devuelto por el objeto de diálogo común. También he especificado el argumento rtfRTF con el fin del que el objeto Rich TextBox convierta al formato adecuado cualquier código RTF que localice.

```
Private Sub mnuAbrirItem_Click()
    CommonDialog1.CancelError = True
    On Error GoTo ManejadorErr:
    CommonDialog1.Flags = cdlOFNFileMustExist
    CommonDialog1.ShowOpen
    RichTextBox1.LoadFile CommonDialog1.FileName, rtfRTF
ManejadorErr:
    'si se pulsa Cancelar, salir del procedimiento
End Sub
```

Opción Cerrar

El propósito del mandato Cerrar contenido en el menú Archivo es, simplemente, cerrar el archivo RTF que se encuentre abierto. La forma de llevar a cabo esta operación es limpiar el contenido del cuadro de texto utilizando el método Text y un argumento de cadena vacía («»). Sin embargo, también he incluido varias líneas de código para manejar una importante condición de cierre: determinar si se ha realizado alguna modificación en el texto que no haya sido almacenada y, en caso afirmativo, solicitar al usuario que la guarde. Para manejar esta condición he creado una variable pública denominada CambiosNoGuardados de tipo buleano en la sección de Declaraciones:

```
Dim CambiosNoGuardados As Boolean
```

La variable utilizada es de tipo booleano porque he querido mantener el valor True o False para reflejar el estado actual de cualquier modificación realizada sobre el documento (guardada o no guardada). Se definirá como True la variable CambiosNoGuardados si se ha realizado cualquier modificación en el documento que no haya sido almacenada. Por el contrario, se la asignará el valor False si no se ha realizado ninguna modificación. El programa gestiona este estado utilizando un suceso del tipo Rich TextBox denominado Change. Siempre que se modifique el texto o el formato asignado dentro del cuadro de texto, el objeto Rich TextBox activa el suceso Change y ejecuta el código contenido en el procedimiento de suceso RichTextBox1_Change.

Introduciendo en este procedimiento una sentencia que define el valor de CambiosNo-Guardados como True se podrá llevar un control de los cambios no almacenados (el problema que deseo controlar) cuando el usuario ejecute los mandatos Salir o Cerrar (también podría haber analizado esta variable en el procedimiento Form_Load para evitar que el usuario cerrara el formulario sin almacenar su contenido). El código correspondiente al procedimiento de suceso RichTextBox1_Change es el siguiente:

```
Private Sub RichTextBox1_Change()
    'Definir la variable pública CambiosNoGuardados como True
    'cada vez que se modifique el texto contenido en el
    'cuadro de texto Rich.
    CambiosNoGuardados = True
End Sub
```

En el procedimiento de suceso correspondiente al mandato Cerrar se verifica el valor de la variable CambiosNoGuardados. Si su valor es True (si existen cambios no almacenados), se solicita al usuario que almacene las modificaciones avisándole mediante un cuadro de mensajes. Si el usuario decide almacenar los cambios, el cuadro de diálogo Guardar como solicita la introducción de un nombre de archivo. Finalmente, el archivo se almacenará utilizando el método SaveFile:

```
Private Sub mnuCerrarItem_Click()
    Dim Indicador As String
    Dim Respuesta As Integer
    'Saltar hasta el manejador de error si se pulsa el botón
    'Cancelar
    CommonDialog1.CancelError = True
    On Error GoTo ManejadorErr:
    If CambiosNoGuardados = True Then
        Indicador = "¿Quiere almacenar sus cambios?"
        Respuesta = MsgBox(Indicador, vbYesNo)
        If Respuesta = vbYes Then
            CommonDialog1.ShowSave
            RichTextBox1.SaveFile CommonDialog1.FileName, _
                rtfRTF
        End If
    End If
    RichTextBox1.Text = ""   'borrar cuadro de texto
    CambiosNoGuardados = False
ManejadorErr:
    'Cancelar botón pulsado.
    Exit Sub
End Sub
```

Opción Guardar como

Para guardar el archivo RTF que se encuentra cargado en el objeto Rich TextBox hay que llamar al método SaveFile con el nombre del archivo y el argumento rtfRTF (aunque no lo he hecho en este programa, también podrá almacenar el archivo en formato de texto sin más que utilizar el argumento rtfText). También deberá especificar el nombre de ruta del archivo guardado utilizando la propiedad FileName del objeto de diálogo común. En mi programa, también he permitido que el usuario pueda abortar la operación de almacenamiento sin más que pulsar el botón Cancelar contenido en el cuadro de diálogo Guardar como:

```
Private Sub mnuGuardarComoItem_Click()
    CommonDialog1.CancelError = True
    On Error GoTo ManejadorErr:
    CommonDialog1.ShowSave
    'Guardar el archivo especificado en formato RTF
    RichTextBox1.SaveFile CommonDialog1.FileName, rtfRTF
    CambiosNoGuardados = False
ManejadorErr:
    'Cancelar botón pulsado
End Sub
```

Opción imprimir

Imprimir es bastante sencillo con el objeto Rich TextBox. Tan sólo tendrá que utilizar el método SelPrint y especificar la dirección interna o el controlador de dispositivo de la impresora que desee utilizar. En este programa, la impresión se realiza utilizando el objeto Printer y la propiedad hDC que contiene el controlador de dispositivo de la impresora de su sistema:

```
Private Sub mnuImprimirItem_Click()
    'Imprimir el documento actual en la impresora definida
    'por defecto
    RichTextBox1.SelPrint (Printer.hDC)
End Sub
```

Opción Salir

El propósito básico del mandato Salir es terminar el programa mediante la sentencia End. Sin embargo, tal y como sucedía con el mandato Cerrar, he incluido líneas de código para verificar si se han realizado modificaciones que no hayan sido almacenadas en el disco antes de permitir el cierre del programa con la consecuente pérdida permanente de datos. Una vez más, verifico el estado actual de almacenamiento utilizando la variable pública denominada CambiosNoGuardados y proporciono al usuario una nueva oportunidad para almacenar los cambios no guardados. Observe que, al igual que sucedía con el mandato Cerrar, el mandato Salir también asigna el valor False a la variable CambiosNoGuardados después de almacenar el documento en un archivo del disco.

```
Private Sub mnuSalirItem_Click()
    Dim Indicador As String
    Dim Respuesta As Integer
    CommonDialog1.CancelError = True
```

```
        On Error GoTo ManejadorErr:
        If CambiosNoGuardados = True Then
            Indicador = "¿Desea almacenar sus cambios?"
            Respuesta = MsgBox(Indicador, vbYesNo)
            If Respuesta = vbYes Then
                CommonDialog1.ShowSave
                RichTextBox1.SaveFile CommonDialog1.FileName, _
                    rtfRTF
                CambiosNoGuardados = False
            End If
        End If
        End 'Una vez almacenado el archivo, salir del programa
ManejadorErr:
    'Cancelar botón pulsado(volver al programa)
End Sub
```

UN PASO MÁS ALLÁ

Visualización de los códigos RTF en un documento

Como acaba de aprender, el control Rich Textbox le permitirá crear efectos avanzados en sus documentos sin más que añadir algunas códigos especiales en su archivo en un tipo de formato conocido como RTF. Debido a que el control Rich Textbox también cuenta con la capacidad de mostrar archivos de texto puro, podrá examinar los códigos de formato introducidos en el documento si desea obtener más información sobre RTF. Si desea modificar el programa EditorRTF para que pueda abrir archivos en *modo texto* y muestre los códigos de formato RTF, deberá seguir los pasos descritos en el apartado siguiente.

Cómo ver el código RTF

1. Abra la ventana Código y seleccione el procedimiento de suceso denominado mnuAbrirItem dentro del cuadro de lista desplegable Objeto.

2. Modifique la instrucción de programa que carga el archivo RTF por la siguiente sentencia:

   `RichTextBox1.LoadFile CommonDialog1.FileName, rtfText`

Botón Iniciar

3. Pulse el botón Iniciar contenido en la barra de herramientas y ejecute el mandato Abrir del menú Archivo.

4. Abra el archivo ejemplo.rtf que creó anteriormente en este capítulo.

    También podrá abrir otro archivo RTF distinto si ese es su deseo. Su formulario tendrá un aspecto similar al de la figura siguiente:

5. Examine con atención el código RTF contenido en el documento.

    Verá información relacionada con la fuente, color, estilo de texto, alineación, etc. En algún lugar también, podrá ver el texto (todo esto explica el porqué los archivos creados por los procesadores de texto son tan voluminosos).

6. En el menú Archivo, seleccione el mandato Salir para cerrar el programa. Pulse No cuando la aplicación le pida que almacene los cambios realizados.

7. En el procedimiento de suceso mnuAbrirItem_Click vuelva a sustituir el argumento rtfText por rtfRTF.

¡Felicidades! Estará ya preparado para crear sus propios documentos RTF y (si así lo desea) un procesador de textos plenamente funcional.

Si desea continuar con el siguiente capítulo

➤ No salga de Visual Basic y pase al Capítulo 16.

Si desea salir de Visual Basic por ahora

➤ En el menú Archivo seleccione Salir.

    Si en su pantalla aparece un cuadro de diálogo que le permite almacenar los cambios, seleccione Sí. Almacene cualquier cambio que haya podido realizar en EditorRTF y MiEditorRTF.

RESUMEN DEL CAPÍTULO 15

Para	Haga esto
Instalar los controles ActiveX de la Edición Profesional	Ejecute el mandato Componentes del menú Proyecto, pulse la pestaña controles y seleccione la casilla de verificación situada a la izquierda del control ActiveX que desee instalar.
Poner en mayúsculas el texto seleccionado dentro de un objeto Rich Textbox	Utilice la función Ucase. Por ejemplo: `RichTextBox1.SelText = UCase(RichTextBox1.SelText)`
Mostrar el cuadro de diálogo Fuente	Utilizar el método ShowFont del objeto de diálogo común. Por ejemplo: `CommonDialog1.ShowFont`
Poner en negrita el texto seleccionado	Utilizar la propiedad SelBold. Por ejemplo: `RichTextBox1.SelBold = Not RichTextBox1.SelBold`
Poner en cursiva el texto seleccionado	Utilizar la propiedad SelItalic. Por ejemplo: `RichTextBox1.SelItalic = Not RichTextBox1.SelItalic`

Subrayar el texto seleccionado	Utilizar la propiedad SelUnderline. Por ejemplo:
	`RichTextBox1.SelUnderline =_`
	`    Not RichTextBox1.SelUnderline`

Copiar el texto seleccionado al Portapapeles de Windows	Utilizar el objeto Clipboard y el método SetText. Por ejemplo: `Clipboard.SetText RichTextBox1.SelRTF`

Cortar el texto seleccionado	Utilizar el objeto Clipboard y el método SetText y, finalmente, borrar el texto. Por ejemplo:
	`Clipboard.SetText RichTextBox1.SelRTF`
	`RichTextBox1.SelRTF = ""`

Pegar texto a partir del punto de inserción.	Utilizar el objeto Clipboard y el método GetText. Por ejemplo: `RichTextBox1.SelRTF = Clipboard.GetText`
Buscar texto dentro de un objeto Rich Textbox	Utilizar el método Find. Por ejemplo, localizar la primera aparición de la palabra Lunes en el cuadro de texto: `RichTextBox1.Find(«Lunes», , , rtfWholeWord)`

Cargar un archivo RTF	Utilizar el método LoadFile. Por ejemplo:
	`CommonDialog1.ShowOpen`
	`RichTextBox1.LoadFile CommonDialog1.FileName,`
	`rtfRTF`

Cerrar un archivo RTF	Limpiar el contenido del cuadro de texto con la propiedad Text. Por ejemplo: `RichTextBox1.Text = «»`

Guardar un archivo RTF	Utilizar el método SaveFile. Por ejemplo:
	`CommonDialog1.ShowSave`
	`RichTextBox1.SaveFile CommonDialog1.FileName,`
	`rtfRTF`

Imprimir un archivo RTF	Utilizar el método SelPrint. Por ejemplo: `RichTextBox1.SelPrint (Printer.hDC)`
Salir del programa	Utilizar la instrucción End.

Capítulo

16

Cómo mostrar información de estado y de progreso

Tiempo estimado:
40 minutos

En este capítulo aprenderá a:

- Mostrar gráficamente el progreso de la ejecución de una tarea con el control Progress Bar.

- Crear una barra horizontal para la entrada del usuario con el control Slider.

- Mostrar una ventana de estado en la parte inferior de su aplicación con el control Status Bar.

En el Capítulo 15 aprendió a añadir funciones de procesador de textos a su aplicación utilizando el control Rich Textbox. En este capítulo continuará su trabajo con los controles ActiveX de la Edición Profesional de Visual Basic integrando los controles Progress Bar (barra de progreso), Slider (control deslizador) y Status Bar (barra de estado) en sus aplicaciones. El control Progress Bar ha sido diseñado para proporcionar al usuario una realimentación visual de la ejecución de un proceso de gran duración, tal como la realización de una ordenación compleja o el almacenamiento de un archivo. El control Slider permitirá tanto que el usuario introduzca una información como que el programa muestre una determinada información al usuario: podrá arrastrar el indicador del deslizador a lo largo de una barra horizontal que contiene pequeñas marcas verticales o podrá hacer que su programa desplace el indicador del deslizador para mostrar el progreso en la ejecución de una tarea. Finalmente, el control Status Bar mostrará información de utilidad sobre el estado de su programa y del teclado en una barra dividida en 16 paneles y que se suele mostrar en la parte inferior de la ventana de la aplicación.

Estos pequeños cuadrados se utilizan principalmente para mostrar la hora y la fecha, información del tipo de letra, datos de la hoja de cálculo, temas relacionados con el sistema operativo y el estado de las teclas de conmutación presentes en su teclado (por ejemplo, Bloq. Mayús, Bloq. Núm, etc.). Como grupo, estos tres controles ActiveX le permitirán crear interfaces gráficos de usuario de gran atractivo y utilidad.

CÓMO MOSTRAR EL PROGRESO DE UNA TAREA CON EL CONTROL PROGRESS BAR

En la era de World Wide Web la mayoría de los profesionales del software invierten un poco de su tiempo diario importando de Internet archivos o cualquier otra información. Como resultado, uno de nuestros compañeros inseparables en nuestras tareas diarias es la barra de progreso, un indicador horizontal de estado que nos muestra de manera gráfica cuánto tiempo queda o qué porcentaje llevamos realizado de una determinada tarea. Una típica barra de progreso en Microsoft Internet Explorer tiene el siguiente aspecto:

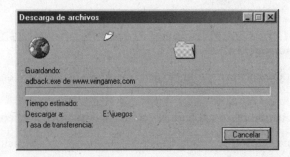

Una barra de progreso no indica siempre cuántos minutos o segundos tardará nuestra computadora en realizar una determinada tarea, pero sí proporcionará al usuario información visual para convencerle de que su transacción no se encuentra detenida ni de que el sistema completo se encuentra bloqueado. En términos psicológicos, una barra de progreso relaja la tensión asociada con la espera de los resultados de un cálculo complejo y proporciona una medida tangible del progreso de una determinada tarea informática.

En este apartado aprenderá a añadir una barra de progreso a la interfaz de usuario de su aplicación. Yo siempre utilizo barras de progreso cuando preveo que la tarea que voy a realizar con el programa puede durar cinco o más segundos en cualquier computadora personal típica. En la siguiente lista muestro algunas tareas que pueden provocar este tipo de retrasos:

- Importar archivos de Internet.

- Abrir y guardar archivos.

- Ordenar largas listas.

- Reproducir sonidos u otros archivos multimedia.
- Controlar cálculos de larga duración, tal como complejos cálculos financieros.
- Copiar discos o configurar programas.

Instalación del control Progress Bar

Antes de que pueda utilizar el control Progress Bar deberá añadirlo a su cuadro de herramientas. El control ActiveX denominado Progress Bar y todos los demás controles ActiveX que utilizará en este capítulo se encuentran almacenados en un único archivo denominado Microsoft Windows Common Control (mscomctl.ocx). Cuando añada el Windows Common Control a su cuadro de herramientas obtendrá nueve controles ActiveX que podrá utilizar para personalizar la interfaz de usuario de su programa.

NOTA: Si desea obtener más información sobre los controles ActiveX incluidos en la Edición Profesional de Visual Basic deberá consultar el apartado «Instalación de controles ActiveX de la Edición Profesional» contenido en el Capítulo 15, «Edición de textos con el control Rich Textbox».

Inclusión del control Windows Common en su cuadro de herramientas

El proyecto ejemplo que utilizará en este capítulo ya cuenta con el Control Windows Common incluido en el cuadro de herramientas. Sin embargo, cuando en un futuro comience a crear sus propios proyectos necesitará añadir manualmente este control. Los siguientes pasos le muestran la forma de llevar a cabo esta tarea (puede practicar estos pasos ahora o tenerlos siempre cerca para futuras referencias):

1. En el menú Proyecto seleccione la opción Componentes y pulse la pestaña Controles.

    Visual Basic muestra los controles ActiveX instalados en su sistema.

2. Desplace la lista de controles hasta que vea el nombre de Microsoft Windows Common Controls 6.0.

3. Seleccione la casilla de verificación situada a la izquierda del nombre del control y pulse, finalmente, el botón Aceptar.

    No seleccione los nombres Microsoft Windows Common Controls-2 o Microsoft Windows Common Controls-3. Estos archivos contienen otros útiles controles ActiveX, incluyendo Month View, Date y Time Picker y Flat Scroll Bar (consulte el Capítulo 15 para obtener más detalles).

    Después de pulsar Aceptar, Visual Basic añadirá a su cuadro de herramientas nueve controles de interfaz de usuario. Su cuadro de herramientas tendrá el aspecto mostrado en la figura de la página siguiente.

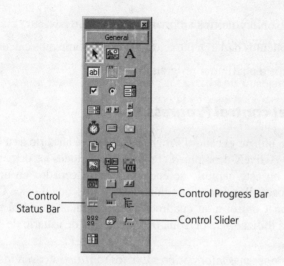

Control Status Bar
Control Progress Bar
Control Slider

EL PROGRAMA PROGRESO

Creé el programa Progreso, almacenado en la carpeta \Vb6Sbs\Less16, para mostrarle la forma en que podrá utilizar una barra de progreso para proporcionar al usuario información durante la ejecución de procesos de larga duración. El programa Progreso es una modificación del programa Demoorde presentado en el Capítulo 12 que utilizaba el algoritmo Shell de ordenación para ordenar el texto contenido dentro de un cuadro. Como la ordenación tardará varios segundos en el caso de tratarse de una lista de gran extensión, he considerado que sería una buena idea proporcionar al usuario cierta información visual mientras que el algoritmo de ordenación lleva a cabo su tarea. A continuación, podrá ejecutar el programa Progreso para ver cómo funciona.

Ejecución del programa Progreso

1. Abra el proyecto Progreso.vbp contenido en la carpeta \Vb6Sbs\Less16.

    Si el programa le pide que almacene sus modificaciones (por ejemplo, la inclusión del control Windows Common que practicó anteriormente), seleccione No.

Botón Iniciar

2. Pulse el botón Iniciar contenido en la barra de herramientas para ejecutar el programa.

    Visual Basic muestra la interfaz de usuario del programa Progreso.

3. En el menú Archivo del programa Progreso, ejecute el mandato Abrir y seleccione el archivo ordenartexto.txt contenido en la carpeta \Vb6Sbs\Less16.

    Visual Basic muestra el contenido de este archivo en el cuadro de texto (el archivo contiene cinco copias del archivo de texto ABC, un total de 180 líneas).

4. En el menú Archivo ejecute el mandato Ordenar texto para clasificar alfabéticamente el contenido del cuadro de texto.

Visual Basic comienza la ordenación y, tal y como se muestra en la página siguiente, muestra una barra de progreso en la parte inferior del formulario para supervisar el avance de la operación.

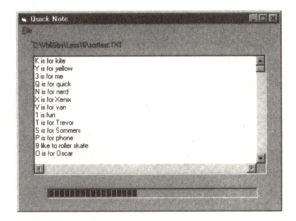

Observe con cuidado: verá que la barra de progreso se llena dos veces. La primera pasada es una medida del proceso de preparación de los datos, en el que se analiza el archivo para determinar el número de líneas que contiene; la segunda pasada sigue el progreso de la ordenación real. Me gusta mostrar un proceso de gran duración como éste dividido en fases individuales; permite que el usuario se involucre más.

Después de unos segundos, el programa muestra la lista ordenada en el cuadro de texto y la barra de progreso desaparece.

5. En el menú Archivo, ejecute el mandato Salir para terminar el programa.

Examen del código del programa Progreso

El código de programa que manipula la barra de progreso se encuentra localizado en el procedimiento de suceso denominado mnuItemOrdenarTexto_Click, una rutina que se ejecutará cada vez que el usuario seleccione el mandato Ordenar texto contenido en el menú Archivo. A continuación, analizaremos en profundidad estas instrucciones.

■ Muestre la ventana Código y abra el procedimiento de suceso mnuItemOrdenarTexto_Click.

Usted ya habrá visto anteriormente estas instrucciones (en el Capítulo 12 las utilizó para ordenar el contenido de un cuadro de texto mediante el algoritmo de ordenación denominado Shell). El contenido real del algoritmo Sort se encuentra localizado en el módulo de código denominado Progreso.bas de este proyecto. El procedimiento de suceso maneja varias tareas importantes antes y después de que se realice la ordenación. Entre estas tareas se incluye el cálculo del número de líneas contenidas en el cuadro de texto, la carga de cada una de las líneas en un array de cadenas denominado strArray, la llamada al procedimiento ShellSort y la visualización del resultado en el cuadro de texto. En este capítulo me centraré exclusivamente en el código del programa que controla la barra de progreso.

Durante el diseño del programa he asignado el valor False a la propiedad Visible de la barra de progreso por lo que no aparecerá en pantalla hasta que realmente la necesite.

- Según esto, mi primera tarea en el procedimiento de suceso mnuItemOrdenarTexto_Click es hacer visible la barra de progreso y asignar a su propiedad Max el número de caracteres contenidos en el archivo. También he asignado el valor 1 a su propiedad Min y el valor 1 a la propiedad Value (el cuadrado inicial de la barra de progreso):

```
CarEnArchivo% = Len(txtNote.Text)
....
ProgressBar1.Visible = True
ProgressBar1.Min = 1
ProgressBar1.Max = CarEnArchivo%    'define max para la barra de progreso
ProgressBar1.Value = 1              'define el valor inicial
```

A continuación, se analiza carácter a carácter el contenido del cuadro de texto para determinar el número de líneas existentes en el documento, un valor que se necesitará cuando se llame posteriormente al procedimiento ShellSort de la rutina. A medida que se va procesando cada línea, se actualizará el valor de la propiedad Value de la barra de progreso con el carácter adecuado, representado por la variable i% (que se muestra en negrita a continuación):

```
'calcula el número de líneas contenidas en el cuadro de texto
For i% = 1 To CarEnArchivo%
    letra$ = Mid(txtNote.Text, i%, 1)
    ProgressBar1.Value = i%      'mueve la barra de progreso
    If letra$ = Chr$(13) Then    'si se encuentra un retorno de carro
        ContLinea% = ContLinea% + 1   'incrementa el contador de línea
        i% = i% + 1              'salta el carácter de alimentación de línea
    End If
Next i%
```

Después de realizar la primera pasada por la barra de progreso se redefine la propiedad Value y se asigna a la propiedad Max el número de líneas contenidas en el documento (este valor se encuentra almacenado en la variable ContLinea%):

```
'reconfigura la barra de progreso para la siguiente fase de la
'ordenación
ProgressBar1.Value = 1
ProgressBar1.Max = ContLinea%
```

CÓMO MOSTRAR INFORMACIÓN DE ESTADO Y DE PROGRESO

A medida que voy añadiendo cada línea a la variable strArray en preparación para la ordenación se va actualizando la barra de progreso con el valor de la línea actual (lineaactual%) (mostrada en negrita). A medida que aumenta el valor de la propiedad Value se irán generando nuevos cuadrados negros que irán rellenando la barra de progreso:

```
'crear un array para almacenar el texto en el cuadro de texto
ReDim strArray$(ContLinea%)  'crear array del tamaño adecuado
lineaactual% = 1
ln$ = ""   'utilizar ln$ para ir añadiendo un carácter a la línea
For i% = 1 To CarEnArchivo%      'hacer bucle por todo el texto
    letra$ = Mid(txtNote.Text, i%, 1)
    If letra$ = Chr$(13) Then   'si se encuentra un retorno de carro
        ProgressBar1.Value = lineaactual%    'mostrar progreso
        lineaactual% = lineaactual% + 1      'incrementar contador de
línea
        i% = i% + 1              'saltar alimentación de línea
        ln$ = ""                 'borrar línea y pasar a la siguiente
    Else
        ln$ = ln$ & letra$    'agregar letra a la línea
        strArray$(lineaactual%) = ln$   'e introducirla en el array
    End If
Next i%
```

Finalmente, después de haber finalizado la ordenación, se oculta la barra de progreso:

```
ProgressBar1.Visible = False
```

Como puede comprobar, la barra de progreso es una herramienta de gran utilidad que podrá incluir en sus formularios cuando esté llevando a cabo operaciones de gran lentitud dentro de un programa. Si define las propiedades Min y Max con los valores apropiados antes de comenzar, podrá controlar con facilidad el comportamiento de la barra de progreso dentro de la instrucción For...Next o con cualquier otra estructura de control.

GESTIÓN GRÁFICA DE LA ENTRADA CON EL CONTROL SLIDER

Si le gusta el aspecto que presentan ciertas barras de control en sus aplicaciones, podrá utilizar un control ActiveX denominado Slider para recibir información y mostrar el progreso de una determinada tarea. El control Slider (barra deslizante) es un componente de la interfaz de usuario que contiene un pequeño indicador deslizante y unas marcas verticales opcionales. Podrá mover el indicador deslizante dentro de la barra sin más que arrastrarlo con el ratón, pulsando sobre las pequeñas marcas verticales o utilizando las teclas de desplazamiento del cursor del teclado. Pienso que el control Slider es un importante dispositivo de entrada de datos para, por ejemplo, definir los márgenes de un documento en un procesador de textos, controlar aplicaciones multimedia, desplazar el contenido mostrado en una ventana y otras tareas que requieren movimientos relativos. También podrá encontrar que el control Slider puede ser de utilidad para introducir valores numéricos o para definir colores.

Ejecución del programa EditorRTF2

Para practicar utilizando el control Slider deberá cargar y ejecutar el programa EditorRTF2, una versión mejorada del Editor RTF que creó en el Capítulo 15.

1. Abra el proyecto EditorRTF2.vbp localizado en la carpeta \Vb6Sbs\Less16 y ejecútelo.

    En el menú Archivo del programa ejecute el mandato Abrir y abra el archivo denominado picnic.rtf contenido en la carpeta \Vb6Sbs\Less16.

    El formulario tendrá el siguiente aspecto:

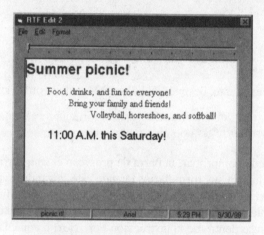

    El programa EditorRTF2 contiene dos nuevas funciones: un control deslizante situado en la parte superior del formulario y un control de barra de estado en la parte inferior del mismo. El control deslizante proporciona al usuario una forma sencilla de ajustar el margen izquierdo del texto que se encuentre seleccionado o que contenga al punto de inserción. Además, verá una barra de estado con cuatro paneles que muestran el nombre del archivo que se encuentra abierto, la fuente seleccionada, la hora y la fecha.

3. Pulse sobre la segunda línea de texto del archivo picnic.rtf.

    El control deslizante se mueve a la siguiente parada del tabulador reflejando el margen izquierdo de la línea actual.

4. Arrastre el deslizador a la derecha para aumentar el margen izquierdo.

    A medida que vaya arrastrando el deslizador, el margen de texto se expande de manera automática. Además, en su pantalla aparecerá una pequeña ven-

CÓMO MOSTRAR INFORMACIÓN DE ESTADO Y DE PROGRESO 429

tana de texto que le indicará el tamaño del margen medido en twips, que es la escala de medida utilizada por defecto por cualquier formulario de Visual Basic y por sus controles (recuerde que un twip es, exactamente, 1/1440 de una pulgada). Podrá ajustar la unidad de medida modificando la propiedad ScaleMode del formulario.

5. Practique reconfigurando los márgenes con el deslizador hasta que obtenga los resultados apetecidos.

    Si así lo desea, podrá seleccionar varias líneas y ajustar el margen para todas ellas en una única acción. Observe que cada vez que pulse sobre una nueva línea, el deslizador se desplaza para mostrar el margen correcto.

6. Cuando termine, ejecute el mandato Salir del menú Archivo de este programa.

7. Pulse No si el programa le pregunta si desea almacenar los cambios realizados.

Examen del código fuente del control Slider

Ahora que ya ha tenido la oportunidad de comprobar lo que el control Slider puede hacer, analice la forma en que se controla su funcionamiento mediante tres procedimientos de suceso.

1. Realice una doble pulsación sobre el formulario para mostrar el procedimiento de suceso Form_Load. Verá el siguiente código de programa:

```
Private Sub Form_Load()
    'Definir valores iniciales para el control Slider
    Slider1.Left = RichTextBox1.Left    'alinear al cuadro de texto
    Slider1.Width = RichTextBox1.Width
    'nota: todas las medidas del deslizador están en twips
    Slider1.Max = RichTextBox1.Width
    Slider1.TickFrequency = Slider1.Max * 0.1
    Slider1.LargeChange = Slider1.Max * 0.1
    Slider1.SmallChange = Slider1.Max * 0.01
End Sub
```

   El procedimiento de suceso Form_Load es el típico lugar donde introducir las instrucciones que permitirán configurar el empleo del control deslizante. Las primeras dos instrucciones utilizan las propiedades Left y Width del objeto Rich Textbox para alinear el control deslizante con el cuadro de texto. Aunque he colocado el control aproximadamente debajo del cuadro de texto enriquecido, las propiedades Left y Width me ayudarán a llevar a cabo esta tarea con una mayor precisión, utilizando los mismos parámetros que para el caso del cuadro de texto.

   A continuación, he asignado a la propiedad Max del control Slider el valor que representa la anchura del cuadro de texto. También podría modificar el valor asignado a la propiedad Max mediante la ventana Propiedades durante el diseño del programa, pero he pensado que en esta ocasión sería conveniente hacerlo así para vincular con precisión el tamaño del objeto deslizador al tamaño de la ventana del procesador de textos (si la ventana cambia de tamaño también lo hará el control deslizante). El valor inicial asignado a la propiedad Min, el valor inicial del deslizador, es cero.

Finalmente, he configurado las propiedades TickFrequency, LargeChange y SmallChange dentro del procedimiento de suceso Form_Load. TickFrequency define la frecuencia con la que aparecerán las marcas del control deslizante en relación con su rango (o, en otras palabras, la diferencia existente entre el valor Min y Max). Por ejemplo, si el rango es 1000, y la propiedad TickFrequency tiene asignado el valor 100, en la barra aparecerán un total de 10 marcas. La propiedad LargeChange define el número de marcas que saltará el deslizador cuando el usuario pulse con el ratón a la izquierda o a la derecha del mismo o pulse las teclas RePág o AvPág, respectivamente. La propiedad SmallChange define el número de marcas que saltará el deslizador cuando el usuario pulse las teclas Flecha Dcha. o Flecha Izda.

2. Utilice el cuadro de lista Objeto de la ventana Código para mostrar el contenido del procedimiento de suceso Slider1_Scroll.

   El procedimiento de suceso Slider1_Scroll enlaza la actividad del objeto deslizante con la definición de los márgenes dentro del cuadro de texto enriquecido. Cada vez que el usuario desplace el control deslizante, Visual Basic llamará a este procedimiento de suceso. Utilizando la propiedad Value del objeto Slider esta rutina asigna el valor de la posición del deslizador a la propiedad SelIndent del objeto Rich Textbox, que definirá el margen izquierdo del texto seleccionado.

```
Private Sub Slider1_Scroll()
    RichTextBox1.SelIndent = Slider1.Value
End Sub
```

   Esta instrucción funciona correctamente porque, durante el inicio del programa, se asigna a la propiedad Max del objeto deslizador el valor correspondiente a la anchura del objeto cuadro de texto enriquecido. Si los dos objetos tuvieran un tamaño distinto las escalas de medida de la propiedad Value del deslizador no coincidirían con las dimensiones del cuadro de texto enriquecido.

3. Utilice el cuadro de lista Objeto de la ventana Código para mostrar el contenido del procedimiento de suceso RichTextBox1_SelChange().

   Visual Basic ejecuta este procedimiento de suceso cuando se selecciona otro trozo de texto en el objeto cuadro de texto enriquecido o cuando se traslada el punto de inserción. Debido a que se desea que el deslizador se desplace apropiadamente según el párrafo que se encuentre seleccionado dentro del documento, se han añadido algunas instrucciones al procedimiento de suceso cuya función es actualizar la posición del control deslizante basándose en el nuevo valor del margen, del texto seleccionado en ese momento:

```
Private Sub RichTextBox1_SelChange()
    ...
    'si sólo se ha seleccionado un tipo de sangrado, mostrar su
nombre
    'en la barra de estado (si hay varios estilos seleccionados
    'se devolverá el valor Null)
    If Not IsNull(RichTextBox1.SelIndent) Then
        Slider1.Value = RichTextBox1.SelIndent
    End If
End Sub
```

Observe la función IsNull de este procedimiento, cuyo objetivo es comprobar si la propiedad SelIndent del objeto cuadro de texto enriquecido contiene un valor Null (o vacío). SelIndent devuelve el valor Null cuando el texto seleccionado en ese momento tiene asignado dos márgenes distintos, lo que provocará un error en tiempo de ejecución cuando se asigne a la propiedad Value del objeto deslizador. Para evitar que esto suceda, se verifica que el valor almacenado en SelIndent no es Null antes de asignárselo al deslizador. Sus aplicaciones deberán incluir siempre este tipo de pruebas y verificaciones básicas.

Acaba de aprender la forma en que podrá utilizar el control Slider para modificar los márgenes en un documento RTF. Sin embargo, antes de seguir adelante, échele un vistazo a los datos mostrados por el control Status Bar utilizado en la aplicación EditorRTF2.

CÓMO MOSTRAR INFORMACIÓN DE UNA APLICACIÓN CON EL CONTROL STATUS BAR

Una *barra de estado* es un conjunto de cajas rectangulares o *paneles* que se extienden en la parte inferior de la mayoría de las aplicaciones desarrolladas para Windows. Un ejemplo típico es la barra de estado de Microsoft Word, que muestra el número de la página y de la sección actuales, la posición del cursor, el estado de varias teclas conmutadoras, la función autocorregir y otros elementos de información de indudable utilidad.

La barra de estado de Microsoft Windows

Podrá añadir una barra de estado a las aplicaciones que desarrolle con Visual Basic sin más que utilizar el control ActiveX denominado Status Bar que forma parte de Windows Common Control (mscomctl.ocx). Cuando introduzca un objeto barra de estado en su formulario, inmediatamente aparecerá en la parte inferior del formulario. A continuación, podrá configurar las características generales del objeto dentro de la ventana

Propiedades y podrá añadir o eliminar paneles en la barra de estado sin más que pulsar el botón derecho del ratón sobre el objeto barra de estado, seleccionar la opción Propiedades y especificar la configuración en la pestaña Paneles del cuadro de diálogo Páginas de propiedades. Podrá incluir hasta 16 paneles de información en cada barra de estado.

La pestaña Panels del cuadro de diálogo Páginas de propiedades le permitirá añadir paneles a la barra de estado

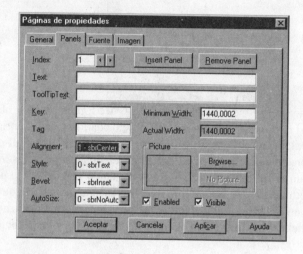

Ejecución del programa EditorRTF2

Vuelva a ejecutar el programa EditorRTF2 para ver cómo funciona la barra de estado en el editor RTF.

Botón Iniciar

1. Pulse el botón Iniciar contenido en la barra de herramientas para ejecutar una vez más el programa EditorRTF2.

   Si cerró anteriormente el programa o si, simplemente, ha comenzado a leer este capítulo por este apartado, cargue el programa EditorRTF2 contenido en la carpeta \VB6Sbs\Less16 y ejecútelo.

   Observe que en la barra de estado aparece la fecha y la hora actuales, en la parte inferior de la pantalla. Apunte con el ratón sobre la fecha y la hora y se desplegará una pequeña ventana que describe la función de cada una de estas cajas.

2. Abra el archivo picnic.rtf almacenado en la carpeta \VB6Sbs\Less16.

   El nombre picnic.rtf aparecerá en el cuadro situado en la parte izquierda de la barra de estado.

3. Pulse sobre la última línea del documento.

   En el segundo cuadro de la barra de estado aparecerá MS Sans Serif, el nombre de la fuente utilizada. Su formulario tendrá ahora el siguiente aspecto:

4. Seleccione la tercera línea, y ejecute el mandato Fuente del menú Formato.

5. Cuando en su pantalla aparezca el cuadro de diálogo Fuente, modifique el tipo de letra utilizada a Times New Roman o cualquier otro tipo disponible en su sistema. Pulse Aceptar.

    La fuente utilizada en su documento cambiará y su nombre aparecerá en el panel correspondiente de la barra de estado.

6. En el menú Archivo, seleccione el mandato Salir para terminar la ejecución del programa.

A continuación, analizará las páginas de propiedades correspondientes a la barra de estado.

Análisis de las páginas de propiedades de la barra de estado

Una página de propiedades es un grupo de parámetros de configuración que trabajan colectivamente para configurar un aspecto del comportamiento del control. En Visual Basic podrá utilizar las páginas de propiedades para personalizar varios controles ActiveX. Siga estos pasos para ver como he utilizado las páginas de propiedades para crear los paneles en la barra de estado del programa EditorRTF2.

1. Pulse sobre la barra de estado del formulario con el botón derecho del ratón.

2. Seleccione la opción Propiedades del menú desplegable que aparece.

    En su pantalla aparecerá el cuadro de diálogo Páginas de propiedades correspondiente al objeto barra de estado.

3. Pulse la pestaña Panels.

    La pestaña Panels contiene varios parámetros de configuración para cada uno de los paneles que forman la barra de estado. Si desea añadir un nuevo panel a la barra de estado pulse sobre el botón Insert Panel (Insertar Panel). Para eliminar un panel, pulse el botón Remove Panel (Eliminar panel). Como grupo, los paneles que cree en su barra de estado recibirán el nombre de *Colección de paneles*. Podrá hacer referencia individual a cada panel utilizando la colección Panels y el índice particular del panel con el que desee trabajar. Por ejemplo, para introducir el nombre de archivo miarchiv.txt en el primer panel de la barra de estado deberá utilizar la siguiente instrucción de programa:

```
StatusBar1.Panels(1).Text = "miarchiv.txt"
```

Igualmente, podrá asignar el valor almacenado en otro objeto a la barra de estado. Por ejemplo, la siguiente instrucción de programa asigna al primer panel de la barra de estado el nombre del archivo (sin su nombre de ruta) almacenado en la propiedad FileTitle del objeto cuadro de diálogo común:

```
StatusBar1.Panels(1).Text = CommonDialog1.FileTitle
```

4. Pulse el cuadro de lista denominado Alignment (alineación) contenido en la pestaña Panels.

   Verá una lista de posibles opciones de alineación de texto en el cuadro de lista, incluyendo izquierda, centro y derecha (respectivamente, left, center y right). Estas opciones controlan la forma en que se mostrará el texto en el panel que esté configurando.

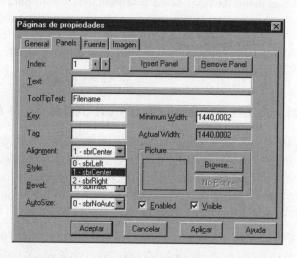

5. Pulse sobre el cuadro de lista desplegable denominado Style (estilo) contenido en la pestaña Panels.

   Verá una lista de posibles opciones de formato que controlarán el tipo de información que se mostrará en el panel de la barra de estado. La entrada sbrText (opción por defecto) significará que deberá introducir manualmente el contenido del panel mediante la propiedad Text o bien con el cuadro de texto

Text de la pestaña Panel o utilizando la propiedad Text en el código del programa (consulte el paso 3 anterior).

Las restantes opciones de estilo se configuran de manera automática, si selecciona una, Visual Basic mostrará automáticamente el valor que haya seleccionado cuando visualice la barra de estado. Las otras opciones de estilo tienen el siguiente significado:

Estilo	Muestra la siguiente información
SbrText	Texto definido por el usuario y asignado a la propiedad Text
sbrCaps	Estado de la tecla Bloq Mayús
sbrNum	Estado de la tecla Bloq Num
sbrIns	Estado de la tecla Ins
sbrScrl	Estado de la tecla Bloq Despl
SbrTime	Hora actual del reloj del sistema
sbrDate	Fecha actual del reloj del sistema
sbrKana	Estado de la tecla Kana Lock (sólo para el sistema operativo japonés)

6. Realice una doble pulsación sobre la flecha derecha del cuadro Index para avanzar hasta el tercer panel de la barra de estado (Time).

   He configurado este panel para que muestre la hora actual en la barra de estado (observe el valor sbrTime en el parámetro Style).

7. Pulse una vez más la flecha derecha del cuadro Index para avanzar hasta el cuarto panel de la barra de estado (Date).

   Este panel utiliza el valor sbrDate para mostrar en la barra de estado la fecha actual.

   Manualmente he configurado otros dos parámetros para cada panel: ToolTip Text contiene el texto del recuadro que se muestra cuando el usuario mantiene el puntero del ratón sobre el panel y Minimum Width (anchura mínima) definirá la anchura inicial del panel en twips. El diseñador podrá asignar un tamaño mínimo a cada uno de los paneles de la barra de estado durante el diseño, pero si el usuario decide aumentar el tamaño del formulario el tamaño de los paneles aumentará también de forma proporcional. Otra opción, que ha sido la elegida en este caso, es seleccionar sbrContents en el cuadro de lista desplegable AutoSize para que el tamaño de los paneles varíe de forma dinámica en función de su contenido.

8. Invierta unos minutos en explorar el resto de parámetros y hojas de opciones contenidas en cuadro de diálogo Páginas de propiedades, finalmente, pulse el botón Cancelar.

Ahora, ya está preparado para analizar los procedimientos de suceso que pueden controlar la barra de estado en tiempo de ejecución.

Examen del código de la barra de estado

A diferencia de lo que sucede con muchos controles ActiveX, la barra de estado no suele necesitar mucho código de soporte. Su tarea suele ser mostrar una o dos piezas de información en la barra de estado mediante la propiedad Text. Veamos cómo se ha llevado a cabo esta tarea en el programa EditorRTF2, en él que la barra de estado muestra el nombre del archivo que está cargado en memoria, el tipo de letra, la hora y la fecha del sistema.

1. Abra el procedimiento de suceso denominado mnuGuardarComoItem_Click().

    Como puede recordar del Capítulo 15, este procedimiento de suceso almacena en el disco el documento con el que se ha trabajado en formato RTF utilizando un cuadro de diálogo Guardar como y el método SaveFile del objeto Rich TextBox. Para mostrar el nuevo nombre de archivo en el primer panel del objeto barra de estado, he tenido que añadir la siguiente instrucción debajo del método SaveFile:

```
StatusBar1.Panels(1).Text = CommonDialog1.FileTitle
```

Esta instrucción copia el nombre contenido en la propiedad FileTitle (el nombre de archivo sin incluir la ruta del mismo) a la propiedad Text del primer panel de la barra de estado. Para especificar un panel distinto tan sólo tendría que modificar el índice numérico.

> **NOTA:** Para manejar los otros dos mecanismos para guardar archivos en este programa, también he añadido la anterior instrucción en los procedimientos de suceso denominados mnuCerrarItem y mnuSalirItem.

2. Abra el procedimiento de suceso RichTextBox1_SelChange().

    Como comenté anteriormente en este capítulo, el procedimiento de suceso RichTextBox1_SelChange() se ejecuta cuando se modifica el texto seleccionado dentro del cuadro de texto o cuando el usuario desplaza el punto de inserción. Como el segundo panel de la barra de estado está encargado de mostrar el nombre de la fuente utilizada en el texto seleccionado, he tenido que añadir una estructura de decisión If...Then...Else en este procedimiento de suceso para verificar la fuente que se está utilizando y copiarla en el segundo panel:

```
Private Sub RichTextBox1_SelChange()
    'si sólo se ha seleccionado una fuente, mostrar su nombre
    'en la barra de estado (si hay varias fuentes seleccionadas
    'se devolverá el valor Null)
    If IsNull(RichTextBox1.SelFontName) Then
        StatusBar1.Panels(2).Text = ""
    Else
        StatusBar1.Panels(2).Text = RichTextBox1.SelFontName
    End If
    ...
End Sub
```

Una vez más, he utilizado la función IsNull para verificar si la propiedad SelFontName contiene el valor Null. Esta propiedad devolverá Null cuando la selección actual contenga dos nombres de fuente distintas. Como este hecho provocaría un error en tiempo de ejecución verifico la posible existencia del valor Null antes de asignar este valor y, simplemente, borro el segundo panel en el caso de que se obtengan simultáneamente dos nombres distintos de fuentes.

Los paneles de la barra de estado encargados de mostrar la hora y la fecha en el programa funcionan de manera automática. No tendrá que añadir ninguna instrucción de código para que se ejecuten automáticamente.

UN PASO MÁS ALLÁ

Cómo mostrar el estado de las teclas Bloq Mayús y Bloq Num

Invierta unos instantes para experimentar ahora con algunos otros estilos de formato automático que podrá utilizar en la barra de estado. Como mencioné anteriormente en este capítulo podrá utilizar la pestaña Panels contenida en el cuadro de diálogo Páginas de propiedades para configurar sus paneles con el fin de supervisar el estado de diversas teclas del teclado, incluyendo Bloq Num, Bloq Mayús, Ins y Bloq Despl.

1. Pulse el botón derecho del ratón sobre el objeto barra de estado y seleccione la opción Propiedades. En su pantalla aparecerá el cuadro de diálogo Páginas de propiedades.

2. Pulse la pestaña Panels.

3. Pulse dos veces la flecha que apunta hacia la derecha del cuadro Index para activar el tercer panel (Time).

4. Pulse sobre el cuadro de lista desplegable Style y seleccione la opción sbrCaps (Bloq Mayús).

5. Pulse la flecha que apunta hacia la derecha del cuadro Index para mostrar la configuración del cuarto panel (date).

6. Pulse sobre el cuadro de lista desplegable Style y seleccione la opción sbrNum (Bloq Num).

7. Pulse Aceptar para cerrar el cuadro de diálogo Páginas de propiedades.

Con sólo algunas pulsaciones de ratón ha añadido información relacionada con las teclas Bloq Mayús y Bloq Num a la barra de estado. A continuación, ejecute el programa para ver los efectos de las operaciones anteriores.

Botón Iniciar

8. Pulse Iniciar en la barra de herramientas para ejecutar el programa EditorRTF2.

9. Pulse varias veces las teclas Bloq Num y Bloq Mayús para ver su efecto en la línea de estado. La figura contenida en la página siguiente ilustra la forma en que aparecerán estas teclas en la barra de estado.

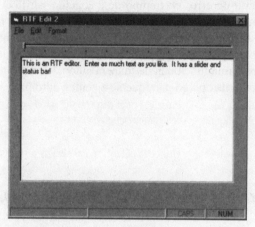

Si desea continuar con el siguiente capítulo

➤ No salga de Visual Basic y pase al Capítulo 17.

Si desea salir de Visual Basic por ahora

➤ En el menú Archivo seleccione Salir.

Si en su pantalla aparece un cuadro de diálogo que le permite almacenar los cambios, seleccione No (no necesita almacenar los cambios realizados relacionados con las teclas Bloq Mayús y Bloq Num).

RESUMEN DEL CAPÍTULO 16

Para	Haga esto
Instalar el Windows Commom Control	En el menú Proyecto seleccione la opción Componentes, pulse sobre la pestaña Controles y seleccione la entrada Windows Commom Controls 6.0.
Mostrar una barra de progreso	Defina la propiedad Visible. Por ejemplo: `ProgressBar1.Visible=True`
Oculte la barra de progreso especial a un objeto de una	Defina la propiedad Visible. Por ejemplo: `ProgressBar1.Visible=False`
Actualice el progreso de la barra de progreso	Defina la propiedad Value. Por ejemplo: `ProgressBar1.Value=lineaactual%`

(Continúa)

Para	Haga esto
Definir el máximo valor para el objeto deslizador	Defina la propiedad Value. Por ejemplo: `Slider1.Max = RichTexBox1.Width`
Definir la frecuencia con la que aparecen las marcas en el objeto deslizador	Defina la propiedad TickFrequency. Por ejemplo: `Slider1.TickFrequency = Slider.Max*0.1`
Mover el deslizador mediante instrucciones de programa	Defina la propiedad Value. Por ejemplo: `Slider1.Value = RichTextBox1.SelIndet`
Configurar los paneles de la barra de estado en tiempo de diseño	Pulse el botón derecho del ratón sobre el objeto barra de estado, seleccione la opción Propiedades y utilice la pestaña Panels.
Definir el texto que aparecerá en el panel de la barra de estado en tiempo de ejecución	Utilice la colección Panels y la propiedad Text. Por ejemplo: `StatusBar1.Panels (1) .Text = "miarchiv.txt"`
Mostrar en algún panel de la barra de estado información sobre las teclas Bloq Mayús, Bloq Num y Bloq Despl.	Pulse el botón derecho del ratón sobre el objeto barra de estado, seleccione la opción Propiedades y utilice la pestaña Panels, despliegue el cuadro de lista Style y seleccione el estilo predefinido que desee.

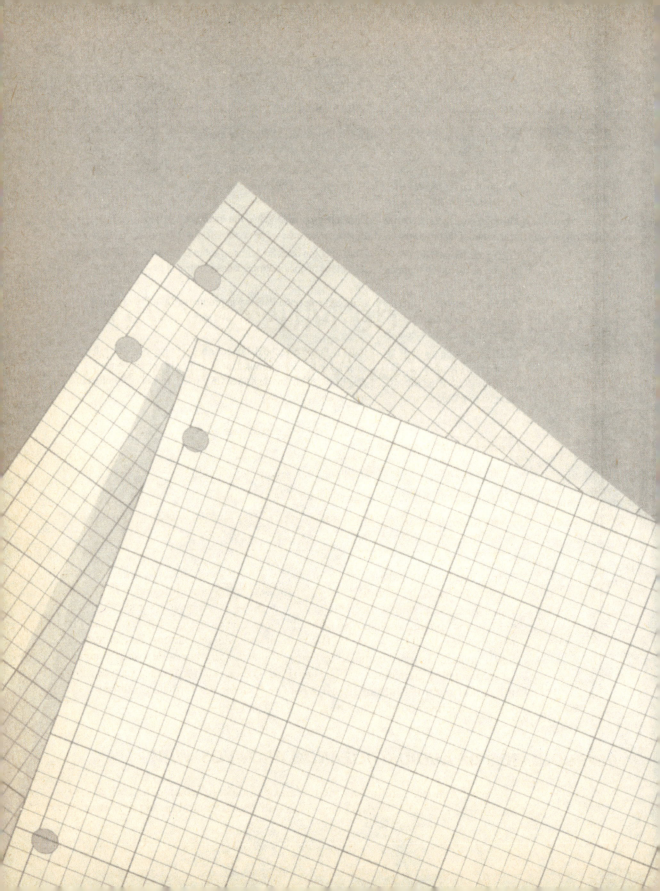

Capítulo

17

Integración de Música y Vídeo con el control MCI Multimedia

Tiempo estimado:
40 minutos

En este capítulo aprenderá a:

- Reproducir audio desde un archivo .wav cuando su programa se ponga en marcha.
- Ejecutar un vídeo almacenado en un archivo .avi
- Reproducir música utilizando un CD de audio introducido en la unidad de CD-ROM.

En este capítulo aprenderá a añadir música y vídeo a sus aplicaciones con el control Multimedia MCI, un control ActiveX incluido en la Edición Profesional de Microsoft Visual Basic. El *control Multimedia MCI* gestiona la grabación y reproducción de archivos multimedia en dispositivos MCI (Interfaz de Control de Medios), tales como reproductores de CD de audio, VCR y reproductores de videodiscos. Este control también proporciona un útil conjunto de botones, al estilo de equipos de discos compactos, para reproducir y grabar archivos de audio y de vídeo en sus programas. En este capítulo utilizará el control Multimedia MCI para reproducir los formatos multimedia más populares incluyendo archivos .wav, .avi y CD de audio.

REPRODUCCIÓN DE AUDIO UTILIZANDO ARCHIVOS .WAV

El control ActiveX Multimedia MCI se encuentra localizado en el archivo Microsoft Multimedia Control 6.0 (mci32.ocx). Para utilizar este control en su programa deberá añadirlo a su cuadro de herramientas mediante el mandato Componentes del menú Proyecto, pulsar sobre el control e introducir el elemento de la interfaz en el formulario. El control Multimedia MCI consta de una serie de botones de mandatos que funcionan automáticamente cuando se abre un dispositivo multimedia válido y se activa el control.

Los botones reciben los nombres de Prev, Next (siguiente), Play (reproducir), Pause, Back (retroceder), Step (paso), Stop (parar), Record (grabar) y Eject (expulsar), respectivamente. Podrá añadir funciones especiales a dichos botones desarrollando procedimientos de suceso específicos para ellos. Sin embargo, configurar manualmente los botones no suele ser necesario. En la mayoría de los casos podrá comprobar que las opciones por defecto asociadas a cada botón reproducen música y vídeos de una manera correcta.

El control Multimedia MCI proporciona varios botones de gran utilidad

El control Multimedia MCI tiene varios usos. Podrá hacer visible el control en tiempo de ejecución (la opción por defecto) y utilizar el control para proporcionar al usuario las herramientas necesarias para que pueda manejar el dispositivo multimedia que se encuentre unido a su equipo, tal como un reproductor de vídeo o de discos compactos. También podrá hacer invisible el control en tiempo de ejecución asignando el valor False a la propiedad Visible. Este método es más útil cuando desee utilizar el control para reproducir sonidos o ejecutar efectos especiales en sus programas. Le mostraré ambos usos en el presente capítulo.

La propiedad DeviceType

Antes de que pueda utilizar los botones presentes en el control Multimedia MCI deberá abrir un dispositivo multimedia válido con la propiedad DeviceType del control. Esta tarea se suele realizar utilizando código de programa en el procedimiento de suceso Form_Load con el fin de configurar automáticamente el control cuando el programa se ponga en marcha. Sin embargo, también podrá cambiar la propiedad DeviceType cuando su programa se encuentre en ejecución en el caso de que desee que el mismo control gestione varios dispositivos multimedia de manera simultánea.

La sintaxis de la propiedad DevideType es la siguiente:

```
MMControl1.DeviceType = NombreDispositivo
```

donde *NombreDispositivo* es una cadena que deberá representar a un tipo de dispositivo válido. Por ejemplo, para especificar un dispositivo capaz de mostrar archivos .wav (WaveAudio) debería introducir la siguiente cadena:

```
MMControl1.DeviceType = "WaveAudio"
```

La siguiente tabla lista los dispositivos multimedia compatibles con el control Multimedia MCI y los argumentos *NombreDispositivo* que deberá utilizar en la propiedad DeviceType de cada uno de ellos:

Dispositivo Multimedia	NombreDispositivo	Descripción
Vídeo (archivos .avi)	AVIVideo	Vídeo en formato Microsoft AVI
CD de audio	CDAudio	CD de música en una unidad CD-ROM
Cintas digitales	DAT	Dispositivo de cinta digital (DAT)
Vídeo Digital	DigitalVideo	Datos de vídeo digital
Vídeo	MMMovie	Formato de película multimedia (mostrado en una ventana)
Vídeo	Overlay	Dispositivo de imágenes (mostradas en una ventana)
Escáner	Scanner	Escáner conectado
Secuenciador MIDI	Sequencer	Datos del secuenciador MIDI
Cinta de vídeo	VCR	Reproductor/grabador de cintas de vídeo conectado (las imágenes se muestran en una ventana)
Videodisco	Videodisc	Reproductor de videodisco conectado
Wave (archivos .wav)	WaveAudio	Archivo de audio de Microsoft Windows
Definido por el usuario	Other	Tipos multimedia definidos por el usuario

La propiedad Command

Después de identificar el dispositivo que desee utilizar con la propiedad DeviceType podrá comenzar a enviar mandatos MCI al dispositivo mediante la propiedad Command. Los mandatos que utilice deberán concordar con los nombres de cada uno de los botones del control Multimedia MCI (recuerde: Prev, Next, Play, Pause, Back, Step, Stop, Record y Eject). Además, también podrá utilizar algunos mandatos MCI de propósito general con este control, incluyendo Open, Close, Sound, Seek y Save. Lo más interesante del hecho de utilizar mandatos MCI es que no necesita saber demasiado del dispositivo multimedia que esté intentando manejar para poder enviarle el mandato. Por ejemplo, no necesitará saber la forma en que se almacenará el dato en una unidad CD-ROM para obligar a este dispositivo a que empiece a funcionar.

La siguiente instrucción de programa utiliza la propiedad Command del control Multimedia MCI para reproducir el dispositivo multimedia que se encuentre abierto:

La propiedad Command envía mandatos MCI a su dispositivo multimedia.

```
MMControl1.Command = "Play"
```

El programa ReprodSon

Varios programas comerciales (incluyendo Microsoft Windows) reproducen un «sonido» de apertura cuando se ponen en marcha. Si desea reproducir un archivo .wav, que contenga un determinado sonido o registro de audio, al inicio de un programa podrá crear este simple efecto con rapidez gracias al control Multimedia MCI. El formato .wav (WaveAudio) es un estándar multimedia muy común utilizado por Microsoft para almacenar información de audio. Varias aplicaciones de audio disponibles comercialmente (tal como Sound Forge) pueden crear y editar archivos en el formato .wav. También podrá encontrar varios archivos .wav en el sistema operativo de Windows y en paquetes integrados de aplicaciones, tal como Microsoft Office.

Ejecución del programa ReprodSon

Pruebe a ejecutar ahora el programa ReprodSon para reproducir un archivo .wav que contiene el sonido de un «aplauso». La reproducción de este archivo se llevará a cabo mediante el control Multimedia MCI.

1. Ponga en marcha Visual Basic y abra el proyecto denominado ReprodSon.vbp ubicado en la carpeta \Vb6Sbs\Less17.

Botón Iniciar

2. Pulse el botón Iniciar contenido en la barra de herramientas para ejecutar el programa.

   Visual Basic muestra el formulario de apertura y reproduce el archivo applause.wav mediante el control Multimedia MCI. El formulario inicial puede resultarle familiar; fue utilizado en el Capítulo 9 para mostrar la forma en que se podía cargar un formulario adicional para visualizar información inicial. Sin embargo, en este contexto, el formulario inicial es sólo una ventana con un contenido agradable que se mostrará en pantalla mientras se reproduce el archivo .wav.

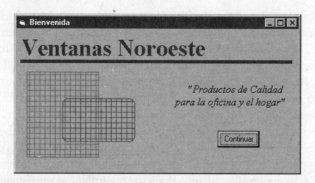

3. Pulse el botón Continuar contenido en el formulario una vez que haya finalizado el aplauso.

Debido a que este formulario inicial es sólo una demostración, el programa terminará aquí.

A continuación, analizaremos brevemente el código de este programa para ver la forma en que se produce el efecto de audio.

Análisis del código de programa que reproduce el archivo .WAV

El programa PlayTune utiliza un control Multimedia MCI para reproducir el archivo applause.wav cuando se carga el formulario. Sin embargo, no muestra el propio control Multimedia MCI. Por el contrario, este ejemplo utiliza un control Multimedia MCI para crear un efecto especial en el programa sin que el usuario tenga que pulsar ningún botón de mandato. Para ocultar el control Multimedia MCI se asigna el valor False a su propiedad Visible en la ventana Propiedades durante el diseño del programa.

1. En la ventana Código abra el procedimiento de suceso Form_Load del programa ReprodSon. Verá el siguiente código de programa:

```
Private Sub Form_Load()
    MMControl1.Notify = False
    MMControl1.Wait = True
    MMControl1.Shareable = False
    MMControl1.DeviceType = "WaveAudio"
    MMControl1.FileName = "c:\vb6sbs\less17\applause.wav"
    MMControl1.Command = "Open"
    MMControl1.Command = "Play"
End Sub
```

Para reproducir automáticamente un archivo de sonido cuando ejecute un programa deberá asignar el valor WaveAudio (para archivos .wav) a la propiedad DeviceType del control Multimedia MCI en el procedimiento de suceso Form_Load. A continuación, deberá utilizar la propiedad Command para ejecutar dos mandatos MCI: Open (abrir) y Play (reproducir). Además de estas propiedades esenciales se han definido algunas propiedades adicionales que configuran adecuadamente al control Multimedia MCI. Estos parámetros no suelen variar demasiado entre aplicaciones. Observe los siguientes hechos:

- Se ha asignado el valor False a la propiedad Notify porque no se desea que el control Multimedia MCI notifique al usuario el momento en que se han ejecutado los mandatos Open y Play (el valor True crearía lo que se conoce como un suceso de retrollamada, un nivel de sofisticación que no se desea introducir en este programa ejemplo).

- Se ha asignado el valor True a la propiedad Wait porque se desea que el control espere hasta que finalice la ejecución del mandato Open antes de enviar el mandato Play al dispositivo.

- Se ha asignado el valor False a la propiedad Shareable del control Multimedia MCI para que otras aplicaciones del sistema no puedan acceder al dispositivo MCI abierto (no se desea que dos aplicaciones distintas reproduzcan simultáneamente diferentes partes del mismo archivo de sonido).

- Se ha asignado el valor c:\vb6sbs\less17\applause.wav (la ruta completa del archivo .wav que se desea abrir y reproducir) a la propiedad FileName. En la mayoría de los casos tendrá que utilizar la propiedad FileName para especificar el archivo que desea utilizar antes de ejecutar el mandato Open para abrir el dispositivo. Una excepción importante es utilizar un CD de audio en una unidad CD-ROM unida a su computadora. En este caso, no necesitará especificar un nombre de archivo porque el CD de audio no utiliza nombres de archivo para poder acceder a su contenido. De esta forma, con solo ejecutar el mandato Open con la propiedad Command se pondrá en marcha el CD en la primera pista.

2. Abra el procedimiento de suceso Form_Unload en la ventana Código.

   Verá el siguiente código de programa:

```
Private Sub Form_Unload(Cancel As Integer)
    MMControl1.Command = "Close"
End Sub
```

Una vez que se ha terminado de utilizar el control Multimedia MCI se ejecuta el mandato Close con la propiedad Command para liberar los recursos del sistema que han sido acaparados por el dispositivo multimedia. El mejor lugar para cerrar el control suele ser el procedimiento de suceso Form_Unload, ya que este procedimiento se ejecutará cada vez que su aplicación finalice «normalmente» (es decir, sin que se produzca un bloqueo del programa). Emplear Close en Form_Unload es especialmente útil para aquellos usuarios que prefieran salir de la aplicación pulsando el botón Cerrar de la barra de títulos porque esta acción también activará el procedimiento de suceso Form_Unload.

REPRODUCCIÓN DE VÍDEO UTILIZANDO ARCHIVOS .AVI

Otro efecto especial de gran interés, que puede añadir a sus programas, son vídeos dinámicos almacenados en archivos .avi. Los ficheros de tipo .avi siguen un formato estándar para almacenar grabaciones de vídeo con su banda sonora. Si desea configurar el control Multimedia MCI para reproducir archivos .avi, deberá utilizar las propiedades DeviceType, FileName y Command en la forma siguiente:

```
MMControl1.DeviceType = "AVIVideo"
MMControl1.FileName = "c:\vb6sbs\less17\michael.avi"
MMControl1.Command = "Open"
MMControl1.Command = "Play"
```

Cuando añada estas instrucciones a un programa donde haya activado el control Multimedia MCI, el control cargará y ejecutará el archivo de vídeo especificado (en este caso, michael.avi).

NOTA: Cuando ponga en marcha un vídeo en formato .avi, aparecerá en su propia ventana y se reproducirá automáticamente. No necesitará crear un formulario especial para el vídeo ni tendrá que controlarlo utilizando instrucciones de programa.

El programa EjecutarVideo

El programa EjecutarVideo muestra la forma en que se puede utilizar el control Multimedia MCI para ejecutar un vídeo almacenado en formato .avi desde una aplicación de Visual Basic. Para hacer que el programa sea un poco más útil, he añadido un objeto de diálogo común en el formulario para que pueda abrir cualquier archivo .avi almacenado en su sistema. Si no tiene a mano ningún archivo .avi ejecute el archivo michael.avi contenido en la carpeta \Vb6Sbs\Less17. Presenta un breve vídeo felicitándole por el largo camino que lleva ya recorrido gracias a este curso de programación (técnicamente, no debería ejecutar este programa hasta que terminara con el libro, ¡pero nunca viene mal dar ánimos de vez en cuando!).

Ejecución del programa EjecutarVideo

1. Abra el proyecto EjecutarVideo.vbp ubicado en la carpeta \Vb6Sbs\Less17.
2. Pulse el botón Iniciar contenido en la barra de herramientas para ejecutar el programa.

Botón Iniciar

   Visual Basic muestra el formulario de la aplicación:

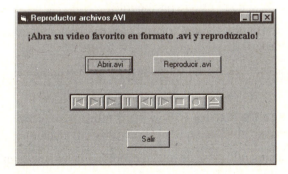

3. Pulse el botón Abrir .avi contenido en el formulario y utilice el cuadro de diálogo Abrir para localizar y abrir el archivo .avi que desee reproducir.

   Si desea ver el vídeo que he grabado, abra michael.avi contenido en la carpeta \Vb6Sbs\Less17 (¡sí, ese soy yo en vídeo!).

4. Pulse el botón Reproducir .avi contenido en el formulario para ejecutar el vídeo que ha seleccionado.

   Como se muestra en la siguiente figura, aparecerá una segunda ventana para reproducir el vídeo. Si está mirando mi vídeo (una parte de mi curso de programación ¡Aprenda Microsoft Visual Basic Ya!) también me oirá hablar. Ahora, pruebe a pulsar algunos de los botones contenidos en el control Multimedia MCI mientras el vídeo se encuentre en ejecución.

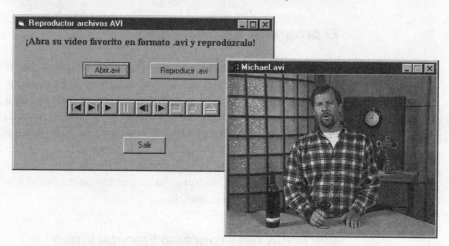

5. En primer lugar, desplace la ventana en la que se está reproduciendo el vídeo si es que está tapando el formulario.

6. A continuación, pulse el botón Prev, el botón situado en el extremo izquierdo del control Multimedia MCI.

   El vídeo volverá a empezar desde el principio (pulse el botón Play, reproducir, si no es esto lo que ocurre).

7. Pulse el botón Pause (pausa) para detener temporalmente la reproducción del vídeo.

8. Pulse el botón Play (reproducir) para volver a poner en marcha el vídeo.

9. Pulse el botón Stop (detener) para parar el vídeo.

10. Pulse los botones Back y Next (atrás y siguiente) para hacer retroceder o avanzar el vídeo un fotograma (respectivamente).

11. Finalmente, pulse de nuevo el botón Play y deje terminar al vídeo.

12. Pulse el botón Cerrar de la ventana .avi para cerrar el vídeo.

13. Utilice los botones Abrir .avi y Reproducir .avi del formulario para ver el contenido de otros archivos .avi almacenados en su sistema, si es que éste es su deseo.

14. Cuando termine, pulse el botón Salir del formulario para terminar el programa.

Análisis del código para reproducir archivos .AVI

Una de las diferencias más obvias existentes entre los dos programas que ha visto en este capítulo es el papel que juega el control Multimedia MCI en la interfaz de usuario.

En el programa ReprodSon se hizo invisible el control asignando el valor False a su propiedad Visible. En el programa EjecutarVideo, el control Multimedia MCI se hace visible asignando el valor True a su propiedad Visible (opción por defecto). Con la opción True el usuario tiene acceso a los botones del control.

Analice durante unos instantes los procedimientos de suceso pertenecientes al programa EjecutarVideo.

1. Abra el procedimiento de suceso Form_Load en la ventana Código.

    Al igual que sucedía con el programa ReprodSon, el programa EjecutarVideo comienza iniciando el control Multimedia MCI en el procedimiento de suceso Form_Load. Sin embargo, en este caso, la propiedad DeviceType se define como AVIVideo para preparar al control para recibir archivos .avi:

```
Private Sub Form_Load()
    MMControl1.Notify = False
    MMControl1.Wait = True
    MMControl1.Shareable = False
    MMControl1.DeviceType = "AVIVideo"
End Sub
```

2. Abra el procedimiento de suceso cmdAbrir_Click en la ventana Código.

    El procedimiento de suceso cmdAbrir_Click se ejecuta cada vez que el usuario pulse el botón Abrir .avi contenido en el formulario. El procedimiento utiliza un objeto de diálogo común para mostrar el cuadro de diálogo Abrir y emplea la propiedad Filter para mostrar únicamente archivos .avi en el examinador de archivos. Si el usuario pulsara sobre el botón Cancelar, el grupo de instrucciones situado debajo de la etiqueta Errhandler terminaría la operación de carga saltando hasta la instrucción End del Control Multimedia MCI. Sin embargo, si el usuario selecciona un archivo .avi válido dentro del cuadro de diálogo Abrir, el Control Multimedia MCI abriría inmediatamente el archivo asignando a la propiedad FileName el nombre de ruta del archivo y ejecutando el mandato Open con la propiedad Command:

```
Private Sub cmdAbrir_Click()
    CommonDialog1.CancelError = True
    On Error GoTo Errhandler:
    CommonDialog1.Flags = cdlOFNFileMustExist
    CommonDialog1.Filter = "Video (*.AVI)|*.AVI"
    CommonDialog1.ShowOpen
    MMControl1.FileName = CommonDialog1.FileName
    MMControl1.Command = "Open"
Errhandler:
    'Si pulsa Cancelar, salir del procedimiento
End Sub
```

3. Abra el procedimiento de suceso cmdReproducir_Click en la ventana Código.

   Cuando el usuario pulse el botón Reproducir .avi contenido en el formulario, el procedimiento de suceso cmdReproducir_Click ejecutará el mandato Play para poner en marcha el archivo .avi en su propia ventana:

El mandato Play pone en marcha el vídeo.

```
Private Sub cmdReproducir_Click()
    MMControl1.Command = "Play"
End Sub
```

4. Abra el procedimiento de suceso cmdSalir_Click en la ventana Código.

   Este procedimiento finaliza el programa y descarga el formulario de la memoria. Esta actividad hará que se ejecute el procedimiento de suceso Form_Unload, que cierra el dispositivo multimedia abierto y libera los recursos del sistema.

```
Private Sub cmdSalir_Click()
    End
End Sub
    .
    .
    .
Private Sub Form_Unload(Cancel As Integer)
    MMControl1.Command = "Close"
End Sub
```

Siga estos pasos básicos siempre que desee añadir a sus aplicaciones videoclips almacenados en formato .avi. Como podrá comprobar, se trata de una forma estupenda de añadir animación, instrucciones paso a paso, información auxiliar o, simplemente, un toque personal a sus programas.

UN PASO MÁS ALLÁ

Reproducción de música desde discos compactos de audio

Como demostración final de la potencia que encierra el Control Multimedia MCI, he incluido un tercer programa en este capítulo. El programa ReprodCD es un ejemplo de cómo podrá reproducir música grabada en un CD de audio estándar desde su aplicación Visual Basic. Añadir música a sus programas tiene beneficios obvios. Sin embargo, tenga presente que la técnica mostrada aquí requiere la introducción previa de un disco compacto de audio en su unidad lectora de CD-ROM. Esta forma de proceder no siempre será factible para sus usuarios. ¡De cualquier forma, no hay nada como poder reproducir sus melodías favoritas mientras se encuentre trabajando!

Ejecución del programa ReprodCD

1. Abra el proyecto ReprodCD localizado en la carpeta \Vb6Sbs\Less17.
2. Introduzca un disco compacto de audio en el reproductor de CD-ROM de su sistema.
3. Espere un momento para ver si el CD se comienza a reproducir de manera automática.

    En muchos sistemas, Windows reconocerá automáticamente que se ha introducido un disco compacto y se comenzará a reproducir su contenido mediante el Reproductor de CD. Si esto llegara a ocurrir, cierre el programa Reproductor de CD para que pueda comprobar el funcionamiento de la aplicación ReprodCD.

Botón Iniciar

4. Pulse el botón Iniciar contenido en la barra de herramientas para poner en marcha el programa ReprodCD en el entorno de Visual Basic.

    El formulario ReprodCD aparecerá en pantalla, mostrando el aspecto del Control Multimedia MCI.

5. Pulse el botón Reproducir CD contenido en el formulario para abrir el dispositivo CD de audio (CDAudio) con el Control Multimedia MCI.

    En el formulario aparecerá una flecha roja y las palabras «Pulse reproducir para comenzar». Se han añadido estas instrucciones detalladas para comunicar a los usuarios que deberán utilizar el botón Play (reproducir) para poner en marcha el reproductor de CD (no todo el mundo tendría claro este hecho). Tanto el texto como la flecha se han creado con Paintbrush. A continuación, he utilizado la propiedad Picture del suceso cmdReproducir_Click para cargar el mapa de bits en un objeto imagen del formulario. También he mostrado los contenidos del objeto imagen utilizando el procedimiento de suceso Click del botón Reproducir CD.

6. Pulse el botón Play del control Multimedia MCI.

    Comenzará a sonar el disco compacto introducido en el reproductor de CD-ROM.

7. Utilice los botones del control Multimedia MCI para reproducir diferentes pistas del CD.

8. Cuando termine, pulse el botón Salir del formulario.

   Se detendrá la música y el programa se cierra.

Análisis del código del programa ReprodCD

1. Abra el procedimiento de suceso cmdReproducir_Click en la ventana Código.

   El procedimiento de suceso cmdReproducir_Click se ejecutará cuando el usuario pulse el botón Reproducir CD contenido en el formulario. En lugar de cargar el dispositivo CDAudio en el procedimiento de suceso Form_Load el programa proporciona a los usuarios la oportunidad de leer las instrucciones en pantalla y de introducir un CD en la unidad después de que el programa se encuentre en ejecución. Tal vez desee analizar en mayor profundidad dos elementos interesantes de este procedimiento. En primer lugar, el tipo de dispositivo especificado (CDAudio) no requiere un nombre de archivo para poder reproducir el disco compacto. Por el contrario, el dispositivo CDAudio simplemente salta a la unidad CD-ROM principal del sistema y comienza a reproducir la primera pista cuando se ejecute el mandato Play. Aunque algunos de los discos compactos de audio más recientes contienen información del nombre del archivo, el dispositivo CDAudio que se está utilizando aquí no la necesita. En segundo lugar, deberá observar la última línea de este procedimiento de suceso, que asigna el valor True a la propiedad Visible del objeto Image1. Se trata de la instrucción del programa que hace visible en el formulario la flecha y el texto «Pulse reproducir para comenzar».

```
Private Sub cmdReproducir_Click()
    MMControl1.Notify = False
    MMControl1.Wait = True
    MMControl1.Shareable = False
    'Especifique el tipo de CD de Audio (desde la unidad de CD-ROM)
    MMControl1.DeviceType = "CDAudio"
    MMControl1.Command = "Open"
    Image1.Visible = True
End Sub
```

2. Abra el procedimiento de suceso MMControl1_PlayClick en la ventana Código.

   Como mencioné anteriormente en este capítulo, podrá personalizar el comportamiento de los botones del control Multimedia MCI añadiendo instrucciones de programa a los sucesos de botón asociados con el control. En este procedimiento de suceso he añadido una instrucción de programa que oculta la flecha roja y el texto de ayuda que se visualizan en el formulario.

```
Private Sub MMControl1_PlayClick(Cancel As Integer)
    'ocultar el dibujo con las instrucciones antes de
    'comenzar la reproducción del CD
    Image1.Visible = False
End Sub
```

Observe que la propiedad Image1.Visible no sustituye al mandato Play ejecutado por el botón Play. Simplemente, se ejecuta antes que el mandato Play. En resumen, los procedimientos de suceso asociados con un botón le permitirán personalizar la forma en que funciona cada uno de los botones del control Multimedia MCI sin reemplazar por ello la función principal que tengan asociada. ¡La forma en que utilice esta posibilidad sólo dependerá de usted!

3. Abra el procedimiento de suceso cmdSalir_Click en la ventana Código.

El botón de mandato Salir detiene el CD de audio, si es que todavía se estaba reproduciendo, y finaliza el programa con la instrucción End. Como he comentado anteriormente, la instrucción End ejecuta el suceso Form_Unload y cierra el dispositivo multimedia que se encontraba previamente abierto.

```
Private Sub cmdSalir_Click()
    'detener la reproducción del CD de audio si se pulsa
    'el botón Salir
    MMControl1.Command = "Stop"
    End
End Sub

Private Sub Form_Unload(Cancel As Integer)
    'cerrar siempre el dispositivo cuando se termine
    MMControl1.Command = "Close"
End Sub
```

¡Felicidades! Acaba de aprender a reproducir archivos .wav, .avi y pistas de discos compactos de audio mediante el control Multimedia MCI (tres formas estupendas de integrar multimedia en sus aplicaciones).

Si desea continuar en el siguiente capítulo

➤ Mantenga en funcionamiento el programa Visual Basic y pase al Capítulo 18.

Si desea salir de Visual Basic por ahora

➤ En el menú Archivo seleccione Salir.

Si ve un cuadro de diálogo Guardar, pulse Sí.

RESUMEN DEL CAPÍTULO 17

Para	Haga esto
Añadir a su cuadro de herramientas el control ActiveX denominado Multimedia MCI.	En el menú Proyecto seleccione la opción Componentes. Pulse la pestaña Controles, seleccione (introduciendo una marca de verificación) la opción Microsoft Multimedia Control 6.0, y pulse Aceptar.
Especificar un dispositivo multimedia	Utilice la propiedad DeviceType del control Multimedia MCI. Por ejemplo, para especificar el dispositivo WaveAudio para reproducir archivos .wav, deberá escribir: `MMControl1.DeviceType = "WaveAudio"`

Enviar un mandato MCI a un dispositivo multimedia específico.	Utilice la propiedad Command. Por ejemplo, para abrir y reproducir el dispositivo multimedia identificado por la propiedad DeviceType, deberá introducir:
	`MMControl1.Command = "Open"`
	`MMControl1.Command = "Play"`

Ocultar en tiempo de ejecución el control Multimedia MCI.	Utilizar la ventana Propiedades para asignar el valor False a la propiedad Visible del control Multimedia MCI.
Mostrar en tiempo de ejecución el control Multimedia MCI.	Asignar el valor True a la propiedad Visible del control Multimedia MCI mediante la ventana Propiedades o utilizando código de programa.
Cerrar el control Multimedia MCI y liberar recursos del sistema.	Utilice el mandato Close con la propiedad Command (que, normalmente, se introduce en el procedimiento de suceso Form_Unload). Por ejemplo: `MMControl1.Command = "Close"`

Capítulo

18

Más allá de Visual Basic: Empleo de Windows API

Tiempo estimado:
40 minutos

En este capítulo aprenderá a:

- Extender sus programas utilizando las funciones API de Microsoft Windows.
- Utilizar el Visor API para insertar funciones, constantes y declaraciones de tipo.
- Utilizar el API GlobalMemoryStatus para supervisar el empleo de la memoria de su sistema.

En el Capítulo 18 ampliará sus programas utilizando potentes funciones mediante el API (siglas de la Interfaz de Programación de Aplicaciones) de Microsoft Windows. Las funciones que manejan el API de Windows están relacionadas con el concepto de programación «avanzada». Sin embargo, después de mostrarle unos cuantos ejemplos, estoy convencido de que encontrará que estos temas son sencillos y de gran utilidad. En primer lugar, exploraremos los conceptos generales del API de Windows y las convenciones de empleo del mismo. A continuación, le mostraré cómo utilizar el Visor API de Microsoft Visual Basic para localizar una determinada función API y copiar la instrucción necesaria en su proyecto. Finalmente, aprenderá a utilizar el API denominado GlobalMemoryStatus para verificar el empleo de la memoria de su computadora. Las herramientas básicas que aprenda en este capítulo serán aplicables a la mayor parte del trabajo que realice en un futuro con el API de Windows.

455

DENTRO DE WINDOWS API

Entonces ¿qué es esto del API de Windows? Indudablemente una abreviatura, pero cargada de misterio. De hecho, esta entidad siniestra no es más que una extensa colección de funciones que, colectivamente, realizan las tareas diarias del sistema operativo Microsoft Windows.

Las aplicaciones de Windows y las herramientas de desarrollo de software utilizan activamente estas rutinas para realizar las típicas tareas informáticas. Por ejemplo, Visual Basic llama al API de Windows cada vez que necesita representar imágenes o gráficos en pantalla, almacenar un archivo o asignar memoria a una nueva aplicación. El API de Windows incluye más de 1000 funciones. Estas funciones se encuentran divididas en varias categorías generales: dispositivos del sistema (rutinas en el núcleo), interfaces de dispositivos gráficos, gestión de aplicaciones de Windows, multimedia, etc. En la práctica, el API de Windows es una colección de archivos .dll (librerías de vínculo dinámico) que se cargan en memoria en tiempo de ejecución para proporcionar los servicios informáticos necesarios para los programas que se encuentran activos en el sistema operativo de Windows.

Si las rutinas en el API de Windows son simples funciones ¿son también diferentes de otras funciones tales como Ucase, Eof y Format que cualquier programador de Visual Basic utiliza con regularidad? Bien, no exactamente. La única diferencia práctica es que las funciones de Visual Basic están definidas en el entorno de desarrollo de este programa, mientras que las funciones API de Windows requieren que el diseñador las declare en sus proyectos mediante un módulo estándar o un procedimiento. Después de esta declaración, las funciones API de Windows trabajarán en la misma forma en que lo hacen las funciones integradas en Visual Basic: podrá llamarlas por su nombre con los argumentos necesarios y recibirá a cambio un valor de retorno que podrá procesar en su programa para realizar la tarea deseada.

La función GlobalMemoryStatus

La función API de Windows que utilizaremos en este capítulo es GlobalMemoryStatus, una función que devuelve información sobre el empleo de la memoria de su computadora. Para declarar la función GlobalMemoryStatus en un módulo estándar (archivo .bas) deberá añadir una instrucción de programa en la parte superior del módulo que comunicará a Windows cuál es el cometido exacto de la función GlobalMemoryStatus y qué tipo de argumentos requiere. Al igual que la mayoría de los programadores, he descompuesto esta declaración en dos líneas utilizando el carácter de continuación (_) para que se pueda contemplar entera y de un solo vistazo en la ventana Código. La declaración de la función GlobalMemoryStatus del API de Windows tendrá el siguiente aspecto:

Esta es una típica declaración de una función del API de Windows.

```
Public Declare Sub GlobalMemoryStatus Lib "kernel32" _
    (lpBuffer As MemoryStatus)
```

Seguro que habrá advertido ciertos detalles poco usuales en esta declaración. GlobalMemoryStatus es el nombre de la función contenida en la biblioteca del API de Windows. Cuando llamo a la función GlobalMemoryStatus en mi programa utilizaré este nombre para ejecutar la función e incluiré los argumentos mostrados entre paréntesis al final de la declaración. (Esta función sólo necesita un argumento pero otras funciones requerirán varios).

El parámetro «Kernel32» identifica la biblioteca específica que estoy utilizando: la biblioteca API de 32 bits de Windows que está asociada con las funciones que se encuentran en el núcleo del sistema operativo.

El nombre el argumento que se necesita es lpBuffer. El prefijo lp de dos caracteres identifica el argumento como un puntero de tipo entero largo. Un puntero es una **dirección** de memoria que identifica la ubicación o que *apunta* al dato que estoy utilizando para almacenar información sobre la memoria del sistema. El argumento lpBuffer no se declara utilizando los tipos de datos estándar válidos en Visual Basic, tal como Entero, Cadena o Booleano. Por el contrario, se declara utilizando un tipo definido por el usuario denominado MemoryStatus que contiene ocho entradas numéricas que identifican el estado de la memoria física y virtual de la computadora. El programador que escribió originalmente esta función API creó el tipo MemoryStatus utilizando una instrucción struct (estructura) del lenguaje C de programación (menciono todo esto porque en alguna ocasión verá la palabra clave «struct» cuando comentemos las declaraciones de tipo; la mayoría de la gente que utiliza el API de Windows son programadores de C que tienen una forma ligeramente distinta de describir los tipos de datos y de realizar llamadas a las funciones).

Declarar funciones API de Windows en Visual Basic puede parecer algo engorroso porque debe incluir una declaración de tipo para cada tipo definido por el usuario que forme parte de la función API que desee utilizar. En este caso, la función GlobalMemoryStatus requiere el tipo MemoryStatus. Además, deberá tener en cuenta que: necesita introducir la declaración para la función GlobalMemoryStatus en el módulo estándar. El aspecto de la declaración de tipo de GlobalMemoryStatus tiene el siguiente aspecto:

El tipo MemoryStatus almacena el dato obtenido en la llamada al API.

```
Public Type MemoryStatus
        dwLength As Long
        dwMemoryLoad As Long
        dwTotalPhys As Long
        dwAvailPhys As Long
        dwTotalPageFile As Long
        dwAvailPageFile As Long
        dwTotalVirtual As Long
        dwAvailVirtual As Long
End Type
```

Un tipo definido por el usuario viene delimitado en Visual Basic por la instrucción Public Type y por las palabras clave End Type. La información encerrada entre estas dos instrucciones definen el nombre del tipo y cada uno de los elementos del mismo. El prefijo dw que se antepone al nombre de cada uno de los elementos en este tipo particular es la abreviatura de «double word» o palabra de doble precisión, también conocida como DWORD en el lenguaje de programación C, es decir, un valor entero de 4 bytes (32 bits). En Visual Basic, deberá realizar esta declaración de tipo con la palabra clave

Long, pero conservará el prefijo dw porque esta es la forma en que lo hizo el programador de C que escribió la declaración de tipo original.

El tipo de variable Long (que puede manejar valores enteros de gran tamaño) es necesario porque los números que recibe de la función GlobalMemoryStatus están medidos en bytes y pueden ser de gran tamaño. Por ejemplo, 32 Mbytes de RAM (una cantidad típica de memoria del sistema) es equivalente a 33.554.432 bytes.

Antes de llamar a la función GlobalMemoryStatus deberá declarar la dimensión de una variable pública del tipo MemoryStatus en su módulo estándar al objeto de pasar información a la función GlobalMemoryStatus y obtener los resultados deseados. Podrá asignar cualquier nombre a la variable que declare. En mi programa, que ejecutará dentro de poco, he optado por asignar el nombre memInfo a esta variable:

Declarar una variable para utilizar el tipo MemoryStatus.

```
Public memInfo As MemoryStatus
```

A continuación, necesitará preparar la variable memInfo para llamar a la función GlobalMemoryStatus. Esta función requiere que el elemento dwLenght del tipo MemoryStatus contenga la longitud en bytes del tipo MemoryStatus. Esta exigencia puede parecer algo obvio porque nosotros conocemos de antemano la longitud de MemoryStatus; normalmente es 32 bytes (ocho enteros de doble precisión de 4 bytes). Sin embargo, las funciones del API de Windows suelen necesitar esta información cuando utilizan punteros para acceder a las ubicaciones de la memoria (esta sintaxis ayuda a la función a reservar la correcta cantidad de memoria y permite el empleo futuro de números de mayor tamaño). Para asignar esta longitud mediante instrucciones de programa deberá utilizar la siguiente sentencia bien en el procedimiento de suceso Form_Load o en cualquier otra parte de su código antes de que definitivamente llame a la función GlobalMemoryStatus:

Determina la longitud del tipo definido por el usuario.

```
memInfo.dwLength = Len(memInfo)
```

En la instrucción anterior, la función Len determina la longitud total de la variable memInfo que contiene el tipo MemoryStatus. A continuación, asigna este número al elemento dwLength de la variable memInfo.

Después de asignar el valor de la longitud al elemento dwLenght, estará listo para llamar a la función GlobalMemoryStatus desde su programa. Podrá llevar a cabo esta tarea utilizando la instrucción Call para identificar la función e incluir la variable memInfo como argumento (si ha declarado la función GlobalMemoryStatus en un módulo estándar podrá introducir esta instrucción en cualquier procedimiento de suceso de su proyecto).

Llamar al API

```
Call GlobalMemoryStatus(memInfo)
```

Después de que el sistema operativo Windows haya procesado con éxito la llamada a la función GlobalMemoryStatus, la variable memInfo contendrá ocho enteros largos con la información relacionada con la memoria instalada en su PC. El elemento dwLenght seguirá conteniendo el mismo número (32 bytes) pero los otros elementos pertenecientes al tipo contendrán ahora información de utilidad sobre la memoria del sistema.

Por ejemplo, la siguiente instrucción utiliza el elemento dwTotalPhys para mostrar la cantidad total de memoria física (RAM) de su sistema en un cuadro de mensaje.

```
MsgBox memInfo.dwTotalPhys
```

Los elementos de la variable memInfo contienen los resultados de la llamada al API.

Igualmente, la siguiente instrucción mostrará la cantidad total de memoria virtual de su sistema en bytes (la memoria virtual es la memoria física más el espacio del disco duro utilizado para almacenamiento temporal).

```
MsgBox memInfo.dwTotalVirtual
```

Cada vez que llame a la función GlobalMemoryStatus, el sistema operativo Windows actualizará el tipo con una nueva instantánea del empleo de la memoria (justo la información que necesita para crear una estupenda aplicación de control de memoria para su PC).

Por el momento, ya tiene una primera idea de cómo utilizar las funciones API de Windows en sus programas. Como probablemente habrá notado, tan sólo hay dos técnicas esenciales nuevas en todo esto. En primer lugar, necesita incluir las declaraciones de la función y del tipo en su programa para poder llamar correctamente al API de Windows. En segundo lugar, necesita enfrentarse con nuevos términos y sintaxis que vienen heredados del lenguaje de programación C. Esta terminología incluye *puntero, DWORD, structure* y otros términos que no van a ser analizados aquí. Sin embargo, la mayoría de estos términos tienen su equivalente en Visual Basic, por lo que no necesitará aprenderlo todo para llamar a las funciones API de Windows.

Cuanto más lejos, mejor. ¿Pero, cómo va a obtener la información necesaria para poder manejar las declaraciones, tipos y constantes que necesita para utilizar las más de 1000 funciones API de Windows disponibles? ¿Está toda esta información incluida en la ayuda en línea o en algún libro gigante? Tiene suerte, podrá disponer de ambos tipos de ayuda. La Librería MSDN incluye un análisis completo de las más de 1000 funciones disponibles en el API de Windows. Sin embargo, antes de lanzarse a consultar estas útiles referencias deberá practicar en el empleo de la utilidad denominada Visor API, una herramienta complementaria que podrá ejecutar desde el menú Complementos de Visual Basic. Con esta interesante utilidad podrá insertar declaraciones, constantes y los tipos que necesite utilizar cuando llame a cualquier función del API de Windows.

EMPLEO DEL VISOR API

Para facilitar el empleo de las funciones contenidas en el API de Windows, Visual Basic 6 incluye un archivo especial de texto denominado Win32api.txt que contiene todas las declaraciones, constantes y tipos definidos por el usuario que necesita para llamar a las funciones del API de Windows desde sus proyectos Visual Basic.

Microsoft ha diseñado este archivo de texto para que funcione con el Visor API de tal forma que pueda realizar búsquedas rápidas de las funciones y para que pueda insertar automáticamente el código necesario para manejarlas. Vamos a probar el empleo del Visor API para añadir las declaraciones y la información de tipo que hemos visto anteriormente.

Instalación del programa complementario Visor API

En primer lugar, deberá crear un mandato de menú para el programa complementario Visor API.

1. Ponga en marcha Visual Basic y abra un nuevo proyecto estándar.
2. En el menú Complementos seleccione la opción Administrador de complementos.

    En su pantalla aparecerá el cuadro de diálogo Administrador de complementos, listando las utilidades adicional que podrá agregar al menú Complementos contenido en la barra de menús de Visual Basic. Un *complemento* (o programa complementario) es un programa especial diseñado para agregar nuevas funciones a su aplicación Visual Basic. Visual Basic 6 incluye varios programas complementarios estándar; también podrá adquirir otros nuevos desarrollados por diversas empresas.

3. Realice una doble pulsación sobre el elemento VB 6 API Viewer contenido en el cuadro de lista.

    La palabra Cargado aparecerá a la derecha del nombre del programa complementario mientras que en la ventana Descripción aparecerá una breve referencia del mismo identificando el propósito de esta utilidad. La casilla de verificación Cargado/Descargado también se encontrará seleccionada. Cuando en este casilla aparezca una marca de verificación, el programa complementario se mostrará siempre en el menú Complementos hasta que vuelva a descargar expresamente este programa. El aspecto del Administrador de complementos será el mostrado en la siguiente figura:

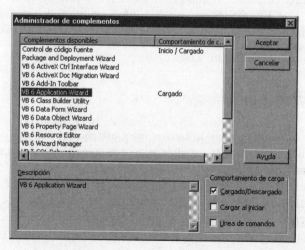

MÁS ALLÁ DE VISUAL BASIC: EMPLEO DE WINDOWS API   **461**

> **IMPORTANTE:** *Si no consigue ver el programa complementario VB 6 API Viewer, ejecute de nuevo el programa de instalación de Visual Basic 6 e instale todos los programas complementarios.*

4. Pulse Aceptar para añadir el programa Visor de API al menú Complementos.

   El menú Complementos contendrá ahora la opción Visor de API.

Empleo del Visor API para insertar declaraciones

A continuación, practicará en el empleo del Visor API para buscar funciones API.

1. En el menú Complementos, seleccione el mandato Visor de API.

   El Visor API aparecerá en su pantalla. A continuación, tendrá que localizar el archivo Win32api.txt en su sistema (el Visor de API puede abrir cualquier archivo de texto que contenga declaraciones API de Windows. A medida que vayan apareciendo nuevas colecciones API podrá irlas abriendo también con esta utilidad).

2. En el menú Archivo del Visor de API, ejecute el mandato Cargar archivo de texto.

3. Navegue por su sistema hasta localizar el archivo Win32api.txt y ábralo.

   En la mayoría de los sistemas Visual Basic podrá encontrar este archivo en la carpeta C:\Archivos de programa\Microsoft Visual Studio\Common\Tools\Winapi. Si su sistema no contiene una carpeta con este nombre, utilice el mandato Buscar contenido en el menú Inicio de Windows para localizar el archivo (también podrá encontrar este archivo en sus discos de instalación de Visual Basic).

> **NOTA:** *El archivo Win32api.txt tiene un tamaño superior a los 640 Kbytes y su uso puede ser lento. Si desea incrementar la velocidad de las operaciones de búsqueda podrá convertir este archivo al formato de la base de datos Microsoft Jet. Para ello, seleccione el mandato Convertir texto a una base de datos contenido en el menú Archivo.*

4. En el cuadro de texto del Visor de API escriba la palabra GlobalMemoryStatus.

   A medida que vaya escribiendo, en el cuadro de lista Elementos disponibles irán apareciendo nombres de funciones API. Cuando termine de escribir el nombre anterior, en el cuadro Elementos disponibles se encontrará resaltada la opción GlobalMemoryStatus.

> **IMPORTANTE:** *Si su copia del archivo Win32api.txt no incluye la función GlobalMemoryStatus, pruebe a localizar en su lugar la función MemoryStatus. Ambas funciones realizan las mismas tareas y se invocan utilizando el mismo tipo y número de argumentos (el*

buffer MemoryStatus). El contenido del archivo Win32api.txt se actualiza de tarde en tarde para incorporar los cambios y las nuevas convenciones de denominación que hayan tenido lugar en los sistemas operativos Windows y en Windows NT.

5. Pulse el botón Agregar para añadir la declaración de la función GlobalMemoryStatus a la lista de Elementos Seleccionados.

    El aspecto del Visor de API será similar al siguiente:

    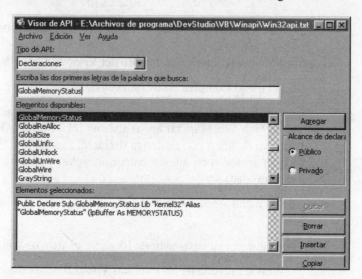

    A continuación, tendrá que añadir la declaración de tipo MemoryStatus a la lista de Elementos Seleccionados.

6. Pulse sobre el cuadro de lista desplegable Tipo de API y seleccione la opción Tipos.

    El Visor API buscará todas las declaraciones de tipo incluidas en el archivo Win32api.txt y muestra las primeras entradas disponibles en el cuadro de lista Elementos Disponibles. Si el programa le pregunta si desea almacenar el archivo Win32api.txt como una base de datos para mejorar la velocidad de consulta, pulse el botón No. Podrá optar por dar este paso adicional si emplea con mucha frecuencia el archivo Win32api.txt.

7. Borre la función GlobalMemoryStatus del cuadro de texto «Escriba las dos primeras letras...». Introduzca ahora las palabras **MemoryStatus** y pulse sobre el botón Agregar.

    En la lista Elementos seleccionados se copiará la declaración de tipo correspondiente a MemoryStatus. Ahora, podrá copiar ambas declaraciones al Portapapeles para poder insertarlas con facilidad a un módulo estándar de su programa Visual Basic.

8. Pulse el botón Copiar.

   El Visor de AVI copiará ambas declaraciones en el portapapeles de Windows.

9. Minimice el Visor de AVI y maximice el entorno de desarrollo de Visual Basic.

10. En el menú Proyecto seleccione la opción Agregar Módulo y, posteriormente, pulse el botón Abrir para crear un nuevo módulo estándar en su proyecto.

11. Verifique que el punto de inserción está parpadeando en la ventana Código correspondiente al módulo estándar. A continuación, pulse el botón Pegar contenido en la barra de herramientas de Visual Basic para insertar las dos declaraciones en el módulo.

    Visual Basic añadirá las declaraciones en su módulo estándar.

12. Rompa la primera línea en dos y utilice el carácter subrayado (_) como separador con el fin de que pueda ver la declaración completa en la ventana de Código.

    Un buen lugar para romper esta línea es después del nombre de biblioteca «kernel32». Nunca rompa una línea a mitad del nombre de una instrucción o de una palabra entrecomillada.

13. Desplace ahora la declaración correspondiente a GlobalMemoryStatus (ahora dividida en dos líneas) y sitúela debajo de la declaración de tipo de MemoryStatus.

    Su ventana Código tendrá ahora el siguiente aspecto:

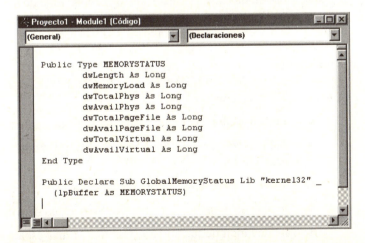

Situar la declaración de GlobalMemoryStatus debajo de la declaración de tipo es un paso necesario porque la declaración de GlobalMemoryStatus está basada en la definición del tipo MemoryStatus. Si la declaración de tipo siguiera a la declaración de la función, Visual Basic mostraría un mensaje de error cuando ejecutara el programa.

14. Cierre el Visor de API que aparecerá minimizada en la barra de tareas de Windows.

Eso es todo lo que tiene que hacer. El Visor de API copia automáticamente toda la información que necesita para ejecutar una función del API de Windows. Tan sólo tendrá que buscar el API que necesita y copiarlo en su proyecto utilizando el Portapapeles de Windows.

NOTA: Algunas funciones y tipos API utilizan constantes en sus declaraciones. Aunque no le he mostrado cómo se manejan estas constantes, podrá utilizar el Visor de API para copiar las declaraciones de las constantes desde el archivo Win32api.txt a su proyecto. Las constantes almacenadas en dicho archivo son similares a las constantes que ya se ha podido encontrar en Visual Basic (como la constante vbYesNo que ha utilizado en cuadros de mensajes para mostrar los botones Sí y No). Para añadir la declaración de una constante utilizando el Visor de API, seleccione la opción Constantes en el cuadro de lista Tipo del Visor, escriba el nombre de la constante en el cuadro de texto «Escriba las dos primeras letras..» y copie la constante que necesita en el módulo estándar.

SUPERVISIÓN DEL EMPLEO DE MEMORIA EN SU COMPUTADORA

Ahora que tiene cierta práctica en el manejo de la función GlobalMemoryStatus puede invertir unos cuantos minutos en la ejecución del programa LibMem que he creado en Visual Basic para mostrarle el funcionamiento del API GlobalMemoryStatus. El programa LibMem muestra gráficamente la cantidad total de memoria física y virtual utilizada en su PC. Esta información le será de utilidad si desea supervisar la forma en que se asignan a sus programas memoria RAM y espacio en el disco duro. Por ejemplo, si obtiene que le resta muy poca memoria virtual libre tal vez desee asignar más espacio en el disco duro como memoria del sistema. El programa LibMem también utiliza la función GlobalMemoryStatus para mostrar los siguientes detalles sobre el empleo de la memoria de su sistema (en bytes):

- Cantidad total de memoria física (RAM) existente en su computadora.
- Cantidad total de memoria física (RAM) que todavía está sin asignar, es decir, que está libre.
- Tamaño del archivo actual de paginación.
- Cantidad de memoria libre en el archivo actual de paginación.
- Cantidad total de memoria virtual (RAM más espacio en el disco duro) en su computadora. El archivo de intercambio de Windows controla este número.
- Cantidad total de memoria virtual (RAM más espacio en el disco duro) que se encuentra libre y que puede ser asignada.

Ejecute ahora el programa LibMem para ver la forma en que está siendo utilizada la memoria de su sistema.

Ejecución del programa LibMem

1. Abra el proyecto LibMem.vbp contenido en la carpeta \Vb6Sbs\Less18.

   Si Visual Basic le pregunta si desea almacenar los cambios pulse sobre el botón No (ya se han añadido todas las declaraciones API necesarias en este proyecto).

Botón Iniciar

2. Pulse el botón Iniciar contenido en la barra de herramientas para ejecutar el programa.

   El programa LibMem se cargará en memoria y utilizará el API GlobalMemoryStatus para reunir información sobre la memoria de su computadora. Después de unos breves instantes verá un resultado similar al siguiente:

   LibMem muestra gráficamente dos datos fundamentales sobre la memoria: la cantidad total de memoria física que está siendo utilizada y la cantidad total de memoria virtual asignada al archivo Swap (de intercambio). Estos valores son actualizados cada tres segundos por un objeto temporizador contenido en el programa. Dos barras de progreso presentan la información visualmente y también se muestra un valor en porcentaje.

NOTA: *¿Le parece muy alto el valor correspondiente al empleo de la memoria física? Aunque parece poco habitual, no se sorprenda si el porcentaje de empleo de la memoria física (RAM) es cercano al 100%. Incluso aunque sólo esté ejecutando una aplicación (Visual Basic) el administrador de memoria de Windows utilizará la memoria RAM de su computadora para cargar rutinas del sistema operativo, archivos de intercambio, código de aplicaciones que hayan sido ejecutadas previamente, archivos .dll de utilidad, valores del portapapeles, etc. Un porcentaje elevado de la memoria física es bastante normal.*

---

3. Pulse el botón Detalles del formulario para mostrar información más detallada sobre el uso de la memoria de su computadora.

LibMem abre un segundo formulario en el que muestra los detalles obtenidos en la última llamada a la función GlobalMemoryStatus. Verá información similar a la siguiente:

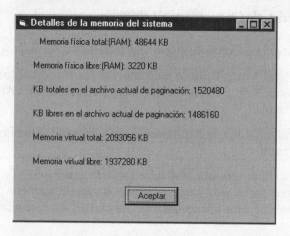

El API GlobalMemoryStatus devuelve cada uno de estos valores en el tipo MemoryStatus. Aunque la unidad de medida por defecto de la función es bytes, he mostrado la información en Kbyes para disminuir la fatiga ocular (podrá llevar a cabo esta tarea dividiendo cada valor por 1024). Aunque los números correspondientes a la memoria física y virtual le son, probablemente, familiares, la cifra correspondiente al archivo de paginación puede necesitar un análisis algo más detallado.

Un archivo de paginación es un bloque de memoria virtual.

Una página es un bloque de memoria de tamaño fijo asociado con el archivo de intercambio de Windows en la memoria virtual. Este bloque de memoria puede ser asignado a un programa que se encuentre en ejecución. El administrador de memoria de Windows supervisa el empleo de los archivos de paginación en la memoria virtual de tal forma que se pueda asignar la memoria física más rápida a los programas que hayan sido utilizados de forma más reciente. Los archivos de paginación implican otro beneficio añadido: evitan que el programador tenga que preocuparse de la ubicación exacta de la memoria física que esté utilizando su programa. El archivo de paginación se puede encontrar en cualquier lugar del archivo de intercambio de Windows (en la RAM física, en el disco fijo, o en cualquier otro recurso de almacenamiento de su sistema). Cuando se llene un determinado archivo de paginación, el administrador de memoria de Windows abrirá otro archivo.

4. Pulse Aceptar para cerrar el formulario Detalles y pulse el botón Salir para finalizar la ejecución del programa.

A continuación, analizaremos el código del programa que permite el funcionamiento de esta aplicación.

Examen del código del programa LibMem

1. Abra el módulo estándar (FreeMem.bas) dentro de la ventana Código para ver cómo ha sido declarada la función GlobalMemoryStatus.

    Verá las mismas instrucciones que hemos comentado a lo largo del capítulo: un tipo MemoryStatus que almacena ocho valores sobre la memoria del sistema, una instrucción de declaración para el API GlobalMemoryStatus y una instrucción de declaración para crear una variable pública denominada MemInfo del tipo MemoryStatus:

    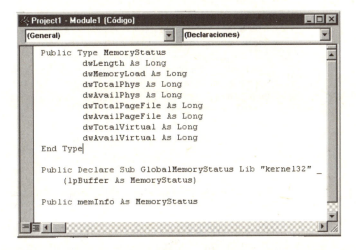

2. Abra el formulario principal (Form1) dentro de la ventana Código y muestre el contenido del procedimiento de suceso Form_Load para ver la forma en que se utiliza la función GlobalMemoryStatus.

    Verá el siguiente código fuente:

```
Private Sub Form_Load()
    'Determina la longitud del tipo memInfo
    memInfo.dwLength = Len(memInfo)
    'Llama al API GlobalMemoryStatus para configurar la
    'barra de progreso
    Call GlobalMemoryStatus(memInfo)
    pgbPhysMem.Min = 0
    pgbPhysMem.Max = memInfo.dwTotalPhys
    pgbVirtMem.Min = 0
    pgbVirtMem.Max = memInfo.dwTotalVirtual
End Sub
```

Como se describió anteriormente, y antes de llamar por primera vez a la función GlobalMemoryStatus, tendrá que asignar al elemento dwLength del tipo memInfo la longitud de este tipo. Una vez asignado este número (32 bytes) mediante la función Len se llama al API GlobalMemoryStatus y, posteriormente, se utilizan los elementos dwTotalPhys y dwTotalVirtual para definir el tamaño máximo de memoria de las dos barras de progreso mostradas en el programa (se han asignado los nombres pgbPhysMem y pgbVirtMem a estas dos barras de progreso).

3. Abra el procedimiento de suceso Timer1 para ver la forma en que se actualizan las barras de progreso con la cantidad de memoria en uso.

   Verá el código siguiente:

```
Private Sub Timer1_Timer()
    Dim PhysUsed
    Dim VirtUsed
    'Llama al API GlobalMemoryStatus API para obtener
    'información sobre el empleo de la memoria
    Call GlobalMemoryStatus(memInfo)
    PhysUsed = memInfo.dwTotalPhys - memInfo.dwAvailPhys
    pgbPhysMem.Value = PhysUsed
    'Muestra el uso de la memoria mediante etiquetas y
    'una barra de progreso
    lblPhysUsed.Caption = "Empleo de memoria física: " & _
        Format(PhysUsed / memInfo.dwTotalPhys, "0.00%")
    VirtUsed = memInfo.dwTotalVirtual - memInfo.dwAvailVirtual
    pgbVirtMem.Value = VirtUsed
    lblVirtUsed.Caption = "Empleo de memoria virtual: " & _
        Format(VirtUsed / memInfo.dwTotalVirtual, "0.00%")
End Sub
```

Debido a que la cantidad de memoria utilizada está en constante cambio, he querido actualizar la visualización de esta información cada pocos segundos para que el usuario pueda apreciar los cambios con facilidad (por ejemplo, pruebe a ejecutar el programa y, posteriormente, abra y cierre otras aplicaciones para ver cómo cambian estos valores). La forma más sencilla de actualizar los valores gráficos de forma periódica es utilizar un objeto temporizador y definir su propiedad Interval como 3000 (tres segundos). Cuando el programa se encuentre en ejecución, el procedimiento de suceso Timer1_Timer llamará a la función GlobalMemoryStatus cada tres segundos y actualizará la barra de progreso y sus valores (observe que he restado la memoria disponible de la memoria total para obtener el porcentaje de empleo).

4. Abra el segundo formulario (frmDetalles) en la ventana Código y muestre el contenido del procedimiento de suceso Form_Load para ver la forma en que se muestran los detalles sobre el empleo de la memoria.

   Verá el código siguiente:

```
Private Sub Form_Load()
    'Utiliza el tipo memInfo para mostrar los detalles
    'del empleo de la memoria
    lblTotalPhys.Caption = "Memoria física total:(RAM): " & _
        memInfo.dwTotalPhys / 1024 & " KB"
```

```
        lblAvailPhys.Caption = "Memoria física libre:(RAM): " & _
            memInfo.dwAvailPhys / 1024 & " KB"
        lblTotalPage.Caption = "KB totales en el archivo actual de
paginación: " & _
            memInfo.dwTotalPageFile / 1024
        lblAvailPage.Caption = "KB libres en el archivo actual de
paginación: " & _
            memInfo.dwAvailPageFile / 1024
        lblTotalVirtual.Caption = "Memoria virtual total: " & _
            memInfo.dwTotalVirtual / 1024 & " KB"
        lblAvailVirtual.Caption = "Memoria virtual libre: " & _
            memInfo.dwAvailVirtual / 1024 & " KB"
End Sub
```

frmDetalles es un segundo formulario creado en el programa con el objeto de mostrar más información sobre el empleo de la memoria. Se ha introducido el código necesario para mostrar los datos en el procedimiento de suceso Form_Load tan pronto como el usuario pulse el botón Detalles. A diferencia de las barras de progreso y etiquetas contenidos en Form1, los datos contenidos en el formulario Detalles no variarán dinámicamente ya que son una simple instantánea del empleo de la memoria en un determinado momento. Como se han utilizado seis etiquetas para mostrar los datos en el formulario se han renombrado dichas etiquetas utilizando el prefijo lbl y se ha incluido una descripción de su propósito para que el usuario del programa no se encuentre desasistido. Se ha dividido por 1024 el valor correspondiente a cada elemento del tipo memInfo mostrado por el procedimiento de suceso para que la información aparezca en kilobytes.

UN PASO MÁS ALLÁ

Termine sus programas con Unload

Ahora que todavía tiene abierto el programa LibMem dedique unos instantes para ver cómo se termina el programa cuando el usuario pulse el botón Salir contenido en Form1.

- En la ventana Código abra el procedimiento de suceso Command2_Click de Form1. Verá las siguientes instrucciones:

```
Private Sub Command2_Click()
    Unload frmDetalles    'descarga ambos formularios para salir
    Unload Form1
End Sub
```

Hasta ahora siempre hemos terminado los programas con la instrucción End. Este método es perfectamente aceptable pero en cuanto comience a trabajar en proyectos de programación más sofisticados (y lea libros más avanzados sobre programación en Visual Basic) podrá encontrar que algunos programadores de Visual Basic utilizan la instrucción Unload para finalizar sus programas. La instrucción Unload no es nueva para usted (la utilizamos para cerrar un formulario abierto en el Capítulo 8). Como quizás recuerde, Unload no sólo elimina un formulario de la pantalla sino que también libera la memoria que estaba utilizando. Además, podrá utilizar Unload para terminar un programa si se utiliza para el formulario actual de la aplicación abierta.

Este ha sido el empleo que le he dado a esta instrucción en el programa Lib-Mem (Unload elimina frmDetalles y Form1 de la memoria). Pruebe a utilizar esta técnica en sus programas como una alternativa muy profesional a la instrucción End.

Si desea continuar con el siguiente capítulo

➤ Mantenga en funcionamiento el programa Visual Basic y pase al Capítulo 19.

Si desea salir de Visual Basic por ahora

➤ En el menú Archivo seleccione Salir.

Si ve un cuadro de diálogo Guardar, pulse No.

RESUMEN DEL CAPÍTULO 18

Para	Haga esto
Declarar funciones API de Windows en su programa	Copiar las declaraciones de función, tipo y constantes en un módulo estándar de su proyecto. Una forma excelente de llevar a cabo esta tarea es buscar la función con el Visor de API y copiar las declaraciones utilizando el Portapapeles de Windows.
Determinar la longitud de un tipo definido por el usuario	Utilizar la función Len. Por ejemplo: `memInfo.dwLength = Len(memInfo)`
Llamar a una función API de Windows	Utilizar la instrucción Call y suministrar cualquier argumento necesario. Por ejemplo, para llamar a la función GlobalMemoryStatus deberá escribir: `Call GlobalMemoryStatus (memInfo)`
Acceder a los elementos de un tipo devueltos por una función API de Windows.	Especificar el nombre de la variable asociada con el tipo y el nombre del elemento. Por ejemplo, para asignar el elemento dwTotalPhys de la variable memInfo (del tipo MemoryStatus) a la propiedad Max de una barra de progreso, deberá escribir la siguiente línea de código: `pgbPhysMem.Max = memInfo.dwTotalPhys`
Terminar un programa con la instrucción Unload	Utilice la instrucción Unload con el nombre del formulario principal como argumento. Por ejemplo: `Unload Form1`

SEXTA PARTE

Fundamentos de programación en Internet

Capítulo

19 Transferencia de archivos con el control de transferencia de Internet

20 Visualización de documentos HTLM con Internet Explorer

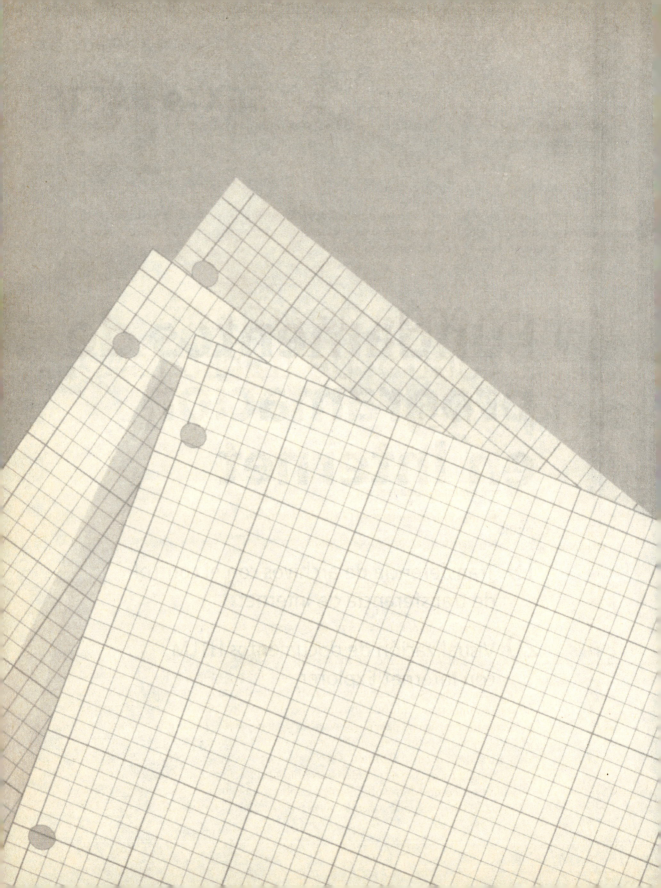

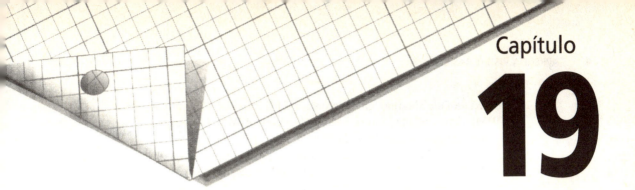

Capítulo

19

Transferencia de archivos con el control de transferencia de Internet

Tiempo estimado:
20 minutos

En este capítulo aprenderá a:

- Importar documentos HTML de World Wide Web.
- Transferir archivos por Internet mediante FTP (protocolo de transferencia de archivos).
- Manejar los errores que pueden presentarse durante las transacciones en Internet.

En esta Parte 6 aprenderá las técnicas de programación necesarias para trabajar con servidores Web, protocolos y aplicaciones en Dynamic HTML de Internet. Para un diseñador de software, Internet ofrece tres tipos posibles de diseño de aplicaciones relacionadas con Web. A nivel básico podrá proporcionar a su aplicación la capacidad para importar archivos y documentos HTML desde Internet. Esta capacidad le permitirá obtener importante información desde lugares remotos pero no le proporciona necesariamente la capacidad para poder procesarla (por ejemplo, puede importar archivos .zip). En el siguiente nivel, podrá construir sus programas de tal forma que fueran capaces de mostrar documentos HTML en Web desde su aplicación. Este nivel proporcionará a sus usuarios la capacidad de acceder a documentos en formato HTML a través de un navegador, tal como Microsoft Internet Explorer. Finalmente, podrá utilizar Microsoft Visual Basic y una herramienta especial denominada Dynamic HTML Page Designer

(Diseñador de Páginas en Dynamic HTML) para crear aplicaciones Web (páginas DHML) que trabajen con servidores Internet en Web. Le presentaré cada una de estas técnicas de programación en la Parte 6.

En el Capítulo 19 dará sus primeros pasos en Internet aprendiendo a importar archivos con el control ActiveX denominado Internet Transfer. Sacar el máximo partido a Internet es un tema complejo pero no necesitará conocer todos los detalles si todo lo que pretende hacer es extraer unos cuantos archivos de su servidor Web favorito. En este capítulo, importará archivos utilizando dos protocolos ampliamente extendidos en Internet: HTTP (Protocolo de Transferencia Hipertexto) y FTP (Protocolo de Transferencia de Archivos). El control Internet Transfer es una herramienta de gran utilidad capaz de manejar todos los detalles relacionados con la transferencia de archivos en una amplia variedad de contextos.

IMPORTACIÓN DE DOCUMENTOS HTML DESDE WORLD WIDE WEB

Si usted es como la mayoría de los programadores, hacer que sus aplicaciones se puedan comunicar con Internet será prioritario. Su empresa puede que utilice Internet para transferir archivos a diferentes ubicaciones de cualquier parte del mundo o, también, puede que se conecte de forma rutinaria con un determinado servidor Web que publica documentos y otros tipos de información que usted necesita de una manera regular. Si desea que las aplicaciones que desarrolle en Visual Basic estén mínimamente orientadas a Web el primer paso que deberá dar será, probablemente, dar a sus usuarios la capacidad de importar archivos desde un servidor a una computadora cliente. Un *servidor* es una computadora conectada a Internet que mantiene u hospeda páginas Web y otros servicios. Un *cliente* es una computadora que accede a Internet y que solicita información de un servidor. Las peticiones de información por parte de los clientes pueden partir de un programa de navegación, tal como Internet Explorer, o de un programa desarrollado en Visual Basic.

Para proporcionar a su programa Visual Basic (el cliente) la capacidad de solicitar información de un servidor Internet, podrá utilizar el control ActiveX denominado Internet Transfer incluido en la Edición Profesional de Visual Basic. El control Internet Transfer es capaz de importar archivos utilizando dos de los protocolos más difundidos en Internet: HTTP y FTP. HTTP se utiliza principalmente para transferir documentos HTML (Lenguaje de Construcción Hipertexto) desde servidores conectados a Web. Cada vez que comience una dirección Internet en su navegador Web con las letras «http://» estará diciendo al servidor que desea abrir un documento con códigos de formato HTML, ya que su navegador podrá entenderlo y mostrarlo sin problemas en pantalla. El control Internet Transfer también podrá utilizar este protocolo para importar páginas Web desde servidores conectados a Internet.

Por su parte, el protocolo FTP se utiliza principalmente para transferir archivos binarios o archivos de texto desde servidores especiales conocidos como servidores FTP o sitios FTP. Podrá reconocer a los servidores FTP por el prefijo «ftp:/» que hay que introducir delante del nombre del servidor. Cualquier empresa utilizará su servidor

FTP para transferir archivos de un proyecto en el formato .zip (comprimido) y otros archivos binarios, tal como bibliotecas de vínculos dinámicos (.dll) y archivos ejecutables (.exe). El control Internet Transfer también puede gestionar transacciones FTP (tanto importaciones como exportaciones).

Podrá utilizar el método OpenURL del control Internet Transfer para importar un archivo completo en una única operación o podrá utilizar este control para manejar los detalles específicos de una transferencia byte a byte de archivos. Los ejemplos contenidos en el presente capítulo mostrarán el funcionamiento más sencillo del método OpenURL, que importará el archivo entero en una cadena síncrona de datos (en otras palabras, Visual Basic no ejecutará ninguna otra instrucción del programa hasta que finalice por completo la transferencia del archivo). La técnica byte a byte es demasiado detallada para las aplicaciones Internet que vamos a analizar, pero comienza a ser de gran utilidad en aplicaciones de transferencia de archivos más exigentes. Si desea recibir datos de esta forma, utilice el método GetChunk del control Internet Transfer.

IMPORTANTE: *El control Internet Transfer es un control ActiveX que se encuentra incluido en las Ediciones Profesional y Empresarial de Visual Basic. Recuerde que para añadir un control a su cuadro de herramientas necesita ejecutar el mandato Componentes del menú Proyecto, insertar una marca de verificación a la izquierda del nombre de control (Microsoft Internet Transfer Control 6.0) y pulsar Aceptar.*

Ejecución del programa ObtHTML

Ejecute ahora el programa ObtHTML para ver qué tareas puede llevar a cabo con el control Internet Transfer.

1. Ponga en marcha Visual Basic y abra el proyecto ObtHTML.vbp contenido en la carpeta \Vb6Sbs\Less19 de su disco duro.

2. Pulse el botón Iniciar contenido en la barra de herramientas para ejecutar el programa.

Botón Iniciar

   La Interfaz de usuario del programa tendrá el aspecto mostrado en la figura de la página siguiente. ObtHTML ha sido diseñado para importar y almacenar documentos HTML que se encuentren en Web. Aunque ObtHTML contiene un cuadro de texto en el que podrá ver el código HTML que esté importando, el programa no es en sí mismo un navegador que le permita ver el documento como una página Web (aprenderá a mostrar páginas Web en el Capítulo 20). Sin embargo, podrá ver en diferido el documento HTML importado con Internet Explorer o con cualquier otro navegador.

   ObtHTML contiene otro cuadro de texto que le permitirá localizar el documento que desee importar especificando su dirección Internet, es decir, un nombre de ruta también conocido como *Localizador Uniforme de Recursos* (URL). Por defecto, le cuadro de texto URL contiene la dirección Internet de la página inicial de la compañía Microsoft, pero podrá modificar esta dirección para conectarse a la página Web que desee.

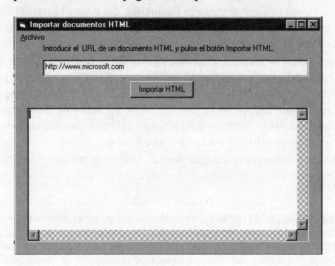

3. Pulse el botón Importar HTML.

Visual Basic utiliza el control Internet Transfer para conectarse a Internet y copiar la página HTML especificada en el cuadro de texto. Si no se encuentra conectado, el control Internet Transfer utilizará su proveedor de servicios Internet predeterminado para establecer una conexión con Internet (en mi sistema, aparece en pantalla el anagrama de Microsoft Network y tengo que introducir mi nombre de usuario y contraseña para establecer la conexión).

Después de unos instantes, su cuadro de texto contendrá texto HTML perteneciente a la página inicial de Microsoft la cual tendrá un aspecto similar al mostrado en la página siguiente. El cuadro de texto contiene barras de desplazamiento para que pueda examinar el documento HTML completo.

En lugar de ver una atractiva página Web, verá códigos de formato o *etiquetas* que aparecen por pares y encerradas entre los caracteres menor y mayor que. Entre estas etiquetas aparecen <HTML>, que indica el comienzo de un documento HTML, y <TITLE> que determina cuál será el texto que se mostrará en la barra de títulos del navegador cuando el documento se cargue en memoria. La página inicial de Microsoft es un documento HTML de gran complejidad, con numerosas etiquetas, estilos y códigos. Sin embargo, siempre existirá una razón detrás de cada uno de los códigos que aparezcan en ella. Al igual que sucedía con el estándar RTF que analizó en el Capítulo 15, HTML es un formato de texto que contiene numerosas etiquetas especiales que le comunicarán a cualquier navegador cómo se debe mostrar el texto y los gráficos contenidos en el documento.

TRANSFERENCIA DE ARCHIVOS CON EL CONTROL DE TRANSFERENCA DE INTERNET   **477**

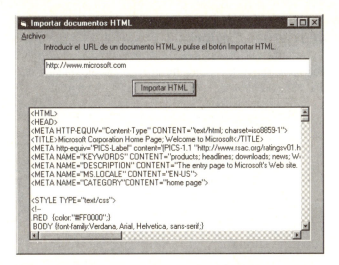

4. Abra el menú Archivo del programa ObtHTML y ejecute el mandato Guardar como HTML.

   Visual Basic muestra el cuadro de diálogo Guardar como (su carpeta activa puede ser distinta).

5. Active la carpeta \Vb6Sbs\Less19 (si no se encuentra abierta todavía) y escriba el nombre **Página Inicial de Microsoft** en el cuadro de texto Nombre de archivo.

6. Pulse el botón Guardar.

   Visual Basic almacenará el documento HTML en el disco con la extensión .html.

7. Vuelva a desplegar el menú Archivo del programa ObtHTML y ejecute el mandato Salir.

   Visual Basic cierra la aplicación.

Visualización del documento HTML con Internet Explorer

A continuación, utilizaremos Internet Explorer o cualquier otro navegador instalado en su PC para ver el aspecto que tendrá la Página inicial de Microsoft.

1. Ponga en marcha su navegador Internet en la forma habitual.

    Suelo emplear Internet Explorer para navegar por Internet. Suelo poner en marcha el programa pulsando sobre el botón Inicio, desplegando la opción Programas, presionando sobre la carpeta Internet Explorer y escogiendo el icono Internet Explorer.

2. Si el programa le pregunta si desea conectarse a Internet, pulse el botón Cancelar para trabajar sin conexión.

    No será necesario conectarse a Internet para ver el documento que acaba de importar. En realidad reside en su disco duro.

3. Escriba **C:\Vb6Sbs\Less19\Página inicial de Microsoft.html** en el cuadro de texto Dirección de su navegador y pulse INTRO.

    Si almacenó la página inicial de Microsoft como se comentó en el apartado anterior, su navegador cargará la página inicial de Microsoft desde la carpeta \Vb6Sbs\Less19. Su pantalla tendrá un aspecto similar al siguiente:

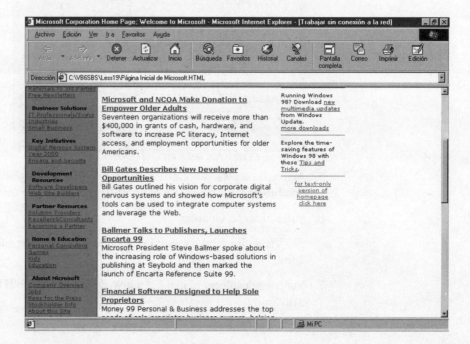

NOTA: *Si está utilizando un navegador de la empresa Netscape, podrá mostrar el documento HTML sin más que ejecutar el mandato Abrir página contenido en el menú Archivo de Netscape, pulsando Elegir Archivo, seleccionando el documento «página inicial de Microsoft» que importó anteriormente y pulsando dos veces sobre el botón Abrir.*

Ahora, en lugar de intrincadas etiquetas HTML, verá el documento importado como una auténtica página Web. Aunque no se encuentra conectado a la red, podrá ver algunas luces parpadeando o alguna actividad gráfica en esta página. Son el resultado de los formatos especiales que Microsoft ha añadido a la página Web. Además, observe que ninguno de los hipervínculos contenidos en la página Web se encuentran activos. El motivo es que sólo ha importado una copia del documento HTML que Microsoft almacena en su servidor Web, pero no una copia completa de la aplicación Web con todos los archivos adicionales.

NOTA: *Algunos documentos HTML son archivos autocontenidos que almacenan todos los recursos necesarios para mostrarse por completo en su navegador. Otros documentos HTML requieren la presencia de documentos HTML, programas y controles ActiveX adicionales, que se encuentran almacenados en el servidor original.*

4. Invierta unos instantes para examinar el formato de la página Web de Microsoft y, a continuación, cierre su navegador.

   Volverá a utilizar Internet Explorer en el Capítulo 20, cuando aprenda a visualizar documentos HTML desde su propia aplicación desarrollada en Visual Basic.

NOTA: *Para ahorrar dinero en gastos telefónicos utilice esta aplicación para importar páginas Web que contengan información detallada que usted desee analizar. Después de importar el documento HTML, desconéctese de Internet y visualice el contenido de dicho documento tomándose todo el tiempo que desee.*

Análisis del código del programa ObtHTML

Ahora que ya tiene un poco de experiencia en el manejo de documentos HTML, echaremos un vistazo al código del programa ObtHTML.

1. En la ventana Código abra la sección Declaraciones de Form1.

   Verá el siguiente código de programa:

```
'declarar una variable para el URL introducido
Dim strUrl As String
```

La sección de Declaraciones (el código situado por encima del primer procedimiento de suceso) se utiliza para declarar variables públicas que mantendrán sus valores en cada uno de los procedimientos de suceso contenidos en el formulario. En esta sección de declaraciones, he declarado una variable pública de cadena denominada strUrl encargada de almacenar la dirección Internet del archivo Web que se desea importar. Volveré a utilizar este nombre en el procedimiento de suceso Command1_Click.

2. Muestre en la ventana Código el procedimiento de suceso Command1_Click. Verá el siguiente código:

```
Private Sub Command1_Click()
    On Error GoTo manejadorerror
    strUrl = txtURLbox.Text
    'verificar si hay, al menos, 11 caracteres ("http://www.")
    If Len(strUrl) > 11 Then
        'copiar el documento html en el cuadro de texto
        txtNote.Text = Inet1.OpenURL(strUrl)
    Else
        MsgBox "Introduzca un nombre de documento válido en el
cuadro URL"
    End If
    Exit Sub
manejadorerror:
    MsgBox "Error en la conexión con el URL", , Err.Description
End Sub
```

Este procedimiento de suceso copia la dirección Internet introducida el primer cuadro de texto (txtURLbox) en la variable pública srtUrl. A continuación, utiliza el control Internet Transfer para conectarse con Internet y copiar el documento HTML especificado. La instrucción más importante es:

```
txtNote.Text = Inet1.OpenURL(strUrl)
```

que utiliza el método OpenURL del objeto Internet Transfer para importar el archivo al que hace referencia la variable srtUrl y lo copia en el segundo cuadro de texto contenido en el formulario (txtNote). Si la transferencia no se realiza con éxito y se devuelve un error, el manejador de errores mostrará un comentario mediante la propiedad Description del objeto Err.

En este contexto, los errores más comunes son la introducción de una dirección URL equivocada (una dirección Internet no válida) o un error en que se ha superado el tiempo de espera en la conexión.

IMPORTANTE: *El control Internet Transfer cuenta con una propiedad SetTimeout que define el número de segundos que puede esperar una operación antes de que ocurra un error time_out (un time_out es un error producido al superar el tiempo de espera definido para ejecutar una transacción). En el programa, he definido este tiempo máximo de espera en 80 segundos para permitir que el usuario disponga de tiempo suficiente para conectarse con su proveedor de servicios Internet; sin embargo, podrá disminuir este tiempo si así lo desea. Observe que si intenta cerrar esta aplicación antes de que haya expirado el tiempo límite asignado a la transacción, Visual Basic continuará esperando el intervalo de tiempo especificado antes de cerrar definitivamente el programa.*

3. Muestre en la ventana Código el procedimiento de suceso mnuItemHTML_Click. Verá el siguiente código de programa:

```
Private Sub mnuItemHTML_Click()
'nota: todo el archivo se almacena en una única cadena
CommonDialog1.DefaultExt = "HTM"
CommonDialog1.Filter = "archivos HTML (*.HTML;*.HTM)|*.HTML;HTM"
CommonDialog1.ShowSave      'mostrar cuadro de diálogo Guardar
If CommonDialog1.FileName <> "" Then
    Open CommonDialog1.FileName For Output As #1
    Print #1, txtNote.Text   'almacenar cadena en el archivo
    Close #1                 'cerrar archivo
End If
End Sub
```

Este procedimiento de suceso se ejecutará cuando el usuario seleccione el mandato Guardar como HTML en el menú Archivo de ObtHTML. Esta rutina es la encargada de almacenar en un archivo en formato HTML el documento que acaba de importar en el cuadro de texto y añadir a su nombre la extensión .htm, si el usuario no lo hace directamente (los documentos HTML son archivos de texto que contienen etiquetas de formato y que cuentan con la extensión .htm). El procedimiento para abrir y almacenar texto es el mismo que se comentó en el Capítulo 12.

4. Muestre en la ventana Código el procedimiento de suceso mnuItemGuardar_Click. Verá el siguiente código de programa:

```
Private Sub mnuItemGuardar_Click()
'nota: todo el archivo se almacena en una única cadena
CommonDialog1.DefaultExt = "TXT"
CommonDialog1.Filter = "archivos de texto (*.TXT)|*.TXT"
CommonDialog1.ShowSave      'mostrar cuadro de diálogo Guardar
If CommonDialog1.FileName <> "" Then
    Open CommonDialog1.FileName For Output As #1
    Print #1, txtNote.Text   'almacenar cadena en el archivo
    Close #1                 'cerrar archivo
End If
End Sub
```

Este procedimiento de suceso se ejecutará en cuanto el usuario seleccione la opción Guardar como texto en el menú Archivo. No ha probado este mandato cuando ejecutó el programa ObtHTML, pero su funcionamiento es idéntico al del mandato Guardar como HTML. La única diferencia es que Guardar como texto añade la extensión .txt a su documento lo que le hará aparecer como un archivo de texto en los listados de las carpetas. Sin embargo, este mandato no elimina las etiquetas HTML de formato del documento (la rutina simplemente modifica la extensión del nombre de archivo).

Ahora que ya conoce la forma de importar documentos HTML con el control Internet Transfer, utilizará el protocolo FTP para copiar archivos que no tengan el formato HTML.

TRANSFERENCIA DE ARCHIVOS CON FTP

Como alternativa para importar archivos con el método OpenURL, podrá utilizar el método Execute del control Internet Transfer para copiar archivos utilizando una amplia variedad de mandatos FTP. Los mandatos FTP son códigos que ejecutan operaciones del sistema de archivos incluidas en el protocolo FTP, un estándar definido por los arquitectos y diseñadores de Internet. Entre los mandatos FTP más útiles se incluyen GET (para importar archivos), PUT (para exportar archivos), SIZE (para determinar el tamaño de un archivo almacenado en un servidor FTP) y DIR (para listar los archivos contenidos en el directorio FTP actual). En los siguientes ejercicios examinará la forma en que puede utilizar el mandato GET para importar un archivo de texto desde el servidor FTP de la compañía Microsoft.

*NOTA: Si desea conocer más detalles acerca de los mandatos FTP para poder utilizarlos con el control Internet Transfer, pulse sobre la pestaña Índice del sistema de ayuda en línea (Biblioteca MSDN) y escriba **servidores FTP, argumentos del método Execute**.*

Ejecución del programa FTP

1. Abra el proyecto FTP.vbp contenido en la carpeta \Vb6Sbs\Less19 de su disco duro. Pulse No si Visual Basic le pregunta si desea almacenar las modificaciones realizadas en el programa ObtHTML.

Botón Iniciar

2. Pulse el botón Iniciar contenido en la barra de herramientas para ejecutar el programa.

   La Interfaz de usuario del programa tendrá el aspecto mostrado en la siguiente figura:

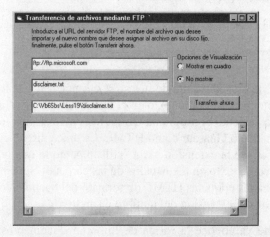

Diseñé el programa FTP para importar archivos a mi disco duro desde un servidor FTP de Internet. El programa funciona con cualquier tipo de archivo e

TRANSFERENCIA DE ARCHIVOS CON EL CONTROL DE TRANSFERENCA DE INTERNET 483

incluye un par de botones de opción (Mostrar en cuadro y No mostrar) que le permitirá elegir si desea ver o no el contenido del archivo una vez concluida la operación de transferencia. Ciertos archivos, como el archivo disclaimer.txt contenido en el directorio raíz del servidor FTP de Microsoft, son simples archivos de texto que se pueden mostrar con facilidad en cualquier cuadro de texto de Visual Basic. Sin embargo, otros tipos de archivo, tales como .zip, .exe y .dll, tienen un formato binario y no han sido diseñados para mostrarse en un cuadro de texto (es por este motivo que la aplicación FTP le ofrece la posibilidad de mostrar o no el contenido del archivo a importar).

3. Pulse el botón de opción Mostrar en cuadro y, a continuación, pulse el botón Transferir ahora.

    El programa FTP utiliza el control Internet Transfer para establecer la conexión Internet e importar el archivo especificado (si todavía no estaba conectado, el control Internet Transfer abrirá la pantalla de acceso a Internet y le pedirá que introduzca su nombre de usuario y contraseña).

    Para proporcionarle un ejemplo práctico de cómo trabaja el método Execute he especificado el servidor Microsoft FTP y el archivo disclaimer.txt, el cual deberá encontrarse en dicho servidor en un futuro. Sin embargo, si Microsoft trasladase dicho archivo después de la publicación de este libro, vería un mensaje de error cuando el método Execute intente importar el archivo. Si esto llegara a ocurrir, especifique un nombre de archivo diferente contenido en el servidor FTP de Microsoft o practique con cualquier otro sitio FTP con el que esté familiarizado.

IMPORTANTE: *El programa FTP supone que ha instalado los archivos de prácticas en su ubicación por defecto. Si la carpeta \Vb6Sbs\Less19 no existe, especifique una carpeta distinta en el cuadro de texto destino (el tercer cuadro empezando desde arriba).*

Después de unos instantes, su formulario tendrá el siguiente aspecto:

4. Vuelva a pulsar de nuevo el botón Transferir ahora, sin cambiar ninguno de los datos contenidos en los tres cuadros de texto.

   El control Internet Transfer generará un mensaje de error porque no ha cambiado el nombre del archivo destino y la operación de importación solicitada sobrescribiría dicho archivo. Verá el siguiente cuadro de mensaje:

5. Pulse Aceptar para cerrar el cuadro de mensajes. Especifique un nuevo nombre para el archivo destino y vuelva a pulsar el botón Transferir ahora.

   El programa copia el archivo en la ubicación que especifique y mostrará otra vez el contenido del archivo «disclaimer» en el cuadro de texto.

6. Si conoce la dirección de otro sitio FTP introdúzcala en el primer cuadro de texto. A continuación, escriba el nombre del archivo fuente que desee copiar en el segundo cuadro de texto, y el nombre de ruta de su disco duro en el tercer cuadro de texto.

7. Pulse Transferir ahora para importar el archivo especificado.

8. Cuando termine de trabajar con la aplicación FTP, pulse el botón Cerrar de la barra de títulos del programa para salir del mismo.

Análisis del código del programa FTP

El programa FTP utiliza el método Execute del control Internet Transfer para importar los archivos especificados del servidor FTP indicado. Además, emplea el suceso StateChanged para detectar la finalización de la transferencia y controlar cualquier error que pudiera ocurrir. A continuación, examinaremos el código del programa.

1. En la ventana Código abra la sección Declaraciones del formulario FTP.

   Verá el siguiente código de programa:

```
'Declarar variables para URL, ubicación del archivo en el
'servidor y ruta de destino para el archivo en el disco fijo
Dim strUrl As String            'URL es un servidor ftp
Dim strSource As String
Dim strDest As String
```

   Al igual que el programa ObtHTML, el programa FTP utiliza la sección de declaraciones para declarar variables públicas que serán utilizadas a lo largo de todo el programa. La variable de cadena strUrl almacena la dirección Internet del servidor FTP; la variable StrSource almacena la ruta del archivo fuente que se desea importar; por último, la variable strDest almacena el nombre de ruta del archivo destino en el disco fijo del usuario.

2. Abra el procedimiento de suceso Command1_Click en la ventana Código. Verá el siguiente código de programa:

```
Private Sub Command1_Click()
'Conectar con el servidor ftp y copiar archivos en el disco fijo
strUrl = txtURLbox.Text        'obtener URL del usuario
strSource = txtServerPath.Text 'obtener la ruta del archivo fuente
strDest = txtLocalPath.Text    'obtener la ruta destino
'Usar el método Execute y la operación GET para copiar el archivo
Inet1.Execute strUrl, "GET " & strSource & " " & strDest
End Sub
```

Este procedimiento de suceso asigna la dirección FTP, la ruta origen y la ruta destino de la operación de importación a tres variables públicas del programa. A continuación, el procedimiento utiliza estas variables como argumentos en el método Execute del objeto Internet Transfer. La sintaxis del método Execute es un tanto compleja, porque los argumentos utilizados en Execute deben cumplir la sintaxis utilizada en los mandatos FTP de Internet. La sintaxis del mandato GET (que importa archivos desde un servidor FTP) tiene el siguiente aspecto:

```
GET archivo_origen archivo_Destino
```

Por ello, cuando utilice el método Execute, la sintaxis de la importación del archivo será la siguiente:

```
Inet1.Execute strUrl, "GET " & strSource & " " & strDest
```

He utilizado el operador de concatenación para unir las cadenas y crear el espacio necesario entre ellas.

3. Abra el procedimiento de suceso Inet1_StateChanged en la ventana Código. Verá el siguiente código de programa:

```
Private Sub Inet1_StateChanged(ByVal State As Integer)
'Este suceso se activa cuando el control finaliza varias
'tareas, como conectarse y registrar los errores
Dim strAllText As String 'declara dos variables para
Dim strLine As String    'mostrar el archivo de texto
'Cuando la transferencia haya terminado o se produzca un
'error procesar apropiadamente el estado
Select Case State
Case icError    'si existe un error, describirlo
    If Inet1.ResponseCode = 80 Then 'existe el archivo
        MsgBox "¡El archivo existe! Por favor, especifique un nuevo destino"
    Else         'si el código no es 80, muestra un error desconocido
        MsgBox Inet1.ResponseInfo, , "Ha fallado la transferencia del archivo"
    End If
```

```
        Case icResponseCompleted         'si ftp ha tenido éxito
            If Option1.Value = True Then 'y se ha pedido su visualización
                Open strDest For Input As #1 'abrirlo en un cuadro de texto
                Do Until EOF(1)
                    Line Input #1, strLine   'leer cada línea
                    strAllText = strAllText & strLine & vbCrLf
                Loop
                Close #1
                txtNote.Text = strAllText     'copiar a cuadro de texto
            Else  'si el usuario selecciona no visualizar el texto (opción por defecto)
                txtNote.Text = ""  'tan sólo resta por mostrar un mensaje de finalización
                MsgBox "Transferencia completa", , strDest
            End If
    End Select
End Sub
```

El procedimiento de suceso StateChanged es un lugar muy útil para verificar el progreso de las actividades de importación iniciadas por el método Execute. Como vio anteriormente, el método OpenURL del control Internet Transfer ejecuta la transferencia del archivo de una manera síncrona, esperando a que finalice la transferencia (o a que se supere el tiempo máximo de espera permitido) antes de ejecutar la siguiente instrucción del programa. El método Execute es diferente (maneja la transferencia de archivos de manera asíncrona) ya que envía los mandatos FTP al servidor y continúa ejecutando el código contenido en el programa.

Cuando utilice el método Execute tendrá que contar con algún sistema para poder determinar qué ha ocurrido con el mandato que su programa envió al servidor FTP. La forma que tiene Visual Basic para ver qué ha sucedido es escribir ciertas instrucciones en el procedimiento de suceso StateChanged. Este procedimiento se ejecuta cada vez que el control Internet Transfer detecta un cambio de estado en la conexión Internet que está supervisando. El procedimiento de suceso StateChanged cuenta con un parámetro especial denominado State, que incluye una instrucción que indica el suceso de transmisión que ha ocurrido de forma más reciente en su conexión.

Este código le permitirá utilizar una estructura Select Case para evaluar los diferentes valores devueltos por el parámetro State y responder de manera consistente.

Invierta unos instantes para examinar el caso icResponseCompleted dentro del procedimiento de suceso StateChanged. Este segmento se ejecuta cuando la operación GET ha finalizado (es decir, cuando se ha importado con éxito el archivo desde el servidor FTP). Cuando esto ocurra, una estructura de decisión If...Then...Else detecta qué botón de opción se encuentra seleccionado en el formulario y actúa en consecuencia. Si se ha seleccionado el primer botón (Mostrar en cuadro) el archivo se abrirá y se copiará su contenido en el cuadro de texto de mayor tamaño en el formulario. En caso contrario, se borrará el contenido de este cuadro de texto y un cuadro de mensaje anuncia la finalización con éxito de la transferencia del proceso FTP actual.

El método Execute del control Internet Transfer resulta ser una excelente herramienta para gestionar las transferencias FTP. Si la utiliza, asegúrese de que también tiene en cuenta el éxito o el fallo de la transferencia mediante un procedimiento suceso StateChanged.

UN PASO MÁS ALLÁ

Manejo de errores durante las transacciones Internet

Como ha aprendido en el apartado anterior, el procedimiento suceso StateChanged es un mecanismo muy útil para detectar la finalización de una transferencia de archivos iniciada por el método Execute. Podrá utilizar también el procedimiento suceso StateChanged para gestionar las condiciones de error que aparezcan cuando utilice mandatos FTP y otros métodos y propiedades.

Cuando ocurra un error en su conexión Internet, el control Internet Transfer asignará la constante «icError» (el número 11) al parámetro State en el procedimiento suceso StateChanged. Si analiza el estado icError mediante una instrucción Case, podrá captar cualquier error que se produzca y determinar su causa exacta sin más que mostrar la propiedad ResponseCode del control Internet Transfer. Normalmente, la propiedad ResponseCode tiene un valor 0 (sin error), pero cuando se define su estado como icError en el procedimiento suceso StateChanged se asigna un valor especial a la propiedad ResponseCode para identificar el tipo de error que haya tenido lugar.

- Abra el procedimiento de suceso Inet1_StateChanged en la ventana Código (si es que no se encuentra abierto ya) y desplácese hasta la primera instrucción Case dentro del procedimiento. El caso icError tendrá el siguiente aspecto:

```
Case icError    'si existe un error, describirlo
    If Inet1.ResponseCode = 80 Then 'existe el archivo
        MsgBox "¡El archivo existe! Por favor, especifique un nuevo destino"
    Else        'si el código no es 80, muestra un error desconocido
        MsgBox Inet1.ResponseInfo, ,"Ha fallado la transferencia del archivo"
    End If
```

Si icError se evalúa como True es que habrá ocurrido un error en la presente conexión con Internet, y habrá que decirle al usuario lo que debe hacer a continuación. En este caso, he elegido verificar si el valor almacenado en la propiedad ResponseCode es 80, que indicará que el archivo de destino especificado en el tercer cuadro de texto ya existe en el sistema del usuario (por fortuna, el mandato GET no sobrescribe automáticamente los archivos de destino; por el contrario, obtendrá un mensaje de error). Si se detecta un valor 80, el programa mostrará un cuadro de mensaje con un aviso apropiado para que el usuario pueda corregir el problema. Si se detecta otra condición de error distinta de la anterior he utilizado una cláusula Else para mostrar el mensaje genérico «Ha fallado la transferencia del archivo» y, a continuación, se muestra el mensaje exacto del error que ha ocurrido mediante la propiedad ResponseInfo. En tiempo de ejecución, ResponseInfo contiene una cadena de texto explicativa que es similar en funcionamiento al mensaje producido por la propiedad Description del objeto Err.

Al añadir un mecanismo de detección de errores en el procedimiento de suceso StateChanged podrá evitar que los errores generales de conexión interrumpan accidentalmente su aplicación FTP.

Si desea continuar en el siguiente capítulo

➤ Mantenga en funcionamiento el programa Visual Basic y pase al Capítulo 20.

Si desea salir de Visual Basic por ahora

➤ En el menú Archivo seleccione Salir.

Si ve un cuadro de diálogo Guardar, pulse No.

RESUMEN DEL CAPÍTULO 19

Para	Haga esto
Añadir a su cuadro de herramientas el control ActiveX denominado Internet Transfer.	En el menú Proyecto ejecute el mandato Componentes. Pulse la pestaña Controles, introduzca una marca de verificación a la izquierda del elemento Microsoft Internet Transfer Control 6.0 y pulse Aceptar.
Copiar un documento HTML desde Web a un cuadro de texto de su programa	Utilice el método OpenURL del control Internet Transfer. Por ejemplo: `txtNote.Text = Inet1.OpenURL(srtUrl)`

Importar un archivo desde un servidor FTP	Utilice el método Execute del control Internet Transfer. Por ejemplo:
	`Inet1.Execute strUrl, "GET " & strSource_`
	`    & " " & strDest`

Responder a un cambio de estado ocurrido en su conexión Internet	Escriba una estructura de decisión Select Case que evalúe la propiedad State del procedimiento de suceso StateChanged del control Internet Transfer.

Capítulo

20

Visualización de documentos HTML con Internet Explorer

Tiempo estimado:
40 minutos

En este capítulo aprenderá a:

- Investigar el modelo de objetos de Microsoft Internet Explorer.
- Visualizar documentos HTML desde su aplicación.
- Utilizar sucesos de Internet Explorer.

En el Capítulo 19 aprendió a importar archivos utilizando programas desarrollados en Microsoft Visual Basic mediante el control Internet Transfer. Con esta útil herramienta puede importar de Internet casi cualquier tipo de información, incluyendo archivos de texto, documentos HTML, archivos ejecutables, archivos comprimidos (por ejemplo, los archivos .zip), hojas de cálculo, etc. En este capítulo, aprenderá a mostrar en pantalla el contenido de documentos HTML utilizando aplicaciones desarrolladas en Visual Basic mediante el objeto Internet Explorer, un componente programable que incluye propiedades, métodos y sucesos que están disponibles en cada computadora que tenga instalada una copia del programa Internet Explorer. A medida que vaya analizando el modelo de objetos de Internet Explorer aprenderá a añadir el objeto Internet Explorer a sus proyectos Visual Basic, así como a utilizar las propiedades, métodos y sucesos de Internet Explorer para mostrar documentos HTML. Como verá muy pronto, Internet Explorer contiene un muy útil modelo de objetos que es similar en muchos aspectos a los objetos expuestos por otras aplicaciones de Microsoft Office. Con Internet Explorer podrá visualizar el contenido de documentos HTML y páginas Web muy complejos sin tener que volver a desarrollar el código del navegador.

489

PUESTA EN MARCHA DEL OBJETO
INTERNET EXPLORER

Microsoft Internet Explorer es un navegador de propósito general que muestra documentos HTML ubicados en Internet o en su disco duro. Microsoft diseñó el programa Internet Explorer para que pudiera utilizarlo como una aplicación individual (poniéndola en marcha desde el menú Inicio de Windows) o para que extrajera de ella sus objetos componentes y los empleara en cualquier programa que usted pueda desarrollar. Según esto, Internet Explorer expone sus funciones como una colección de propiedades, métodos y sucesos siguiendo la estructura de un modelo de objetos comprensible. Podrá analizar este modelo de objetos utilizando el Examinador de objetos de Visual Basic e introduciendo sus funciones en los programas que desarrolle.

El *objeto Internet Explorer* no es un control ActiveX incluido en la Edición Profesional de Visual Basic. Por el contrario, se trata de una biblioteca de objetos que reside en todas las computadoras que tengan instalado el programa Internet Explorer (en otras palabras, Internet Explorer tiene que estar presente en el registro del sistema). Como Microsoft utiliza Internet Explorer para mostrar los archivos de ayuda de muchas de sus aplicaciones (incluyendo Visual Basic 6) podrá localizar la biblioteca de objetos de Internet Explorer en la mayor parte de los sistemas que contengan software de Microsoft.

IMPORTANTE: *La versión de Internet Explorer descrita en este capítulo es la 4.0 (la versión comercializada con Visual Basic 6). Las propiedades, métodos y sucesos más importantes del objeto Internet Explorer no han cambiado mucho de una versión a otra. Sin embargo, asegúrese de comprobar qué versión de Internet Explorer está utilizando antes de comenzar este capítulo. Si está manejando una versión distinta a la 4.0 utilice el Examinador de Objetos para verificar que contiene las propiedades, métodos y sucesos que vamos a emplear. Al igual que sucede con las bibliotecas de objetos en las aplicaciones de Microsoft Office, el modelo de objetos de Internet Explorer se ve actualizado de tarde en tarde. Indudablemente, las futuras versiones serán un poco diferentes (y más ricas en términos de funciones).*

Cómo añadir la referencia de controles de Microsoft Internet Explorer a sus aplicaciones

El primer paso para utilizar el objeto Internet Explorer es añadir una referencia a la biblioteca de objetos en su aplicación. Podrá llevar a cabo esta tarea utilizando el mandato Referencias del menú Proyecto de Visual Basic, tal y como se muestra en el siguiente ejercicio. Practique añadiendo ahora la referencia, si así lo desea, o simplemente recuerde los pasos indicados para utilizarlos posteriormente (el programa que incluyo en este capítulo ya contiene esta referencia, pero podrá practicar añadiéndola ahora si desea investigar por su cuenta el modelo de objetos).

Inclusión del objeto Internet Explorer en su proyecto

1. Ponga en marcha Visual Basic y abra un nuevo proyecto estándar.

2. En el menú Proyecto, ejecute el mandato Referencias.

3. Desplace la lista hasta encontrar la referencia denominada Microsoft Internet Controls (shdocvw.dll) y pulse sobre su casilla de verificación situada a la izquierda de su nombre.

    El cuadro de diálogo tendrá un aspecto similar al siguiente:

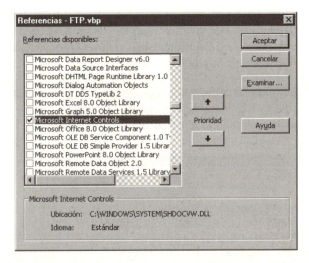

4. Pulse Aceptar para añadir la referencia a su proyecto.

    Visual Basic añade la biblioteca de objetos Internet Explorer a su proyecto.

Análisis del modelo de objetos de Internet Explorer

Antes de comenzar a utilizar el objeto Internet Explorer en un programa, invierta unos instantes en examinar sus propiedades, métodos y sucesos con el Examinador de objetos de Visual Basic. El objeto Internet Explorer se encuentra almacenado en una clase denominada InternetExplorer, que es miembro de la biblioteca SHDocVw (la referencia Microsoft Internet Controls que acaba de añadir a su proyecto). Dentro de la clase InternetExplorer se encuentran las propiedades, métodos y sucesos que podrá utilizar para mostrar documentos HTML en sus programas. Como aprendió en el Capítulo 14, el Examinador de objetos es su mejor fuente de información para analizar una biblioteca de objetos que no se encuentre incluida en Visual Basic. La biblioteca de objetos de Internet Explorer es un buen ejemplo de este caso.

Empleo del Examinador de objetos

Botón Examinador de objetos

1. Pulse el botón Examinador de objetos contenido en la barra de herramientas para mostrar el Examinador de objetos de Visual Basic.

NOTA: *F2 es la tecla de acceso directo para mostrar el Examinador de objetos. También podrá abrir el Examinador de objetos sin más que ejecutar el mandato Examinador de objetos contenido en el menú Ver.*

2. En el cuadro de lista desplegable Proyecto/Biblioteca, seleccione la biblioteca SHDocVw. Los cuadros de lista Clases y Miembros muestran los elementos contenidos en la biblioteca SHDocVw (los objetos asociados con los Controles de Microsoft Internet).

3. Desplace el contenido del cuadro de lista Clases hasta encontrar la denominada InternetExplorer. Pulse sobre ella. El Examinador de Objetos tendrá entonces un aspecto similar al mostrado en la siguiente figura:

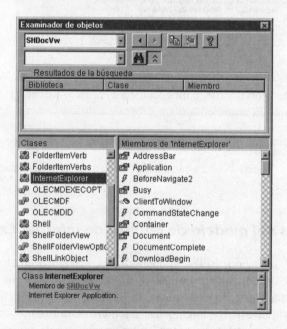

Las propiedades, métodos y sucesos de la clase InternetExplorer aparecerán en el cuadro de lista de Miembros mostrado a la derecha. Podrá pulsar sobre cualquiera de estos miembros para ver la sintaxis (y una breve descripción) de cada uno de los elementos que controlan la forma en que trabaja Internet Explorer. Pruebe a pulsar sobre unas cuantas propiedades, métodos y sucesos.

4. Pulse sobre el método Navigate dentro del cuadro de lista de Miembros.

    Verá la siguiente descripción:

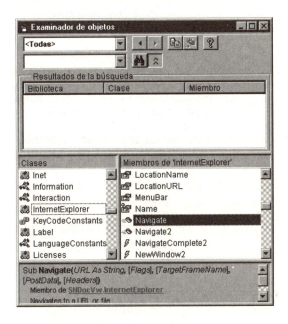

Navigate abre una URL.

El método Navigate abre la URL especificada, que puede ser bien una dirección Internet o un documento HTML almacenado en algún lugar de su sistema. El argumento Flags especifica dónde se debe añadir este URL: a la lista historial de Internet Explorer o la memoria caché del disco. Los argumentos TargetFrameName, PostData y Headers describen cómo se deben abrir los documentos HTML y cómo se deben identificar en la ventana del navegador (los argumentos Flags, TargetFrameName, PostData y Headers son todos opcionales). Aunque puede parecer complicado, el método Navigate es muy fácil de utilizar. En muchos casos, es todo lo que necesita para visualizar un documento HTML desde su propia aplicación.

5. Pulse sobre la propiedad LocationURL en el cuadro de lista Miembros.

    La propiedad LocationURL contiene el nombre de ruta del documento HTML que se encuentra abierto en Internet Explorer. Si desea llevar un registro de todos los servidores Web que visita un usuario en una sesión de trabajo, podrá utilizar el método Navigate para copiar la cadena contenida en la propiedad LocationURL a un cuadro de texto o combo cada vez que se realice con éxito una conexión a una nueva página Web.

6. Pulse sobre el suceso NavigateComplete2 contenido en el cuadro de lista Miembros.

El objeto Internet Explorer utiliza el suceso NavigateComplete2 cuando el método Navigate haya finalizado con éxito y se haya cargado un nuevo documento HTML en la ventana del navegador. Utilizaremos este suceso en el ejercicio «Un paso más allá» para crear una lista historial de los servidores Web visitados por el usuario.

NOTA: *Cada vez que Microsoft mejora el modelo de objetos de Internet Explorer suele crear versiones actualizadas de las propiedades, métodos y sucesos existentes. Para ello, añade nuevos números (incrementados) a sus nombres. Mirando la sintaxis y la descripción de estos nuevos miembros podrá determinar con frecuencia los nuevos argumentos y funciones que soportan. Este es el motivo por el que puede ver los métodos Navigate y Navigate2 en la biblioteca de objetos de Internet Explorer 4.*

---

7. Invierta unos instantes en explorar con el Examinador de objetos otras propiedades, métodos y sucesos que le parezcan interesantes.

8. Cuando haya terminado de explorar el modelo de objetos, pulse el botón Cerrar para salir del Examinador de objetos.

VISUALIZACIÓN DE DOCUMENTOS HTML

Mostrar documentos HTML con el objeto Internet Explorer sólo requiere unas cuantas líneas de programa en cualquier aplicación Visual Basic. En primer lugar, deberá crear una variable objeto en su aplicación que represente al objeto Internet Explorer. A continuación, deberá abrir la aplicación Internet Explorer sin más que asignar el valor True a la propiedad Visible de dicho objeto. A continuación, deberá cargar un documento HTML en el navegador asignando como argumento al método Navigate una dirección URL válida o una ruta local de directorios. Veamos el aspecto que tendrán estas instrucciones en el código del programa:

```
Set Explorer = New SHDocVw.InternetExplorer
Explorer.Visible = True
Explorer.Navigate «http://www.microsoft.como/»
```

En este ejemplo, he creado una variable objeto denominada Explorer para representar la clase InternetExplorer de la biblioteca de objetos shdocvw.dll. Si desea utilizar esta variable objeto en cualquier procedimiento de suceso contenido en su formulario deberá declararla como una variable global, utilizando la palabra clave Public, en un módulo estándar o en una sección de Declaraciones de su formulario.

Para ver cómo trabaja el objeto Internet Explorer en un programa, deberá ejecutar la demostración MostrarHTML que he creado para este capítulo. MostrarHTML utiliza un cuadro combo para representar una lista de los servidores Web favoritos de un usuario y emplea el método Navigate de Internet Explorer para mostrar cualquier documento HTML que el usuario pueda seleccionar.

Ejecución del programa MostrarHTML

1. Abra el proyecto MostrarHTML.vbp contenido en la carpeta \Vb6Sbs\Less20.

2. Pulse el botón Inicio contenido en la barra de herramientas para ejecutar el programa. El formulario tendrá el siguiente aspecto:

Botón Iniciar

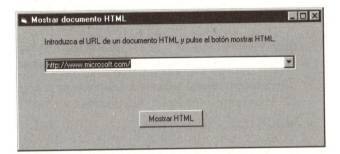

3. Pulse la flecha abajo del cuadro combo del formulario para mostrar una lista de servidores Web favoritos. Verá los siguientes nombres:

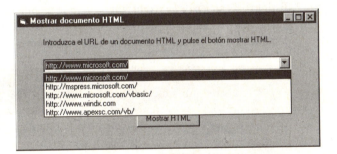

Como habrá podido comprobar en su navegador Internet, un cuadro combo puede ser un control de gran utilidad para presentar al usuario direcciones URL. Normalmente, en mis aplicaciones Web suelo mostrar cinco o seis URL para que los usuarios puedan elegir desde dónde desean comenzar sus aplicaciones Web y también les permito que añadan sus propias direcciones favoritas cuando visitan nuevos servidores. Las direcciones de Internet que he incluido en este caso le conectarán a unos cuantos servidores que, creo, son de interés general para los programadores de Visual Basic. Podrá utilizarlos con toda confianza, pero observe que estas direcciones pueden dejar de ser válidas en cualquier momento (no hay nada eterno en Internet).

La siguiente tabla lista los servidores Web que he incluido en el presente programa:

Dirección Internet	Descripción
http://www.microsoft.com/	Página inicial de Microsoft Corporation
http://mspress.microsoft.com/	Página inicial de Microsoft Press (con vínculos directos a libros sobre Visual Basic).
http://msdn.microsoft.com/vbasic/	Página inicial de programación en Microsoft Visual Basic.
http://www.windx.com/	Recursos y publicaciones para programación en Visual Basic.
http://www.apexsc.com/vb/	Página inicial de Visual Basic de Carl y Gary (el único servidor que no es de Microsoft).

4. En el cuadro combo seleccione la opción de la página inicial de programación de Microsoft Visual Basic (http://msdn.microsoft.com/vbasic/).

5. Pulse el botón Mostrar HTML.

Visual Basic abrirá Internet Explorer y cargará la dirección URL de Microsoft Visual Basic en el navegador. Si no se encuentra conectado a la red, Internet Explorer le preguntará su nombre de usuario y contraseña para el Proveedor de Servicios Internet (ISP) y le conectará a Internet (si se conecta a Internet mediante una red empresarial, el proceso de conexión puede ser ligeramente distinto). Después de unos instantes, verá la página inicial de Microsoft Visual Basic, que tendrá un aspecto similar a la mostrada en la siguiente figura (el documento HTML mostrado en su caso puede tener información más reciente).

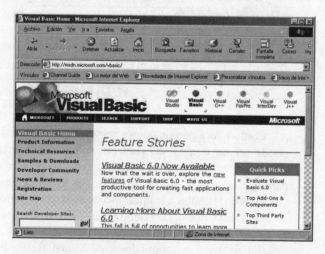

6. Maximice la ventana de Internet Explorer si no se muestra ya a toda pantalla y, finalmente, pulse sobre uno o dos vínculos que le interesen.

La página inicial de Programación de Microsoft Visual Basic es un recurso excelente para obtener las últimas noticias sobre herramientas de programación, consejos, conferencias, libros y cualquier otra información de interés sobre este entorno de desarrollo.

7. Una vez que haya terminado de revisar su página, cierre la ventana de Internet Explorer. Si el programa le pregunta si desea desconectarse de Internet, seleccione la opción No para mantenerse en la red.

8. Vuelva a mostrar el formulario MostrarHTML.

    El programa MostrarHTML seguirá en ejecución aunque hasta este momento hubiera permanecido oculto bajo unas cuantas aplicaciones. Si no lo ve, pulse las teclas ALT+TAB para mostrar una lista de las aplicaciones que se encuentran abiertas en este momento y seleccione la opción «Mostrar documento HTML» para traer la aplicación al primer plano.

9. Seleccione otro servidor Web del cuadro combo y, a continuación, pulse el botón mostrar HTML para abrirlo.

    Después de que eche un vistazo a las direcciones que le recomiendo, abra las suyas propias utilizando el programa.

10. Sitúe el cursor en el cuadro combo del formulario MostrarHTML, elimine la dirección URL que se muestre en él e introduzca la URL de su elección. A continuación, pulse el botón Mostrar HTML para conectarse a ella. Además, podrá utilizar esta herramienta para mostrar documentos HTML que se encuentren almacenados en su disco duro.

11. Después de que haya mostrado tres o cuatro documentos HTML, pulse el botón Cerrar contenido en la barra de títulos del programa MostrarHTML y cierre cualquier ventana de Internet Explorer que pueda encontrarse abierta.

A continuación, analizaremos el código del programa MostrarHTML que utiliza el objeto Internet Explorer.

Examen del código Internet Explorer contenido en MostrarHTML

1. En la ventana Código, abra la sección de Declaraciones del formulario. Verá las siguientes instrucciones de programa:

```
'Declarar una variable para el URL actual
Public Explorer As SHDocVw.InternetExplorer
```

Explorer es una variable pública

El programa MostrarHTML comienza declarando una variable pública de objeto denominada Explorer que facilitará la conexión del programa con la biblioteca de objetos de Internet Explorer. La declaración hace referencia a la clase InternetExplorer contenida en el archivo shdocvw.dll, que deberá incluir en su proyecto utilizando el mandato Referencias del menú Proyecto.

2. Abra el procedimiento de suceso Command1_Click en la ventana Código. Verá el siguiente código de programa:

```
Private Sub Command1_Click()
    On Error GoTo manejadorerror
    Set Explorer = New SHDocVw.InternetExplorer
    Explorer.Visible = True
    Explorer.Navigate Combo1.Text
    Exit Sub
manejadorerror:
    MsgBox "Error visualizando el archivo", , Err.Description
End Sub
```

El procedimiento de suceso Command1_Click se pondrá en marcha cuando el usuario pulse el botón Mostrar HTML contenido en el formulario. Este suceso implica que, o bien, el usuario está satisfecho con la dirección Web introducida por defecto (http://www.microsoft.com) y quiere acceder a ella o, bien, que ha especificado otro documento HTML en el cuadro combo del programa y quiere mostrarlo por pantalla. Según esto, el procedimiento de suceso maneja un controlador de error para evitar errores de conexión y crea un nuevo objeto de Internet Explorer. A continuación, hace visible la ventana de Internet Explorer y, en la ventana del navegador, abre el documento que se corresponde con la selección que haya realizado el usuario en el cuadro combo (el valor asignado actualmente a la propiedad Text del objeto cuadro combo). En este instante, la aplicación Mostrar HTML se está ejecutando en segundo plano, de tal forma que la atención del usuario pueda estar centrada en la ventana de Internet Explorer que se acaba de abrir, que es la que maneja la conexión con Internet (si es que es necesario), la que permite ver al usuario el contenido del servidor Web seleccionado y, si así lo desea, la que permitirá que el usuario pulse sobre cualquier otro hipervínculo existente en la página.

3. Abra el procedimiento de suceso Form_Load en la ventana Código. Verá el siguiente código de programa:

```
Private Sub Form_Load()
'Añadir unos pocos servidores Web al cuadro combo durante
'la puesta en marcha
    'página inicial de Microsoft Corp.
    Combo1.AddItem "http://www.microsoft.com/"
    'página inicial de Microsoft Press
    Combo1.AddItem "http://mspress.microsoft.com/"
    'página inicial de Microsoft Visual Basic Programming
    Combo1.AddItem "http://www.microsoft.com/vbasic/"
    'recursos de Fawcette Publication para programación en VB
    Combo1.AddItem "http://www.windx.com"
    'página inicial de VB de Carl y Gary (no-Microsoft)
    Combo1.AddItem "http://www.apexsc.com/vb/"
End Sub
```

Cuando se cargue el programa MostrarHTML, el usuario podrá ver una lista de diversos servidores Web «favoritos». Estas URL se presentan en un cuadro combo que he configurado inicialmente en el procedimiento de suceso Form_Load utilizando el método AddItem. Podrá añadir nuevas direcciones a esta lista sin más que incluir nuevas sentencias AddItem (el objeto Cuadro combo incluye barras de desplazamiento que se mostrarán en caso necesario y que le permitirán manejar un gran número de entradas).

UN PASO MÁS ALLÁ

Cómo dar respuesta a los sucesos de Internet Explorer

En este capítulo ha manejado algunas propiedades y métodos del objeto Internet Explorer para mostrar en una ventana documentos HTML. También podrá ejercer un mayor control en sus actividades de navegación dando respuesta a sucesos que tengan lugar en el objeto Internet Explorer. Como quizás recuerde de capítulos pasados, cada control Visual Basic tiene la capacidad de producir anuncios de estado, o *sucesos*, en el curso regular de una operación. Estos sucesos pueden incluir diferentes acciones, desde un simple desplazamiento del ratón en el control ImageBox (suceso Drag) a notificaciones de que una actividad de transferencia de archivos ha sido finalizada con éxito (suceso ResponseComplete del control Internet Transfer). El objeto Internet Explorer también produce sucesos que podrá manejar mediante código de programa utilizando procedimientos de sucesos. Entre estos se incluyen: NavigateComplete2, DownloadBegin, DownloadComplete, TitleChange, DocumentComplete y OnQuit.

Si desea utilizar sucesos Internet Explorer en su programa, tendrá que modificar, en primer lugar, la instrucción que declara la variable objeto Internet Explorer. Los sucesos producidos por componentes ActiveX externos no se listan automáticamente en el cuadro de lista desplegable Objeto en la ventana Código. Sin embargo, podrá incluir estos sucesos utilizando la palabra clave WithEvents cuando declare el objeto. En el programa MostrarHTML desarrollado en este capítulo, deberá editar la declaración e introducir las modificaciones que se muestran a continuación:

```
'Declarar una variable para el URL actual
Public WithEvents Explorer As SHDocVw.InternetExplorer
```

WithEvents añade sucesos a la ventana Código.

Después de que utilice la palabra clave WithEvents, el objeto Explorer aparece automáticamente en el cuadro de lista desplegable Objeto de la ventana Código. Cuando seleccione el objeto Explorer, sus sucesos asociados aparecerán en el cuadro de lista desplegable Procedimiento. A partir de ese momento, podrá seleccionar cada suceso que desee controlar y construir un procedimiento de suceso para el mismo. A continuación, verá cómo funciona lo que acabamos de comentar en una variación del programa MostrarHTML.

Empleo del suceso NavigateComplete2

En este ejercicio desarrollará un procedimiento de suceso que añade la dirección URL del servidor Web al que se encuentre conectado en ese momento mediante Internet Explorer al objeto cuadro combo contenido en el programa MostrarHTML.

1. Almacene el formulario MostrarHTML como **MiHistHTML.frm** y almacene el proyecto Mostrar HTML como **MiHistHTML.vbp**.

2. Abra la ventana Código y desplácese hasta la sección de Declaraciones del programa, localizada en la parte superior del listado del programa.

3. Añada la palabra clave WithEvents en la declaración del objeto Internet Explorer después de la palabra clave Public. La declaración del objeto tendrá ahora el siguiente aspecto:

```
Public WithEvents Explorer As SHDocVw.InternetExplorer
```

4. Despliegue el cuadro de lista Objeto contenido en la ventana Código y seleccione el objeto Explorer.

5. Despliegue el cuadro de lista Procedimiento contenido en la ventana Código y seleccione el suceso NavigateComplete2.

    En la ventana Código aparecerán los parámetros asignados al procedimiento de suceso Explorer_NavigateComplete2.

6. Escriba la siguiente instrucción en el procedimiento de suceso:

```
Combo1.AddItem Explorer.LocationURL
```

Su procedimiento tendrá ahora el siguiente aspecto:

```
Private Sub Explorer_NavigateComplete2(ByVal pDisp_
 As Object, URL As Variant)
    Combo1.AddItem Explorer.LocationURL
End Sub
```

El proyecto HistHTML.vbp completo se encuentra disponible en la carpeta \Vb6Sbs\Less20.

El suceso NavigateComplete2 tendrá lugar cuando el objeto Internet Explorer haya cargado con éxito en el navegador el documento especificado. Este suceso sólo tendrá lugar cuando el documento se haya transferido completamente y con éxito (una página Web o una dirección URL no válidas no dispararán el suceso). Como resultado, analizar el estado del suceso NavigateComplete2 puede ser un excelente método para supervisar los documentos Web que haya cargado recientemente. Si utiliza la propiedad LocationURL del objeto Explorer, podrá construir su propia lista (historial) de los documentos HTML a los que haya accedido de forma reciente. En este ejemplo he añadido la dirección URL del documento al cuadro combo del formulario, al objeto de que pueda volver a visitar con facilidad el mismo servidor sin más que pulsar con el ratón sobre su nombre. Sin embargo, también podrá almacenar de forma permanente esta información escribiendo la dirección URL en un archivo o en una base de datos.

7. Pulse el botón Guardar contenido en la barra de herramientas para almacenar los cambios.

8. Pulse el botón Inicio contenido en la barra de herramientas para ejecutar el programa.

Botón Iniciar

9. Pulse uno de los servidores Web listados en el cuadro combo y presione el botón Mostrar HTML.

10. Una vez que se haya establecido la conexión, pulse en alguno de los hipervínculos que aparezcan en el documento para saltar a nuevas direcciones URL.

11. Pulse sobre el icono del programa Mostrar Documento HTML contenido en la barra de tareas de Windows y vuelva a desplegar el cuadro combo.

Los nuevos servidores que haya visitado aparecerán en la parte final de la lista, tal y como se muestra en la figura siguiente.

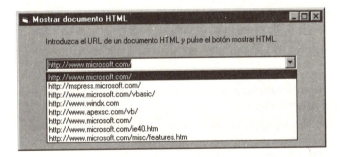

Juegue con el suceso NavigateComplete2 visitando nuevos servidores Web y añadiéndoles al cuadro combo.

12. Cuando termine, cierre las ventanas de Internet Explorer que hayan podido quedar abiertas. A continuación, pulse el botón Cerrar de la barra de títulos de la aplicación HistHTML.

En este capítulo ha finalizado su trabajo con HTML. ¡Bien hecho!

Si desea continuar con el siguiente capítulo

▶ No salga de Visual Basic y pase al capítulo 21.

Si desea salir de Visual Basic por ahora

▶ En el menú Archivo seleccione Salir.

Si en su pantalla aparece un cuadro de diálogo que le permite almacenar los cambios, seleccione Sí (es buena idea almacenar los cambios realizados en el proyecto MiHistHTML que acaba de crear).

RESUMEN DEL CAPÍTULO 20

Para	Haga esto
Añadir en su programa una referencia a la biblioteca de objetos Internet Explorer	En el menú Proyecto, ejecute el mandato Referencias e introduzca una marca de verificación en el cuadro situado a la izquierda de la entrada de Microsoft Internet Controls (shdocvw.dll).
Investigar el modelo de objetos de Internet Explorer	Pulse el botón Examinador de objetos contenido en la barra de herramientas para abrir el Examinador de objetos, seleccione la biblioteca SHDocVw dentro del cuadro de lista desplegable Proyecto/Biblioteca, seleccione la clase InternetExplorer y pulse sobre cada uno de los miembros individuales de la clase para obtener más información sobre la sintaxis de cada propiedad, método y suceso.

Poner en marcha Internet Explorer desde su programa	Declare una variable objeto del tipo SHDocVw y defina su propiedad Visible como True. Por ejemplo:
	`Set Explorer = New SHDocVw.InternetExplorer`
	`Explorer.Visible = True`

Mostrar el contenido de un servidor Web mediante el objeto Internet Explorer	Utilice el método Navigate, por ejemplo: `Explorer.Navigate «http://www.microsoft.com/»`
Acceder a los sucesos de un objeto externo (tal como Internet Explorer)	Declarar el objeto externo utilizando la palabra clave WithEvents. Por ejemplo: `Public WithEvents Explorer As SHDocVw.InternetExplorer`

Capítulo

21

Diseño de páginas con HTML dinámico para Web

Tiempo estimado:
40 minutos

En este capítulo aprenderá a:

- Introducción a la programación en Dynamic HTML.
- Crear una página Web con el Diseñador de página DHTML.
- Añadir formato al texto, atributos ID y etiquetas SPAN a su documento.
- Insertar un hipervínculo en páginas HTML adicionales.
- Crear una página HTML de ayuda con Microsoft Word 97.

En el Capítulo 20, aprendió los conceptos fundamentales del HTML y la forma de mostrar documentos HTML en una aplicación Microsoft Visual Basic utilizando un objeto Microsoft Internet Explorer. En este capítulo aprenderá a construir sus propias aplicaciones HTML con el nuevo Diseñador de páginas DHTML incluido con la Edición Profesional de Microsoft Visual Basic. El Lenguaje Dinámico de Construcción Hipertexto (DHTML) es una sofisticada tecnología Internet basada en el modelo de objetos componentes de Microsoft (COM) y en los documentos y estándares elaborados por el Consorcio World Wide Web. Aunque una descripción en profundidad del DHTML se encuentra fuera de los objetivos de este libro, el Diseñador de Páginas DHTML le permitirá comenzar a crear aplicaciones Web incluso aunque tenga poca o ninguna experiencia en programación para Internet y en el diseño de páginas Web. Invierta unas cuantas horas en la lectura de los Capítulos 21 y 22 y ¡vea lo que Dynamic HTML puede hacer por usted!

503

QUÉ ES EL DYNAMIC HTML

Dynamic HTML es una tecnología de Microsoft incluida en las versiones 4.01 y posteriores de Internet Explorer. Con DHTML puede crear una aplicación basada en HTML que utilice Internet Explorer para mostrar una interfaz de usuario y que sea capaz de manejar peticiones que, tradicionalmente, tenían que ser atendidas por el servidor de Internet. Las aplicaciones DHTML se almacenarán como archivos HTML y como bibliotecas de vínculo dinámico (DLL) en el «lado del cliente» de una conexión Internet o Intranet. En otras palabras, con la tecnología DHTML podrá construir aplicaciones Web que permitan acceder a los servidores Internet pero que residan físicamente en la computadora del usuario final. Esta filosofía de distribución «dinámica» mejora la respuesta de los programas basados en DHTML con respecto a las aplicaciones Web tradicionales que residen en el servidor, porque los programas DHTML no dependen de una computadora distante para encaminar información, almacenar datos y procesar peticiones. En una aplicación DHTML, el navegador local maneja muchas de las tareas rutinarias, cambia el formato de las páginas y ejecuta el código incluido en las páginas DHTML sin tener que llamar al servidor para refrescar los datos. De esta forma, se aumenta la velocidad de la aplicación, se reduce la carga de trabajo de los servidores Web y (en muchos casos) permite que los usuarios finales trabajen sin tener que conectarse a Internet o a la intranet, manejando los datos que hayan importado previamente.

El diseñador de página DHTML le ayudará a crear sus propias aplicaciones Web.

La edición Profesional de Visual Basic 6 incluye un componente especial de edición denominado *Diseñador de Páginas DHTML* que le permitirá integrar código Dynamic HTML en sus aplicaciones Visual Basic. Con el Diseñador de Página DHTML podrá crear sus propias aplicaciones Web partiendo de cero o podrá personalizar páginas HTML previamente existentes añadiendo nuevas funciones DHTML. Como lenguaje de programación, se puede considerar que DHTML es una extensión de la Edición de Programación de Microsoft Visual Basic (una versión de Visual Basic para el desarrollo de aplicaciones Internet), pero también tiene mucho en común con el lenguaje Visual Basic que ha aprendido a lo largo de este libro. DHTML no es completamente compatible con el lenguaje Visual Basic porque tiene que respetar los anteriores estándares de HTML, especialmente el modelo de objetos utilizado en versiones anteriores de Internet Explorer. Como resultado, ciertos controles, propiedades, métodos, sucesos y palabras clave de Visual Basic no son compatibles con Dynamic HTML. En los Capítulos 21 y 22 explorará algunas de estas importantes diferencias. Además, aprenderá a integrar sus actuales conocimientos de Visual Basic en sus aplicaciones Internet. Aunque Dynamic HTML es un nuevo tipo de programación, el Diseñador de Páginas DHTML suaviza la mayoría de las peculiaridades del lenguaje presentando los conceptos del HTML en un modelo de objetos que le será familiar y utilizando, además, el entorno de desarrollo convencional de Visual Basic.

Un nuevo paradigma de programación

¿Cuáles son las diferencias más importantes existentes entre Visual Basic y DHTML? Para comenzar, DHTML cuenta con una filosofía de programación ligeramente distinta a la empleada en Visual Basic. Mientras que Visual Basic utiliza formularios como principal tipo de interfaz de usuario, DHTML presenta la información al usuario mediante una o más páginas HTML que incluyen código de programación.

Pasos en el desarrollo de un programa en lenguaje DHTML

Como el Diseñador de Páginas DHTML se ejecuta dentro del entorno de programación de Visual Basic, el proceso de desarrollo global de DHTML es muy similar al de la construcción de aplicaciones tradicionales en Visual Basic. Veamos los pasos que deberá seguir:

1. Ponga en marcha Visual Basic y abra un nuevo proyecto del tipo DHTML Application.

2. En la ventana del Proyecto, abra la carpeta Diseñadores, pulse el elemento DHTMLPage1 y, finalmente, presione el botón Ver Objeto.

3. Cambie el tamaño de la ventana del proyecto DHTML para que sea lo suficientemente grande como para almacenar su página Web.

4. Añada a su página Web texto, elementos del cuadro de herramientas de DHTML y los controles ActiveX que desee.

5. Dé formato al texto con las herramientas de formato y asigne etiquetas identificativas a cualquier elemento textual al que desee hacer referencia en el código del programa.

6. Escriba procedimientos de suceso para cualquiera de los elementos de la interfaz de usuario que los necesite.

7. Añada nuevas páginas Web al proyecto utilizando el mandato Agregar DHTML Page contenido en el menú Proyecto y agregue texto, controles y procedimientos de suceso tal y como se ha descrito en los pasos 4 a 6.

8. Almacene el proyecto utilizando el mandato Guardar como del menú Archivo.

9. Ejecute el proyecto sin más que pulsar el botón Inicio contenido en la barra de herramientas de Visual Basic y verifique cada una de sus funciones (necesitará tener instalada la versión 4.01 o posterior de Internet Explorer para poder ejecutar el programa).

10. Si desea distribuir su aplicación entre otros usuarios, compile el proyecto con el mandato Generar DHTMLProject.dll contenido en el menú Archivo. A continuación, finalice su aplicación ejecutando el Asistente para empaquetado y distribución incluido en la carpeta de Herramientas de Microsoft Visual Basic 6.0 contenido en el menú Inicio de Windows.

Podrá crear estas páginas utilizando un editor independiente de HTML (tal como Microsoft Word o Microsoft FrontPage), o podrá desarrollarlas partiendo de cero utilizando el Diseñador de páginas DHTML incluido en Visual Basic. Otra diferencia está relacionada con las terminaciones de los nombres de archivo asociados con ambos lenguajes: las páginas HTML se almacenarán en archivos .htm mientras que los formularios de Visual Basic se almacenarán en archivos .frm.

En una página HTML, se denominan «elementos» a los controles programables.

Al igual que sucede en los formularios, cualquier página HTML puede incluir texto, imágenes, gráficos, botones, cuadros de lista, controles ActiveX y otros objetos que se empleen para procesar entradas y mostrar salidas. Sin embargo, el conjunto básico de controles que podrá utilizar para crear una página HTML no es el mismo que el que existe en el cuadro de herramientas de Visual Basic 6. Por el contrario, el Diseñador de Páginas DHTML incluye un cuadro de herramientas que contiene objetos programables ligeramente distintos, denominados *elementos*, que realizarán tareas en la interfaz de usuario de acuerdo con las reglas establecidas en la especificación del HTML. Cada uno de estos elementos cuenta con sus propios métodos, propiedades y sucesos, que son diferentes de aquellos utilizados en los objetos de Visual Basic. Por ejemplo, aunque el elemento Button de DHTML se parece y tiene una operativa muy similar al control CommandButton de Visual Basic, cuando el usuario pulse sobre dicho botón se ejecutará el procedimiento de suceso Button1_onclick, en lugar de ejecutarse el procedimiento de suceso Command1_Click. En el Capítulo 22 analizaremos en detalle la forma de añadir elementos DHTML y procedimientos de suceso a sus aplicaciones Web.

PRIMEROS PASOS CON EL DISEÑADOR DE PÁGINAS DHTML

El mejor modo de aprender cómo crear una aplicación en Dynamic HTML es poner manos a la obra y practicar utilizando el Diseñador de Páginas DHTML. En este apartado, abrirá el Diseñador de Páginas en Visual Basic y creará una página HTML con texto formateado que le servirá como base para su aplicación Internet. El programa que va a crear será una versión HTML del juego de máquinas tragaperras que denominamos el 7 Afortunado y que desarrollamos en los Capítulos 2 y 10 (en esta ocasión, el nombre del proyecto será WebAfort.vbp). En este capítulo le mostraré cómo añadir texto y códigos de formato a la aplicación HTML, mientras que los controles del cuadro de herramientas y el desarrollo de los procedimientos de suceso los veremos en el Capítulo 22.

Cómo abrir una nueva aplicación DHTML

Ejecute los siguientes pasos para poner en marcha Visual Basic y abrir una nueva aplicación DHTML en el Diseñador de Páginas DHTML:

1. Ejecute Visual Basic.

2. En el cuadro de diálogo Nuevo Proyecto, pulse sobre el icono DHTML Application y pulse Abrir.

DISEÑO DE PÁGINAS CON HTML DINÁMICO PARA WEB **507**

Cuando pulse el icono DHTML Application para abrir un nuevo proyecto, Visual Basic cargará el memoria el Diseñador de Páginas DHTML (DHTML Page Designer) y configurará el compilador para crear una biblioteca de vínculos dinámicos ActiveX (.dll). Un archivo .dll ActiveX es un archivo que proporciona objetos y recursos informáticos a cualquier página HTML que contenga mandatos escritos en Dynamic HTML (el código del programa en Visual Basic se almacenará en este .dll).

Cuando se cargue en memoria el Diseñador de páginas, su pantalla tendrá el siguiente aspecto:

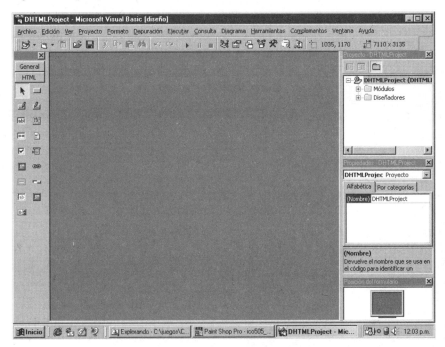

3. Abra la carpeta Diseñadores en la ventana Proyecto.

La página HTML mostrada por defecto en el proyecto (DHTMLPage1) aparece en la carpeta Diseñadores. Un *diseñador* es una página HTML que contiene texto, controles y otros elementos de la interfaz de usuario de su aplicación (en la terminología de Microsoft un diseñador es una herramienta especial que crea una parte de su aplicación Visual Basic. En este libro utilizará diseñadores para crear aplicaciones DHTML y objetos de datos ActiveX). Si desea incluir más de una página HTML en su aplicación podrá añadir diseñadores adicionales a la carpeta Diseñadores con el mandato Agregar DHTML Page contenido en el menú Proyecto.

Botón Ver Objeto

4. Pulse sobre el diseñador DHTMLPage1 contenido en la carpeta Diseñadores y, posteriormente, presione el botón Ver Objeto de la ventana Proyecto.

Visual Basic muestra el Diseñador de páginas DHTML en el entorno de programación. Debido a que el Diseñador de páginas no ocupa, por defecto, todo el espacio disponible dentro del entorno de programación, podrá aumentar su tamaño y reducir la superficie ocupada por las ventanas Proyecto, Propiedades y Posición del formulario.

5. Sitúe el puntero del ratón sobre el borde izquierdo de la ventana Proyecto hasta que el puntero del ratón se convierta en un puntero de tamaño. En ese momento, arrastre el borde de la ventana hacia la derecha para disminuir la cantidad de espacio que ocupa en el entorno de programación.

A continuación, aumentará el tamaño del Diseñador de página DHTML.

6. Sitúe el puntero sobre la esquina inferior derecha del Diseñador de páginas. Cuando el puntero del ratón adapte la forma de un puntero de tamaño, agrande el Diseñador de páginas hasta que tenga un aspecto similar al mostrado en la siguiente figura:

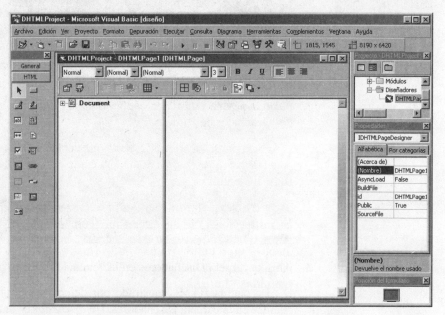

7. Invierta unos instantes en localizar las herramientas de edición más importantes contenidas en el Diseñador de páginas.

La página por defecto, DHTMLPage1, aparece en el panel derecho del Diseñador de páginas (la página se encuentra ahora en blanco). En el panel izquierdo se muestra una descripción en forma de árbol del código HTML contenido en su documento. A medida que vaya añadiendo texto, controles y efectos de formato a su página HTML, los estilos que seleccione y las herramientas que vaya utilizando se reflejarán en una estructura jerárquica en este panel.

Por encima de estos dos paneles en el Diseñador de páginas se encuentra la barra de herramientas de formato, que contiene botones con los que podrá dar formato, ubicar y editar los elementos contenidos en su página DHTML.

En este capítulo utilizará algunos de estos botones. A la izquierda del Diseñador de páginas existe un cuadro de herramientas que contiene los controles DHTML intrínsecos que podrá añadir como elementos programables a sus páginas HTML. Además de estos controles DHTML, podrá agregar también controles ActiveX, incluyendo los controles que ya ha manejado con la Edición Profesional de Visual Basic 6.

Ahora, ya está preparado para añadir un poco de texto a su primera página HTML.

Cómo añadir texto a una página HTML

Aunque, en general, ciertos controles y otros efectos especiales de formato añaden cierto atractivo a las páginas HTML de Web, lo más importante de una aplicación HTML bien diseñada es, normalmente, un interfaz textual informativo. En los pasos siguientes, añadirá los elementos textuales del programa 7 Afortunado en la página HTML situada en el panel derecho del Diseñador de página.

1. Pulse la página HTML (la página situada en el lado derecho) contenida dentro del Diseñador de Página.

    En la parte superior de esta página aparecerá un cursor parpadeante y en el panel de la izquierda del Diseñador de página se abrirá una diagrama en árbol de su documento.

2. Escriba el texto mostrado a continuación dentro de la página HTML, siguiendo las instrucciones que aparecen entre [corchetes] para obtener el espacio deseado.

    Juego 7 afortunado [Intro] [Intro] [Intro]
    0[Espacio] [Espacio] [Espacio]**0**[Espacio] [Espacio] [Espacio]**0**[Intro]
    Ganadas: [Intro]
    Sobre siete afortunado

    Cada vez que aparezca la instrucción [Intro] deberá pulsar una vez dicha tecla. Cada vez que aparezca la instrucción [Espacio] deberá pulsar una vez la barra espaciadora. Cuando termine, su página HTML tendrá el aspecto mostrado en la figura de la página Siguiente.

NOTA: *Cuando utilice el Diseñador de páginas en Visual Basic no le hará falta conocer las etiquetas específicas de formato del lenguaje HTML. Sin embargo, verá las etiquetas HTML en el panel que muestra una vista en árbol, lo que le proporcionará más información sobre cómo está organizado su documento.*

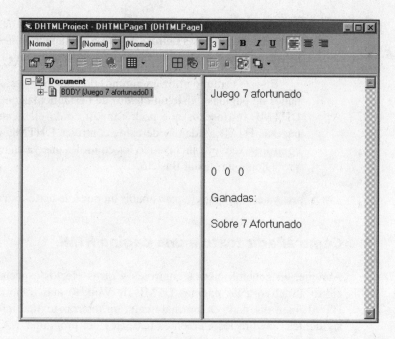

Observe que la etiqueta BODY, incluida en el panel de la vista en árbol, lista el contenido inicial de la página HTML en la que se encuentra trabajando. En HTML, la etiqueta BODY contiene instrucciones que controlan el aspecto gráfico y el comportamiento del contenido de la página Web.

Formato de texto en el Diseñador de páginas

En DHTML, los *estilos* sustituyen a las etiquetas individuales de formato que se utilizaban originalmente en HTML para dar formato a elementos de texto contenidos en las páginas Web (las etiquetas de formato HTML siguen existiendo, pero el Diseñador de páginas las oculta en un archivo *.dsx* de su proyecto). Un *estilo* es una colección de propiedades que controlan el aspecto de los elementos contenidos en un documento DHTML. Las hojas de estilo pueden aplicar un estilo a un único elemento o a un grupo de ellos. Además, podrá aplicar varios estilos a cada elemento de la página (tal como un estilo cabecera y un estilo hipervínculo).

En los siguientes pasos, le mostraré cómo dar formato al texto que introdujo anteriormente en la aplicación 7 Afortunado. Para ello, utilizará estilos de formato empleando la barra de herramientas del Diseñador de Páginas.

1. Seleccione la frase **Juego 7 afortunado** situada en la parte superior de la página HTML.

    Antes de modificar el estilo de texto dentro del Diseñador de páginas, tendrá que seleccionarlo.

2. Pulse el cuadro de lista desplegable Estilo situado en la esquina superior izquierda del Diseñador de páginas y seleccione el estilo Encabezado 1.

   Su pantalla tendrá ahora el aspecto mostrado en la figura siguiente.

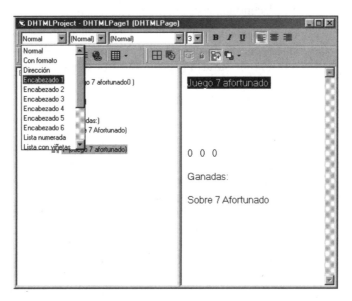

3. Seleccione el estilo Encabezado 1 para dar formato al texto **Juego 7 Afortunado**.

   El Diseñador de páginas aplicará el estilo Encabezado 1 al texto, que adopta el siguiente aspecto:

> **NOTA:** Los estilos del Diseñador de páginas son similares a los estilos que podrá encontrar en Microsoft Word y en otros procesadores de texto.

A continuación, practique utilizando otros estilos en su página HTML.

4. En el panel que muestra la estructura de la página, seleccione el primer párrafo en blanco, P(), contenido en el documento y aplíquele el estilo Encabezado 2 (si no ve las etiquetas P() pulse sobre el signo más situado a la izquierda del elemento BODY del panel que incluye la vista en árbol y, a continuación, seleccione la primera etiqueta P() y asígnele el estilo Encabezado 2).

5. Seleccione el siguiente párrafo en blanco, P(), contenido en su documento y vuelva a aplicarle el estilo Encabezado 2.

Observe que a medida que va aplicando estilos a los elementos de texto contenidos en su documento, el Diseñador de páginas identifica la selección de formato con un código de dos caracteres (H1, H2, etc.) y los desplaza a la parte inferior del árbol de etiquetas (si anteriormente ya ha trabajado con HTML, estas etiquetas de encabezado ya deben serle familiares).

6. Seleccione los tres ceros contenidos en el documento (**0 0 0**) y asígneles el estilo Encabezado 1.

7. Seleccione la palabra **Ganadas**: contenida en el documento, y asígnela el estilo Encabezado 3.

8. Seleccione el texto **Sobre 7 Afortunado** (situado en la parte inferior de la página HTML) y asígnele el estilo Encabezado 4.

Su página HTML tendrá el aspecto de la figura siguiente.

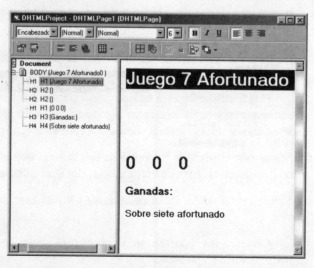

1 H1 viene de Heading 1, encabezado en inglés.

¡Esto es todo! Al utilizar estilos de formato podrá proporcionar a sus páginas HTML un aspecto consistente y preciso, aspecto que podrá duplicar una y otra vez.

NOTA: *Además de los estilos de formato por defecto que acaba de explorar, podrá utilizar los cuadros de lista desplegable denominados Tamaño de fuente y Nombre de fuente situados en el Diseñador de páginas. Estos cuadros de lista le permitirán ajustar los atributos de las fuentes utilizadas en sus páginas HTML. También podrá utilizar los botones negrita, cursiva y subrayado contenidos en la barra de herramientas para ajustar el estilo de fuente, y los botones Izquierda, Centro y Derecha para ajustar la alineación del texto en la página.*

Creación de las etiquetas SPAN para aislar caracteres individuales

Cuando desarrolle aplicaciones DHTML en Visual Basic, una tarea muy común es utilizar propiedades para modificar palabras o caracteres individuales contenidos en una página Web. Por ejemplo, tal vez desee actualizar un número que indique el número de visitantes que está teniendo un determinado servidor en un mes dado, o el número que identifica la cantidad de un determinado producto que queda en el almacén. Si cuando esté desarrollando su página HTML sabe ya qué palabras o caracteres desea aislar mediante código Visual Basic, podrá utilizar el Diseñador de página para encerrar la cadena entre etiquetas SPAN. No verá estas etiquetas en su documento HTML pero existirán «detrás del telón» en el Diseñador de páginas, y también las verá aparecer en el panel que muestra la estructura en árbol del documento.

Ejecute los siguientes pasos para delimitar con etiquetas SPAN los tres ceros que aparecen en la aplicación 7 afortunado, al objeto de que pueda reemplazarlos más adelante con números aleatorios generados por un procedimiento de suceso.

Botón Wrap Selection in SPAN

1. Seleccione el primer **0** contenido en el documento, y pulse el botón denominado Wrap Selection in SPAN contenido en la barra de herramientas del Diseñador de páginas.

   Podrá utilizar tanto el teclado como el ratón para seleccionar el texto (quizás encuentre más sencillo utilizar el teclado para seleccionar el texto si los caracteres que desea escoger se encuentran rodeados de espacios en blanco).

2. Seleccione el segundo **0** y presione de nuevo el botón Wrap Selection in SPAN contenido en la barra de herramientas del Diseñador de páginas.

3. Seleccione el tercer **0** del documento y repita la misma operación por última vez.

   Observe que aparece un signo más (+) a la izquierda de la etiqueta de texto, dentro del panel de vista en árbol, indicando la presencia de las etiquetas SPAN que acaba de crear.

4. Pulse sobre el signo más de la ventana de la vista en árbol para visualizar las etiquetas SPAN.

Verá tres etiquetas SPAN en el árbol de formatos:

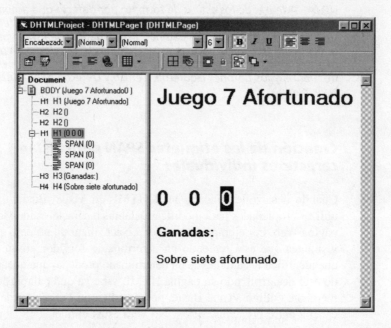

Ahora que acaba de aislar cada uno de los lugares donde, en un futuro, habrá que introducir números aleatorios, podrá manipularlos de forma individual mediante código de programa.

NOTA: Además de señalar elementos en sus páginas HTML mediante la etiqueta SPAN, podrá vincular párrafos entre sí utilizando las etiquetas DIV. Una etiqueta DIV es de gran utilidad cuando desee dar formato a varios elementos con el mismo estilo en una única operación. Debido a que todo lo que se encuentre dentro de una etiqueta DIV mantendrá los mismos atributos de formato, DIV puede convertirse en un excelente método para resaltar información almacenada en una página Web. El botón de la barra de herramientas relacionado con la etiqueta DIV, que se encuentra a la izquierda del botón SPAN, recibe el nombre de Wrap Selection in <DIV>...</DIV>.

Asignación de atributos ID con la ventana de Propiedades

En un programa Visual Basic, cada objeto perteneciente a la interfaz de usuario de su aplicación cuenta con un nombre exclusivo que el compilador utiliza para procesar sucesos en tiempo de ejecución. Por ejemplo, el primer cuadro de texto de un formulario recibe el nombre Text1, el segundo se llamará Text2, etc. En las aplicaciones de Dynamic HTML cada elemento contenido en una página deberá contar también con un nombre exclusivo o *atributo ID* si es que se desea manipularlo mediante código de programa. Cada atributo ID que asigne a los diferentes elementos de su página funcionará como el nombre del elemento en la aplicación DHTML.

Ejecute los siguientes pasos para asignar atributos ID a cada uno de los elementos de texto contenidos en su página HTML:

1. Pulse sobre el título **Juego 7 Afortunado** contenido en la vista en forma de árbol (la etiqueta H1).

2. Abra y aumente el tamaño de la ventana Propiedades si, en ese momento, no se muestra en pantalla o si está tapada por alguna otra ventana.

3. Pulse sobre el cuadro de texto situado a la derecha de la entrada ID dentro de la ventana Propiedades, escriba **CabAfort** y pulse INTRO.

    El Diseñador de páginas asigna el valor CabAfort al atributo ID del texto seleccionado. Aunque en esta aplicación DHTML no va a controlar mediante código de programa esta cabecera, suele ser una buena práctica de programación asignar un etiqueta identificativa a cada uno de los párrafos que esté utilizando.

4. Seleccione la segunda cabecera dentro de la ventana que muestra la vista en árbol (correspondiente a la primera línea en blanco del documento) y cambie su atributo ID asignándole el valor Blanco1 dentro de la ventana Propiedades.

5. Seleccione la tercera cabecera dentro de la ventana que muestra la vista en árbol y cambie su atributo ID asignándole el valor Blanco2.

6. Seleccione la cuarta cabecera (la que contiene los tres números) y asigne el valor Num a su atributo ID.

    El atributo Num (al igual que sucede con un nombre de colección) se aplicará a los tres números. Sin embargo, también podrá asignar identificadores individuales a cada una de las cadenas flanqueadas por etiquetas SPAN.

7. Pulse el primer número SPAN y asígnele Num1 como atributo ID.

8. Pulse el segundo número SPAN y asígnele Num2 como atributo ID.

9. Pulse el tercer número SPAN y asígnele Num3 como atributo ID.

10. Seleccione el encabezado Ganadas y asígnele Resultado como atributo ID.

    Su página HTML tendrá ahora el siguiente aspecto:

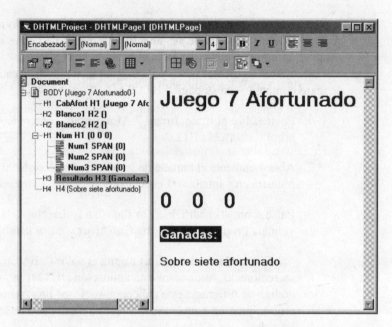

Por ahora, el último Encabezado (Sobre 7 Afortunado) no necesita un atributo ID. En el siguiente ejercicio lo definirá como hipervínculo.

Creación de un vínculo con otra página HTML

Si su aplicación Web va a contener más de una página HTML, una herramienta de formato que puede serle de gran utilidad es el botón denominado Make Selection Into Link (Convertir en vínculo el texto seleccionado) localizado en la barra de herramientas del Diseñador de páginas. Este botón convierte el texto seleccionado en un *hipervínculo* que, cuando el usuario pulse sobre el vínculo, cargará una nueva página HTML en Internet Explorer sustituyendo a la que se mostraba hasta ese momento. Una vez que haya asignado el formato hipervínculo a un texto podrá especificar la conexión deseada (bien una dirección URL o un nombre de ruta local). Para ello, tendrá que utilizar la *propiedad href* del elemento de texto utilizando la ventana Propiedades.

Ejecute estos pasos para convertir en un hipervínculo al texto Sobre 7 Afortunado:

1. Seleccione la entrada H4 (Sobre 7 Afortunado) en el panel de vista en árbol para seleccionar el último encabezado de la página.

    Antes de que pueda convertir el texto en un hipervínculo deberá seleccionarlo.

Botón Make Selection into Link

2. Pulse el botón Make Selection Into Link (Convertir en vínculo el texto seleccionado) contenido en la barra de herramientas del Diseñador de páginas. En el panel de la derecha, el texto seleccionado se convertirá en un hipervínculo.

3. Pulse ahora sobre cualquier otra línea del documento HTML.

   Cuando el cursor se desplace de la línea que contiene el hipervínculo, en el panel de vista en árbol aparecerá el signo más (+) y el formato de hipervínculo (texto en azul y estilo subrayado) se hace visible.

4. En el panel de vista en árbol, pulse sobre el signo más correspondiente al hipervínculo para ver su atributo ID (Hyperlink1).

5. Pulse sobre la etiqueta Hiperlink1, en el panel de vista en árbol, para mostrar las propiedades correspondientes al hipervínculo dentro de la ventana Propiedades.

6. Desplácese hasta la propiedad href dentro de la ventana Propiedades, y pulse el cuadro de texto situado a la derecha de la propiedad.

   Su pantalla tendrá ahora el siguiente aspecto:

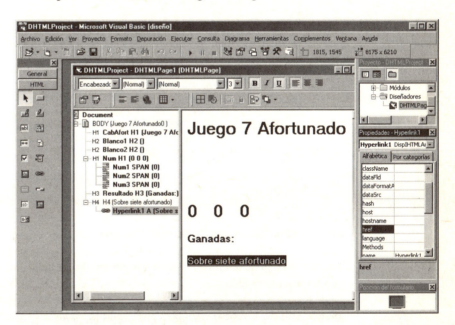

7. Escriba **C:\vb6sbs\less21\lucky.htm** en la propiedad href correspondiente al hipervínculo. Pulse INTRO.

   Lucky.htm es un documento HTML que creará en el siguiente apartado («Un paso más allá»). Sin embargo, el Diseñador de páginas de Visual Basic no verificará si el documento indicado existe o no (esta verificación la realizará en tiempo de ejecución).

¡Esto es todo! Ya ha creado todas las entradas de texto correspondientes a la aplicación Web denominada 7 Afortunado y ha practicado dando formato a los contenidos, creando etiquetas SPAN, asignando atributos ID y creando hipervínculos. Cuando cree sus aplicaciones DHTML en un futuro podrá utilizar estas mismas herramientas con total seguridad.

Grabación del proyecto WebAfort

A continuación, le mostraré cómo guardar el proyecto que acaba de crear bajo el nombre **MiWebAfort.vbp**:

1. En el menú Archivo ejecute el mandato Guardar Proyecto como.

2. Escriba **MiWebAfort** cuando el programa le pida que introduzca un nombre para el archivo de proyecto (.vbp).

3. Escriba **MiWebAfort** cuando el programa le pida que introduzca un nombre para el archivo diseñador (.dsr).

   Un *archivo diseñador*, que utilizamos aquí por primera vez, es un archivo especial que contiene su página HTML y todos sus códigos de formato y controles.

4. Escriba **MiWebAfort** cuando el programa le pida que introduzca un nombre para el módulo de código (.bas).

   En la aplicación DHTML, el archivo .bas contiene funciones que gestionarán las operaciones PutProperty y GetProperty (mecanismos para almacenar y recuperar datos importantes en una página Web cuando el navegador salte de una página a la siguiente). Conocerá más detalles sobre estas funciones en el Capítulo 22.

Ejecución de la aplicación DHTML

Ahora que su aplicación DHTML se encuentra almacenada en su disco, podrá ejecutarla con Internet Explorer.

NOTA: *El proyecto **MiWebAfort** se encuentra en el disco en la carpeta C:\Vb6Sbs\Less21. Podrá abrir esta carpeta si no ha creado la aplicación **MiWebAfort** siguiendo los pasos mostrados en el presente capítulo, o si desea comparar su trabajo con el contenido en la versión original.*

Botón Iniciar

1. Pulse el botón Iniciar contenido en la barra de herramientas de Visual Basic para ejecutar el programa MiWebAfort (o WebAfort si prefirió utilizar la versión original almacenada en el disco).

   La primera vez que ejecute esta aplicación, tal vez vea el cuadro de diálogo Propiedades del proyecto que tendrá un aspecto similar al mostrado en la figura de la siguiente página.

DISEÑO DE PÁGINAS CON HTML DINÁMICO PARA WEB 519

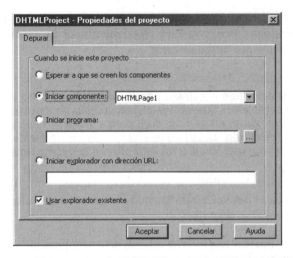

Este cuadro de diálogo le estará preguntando si desea comenzar su aplicación cargando el formulario HTML que acaba de crear utilizando el Diseñador de páginas. Como el componente inicial se especifica correctamente en este cuadro de diálogo, tan sólo tendrá que pulsar el botón Aceptar.

Visual Basic ejecutará Internet Explorer y mostrará su aplicación DHTML. En Internet Explorer versión 4.01 el aspecto del programa será el siguiente:

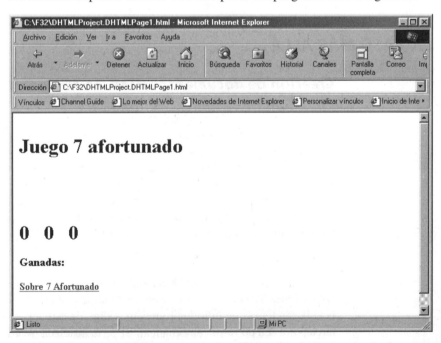

Normalmente, verá algunas pequeñas diferencias de formato en la forma en que Internet Explorer le presenta su página HTML. A estas alturas, su aplicación sólo se encuentra a mitad de su desarrollo, por lo que no podrá interactuar con el programa, pero podrá ver cómo muestra el navegador las cabeceras y el hipervínculo que acaba de crear.

NOTA: ¿Ha advertido el extraño nombre de ruta mostrado en el cuadro de texto Dirección de su navegador? Cuando Visual Basic compila en memoria su aplicación DHTML crea un archivo temporal en su disco duro para almacenar el programa mientras éste se encuentre en ejecución. La ruta que está viendo es, simplemente, el lugar de almacenamiento temporal que Visual Basic está utilizando para guardar el archivo.

---

2. Pulse el botón Cerrar contenido en la barra de títulos de Internet Explorer para cerrar el navegador.

   Internet Explorer se cerrará, pero su aplicación seguirá en ejecución porque Internet Explorer es, simplemente, un navegador, no el origen del programa.

3. Pulse el botón Terminar contenido en la barra de herramientas de Visual Basic para detener la aplicación DHTML.

   Después de unos instantes, el programa se cierra y el Diseñador de páginas reaparecerá en el entorno de desarrollo.

UN PASO MÁS ALLÁ

Creación de documentos HTML en Microsoft Word

Como comentamos anteriormente en este capítulo, podrá crear páginas en Dynamic HTML utilizando el Diseñador de páginas DHTML contenido en Visual Basic. Pero también podrá crear documentos HTML utilizando un editor externo o un procesador de textos que sea capaz de incorporar directamente estos archivos en su proyecto de programación. Como aprenderá en el siguiente capítulo, el Diseñador de páginas DHTML es extremadamente útil si desea crear efectos avanzados de formato utilizando los controles DHTML y controles ActiveX desarrollados por otras empresas. Sin embargo, si tan sólo desea introducir texto en sus documentos HTML, puede tener sentido crear su documento HTML con un editor externo y, posteriormente, incorporar dicha página a su proyecto.

En el Capítulo 14, utilizó Microsoft Word 97 para crear el efecto Automation en sus aplicaciones Visual Basic. También podrá utilizar Word 97 como editor de documentos HTML sin tener que introducir un solo código de este lenguaje (Word 97 realizará esta tarea por usted de forma automática). Si tiene instalado Word 97 en su PC pruebe a utilizarlo ahora para crear un simple archivo de ayuda en formato HTML que describa el objetivo de la aplicación MiWebAfort.

Empleo de Word para crear el archivo de ayuda Lucky.htm

1. Minimice el entorno de desarrollo de Visual Basic y ponga en marcha Word 97 en su PC.

    Podrá llevar a cabo esta tarea sin más que pulsar sobre el menú Inicio de Windows, desplegar la carpeta Programas y buscar el icono de Microsoft Word 97.

2. Cuando Word se ponga en marcha en su pantalla aparecerá un nuevo documento en blanco. Escriba en él el siguiente texto y asígnele el formato que se muestra.

Juego 7 afortunado

El Juego 7 afortunado es una aplicación DHTML desarrollada para el libro *Aprenda Visual Basic 6.0 Ya*, por Michael Halvorson (McGraw-Hill, 1998). (Ver el documento con Microsoft Internet Explorer versión 4.01 o posterior.) Si desea saber cómo se creó esta aplicación, consulte los capítulos 21 y 22 del libro.

Instrucciones del juego:

Objeto: Conseguir un 7 en un grupo de tres números aleatorios.

Probabilidades: Aparecerá al menos un 7 en 28 de cada 100 jugadas.

Su documento Word tendrá el siguiente aspecto cuando acabe de introducir el texto anterior:

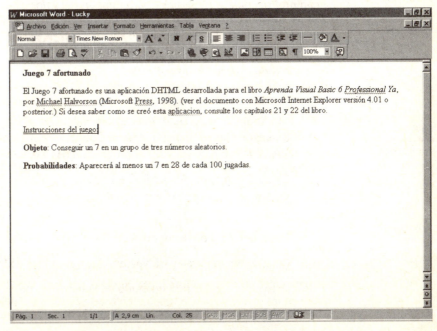

A continuación, deberá almacenar este documento como un archivo HTML para que pueda ser visualizado sin problemas por la aplicación WebAfort.

3. En el menú Archivo de Word, ejecute el mandato Guardar como HTML.

4. Cuando en su pantalla aparezca el cuadro de diálogo Guardar como, especifique la carpeta C:\Vb6Sbs\Less21 y asigne el nombre **MiLucky** al archivo HTML.

    Word convertirá el archivo al formato HTML y lo almacenará en la carpeta Less21.

    Tal vez el programa le pregunte si desea continuar sin guardar el archivo en el formato de Word 97 (para conservar la información de formato que no pueda ser convertida a HTML) o si desea conectarse a Web para importar nuevas versiones de las herramientas de diseño Web. Pulse Sí a la primera pregunta y No a la segunda (no ha utilizado ningún formato que no pueda ser convertido a HTML y no desea importar, por ahora, nuevas herramientas).

5. En el menú Archivo de Word seleccione el mandato Salir para terminar Word.

    A continuación, volverá a ejecutar el programa WebAfort para ver la forma en que funciona el hipervínculo.

6. Vuelva a maximizar la ventana de Visual Basic.

IMPORTANTE: *Si ha seguido al pie de la letra estas instrucciones, deberá modificar la propiedad href del objeto Hyperlink1 para asignarle el valor C:\Vb6Sbs\Less21\MiLucky.htm antes de ejecutar el programa WebAfort, de tal forma que abra el archivo HTML que acaba de crear. En su momento definí la propiedad href como C:\Vb6Sbs\Less21\Lucky.htm (que también podrá utilizar) porque quise simplificar la posibilidad de cargar y ejecutar el programa. Sin embargo, si se ha tomado la molestia de crear el archivo MiLucky.htm también tiene todo el derecho de utilizarlo.*

Botón Iniciar

7. Modifique la propiedad href del objeto Hyperlink1 en caso necesario y, a continuación, pulse el botón Iniciar contenido en la barra de herramientas de Visual Basic para ejecutar el programa DHTML.

8. Cuando la página WebAfort aparezca en Internet Explorer, pulse sobre el hipervínculo Sobre 7 Afortunado para mostrar la página vinculada.

    Pasados unos segundos verá la salida en Internet Explorer. Como se muestra en la figura de la página siguiente.

9. Pulse el botón Atrás para volver a la página WebAfort.

10. Pulse el botón Cerrar contenido en la barra de títulos de Internet Explorer.

11. Pulse el botón Terminar contenido en la barra de herramientas de Visual Basic.

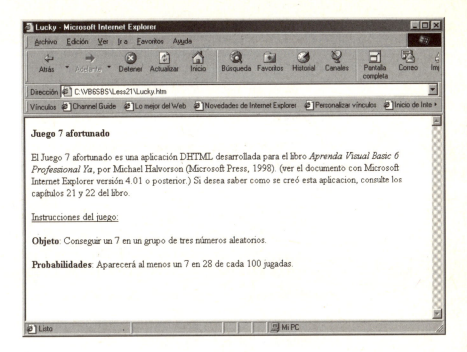

Utilizar Microsoft Word (o cualquier otro editor HTML o procesador de textos) es, a menudo, un buen complemento para el Diseñador de páginas DHTML de Visual Basic. Si cuenta con alguno de estos programas podrá utilizarlo para sacar el máximo beneficio de sus esfuerzos de desarrollo.

Si desea continuar con el siguiente capítulo

➤ No salga de Visual Basic y pase al capítulo 22.

Si desea salir de Visual Basic por ahora

➤ En el menú Archivo seleccione Salir.

Si en su pantalla aparece un cuadro de diálogo que le permite almacenar los cambios, seleccione Sí.

RESUMEN DEL CAPÍTULO 21

Para	Haga esto
Crear una nueva aplicación DHTML	Poner en marcha Visual Basic, pulsar sobre el icono DHTML Application que aparece en el cuadro de diálogo Nuevo proyecto y pulsar el botón Abrir.

(Continúa)

Para	Haga esto
Mostrar el Diseñador de páginas DHTML	Abrir una aplicación DHTML nueva o previamente existente en Visual Basic, abrir la carpeta Diseñadores en la ventana Proyecto, pulsar la página DHTML que desee abrir y presionar el botón Ver Objetos.
Añadir texto a una página DHTML	Pulsar el panel derecho en el Diseñador de páginas para desplazar el punto de inserción a la página DHTML abierta. Finalmente, escribir el texto utilizando el teclado.
Dar formato al texto en una página DHTML	Seleccione el texto al que desee dar formato y escoja un estilo en el cuadro de lista desplegable Estilos, contenido en la barra de herramientas del Diseñador de páginas.
Crear etiquetas SPAN para convertir en programables caracteres individuales contenidos en una página DHTML	Seleccione los caracteres que desee aislar en la página DHTML y pulse sobre el botón Wrap Selection In SPAN contenido en la barra de herramientas del Diseñador de páginas.
Asignar un atributo ID a un texto de la página DHTML	Seleccione el bloque de texto que desee nombrar en el panel de vista en árbol del Diseñador de páginas y asigne un valor único al atributo ID en la ventana de Propiedades.
Convertir una frase o palabra en un hipervínculo dentro de una página DHTML.	Seleccione el bloque de texto al que desee dar formato en el panel de vista en árbol. A continuación, pulse el botón Make Selection Into Link contenido en la barra de herramientas del Diseñador de páginas.
Guardar los componentes en un proyecto DHTML	Ejecute el mandato Guardar proyecto como contenido en el menú Archivo y asigne un nombre a cada uno de los componentes del proyecto.
Ejecutar una aplicación DHTML	Pulse el botón Iniciar contenido en la barra de herramientas de Visual Basic.
Crear un documento DTHML en Microsoft Word 97	Ponga en marcha Word, escriba el contenido del documento y seleccione el mandato Guardar como HTML en el menú Archivo de Word.

Capítulo
22

Inclusión de elementos del cuadro de herramientas y controles ActiveX en páginas DHTML

Tiempo estimado:
50 minutos

En este capítulo aprenderá a:

- Empleo de los elementos del cuadro de herramientas Dynamic HTML para procesar la entrada realizada en una página Web.
- Utilizar los controles ActiveX para mejorar las páginas DHTML.
- Escribir procedimientos de suceso para sucesos DHTML.
- Utilizar la bolsa de propiedades de DHTML para almacenar y recuperar información de importancia.
- Compilar su aplicación como un archivo HTML y un .dll.

En el Capítulo 21, aprendió el manejo del Diseñador de páginas DHTML para crear una aplicación DHTML básica que contenía elementos de texto, códigos de formato y un hipervínculo. En este capítulo aprenderá a añadir a su página Web elementos intrínsecos del cuadro de herramientas de DHTML y controles ActiveX y conocerá la forma en que puede particularizar estos objetos utilizando procedimientos de suceso. Además, utilizará la Property Bag (Bolsa de propiedades) para permitir que la información clave que esté contenida en su página Web persista entre sucesivas cargas de la página y compilará su proyecto para crear un archivo HTML que cuente con el soporte de un .dll y de otros tipos de archivo.

PRIMEROS PASOS CON LOS ELEMENTOS DEL CUADRO DE HERRAMIENTAS

Como aprendió en el capítulo anterior, el Diseñador de páginas DHTML incluye un cuadro de herramientas que contiene controles DHTML, o *elementos*, que podrá utilizar para mejorar la interfaz de usuario de su página Web. Estos elementos del cuadro de herramientas son diferentes a los controles intrínsecos de Microsoft Visual Basic, aunque cuentan con muchas similitudes.

Los elementos contenidos en el cuadro de herramientas DHTML pueden crear objetos siguiendo los estándares existentes sobre programación HTML de tal forma que Microsoft Internet Explorer pueda mostrar las páginas Web que cumplan dichos estándares. Los elementos del cuadro de herramientas DHTML cuentan con propiedades y métodos que son diferentes de los controles propios de Visual Basic y, del mismo modo, responden a diferentes sucesos. Finalmente, los controles DHTML están optimizados para su empleo en Web, donde el tamaño y la velocidad son factores clave. La siguiente figura identifica los elementos contenidos en el cuadro de herramientas DHTML:

NOTA: *Podrá pasar del cuadro de herramientas DHTML al cuadro de herramientas de Visual Basic y viceversa (aunque los controles propios de Visual Basic no están disponibles en una aplicación DHTML, los controles ActiveX contenidos en el cuadro de herramientas de Visual Basic sí se encuentran disponibles). Para activar uno u otro conjunto de elementos y controles, deberá pulsar sobre los botones denominados HTML y General contenidos en el cuadro de herramientas (observe que el botón HTML se desplazará a la parte inferior del cuadro de herramientas cuando se encuentren visibles los controles estándares).*

Información sobre el cuadro de herramientas DHTML

Antes de que comience a utilizar los elementos contenidos en el cuadro de herramientas en una aplicación DHTML deberá invertir algunos minutos en comprobar cuál es la función asociada a cada uno de estos elementos. Aunque en este capítulo no va a utilizar todos estos elementos el siguiente resumen le va a proporcionar la información que necesita para poder comenzar a emplearlos por su cuenta. Si desea obtener más información sobre la forma de utilizar los elementos contenidos en el cuadro de herramientas en una aplicación DHTML, escriba la frase **Controles intrínsecos HTML** en la pestaña Índice de la Biblioteca MSDN de la ayuda en línea.

> **IMPORTANTE:** El análisis que se muestra a continuación presenta algunas de las propiedades y sucesos más importantes expuestos por los elementos contenidos en el cuadro de herramientas DHTML (si desea obtener la lista completa, consulte la ventana Propiedades correspondiente a cada uno de los elementos y el cuadro de lista desplegable Procedimientos de la ventana Código).

Button

El elemento Button (botón) le permitirá crear un botón de orden dentro de una página Dynamic HTML. La propiedad Value (valor) almacena el texto que aparecerá en el botón y el procedimiento de suceso OnClick se ejecutará cada vez que el usuario pulse sobre este elemento. El elemento Button se utiliza normalmente para forzar la entrada de datos en un formulario, para calcular nuevos valores o para cerrar páginas Web.

SubmitButton

El elemento SubmitButton (Botón Enviar) introduce también un botón de orden dentro de una página DHTML. Sin embargo, el elemento SubmitButton se suele utilizar para pasar información contenida en una página Web a un proceso almacenado en el terminal, por ejemplo a un servidor Internet. Cuando se envían estos datos al proceso terminal la información que se introdujo previamente en los elementos de entrada se enviará como texto. La propiedad Value (valor) almacena el texto que aparecerá en el botón y el procedimiento de suceso OnClick se ejecutará cada vez que el usuario pulse sobre este elemento.

ResetButton

Al igual que sucede con el elemento Button, el elemento ResetButton aparece en una página DHTML como un botón de orden. Sin embargo, la función del elemento ResetButton es borrar todo el texto contenido en los campos pertenecientes a la página actual (se suele utilizar para borrar la información introducida por el usuario en una página Web cuyo objetivo es la recogida de datos). La propiedad Value (valor) almacena el texto que aparecerá en el botón y el procedimiento de suceso OnClick se ejecutará cada vez que el usuario pulse sobre este elemento.

TextField

El elemento TextField (campo de texto) crea un cuadro de texto de una sola línea dentro de una página DHTML. En tiempo de ejecución, el usuario podrá introducir entradas textuales en este cuadro de texto. Este tipo de elemento tiene un funcionamiento similar al control TextBox de Visual Basic. La propiedad Value almacena el texto que aparecerá en el cuadro de texto. Podrá definir esta propiedad durante el diseño utilizando la ventana Propiedades o leer el valor de la propiedad durante la ejecución del programa para determinar la entrada que ha escrito el usuario. El elemento TextField ejecutará el suceso OnSelect cuando se seleccione el contenido del cuadro de texto y el suceso OnChange cuando se modifique el contenido del mismo.

TextArea

El elemento TextArea (Área de texto) crea un cuadro de texto de tamaño variable en una página DHTML. Su función es permitir al usuario la introducción de textos que ocupen varias líneas. Si es necesario, el elemento TextArea cuenta con barras de desplazamiento que permitirán que el usuario vea el texto contenido en las líneas ocultas. La propiedad Value almacena el texto que aparece en los cuadros de texto. Podrá definir esta propiedad durante el diseño utilizando la ventana Propiedades o leer el valor de la propiedad durante la ejecución del programa para determinar la entrada que ha escrito el usuario. La propiedad Rows (filas) le permitirá especificar la altura del elemento en líneas, mientras que la propiedad Cols le permitirá definir la anchura del elemento medida en caracteres. Al igual que el elemento TextField, el elemento TextArea ejecutará el suceso OnSelect cuando se seleccione el contenido del cuadro de texto y el suceso OnChange cuando se modifique el contenido del mismo.

PasswordField

El elemento PasswordField (campo contraseña) crea un cuadro de texto en una página DHTML que oculta o *enmascara* una contraseña o cualquier otra información de carácter confidencial que el usuario pueda introducir en la página. El elemento PasswordField es apropiado cuando desee permitir al usuario la introducción de información que desee mantener oculta de ojos curiosos. Al igual que el elemento TextField, la propiedad Value del elemento PasswordField almacena el texto que aparecerá en el cuadro de contraseñas. Podrá especificar una contraseña por defecto durante el proceso de diseño sin más que asignar dicho valor a la propiedad Value utilizando la ventana Propiedades, también podrá leer el valor asignado a la propiedad Value por el usuario (cuando introduzca la contraseña) durante la ejecución del programa. El elemento PasswordField ejecutará el suceso OnSelect cuando se seleccione el contenido del cuadro de contraseña y el suceso OnChange cuando se modifique el contenido del mismo.

Option

El elemento Option introduce un botón de opción, o botón radial, en una página DHTML. En Visual Basic podrá crear un grupo de botones de opción mutuamente excluyentes (un grupo de opciones de las que sólo podrá elegir una a la vez) incluyendo cada uno de los botones dentro de un control Frame en el formulario. Sin embargo, el Diseñador de páginas DHTML no cuenta con un control Frame. Para agrupar botones de opción en una página DHTML, deberá utilizar la ventana Propiedades. En esta ventana deberá, en primer lugar, asignar el mismo valor a la propiedad Name de cada botón y, a continuación, asignar a la propiedad ID de cada botón un único atributo ID.

La propiedad Checked permite la selección por defecto de un determinado botón contenido en un grupo mientras que el suceso OnClick se ejecutará cuando el usuario pulse sobre un determinado botón.

Checkbox

El elemento Checkbox se utiliza para introducir una casilla de verificación en una página DHTML. A diferencia de las casillas de verificación empleadas en Visual Basic, el elemento Checkbox de DHTML no incluye una etiqueta que describa el funcionamiento de la casilla de verificación (tendrá que añadir esta etiqueta escribiendo el texto en la página DHTML). La propiedad Checked determina el estado actual de la casilla de verificación. Si se asigna el valor True a Checked se introducirá una marca de verificación en la casilla; por el contrario, si se asigna el valor False a esta propiedad se eliminará la marca. Se ejecutará el suceso OnClick cuando se pulse sobre este elemento.

Select

El elemento Select se utiliza para introducir un cuadro de lista desplegable, o *cuadro combo*, en una página DHTML. Es similar al control ComboBox de Visual Basic. La propiedad Size (tamaño) determina el número de elementos que son visibles de forma simultánea en el cuadro combo, y la propiedad Selected seleccionará por defecto un determinado elemento de la lista. Si durante la ejecución del programa se modifica el elemento que se encuentre seleccionado, se ejecutará el suceso OnChange. Para añadir elementos en el cuadro combo Select durante el diseño de la aplicación, pulse el botón derecho del ratón sobre el elemento Select, seleccione la opción Propiedades y utilice la Página de propiedades del elemento Select para añadir elementos a la lista.

Image

El elemento Image (imagen) se utiliza para introducir una imagen gráfica estándar en una página DHTML. Para cargar una imagen en el elemento durante el diseño de la aplicación o durante su ejecución, deberá asignar a la propiedad Src el nombre de ruta del archivo gráfico que desee cargar. También podrá utilizar la propiedad Title para mostrar un cuadro de texto cada vez que el usuario pulse sobre el elemento Image.

Hyperlink

El elemento Hyperlink (hipervínculo) se utiliza para crear un vínculo con otra página HTML dentro de su aplicación. Para especificar el nombre del documento HTML o la dirección URL al que desea vincularse, deberá definir la propiedad href utilizando la ventana Propiedades. El texto que aparece en el hipervínculo no está controlado directamente por el elemento Hyperlink, sino por el elemento de texto asociado (podrá editar el texto sin más que modificar directamente en la página DHTML el texto asociado con el hipervínculo). Para controlar la forma en que el elemento Hyperlink salta a otro documento HTML deberá desarrollar líneas de código en el suceso OnClick correspondiente al elemento Hyperlink.

HorizontalRule

El elemento HorizontalRule (regla horizontal) se utiliza para introducir una línea horizontal en la página DHTML. Podrá ajustar el grosor de la línea mediante la propiedad Size, y el color de la línea con la propiedad Color. También podrá definir la longitud de la misma utilizando la propiedad Width.

FileUpload

El elemento FileUpload introduce un cuadro de texto y un botón de orden en la página DHTML que el usuario de la misma podrá utilizar para transferir un archivo desde su disco duro local a un servidor de Internet. Los usuarios podrán introducir el nombre de ruta del archivo en el cuadro de texto o podrán pulsar el botón Examinar para abrir un cuadro de diálogo que les permita buscar el archivo en su sistema. El suceso OnClick se ejecutará cuando un usuario pulse sobre el elemento FileUpload y el suceso OnSelect se ejecutará cuando se seleccione texto en el cuadro de texto.

HiddenField

El elemento HiddenField (campo oculto) añade un cuadro de texto a la página DHTML que no se mostrará al usuario de la misma. Este cuadro de texto es útil como ubicación temporal para ciertos datos contenidos en su programa (por ejemplo, una contraseña que desee verificar). Además, podrá utilizar el elemento HiddenField para pasar información a un servidor Internet cuando se ejecute la operación Submit (enviar). La propiedad Value almacena el contenido del texto oculto y podrá ser definida durante el diseño o durante la ejecución del programa.

InputImage

El elemento InputImage introduce una imagen en la página DHTML. La propiedad Src es la encargada de especificar el nombre de ruta o la dirección URL que identifica a la imagen que aparecerá en el cuadro InputImage. Además de esta función básica, el elemento InputImage podrá utilizarse como mecanismo de entrada de información (el usuario sólo tendrá que pulsar sobre él). Por ejemplo, un programador puede cargar un mapa en el control InputImage y obtener las coordenadas x,y del punto del mapa sobre el cual ha pulsado el usuario.

List

El elemento List se utiliza para introducir un cuadro de lista en la página DHTML. El elemento List es similar al control ListBox de Visual Basic. La propiedad Size (tamaño) determina el número de elementos que son visibles de forma simultánea en el cuadro combo, mientras que la propiedad Length (longitud) controla la altura de la lista. Cuando se modifica durante la ejecución del programa el valor asignado al elemento Select, se ejecutará el suceso OnChange y la propiedad Value pasará a contener el elemento que se haya seleccionado de la lista. Para añadir nuevas opciones al elemento List, deberá pulsar el botón derecho del ratón sobre el elemento List, seleccionar el mandato Propiedades y utilizar la Página de Propiedades del elemento List para añadir otras opciones a la lista.

CREACIÓN Y PERSONALIZACIÓN DE ELEMENTOS

El proceso de crear físicamente elementos del cuadro de herramientas DHTML en una página Web es casi idéntico a crear objetos en un formulario de Visual Basic utilizando su cuadro de herramientas. Existen tres formas distintas de insertar un elemento del cuadro de herramientas DHTML:

- Pulsando el icono asociado con el elemento y arrastrándolo hacia el panel derecho del Diseñador de páginas.

- Pulsando sobre el icono asociado con el elemento y dibujándolo en el panel derecho, como hacía en el caso de un formulario de Visual Basic.

- Realizando una doble pulsación sobre el icono del cuadro de herramientas (de esta forma se creará automáticamente en la página un elemento con un tamaño y posición predeterminados).

Podrá modificar el tamaño de los elementos así dibujados utilizando el puntero de tamaño, tal y como hacía en el caso de los controles contenidos en un formulario de Visual Basic. Si desea desplazar uno los elementos dibujados, tan sólo tendrá que pulsar las teclas de desplazamiento del cursor de su teclado (si desplaza un elemento fuera de la pantalla dejará de ser visible pero seguirá encontrándose activo). Podrá ubicar los elementos en la página utilizando coordenadas absolutas o posiciones relativas con respecto a otros elementos. El botón Absolute Position Mode contenido en la barra de herramientas del Diseñador de páginas permite pasar de un modo de ubicación al otro.

NOTA: *Posicionamiento absoluto significa que el elemento que introduzca en la página aparecerá en la ubicación exacta que haya especificado. Con la posición relativa podrá desplazar un elemento tal y como lo hagan sus elementos vecinos en caso de que se modifique el tamaño de la página.*

Durante el diseño podrá personalizar los elementos del cuadro de herramientas definiendo sus propiedades desde la ventana Propiedades. Las propiedades disponibles varían dependiendo del tipo de elemento que esté utilizando. Algunos elementos del cuadro de herramientas cuentan con Páginas de propiedades que podrá modificar sin más que pulsar el botón derecho del ratón sobre el elemento, seleccionar la opción Propiedades del menú que aparece en pantalla y modificar el contenido del cuadro de diálogo Páginas de propiedades. Si desea borrar un elemento del cuadro de herramientas pulse sobre el nombre del elemento en el panel que muestra la vista en árbol y presione la tecla SUPR.

Inclusión de elementos en la aplicación WebAfort

En este apartado, practicará utilizando elementos del cuadro de herramientas. Para ello, le mostraré cómo añadir un elemento Image y un elemento Button al proyecto WebAfort, una aplicación DHTML con la que empezó a trabajar en el capítulo anterior.

Cuando termine el desarrollo del programa, contará con una utilidad capaz de mostrar números aleatorios cada vez que el usuario pulse sobre el botón Jugar. Si en la jugada aparecen uno o más sietes el usuario ganará la partida, hecho que será anunciado mediante un caluroso aplauso (producido por el control Multimedia MCI y por un archivo .wav).

Modificación de los nombres de los archivos pertenecientes a la aplicación DHTML

Si desea trabajar en una nueva versión de una aplicación DHTML, tendrá que modificar el nombre a los archivos de proyecto (.vbp), diseñador (.dsr) y módulo (.mod).

1. Ponga en marcha Visual Basic y abra el proyecto WebAfort.vbp contenido en la carpeta C:\Vb6Sbs\Less21.

   Almacenará este proyecto en la carpeta Less22 utilizando un nuevo nombre para proteger la versión original (si desea continuar trabajando con el proyecto MiWebAfort que creó en el Capítulo 21, en lugar de hacerlo con la versión que he creado para usted, podrá abrir dicho proyecto y cambiar el nombre a sus archivos).

2. En el menú Archivo ejecute el mandato Guardar proyecto como.

3. Active la carpeta C:\Vb6Sbs\Less22, escriba **MiDHTML7** y pulse INTRO.

   Visual Basic crea una copia del archivo de proyecto WebAfort en la carpeta Less22. A continuación, guardará la página DHTML bajo un nuevo nombre.

4. Abra la carpeta Diseñadores contenida en la ventana Proyecto y pulse sobre el diseñador denominado DHTMLPage1.

INCLUSIÓN DE ELEMENTOS DEL CUADRO DE HERRAMIENTAS Y CONTROLES ACTIVEX EN PÁGINAS DHTLM   533

5. En el menú Archivo ejecute el mandato Guardar WebAfort.dsr como.

6. En el cuadro de diálogo Guardar como, escriba **MiDHTML7** y pulse INTRO.

7. Abra la carpeta Módulos en la ventana Proyecto y pulse sobre el módulo modDHTML.

8. En el menú Archivo ejecute el mandato Guardar modDHTML como (su módulo puede tener un nombre distinto).

9. En el cuadro de diálogo Guardar como, escriba **MiDHTML7** y pulse INTRO.

Para almacenar con un nuevo nombre una aplicación DHTML existente tan sólo tendrá que seguir el proceso anterior que se puede resumir en tres pasos: cambie el nombre al archivo del proyecto (.vbp), al archivo del diseñador (.dsr) y al archivo de módulo (.mod).

NOTA: *Además de los archivos de proyecto (.vbp), diseñador (.dsr) y módulo (.mod), cualquier aplicación DHTML incluye un archivo .dsx que contiene códigos HTML para el diseñador que está utilizando y un archivo .dca con código HTML y otra información binaria.*

Borrado de un elemento de texto contenido en una página

En el Diseñador de páginas podrá borrar cualquier elemento sin más que pulsar sobre él en el panel de la vista en árbol o en el panel de diseño y pulsando, posteriormente, la tecla SUPR. Se trata de un proceso de gran utilidad cuando esté modificando el contenido de páginas HTML (seguro que más de una vez querrá borrar un elemento y comenzar otra vez).

Ejecute los siguientes pasos para borrar la primera línea en blanco (Blank1) de la página:

1. Seleccione el elemento Blanco1 en el panel de vista en árbol.

    Se resaltará el elemento en ambos paneles del Diseñador de páginas.

2. Pulse la tecla SUPR.

    El elemento de texto se borrará de la página de forma permanente.

IMPORTANTE: *Tenga cuidado cuando decida eliminar un elemento de una página DHTML. El Diseñador de páginas no cuenta con una función Deshacer para anular su decisión.*

Cómo se añade un elemento Image en la página

Su primera mejora al programa MiDHTML7 será añadir un elemento Image a la página que ha creado para la máquina tragaperras. El elemento Image mostrará un montón de monedas cuando se ponga en marcha el programa.

Elemento Image

1. Realice una doble pulsación sobre el elemento Image contenido en el cuadro de herramientas.

NOTA: Si no está seguro de cuál es el elemento imagen, sitúe el puntero del ratón sobre los posibles candidatos para ver su nombre en el pequeño cuadro de texto que aparecerá en su pantalla.

El Diseñador de páginas introduce un elemento Image en el centro del formulario DHTML, tal y como se muestra en la figura siguiente:

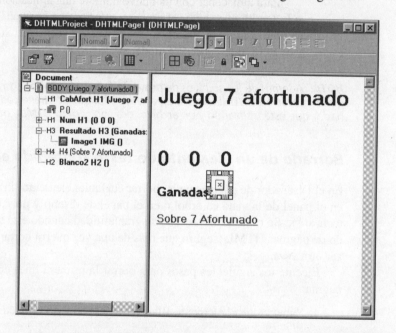

También podría haber introducido un elemento Image sin más que pulsar sobre su icono en el cuadro de herramientas y arrastrarlo hasta situarlo sobre la página. Sin embargo, la doble pulsación, y el posterior cambio de tamaño del elemento, es el procedimiento que se suele utilizar de forma más común para introducir un elemento en la página. Observe que el Diseñador de páginas inserta también un nombre y una descripción del elemento Image en el panel de la vista en árbol.

2. Pulse las teclas de desplazamiento del cursor Flecha Arriba y Flecha Izda. hasta situar al elemento Image entre el título Juego 7 Afortunado y los tres ceros.

La mejor forma de mover los elementos contenidos en una página DHTML es seleccionar el elemento que desee desplazar y, finalmente, utilizar las teclas de desplazamiento del cursor. Podrá realizar movimientos más precisos sin más que mantener pulsada la tecla CTRL y presionar la tecla de desplazamiento del cursor que desee. Su pantalla tendrá ahora el aspecto mostrado en la figura siguiente.

NOTA: *Podrá modificar el tamaño del elemento Image con el ratón, aunque quizás encuentre que el empleo de las propiedades Width y Height de este elemento simplifica notablemente la tarea.*

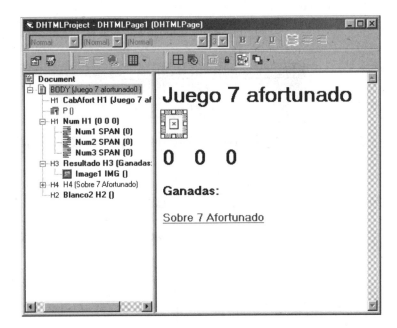

En su estado predeterminado, el elemento Image mostrará una imagen que ocupará toda la página. Sin embargo, podrá configurar el elemento Image para mostrar un gráfico con un tamaño determinado sin más que definir las propiedades Width y Height del elemento utilizando la ventana Propiedades. En este programa, almacenará el elemento Image con su tamaño por defecto para mostrar un metaarchivo de Windows que ocupe toda la ventana de Internet Explorer durante la ejecución del mismo. Observe que, a diferencia de la imagen contenida en el primer programa 7 Afortunado que desarrolló, en la presente aplicación el montón de monedas siempre será visible.

Botón Guardar proyecto

3. Pulse el botón Guardar Proyecto contenido en la barra de herramientas de Visual Basic para almacenar sus cambios.

Adición de un elemento Button a la página

A continuación, añadirá un elemento Button a la página DHTML para poder poner en funcionamiento la máquina tragaperras y mostrar tres números aleatorios.

Elemento Button

1. Realice una doble pulsación sobre el elemento Button contenido en el cuadro de herramientas.

    El Diseñador de páginas añade un elemento Button a su página y crea una nueva entrada para el botón en el panel de la vista en árbol.

2. Utilice las teclas Flecha Dcha. y Flecha Abajo para desplazar el botón hacia la parte derecha de la página, a la derecha de la etiqueta Ganadas.

    Su página tendrá ahora el ahora el siguiente aspecto:

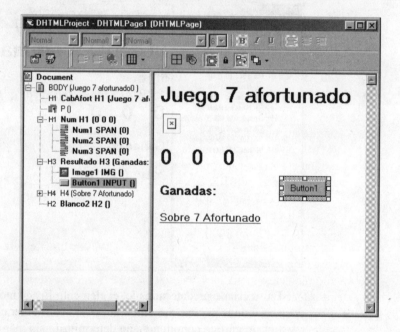

3. Abra la ventana Propiedades, desplace la lista hasta mostrar la propiedad Value y borre el texto contenido en el cuadro de la propiedad Value (en este instante Botton1).

    La propiedad Value contiene el texto que aparecerá en el elemento Button. Para modificar el texto, actualice el valor de la propiedad Value.

4. Escriba Jugar en el cuadro de la propiedad Value y pulse INTRO.

    El texto contenido en el elemento Button cambia a Jugar. La ventana Propiedades tendrá el aspecto mostrado en la figura de la página siguiente.

    El elemento Button está ya listo para aceptar código de programa. Añadirá las instrucciones después de que inserte en su página un control ActiveX del tipo Multimedia MCI.

INCLUSIÓN DE CONTROLES ACTIVEX EN UNA PÁGINA DHTML

Aunque no pueda utilizar los controles propios de Visual Basic en una aplicación DHTML podrá añadir controles ActiveX a la página DHTML. El Diseñador de páginas gestiona estos controles introduciendo, en el código HTML correspondiente a su aplicación, etiquetas <OBJECT> en torno a dichos controles. En la mayor parte de los casos el usuario podrá seguir utilizando, las propiedades, métodos y sucesos tradicionales compatibles con el control ActiveX original, aunque con algunas limitaciones que pueden resultar algo chocantes (por ejemplo, no podrá utilizar la propiedad Visible de los controles ActiveX porque las páginas HTML no utilizan esta propiedad en la misma forma en que lo hacen los formularios de Visual Basic). Además del conjunto estándar de propiedades, métodos y sucesos proporcionados por los controles ActiveX también tendrá acceso a unos cuantos atributos adicionales correspondientes a la especificación HTML para sus controles, incluyendo: ClassID, CodeBase, CodeType, ID, etc. Estas propiedades adicionales le permitirán explotar los atributos avanzados de los elementos de la página HTML, mientras que podrá seguir utilizando las funciones básicas proporcionadas por el control ActiveX.

La posibilidad de añadir controles ActiveX a las aplicaciones DHTML es un gran beneficio para los programadores de Visual Basic. Gracias a ellos, podrá potenciar sus páginas Web utilizando todos los controles ActiveX presentes en la Edición Profesional con los que ya ha venido trabajando a lo largo de este libro. En el siguiente ejercicio podrá añadir un control ActiveX, denominado Multimedia MCI, a su aplicación DHTML para reproducir un archivo denominado applause.wav cuando el usuario consiga ganar una jugada (sacar un siete).

Agregar un control ActiveX al cuadro de herramientas

Antes de poder utilizar un control ActiveX en su página DHTML deberá añadirlo al cuadro de herramientas de Visual Basic. Los controles ActiveX se almacenarán en el panel General del cuadro de herramientas al que podrá acceder sin más que pulsar sobre el botón General.

1. En el menú Proyecto ejecute el mandato Componentes.

    Desplace el contenido de la lista y pulse sobre la casilla de verificación situada cerca de la entrada denominada Microsoft Multimedia Control 6.0.

2. Pulse el botón Aceptar para añadir este control ActiveX a su cuadro de herramientas.

    El control Multimedia MCI aparece en el panel General del cuadro de herramientas, tal y como se muestra en la figura siguiente (observe que los controles intrínsecos de Visual Basic se encuentran desactivados, porque no se pueden utilizar con las aplicaciones DHTML).

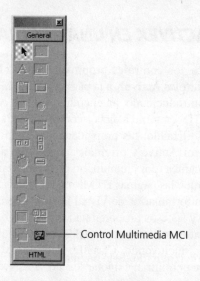

Control Multimedia MCI

Ahora, ya podrá añadir el control ActiveX a su aplicación.

Creación de un control Multimedia MCI en su página

Los controles ActiveX se introducirán en las páginas DHTML en la misma forma que los demás controles. Como estos controles carecen de la propiedad Visible tendrá que situarlos fuera del margen izquierdo si no quiere que el usuario pueda verlos cuando ejecute el programa (esta artimaña «oculta» el control cuando la página DHTML se visualice en el navegador). Observe también que ciertos controles ActiveX que carecen de interfaz, tal como el control ActiveX denominado Common Dialog, no se muestran en la página durante el diseño de la misma ni durante la ejecución de la aplicación. Podrá definir las propiedades relacionadas con los controles ocultos o invisibles seleccionándolos en el panel de la vista en árbol.

Ejecute los siguientes pasos para añadir el control Multimedia MCI a su aplicación:

1. Realice una doble pulsación sobre el control Multimedia MCI contenido en el cuadro de herramientas.

    El Diseñador de páginas crea un nuevo control, lo sitúa en el centro de la página y añade una entrada para dicho control en el panel de la vista en árbol. Su página tendrá el aspecto mostrado en la figura siguiente.

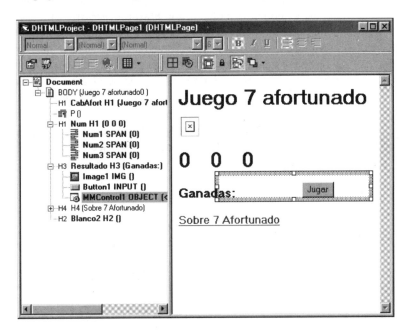

2. Pulse la tecla Flecha Izda. hasta que el control Multimedia MCI haya desaparecido por el borde izquierdo de la página.

    Al desplazar el control fuera de los márgenes lo hará invisible para los futuros usuarios (para volver a mostrarlo, tan sólo tendrá que seleccionar el nombre del control en el panel de vista en árbol y pulsar la tecla Flecha Dcha. las veces necesarias).

3. Pulse sobre el botón Guardar Proyecto contenido en la barra de herramientas de Visual Basic para almacenar los cambios realizados.

En los siguientes apartados le mostraré cómo puede configurar el control Multimedia MCI e introducir las instrucciones de código necesarias para reproducir el archivo .wav.

CREACIÓN DE PROCEDIMIENTOS DE SUCESO PARA ELEMENTOS DHTML

Podrá controlar mediante código de programa los elementos y controles ActiveX contenidos en su página DHTML. Para ello deberá desarrollar procedimientos de suceso en la misma forma en que lo hizo para diseñar aplicaciones en Visual Basic. Con algunas importantes excepciones, las instrucciones, funciones y palabras clave de Visual Basic que ha venido utilizando en este libro funcionarán también correctamente con los procedimientos de suceso de DHTML. La mayor diferencia que podrá encontrar cuando escriba procedimientos de suceso en DHTML es que muchos de los nombres de suceso y de objeto han cambiado, por lo que tendrá que realizar un pequeño esfuerzo para acostumbrarse a la nueva denominación. Sin embargo, ciertas estructuras familiares tales como If...Then...Else, For...Next, y Do...Loop siguen siendo las mismas.

En este apartado, construirá procedimientos de suceso para dos sucesos que se ejecutan, o «disparan» tan pronto como se ponga en marcha la aplicación DHTML. Uno es el suceso DHTMLPage_Load que se ejecutará cuando su página se cargue en el navegador Internet Explorer.

El otro es el suceso Button1_onclick que se ejecutará cuando el usuario pulse el botón Jugar para mostrar tres números aleatorios.

NOTA: Los programadores en HTML suelen decir que un suceso se «dispara» cuando un programa DHTML los ejecuta o los llama. Por ejemplo, «El elemento Button disparó el suceso onclick cuando Bob pulsó el botón Jugar». He mencionado este hecho porque el verbo «disparar» se suele mencionar con frecuencia en la ayuda en línea de DHTML y en otros recursos de programación para Internet.

Creación del procedimiento de suceso DHTMLPage_Load

En este ejercicio creará el procedimiento de suceso DHTMLPage_Load que se pondrá en marcha cada vez que el navegador cargue su página DHTML. Este procedimiento de suceso es equivalente al procedimiento de suceso Form_Load utilizado en Visual Basic, salvo por el hecho de que el procedimiento de suceso DHTMLPage_Load se ejecutará cada vez que el navegador refresque el contenido de la página (como verá más adelante, deberá tener en cuenta este hecho cuando desarrolle el código para la aplicación).

Botón Ver Código

1. Pulse el botón Ver Código contenido en la ventana Proyecto para mostrar la ventana Código.

2. Pulse sobre el cuadro de lista desplegable Objeto contenido en la ventana Código y seleccione el objeto DHTMLPage.

3. Escriba el siguiente código de programa:

INCLUSIÓN DE ELEMENTOS DEL CUADRO DE HERRAMIENTAS Y CONTROLES ACTIVEX EN PÁGINAS DHTLM

```
'Aplicar subrayado para la cabecera
CabAfort.Style.textDecorationUnderline = True
'Asignar el color azul a los números
Num.Style.Color = "blue"

'inicializar el generador de números aleatorios
'para obtener auténticos números aleatorios
Randomize
'Mostrar pila de monedas
Image1.src = "c:\vb6sbs\less22\coins.wmf"

'Configurar y abrir el control Multimedia MCI
MMControl1.Notify = False
MMControl1.Wait = True
MMControl1.Shareable = False
MMControl1.DeviceType = "WaveAudio"
MMControl1.FileName = "c:\vb6sbs\less22\applause.wav"
MMControl1.Command = "Open"

'Utilizar la función GetProperty para determinar si se ha
'ganado anteriormente y se ha almacenado el hecho en
'Property (un lugar de almacenamiento que persiste
'durante las operaciones de carga y de descarga de la
'página HTML). Con este código podrá almacenar el número
'de jugadas ganadas aunque se acceda a la página "Sobre 7
'Afortunado" o a cualquier otra página Web.
Resultado.innerText = "Ganadas: " & GetProperty("Ganadas")
```

4. Corrija los errores de tecleo obvios o los errores sintácticos detectados por Visual Basic.

5. Pulse el botón Guardar proyecto contenido en la barra de herramientas de Visual Basic para almacenar los cambios.

Análisis del Código DHTMLPage_Load

El procedimiento de suceso que se ejecutará cuando se cargue la página DHTML en el navegador lleva a cabo varias tareas de importancia. En primer lugar, el código da formato al elemento CabAfort utilizando el estilo subrayado para resaltar aún más su aspecto en la página (CabAfort parece un objeto pero es, en realidad, un elemento textual que usted denominó «CabAfort» mediante la propiedad Id utilizando la ventana Propiedades). Del mismo modo, he asignado el color azul a los números contenidos en la página utilizando el ID Num, el atributo Style y la propiedad Color. He empleado estas dos propiedades para mostrarle la forma en que podrá usar código de programa para personalizar el aspecto de los elementos textuales contenidos en la página.

La instrucción Randomize contenida en el procedimiento de suceso DHTMLPage_Load inicializa el generador de números aleatorios utilizando el reloj del sistema. De esta forma, se asegura que en cada jugada obtendrá una serie de números realmente aleatorios (no números que seguirán un patrón aleatorio determinado). En el Capítulo 2 conoció al detalle la instrucción Randomize y el proceso de generación de números aleatorios. La siguiente instrucción carga el metararchivo coins.wmf en el elemento Image del formulario sin más que asignar la ruta del gráfico a la propiedad Src del elemento. A diferencia de lo que sucedía con el control ImageBox de Visual Basic, el elemento Image se tiene que definir en tiempo de ejecución y no durante el diseño de la aplicación.

El tercer grupo de instrucciones de programa contenido en este procedimiento de suceso configura y abre el control Multimedia MCI. En el Capítulo 17 se describe cómo programar el comportamiento del control Multimedia MCI; el hecho más relevante que se puede destacar aquí es que he asignado el valor WaveAudio a la propiedad DeviceType (información de sonido almacenado en un archivo .wav), y el valor applause.wav a la propiedad FileName para tener acceso a este archivo de sonido. Este último archivo no se reproducirá hasta que el usuario obtenga un jackpot (es decir, al menos un siete) una situación que se identificará en el procedimiento de suceso Button1_Click que desarrollaremos en el siguiente apartado.

El Saco de Propiedades (Property Bag) es un lugar de almacenamiento temporal.

El conjunto final de instrucciones de programa hace referencia a un valor global denominado Ganadas contenido en el Saco de propiedades de la aplicación DHTML para ver si el jugador ha obtenido algún premio anteriormente durante el juego. El *Saco de Propiedades* (o Property Bag) es un lugar de almacenamiento temporal que reside fuera de la página DHTML actual. Podrá almacenar información en el Saco de propiedades utilizando la función PutProperty. Cuando llame a esta función deberá especificar el valor que desee almacenar y le asignará un nombre de variable que podrá utilizar para obtener información. Para recuperar posteriormente este valor deberá ejecutar la función GetProperty y especificar el nombre del valor deseado. En el procedimiento de suceso DHTMLPage_Load se verifica la posición actual del valor Ganadas y se muestra en la página mediante la propiedad innerText descrita más adelante. Observe que la función GetProperty no produce un resultado la primera vez que se cargue la página. Sin embargo, a medida que el juego se vaya desarrollando esta función almacenará el número de jugadas ganadoras si el usuario salta al hipervínculo Sobre 7 Afortunado o a cualquier otra página Web.

Creación del procedimiento de suceso Button1_onclick

A continuación, desarrollará el procedimiento de suceso que se ejecutará cuando el usuario pulse sobre el elemento Button contenido en la página DHTML.

1. Abra el cuadro de lista desplegable Objeto contenido en la ventana Código y seleccione el objeto Button1.

   El procedimiento de suceso Button1_onclick aparecerá en la ventana Código.

2. Escriba las siguientes instrucciones de programa:

   ```
   'Declarar la variable local x para contar las jugadas
   'ganadas (copiadas a Property entre jugadas)
   Dim x
   'Generar tres números aleatorios
   Num1.innerText = Int(Rnd * 10)
   Num2.innerText = Int(Rnd * 10)
   ```

INCLUSIÓN DE ELEMENTOS DEL CUADRO DE HERRAMIENTAS Y CONTROLES ACTIVEX EN PÁGINAS DHTLM

```
        Num3.innerText = Int(Rnd * 10)
        'Si alguno de los tres números es 7 mostrar una pila de
        'monedas y reproducir aplausos
        If Num1.innerText = 7 Or Num2.innerText = 7 Or _
           Num3.innerText = 7 Then
           'Si la jugada es ganadora, reproducir el archivo.wav
           '(applause.wav)
           MMControl1.Command = "Prev"   'rebobinar si es necesario
           MMControl1.Command = "Play"   'reproducir el archivo .wav
           'e incrementar el contador de Property
           x = GetProperty("Ganadas")
           Resultado.innerText = "Ganadas: " & x + 1
           PutProperty "Ganadas", x + 1
        End If
```

3. Corrija los errores sintácticos detectados por Visual Basic.
4. Pulse el botón Guardar proyecto contenido en la barra de herramientas de Visual Basic para almacenar el contenido del procedimiento de suceso.

Análisis del código de Button1_onclick

El procedimiento de suceso Button1_onclick se ejecutará cuando el usuario pulse el botón Jugar contenido en la página DHTML. Esta rutina tiene mucho en común con la rutina Jugar que desarrolló en los Capítulos 2 y 10 que generaba números aleatorios para el juego 7 Afortunado. En primer lugar, el procedimiento de suceso declara una variable local denominada x para almacenar el número de jugadas ganadoras que está guardado en el Saco de Propiedades. Como x es una variable local, su valor se asignará cada vez que se ejecute el procedimiento de suceso (el procedimiento de suceso copia, mediante la función GetProperty, el valor total de jugadas ganadoras que ha habido hasta ese momento en la variable x).

Utilice la propiedad innerText para modificar el texto que aparece en una página.

Los números aleatorios del 0 al 9 se generan mediante la función Rnd. Los números aleatorios se truncan mediante la función Int y se muestran en la página mediante la propiedad innerText de los elementos Num1, Num2 y Num3, respectivamente (cuando en el Capítulo 21 asignó los identificadores Num1, Num2 y Num3 a los tres cuadros de texto contenidos en la página los convirtió en objetos programables). La propiedad innerText modifica un elemento textual sustituyendo su contenido actual por el argumento de texto que especifique en este atributo. La propiedad innerText sólo funciona con elementos textuales; si desea insertar etiquetas HTML para dar formato al texto deberá utilizar la propiedad innerHTML.

La propiedad innerText también puede representar el valor de un elemento. He utilizado esta funcionalidad en la instrucción If que analiza si alguno de los números aleatorios introducidos en la página es un siete:

```
If Num1.innerText = 7 Or Num2.innerText = 7 Or _
   Num3.innerText = 7 Then
```

Si aparece un siete, utilizo los argumentos Prev (previo) y Play (reproducir) del control Multimedia MCI para reproducir el archivo applause.wav, que anuncia la victoria (utilizo el argumento Prev para rebobinar el reproductor multimedia si el sonido ya ha sido reproducido anteriormente). Después de comenzar el aplauso, utilizo la función GetProperty para copiar el valor Ganadas en la variable local x. A continuación, incremento el contador Ganadas que aparece en el formulario mediante el elemento Resultado. Finalmente, vuelvo a copiar el contador Ganadas una vez incrementado en el Saco de Propiedades mediante la función PutProperty:

```
PutProperty "Ganadas", x + 1
```

Observe que las funciones PutProperty y GetProperty se encuentran declaradas en un módulo estándar incluido por defecto en todos los proyectos DHTML (modDHTML). Si está interesado en conocer la forma en que estas funciones gestionan la información contenida en el Saco de Propiedades, analice durante unos minutos el código asociado con estas funciones en la ventana Código. (Abra la carpeta Módulos en la ventana Proyecto, pulse el módulo modDHTML y presione el icono Ver Código.) También podrá introducir sus propias funciones de propósito general y procedimientos Sub en este módulo estándar.

La aplicación DHTML7 se encuentra localizada en la carpeta \Vb6Sbs\Less22.

Ejecución de la aplicación MiDHTML7

Ahora puede poner en marcha la aplicación MiDHTML7 para ver el aspecto que tiene y la forma en que se ejecuta en Internet Explorer.

Botón Iniciar

1. Pulse el botón Iniciar contenido en la barra de herramientas de Visual Basic para poner en marcha Internet Explorer y cargar la página DHTML.

   Visual Basic necesita compilar algunos componentes de su aplicación, por lo que tardará unos instantes en responder. Finalmente, verá lo siguiente.

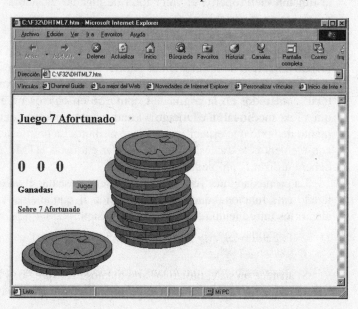

2. Pulse el botón Jugar hasta que en la página aparezcan uno o más sietes.

Cuando obtenga una jugada ganadora se reproducirá el archivo applause.wav (para escuchar el sonido su PC tendrá que contar con altavoces. Asegúrese de que están conectados y encendidos, y suba el volumen si no consigue oír nada). Su página tendrá el aspecto mostrado en la siguiente figura.

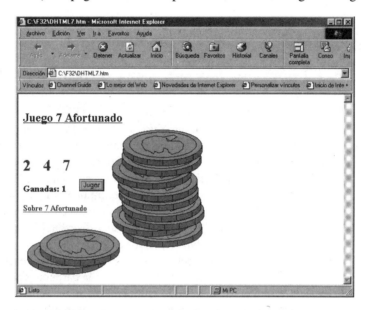

3. Pulse varias veces el botón Jugar hasta obtener un total de 5 ó 6 jugadas ganadoras.

Cada vez que aparece un siete, se añade una unidad al total de jugadas ganadas (esta información se almacena en la variable Ganadas dentro del Saco de Propiedades).

4. Pulse el botón Actualizar de la barra de herramientas de Internet Explorer para actualizar el contenido de la pantalla y para volver a ejecutar el procedimiento de suceso DHTML1Page1_Load.

Después de unos instantes, la página volverá a reaparecer otra vez con el número adecuado de jugadas ganadoras.

5. Finalmente, pulse el hipervínculo contenido en el programa y presione el botón Atrás del navegador para verificar que se sigue conservando el valor correcto de jugadas ganadoras (pulse sobre la letra «S» del hipervínculo si éste no parece funcionar correctamente).

NOTA: *Si desea obtener más información sobre la forma en que se creó este hipervínculo, consulte el Capítulo 21.*

6. Cuando termine de probar la aplicación MiDHTML, pulse el botón Cerrar contenido en la barra de títulos de Internet Explorer y presione el botón Terminar de la barra de herramientas de Visual Basic.

El programa DHTML finalizará y en el entorno de desarrollo vuelve a aparecer el Diseñador de página.

UN PASO MÁS ALLÁ

Compilación de una aplicación DHTML

Una aplicación DHTML consta de un archivo HTML, una biblioteca de vínculo dinámico (.dll) y un conjunto de archivos de apoyo. Podrá compilar cualquier aplicación DHTML en la misma forma en que se compilan los proyectos de Visual Basic (ejecutando el mandato Generar contenido en el menú Archivo). Después de la compilación, la aplicación DHTML recibe el nombre de *componente en proceso* y podrá ejecutarse en Internet Explorer en su propia computadora, en una intranet empresarial o, incluso, sobre Internet. Si decide distribuir su aplicación entre distintos usuarios, tendrá que ejecutar el Asistente para empaquetado y distribución para poder construir físicamente los disquetes de instalación o los archivos de desarrollo para Internet que contendrán su aplicación y los archivos y controles de apoyo necesarios. Podrá localizar al Asistente para empaquetado y distribución en la carpeta denominada Herramientas de Microsoft Visual Basic 6.0 dentro del menú Inicio de Windows.

En el siguiente ejercicio práctico utilizará el mandato Generar para compilar una página HTML y un archivo .dll para el proyecto MiDHTML7.

Compilación del proyecto

1. En el menú Archivo ejecute el mandato Generar MiHTML7.dll

Visual Basic mostrará el cuadro de diálogo Generar proyecto:

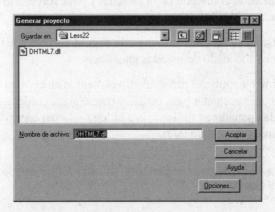

NOTA: *Si desea ver opciones avanzadas de compilación para su aplicación, pulse el botón Opciones del cuadro de diálogo Generar Proyecto.*

2. Especifique la carpeta C:\Vb6Sbs\Less22 (si no se encuentra ya seleccionada) y pulse Aceptar para comenzar la compilación.

   Después de unos instantes, el programa le preguntará el nombre que desea asignar al archivo HTML que cargará su proyecto en Internet Explorer.

NOTA: *La aplicación sólo le pedirá una vez que introduzca un nombre de archivo HTML. Si en un futuro desea variar este dato modifique la propiedad BuildFile del diseñador de su página (el objeto IDHTMLPage1).*

3. Especifique la carpeta C:\Vb6Sbs\Less22 (si no se encuentra ya seleccionada), escriba **MiDHTML7**.htm y pulse INTRO.

   Visual Basic finalizará la compilación y almacenará el archivo en la carpeta que haya especificado. Si desea continuar preparando su aplicación para distribuirla a otros usuarios (mediante disquetes o desde un servidor Web) deberá ejecutar ahora el Asistente para empaquetado y distribución.

NOTA: *Si desea obtener más información sobre la forma de distribuir archivos DHTML, busque la entrada* **Desarrollo de Aplicaciones HTML** *en la pestaña Índice de la biblioteca MSDN de la ayuda en línea.*

Si desea continuar en el siguiente capítulo

➤ Mantenga en funcionamiento el programa Visual Basic y pase al Capítulo 23.

Si desea salir de Visual Basic por ahora

➤ En el menú Archivo seleccione Salir. Si ve un cuadro de diálogo Guardar, pulse el botón Sí.

RESUMEN DEL CAPÍTULO 22

Para	Haga esto
Añadir un elemento del cuadro de herramientas a su página DHTML	Pulsar sobre el icono del elemento en el cuadro de herramientas y arrastrarlo sobre la página DHTML que se muestra en el Diseñador de Páginas. o Realizar una doble pulsación sobre el icono del elemento contenido en el cuadro de herramientas.

(Continúa)

Para	Haga esto
Borrar un elemento del cuadro de herramientas de una página DHTML	Seleccionar el nombre del elemento en el panel de vista en árbol y pulsar la tecla SUPR.
Añadir un elemento Image a la página.	Realizar una doble pulsación sobre el elemento Image del cuadro de herramientas.
Añadir un elemento Button a la página.	Realizar una doble pulsación sobre el elemento Button del cuadro de herramientas.
Desplazar un elemento del cuadro de herramientas contenido en la página.	Pulsar las teclas de desplazamiento del cursor o arrastrar el elemento con el ratón.
Ocultar un elemento en tiempo de ejecución.	Pulsar la tecla Flecha Izda. hasta que el elemento desaparezca por el margen izquierdo de la página.
Configurar un elemento del cuadro de herramientas con la definición de propiedades	Abrir la ventana Propiedades y modificar los valores asignados a las propiedades deseadas.
Añadir un control ActiveX al cuadro de herramientas	En el menú Proyecto seleccionar el mandato Componentes e introducir una marca de verificación a la izquierda del control que desee añadir.
Escribir un procedimiento de suceso para un elemento	Realice una doble pulsación sobre el elemento contenido en la página para abrir la ventana Código, especifique el suceso que desea particularizar en el cuadro de lista desplegable Procedimiento y escriba el código del programa.
Cargar un gráfico en el elemento Image en tiempo de ejecución	Utilice la propiedad Src del elemento. Por ejemplo: `Image1.src = "c:\vb6sbs\less22\coins.wmf"`
Modificar el texto contenido en un elemento textual en tiempo de ejecución	Utilice la propiedad innerText del elemento. Por ejemplo: `Num1.innerText = Int(Rnd * 10)`
Dar formato al texto contenido en un elemento en tiempo de ejecución.	Utilice las propiedades del elemento. Por ejemplo: `Num.Style.Color = "blue"`
Almacenar un valor en la memoria y mantener este valor aunque se carguen o se descarguen otras páginas.	Utilice la función PutProperty para almacenar el valor en el Saco de Propiedades de DHTML. Por ejemplo: `PutProperty "Ganadas", x + 1`
Recuperar un valor de la memoria y copiarlo en la página DHTML	Utilice la función GetProperty para recuperar el valor del Saco de Propiedades DHTML. Por ejemplo: `x= GetProperty("Ganadas")`
Ejecutar una aplicación DHTML en Visual Basic	Pulse el botón Iniciar contenido en la barra de herramientas. o Pulse F5.

(Continúa)

Para	Haga esto
Compilar una página DHTML y un DLL	En el menú Archivo ejecute el mandato Generar.
Distribuir una aplicación DHTML utilizando disquetes de instalación o Internet	Pulse el botón Inicio de Windows, despliegue la carpeta Programas, pulse sobre la carpeta Microsoft Visual Basic 6.0, pulse sobre la carpeta Herramientas de Microsoft Visual Studio 6.0 y seleccione la opción Asistente para empaquetado y distribución.

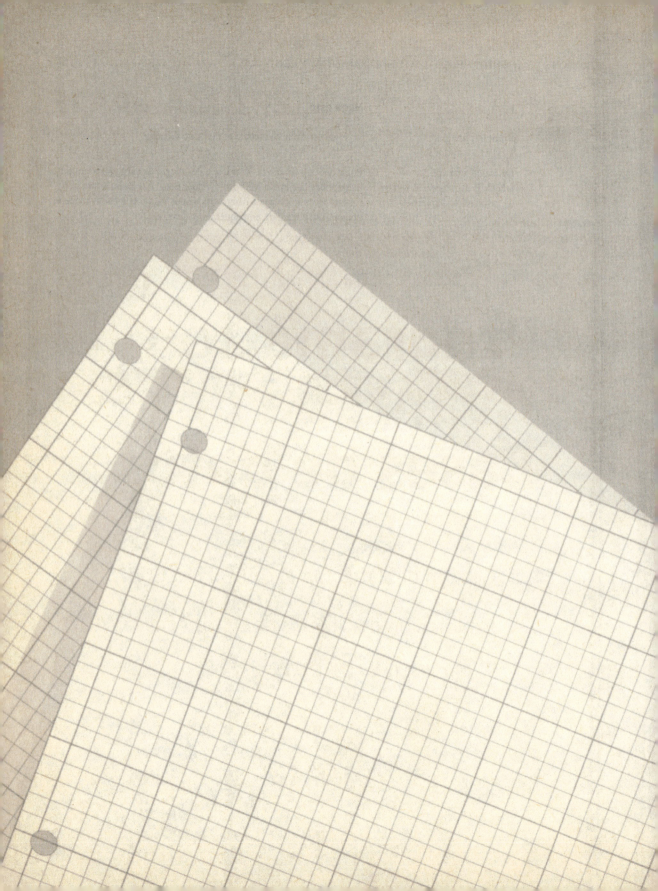

SÉPTIMA PARTE

Programación Avanzada de Bases de datos

Capítulo

23 Gestión de datos con el control FlexGrid

24 Exploración de Objetos de Datos ActiveX (ADO)

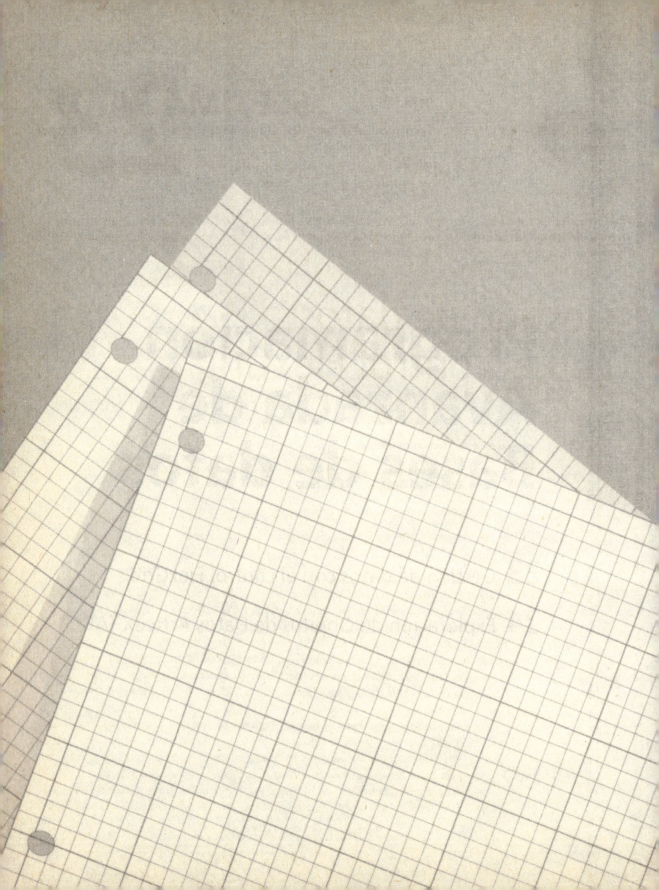

Capítulo

23

Gestión de datos con el control FlexGrid

Tiempo estimado:
30 minutos

En este capítulo aprenderá a:

- Crear una hoja de cálculo FlexGrid y utilizarla para mostrar en un formulario los registros contenidos en una base de datos.

- Ordenar por columna los registros de una base de datos.

- Buscar términos clave en una base de datos y resaltar los resultados.

En la Parte 7 continuará su exploración de la programación de base de datos centrándose en algunas de las herramientas y técnicas esenciales de bases de datos disponibles en la Edición Profesional de Microsoft Visual Basic 6. En el Capítulo 13 aprendió a utilizar el control Data para mostrar en un formulario campos contenidos en una base de datos. También conoció la forma de añadir, borrar y buscar registros utilizando código de programa. En este capítulo y en el siguiente aprenderá a mostrar información contenida en la base de datos utilizando el control FlexGrid y comenzará a trabajar con una nueva tecnología de bases de datos denominada ActiveX Data Objects (ADO) o Objetos de Datos ActiveX.

En este capítulo, practicará el manejo del control ActiveX denominado FlexGrid para crear una hoja de cálculo o *rejilla* dentro de un formulario de Microsoft Visual Basic. Podrá utilizar el control ActiveX FlexGrid para mostrar rejillas con cualquier tipo de datos tabulares: textos, números, fechas e, incluso, gráficos. Sin embargo, en este capítulo se centrará en el empleo de FlexGrid para mostrar los campos y los registros de dos bases de datos de Microsoft Access: Students.mdb y Biblio.mdb. El control Flex-

Grid transforma los campos y los registros de una base de datos en columnas y filas de una hoja de cálculo, respectivamente.

Con FlexGrid podrá ejecutar algunas operaciones típicas de hojas de cálculo tales como selección de celdas, modificación de la anchura de las columnas, alineación de encabezados y asignación de formato al texto. Comenzará rellenando un control Flex-Grid con texto, seleccionando el texto y definiendo algunas operaciones de formato. A continuación, seguirá adelante enlazando el control FlexGrid con una base de datos, mostrando tablas de la base de datos, ordenando registros y realizando búsquedas globales con cadenas de texto definidas por el usuario.

EMPLEO DE FLEXGRID COMO UNA HOJA DE CÁLCULO DE PROPÓSITO GENERAL

FlexGrid es un control ActiveX incluido en las Ediciones Profesional y Empresarial de Microsoft Visual Basic. Antes de que pueda utilizar FlexGrid en un proyecto, tendrá que añadirlo al cuadro de herramientas seleccionando el control Microsoft FlexGrid 6.0 (msflxgrd.ocx). Para ello, deberá ejecutar el mandato Componentes del menú Proyecto. El control FlexGrid proporciona muchos de los beneficios de organización que podrá encontrar normalmente en una hoja de cálculo. Podrá utilizarlo para crear facturas, calcular impuestos, gestionar libros mayores de contabilidad, supervisar listas de partes e inventarios, etc. Además, Microsoft ha diseñado FlexGrid para que sea un control vinculable a una base de datos, capaz de mostrar información de bases de datos utilizando como intermediario un control Data que también se encuentre contenido en el formulario. Si desea mostrar con rapidez información de una base de datos en su formato tabular original, FlexGrid es la herramienta que necesita.

NOTA: La Edición Profesional de Visual Basic 6 también incluye un control adicional de hojas de cálculo denominado Hierarchical FlexGrid ActiveX control (mshfkxgd.ocx). Podrá utilizar este control en la misma forma en que utiliza el control FlexGrid ya que cuenta con el mismo conjunto básico de propiedades, métodos y sucesos. Sin embargo, el control Hierarchical FlexGrid sólo puede ser vinculado al control de Objetos de Datos ActiveX (ADO) y no al control Data contenido en el cuadro de herramientas de Visual Basic. El adjetivo «Hierarchical» (jerárquico) significa que el control puede mostrar conjuntos de registros jerárquicos (conjuntos de registros creados desde más de una tabla de una base de datos).

Qué son filas y columnas

La rejilla de hoja de cálculo que introduce el control FlexGrid en un formulario es una tabla que contiene filas horizontales y columnas verticales.

Por defecto, la fila superior y la columna situada más a la izquierda están reservadas para mostrar los títulos de las filas y columnas y se muestran con un fondo sombreado. Deberá utilizar la propiedad Rows (filas) para definir el número de filas que contendrá la tabla y la propiedad Cols para fijar el número de columnas. La siguiente figura muestra un formulario que contiene una tabla FlexGrid con 8 filas y 5 columnas.

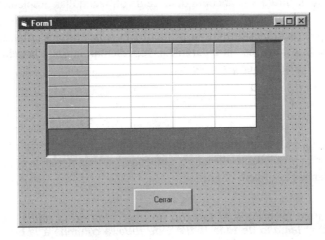

Los datos tabulares del control FlexGrid se manipulan como un array bidimensional. La primera dimensión de la tabla es un número de fila mientras que la segunda dimensión de la tabla es un número de columna. Por ejemplo, la celda situada en la esquina superior izquierda de la rejilla tendrá la dirección 0,0 (fila 0, columna 0).

Para introducir un valor en una celda del control FlexGrid deberá definir la propiedad TextMatrix y especificar una ubicación de la celda y un valor. Podrá especificar cualquier tipo de dato numérico o de cadena. Por ejemplo, para introducir la palabra «Roberto» en la celda 3,1 (fila 3, columna 1) deberá escribir la siguiente instrucción de programa:

Se puede incluir texto en una celda mediante el uso de la propiedad TextMatrix.

```
MSFlexGrid1.TextMatrix(3,1) = "Roberto"
```

Para asignar el número 1500 a la celda 2,1 (fila 2, columna 1) deberá escribir la siguiente instrucción de programa:

```
MSFlexGrid1.TextMatrix(2,1) = 1500
```

Cómo insertar un gráfico en una celda

También podrá añadir gráficos a las celdas del control FlexGrid con la instrucción Set, la propiedad CellPicture y la función LoadPicture. Los tipos gráficos válidos son icono (.ico), mapa de bits (.bmp) y los metaarchivos de Windows (.wmf).

Por ejemplo, la siguiente instrucción de programa muestra el metaarchivo Coins.wmf en la celda apropiada de la rejilla:

Se puede incluir un gráfico en una celda mediante el uso de la propiedad CellPicture.

```
Set MSFlexGrid1.CellPicture = _
    LoadPicture("C:\vb6sbs\less22\coins.wmf")
```

Cuando añada un gráfico a una celda, el control FlexGrid no modificará automáticamente el tamaño de la celda para mostrar el gráfico. Sin embargo, podrá ajustar manualmente la altura y la anchura de la celda utilizando las propiedades RowHeight y ColWidth y especificando en twips la medida de cada una de ellas. Por ejemplo, las siguientes instrucciones amplía la primera fila y la primera columna de la rejilla a 2000 twips. Los números entre paréntesis representan la fila y la columna, respectivamente, cuyo tamaño se desea modificar.

```
MSFlexGrid1.RowHeight(1) = 2000
MSFlexGrid1.ColWidth(1) = 2000
```

Si introduce estas instrucciones directamente encima de la sentencia Set, que carga el gráfico en la propiedad CellPicture, aumentará suficientemente el tamaño de la celda para mostrar por completo el gráfico.

NOTA: *Cuando modifique el tamaño de una celda en la rejilla, estará cambiando en realidad el tamaño de toda la fila y de toda la columna a la que pertenece dicha celda.*

Selección de celdas

Como sucede con la mayoría de las hojas de cálculo, tendrá que seleccionar celdas en el control FlexGrid antes de que pueda trabajar con ellas. En el control FlexGrid podrá seleccionar una sola celda o, bien, escoger un *rango* de celdas (bloque de celdas contiguas) utilizando código de programa. Para seleccionar una única celda tan sólo tendrá que asignar a la propiedad Row el número de fila que desea escoger y asignar a la propiedad Col el número de columna adecuado. La celda finalmente seleccionada será la intersección de la fila y la columna que haya especificado. Por ejemplo, para seleccionar la celda 1,1 de la rejilla deberá utilizar las siguientes instrucciones de programa:

Para seleccionar celdas deberá utilizar las propiedades Row y Col.

```
MSFlexGrid1.Row = 1
MSFlexGrid1.Col = 1
```

Para seleccionar un rango de celdas, tendrá que especificar el punto de inicio y el de final de la selección. El punto de inicio es la última celda seleccionada con las propiedades Row y Col (fila 1 y columna 1 en el caso anterior).

El punto final de la selección se identificará mediante las propiedades RowSel y ColSel. Por ejemplo, las siguientes instrucciones de programa seleccionarán un bloque contiguo de 8 celdas (celda 2,2 a celda 5,3) en el control FlexGrid:

```
MSFlexGrid1.Row = 2
MSFlexGrid1.Col = 2
MSFlexGrid1.RowSel = 5
MSFlexGrid1.ColSel = 3
```

En su formulario, la selección anterior tendrá el aspecto mostrado en la siguiente figura:

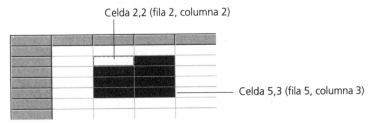

Finalmente, si tiene pensado dar formato a un rango de celdas, tendrá que incluir la siguiente instrucción de programa después de haber realizado la selección:

```
MSFlexGrid1.FillStyle = flexFillRepeat
```

El valor flexFillRepeat permite dar formato simultáneo a más de una celda (el valor por defecto, flexFillSingle, permitirá dar formato a una única celda). Después de ejecutar esta instrucción, estará preparado para comenzar a dar formato a las celdas seleccionadas, tanto de una en una como por rangos completos.

> **NOTA:** También podrá implicar al usuario en el proceso de selección si ese es su deseo. Por ejemplo, puede permitir que sea el usuario el que seleccione un grupo de celdas del control FlexGrid y, posteriormente, que pulse un determinado botón para aplicar, por ejemplo, el estilo negrita al rango de celdas seleccionado. En tiempo de ejecución, podrá controlar la forma en que el usuario accede a la rejilla asignando a la propiedad SelectionMode uno de los tres siguientes valores: flexSelectionFree (selección normal), flexSelectionByRow (selección por filas) o flexSelectionByColumn (selección por columna).

Formato de celdas

El control FlexGrid cuenta con gran cantidad de funciones de formato de celdas que podrá encontrar también en cualquier hoja de cálculo comercial. Entre estas opciones de formato se incluyen negrita, cursiva y subrayado; alineación de texto con los márgenes de la columna; nombre y tamaño de fuente; colores de fondo y primer plano. La siguiente tabla muestra las opciones de formato más importantes de las que podrá disponer en sus aplicaciones. A lo largo de este capítulo practicará en el uso de alguna de estas propiedades.

Ocho propiedades de formato de celda.

Propiedad	Ejemplo
CellFontBold	`MSFlexGrid1.CellFontBold = True`
CellFontItalic	`MSFlexGrid1.CellFontItalic = True`
CellFontUnderline	`MSFlexGrid1.CellFontUnderline = True`
CellAlignment	`MSFlexGrid1.CellAlignment = flexAlignRightCenter`

(Continúa)

Propiedad	Ejemplo
CellFontName	MSFlexGrid1.CellFontName = "Courier New"
CellFontSize	MSFlexGrid1.CellFontSize = 14
CellForeColor	MSFlexGrid1.CellForeColor = "red"
CellBackColor	MSFlexGrid1.CellBackColor = "blue"

Adición de nuevas filas

Cuando utilice el control FlexGrid para crear facturas, realizar la contabilidad o para llevar a cabo cualquier otra actividad tabular, encontrará muy útil el hecho de poder añadir nuevas filas a la parte inferior de la hoja de trabajo. Podrá llevar a cabo esta tarea utilizando el método AddItem. El método AddItem funciona con el control FlexGrid en la misma forma en que lo hace con los controles ListBox y ComboBox. Deberá especificar el elemento que desee añadir, separando la información que aparece en cada columna con el carácter tab (constante vbTab). Por ejemplo, para añadir una nueva fila a la parte inferior del control FlexGrid incluyendo también datos (comenzando por la segunda columna), utilice las siguientes líneas de código:

Cómo añadir filas con el método AddItem.

```
Dim Fila As String
Fila = vbTab & "Pelota de fútbol" & vbTab & "W17-233" & vbTab & "1400"
MSFlexGrid1.AddItem Fila
```

Como se muestra en la figura siguiente, estas instrucciones crearían una nueva fila que contendría información relacionada con una pelota de fútbol.

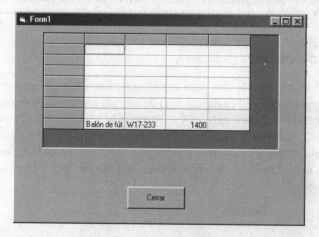

Empleo del control FlexGrid para supervisar datos de ventas

Ahora que ya adquirido cierta experiencia en el empleo de propiedades y métodos del control FlexGrid, podrá practicar con ellos para crear una tabla de ventas bitrimestral que supervise las ventas obtenidas por región.

```
        .AddItem "Sur" & vbTab & "20,000" & vbTab & "25,000"
        .AddItem "Este" & vbTab & "38,000" & vbTab & "77,300"
        .AddItem "Oeste" & vbTab & "102,000" & vbTab & "87,500"
    End With
```

Las instrucciones de programa contenidas en este procedimiento de suceso se ejecutarán cuando el usuario pulse el botón Añadir Filas contenido en el formulario. El método AddItem crea una nueva fila en el objeto FlexGrid y rellena las primeras tres columnas con los datos indicados. La constante vbTab marca el principio de cada nueva columna contenida en la tabla.

5. En el menú Archivo, ejecute el mandato Guardar Proyecto como. Almacene su formulario con el nombre **MiRejVentas.frm** y su proyecto con el nombre **MiRejVentas.vbp**.

Ejecución del programa MiRejVentas

A continuación, podrá ejecutar el programa para ver la forma en que el control FlexGrid muestra los datos tabulares.

Botón Iniciar

1. Pulse el botón Iniciar contenido en la barra de herramientas.

   El programa cargará y mostrará el objeto FlexGrid con dos columnas y una fila de datos (estas entradas y el formato de la tabla fueron definidos mediante el procedimiento de suceso Form_Load).

Podrá localizar el proyecto RejVentas.vbp completo en la carpeta \Vb6Sbs\Less23 del disco.

2. Pulse el botón Añadir filas.

   Visual Basic añade a la tabla cuatro filas con datos de ventas (estas celdas han sido creadas por el método AddItem del procedimiento de suceso Command1_Click). El formulario tendrá el aspecto mostrado en la siguiente figura:

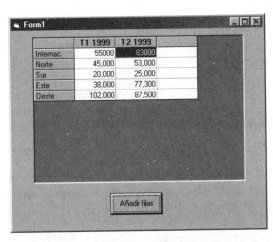

3. Pulse dos veces más el botón Añadir filas.

Visual Basic añade ocho nuevas filas a la tabla. En la parte derecha de la tabla aparecerá una barra de desplazamiento que podrá utilizar para ver las filas que ahora permanecen ocultas.

4. Continúe añadiendo filas si este es su deseo y utilice las barras de desplazamiento para acceder a ellas. Cuando termine, pulse el botón Cerrar contenido en la barra de títulos del formulario. El programa termina.

EMPLEO DE FLEXGRID PARA MOSTRAR REGISTROS DE UNA BASE DE DATOS

Como probablemente habrá advertido, añadir una por una nuevas entradas a la tabla utilizando el control FlexGrid puede ser un poco engorroso. Sin embargo, si conecta el control FlexGrid a un control Data adecuadamente configurado hará que las funciones de gestión de texto de FlexGrid aparezcan con todo su poder. Como sucede con otros controles de acceso a bases de datos, el control Data se conectará al control FlexGrid mediante la definición de una propiedad. En este caso, deberá asignar el nombre del control Data a la propiedad DataSource de FlexGrid. Cuando haya establecido esta conexión, el objeto FlexGrid rellenará automáticamente la tabla con los registros de la base de datos.

En el siguiente ejercicio abrirá y ejecutará el programa RejDatos, que le mostrará la forma en que puede visualizar en un formulario registros de una base de datos utilizando el control FlexGrid.

El programa RejDatos muestra los registros de la base de datos como una tabla y permite el acceso a esta información mediante el empleo de barras de desplazamiento. Además, el programa incluye dos operaciones que son de especial utilidad cuando se están manejando bases de datos de gran tamaño: una función de ordenación que ordena por columnas los registros de la base de datos y una función de búsqueda que permite realizar búsquedas en la base de datos utilizando palabras clave y resaltando los registros encontrados. El programa RejDatos es una extensión del proyecto Cursos.vbp desarrollado en el Capítulo 13 que permitirá al usuario añadir, borrar y localizar registros en una base de datos de Microsoft Access denominada Students.mdb. En el programa RejDatos también contará con las opciones de mostrar como una rejilla la tabla de la base de datos y crear nuevas vistas mediante el uso de las funciones de ordenación y búsqueda.

Ejecución del programa RejDatos

1. Abra el proyecto RejDatos contenido en la carpeta C:\Vb6Sbs\Less23.

    Si Visual Basic le pregunta si desea almacenar las modificaciones realizadas en el proyecto MiRejVentas conteste afirmativamente.

2. Pulse el botón Inicio para ejecutar el programa RejDatos.

Botón Iniciar

Visual Basic cargará el formulario RejDato, que es similar a la interfaz de usuario BorrarRegistros.frm que creó en el Capítulo 13. El nuevo botón Ver hoja contenido en el formulario servirá para abrir un segundo formulario que contiene al objeto FlexGrid.

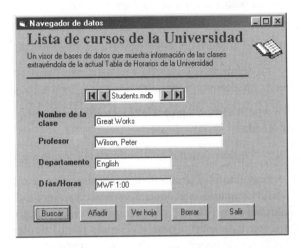

3. Pulse el botón Ver Hoja.

   Visual Basic abre el segundo formulario (VerRej.frm) y utiliza un objeto FlexGrid para mostrar el contenido de la tabla Student en la base de datos Students.mdb. Este formulario tendrá el aspecto mostrado en la figura siguiente.

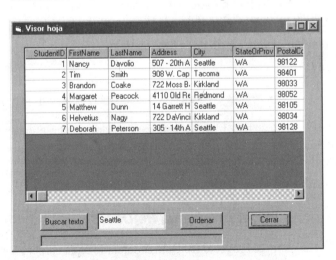

   El objeto FlexGrid automáticamente cargará los registros almacenados en la base de datos Students.mdb (no se ha utilizado ninguna instrucción de programa para copiar el contenido de las filas de la base de datos).

4. Desplace el puntero del ratón hasta situarlo en la fila superior del objeto FlexGrid, entre los títulos Address y City.

El puntero del ratón adopta la forma de un puntero de cambio de tamaño. Cuando la propiedad AllowUserResizing del control FlexGrid tenga el valor 1 el usuario podrá modificar la anchura de las columnas contenidas en la hoja de cálculo.

5. Utilice el puntero del ratón para aumentar el tamaño de la columna Address.

La columna se ensancha y muestra más datos. En la mayoría de los casos es buena idea proporcionar esta facultad a los usuarios de sus tablas.

Ahora vamos a probar el funcionamiento de las funciones de ordenación y búsqueda.

6. Pulse el botón Ordenar contenido en el formulario Visor hoja.

El objeto FlexGrid ordena alfabéticamente las filas contenidas en la hoja de trabajo comparando el contenido de la columna LastName (he seleccionado esta columna como clave de la ordenación en el código del programa, como veremos más adelante). Como muestra la figura siguiente, es fácil comprobar los resultados de la ordenación porque la primera columna (StudentID) sigue conservando todavía el orden original de las entradas (aunque ahora estén desordenadas).

NOTA: El orden interno de la base de datos Students.mdb no habrá variado debido a la ejecución de esta operación de ordenación (sólo ha cambiado el contenido de la hoja de cálculo de nuestro programa). El vínculo existente entre el control Data y el control Flex-Grid es de una sola dirección, por lo que los cambios realizados en el objeto FlexGrid no tendrán ningún efecto en la base de datos.

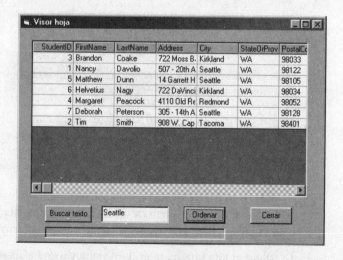

7. Pulse el botón Buscar texto contenido en el formulario Visor Hoja.

Visual Basic busca en la hoja de cálculo el texto contenido en el cuadro Buscar (en ese momento el texto es «Seattle», un valor predeterminado que he introducido en este cuadro). Después de unos instantes, cada una de las celdas que contengan el valor Seattle aparecerá resaltada en negrita.

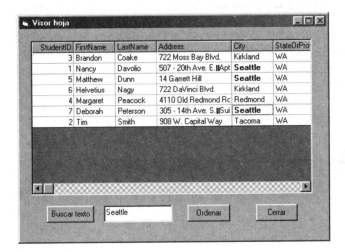

Si presta mucha atención, cuando pulse el botón Buscar texto podrá ver brevemente una barra de progreso que aparecerá en la parte inferior de la pantalla para supervisar el progreso de la operación de búsqueda. He añadido esta herramienta para proporcionar a los usuarios una información visual durante las búsquedas de gran duración temporal (por ejemplo, aquellas que analicen miles de registros). Sin embargo, como esta base de datos es muy pequeña la barra de progreso desaparecerá con gran rapidez. Podrá ver de nuevo esta barra de progreso en el ejercicio realizado en el apartado Un paso más allá, cuando busque una determinada información en la base Biblio.mdb que es de gran tamaño.

8. Pulse el cuadro de texto contenido en el formulario, borre su contenido (Seattle) y escriba **an** y pulse el botón Buscar texto.

   En esta ocasión Visual Basic resaltará cuatro celdas que contienen la cadena «an». Como he utilizado la función InStr, el programa también es capaz de detectar aquellas ocurrencias que contengan esta cadena (en otras palabras, esta búsqueda resaltará palabras que contengan las letras «an», tal como Nancy).

9. Pulse el botón Cerrar del formulario Visor Hoja y, finalmente, pulse el botón Salir del formulario Navegador de datos.

   El programa finaliza y en su pantalla volverá a aparecer el entorno de desarrollo.

Operaciones avanzadas de ordenación y búsqueda

El programa RejDatos puede ordenar y buscar información en toda la tabla de la base de datos gracias al empleo de algunas funciones de gran utilidad asociadas con el control FlexGrid y al código introducido en unos cuantos procedimiento de suceso. La ordenación se lleva a cabo por la propiedad Sort de FlexGrid, que ordena la tabla basándose en una o más columnas clave y en un argumento que indica la dirección de la ordenación (ascendente o descendente). Las búsquedas requieren unas cuantas instrucciones de programa pero, en resumen, este proceso está manejado por dos bucles For...Next y una función InStr que compara cada una de las celdas con la cadena de texto indicada. En el siguiente ejercicio podrá comprobar como funcionan estos procedimientos de suceso.

Análisis del código del programa RejDatos

1. Abra Form2 en la ventana Código y muestre el procedimiento de suceso cmdOrdenar_Click.

    Verá las siguientes instrucciones:

La propiedad Sort se pone en marcha para ordenar.

```
Private Sub cmdOrdenar_Click()
    'Definir columna 2 (LastName, Apellido) como clave de ordenación
    MSFlexGrid1.Col = 2
    'Ordenar la hoja en orden ascendente
    MSFlexGrid1.Sort = 1
End Sub
```

Este sencillo procedimiento de suceso utiliza dos instrucciones de programa para ordenar el contenido completo de la base de datos utilizando el objeto FlexGrid. La primera instrucción define a la segunda columna como la clave de ordenación. He elegido el campo LastName (apellido) porque es el que se suele utilizar para ordenar listas, pero podría haber escogido cualquier otra columna contenida en esta base de datos. La ordenación propiamente dicha se ejecuta gracias a la propiedad Sort que acepta un argumento entero del 0 al 9 para indicar la dirección de la ordenación.

He elegido como argumento el valor 1 (ascendente genérico), lo que significa que el control ordenará las celdas en orden alfabético e intentará adivinar si la celda contiene un número o un rótulo antes de empezar la ordenación. Otras opciones posibles son: 2 (descendente genérico), 3 (ascendente numérico) y 4 (descendente numérico). En las ordenaciones numéricas, las cadenas se convierten a números (sus equivalentes ASCII) antes de que comience el proceso:

2. Abra el procedimiento de suceso cmdBuscarTxt_Click en la ventana Código. Verá las siguientes instrucciones de programa:

```
Private Sub cmdBuscarTxt_Click()
    'Seleccionar toda la hoja y borrar negrita
    '(para eliminar el resultado de las operaciones de
    'búsqueda anteriores)
    MSFlexGrid1.FillStyle = flexFillRepeat
    MSFlexGrid1.Col = 0
    MSFlexGrid1.Row = 0
    MSFlexGrid1.ColSel = MSFlexGrid1.Cols - 1
    MSFlexGrid1.RowSel = MSFlexGrid1.Rows - 1
    MSFlexGrid1.CellFontBold = False

    'Iniciar barra de progreso para supervisar la búsqueda
    ProgressBar1.Min = 0
    ProgressBar1.Max = MSFlexGrid1.Rows - 1
    ProgressBar1.Visible = True

    'Buscar la hoja celda a celda para encontrar el texto
    MSFlexGrid1.FillStyle = flexFillSingle
    For i = 0 To MSFlexGrid1.Cols - 1
        For j = 1 To MSFlexGrid1.Rows - 1
        'Mostrar la ubicación actual de la barra de progreso
        ProgressBar1.Value = j
            'Si coincide la celda actual encontrar el cuadro de
            texto
            If InStr(MSFlexGrid1.TextMatrix(j, i), _
            Text1.Text) Then
                '...seleccionar la celda y poner en negrita
                MSFlexGrid1.Col = i
                MSFlexGrid1.Row = j
                MSFlexGrid1.CellFontBold = True
            End If
        Next j
    Next i
    ProgressBar1.Visible = False 'ocultar barra de progreso
End Sub
```

El procedimiento de suceso cmdBuscarTxt_Click se ejecutará cuando el usuario pulse sobre el botón Buscar texto contenido en Form2. El propósito de esta rutina es comparar cada celda contenida en el objeto FlexGrid con la cadena de búsqueda contenida en el cuadro de texto Text1 y modificar el formato (poner en negrita) de las celdas que contengan la cadena buscada. En primer lugar, el procedimiento de suceso eliminará cualquier código de negrita que pueda existir en el objeto FlexGrid sin más que seleccionar toda la hoja y asignar el valor False a su propiedad CellFontBold. A continuación, el procedimiento inicializa el objeto barra de progreso que se utiliza para mostrar gráficamente el avance de la operación en la parte inferior de la pantalla mientras dure la búsqueda (la barra de progreso se llenará una vez por cada columna contenida en la tabla).

La búsqueda se ejecuta gracias a dos bucles For...Next anidados: el primer bucle recorre cada una de las filas de la tabla mientras que el otro busca en cada columna. El bucle utiliza la propiedad TextMatrix y la función InStr para comparar la posición actual del bucle (j, i) con la cadena de texto que se está buscando (Text1.Text). Si se localiza una coincidencia, la propiedad CellFontBold pondrá en negrita el texto contenido en la celda.

3. Cierre la ventana Código.

Por el momento ya ha terminado de analizar el código del programa RejDatos.

> ### Definición de las propiedades de RejDatos
>
> Antes de que abandone la ejecución del programa RejDatos, deberá anotar mentalmente unas cuantas definiciones de propiedades de especial importancia para los objetos contenidos en Form2 (VerRej.frm). Estas definiciones demuestran la estrecha conexión existente entre el objeto FlexGrid y el objeto de datos.
> **Objeto FlexGrid** La propiedad FixedCols se define como 0 para eliminar la columna de cabecera de la hoja de cálculo (la tabla de datos Students no la utiliza). Por defecto, la primera fila y la primera columna del control FlexGrid está sombreadas en gris, pero podrá eliminar este sombreado sin más que asignar el valor 0 a las propiedades FixedCols y FixedRows.
> **Objeto de Datos** La propiedad DatabaseName de este objeto tiene asignado el valor C:\Vb6Sbs\Less\Students.mdb mientras que la propiedad RecordSource tiene asignado el valor Students. También se ha asignado el valor False a la propiedad Visible para ocultar la interfaz de usuario al control. Este proyecto cuenta con dos controles Data que apuntan a la misma base de datos (algo totalmente legítimo en Visual Basic). También podría haber sucedido que los dos controles Data apuntaran a diferentes bases de datos, tal y como verá en el apartado «un paso más allá».

UN PASO MÁS ALLÁ

Búsqueda de información en la base de datos Biblio.mdb

El programa RejDatos es una demostración bastante útil de los conceptos analizados en este capítulo. Antes de que pase al próximo capítulo he pensado que le gustaría ver la forma en que el control FlexGrid trabaja con bases de datos de gran tamaño. Cuando desarrolle sus propias aplicaciones para bases de datos resulta siempre aconsejable realizar «una prueba de robustez» sobre sus herramientas antes de ponerlas a trabajar sobre orígenes de datos complejos y, en ocasiones, de valor incalculable.

Vamos a revisar el programa RejDatos comprobando cómo trabaja con la base de datos Biblio.mdb, una base de datos de Access que contiene más de 10.000 registros y varias tablas de cierta complejidad. Para demostrar cómo puede acceder a dos bases de datos distintas desde un mismo proyecto dejará que el objeto de datos contenido en Form1 siga conectado a la base de datos Students.mdb mientras que conectará con Biblio.mdb todos los objetos de datos contenidos en Form2.

Empleo del control FlexGrid para mostrar los registros de Biblio.mdb

1. Muestre Form2 en el proyecto RejDatos.dbp y seleccione el objeto de datos contenido en el formulario.

    (El proyecto RejDatos todavía deberá estar cargado en el entorno de desarrollo. En caso contrario, cárguelo ahora de la carpeta C:\Vb6Sbs\Less23.)

2. En la ventana Propiedades, asigne el valor C:\Vb6Sbs\Extras\Biblio.mdb a la propiedad DatabaseName del objeto Data1.

3. En la ventana Propiedades, pulse sobre la propiedad RecordSource del objeto Data1 y pulse sobre el registro Titles.

    El registro Titles (títulos) contiene una extensa colección de libros sobre programación informática.

4. Realice una doble pulsación sobre el botón Ordenar contenido en el Form2 para abrir el procedimiento de suceso cmdOrdenar_Click en la ventana Código.

5. En la línea de código que asigna la propiedad Col para definir la clave de ordenación, escriba **0** (en lugar del 2 previamente existente).

    En este caso utilizará la primera columna de la tabla (Titles) como la clave para la ordenación. La instrucción del programa tendrá el siguiente aspecto:

    ```
    MSFlexGrid1.Col = 0
    ```

    Ahora ya puede ejecutar el programa.

Botón Iniciar

6. Pulse el botón Iniciar contenido en la barra de herramientas.

    Visual Basic mostrará el primer formulario de su programa que abre la base de datos Students.mdb y rellena algunos de los cuadros de texto vinculados con datos.

7. Pulse el botón Ver Hoja.

    Visual Basic carga la base de datos Biblio.mdb en el objeto FlexGrid y muestra su contenido.

8. Utilice el ratón para agrandar la anchura de la primera columna del objeto Flex-Grid. El formulario tendrá ahora el aspecto mostrado en la siguiente figura:

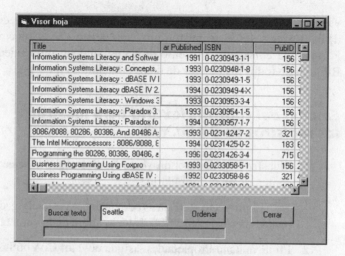

9. Pulse el botón Ordenar para ordenar el contenido de la tabla utilizando la primera columna como clave del proceso.

Después de unos instantes, el contenido de la base de datos se habrá ordenado alfabéticamente. Su formulario tendrá el siguiente aspecto:

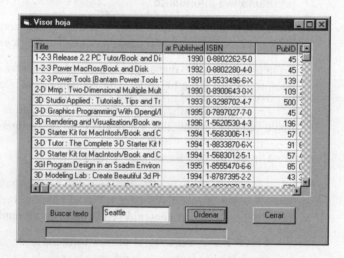

10. Ahora borre el texto contenido en el cuadro de texto, escriba **Book** y pulse el botón Buscar texto.

El proceso de búsqueda comenzará y podrá ver varias celdas contenidas en la primera columna que han sido escritas en negrita. La barra de progreso contenida en la parte inferior de la pantalla le proporcionará información gráfica sobre el desarrollo de la operación, que implicará analizar cerca de 80.000 celdas (la barra de progreso se rellena una vez por columna). Después de

GESTIÓN DE DATOS CON EL CONTROL FLEXGRID 571

unos cuantos instantes (dependiendo de la velocidad de su PC), el control FlexGrid completará su tarea de búsqueda global y podrá utilizar la barra de desplazamiento para analizar la tabla. Su formulario tendrá entonces el siguiente aspecto:

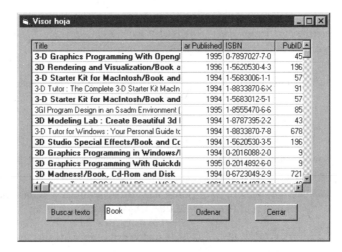

11. Invierta unos minutos en desplazarse por toda la base de datos, ¡habrá analizado una buena cantidad de texto!

12. Cuando termine, pulse el botón Cerrar de Form2 y, finalmente, presione el botón Salir de Form1.

Si desea continuar en el siguiente capítulo

➤ Mantenga en funcionamiento el programa Visual Basic y pase al Capítulo 24.

Si desea salir de Visual Basic por ahora

➤ En el menú Archivo seleccione Salir. Si ve un cuadro de diálogo Guardar, pulse el botón No para descartar las modificaciones realizadas en el programa RejDatos.

RESUMEN DEL CAPÍTULO 23

Para	Haga esto
Añadir el control ActiveX FlexGrid al cuadro de herramientas.	En el menú Proyecto seleccione el mandato Componentes y pulse sobre la pestaña Controles. Introduzca una marca de verificación en la entrada Microsoft FlexGrid Control 6.0 y pulse Aceptar.

(Continúa)

Para	Haga esto
Asignar texto a una celda FlexGrid	Utilice la propiedad TextMatrix. Por ejemplo, para introducir la palabra «Roberto» en la celda 3,1 (fila 3, columna 1) escriba la siguiente instrucción: `MSFlexGrid1.TextMatrix(3,1) = "Roberto"`

Insertar un gráfico en una celda	Utilice la propiedad CellPicture. Por ejemplo:
	`Set MSFlexGrid1.CellPicture = _`
	`LoadPicture("C:\vb6sbs\less22\coins.wmf")`

Seleccionar una celda	Utilice conjuntamente las propiedades Row y Col. Por ejemplo, para seleccionar la celda 1, 1 (fila 1, columna 1) escriba la siguiente instrucción:
	`MSFlexGrid1.Row = 1`
	`MSFlexGrid1.Col = 1`

Asignar el formato negrita a rango seleccionado	Utilizar la propiedad CellFontBold. Por ejemplo: `MSFlexGrid1.CellFontBold = True`

Añadir una nueva fila	Utilizar el método AddItem y separar las columnas de celdas con el carácter Tab (vbTab). Por ejemplo:
	`Dim Fila As String`
	`Fila = "Pelota de fútbol" & vbTab & "W17-233"`
	`MSFlexGrid1.AddItem Fila`

Ordenar el contenido de un objeto FlexGrid por columnas.	Utilizar la propiedad Col para definir la clave de ordenación y asignar a la propiedad Sort un argumento de ordenación. Por ejemplo:
	`MSFlexGrid1.Col = 2 'columna 2 como clave`
	`MSFlexGrid1.Sort = 1 'orden ascendente`

Buscar el texto contenido en un objeto cuadro de texto en todo el objeto FlexGrid	Utilizar la función InStr dentro de dos bucles For...Next anidados. Por ejemplo:
	`For i = 0 To MSFlexGrid1.Cols - 1`
	`For i = 0 To MSFlexGrid1.Cols - 1`
	`    For j = 1 To MSFlexGrid1.Rows - 1`
	`        If InStr(MSFlexGrid1.TextMatrix(j, i), _`
	`        Text1.Text) Then`
	`[código a ejecutar si se encuentra una ocurrencia]`
	`        End If`
	`    Next j`
	`Next i`

Capítulo

24

Exploración de Objetos de Datos ActiveX (ADO)

Tiempo estimado:
50 minutos

En este capítulo aprenderá a:

- Instalar y utilizar el control Objeto de Datos ActiveX (ADO).
- Escribir código de programa para gestionar transacciones ADO.
- Crear sus propios objetos de datos ActiveX con el Diseñador de Entorno de Datos.

En este capítulo se mojará las manos con una nueva y excitante tecnología de bases de datos desarrollada por Microsoft que recibe el nombre de *ActiveX Data Objects* u Objetos de Datos ActiveX (ADO). En el presente capítulo le mostraré cómo instalar y utilizar el control ActiveX ADO, cómo visualizar en el formulario los campos y registros de una base de datos mediante controles «bound» (de vínculos a bases de datos) y cómo escribir código que gestione las transacciones ADO. Además, aprenderá a crear sus propios objetos de datos ActiveX utilizando una herramienta especial denominada el Diseñador de Entornos de Datos (Data Environment Designer). Estas herramientas le ayudarán a gestionar bases de datos autónomas de Microsoft Access, bases de datos empresariales basadas en intranet y objetos de bases de datos distribuidos en World Wide Web.

EL ADO POR DENTRO

ADO es la más reciente tecnología de Microsoft para trabajar con la información almacenada en bases de datos relacionales y no relacionales (los sistemas de gestión de bases de datos relacionales almacenan la información en tablas, pero no todos los orígenes de datos siguen este modelo). ADO no sustituye completamente a la existente tecnología de base de datos (Objetos de Acceso a Datos, DAO) con la que ha trabajado a lo largo de este libro, sino que extiende a la programación DAO por nuevas áreas. ADO está basada en el último paradigma de acceso a datos de Microsoft denominado OLE DB, que ha sido específicamente diseñado para proporcionar acceso a un amplio rango de orígenes de datos empresariales, incluyendo tablas de bases de datos relacionales, sistemas de correo electrónico, formatos gráficos, recursos de Internet, etc. La tecnología ADO necesita menos memoria que DAO por lo que es más adecuado para sistemas informáticos de red que experimentan tráficos muy elevados y elevadas tasas de transacciones.

Tres paradigmas de programación de bases de datos

A lo largo de estos últimos años Microsoft ha ofrecido tres diferentes paradigmas de programación de bases de datos a los programadores de Visual Basic, y cada uno de ellos se encuentra plenamente operativo en Visual Basic 6. Le aconsejo que se aprenda las siguientes siglas para utilizarlas en sus charlas de café y en sus próximas fiestas entre amigos.

DAO El paradigma de Objetos de Acceso a Datos (DAO) fue la primera interfaz orientada a objetos que permitió a los programadores manipular el motor de bases de datos Microsoft Jet. Este motor es una tecnología utilizada para acceder a los campos y registros almacenados en tablas de Microsoft Access y de otros orígenes de datos. DAO sigue siendo popular y eficiente para las aplicaciones de bases de datos que abarquen un único sistema y para redes de tamaño pequeño a medio.

RDO El paradigma de Objetos de Datos Remotos (RDO) es una interfaz orientada a objeto para orígenes de datos basados en Open Database Connectivity (ODBC). RDO es el modelo de objetos utilizado por la mayoría de los diseñadores de bases de datos que trabajan de forma intensiva con Microsoft SQL Server, Oracle y otras bases de datos relacionales de gran tamaño.

ADO El paradigma de los Objetos de Datos ActiveX (ADO) es el sucesor de las tecnologías DAO y RDO y cuenta con un modelo de objetos bastante similar. En ADO, los objetos programables representan todos los orígenes de datos, tanto locales como remotos, disponibles en su computadora. Podrá acceder a estos objetos de datos en la Edición Profesional de Visual Basic 6 utilizando el nuevo control ADO, sin más que vincular objetos de datos a controles intrínsecos y ActiveX, creando aplicaciones HTML y utilizando el nuevo Diseñador de Entornos de Datos.

Microsoft recomienda que los programadores de Visual Basic utilicen ADO cuando creen nuevas aplicaciones de bases de datos en Visual Basic. Microsoft ha incluido varias funciones específicamente diseñadas para soportar ADO en la Edición Profesional de Visual Basic 6. Sin embargo, ADO es una tecnología emergente que deberá explorar sólo después de haber obtenido un profundo conocimiento de los conceptos fundamentales de programación de bases de datos comentados en el presente libro: empleo del control intrínseco denominado Data, visualización de datos mediante controles bound (de vínculos), gestión de campos y registros con procedimientos de sucesos, empleo del control FlexGrid para mostrar y ordenar registros, etc. Cuando salte a ADO comenzará a analizar la información almacenada en una base de datos de una forma absolutamente nueva.

EMPLEO DEL CONTROL ACTIVEX ADO

La forma más simple de experimentar con ADO es utilizar el nuevo control ActiveX ADO para mostrar en un formulario los campos y registros contenidos en una base de datos Access. El control ADO no incluye una propiedad DatabaseName que le permita conectarse directamente con un archivo de base de datos almacenado en su PC. En su lugar, el control ADO contiene una propiedad ConnectionString que le permitirá conectarse con un origen de datos ActiveX almacenado en su PC. Un conjunto de cuadros de diálogo le ayudarán a llevar a cabo esta conexión y podrá particularizar el proceso construyendo nuevos objetos de datos ActiveX utilizando orígenes de datos existentes con el Diseñador de Entornos de Datos (en este mismo capítulo aprenderá a llevar a cabo esta tarea).

Una vez que comprenda la diferencia práctica que existe entre las conexiones ADO y DAO, encontrará que el control ADO es bastante similar al control intrínseco denominado Data que ya conoce. En este apartado, le mostraré la forma en que puede añadir el control a su cuadro de herramientas, cómo definir la propiedad ConnectionString y cómo mostrar registros de la base de datos en su formulario utilizando algunos controles Bounds. También aprenderá los fundamentos de la programación ADO.

Instalación del control ADO

El control ADO es un control ActiveX que tendrá que añadir a su cuadro de herramientas antes de poder utilizarlo en un programa. Ejecute los siguientes pasos para instalar el control ADO.

1. Ponga en marcha Visual Basic y abra un nuevo proyecto estándar.

2. En el menú Proyecto ejecute el mandato Componentes y pulse sobre la etiqueta Controles.

3. Desplace la lista hasta localizar el elemento denominado Microsoft ADO Data Control 6.0 y seleccione la casilla de verificación que se encuentra a su izquierda.

4. Pulse el botón Aceptar para añadir el control a su cuadro de herramientas.

Visual Basic añade el control ADO, tal y como se muestra en la siguiente figura:

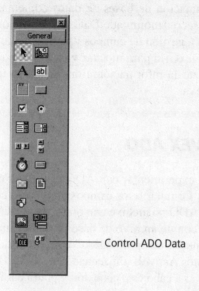

Control ADO Data

A continuación, introduciremos un objeto ADO en su formulario para mostrar algunos registros pertenecientes a la base de datos Students.mdb.

Creación de un objeto ADO y de controles de vínculos

Control ADO Data

1. Pulse el control ADO contenido en el cuadro de herramientas y cree en su formulario un objeto ADO rectangular y de pequeño tamaño.

    Cuando suelte el botón del ratón, Visual Basic creará el objeto ADO. Su formulario tendrá el siguiente aspecto:

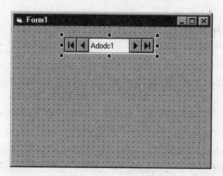

Al igual que el control Data que utilizó en los Capítulos 3 y 13, el control ADO crea un control de análisis de bases de datos con cuatro flechas.

En tiempo de ejecución, cuando el objeto es visible y se ha conectado a la base de datos deseada, podrá pulsar sobre la primera flecha que apunta hacia la izquierda para desplazarse hasta el primer registro contenido en la base de datos, y sobre la última flecha que apunta hacia la derecha para activar el último registro de la base de datos. Las flechas interiores le permitirán desplazarse a los registros anterior y posterior de la base de datos, respectivamente.

NOTA: *Podrá modificar el texto mostrado en el objeto de datos ADO seleccionándolo, abriendo la ventana Propiedades y modificando el valor asignado a su propiedad Caption.*

A continuación, le mostraré cómo añadir dos controles de cuadro de texto al formulario para mostrar los campos LastName (Apellido) y PhoneNumber (número de teléfono) de la base de datos Students.mdb.

Control TextBox

2. Pulse sobre el control TextBox contenido en el cuadro de herramientas y cree un objeto cuadro de texto por debajo del objeto ADO. Después de que cree el primer objeto, pulse de nuevo el control TextBox para crear un segundo cuadro de texto.

Su formulario tendrá ahora el siguiente aspecto:

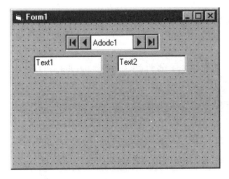

Creación de un nombre de origen de datos

Si estuviera ahora utilizando el control Data, tan sólo tendría que asignar a la propiedad DatabaseName del control Data el nombre de la ruta de una base de datos válida y contenida en su sistema. De esta forma, vincularía el formulario con la base de datos. Sin embargo, los diseñadores de ADO le pedirán que realice un paso preliminar adicional con el fin de obtener una mayor flexibilidad futura. Tendrá que describir los registros de la base de datos a los que desee vincular la aplicación sin más que crear un Objeto de Datos ActiveX. Contará con tres objetos cuando cree objetos de datos: puede crear un archivo OLE DB; puede crear un archivo denominado ODBC Data Source Name (DSN) o Nombre del Origen de Datos; o puede construir una cadena de conexión OLE DB.

El Diseñador de Entornos de Datos (Data Environment Designer) ha sido diseñado específicamente para ayudarle a crear Objetos de Datos ActiveX (probará esta tarea en este mismo capítulo). Sin embargo, también podrá crear los archivos necesarios utilizando la propiedad ConnectionString del control ADO.

En el siguiente ejercicio establecerá una conexión a la base de datos Students.mdb empleando la propiedad ConnectionString del control ADO. Para facilitar la conexión y proporcionar los objetos de datos ActiveX que sean necesarios, creará un archivo DSN.

NOTA: Tan sólo necesita crear un archivo de Nombre del Origen de Datos (.dsn) para cada origen de datos que desee utilizar. Después de esto, podrá utilizar el archivo una y otra vez para hacer referencia a las mismas tablas de datos.

Definición de la propiedad ConnectionString

1. Pulse sobre el objeto ADO contenido en su formulario, abra la ventana Propiedades y pulse el botón contenido en el campo de la propiedad ConnectionString.

   En su pantalla aparecerá un cuadro de diálogo denominado Página de propiedades tal y como se muestra en la siguiente figura:

   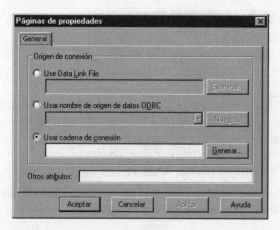

2. Pulse sobre el segundo botón de opción contenido en la lista (Usar nombre de origen de datos ODBC).

   Con esto creará un archivo de Nombre de Origen de Datos que hará referencia a la base de datos Students.mdb. Podrá utilizar este archivo tanto ahora como en un futuro.

3. Pulse sobre el botón Nuevo mostrado a la derecha del botón de opción Usar nombre de origen de datos ODBC.

   Verá el siguiente cuadro de diálogo (el primero de una serie de ellos):

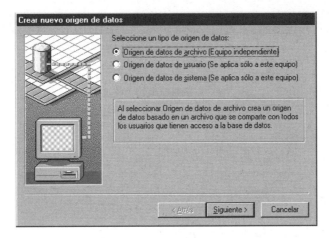

El cuadro de diálogo le pregunta cómo desea compartir la base de datos a la que está accediendo desde el programa Visual Basic. La opción superior (Origen de Datos de Archivo) significa que su base de datos estará disponible para usuarios conectados en otras computadoras (a través de una red o de Internet). Esta opción le proporcionará una gran flexibilidad pero no es necesaria para aplicaciones de base de datos que se ejecutarán en un único sistema.

La segunda opción (Origen de datos de usuario) significa que la base de datos reside en la máquina física con la que usted está trabajando ahora, y que será utilizada sólo por usted (o por una persona con su nombre de usuario). En este capítulo elegiremos esta segunda opción porque lo que ahora está creando es una demostración sencilla para su propio beneficio.

La tercera opción (Origen de datos de sistema) significará que la base de datos reside en la computadora que está manejando ahora y que deberá estar disponible para otras personas que utilicen su computadora y que se puedan conectar utilizando distintos nombres de usuario (una forma muy común de trabajar en algunas estaciones de trabajo para Windows).

4. Seleccione el segundo botón de opción (Origen de datos de usuario) y, a continuación, pulse sobre el botón Siguiente.

   Como se muestra en la figura contenida en la página siguiente, el sistema le preguntará el nombre del controlador de base de datos que desea utilizar para llevar a cabo la conexión con su base de datos. El número de formatos compatibles puede ser muy extenso.

5. Microsoft Access Driver (la opción que nos interesa ahora) es la que se encuentra seleccionada por defecto (en caso contrario, selecciónela ahora). Pulse el botón Siguiente para continuar.

   Visual Basic resume las elecciones que ha realizado y le pide que pulse el botón Finalizar para continuar la configuración del Archivo de Nombre del origen de datos.

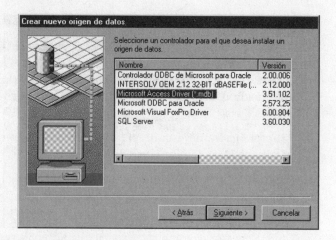

6. Pulse el botón Finalizar.

   En su pantalla aparecerá un nuevo cuadro de diálogo denominado Instalación de ODBC para Microsoft Access 97. Este cuadro de diálogo le permitirá asignar un nombre a su archivo Nombre del origen de datos, seleccionar la base de datos a la que se está conectando y personalizar su conexión.

7. Escriba **Registros de estudiantes** en el cuadro de texto Nombre del origen de datos.

   Registros de estudiantes es el nombre que utilizará más adelante cuando el sistema le pida que designe un archivo DSN en el cuadro de diálogo Páginas de propiedades.

8. Pulse el botón Seleccionar, active la carpeta C:\Vb6Sbs\Less03, seleccione la base de datos Students.mdb y pulse Aceptar.

   El cuadro de diálogo tendrá ahora el siguiente aspecto:

EXPLORACIÓN DE OBJETOS DE DATOS ACTIVEX (ADO) **581**

9. Pulse Aceptar para cerrar el cuadro de diálogo.

    En su pantalla volverá a aparecer el cuadro de diálogo Páginas de propiedades. Acaba de crear un nuevo archivo DSN, por lo que la única tarea que le resta es seleccionar el DSN del cuadro de lista desplegable que se encuentra situada debajo del botón de opción Usar nombre de origen de datos ODBC.

10. Pulse el cuadro de lista desplegable Nombre del origen de datos ODBC y seleccione la opción Registros de Estudiantes.

11. Pulse el botón Aceptar contenido en el cuadro de diálogo Páginas de propiedades para terminar el proceso de conexión.

    El cuadro de diálogo Páginas de propiedades se cerrará y la entrada DSN=Registros de estudiantes aparece en la ventana de Propiedades a la derecha de la propiedad ConnectionString.

No fue tan difícil, ¿verdad? Aunque crear un archivo de Nombre del Origen de Datos conlleva unos cuantos pasos, el proceso le permitirá bastante libertad a la hora de elegir la forma en que se configuran y establecen cada una de las conexiones a las bases de datos. Cuando comience a administrar con Visual Basic bases de datos complejas agradecerá la flexibilidad y consistencia que proporcionan los Nombres de Orígenes de Datos.

A continuación podrá poner a trabajar su conexión con la base de datos vinculando campos de la base de datos desde el objeto ADO a sus dos cuadros de texto.

Vinculación de datos ADO a los objetos cuadro de texto

1. Con el objeto ADO (adodc1) todavía seleccionado en la ventana de Propiedades, desplácese hasta encontrar la propiedad RecordSource y pulse sobre el botón situado a la derecha del campo asociado.

En su pantalla verá el cuadro de diálogo Páginas de propiedades y, en esta ocasión, el contenido de la pestaña RecordSource (Origen de registros) es el que se encuentra visible.

En programación ADO el acceso no se limitará a las tablas de bases de datos de sus conexiones de bases de datos. También podrá hacer referencia a objetos de procedimientos almacenados y objetos de texto contenidos en sus orígenes de datos. En ADO, los objetos ActiveX que utilizará se denominan *mandatos*. En este ejercicio, seleccionará el tipo de mandato Tabla, que le permitirá acceder a las tablas contenidas en la base de datos Students.mdb y a algunas otras tablas objeto proporcionadas por ADO.

2. Pulse sobre el cuadro de lista desplegable Tipo de comando y seleccione 2 - adCmdTable.

   Al utilizar el archivo DSN, Visual Basic abrirá la base de datos Students.mdb y cargará los nombres de la tabla en el cuadro de lista desplegable denominado Tabla o nombre de procedimiento almacenado.

3. Pulse sobre el cuadro de lista desplegable Tabla o nombre de procedimiento almacenado, desplácese por la lista y seleccione la tabla Students.

   El cuadro de diálogo propiedades tendrá ahora el siguiente aspecto:

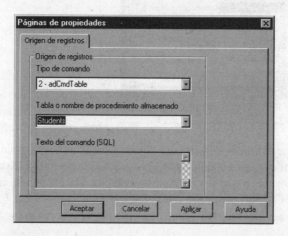

4. Pulse el botón Aceptar para finalizar la selección del Origen de registros.

   El nombre Students aparece en la ventana Propiedades a la derecha de la propiedad RecordSource.

5. Pulse sobre el objeto Text1 en la ventana de Propiedades. Defina su propiedad DataSource como Adodc1 y su propiedad DataField como LastName.

6. Pulse sobre el objeto Text2 en la ventana de Propiedades. Defina su propiedad DataSource como Adodc1 y su propiedad DataField como PhoneNumber.

EXPLORACIÓN DE OBJETOS DE DATOS ACTIVEX (ADO)   **583**

Como ya conoce de capítulos anteriores, vincular un control intrínseco del cuadro de herramientas o un control ActiveX con un objeto de datos contenido en un formulario recibe el nombre de *vinculación* (binding) de los datos a los controles.

Finalmente, ejecutará el programa que acaba de crear.

Ejecución de la demostración del control ADO

Botón Iniciar

1. Pulse el botón Iniciar contenido en la barra de herramientas.

   Los cuadros de texto contendrá datos del primer registro de la base de datos Students.mdb. El aspecto de su formulario será el siguiente:

   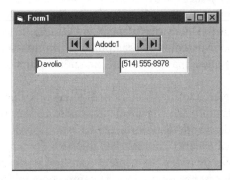

2. Pulse unas cuantas veces la fecha interior derecha (Siguiente) contenida en el objeto ADO.

   Cada vez que pulse sobre la flecha siguiente, los campos LastName y PhoneNumber actualizarán su contenido con la información perteneciente al siguiente registro.

3. Pulse la flecha interior izquierda (previo) del objeto ADO.

   El contenido del registro anterior aparecerá en el formulario.

4. Pulse sobre la flecha exterior derecha (último) contenida en el objeto ADO.

   El objeto ADO muestra los campos pertenecientes al último registro de la base de datos.

5. Pulse la flecha exterior izquierda (Primero) del objeto ADO.

   Los campos correspondientes al primer registro vuelven a aparecer de nuevo.

6. Cuando termine de experimentar con el objeto ADO, pulse el botón Cerrar contenido en la barra de títulos de Form1.

   En su pantalla volverá a reaparecer el entorno de desarrollo.

7. En el menú Archivo, ejecute el mandato Guardar proyecto como. Almacene su formulario con el nombre MiCtrlAdo.frm y su proyecto bajo el nombre **MiCtrlAdo.vbp**.

Ahora que ya conoce las bases del empleo de los objetos de datos ActiveX es hora de investigar temas más espinosos, por ejemplo, cómo escribir código para gestionar los objetos ADO.

ESCRITURA DEL CÓDIGO DEL PROGRAMA ADO

Los procedimientos de suceso que gestionan los objetos de datos ActiveX son el corazón de cualquier aplicación de bases de datos que utiliza el paradigma ADO. Los métodos, propiedades y sucesos expuestos por objetos de datos ActiveX mediante un control ADO son similares, en muchos aspectos, a los métodos, propiedades y sucesos empleados por el control Data y que manejó en el Capítulo 13.

Por ejemplo, ambos paradigmas manipulan la información mediante conjuntos de registros (recordsets) que almacenan la información contenida en la base de datos que está manejando.

En el siguiente ejercicio, introducirá código de programa ADO en un programa esqueleto al que he denominado DatosAdo. Esta aplicación es una modificación del programa CtrlAdo que desarrolló anteriormente en este capítulo. En el nuevo formulario, DatosAdo permitirá al usuario examinar los registros contenidos en una base de datos con los nuevos botones de orden Siguiente y Anterior, y permitirá que el usuario realice una doble pulsación sobre un nombre de campo contenido en un cuadro de lista y copie en un archivo de texto todos los registros de la base de datos que contengan dicho campo (por ejemplo, con una doble pulsación podrá copiar todos los campos LastName en un archivo de texto). La interfaz de usuario de este proyecto se encuentra ya completamente desarrollada, tan sólo necesitará introducir el código del programa.

Creación del programa MiDatosAdo

Botón Abrir proyecto

1. Pulse el botón Abrir proyecto contenido en la barra de herramientas de Visual Basic.

    Si el programa le pregunta si desea almacenar los cambios, guárdelos en el proyecto MiCtrlAdo.

2. Abra el proyecto FormAdo.vbp almacenado en la carpeta C:\Vb6Sbs\Less24.

3. En el menú Archivo, ejecute el mandato Guardar FormAdo.frm como, escriba **MiDatosAdo** y pulse INTRO.

    Al almacenar el formulario y el proyecto bajo un nombre distinto conservará los archivos originales, en caso de que desee más adelante volver a probar este ejercicio.

4. En el menú Archivo, ejecute el mandato Guardar Proyecto como, escriba **MiDatosAdo** y pulse INTRO.

   Su formulario tendrá el siguiente aspecto:

   El formulario cuenta con un objeto ADO y dos cuadros de texto; además se han añadido un nuevo objeto cuadro de lista y dos objetos etiqueta.

5. Realice una doble pulsación sobre el botón de orden Siguiente para abrir el procedimiento de suceso Command1_Click en la ventana Código. Introduzca las siguientes instrucciones de programa entre las sentencias Sub y End Sub.

```
'Si no se encuentra ya en el último registro, pasar al siguiente
If Not Adodc1.Recordset.EOF Then
    Adodc1.Recordset.MoveNext
End If
```

   Esta sencilla rutina verifica la propiedad EOF y avanza al objeto ADO hasta el siguiente registro utilizando el método MoveNext, siempre y cuando el registro actual no sea el último contenido en la base de datos. Al comprobar la propiedad EOF (Fin de Archivo) antes de realizar el movimiento evitará un error en tiempo de ejecución que ocurrirá en el caso de que el control ADO intente avanzar más allá del último registro contenido en la base de datos.

   El control ADO se encuentra representado en esta rutina por el objeto Adodc1, que está conectado a la tabla Students de la base de datos Students.mdb. Como miembro del objeto Adodc1, la propiedad Recordset almacena en memoria la tabla Students y proporcionará acceso a sus datos y mandatos. Este conjunto de registros no son los datos reales almacenados en la tabla sino una copia de los mismos con los que su aplicación trabajará en tiempo de ejecución. Un grupo de registros puede ser una copia exacta de una tabla o puede ser el resultado de una consulta o de cualquier otra actividad de selección.

6. Abra el procedimiento de suceso Command2_Click dentro de la ventana Código y escriba las siguientes instrucciones de programa entre las sentencias Sub y End Sub:

```
'Si no se encuentra ya en el primer registro, pasar al anterior
If Not Adodc1.Recordset.BOF Then
    Adodc1.Recordset.MovePrevious
End If
```

Este procedimiento de suceso contiene el código aplicable al botón Anterior y que activará el registro previo de la base de datos cuando el usuario pulse sobre él. Si se evalúa la propiedad BOF (principio del archivo) como True, la rutina ignora el método MovePrevious ya que intentar moverse al registro anterior cuando se está mostrando el primero provocaría un error en tiempo de ejecución.

7. Abra el procedimiento de suceso Form_Load en la ventana Código y escriba las las siguientes instrucciones de programa entre las sentencias Sub y End Sub:

```
'Poblar el cuadro de lista con nombres de campo
For i = 1 To Adodc1.Recordset.Fields.Count - 1
    List1.AddItem Adodc1.Recordset.Fields(i).Name
Next i

'Mostrar el número total de registros
Label1.Caption = "Registros totales: " & _
    Adodc1.Recordset.RecordCount
```

El procedimiento de suceso Form_Load realiza dos tareas. Añade cada nombre de campo contenido en la tabla Students al objeto cuadro de lista (List1) y muestra el número total de registros contenidos en la base de datos mediante el primer objeto de etiqueta (Label1). Ambas tareas se llevan a cabo mediante un cuidado empleo de las propiedades del objeto ADO.

He utilizado la colección Fields para llevar la contabilidad de los campos y obtener los nombres de los elementos individuales. Podrá acceder a los campos contenidos en una tabla sin más que utilizar un índice con el nombre de objeto Fields. Por ejemplo, Fields(2) representa el segundo campo contenido en la tabla. Gracias a un bucle For...Next, que se ejecutará una vez por cada campo de la base de datos, se puede copiar el nombre de cada campo en el objeto cuadro de lista con el fin de que el usuario pueda seleccionarlo posteriormente sin más que realizar una doble pulsación.

También he utilizado la propiedad RecordCount para mostrar el número total de registros contenidos en el formulario. Este valor permite que los usuarios conozcan cuántos registros se escribirán en el disco si realizaran una doble pulsación sobre los nombres de campo contenidos en el objeto cuadro de lista. Para que este valor sea manejable, he limitado el contenido de la base de datos Students.mdb a siete registros (el usuario debería pensárselo dos veces antes de escribir 10.000 campos de la base de datos Biblio.mdb en un archivo de texto).

8. Abra el procedimiento de suceso List1_DblClick en la ventana Código.

9. Escriba las las siguientes instrucciones de programa entre las sentencias Sub y End Sub:

```
'Crear una constante para almacenar el nombre del archivo de texto
Const myFile = "c:\vb6sbs\less24\names.txt"
'Abrir archivo utilizando Append (para poder trabajar con varios
campos)
Open myFile For Append As #1
Print #1, String$(30, "-")    'imprimir una línea punteada
Adodc1.Recordset.MoveFirst    'mover al primer registro
x = List1.ListIndex + 1       'escoger el elemento pulsado
'Para cada registro de la base de datos, escribir campo en el disco
For i = 1 To Adodc1.Recordset.RecordCount
    Print #1, Adodc1.Recordset.Fields(x).Value
    Adodc1.Recordset.MoveNext
Next i

'Imprimir un mensaje y cerrar archivo
MsgBox Adodc1.Recordset.Fields(x).Name & _
    " el campo ha sido escrito en " & myFile
Close #1
Adodc1.Recordset.MoveFirst
```

Botón Guardar proyecto

10. Pulse el botón Guardar Proyecto contenido en la barra de herramientas de Visual Basic para almacenar las modificaciones realizadas.

El procedimiento de suceso List1_DblClick es el encargado de llevar a cabo el proceso de almacenamiento, creando un archivo de texto en el disco denominado Names.txt. En primer lugar, la rutina declara una constante para almacenar la ruta del archivo. A continuación, abre el archivo en modo Append con el fin de que se pueda almacenar más de un campo en el archivo sin que cada nueva operación de escritura borre la línea anterior. He empleado el método MoveFirst para desplazar el conjunto de registros al primer registro de la tabla. A continuación, se determina el campo del cuadro de lista sobre el que el usuario ha realizado una doble pulsación; para ello se añade 1 a la propiedad ListIndex y se asigna su valor a la variable x. ListIndex es una propiedad de gran utilidad que contiene el número del elemento seleccionado en una lista; se incrementa este número en una unidad porque se necesita compensar el hecho de que el primer índice del cuadro de lista es el valor cero (0).

El valor actual del campo se escribe en el disco mediante la siguiente instrucción de programa:

```
Print #1, Adodc1.Recordset.Fields(x).Value
```

Como aprendió anteriormente, la propiedad Name de la colección Fields contiene el nombre del campo seleccionado. En esta ocasión, he utilizado la propiedad Value para acceder al texto almacenado en el propio campo. La instrucción Print escribe este valor en el archivo de texto en la línea adecuada. Esta operación se repetirá para cada uno de los campos contenidos en la base de datos.

Podrá encontrar el programa DatosAdo completo en la carpeta \Vb6Sbs\Less24 del disco.

Botón Iniciar

A continuación, ejecutará el programa para ver la forma en que trabaja el código ADO.

Ejecución del programa DatosAdo

1. Pulse el botón Iniciar contenido en la barra de herramientas.

   El objeto ADO abre la base de datos Students.mdb y muestra sus campos en dos cuadros de texto y en un cuadro de lista. También se mostrará el número total de registros (7), tal y como se muestra en la figura siguiente:

   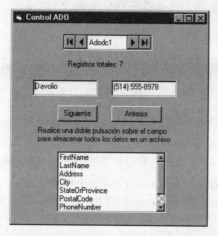

2. Pulse sobre el botón Siguiente para mostrar el siguiente registro de la base de datos.

3. El botón Siguiente mostrará el contenido del siguiente registro, tal y como lo hacía la flecha interior derecha del control ADO.

4. Pulse el botón Anterior para mostrar de nuevo el primer registro.

   El botón Anterior funciona de la misma manera en que lo hacía el botón interior izquierdo del control ADO. A continuación, pruebe a realizar una doble pulsación sobre el cuadro de lista para escribir en el disco unos cuantos campos.

5. Realice una doble pulsación sobre el campo LastName en el cuadro de lista.

   El objeto ADO abrirá el archivo Names.txt contenido en la carpeta C:\Vb6Sbs\Less24 y copiará siete apellidos desde la base de datos Students.mdb a este archivo. Una vez finalizada la operación de copia, verá el siguiente cuadro de mensaje:

6. Pulse sobre el botón Aceptar y, posteriormente, realice una doble pulsación sobre el campo Address que se muestra en el cuadro de lista.

   Las direcciones se escribirán en el disco y un cuadro de mensajes volverá a aparecer para notificarle la ejecución de la operación.

7. Pulse Aceptar y el botón Cerrar contenido en la barra de títulos del formulario.

   Ya ha terminado la verificación del programa MisDatosAdo.

8. Si lo desea, puede abrir el archivo Names.txt contenido en la carpeta C:\Vb6Sbs\Less24 de su disco fijo y examinar el archivo de texto que acaba de crear, que contendrá los campos LastName y Address.

   En Microsoft Word el archivo tendrá el siguiente aspecto:

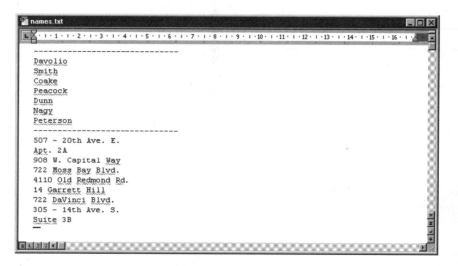

¡Felicidades! Ha dado un gran paso adelante en el aprendizaje de los conjuntos de registros y de los procedimientos de suceso ADO.

NOTA: *Si desea aprender más sobre el modelo de objetos ADO, abra el Examinador de objetos y examine las propiedades, métodos y sucesos expuestos por la biblioteca MSAdodcLib.*

CONSTRUCCIÓN DE OBJETOS DE DATOS ACTIVEX CON EL DISEÑADOR DEL ENTORNO DE DATOS

Anteriormente en este capítulo, ha creado un archivo de Nombre de Origen de Datos (DSN) que conectaba la base de datos Students.mdb con el control de datos ADO. Los objetos de datos ActiveX proporcionados por este archivo le han permitido generar procedimientos de suceso que mostraban y extraían campos de la tabla Students de la base de datos. También podrá elaborar sus propios Objetos de Datos ActiveX personalizados con una nueva utilidad, presente ahora en la Edición Profesional de Visual Basic 6, denominada Diseñador de Entornos de Datos (Data Environment Designer).

El Diseñador de Entornos de Datos le permitirá crear mandatos de objetos con los que podrá personalizar y reorganizar tablas, campos y registros de bases de datos de diferentes maneras. La siguiente figura muestra las relaciones que existen entre orígenes de datos, objetos de mandatos ADO y un programa que utiliza los recursos ADO (se ha seleccionado un objeto de mandato Microsoft Access, sólo una de las opciones de conexión disponibles).

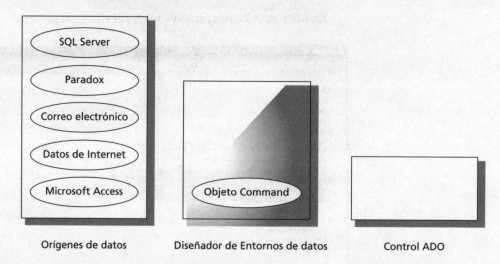

Como ejercicio final crearemos un objeto de datos ActiveX personalizado con el Diseñador de Entornos de Datos

Creación de un entorno de datos personalizados

Para crear un entorno de datos personalizados que contenga objetos de datos ActiveX para su aplicación, deberá ejecutar los siguientes pasos:

1. En el menú Proyecto de Visual Basic, ejecute el mandato Add Microsoft Data Environment. Pulse sobre More ActiveX Designers si no ve el mandato anterior.

    Visual Basic añade el Diseñador de Entornos de Datos a su proyecto. Este componente especial de gestión de datos le permitirá crear nuevos objetos de datos ActiveX y utilizarlos en su proyecto. Como se muestra en la figura contenida en la página siguiente, lo primero que verá será un cuadro de diálogo denominado Connection1 Properties que le pide que introduzca el origen de sus datos.

EXPLORACIÓN DE OBJETOS DE DATOS ACTIVEX (ADO) 591

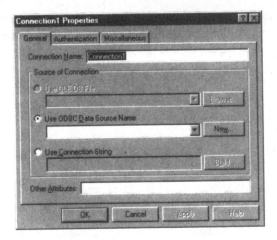

2. Seleccione el botón de opción Usar nombre de origen de datos ODBC, si es que no se encuentra ya seleccionado, seleccione Registros de estudiantes en el cuadro de lista desplegable y pulse Aceptar.

Anteriormente en este capítulo ya creó el DSN denominado Registros de estudiantes. En su pantalla aparecerá la ventana del Entorno de datos, tal y como se muestra en la figura siguiente:

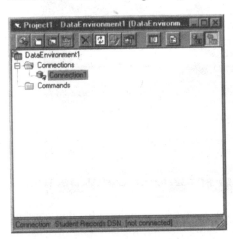

La ventana del entorno de datos mostrará una generosa ventana de visualización que le permitirá ver las conexiones y mandatos ADO existentes. Connectio1 es la conexión a la base de datos que ha establecido cuando ha seleccionado el DSN Registros de estudiantes. Esta conexión le permitirá poner a punto la forma en que se accederá a las tablas, campos y registros contenidos en la base de datos Students.mdb.

Botón Add Command

3. Pulse el botón Add Command contenido en la barra de herramientas del Entorno de datos.

El botón Add Commnad crea un nuevo objeto de datos ActiveX en el Entorno de datos. Para definir el único atributo de este objeto Visual Basic muestra el cuadro de diálogo Propiedades de Command1.

4. Escriba **TablaInstructor** en el cuadro de texto Command Name.

    TablaInstructor será el nombre de su objeto conjunto de datos cuando utilice posteriormente este mandato ADO.

5. Pulse sobre el cuadro de lista desplegable situado a la derecha del botón de opción Database Object y seleccione el tipo Table.

    Al seleccionar Table le estará diciendo al Entorno de datos que desea crear un objeto de tabla.

6. Pulse sobre el cuadro de lista desplegable Object Name y seleccione la tabla Instructors.

    El Entorno de datos muestra una lista de todas las tablas contenidas en la base de datos Students.mdb y resaltará Instructors cuando pulse sobre ella. El cuadro de diálogo tendrá ahora el aspecto mostrado en la siguiente figura:

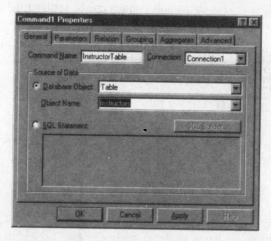

7. Pulse Aceptar para crear el mandato TablaInstructor en el Entorno de datos.

    El nuevo mandato ADO aparecerá en la carpeta Commands.

8. Pulse el signo más que aparece a la izquierda del mandato TablaInstructor para expandir la tabla y ver sus campos.

    Su entorno de datos tendrá un aspecto similar a la figura mostrada en la página siguiente.

    Acaba de crear un nuevo objeto de datos ActiveX que podrá utilizar en este proyecto o en cualquier otro al cual añada este Diseñador de Entorno de Datos.

EXPLORACIÓN DE OBJETOS DE DATOS ACTIVEX (ADO)   593

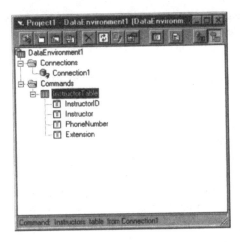

El Diseñador de Entorno de Datos se almacena en un archivo especial con la extensión .dsr (por defecto, DataEnvironment1.drs). A continuación, le mostraré cómo guardar este archivo en el disco para que pueda utilizarlo en otros proyectos.

9. Abra la ventana Proyecto y pulse sobre el diseñador DataEnvironment1.

   Esta ventana tendrá el siguiente aspecto:

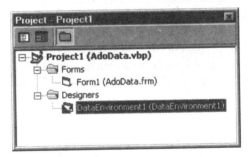

Al igual que sucede con los Diseñadores DHTML, los Diseñadores de Entorno de datos se listan en la carpeta Diseñadores y se podrán guardar o borrar utilizando mandatos de los menús de Visual Basic.

10. En el menú Archivo ejecute el mandato Guardar DataEnvironment1 como.

11. Escriba **Instructor** y pulse INTRO.

    Si Visual Basic le advierte que este archivo ya existe en su sistema, seleccione un nuevo nombre para proteger la versión original.

NOTA: *Si posteriormente desea eliminar el diseñador Instructor.dsr de su proyecto, seleccione el diseñador Instructor.dsr en la ventana Propiedades del Proyecto y ejecute el mandato Quitar Instructor.dsr contenido en el menú Proyecto. Si desea añadir un nuevo* *diseñador a su proyecto, ejecute el mandato Agregar archivo del menú Proyecto y especifique el diseñador.*

Cómo hacer referencia a mandatos ADO en sus aplicaciones

Al igual que sucede con los objetos de datos ActiveX expuestos por el control ADO, el mandato ADO contenido en los Diseñadores de Entornos de Datos se puede utilizar con los controles y procedimientos de suceso «bound». Por ejemplo, en el proyecto que acaba de crear, podrá seleccionar el objeto DataEnvironment1 utilizando la propiedad DataSource correspondiente a un objeto cuadro de texto. De igual forma, podrá acceder a un mandato ADO utilizando código de programación. Por ejemplo, para moverse al siguiente registro de una tabla de la base de datos utilizando el objeto DataEnvironment1 creado anteriormente, deberá escribir:

```
DataEnvironment1.rsInstructorTable.MoveNext
```

El mandato InstructorTable incluye el prefijo rs porque se refiere a un grupo de registros (recordset) generado por el Diseñador de Entornos de Datos actual: DataEnvironment1. Observe que este mandato es prácticamente equivalente a la instrucción MoveNext que escribió anteriormente para el control ADO:

```
Adodc1.Recordset.MoveNext
```

Sin embargo, en este caso, está haciendo referencia a la tabla Instructors contenida en la base de datos Students.mdb mediante un objeto de datos ActiveX que ha construido con el Diseñador de Entorno de datos. En muchos casos, hacer referencia a los datos mediante sus propios objetos de datos ActiveX hará que sus programas resulten más claros y más adaptables a las necesidades de los diversos orígenes de datos. Practique todo lo posible con los objetos de datos ActiveX y póngalos a trabajar en sus propias aplicaciones.

UN PASO MÁS ALLÁ

Recursos adicionales para la programación en Visual Basic

¡Felicidades! Ha completado el curso de programación Aprenda Microsoft Visual Basic 6.0 Ya. Revise los capítulos que ha leído y analice el camino que ya ha recorrido. Aprender a escribir aplicaciones Visual Basic realmente eficaces requiere el manejo y dominio de muchos conocimientos. Entre ellos podemos destacar: un profundo conocimiento de los controles intrínsecos del cuadro de herramientas y de los componentes ActiveX; la capacidad para definir y manipular métodos, propiedades y sucesos de los objetos; la capacidad para escribir código de programación claro y reutilizable; y la visión para diseñar una interfaz de usuario eficaz.

Cada capítulo contenido en este curso ha hecho hincapié en estos principios. Como podrá comprobar, podrá aplicar inmediatamente los conocimientos que ha aprendido en los ejemplos presentados en este libro para desarrollar aplicaciones Visual Basic más sofisticadas del mundo real.

IMPORTANTE: *Por favor, abra y ejecute el vídeo Michael.avi almacenado en la carpeta Less17 (ponga en marcha el Explorador de Windows, utilice esta aplicación para localizar la carpeta C:\Vb6Sbs\Less17 y realice una doble pulsación sobre el archivo Michael.avi). ¡Me gustaría proponerle un brindis!*

El secreto para convertirse en un diseñador profesional en Visual Basic es escribir programas que le lleven al límite de sus conocimientos y que le exijan aprender más. Si desea aumentar sus conocimientos de programación, le recomiendo que consulte los siguientes recursos:

- Si desea obtener más información sobre el empleo de Visual Basic para aplicaciones para gestionar documentos, automatizar tareas de procesamiento de textos y recoger información en Internet, consiga el libro *Microsoft Word 97/Visual Basic Paso a paso* (McGraw-Hill, 1997) escrito por Michael Halvorson y Chris Kinata.

- Para aprender técnicas intermedias y avanzadas de Visual Basic mediante un curso de programación multimedia con vídeos, animaciones, demostraciones y tutoriales paso a paso, pruebe *Mastering Microsoft Visual Basic 6.0* (Microsoft Corporation, 1998).

- Si desea aprender utilizando código sencillo y ejecutando aplicaciones del mundo real, le recomiendo el libro *Microsoft Visual Basic 6.0 Developer's Workshop, Fifth Edition* (Microsoft Press, 1998) por John Clark Craig y Jeff Webb.

- Si desea obtener información avanzada sobre técnicas profesionales de programación y empleo de funciones Windows API, pruebe *Programación avanzada con Microsoft Visual Basic versión 5* (McGraw-Hill, 1997), por Bruce McKinney.

- Para obtener una ecléctica colección de artículos y técnicas profesionales de un grupo de consultores sobre Visual Basic con gran sentido del humor, consulte *Advanced Microsoft Visual Basic 6.0, Second Edition* (Microsoft Press, 1998), por The Mandelbrot Set.

- Si desea analizar un debate compresible sobre las distintas técnicas profesionales de acceso a datos utilizando Visual Basic, consulte *Programación Visual Basic para SQL Server* (McGraw-Hill, 1999), por Willian R. Vaughn.

Además de los recursos de aprendizaje impresos y almacenados en CD-ROM que les he mencionado, le recomiendo que acceda de forma periódica al servidor Web de Microsoft Visual Basic para obtener las últimas novedades sobre este producto. Este servidor le proporcionará información actualizada sobre la línea completa de productos Visual Basic y le permitirá conocer como afectan al desarrollo de Visual Basic las nuevas aplicaciones, sistemas operativos y herramientas de programación. También podrá tener noticias de los cursos de formación, conferencias, actualizaciones de productos software, nuevos controles ActiveX, material de formación y otros productos Microsoft. Conéctese a:

```
http://msdn.microsoft.com/vbasic/
```

> **NOTA:** Podrá solicitar los libros de McGraw-Hill/Microsoft Press en su distribuidor habitual. Si desea obtener un listado completo de los libros editados por McGraw-Hill podrá conectarse al servidor Web de McGraw-Hill en la dirección http://www.mcgraw-hill.es/.

RESUMEN DEL CAPÍTULO 24

Para	Haga esto	Botón
Agregar el control ADO al cuadro de herramientas	En el menú Proyecto, ejecute el mandato Componentes y active la pestaña Controles. Introduzca una marca de verificación a la izquierda de la opción Microsoft ADO Data Control 6.0 y pulse Aceptar.	
Crear un objeto ADO en un formulario	Pulse sobre el control ADO contenido en el cuadro de herramientas y arrastre el ratón hasta el formulario.	
Conectar un objeto ADO a un origen de datos	Pulse sobre objeto ADO contenido en el formulario y abra la ventana Propiedades. Pulse el botón correspondiente al cuadro de texto de la propiedad ConnectionString y especifique un Nombre de Origen de Datos (DSN) válido en el cuadro de diálogo.	
Seleccionar una tabla de datos (grupo de registros) en el objeto ADO.	Pulse sobre el objeto ADO contenido en el formulario y abra la ventana Propiedades. Pulse el cuadro de texto correspondiente a la propiedad RecordSource y escoja una tabla de la lista.	
Vincular objetos contenidos en su formulario a un objeto ADO.	Pulse sobre el objeto que desee vincular (por ejemplo, un objeto cuadro de texto). Abra la ventana Propiedades y asigne el nombre del objeto ADO a la propiedad DataSource. Especifique el campo que desee mostrar con la propiedad DataField.	
Escribir código de programa ADO	Abra un procedimiento de suceso en la ventana Código, identifique el objeto de datos ActiveX que desee utilizar y especifique un método o propiedad válido. Por ejemplo, para desplazarse hasta el	

(Continúa)

Para	Haga esto	Botón
	siguiente registro del actual grupo de registros contenido en el objeto Adodc1 deberá escribir: `Adodc1.Recordset.MoveNext`	
Obtener más información sobre el modelo de objetos ADO.	Abra un proyecto que contenga una referencia a un control u objeto ADO y ejecute el mandato Examinador de objetos contenido en el menú Ver. En el cuadro de lista desplegable denominado Proyecto/Biblioteca, seleccione MSAdocLib y utilice el Examinador de objetos para explorar los métodos, propiedades y sucesos contenidos en el modelo de objetos ADO.	
Abrir el Diseñador de Entorno de Datos	En el menú Proyecto ejecutar el mandato Add Microsoft Data Environment 6.0	
Crear nuevos objetos de datos ActiveX (mandatos ADO)	Pulse el botón Add Command contenido en el Entorno de datos y configure el objeto utilizano el cuadro de diálogo Propiedades de Command1	
Guardar un Diseñador de Entorno de Datos que contenga objetos de datos ActiveX	Abra la ventana Proyecto y seleccione el diseñador que desee guardar en la carpeta Diseñadores. En el menú Archivo, ejecute el mandato Guardar DataEnvironment1 como.	
Usar un objeto de datos ActiveX contenido en un Diseñador de Entornos de Datos en el código de programa	Especifique el nombre del diseñador, el nombre del mandato ADO más el prefijo «rs» (grupo de registros, y el método o propiedad que desee utilizar. Por ejemplo: `DataEnvironment1.rsMiTabla.MoveFirst`	

Índice

— (negación) operador, 144
— (operador resta), 136-138, 144
! (carácter de declaración de punto flotante de precisión simple), 131
! (vinculación de objetos a carácter de colecciones), 294-295
(carácter de declaración de tipo punto flotante de doble precisión), 131
(carácter declaración de fecha), 131, 133
$ (carácter de declaración de cadena), 131
$ (indicador de función de cadena), 126, 332
% (carácter de declaración de tipo entero), 130-131
& (cadena, operador de concatenación), 137, 141-143, 329, 330
& (carácter de declaración de entero largo), 131
& (definición tecla de acceso), 91-92, 105, 116
( ) (operador de agrupación), 144-145
* (carácter de sustitución), 158, 194
* (operador de multiplicación), 136-138, 144
, (coma, separador de elementos de una lista), 176
... (puntos suspensivos en mandatos de menú), 92
/ (operador división), 136-138, 144
: (identificador de manejador de error), 219
; (punto y coma, separador de elementos en una lista), 176
@ (carácter de declaración de tipo monetario), 131
\ (operador de división entera), 137, 141-144
^ (operador de exponenciación), 137, 141-144
_ (carácter de continuación de línea), 64, 153
| (filtro, símbolo de concatenación de listas), 107

' (separador de comentarios), 40
"(operador de asignación de cadena de texto), 123
+ (operador suma), 136-139, 144
< (menor que, operador de comparación), 150, 333
<= (menor o igual que, operador de comparación), 150, 333
<>(distinto a, operador de comparación), 150, 333
= (operador asignación), 121, 145
= (operador de comparación, igual a), 150, 333
> (mayor que, operador de comparación), 150, 333
>= (mayor o igual que, operador de comparación), 150, 333

Abrir, cuadro de diálogo común
   apertura archivo de texto para, 320-321, 345
   definición, 100
   ejecución del programa MiDiálogo, 111-113
   Filter, propiedad, 107
   inclusión en un menú, 104
   procedimiento de suceso para, 106-108
   ShowOpen, método, 100, 107, 320, 345
Abrir, mandato
   inclusión en el Menú Archivo personalizado, 103-104
   procedimiento de suceso, 106-108
Abs, función, 140
acceso a programa ejemplo, 153-157
acceso rápido, teclas de, 114-116
acceso, cómo añadir a los menús teclas, 91-93, 105, 116

Access, bases de datos. *Véase* bases de datos
activación de menú, mandatos, 105, 108, 116
ActiveX, controles
　inclusión en cuadro de herramientas, 81, 84, 86
　instalación de Grid y CommonDialog, 82-84
　.ocx, extensión de nombre de archivo, 82
　resumen, 81-82
AddItem, método, 68-69, 85, 161
AddNew, método, 357, 365
ADO, mandatos, 581-583, 593
ADO, modelo de objeto, 574-575, 589-590
Agregar archivo, mandato (Menú Proyecto), 41, 268, 291
Agregar formulario MDI, mandato (Menú Proyecto), 213
Agregar formulario, botón (barra de herramientas), 224, 267, 291
Agregar formulario, mandato (Menú Proyecto), 9, 202, 207, 224, 291
Agregar módulo, mandato (Menú Proyecto), 267, 291
Alarma, utilidad, 195
aleatorio, número (Rnd), función, 40
algoritmos, 21
alimentación de línea, carácter, 286, 321, 324, 345
alineación en formularios
　empleo de la propiedad Alignment, 30
　empleo de rejillas, 23-24
AllowUserResizing, propiedad, 564
ampersand (&), para definir teclas de acceso a menús, 91-92, 105, 116
Ampliador, utilidad, 115
And, operador, 156-157
animación
　creación mediante el método Move y el objeto Timer, 251, 262
　definición, 248
　desplazamiento de objetos, 249-250
　empleo de sistemas de coordenadas en formularios, 249
　expansión y contracción en tiempo de ejecución, 254-256, 262
　inclusión en el programa Arrastrar y Soltar, 251-254
　movimientos relativos, 250
Animation, control, 403
ANSI, conjunto de caracteres. *Véase* ASCII, códigos
　apertura. *Véase también* carga
　　Abrir proyecto, mandato (Menú Archivo), 6, 17, 47

AbrirItem, procedimiento de suceso, 104, 106-108
archivos con el bucle For...Next, 179-183
archivos de texto para entrada, 320-321, 345
archivos de texto para salida, 324-325, 345
archivos secuenciales, 321
bases de datos, 350-352, 364
nuevos proyectos, 4, 17
Open...For Input, instrucción, 320-321, 345
Open...For Output, instrucción, 326, 345
proyectos existentes, 6-8, 17, 47
API Windows
　Call, sentencia, 458, 470
　declaración de variables, 456-459, 470
　descripciones en Win32api.txt, 459
　determinación de la longitud de variables de usuarios definidos, 458, 470
　DWORD, estructura, 457, 459
　empleo de procedimientos de evento, 467-469
　en el programa FreeMem, 467
　GlobalMemoryStatus, función, 456-459
　inserción de declaraciones de constantes con API Viewer, 464
　inserción de declaraciones con API Viewer, 461-464
　instalación del complemento API Viewer, 460-461
　resumen, 456
　paginación de archivos, 466
　punteros, 457, 459
　referencias para, 459
　uso de los resultados de llamada, 459
aplicación, desarrollo de. *Véase*, programas
aplicaciones. *Véase también* archivos ejecutables; tiempo de ejecución
　centradas en documentos, 213
　distribución de archivos de soporte, 43
　ejecución con objetos OLE, 70-74, 86
　ejecución de archivos ejecutables, 44-45
Archivo, creación de menú, 103-104
archivo, nombre de
　extensiones, 6, 13
　patrón para apertura con bucle For...Next, 182
　SelectedFile, variable, 59, 61, 85
archivos
　apertura con bucles For...Next, 179-183
　apertura de archivos de texto para entrada, 320-321, 345
　apertura de proyectos, 6, 17
　copia, 361-363, 365

ÍNDICE **601**

cuadros de lista, 54, 56, 85
inclusión en proyectos, 44
listados en la ventana Proyecto, 12-13
secuenciales, 321
tipos válidos, limitados con el parámetro Pattern, 58
tipos válidos, limitados con la propiedad Filter, 107
archivos ejecutables
.exe, archivos, 14, 43, 46
diferencia entre archivos de texto y, 320
elaboración, 43-44, 46
General, mandato (menú Archivo), 43, 47
proyecto, compilación de archivos en un, 14
archivos, objetos de sistema de, 54-60
argumentos
definición, 126
en el procedimiento Sub, 281-282
en sintaxis de función, 128, 276
paso por referencia, 282-283, 289, 292
paso por valor, 282-283, 289-290, 292
arrastrar y soltar, compatibilidad
ArrastrarySoltar, programa, 242-248, 251-254
DragDrop, procedimiento de suceso, 242, 245, 262
DragIcon, propiedad, 242, 246
DragMode, propiedad, 241, 262
DragOver, procedimiento de suceso, 242, 262
inclusión en programas, 242, 262
resumen, 241-242
arrastre de herramientas y ventanas, 8
array, índice de, 304, 308
arrays. *Véase también* control, arrays de
creación o declaración, 302
definición, 302
dimensiones y números de elementos, 302
dinámicos, 310-313, 318, 334, 337
errores en tiempo de ejecución, 311
For...Next, bucle, 308, 312-313, 318
local, 302, 317
multidimensional, 313-316
Option Base, instrucción, 304, 306-307, 318
públicos, 302, 317
referidos a elementos, 305-306, 318
resumen, 302
tamaño fijo, 303-305, 306-309
Asc , función, 331-332, 340, 346
ASCII, códigos
cifrado del texto modificando los, 339-341, 346
conversión a, 332
resumen, 332-333

asignación, operador (=), 121, 145
asistente de configuración e implantación, 249
Atn, función, 140
atrapar errores. *Véase* error, manejadores de
Automatización
aplicaciones compatibles, 378
creación de un corrector ortográfico personal, 384-387
empleo de control Word CheckSpelling en Visual Basic, 383-388
empleo del Examinador de objetos para ver objetos de Word, 379-383
liberación de memoria, 384, 397
Microsoft Excel y, 388-390
Microsoft Outlook y, 390-393
Microsoft PowerPoint y, 394-396
resumen, 70, 378-379
AutoRedraw, propiedad, 175-176, 307
.avi, archivos, 403, 441, 443, 446
ayuda
biblioteca de objetos del sistema de Ayuda, 383
empleo en línea, 14-16
visualización de nombres de los botones, 5, 9-10, 17

banderas, control de las opciones de color, 108-109
barra de desplazamiento
Flat scrollbar, control, 403
ScrollBars, propiedad, 414
barra de herramientas
Barra de herramientas Depuración, 165-171
creación de barras de herramientas personalizadas, 235-241
definición, 4-5
desplazamiento y fijación, 8, 17
barra de tareas, Windows, 5
barra de títulos
personalizadas, 191, 197
Visual Basic, 8-9
Base de datos, colección, 300
bases de datos
apertura, 350-352, 364
búsqueda, 352-355, 364
compatibilidad con Visual Basic, 348
creación de aplicaciones personalizadas, 348
definición, 76
eliminación de registros, 358-361, 365

bases de datos (*Cont.*)
    formatos, 79, 348
    inclusión de registros, 355-358, 365
    InfoLibros, utilidad, 363
    modificación, 80-81, 86
    ordenación, 355
    realización de copias de seguridad, 362-363, 365
    Recordset, objetos, 352
    sólo lectura, 349, 364
    tablas, 349
    visualización de datos, 75-80, 86
    visualización de información, empleo de controles de vinculación, 349
    visualización de información, empleo de cuadros de texto, 349-352
.bat, archivos, 320
Béisbol, programa, 313-316
Biblio, base de datos, 364
bibliotecas a las que se hace referencia en proyectos, 379-383, 396
bienvenida, creación de una pantalla de, 229-233
binarios, archivos, 474-475
Bloq Mayús, tecla, 437, 439
BOF (Beginning Of, archivo), comienzo de archivo, 586
Booleanas, expresiones, 150
Booleano, tipo de datos, 131, 150
BorderColor, propiedad, 228
BorderStyle, propiedad, 30, 228
BorderWidth, propiedad, 228
borrado
    menú, mandatos, 94
    objetos del formulario, 24, 47
    registros de la bases de datos, 359-361, 365
    variables de inspección, 168, 171
botones en el entorno de Visual Basic, 5. *Véase también*, órdenes, botones de; gráficos, botones
Btrieve, formato, 348
bucles
    Do, 186-190, 197
    For Each...Next, 295-297, 317
    For...Next, 174-185, 196
búsqueda en bases de datos, 352-355, 364
búsqueda, cadenas de, 353, 364
Button, elemento (DHTML cuadro de herramientas), 527
ByVal, palabra clave, 290

cadena, indicador de función ($), 126, 332
cadena, tipo de datos, 131
cadenas, concatenación de
    con adición (+), 139
    con el operador de concatenación (&), 137, 141-143, 329-330
cadenas, proceso de
    ASCII, conjunto de caracteres, 332-333
    comparación de cadenas, 333
    conversión a códigos ASCII, 331-332, 346
    copia de texto a una variable de cadena, 334, 345
    función de fecha, 329
    ordenación de texto, 330-338
calendario
    DTPicker, control, 408
    Month view, control, 404
Call, sentencia, 458, 470
campos de base de datos, 76
Caption, propiedad
    para botones de órdenes, 11, 27-29
    para etiquetas, 29-31
    para formularios y barras de títulos personalizadas, 191
carga. *Véase también* apertura
    Cargar Imagen, cuadro de diálogo, 32-33
    Load, instrucción, 204, 224
    LoadPicture, función, 59, 85, 110, 116
    procedimientos, 45, 69
Case, cláusula en Select Case, 158-59
casillas de verificación, 64-67, 85
CD audio, soporte, 443
CellPicture, propiedad, 555, 572
cerrar
    Cerrar, mandato en menús personalizados, 104, 109-110, 325
    Close, instrucción, 321, 325, 345
    CerrarItem, procedimiento de suceso, 104, 109-110
    archivos secuenciales, 321, 325, 345
Chart, control, 403
CheckBox, control, 85
Checkbox, elemento (DHTML cuadro de herramientas), 529
Chr, función, 331-332, 340, 346
cifrado
    Cifrar, programa, 338, 342-344
    protección con texto, 338-341, 346
click, sucesos
    creación de botones gráficos, 233-241

en el programa Siete Afortunado, 34-40
MouseDown, suceso, 234, 262
MouseMove, suceso, 234
MouseUp, suceso, 234, 262
clientes, aplicaciones, 378
Clipboard, objeto, 412-413, 420
Cls, método, 308, 318
código, escritura de. *Véase* procedimientos de suceso; programación, instrucciones de
Código, ventana
   empleo para escribir código, 35-37, 47
   errores en, 38
   introducción de código en, 35-37, 47
   lista de propiedades disponibles, 38, 52
   lista de sucesos predefinidos, 149
   resumen, 34
   ver todos los módulos o un único procedimiento, 38
códigos, visualización RTF, 418-419
Color, cuadro de diálogo común
   control de las opciones de color con banderas, 108-109
   ejecución del programa MiDiálogo, 111-113
   inclusión en un menú, 105
   modificación de colores con, 105, 108-109
   objetivo, 100
   ShowColor, método, 100, 109
colores
   empleo de Color, cuadro de diálogo común, 105, 108-109
   modificación de etiquetas descriptivas, 31
ColorTexto, mandato (menú Reloj), 105, 108
Cols, propiedad, 559, 572
coma (,), separador de elementos de listas, 176
combo, cuadros, 64, 69
ComboBox, control, 85
comentario, separador de ('), 40
CommandButton, control (Cuadro de herramientas), 23, 50-51, 85
CommonDialog, control
   empleo, 102-103, 116
   inclusión en cuadro de herramientas, 101-102
   instalación, 82-84
comodín, carácter (*), 158, 194
comparación, operadores, 150, 159-160
compiladores, parámetros avanzados, 44
compilados, archivos, 12-13
Componentes, cuadro de diálogo, 82-83

Componentes, mandato (Menú Proyecto), 81-83, 86
Compra, programa, 62-69
común, cuadros de diálogo
   ejecución del programa MiDiálogo, 111-113
   formas de especificar, 100
   inclusión en formularios, 102-103
   inclusión en menús, 103-105
   procedimientos de suceso que gestionan, 106-113
   tipos de, 100
comunes, objetos de cuadros de diálogo, 100-103
comunicación asíncrona, Execute, método, 482-483, 485, 488
comunicaciones serie, control Communications, 403
comunicación síncrona, Open URL, método, 475, 480, 488
Communications, control, 403
concatenación. *Véase* cadenas, concatenación de condicionales, expresiones
   empleo de operadores de comparación, 150
   empleo de operadores lógicos, 156-157
   en bucles Do, 186-190, 197
Connect, propiedad, 78, 364
ConnectionString, propiedad, 578-581, 595
constantes, 135-136, 146
contador, variable para bucles For...Next, 174
contar líneas de texto, 334, 337
Contenedor de proyectos, ventana
   cambio de tamaño, 22
   en modo diseño, 5
   fijación, 8
contracción de objetos en tiempo de ejecución, 254-255, 262
contraseña
   límite temporal, 193-195
   procesamiento, 157-158
control o aplicaciones cliente, 378
control, arrays de, 180-181
control, índice de control de arrays, 182-185
Control, variable, 295
controlador de dispositivo, impresora, 417
controlador de impresora, 417
   apertura para DHTML, elementos, 531
   para el control Barra de estado, 433-435, 436, 439
controles. *Véase también* controles específicos
   definición, 67
   en cuadro de herramientas, 9
   tiempo de ejecución, visible e invisible, 33, 40, 101
   vínculos, 348-349

Controls, colección, 293-294, 296-297
convenciones
    para desarrollo de código, 35-37, 120
    para menús, 92
conversión de cadenas de texto en números, 138-139, 143, 146
Cool bar, control, 403
coordenadas, sistemas de coordenadas en formularios, 249, 316, 318
copia
    archivos, 361-363, 365
    de objetos para crear arrays de control, 180
    de texto a variables de cadena, 324, 345
    formularios, 100-101
    texto, 328
copia de seguridad, archivos, 361-363, 365
Copy, mandato, 413, 428
Cos, función, 140
CreateObjeto, función, 383, 397
cruz, puntero en forma de, 23, 25, 247
Ctrl+Inter, salida de un bucle erróneo, 223
cuadro de herramientas
    definición de controles, 9
    empleo, 9, 47
    en modo diseño, 5
    fijación y desplazamiento, 8, 17
    inclusión de controles ActiveX, 81-84, 86
    inclusión del control CommonDialog, 101-102
cuadros de diálogo
    comunes, 100-113, 116. *Véase también* común, cuadro de diálogo
    inclusión de cuadros de diálogo no estándares, 113
    Insertar Objeto, 369
    para mensajes, 129-130, 145
    solicitud de información, 125-127, 145
.cur, archivos, 54, 107
CurrentX, propiedad, 316, 318
CurrentY, propiedad, 316, 318
Cursos, programa, 350-352

.dat, archivos, 320
Data, control, 77, 86
Data Access Objects (DAO), 574
Data repeater, control, 403
Data Source Name (DSN), 577-578
databaseName, propiedad, 79, 350-351, 364
DataField, propiedad, 79, 349, 351, 364

DataGrid, programa, 563-571
DataSource, propiedad, 79, 349, 351, 364
datos, objetos de
    acceso a bases de datos, 76
    creación, 77-78
    definición de propiedades, 78-80
datos, tipos de
    definidos por el usuario, 134
    en arrays, 302
    manejo de varios, 130-136, 145
    tamaño de almacenamiento para, 130-131
dBASE, formato, 79, 347-348
decisión, estructuras de
    depuración, 163-170
    ElseIf, Else y End If, palabra claves, 151-153
    empleo de expresiones condicionales, 151, 171
    en manejadores de error, 220-222, 225
    If...Then, 151-157, 171
declaración de
    con instrucción Dim, 121-122, 134, 145, 383, 397
    constantes, 135-136, 146
    tipo de datos definidos por el usuario, 134
    tipos de datos, 130-131
    variables, 120-122, 145
Delete, método, 359-360, 365
DemoOrde, programa, 334-338
denominación, convenciones de
    para arrays, 125, 303
    para objetos, 210, 225, 256-261, 262
    para variables, 125
depuración
    definición, 163
    empleo barra de herramientas Depuración, 165-170, 171
    empleo modo Paso a paso, 165-166, 171
    Errores, programa, 166-170
Depuración, barra de herramientas, 165-170, 171
desactivación de mandatos de menú, 105, 116
desactivación, mandatos de menús, 105, 116
desbordamiento, errores de, 219
descarga de archivos.
    DownloadBegin, evento, 499
    DownloadComplete, evento, 499
    FTP, transferencia de archivos, 482-487
    documentos HTML de World Wide Web, 474-481
    protocolo HTTP, 403, 474
descriptivas, propiedades de rótulos, 31-32

desplazamiento
    animación. *Véase* animación
    arrastrar y soltar. *Véase* arrastrar y soltar
    colecciones, 295-297, 317
    herramientas y ventanas, 8
    objetos, 24, 47
desplegable, cuadros de lista, 64, 85
DeviceType, propiedad, 442-443, 445
digitales, creación de relojes, 191-192
Dim, instrucción, 121-122, 134, 145, 383, 397
dimensiones de objetos, 26
dinámicos, arrays, 310-313, 318, 334, 337
dirección, Internet, 474
directorios
    archivos de prácticas, 6-7, 63
    cuadros de lista directorios, 55, 85
    DirListBox, control, 56, 85
dispositivos y multimedia, soporte, 443
disquetes, manejadores de error para unidades de, 220-222
distinto a, operador de comparación(<>), 150, 333
división
    operador (/), 136-138, 144
    operador, entera (\), 137, 141-144
    operador, resto (Mod), 137, 141-144
DHTML (Dynamic Hypertext Markup Language)
    diferencias entre Visual Basic y, 505-506
    resumen, 504
    desarrollo de programas, 505
DHTML, icono de aplicación, 506, 523
DHTML, implantación de aplicaciones, 548
DHTML, páginas.
    inclusión de, elementos, 531
    Button, elemento, 527
    Checkbox, elemento, 529
    Hyperlink, elemento, 529-530
    Image, elemento, 529
    OnChange, evento, 528-529
    OnClick, eventos, 529-530
    OnSelect, evento, 528
    Option, elemento, 528-529
    PasswordField, elemento, 528
    ResetButton, elemento, 527
    Select, elemento, 529
    SubmitButton, elemento, 527
    TextArea, elemento, 528
    TextField, elemento, 528

Do, bucles
    cómo evitar bucles sin fin, 187, 197
    conversión de temperaturas, 187-189
    pruebas condicionales en, 186, 197
    sintaxis, 186
    Until, palabra clave, 189
    While, palabra clave, 186-187,197
doble precisión, punto flotante, tipo de datos, 131
DocumentComplete, evento, 499
documentos, aplicaciones centradas en, 213
documentos, archivos de, 320
dos puntos (:), identificador del manejador de error, 219
DriveListBox, control, 56, 85
.dsn, archivo, 577-578
.dsr archivos, 532-533, 592-593
DTPicker, control, 403
DWORD, estructura, 457, 459

ejecución
    archivos ejecutables, 43
    de proyectos en el entorno de Visual Basic, 8, 17, 42-43
    empleo de menús personalizados en programas, 98-99
ejecución de aplicaciones empleando OLE, 70-75
elementos
    adición a páginas DHTML, 531
    creación y personalización, 531-537, 547
    definición, 506
    DHTML, cuadro de herramientas, 527-531
    abrir, propiedad Pages, 531
elementos en arrays, 302, 305-306, 318
eliminación de imágenes, 110, 116
Else, palabra clave, 151-153
ElseIf, palabra clave, 151-153
Enabled, propiedad, 190, 193, 377
End If, palabra clave, 151-153
End Select, palabra clave, 158
End With, sentencia, 560
End, instrucciones, 36
entera, operador división (\), 137, 141-44
entero largo, tipo de datos, 131
entero, tipo de datos, 130-131
entorno de desarrollo, 4-9. *Véase también* Visual Basic

entrada
  apertura de archivos de texto para, 320-321, 345
  creación de botones de órdenes para, 52
  en cuadros de texto, 137-138
  objetos para recoger, 60-69
  procesamiento de la. *Véase* procedimientos de suceso
  programación y entrada orientada a suceso, 148-149
  verificación de condiciones en un bucle Do después de una, 186
EnviarCorreo, programa, 390-393
EOF, función, 321, 325, 345
Err, objeto, 218, 223
Err.Description, propiedad, 223
Err.Number, propiedad, 219-221
error, manejadores de
  bloqueo de programas, 58, 61, 218
  cuándo emplear, 218-219
  en grandes archivos de texto, 325
  en unidades de disquete, 220-222
  errores de apertura en archivos, 58
  OnError, instrucción, 218-219, 225
  periodos de reejecución, 223-224
  Resume, instrucciones, 219-220, 226
  resumen, 219
  salida de bucles erróneos, 223
  superación de, 221, 224-225
  visualización de mensajes de error, 220-222
error, mensajes de
  en tiempo de ejecución, 223
  para errores de instrucción, 38, 42
  para variables no declaradas, 122
errores
  búsqueda y corrección, 163-171. *Véase también* depuración
  Err.Description, propiedad, 223
  Err.Number, propiedad, 219-221
  tipos de, 164
errores, números de, 219-221
Errores, programa, 166-167
escáner, soporte, 443
estándar, módulos
  .bas, archivos, 14, 266-269
  arrays en, 316
  cómo hacer referencia a objetos en formularios, 283, 292
  creación y almacenamiento, 267-269, 291
  definición, 266
  denominación, 269
  eliminación de proyectos, 269, 291
  inclusión en el programa Siete Afortunado, 270-274
  procedimientos de propósito general en, 274-275
  resumen, 266
  variables públicas en, 269-279, 291
estilos y hojas de estilo, 510-513, 524
etiquetas
  definición de propiedades, 29-35
  definición, 25
  dimensiones y tamaño del cuadro, 26
  inclusión en formularios, 25-26
  visualización de la hora y la fecha, 95-98
evaluación de expresiones, 143-144, 146
excepciones, manejo de, 61. *Véase también* error, manejadores
Execute, método, 482-483, 485, 488
Existente, pestaña (Agregar formulario, mandato), 205
Exp, función, 140
expansión de objetos en tiempo de ejecución, 254-256, 262
explícita, declaración, 121-122, 145
Explorador de proyectos, botón (barra de herramientas), 13, 18
exponenciación, operador (^), 137, 141-144

fallos en programas, 58, 61, 218
False, expresión condicional, 150
fechas
  Date, procedimientos de suceso, 96-97, 329
  fecha, funciones de, 99
  fecha, tipo de datos, 131, 133
FieldName, propiedad, 320
FileListBox, control, 56, 85
FileName, propiedad, 417
FillColor, propiedad, 228
FillStyle, propiedad, 228
Filter, propiedad, 107
filtro, símbolo de concatenación de listas (|), 107
fin, bucles sin, 187, 197
Find, método, 413, 420
FixedCols, propiedad, 568
FixedRows, propiedad, 568
Flags, propiedad, 108

Flat scrollbar, control, 403
FlexGrid, control, 82-84
flexFillRepeat, valor, 557
foco de programas, 75, 207, 357, 365
Font mandato, evento procedure, 411-412
For Each...Next, bucles, 295-297, 317
For...Next, bucles
    apertura de archivos con, 179-183
    incrementos del contador, 179, 196
    modificación de propiedades en, 177-178
    procesado de elementos de array, 308, 312-313, 318
    salida prematura, 185, 197
    sintaxis, 174
    Step, palabra clave, 178, 183-185, 196
    visualización de la variable contador mediante el método Print, 175
ForeColor, propiedad, 31, 108-109
Form_Load, procedimiento
    configuración de impresoras en, 211
    empleo, 45, 69, 85
    precarga de formularios en, 209
formato de texto. *Véase* texto; texto, cuadros de
Formulario, ventana
    cambio de tamaño, 17, 22
    en modo diseño, 5
    fijación, 8
formularios
    .frm, archivos, 14, 41
    activo, 7, 13
    alineación y rejilla, 23-24
    almacenamiento, 54
    borrado de botones de órdenes, 24, 47
    cambio de tamaño, 22
    Caption, propiedad y barra de títulos personalizadas, 191
    carga y descarga, 204-205, 224
    como interfaz de usuario, 9, 47
    creación de la interfaz de usuario en el programa Siete Afortunado, 21-27
    desarrollo frente a tiempo de ejecución, 8
    desplazamiento y cambio de tamaño de botones de órdenes, 22-23, 47
    eliminación de las sentencias Print anteirores, 308, 318
    en el programa Saludo, 6-7
    Form_Load, procedimiento, 45, 69, 85
    impresión de todo el formulario mediante el método PrintForm, 216-217, 225
    inclusión de botones de órdenes, 22-23, 51-52
    inclusión de cuadros de diálogo comúnes, 102-103
    inclusión de etiquetas, 25-26
    inclusión de imágenes, 27, 57, 103
    inclusión, 9, 202, 207-211, 224
    MDI, padres e hijos, 213
    minimización, 204
    mostrarlo como modal o no modal, 203, 224
    nombres de objetos en formularios distintos, 209-211
    notación y jerarquía de colecciones, 294
    nuevo formulario vacío, 22
    ocultación y descarga, 204, 210, 225
    origen, 249
    precarga, 204
    predeterminados, 202
    predisañados, 202
    reempleo, 54, 100, 205, 208
    reempleo en otro proyecto, 101, 205, 208
    salida del método Print, 175-176, 196
    selección de objetos en, 10, 23
    sistema de coordenadas, 249, 316, 318
    vacíos, 202
    Visible, propiedad, 187, 204
Formularios, colección, 300
fórmulas
    empleo de operadores, 136-137, 146
    prioridad de las operaciones, 143-144, 146
Frame, control, 85
.frm, archivos, 14, 41
FTP
    transferencia de archivos, 482-487
    FTP, programa, 482-484
    protocolo, 406, 474
fuentes
    Font, propiedad, 30
    FontBold, propiedad, 238
    FontSize, propiedad, 177-178
    Fuente, cuadro de diálogo común, 100
    impresión, 212-214
Función, procedimientos
    como procedimiento de propósito general, 274
    llamada a funciones, 277, 291
    realización de cálculos en el programa Siete Afortunado, 277-280
    resumen, 275, 291
    sintaxis, 276

funciones
    cadena, designador de la función de ($), 125, 332
    definidas por el usuario. *Véase*, función, procedimientos
    matemáticas, 140, 146
    sintaxis, 128

general, procedimientos de propósito, 274-275
Generar proyecto, cuadro de diálogo, 43
Generar, mandato (Menú Archivo), 43, 47
geométricas, creación de imágenes, 228-233
GetChunk, método, 475
GetProperty, función, 542-543, 548
GetText, método, 412, 420
.gif, archivos, 55, 107
globales, arrays, 303-304, 317
GlobalMemoryStatus, función, 456-459
grabación
    archivos de texto en el disco, 325-329, 345
    cambio de nombre de los proyectos, 100
    formularios con nombres diferentes, 101, 205, 208
    módulos estándar, 267-269, 291
grabación y Multimedia MCI, control, 404
gráficas, creación de formas, 232. *Véase también* imágenes
gráficos, botones
    creación de botones de barras de herramientas, 235-241
    definición, 233
    detección de sucesos del ratón, 233-234, 262
    intercambio de imágenes cuando al ser pulsadas, 234-236
grupos de objetos en formularios, 29-31. *Véase también* colecciones
Guardar como, cuadro de diálogo común, 100, 326, 345
Guardar Módulo1 Como, mandato (Menú Archivo), 268, 291
Guardar Proyecto como (Menú Archivo), 41, 47
Guardar proyecto, botón (Barra de herramientas), 41, 47
Guardar, botón (Barra de herramientas), 16
GUI (Interfaz Gráfico de Usuarios). *Véase* formularios

Height, propiedad, 254-255, 262
Hide, método, 204, 210, 225

hijos, formularios, 213
HierarchicalFlexGrid, control, 403, 554
Hipoteca, programa, 389-390
hojas de cálculo
    Chart, control, 403
    FlexGrid, control. *Véase* FlexGrid control
    Hierarchical flex grid, control, 403, 554
    utilización del control FlexGrid, 554-561. *Véase también* FlexGrid control
Hola, programa, 50-53
href, propiedad, 516, 522
HTML, documentos.
    almacenamiento como archivos de texto, 481
    creación en Microsoft Word, 520-524
    descarga desde la Web, 474-481
    HTML, etiquetas en, 476
    visualización en Internet Explorer, 478-479, 494-499, 502
HTTP, protocolo, 403, 474
Hyperlink, elemento (DHTML cuadro de herramientas), 529-530
hiperenlaces
    creación, 516-517, 524
    en páginas DHTML, 529-530

IBM, conjunto de caracteres extendidos de, 332
iconos (.ico), archivos de, 55, 107, 181-182
iconos de botones gráficos, 234-237
If...Then, estructuras de decisión
    comparado con Select Case, 159-160
    ElseIf, Else y End If, palabra claves, 151-158
    empleo de operadores lógicos, 156-157
    sintaxis, 151, 163-164
    verificación de contraseña, 194
    verificación de varias condiciones, 151-157
igual a, operador (=), 150, 333
Image, control (Cuadro de herramientas), 27
imagen, cuadros de
    borrado, 110, 116
    definición de propiedades, 32-34, 57
    inclusión en formularios, 27, 57, 103
imágenes
    apertura de archivos de iconos, 181
    impresión de formularios conteniendo, 216-217, 225
    inclusión de trabajo artístico, 228-233
    lista de formatos gráficos, 55, 107

LoadPicture, función, 59, 85, 110, 116
   visualización de mapas de bits con la utilidad Ampliador, 115
implícita, declaración, 121
impresión
   a disco, 325-329, 345
   formularios completos, 216-218
   ocultación de objetos, 217
   PrintForm, resolución, 216
   salida a formularios, 175, 196
   salida a impresora, 211-215, 225
Imprimir, cuadro de diálogo común, 100
incrementos para bucles For...Next, 178, 196
incrustados, objetos, 372-376, 396
Index, propiedad, 353, 355, 364
índice, posición de, 295
.inf, archivos, 320
InfoLibro, utilidad, 363
.ini, archivos, 320
inicialización. *Véase también* inicio, procedimientos de
   cuadros de lista, 161-162
   Form_Load, procedimiento, 45, 69, 85
   Visible, propiedad en el código, 40
Iniciar, botón (barra de herramientas de Visual Basic), 8, 17, 42
inicio
   nuevos proyectos, 4, 17, 21
   programas, 44-45
   proyectos recientes, 45
   Visual Basic, 4-5, 17, 45
Inicio, botón (Windows), 4, 17, 44-45
inicio, procedimientos de
   actualización de objetos vinculados, 376, 396
   configuración de impresoras, 211
   copia de seguridad de archivos, 362-363
   Form_Load, procedimiento, 45-46, 69, 85
   precarga de formularios, 209
Inmediato, ventana, 5
InnerText, propiedad, 542-543, 548
InputBox, función, 125-127, 145
inserción de mandatos de menú, 94
inserción, puntero de, 247
insertables, objetos, 83
Insertar objeto, cuadro de diálogo
   inserción de controles OLE, 70-73, 86, 369
   objetos vinculados frente a incrustados, 369, 372, 396

Inspección rápida, botón (Barra de herramientas Depuración), 168, 171
Inspección rápida, mandato (menú Depuración), 168, 171
Inspección, ventana, 165-171
instalación de controles ActiveX, 81-84
InStr, función, 331
Internet, proyectos de apertura de conexiones a, 6
Interrumpir, botón (Barra de herramientas Depuración), 166, 171
Interrupción, modo, 165-166, 170-171
Internet Explorer
   apertura en el programa ShowHTML, 494-499
   como objeto, 490
   DocumentComplete, evento, 499
   DownloadBegin, evento, 499
   DownloadComplete, evento, 499
   inclusión en proyectos uilizando el mandato Reference, 490, 502
   MyHtmlHist, programa, 500
   Navigate, método, 493-494
   NavigateComplete2, evento, 499, 500
   OnQuit, evento, 499
   procedimientos de evento para abrir un sitio Web en, 497-499, 502
   procedimientos de evento para añadir URL al histórico, 500
   respuesta a, ocurrencias de eventos, 499-501
   SHDocVw, biblioteca, 491, 494, 502
   sitios Web recomendados, 495-496
   TitleChange, evento, 499
   versiones de, 490, 494
   visualización de documentos HTML en, 478-479
   WithEvents, clave, 499, 500, 502
Interval, propiedad
   definición de la velocidad del reloj, 190-191, 193
   para animación, 250
Intro, tecla y tiempo de ejecución, 75
introductorias, creación de pantallas, 228-233
invisible
   formularios, 187, 204, 210, 225
   objeto arrastrar y soltar, 245
   objetos, 33, 39, 101
Is, palabra clave, 159-160

jerarquía, 213
.jpg, archivos, 55, 107

keyboard, método
  copia de texto, 328
  salida de un bucle erróneo, 223

Label, control (Cuadro de herramientas), 25, 95, 245
Lcase, función, 331
Left, función, 331
Len, función, 331
Line Input, instrucción, 321, 324, 345
Line, control
  creación de dibujo artístico, 228, 262
  empleo en el programa FormInicial, 229-232
List view, control, 404
lista, cuadros de
  empleo en formularios, 64, 66, 69, 85
  inicialización, 161
  procesamiento con estructuras Select Case, 160-163
ListBox, control, 85
ListIndex, propiedad, 66, 162
locales, variables, 133
.log, archivos, 320
lógicos
  errores, 163-164, 219
  operadores, 156-157
  programación. *Véase* estructuras de decisión
Lotus 1-2-3, formato, 79

mail, control MAPI, 404
.mak, archivos, 6
mandatos de menú. *Véase* menú, mandatos
mapas de bits
  Ampliador, utilidad, 115
  .bmp, archivos, 55, 107, 115
  empleo. *Véase* imágenes
  navegador, 261
MAPI (Messaging Application Programa Interface), control, 404
marca de verificación en mandatos de menú, 92
Masked edit, control, 404
matemáticas, funciones, 140, 146
matemáticas, operadores. *Véase*, operadores
MaxLength, propiedad, 158
mayor o igual que, operador de comparación (>=), 150, 333
mayor que, operador de comparación (>), 150, 333

Mayús, empleo de la tecla Mayús para seleccionar objetos como un grupo, 29
MDI (Interfaz de Documentos Múltiples) formularios, 213
MDIChild, propiedad, 213
memoria
  arrays en, 304-305
  liberación y automatización, 383-384, 397
  para formularios, 203-204
menor o igual que, operador de comparación(<=), 150, 333
menor que, operador de comparación(<), 150, 333
mensajes, 129-130
menú, barra de, 4, 6-7, 15
Menú, Editor de
  asignación de teclas de acceso rápido, 114-116
  botón para, 88, 93, 116
  creación del menú Archivo, 103-104
  inclusión de menús, 88-94
menú, mandatos de
  Abrir proyecto, mandato (Menú Archivo), 6, 17, 47
  activar/desactivar, conmutador, 92
  Agregar archivo, mandato (Menú Proyecto), 41
  Agregar formulario, mandato (Menú Proyecto), 9, 202, 207, 224
  Agregar formulario MDI, mandato (Menú Proyecto), 213
  Agregar módulo, mandato (Menú Proyecto), 257, 291
  asignación de teclas de acceso rápido, 114-116
  borrado, 94
  Color de texto, mandato (menú Reloj), 105, 108
  Componentes, mandato (Menú Proyecto), 81-82, 86
  desactivación y activación, 105, 109, 116
  Guardar Módulo1 Como, mandato (Menú Archivo), 268, 291
  inclusión de teclas de acceso, 91-93, 105-106, 116
  inclusión en menús, 88-91
  Iniciar, mandato (menú Ejecutar), 44
  inserción, 94
  Inspección rápida, mandato (menú Depuración), 168, 171
  modificación del orden, 94, 116
  Nuevo proyecto, mandato (Menú Archivo), 17, 21
  Opciones, mandato (Menú Herramientas), 8, 24
  Pegado especial, mandato (Menú Edición), 374-375, 396

ÍNDICE **611**

Pegar, mandato (Menú Edición), creación de arrays de control, 180
procedimientos de suceso para, 94-99
Quitar, mandato (Menú Proyecto), 269, 291
Referencias, mandato (Menú Proyecto), 380, 383, 384, 396
sintaxis para, 88-91
menú, títulos de, 89
menús
   convenciones, 92
   creación del menú Reloj, 88-91, 105-106
   definición, 87
   empleo Menú Editor, 88-94, 103-104. *Véase también* Menú Editor
   inclusión de formularios, 88-94, 103-104
   inclusión de mandatos, 88-91, 103-104
   inclusión de teclas de acceso rápido para mandatos, 91-93, 106, 116
   Item, sufijo, 90
   mnu, prefijo, 89
   modificación del orden de mandatos, 94, 116
   procedimientos de suceso para procesar opciones, 94-99
metaarchivos, 33, 55, 107
método, instrucciones de
   definición, 68
   para cuadros de lista y cuadros combo, 69
Mi, programas
   MiAcceso, programa, 153-156
   MiAñadirRegistros, programa, 356-358
   MiArrastrarySoltar, programa, 242-248
   MiArrayControl, programa, 179-183
   MiArrayDinámico, programa, 311-313
   MiArrayFijo, programa, 306-309
   MiAumentoFuente, programa, 177-178
   MiBorrarRegistros, programa, 359-361
   MiBotones, programa, 235-241
   MiBucleFor, programa, 175-177
   MiBucleStep, programa, 183-185
   MiBuscarDatos, programa, 354
   MiCaso, programa, 160-163
   MiCelsius, programa, 187-190
   MiConstante, programa, 131-136
   MiContraseña, programa, 157-158
   MiControlTiempo, programa, 193-195
   MiConvNom, programa, 260-261
   MiCopiaSeguridad, programa, 362-363
   MiCuadroEntrada, programa, 127
   MiDatos, programa, 77-80
   MiDiálogo, programa, 100-113
   MiEmpleoWord, programa, 386-387
   MiEquipos, programa, 287-288
   MiErrFinal, programa, 220-222
   MiEtiqueta, programa, 298-299
   MiFormImpresión, programa, 212-215
   MiFormInicial, programa, 232-233
   MiGanadas, programa, 270-274
   MiHola, programa, 54
   MiHumo, programa, 251-254
   MiItaliano2, programa, 207-211
   MiMenú, programa, 98-99
   MiModPrueba, módulo, 267-269
   MiMover, programa, 296-297
   MiMúsicos, programa, 368-378
   MiNavegador, programa, 55-60
   MiOleProy, programa, 71-74
   MiPorcentaje, programa, 277-280
   MiProbarVar, programa, 122-124
   MiRelojDigital, programa, 191-192
   MiSalida, programa, 128-130
   MiSuerte, programa, 41-42
   MiZoom, programa, 254-256
Microsoft Developer Network (MSDN), Biblioteca, 14
Microsoft Excel
   automatización, 388-390
   empleo objeto OLE para ejecutar, 70-75
   vinculación de hojas de trabajo y diagramas, 372-376, 396
Microsoft Office 97, compatibilidad de Visual Basic con, 300-301, 379
Microsoft Outlook Automation, 390-393
Microsoft Paint, empleo objeto OLE para ejecutar, 70-75
Microsoft PowerPoint Automation, 394-396
Microsoft Visual Studio, 4
Microsoft Windows Common Controls, colecciones controles ActiveX en, 402-405
   adición al cuadro de herramientas, 423-424
Microsoft Word
   código de macro, 300-301
   empleo corrector ortográfico en Visual Basic, 383-387
   empleo del Examinador de Objetos para ver objetos, 379-383
   empleo objeto OLE para ejecutar, 70-75

Mid, función, 331, 337, 346
mnu, prefijo para menús, 89
.mod, archivos, 532, 533
Mod (resto de la división entera, operador), 137, 141-144
modal frente no-modal, formulario, 203, 224
módulo
    Agregar archivo, mandato, 41
    estándar, 266-269. *Véase también* estándar, módulos
    reempleo de formularios, 54, 101, 205, 208
    variables públicas y, 133, 269, 279, 291
monetario, tipo de datos, 131
monitor, resolución del, 216
Month view, control, 404
Move, método, 249-250, 262
MoveFirst, método, 353, 355, 365
MoveNext, método, 585
MSDN Biblioteca. *Véase* Microsoft Developer Network (MSDN), Biblioteca
MsgBox, función
    sustitución con un formulario adicional, 206
    visualización de mensajes, 129-130, 145
multiplicación, operador (*), 137-138, 144

Name, propiedad
    para módulos estándar, 269
    para objetos, 210, 225, 258-262
Navegador, programa, 55-60
Navegador, utilidad, 261
Navegadores, visualización de documentos HTML en, 478-479
NavigateComplete2, evento, 499-500
negación, operador (-), 144
Netscape, navegadores, 479
no soltar, puntero, 247
NoMatch, propiedad, 353, 364
nombre, cambio de nombre de proyectos, 100
Not, operador, 156-157
NotaR, programa, 326-329
nueva carga de proyectos, 45-47
Nuevo Proyecto, cuadro de diálogo, 4, 47
Nuevo Proyecto, mandato (Menú Archivo), 17, 21
nulo, valor nulo y bucles, 188
numéricos
    información en variables, 120-124
    ordenación, 336

    tipos de datos, 130-136, 146
    valores, conversión de texto a, 138, 143, 146
número de etiquetas
    definición de propiedades, 29-31
    inclusión de formularios, 25-26

objeto o aplicaciones de servidor, 378
objetos
    asociación de procedimientos de suceso y, 36
    colecciones, 293-301
    controles como, 9
    cuadros de diálogos comunes, 100-113
    definición, 9, 67
    denominación, 210, 225, 256-262
    desplazamiento en formularios, 24, 47
    eliminación de formularios, 24, 47
    en la ventana Propiedades, 9, 29
    inclusión en formularios, 21-27
    incrustación, 372, 396
    inherente, funcionalidad de, 67
    insertable, 83
    intercambio entre, 28-29
    modificación de nombres en formularios, 210, 225
    modificación de propiedades, 10-11, 27-34
    modificación del tamaño, 22, 24, 47
    orientado a suceso, programación y, 148-149
    para obtener entrada del usuario, 60-69
    personalización mediante propiedades, 275
    selección como un grupo, 29-30
    selección en formularios, 10, 23
    vinculación a bases de datos, 348-349
    vinculación de, 78
    vinculación, 372-376, 396
    visible e invisible en tiempo de ejecución, 33, 40, 101
.ocx, archivos, 82
ODBC Data Source Name (DSN), 577-578
OLE, control (Cuadro de herramientas), 71, 86
OLE DB, cadena de conexión, 577
OLE, objetos
    ejecución de aplicaciones con, 71-73
    empleo en EIS, 369, 372-376, 396
    Mostrar como Icono, 71-72
OnError, instrucción, 218-219, 225
OnQuit, evento, 499
OpAvdos, programa, 141-143
OpBásicos, programa, 138-140

opción, botones de, 63, 85
Opciones, mandato (Menú Herramientas), 8, 24
Open URL método, 475, 480, 488
operaciones, orden de prioridad, 143-144, 146, 156
operadores
    cadenas, concatenación de (&), 137, 141-143
    comparaciones de cadena, 332-333
    distinto que (<>), 150, 333
    división (/), 137-138, 144
    división entera (\), 137, 141-144
    división entera (Mod), 137, 141-144
    empleo de paréntesis ( ), 144-145
    en condiciones de prueba de bucles, 189
    exponenciación (^), 137, 141-144
    igual a (=), 150, 333
    lógicos (And, Or, Not y Xor), 156-157, 341-344
    mayor o igual que (>=), 150, 333
    mayor que (>), 150, 333
    menor o igual que (<=), 150, 333
    menor que (<), 150, 333
    multiplicación (*), 136-138, 144
    negación (-), 144
    OpAvdos, programa, 141-143
    OpBásicos, programa, 138-140
    resta (-), 137-138, 144
    suma (+), 137-139, 144
Option, elemento (DHTML cuadro de herramientas), 528-529
Option Base, instrucción, 304, 306-307, 318
OptionButton, control, 85
Options Explicit, instrucción, 122
Or, operador, 156
orden de entrada en el programa Compra, 62-69
orden de evaluación
    con varios tipos de operadores, 156
    expresiones condicionales, 152, 156
    operadores lógicos, 156-57
    operadores, 143-144, 146, 156
ordenación
    bases de datos, 355
    texto, 330-338
órdenes, botones de
    borrado, 24, 47
    creación de gráficos, 233-241, 262. *Véase también* gráficos, botones
    desplazamiento y cambio de tamaño, 22-24, 47
    entrada del usuario y, 52
    inclusión en formularios, 23, 51-52, 85

modificación de propiedades, 10-11, 27-29
procedimientos de suceso en el programa Siete Afortunado, 36-40
rejillas, 23, 24
selección. 11, 23

padres, formularios, 213
páginas de propiedades
Paradox, formato, 79, 348
parámetros. *Véase* propiedades
paréntesis ( ) y prioridad en las operaciones, 144-145
Paso a paso por instrucciones, botón (Barra de herramientas Depuración), 165-166, 167-170
PasswordChar, propiedad, 158, 194
PasswordField, elemento (DHTML cuadro de herramientas), 528
Pattern, propiedad, 58
Pegado especial, mandato, 374-375, 396
Pegar, mandato, 413, 420
Pegar, mandato (Menú Edición), creación de arrays de control, 180
Picture, propiedad
    carga de imágenes, 32-33, 59, 85, 244
    personalización de barras de herramientas, 237, 239
Picture clip, control, 404
PlayCD, programa, 451-452
PlayTune, programa, 447
Pmt (Excel), función, 388
Portapapeles deWindows, 219, 328
Posición del formulario, ventana
    en modo diseño, 5
    especificación del tiempo de ejecución, 9, 53
    fijación, 8
posicionamiento absoluto, 531
posicionamiento relativo, 531
prácticas, archivos de. *Véase* proyectos predeterminados
    declaración del tipo de variable, 121
    directorios y archivos de prácticas, 6-7, 63
    impresora, 215
    método Show, 203, 224
    nombre de archivo del módulo estándar, 267-268
    nombre del botón de orden, 23
    nombre formulario, 9, 202
    procedimientos de suceso, visualización, 58
    tiempo de ejecución, ubicación de formulario, 53

prefijos, convención de denominación de objetos, 257-258
Presentación, programa, 394-396
Print #, instrucción, 326, 329, 345
Print, eliminación de instrucciones anteriores, 308, 318
Print, método
    arrays, 307-309
    envío de salida a la impresora, 211-215, 225
    For...Next, bucles, 175-177, 197
    sintaxis, 175
Printer, objeto, 211, 214, 225
Printers, colección, 300
PrintForm, método, 216-217, 225
prioridad de las operaciones, 143-144, 146
procedimientos de suceso
    actualización de objetos vinculados, 376, 378-379, 396
    arrays, 302, 318
    Automatización, 383, 396
    borrado de imágenes, 110, 116
    botones de orden en el programa Siete Afortunado, 34-40
    búsqueda en bases de datos, 352-355, 364
    copia de seguridad de archivos, 362-363
    creación de archivos de texto en el disco, 325-329, 345
    cuadro de texto en el programa Hola mundo, 52-53
    Date, 96-97, 329
    definición, 36, 68
    Do, bucles, 186-190, 197
    DragDrop, 241, 245, 262
    DragOver, 242, 262
    eliminación de registros en bases de datos, 359-361, 365
    empleo fundamental de tipo de datos en, 131-134
    estructuras de decisión, 151-163, 171
    expresiones condicionales, 150, 171
    For...Next, bucles, 174-185, 196
    Form_Load, procedimiento, 45, 69, 85
    gestión de cuadros de diálogo comunes, 106-113
    inclusión de animación en programas, 248-256, 262
    inclusión de registros en bases de datos, 356-358, 365
    instrucciones de formulario, 203-205
    lista de sucesos predefinidos, 149
    manejadores de error, 218-222, 225

    módulos estándar, 266-269, 291
    objetos de entrada en el programa Compra, 65-69
    objetos del sistema de archivos en el programa Navegador, 58-59
    orientados a suceso y programación, 148-149
    para colecciones, 293-301, 317
    para Color, cuadro de diálogo común, 105-106, 108-109
    para formularios múltiples, 209-211
    para Open, cuadro de diálogo común, 106-108
    parámetros de impresora, 211
    precarga de formularios, 209
    procedimientos de propósito general, 274-275
    procedimientos Function en, 275-281
    procesamiento de opciones de menú, 94-99
    Sub, procedimientos en, 281-288, 291
    sucesos de ratón y botones gráficos, 233-241, 262
    Time y Date, 96-98
    visualización de texto y archivos en cuadros de texto, 319-325, 345
    visualización por defecto, 58
Procedimientos, cuadro de lista desplegable, 149
procedimientos. *Véase* procedimientos de suceso; módulos
    Function, 275-281, 291
    Procedimientos Sub, 281-288, 291
    propósito general, 274-275
programación, instrucciones de. *Véase también* procedimientos de suceso
    carácter de continuación de línea (_), 65, 153
    comentarios, 40
    definición, 68, 120
    empleo, palabra claves, 36, 120
    errores sintácticos, 38, 42
    escritura en la ventana Código, 35-37
    estilo de programación, 37
    instrucción de método, 68-69
    instrucción End, 36, 38
    longitud de línea, 153
    operadores, 136-144, 146
    para formularios, 203-205
    sintaxis, 36, 120
    tipo de datos diversos, 130-136, 145
    variables, 120-130, 145
programas
    compartición de formularios, 101, 205, 208
    creación de interfaz de usuario, 21-27
    definición de propiedades, 27-34

edición del código fuente, 45-46
ejecución en el entorno de Visual Basic, 8, 17, 42-43
empleo de algoritmos, 21
empleo de varios formularios, 9, 202
escritura de código, 33-40, 47. *Véase también*, programación, instrucciones de
foco, 75, 207, 357, 365
generación de ejecutables, 43-45, 46
grabación, 17, 41-42, 47
inclusión en, 45-46
pasos de programación, 20-21
prevención de fallos, 58, 61
programa Siete Afortunado, 20-46
reempleo y mandato Agregar archivo, 41
Progress, programa, 424-425
Property, procedimiento, 275
propiedad, definición de valores de, 10, 67-68
propiedades
 definición, 67-68
 empleo de variables para transferir información en, 122-124
 funciones asignadas a, 277
 lectura en formato tabla, 35
 lista de propiedades en la ventana Código, 37-38, 52
 modificación en bucle For...Next, 177-178
 modificación en tiempo de ejecución, 52-53, 67-68, 85
 modificación en ventana Propiedades, 10-12, 17, 27-29
 para cuadros de imagen, 32-34
 para etiquetas numéricas, 29-32
 resumen, 12
Propiedades de proyecto, cuadro de diálogo, 44
Propiedades, ventana
 como ventana flotante, 10
 en modo diseño, 5
 fijación, 8, 12
Property Bags, 542, 543, 548
Proyecto, ventana
 en modo diseño, 5
 fijación, 8
 formulario activo en, 7, 13
 Ver Objeto, botón, 7, 13
 visualización, 13-14, 18
proyectos
 .vbp, archivos, 6, 13, 42
 apertura de proyectos existentes, 6-8, 17, 47
 archivos en ventana Proyecto, 12-14
 bibliotecas de referencia, 379-383, 396
 cambio de nombre, 100
 comienzo de un nuevo, 4, 17
 ejecución de proyectos recientes, 45
 ejecución, 8, 44
 extensiones de nombre de archivo, 6
 grabación, 17, 41-42, 47
 nueva carga, 45-47
 práctica de localización de archivos, 6-7, 63
proyectos, restauración del contenedor de, 7-8
Public, palabra clave, 269, 279, 291, 303, 317
públicas, variables, 133, 269, 279, 291
punteros, 457, 459
punto y coma (;), separador de elementos de listas, 176
puntos suspensivos en mandatos de menú (...), 92
PutProperty, función, 542, 548

Quitar, mandato (Menú Proyecto), 269, 291

ramificación utilizando estructuras de decisión, 151-163, 171
Randomize, instrucción, 45
ratón
 arrastrar para crear botones de órdenes, 23
 arrastrar para mover, fijar y modificar el tamaño, 8, 17, 23, 47
 MouseDown, suceso, 234, 262
 MouseIcon, propiedad, 247, 262
 MouseMove, suceso, 234
 MousePointer, propiedad, 247
 MouseUp, suceso, 234, 262
 posición del sistema de coordenadas, 249, 316, 318
 sucesos de pulsación, 35-40, 233-241, 262
ratón, puntero
 en forma de cruz in formularios, 23, 25, 247
 modificación para arrastrar y soltar, 242, 246, 247, 262
 personalizado, 247, 262
 predefinido, 247, 262
 tamaño del puntero, 22, 24
 visualización del nombre de los botones, 5, 9, 17
ReadOnly, propiedad, 349, 355, 364
RecordCount, propiedad, 586
Recordset, objeto, 352

Recordset, propiedad, 585
RecordsetType, propiedad, 352, 364
RecordSource, propiedad, 79, 350
red, apertura de proyectos en unidades de, 6
ReDim, instrucción, 310, 318
Referencias, mandato (Menú Proyecto), 380, 383-384, 396
registros de una base de datos, 76
reintento, periodos de, 222-224
rejillas, en formularios, 9, 23-24
reloj de arena, puntero, 247, 325
reloj, funciones de, 99
Reloj, menú, 88-91, 105-106
Remote Data Objects (RDO), 574
rendimiento y carga de formularios, 203-204
ResetButton, elemento (DHTML cuadro de herramientas), 527
resta, operador (-), 136-137, 144
Restaurar ventana, botón (barra de herramientas), 7
resto de la división entera (Mod), operador, 137, 141-144
Resume, instrucciones, 219-220, 225
Right, función, 331
Rnd (número aleatorio), función, 40
RTFEdit, programa, 407-410
RTFEdit2, programa, 428-431, 432-433

salida
    bucles Do, 186-190, 197
    Exit Sub, instrucción, 221, 224-225
    prematura de bucles For...Next, 185, 196
    Salir, mandato de un menú personalizado, 103-104, 110
    Visual Basic, 16, 18
salida
    apertura de archivos de texto para, 325-326, 345
    empleo de variables para, 128-130, 145
    envío a impresora, 211-215, 225
Saludo, programa, 6-7, 14
SaveFile, método, 416, 420
secuenciador MIDI, soporte, 443
secuenciales, archivos, 321
Seek, método, 353-364
segundo plano, tareas en, 187-188
SelBold, propiedad, 412, 420
selección
    botones de órdenes en formularios, 10, 23

    objetos como un grupo, 30
    objetos en tiempo de ejecución, 75
selección, indicadores de, 10, 23
Select, elemento (DHTML cuadro de herramientas), 529
Select Case, estructura de decisión
    comparada con la estructura If...Then, 159-160
    empleo de operadores de comparación, 159-160
    Is y To, palabra claves, 159-160
    organización de, 159
    proceso de cuadros de lista, 160-163
    sintaxis, 158
SelectedFile, variable, 59, 61, 85
SelItalic, propiedad, 412, 420
SelPrint, método, 417, 420
SelRTF, propiedad, 413, 420
SelText, propiedad, 411
SelUnderline, propiedad, 412, 420
servidor, aplicaciones de, 378
Set, instrucción, 383-384, 397
SetText, método, 413, 420
SetTimeout, propiedad, 480
Shape, control
    creación de dibujo artístico, 227, 262
    empleo en el programa FormInicial, 229-232
Shell, Donald, 334
ShellSort, subprograma, 334
Show, método, 203, 224
ShowColor, método, 100, 109
ShowFont, método, 100
ShowHTML, programa, 494-499
ShowOpen, método, 100, 107, 320, 345
ShowPrinter, método, 100
ShowSave, método, 100, 326, 345
Siete afortunado, programa
    Command1_Click, procedimiento, 39-40
    creación de la interfaz de usuario, 21-27
    definición de propiedades, 27-34
    empleo, procedimiento de función para realizar cálculos, 277-281
    escritura de código, 34-40
    generación del archivo ejecutable, 43-45, 47
    grabación, 41-43
    inclusión en, 45-46
    Jugar, código del botón, 37-39
    módulo estándar, inclusión de un, 270-274
    pasos de programación, 20-21
simple precisión, punto flotante en, tipo de datos, 131

sin memoria, error, 219
Sin, función, 140
sintácticos, errores, 38, 42, 164
sintaxis de instrucciones, 36, 120
Sistema de Información Empresarial (EIS)
   creación, 368-378
   desarrollo de la aplicación Músicos, 369-378
   ejecución, 376-378
   empleo control OLE, 369
   inserción de objetos OLE, 369, 372, 396
   resumen, 368-369
   usuarios para, 368
   vinculación, 372-376, 396
sistema, funciones del reloj del, 99
sitios Web, 494-499, 502
Slider, control
   procedimientos de evento, 429-431
   resumen, 404, 427-428
   en el programa RTFEdit2, 428-431
sobremesa, ejecución de programas de, 44
solicitud de información, 125-128, 146
Sort, propiedad, 566, 572
Source, variable, 245
Span, método, 414
SPAN, etiquetas en HTML, 513-514, 524
Sqr, función, 140
Src, propiedad para carga de imágenes, 542, 548
Static, palabra clave, 304, 317
Step, palabra clave, en bucles For...Next, 178-179, 183-185, 196
Stop, instrucción, 170-171
Str, función, 140
Stretch, propiedad, 32, 244
String, función, 331
Students, base de datos, 348
Sub procedimientos
   como procedimientos de propósito general, 274
   creación de cuadros de texto, 284-288
   gestión de entrada, 284
   llamada, 283, 291
   ShellSort, subprograma, 334
   sintaxis, 281-283
Subir un nivel, botón (Abrir proyecto, cuadro de diálogo), 6
SubmitButton, elemento (DHTML cuadro de herramientas), 527
subrayado, carácter de continuación (_), 65, 153
subrutinas en el programa Siete Afortunado, 34-40

sucesos
   botones de órdenes y, 52
   lista de sucesos predefinidos, 149
   programación orientada a suceso, 148-149
Sufijos para mandatos de menú, 90
suma, operador (+), 137, 139, 144
Sys info, control, 404

Tab, tecla Tab y tiempo de ejecución, 75, 207
TabIndex, propiedad, 75
tabla de valores. *Véase* arrays
tablas, base de datos, 349
TabStop, propiedad, 207
Tag, propiedad
   almacenamiento de información, 236, 239, 243, 246
   tratamiento especial para objetos pertenecientes a colecciones, 297-300, 317
tamaño de cuadros y dimensiones, 26
tamaño de punteros, 247
tamaño, cambio de
   botones de orden, 24
   formularios, 17, 22
   gráficos, 32
   herramientas de programación, 8
   objetos, 22, 24, 47
Tan, función, 140
TCP (Transfer Control, protocolo), 405
teclados, empleo para escritura de código, 36, 120
teclas
   atajo, 114-116
   de acceso a menús, 91-93, 106, 116
temas específicos en ayuda, 15-16
temporales, funciones, 99
temporizadores, objetos
   Alarma, utilidad, 195
   creación de relojes digitales, 191-192
   definición de límite temporal de contraseñas, 193-195
   Enabled, propiedad, 190
   inclusión de animación mediante el empleo del método Move, 250
   Interval, propiedad, 190
   resumen, 190
TextArea, elemento (DHTML cuadro de herramientas), 528
TextBox, control (Cuadro de herramientas), 50-51, 85

TextField, elemento (DHTML cuadro de herramientas), 528
TextMatrix, propiedad, 555, 567, 572
texto, archivos de
  apertura para entrada, 320-321, 345
  apertura para salida, 325-326, 345
  búsqueda del fin de archivo (EOF), 321, 325, 345
  creación en disco, 325-329, 345
  definición, 320
  navegador, programa (VisorTexto), 321-325
  toma de notas, utilidad (NotaR), 326-329
  visualización en cuadros de texto, 319-325
texto, cuadros de
  caracteres retorno de carro y alimentación de línea en, 286, 321, 337
  creación del procedimiento Sub, 283-288
  definición, 51
  empleo para contraseñas, 158, 194
  inclusión en formularios, 51, 85
  obtención de la entrada del usuario, 137-138
  para mostrar archivos de texto, 319-325
  procedimientos de suceso in el programa Hola, 52-53
  recuento de líneas de texto en, 334, 337
  visualización de información de bases de datos en, 348-352
  visualización de varias líneas en, 284
texto, operador de asignación de cadena ('), 123
texto. *Véase también* texto, cuadros de; texto, archivos de
  conversión a números, 138, 143, 146
  entrada y función InputBox, 125-127, 145
  información en variables, 120-124
  modificación de colores, 31, 105, 108-109
  modificación de la fuente de etiquetas descripticas, 31
  modificación en tiempo de ejecución, 52-53, 85
  protección con cifrado, 338-341, 346
  salida y función MsgBox, 128-130, 145
  tipos de datos, 130-136, 145
  visualización por el método Print, 175-176, 196
tiempo de ejecución
  cuadros de diálogo para las entradas del usuario, 125-127, 145
  empleo de objetos del sistema de archivos, 54-60
  errores, 164, 218-222, 225, 312
  especificación de la ubicación del formulario, empleo de la ventana Posición del formulario, 9, 53
  evitar errores, 58, 61
  expansión y contracción de objetos, 254-256, 262
  foco de programas, 74-75, 207, 357, 365
  formularios invisibles, 187, 204, 210, 225
  modificación de propiedades en, 52-53, 67-68, 85
  objetos visibles e invisibles, 32-33, 40, 101
  obtención de la entrada del usuario en cuadros de texto, 137-138
  prioridad de formularios MDI, 213
  selección de objetos, 75
Timer, control (cuadro de herramientas), 191, 251
TitleChange, evento, 499
To, palabra clave, 159
True, expresiones condicionales, 150
twips, 26, 249, 316, 318
.txt, archivos, 320
Type, instrucción, 134

Ucase, función, 331
UDP (User Datagram, protocolo), 405
unidades, cuadros de lista de, 54-55, 85
Unload, instrucción, 204, 225
UpDown, control, 405
usuario, entrada. *Véase* entrada
usuario, interfaz de
  creación para el programa Siete afortunado, 21-27
  formularios para creación, 9, 47. *Véase también* formularios
usuario, tipo de datos definidos por el, 134

vacíos, formularios, 202
Val, función, 138-140, 146
Value, propiedad y casillas de verificación, 65-66
variables
  análisis, 168, 171
  constantes, 135-136, 146
  Control, 295
  convenciones de denominación, 125
  declaración de caracteres en nombres, 130-131
  definición, 59, 68, 120
  empleo para almacenar entrada, 124-128, 145
  empleo para almacenar información, 120-124
  empleo para salida, 128-130, 145
  For...Next, contador del bucle, 174
  funciones asignadas a, 277
  local, 133

pasadas por referencia, 282-283, 289, 292
pasadas por valor, 282-283, 289, 292
publicas, 133, 269, 279, 291
tipos de datos, 130-136, 145
verificación de valores en modo Interrupción, 168
variantes, tipo de datos, 121-122, 138, 143
.vbg, archivos, 6
.vbp, archivos, 6, 13, 42
Ventana Propiedades, botón (barra de herramientas), 10
ventanas
   desplazamiento, 8
   en el entorno de programación de Visual Basic, 4-5. *Véase también* ventanas específicas
   fijadas frente a solapadas, 8
   rendimiento de formularios MDI, 213
Ver código, botón (ventana Proyecto), 13, 47
Ver Módulo completo, botón, 37-38
Ver Objeto, botón (ventana Proyecto), 7, 13
Ver Procedimientos, botón, 37-38
vídeo digital, soporte, 443
vídeo, soporte, 443
vinculación de objetos a colecciones, carácter de (!), 295
vinculación de objetos, 78
vinculación, 372-376, 396
vínculos, controles de y bases de datos, 348-349
visible e invisible
   formularios, 187, 204, 210, 225
   objetos, 32-33, 40, 101
Visible, propiedad
   arrastrar y soltar, objeto, 245
   formularios, 187, 204
   objetos, 32-33, 40
Visor de API, utilidad
   inserción de declaraciones de constantes, 464
   inserción de declaraciones de variables, 461-464
   instalación del complemento, 460-461
resumen, 459-460
VisorTexto, programa, 321-325
Visual Basic
   acceso a bases de datos, 347. *Véase también* bases de datos
   archivos de proyecto, 13
   Ayuda, sistema de, 14-16
   barra de herramientas, 4, 9
   barra de menús, 4, 6-8
   compilador, 120
   cuadro de herramientas, 9-10
   Ediciones, 4, 82

empleo del corrector ortográfico de Word, 383-388
entorno de programación, 4-9
Examinador de objetos, 379-383
formulario de interfaz de usuario, 9, 202
inicio, 4-5, 17, 45
instalación de archivos de prácticas, 4, 8, 63
macros para aplicaciones de Microsoft Office applications, 300-301
modo diseño, 5, 7, 23
orientada a suceso, programación, 148-149
para colecciones de aplicaciones, 300-301
salir, 16, 18

.wav, archivos, 441, 443-444
While, palabra clave, 186-187, 197
Width, propiedad, 254-255, 262
Win32api.txt
   conversión a la base de datos Microsoft Jet, 461
   información en, 461
Windowless, control, 405
Windows
   accesos directos a archivos ejecutables, 44
   barra de tareas, 5
   colores del escritorio, 32
   configuración del área de Escritorio, 22
   configuración del sonido, 43
   convenciones de menú, 92
   ejecución de aplicaciones, 70-75, 86
   funciones del reloj del sistema, 96-97, 99, 190
   identificación de archivos de texto, 320
   impresoras, 215
   inicio de Visual Basic, 4, 5, 17, 45
   metaarchivos, 33, 55, 107
   Papelera de reciclaje, 242
   Portapapeles, 219, 328
   registro del sistema, 71, 82, 369
WindowState, propiedad, 204
Winsock, control, 405
With, sentencia, 560
WithEvents, clave, 499-500, 502
.wmf, archivos, 55, 107
Word. *Véase* Microsoft Word
World Wide Web (WWW), descarga de documentos HTML desde, 474-481

Xor, operador
   empleo en cifrado, 331, 341-344, 346
   expresiones condicionales y, 156-157

McGRAW-HILL/INTERAMERICANA DE ESPAÑA, S. A. U.
División profesional - C/ Basauri, 17 - Edificio Valrealty, 1.ª planta
28023 Aravaca (MADRID)
Avda. Josep Tarradellas, 27-29, 6.ª planta
08029 BARCELONA

4 FORMAS FÁCILES Y RÁPIDAS DE SOLICITAR SU PEDIDO

Nombre y apellidos _____
Empresa _____ *Departamento* _____
Dirección _____ *C. P.* _____
Localidad _____ *País* _____
C.I.F./D.N.I. (Indispensable) _____ *Teléfono/Fax* _____
Correo electrónico _____

☐ *Ruego me envíen información del fondo de McGraw-Hill* ☐ Español ☐ Inglés
Materias de interés _____

Ruego me envíen el/los siguiente/s título/s:
ISBN _____ Autor/Tít. _____
ISBN _____ Autor/Tít. _____

INDIQUE LA FORMA DE ENVÍO:
☐ Correo
☐ Agencia/Mensajería. (Gastos de envío no incluidos en el precio del libro. Consulte con nosotros.)

INDIQUE LA FORMA DE PAGO:
☐ American Express   ☐ VISA   ☐ 4B   ☐ MasterCard

Autorizo a McGRAW-HILL/INTERAMERICANA DE ESPAÑA, S. A. U. a cargar en mi tarjeta el importe del presente pedido:

N.º tarjeta: ☐☐☐☐ ☐☐☐☐ ☐☐☐☐ ☐☐☐☐

Fecha caducidad _____ / _____   Nombre del titular _____

Firma

EN LIBRERÍAS ESPECIALIZADAS

FAX:
(91) 372 85 13
(93) 430 34 09

TELÉFONOS:
(91) 372 81 93
(93) 439 39 05

E-MAIL:
profesional@mcgraw-hill.es
WWW:
http://www.mcgraw-hill.es

AVB6Y

Sí, envíenme el catálogo de las novedades de McGRAW-HILL en

☐ Informática   ☐ Economía/Empresa   ☐ Ciencia/Tecnología
☐ Español   ☐ Inglés

Nombre _____ Titulación _____
Empresa _____ Departamento _____
Dirección _____ Código postal _____
Localidad _____ País _____
C.I.F./N.I.F. (Indispensable) _____ Teléfono/Fax ____
Correo electrónico _____

¿Por qué elegí este libro?

☐ Renombre del autor
☐ Renombre McGraw-Hill
☐ Reseña en prensa
☐ Catálogo McGraw-Hill
☐ Buscando en librería
☐ Requerido como texto
☐ Precio
☐ Otros

Temas que quisiera ver tratados en futuros libros de McGraw-Hill:
_____
_____
_____
_____
_____

Este libro me ha parecido:
☐ Excelente   ☐ Muy bueno   ☐ Bueno   ☐ Regular   ☐ Malo
Comentarios _____

Por favor, rellene esta tarjeta y envíela por correo o fax a la dirección apropiada.

AVB6Y

Los datos que figuran en este cupón se incluirán en un archivo automatizado que se conservará de forma confidencial y al que usted, de acuerdo con la LORTAD, podrá acceder en cualquier momento para exigir su actualización, cancelación o rectificación. En un futuro es posible que transfiramos dichos datos a compañías y organizaciones cuidadosamente seleccionadas, cuyos productos y servicios puedan ser de su interés. Asimismo, a través de nuestra empresa, podrá recibir informaciones comerciales de otras empresas del sector. Si usted no está interesado en recibir estos envíos, por favor, señale con una **X** la casilla ☐.

 Le ofrece

- Administración
- Arquitectura
- Biología
- Contabilidad
- Derecho
- Economía
- Electricidad
- Electrónica
- Física
- Informática
- Ingeniería
- Marketing
- Matemáticas
- Psicología
- Química
- Serie McGraw-Hill de Divulgación Científica
- Serie McGraw-Hill de Electrotecnologías
- Serie McGraw-Hill de Management
- Sociología
- Textos Universitarios

OFICINAS IBEROAMERICANAS

ARGENTINA
McGraw-Hill/Interamericana, Ltda.
Suipacha 760 - 5.º Piso, Of. 26
(1008) Buenos Aires
Tel.: (541) 322 05 70. Fax: (541) 322 15 38

BRASIL
McGraw-Hill do BRASIL
Rua da Assenbléia, 10/2319
20011-000 Río de Janeiro
Tel. y Fax: (5521) 531 23 18
E-mail: internet!centroin.com.brlaaff

CARIBE
McGraw-Hill/Interamericana del Caribe
Avenida Muñoz Rivera, 1121
Río Piedras
Puerto Rico 00928
Tels.: (809) 751 34 51 - 751 24 51. Fax: (809) 764 18 90

CHILE, PARAGUAY Y URUGUAY
McGraw-Hill/Interamericana de Chile, Ltda.
Seminario, 541 Providencia
Santiago (Chile)
Tel.: (562) 635 17 14. Fax: (562) 635 44 67

COLOMBIA, ECUADOR, BOLIVIA Y PERÚ
McGraw-Hill/Interamericana, S. A.
Apartado 81078
Avenida de las Américas, 46-41
Santafé de Bogotá, D. C. (Colombia)
Tels.: (571) 368 27 00 - 337 78 00. Fax: (571) 368 74 84
E-mail: Divprofe@openwag.com.co

ESPAÑA
McGraw-Hill/Interamericana de España, S. A. U.
Edificio Valrealty, Planta 1.ª
Basauri, 17
28023 Aravaca (Madrid)
Tel.: (341) 372 81 93. Fax: (341) 372 85 13
E-mail: profesional@mcgraw-hill.es

GUATEMALA
McGraw-Hill/Interamericana Editores, S. A.
11 Calle 0-65, Zona 10
Edificio Vizcaya, 3er. nivel
Guatemala, Guatemala
Tels.: (502) 332 80 79 al 332 80 84. Fax: (502) 332 81 14
Internet: mcgraw-h@guate.net

MÉXICO Y CENTROAMÉRICA
McGraw-Hill/Interamericana Editores, S. A. de C. V.
Atlacomulco 499-501
Fracc. Ind. San Andrés Atoto
53500 Naucalpan de Juárez
Edo. de México
Tels.: (525) 628 53 53. Fax: (525) 628 53 02
Cedro, 512 - Col. Atlampa
06460 México D. F.
Tels.: (525) 541 67 89. Fax: (525) 547 33 36
Centro Telemarketing
Tels.: (525) 628 53 52 / 628 53 27. Fax: (525) 628 83 60
Lada. sin costo 91 8834 540

PANAMÁ
McGraw-Hill/Interamericana de Panamá, S. A.
Edificio Banco de Boston, 6.º piso. Oficina 602,
Calle Elvira Méndez
Panamá, Rep. de Panamá
Tel.: (507) 269 01 11. Fax: (507) 269 20 57

PORTUGAL
Editora McGraw-Hill de Portugal, Ltda.
Estrada de Alfragide, lote 107,
bloco A-1 Alfragide
2720 Amadora (Portugal)
Tel.: (3511) 472 85 00. Fax: (3511) 471 89 81

USA
McGraw-Hill Inc.
28th. floor 1221 Avenue of the Americas
New York, N.Y. 10020
Tel.: (1212) 512 26 91. Fax: (1212) 512 21 86

VENEZUELA
McGraw-Hill/Interamericana de Venezuela, S. A.
Apartado Postal 50785
Caracas 1050
Final calle Vargas. Edificio Centro Berimer. P. B. Ofic. P1-A1
Boleíta Norte, Caracas 1070
Tels.: (582) 238 24 97 - 238 34 94 - 238 59 72. Fax: (582) 238 23 74